AF175140

ACCESO GRATIS a la Lectura en la Nube

Para visualizar el libro electrónico en la nube de lectura envíe junto a su nombre y apellidos una fotografía del código de barras situado en la contraportada del libro y otra del ticket de compra a la dirección:

ebooktirant@tirant.com

En un máximo de 72 horas laborales le enviaremos el código de acceso con sus instrucciones.

ORGANIZACIONES INTERNACIONALES Y DISCURSO DE ODIO: LA RESPUESTA FRENTE A LA INTOLERANCIA RELIGIOSA Y DE CREENCIAS

ORGANIZACIONES INTERNACIONALES Y DISCURSO DE ODIO: LA RESPUESTA FRENTE A LA INTOLERANCIA RELIGIOSA Y DE CREENCIAS

José Mª Contreras Mazarío
Autor

tirant lo blanch
Valencia, 2024

© José Mª Contreras Mazaríoz

© TIRANT LO BLANCH
EDITA: TIRANT LO BLANCH
C/ Artes Gráficas, 14 - 46010 - Valencia
TELFS.: 96/361 00 48 - 50
FAX: 96/369 41 51
Email: tlb@tirant.com
www.tirant.com
Librería virtual: www.tirant.es
DEPÓSITO LEGAL: V-2870-2024
ISBN: 978-84-1056-718-4

Si tiene alguna queja o sugerencia, envíenos un mail a: *atencioncliente@tirant.
com*. En caso de no ser atendida su sugerencia, por favor, lea en *www.tirant.
net/index.php/empresa/politicas-de-empresa* nuestro procedimiento de quejas.

Responsabilidad Social Corporativa: http://www.tirant.net/Docs/RSCTirant.pdf

A mi abuelo, Mariano,
que me enseñó la lucha por la justicia

"No se diga que no quedan huellas del
horrible fanatismo, de la intolerancia;
quedan en todas partes,
incluso en los países que pasan por más humanos"
VOLTAIRE
Tratado de la Tolerancia

"Ninguna opinión contraria a la sociedad humana
o a las reglas morales que son necesarias para
la preservación de la sociedad ha de ser tolerada"
LOCKE
Carta sobre la Tolerancia

Índice

Abreviaturas

A/AA	Auto/Autos
ACNUDH	Oficina del Alto Comisionado de las Naciones Unidas para los Derechos Humanos (siglas en inglés)
AN	Audiencia Nacional
AP	Audiencia Provincial
Art/s	Artículo/s
BOE	Boletín Oficial del Estado
CADH	Convención Americana de Derechos Humanos
CAlemana	Ley Fundamental de la República Federal de Alemania
CCPR	Comité de Derechos Humanos (siglas en inglés), ONU
CE	Constitución española
CEEUU	Constitución de los Estados Unidos de América
CdE	Consejo de Europa
CDG	Convención para la Prevención y la Sanción del Genocidio
CDH	Comisión de Derechos Humanos, y su sucesor Consejo de Derechos Humanos, ONU
CDFUE	Carta de Derechos Fundamentales de la Unión Europea

CdS	Consejo de Seguridad, ONU
CEDH	Convenio Europeo de Derechos Humanos, ONU
CEDR	Comité para la Eliminación de la Discriminación Racial, ONU
CIADH	Corte Interamericana de Derechos Humanos
CIEDR	Convención Internacional sobre la Eliminación de todas las Formas de Discriminación Racial
CIJ	Corte Internacional de Justicia, ONU
ComEDH	Comisión Europea para los Derechos Humanos, CdeE
ComIADH	Comisión Interamericana de Derechos Humanos, OEA
CP	Código Penal
CPI	Corte Penal Internacional
DOUE	Diario Oficial de la Unión Europea
DUDH	Declaración Universal de Derechos Humanos
ECRI	Comisión Europea contra el Racismo y la Intolerancia, CdE
EUMC	Observatorio Europeo del Racismo y la Xenofobia, UE (siglas en inglés)
FRA	Agencia de los Derechos Fundamentales, UE (siglas en inglés)
MICT	Mecanismo para los Tribunales Penales Internacionales, ONU

OBERAXE:	Observatorio Español del Racismo y la Xenofobia
OC	Opinión Consultiva
OCI	Organización de la Conferencia Islámica, y su sucesora la Organización de la Cooperación Islámica
ODIHR	Oficina para los Derechos Humanos y las Instituciones Democráticas (siglas en inglés)
OEA	Organización de Estados Americanos
ONG/s	Organización/es No Gubernamental/es
ONU	Organización de las Naciones Unidas
OOII	Organizaciones Internacionales
OSCE	Organización para la Seguridad y la Cooperación en Europa
párr/s	Párrafo/párrafos
PIDCP	Pacto Internacional de Derechos Civiles y Políticos
PIDESC	Pacto Internacional de Derecho Económicos, Sociales y Culturales
RELE	Relatoría Especial para la Libertad de Expresión, OEA
S/SS	Sentencia/s
UE	Unión Europea
UNAOC	Alianza de Civilizaciones de las Naciones Unidas (siglas en inglés)

UNESCO	Organización de las Naciones Unidas para la Educación, la Ciencia y la Cultura
TC	Tribunal Constitucional
TEDH	Tribunal Europeo de Derechos Humanos
TFUE	Tratado de Funcionamiento de la Unión Europea
TMI	Tribunal Militar Internacional -Tribunal Penal Internacional de Nuremberg
TPIR	Tribunal Penal Internacional para Rwanda
TPIY	Tribunal Penal Internacional para la ex Yugoslavia
TS	Tribunal Supremo
TSJ	Tribunal Superior de Justicia
TUE	Tratado de la Unión Europea

Introducción

La libertad de expresión, que supone -sin lugar a duda- un elemento esencial para la propia existencia del Estado democrático[1], alcanza su imagen más negativa con los llamados "discursos de odio", los cuales van dirigidos hacia determinadas personas por su pertenencia a un grupo vulnerable y con un claro calado discriminatorio y/o de intolerancia o de incitación directa a la hostilidad o la violencia, dando lugar a lo que se conoce como "apología del odio"[2]. En este sentido, HABERMAS ha manifestado que *"el discurso de odio forma parte de una dinámica comunicativa distorsionada que limita la expresión de las*

---

[1] Véanse en este sentido, TEDH: sentencias de 7 de diciembre de 1976, asunto *Handyside c. Reino Unido*; de 26 de abril de 1979, asunto *Sunday Times*; de 8 de julio de 1986, asunto *Ligens c. Austria*; de 23 de abril de 1992, asunto *Castells c. España*; de 28 de agosto de 1992, asunto *Schwade*; de 26 de abril de 1995, asunto *Praeger y Oberrschlick*; de 13 de julio de 1995, asunto *Tolstoy Miloslavski*; de 24 de febrero de 1997, asunto *De Haes y Cijsels c. Bélgica*; de 29 de agosto de 1997, asunto Worm; de 21 de junio de 1999, asunto *Fressoz y Roire*; de 29 de febrero de 2000, asunto *Fuentes Bobo c. España*; y de 21 de octubre de 2014, asunto *Murat Vuralc. Turquía*. Y TC: sentencias 6/1981, de 16 de marzo, FJ 3; 12/1982, de 31 de marzo; 62/1982, FJ 5; 20/1990, de 15 de febrero; 12/1992, FJ 3; 85/1992, FJ 4; 336/1993, de 15 de noviembre; 6/2000, de 17 de enero; 41/2001, de 11 de abril, FJ 4; 101/2003, de 2 de junio; 174/2006, FJ 4; 9/2007, FJ4; 235/2007, de 7 de noviembre, FJ 4; 108/2008, de 22 de septiembre; 77/2009, FJ 4; 50/2010, de 4 de octubre, FJ 7, y 177/2015, de 22 de julio, FJFJ 2.a) y 3.b).

[2] Cuando se piensa en los límites de la libertad de expresión es ineludible acordarse de la famosa cita: "*Detesto lo que piensas, pero defenderé hasta la muerte tu derecho a decirlo*", frase de la escritora Evelyn Beatrice Hall, extraída de su obra: *Los amigos de Voltaire*, 1906, y que se suele atribuir erróneamente al filósofo francés.

ideas y las opiniones de otros, lo que impide tener un debate público de calidad", ello le lleva a concluir que *"el discurso de odio es una amenaza para la libertad de expresión y el debate público. Si no se regula y se detiene, puede destruir y erosionar los fundamentos de la democracia"*[3].

En la actualidad, los discursos de odio afloran, tanto en sociedades democráticas, como en regímenes autoritarios, y no conocen de fronteras, de tiempo o de espacio, fomentando un clima de intolerancia y discriminación hacia determinadas personas por su pertenencia a grupos concretos y vulnerables con base en su raza, religión, nacionalidad, género, orientación sexual, discapacidad o cualquier otra circunstancia colectiva. Esta tendencia se incrementa cuando -por ejemplo- las personas pertenecen a dos grupos minoritarios, como son ser mujer y musulmana o judía[4], porque el odio es parte y síntoma de conflictos intergrupales y de subordinación[5].

---

[3]   HABERMAS, J.: *Between facts and norms: Contributions to a discourse theory of law and democracy*, MIT Press, 1998; HABERMAS, J.: *The normative contento f modernity*, MIT Press, 1996.

[4]   CERVONE, C.; AUGOUSTINOS, M.; MAASS, A.: "The language of derogation and hate: functions, consequences and re-appropriation", en *Journal of language and social psychology*, vol. 40, núm. 1 (2021), pp. 80-101 (consultar en línea: https://doi.org/10.1177/0261927X20967394; visitado por última vez el 29 de enero de 2024); MORALES, D.; GRINESKI, S.E.; COLLINS, T.W: "School bullying, body size, and gender: an intersectionality approach to understanding US children's bullying victimization", en *British journal of sociology of education*, vol. 40, núm. 8 (2019), pp. 1121-1137 (consultar en línea: https://doi.org/10.1080/01425692. 2019.1646115; visitado por última vez el 25 de enero de 2024).

[5]   SCHWEPPE, J., y PERRY, B.: "A continuum of hate: delimiting the field of hate studies", en *Crime, law and social change*, vol. 77 (2021), pp. 503-528 (consultar en línea: https://doi.org/10.1007/s10611-021-09978-7; visitado por última vez el 25 de enero de 2024).

Las expresiones de odio destinadas a intimidar o incitar a la hostilidad o la violencia contra una persona o grupo suponen, además, una amenaza a los derechos y libertades fundamentales[6], y tensan en concreto el ejercicio legítimo de la libertad de expresión. Los esfuerzos de muchos gobiernos y organismos intergubernamentales han tratado de limitar los efectos perniciosos de este tipo de discursos, pero estos esfuerzos en ocasiones pueden entrar en colisión con el derecho a la libertad de expresión garantizado por números tratados, constituciones nacionales o legislaciones internas, lo que obliga a una adecuada ponderación de los derechos o bienes jurídicos en conflicto. Ello ha llevado a plantear el alcance de ese derecho, sobre todo cuando quienes lo usan lo utilizan en contra de los propios derechos y libertades fundamentales y, por ende, del Estado democrático. En este sentido, LOCKE mantuvo que las controversias tenían que resolverse en un marco de pluralismo y tolerancia y que estos principios no pueden permitir aquellas conductas o manifestaciones que justamente los nieguen[7].

El derecho a la libertad de expresión está protegido tanto por las normas internacionales (cfr. Arts. 19 DUDH, 19 PIDCP, 13 CADH, 10 CEDH y 11 CDFUE[8]) como por las normas

---

[6] Ver BARATA, J.: "The internet and Freedom of Expression: Exploring the frontiers of Online Speech", en *International Journal of Communications Law and Policy*, vol. 19, n° 1 (2015), pp. 26 y ss.

[7] LOCKE, J.: *Carta de la Tolerancia*, Tecnos, Madrid, 1994, pp. 17 y ss.

[8] Art. 19 DUDH: "*Todo individuo tiene derecho a la libertad de opinión y de expresión; este derecho incluye el de no ser molestado a causa de sus opiniones, el de investigar y recibir informaciones y opiniones, y el de difundirlas, sin limitación de fronteras, por cualquier medio de expresión*".
Art. 19 PIDCP: "*1. Nadie podrá ser molestado a causa de sus opiniones. 2. Toda persona tiene derecho a la libertad de expresión; este derecho comprende la libertad de buscar, recibir y difundir informaciones e ideas de toda índole, sin consideración de fronteras, ya sea oralmente, por escrito o en forma impresa o artística, o por cualquier otro procedimiento de su elección.*"

3. El ejercicio del derecho previsto en el párrafo 2 de este artículo entraña deberes y responsabilidades especiales. Por consiguiente, puede estar sujeto a ciertas restricciones, que deberán, sin embargo, estar expresamente fijadas por la ley y ser necesarias para:

a) Asegurar el respeto a los derechos o a la reputación de los demás;

b) La protección de la seguridad nacional, el orden público o la salud o la moral públicas".

Art. 13 CADH: "*1. Toda persona tiene derecho a la libertad de pensamiento y de expresión. Este derecho comprende la libertad de buscar, recibir y difundir informaciones e ideas de toda índole, sin consideración de fronteras, ya sea oralmente, por escrito o en forma impresa o artística, o por cualquier otro procedimiento de su elección.*

2. El ejercicio del derecho previsto en el inciso precedente no puede estar sujeto a previa censura sino a responsabilidades ulteriores, las que deben estar expresamente fijadas por la ley y ser necesarias para asegurar:

a) el respeto a los derechos o a la reputación de los demás, o

b) la protección de la seguridad nacional, el orden público o la salud o la moral públicas.

3. No se puede restringir el derecho de expresión por vías o medios indirectos, tales como el abuso de controles oficiales o particulares de papel para periódicos, de frecuencias radioeléctricas, o de enseres y aparatos usados en la difusión de información o por cualesquiera otros medios encaminados a impedir la comunicación y la circulación de ideas y opiniones.

4. Los espectáculos públicos pueden ser sometidos por la ley a censura previa con el exclusivo objeto de regular el acceso a ellos para la protección moral de la infancia y la adolescencia, sin perjuicio de lo establecido en el inciso 2".

Art. 10 CEDH: "1. *Toda persona tiene derecho a la libertad de expresión. Este derecho comprende la libertad de opinión y la libertad de recibir o de comunicar informaciones o ideas sin que pueda haber injerencia de autoridades públicas y sin consideración de fronteras. El presente artículo no impide que los Estados sometan a las empresas de radiodifusión, de cinematografía o de televisión a un régimen de autorización previa.*

2. El ejercicio de estas libertades, que entrañan deberes y responsabilidades, podrá ser sometido a ciertas formalidades, condiciones, restricciones o sanciones, previstas por la ley, que constituyan medidas necesarias, en una sociedad democrática, para la seguridad nacional, la integridad territorial o la seguridad pública, la defensa del orden y la prevención del delito, la protección de la salud o de la moral, la protección de la reputación o de los derechos

constitucionales de la mayoría de los países del mundo (cfr.
por todos, Art. 20 CE[9]). Pero esas mismas normas prohíben las
expresiones que constituyan una incitación al odio y a la violencia (cfr. Arts. 20.2 PIDCP y 13.5 CADH[10]), sobre la base de

*ajenos, para impedir la divulgación de informaciones confidenciales o para
garantizar la autoridad y la imparcialidad del poder judicial".*
Art. 11 CDFUE: "*1. Toda persona tiene derecho a la libertad de expresión.
Este derecho comprende la libertad de opinión y la libertad de recibir o comunicar informaciones o ideas sin que pueda haber injerencia de autoridades
públicas y sin consideración de fronteras.
2. Se respetan la libertad de los medios de comunicación y su pluralismo".*
[9]   Art. 20 CE: "*1. Se reconocen y protegen los derechos:
a) A expresar y difundir libremente los pensamientos, ideas y opiniones mediante la palabra, el escrito o cualquier otro medio de reproducción.
b) A la producción y creación literaria, artística, científica y técnica.
c) A la libertad de cátedra.
d) A comunicar o recibir libremente información veraz por cualquier medio
de difusión. La ley regulará el derecho a la cláusula de conciencia y al secreto
profesional en el ejercicio de estas libertades.
2. El ejercicio de estos derechos no puede restringirse mediante ningún tipo de
censura previa.
3. La ley regulará la organización y el control parlamentario de los medios
de comunicación social dependientes del Estado o de cualquier ente público y
garantizará el acceso a dichos medios de los grupos sociales y políticos significativos, respetando el pluralismo de la sociedad y de las diversas lenguas de
España.
4. Estas libertades tienen su límite en el respeto a los derechos reconocidos en
este Título, en los preceptos de las leyes que lo desarrollen y, especialmente, en
el derecho al honor, a la intimidad, a la propia imagen y a la protección de
la juventud y de la infancia.
5. Sólo podrá acordarse el secuestro de publicaciones, grabaciones y otros
medios de información en virtud de resolución judicial".*
[10]   Art. 20.2 PIDCP: "*Toda apología del odio nacional, racial o religioso que
constituya incitación a la discriminación, la hostilidad o la violencia estará
prohibida por la ley".*
Art. 13.5 CADH: "*Estará prohibida por la ley toda propaganda en favor de
la guerra y toda apología del odio nacional, racial o religioso que constituyan incitaciones a la violencia o cualquier otra acción ilegal similar contra*

la dignidad humana (cfr. Art. 1 DUDH[11]), ya que ello podría entenderse como una violación bien del propio sistema democrático[12], bien de los propios valores de la norma de reconocimiento (Arts. 17 CEDH y 52 CDFUE[13]).

Desgraciadamente asistimos a un más que preocupante rebrote de actitudes violentas, intolerantes, racistas y xenófobas en el que se ven involucradas personas que nacieron en regímenes de libertades[14]. Esta lacra no es un problema doméstico,

---

cualquier persona o grupo de personas, por ningún motivo, inclusive los de raza, color, religión, idioma u origen nacional".

[11] Art. 1 DUDH: "*Todos los seres humanos nacen libres e iguales en dignidad y derechos y, dotados como están de razón y conciencia, deben comportarse fraternalmente los unos con los otros*".

[12] Art. 5.0 CAlemana: "*1. Cada uno tendrá derecho a expresar y difundir su opinión por la palabra, el escrito y la imagen, y a informarse en las fuentes de acceso general. Se garantizan la libertad de prensa (Pressefreiheit) y la libertad de información a través de la radiofonía y del cinematógrafo. No se podrá establecer la censura.*
2. Estos derechos no tendrán más límites que los preceptos de las leyes generales, las disposiciones legales para la protección de los menores y el derecho al honor personal.
3. Serán libres el arte y la ciencia, la investigación y la enseñanza. La libertad de enseñanza no exime, sin embargo, de la lealtad a la Constitución".

[13] Art. 17 CEDH: "*Ninguna de las disposiciones del presente Convenio podrá ser interpretada en el sentido de que implique para un Estado, grupo o individuo, un derecho cualquiera a dedicarse a una actividad o a realizar un acto tendente a la destrucción de los derechos o libertades reconocidos en el presente Convenio o a limitaciones más amplias de estos derechos o libertades que las previstas en el mismo*".
Art. 52 CDFUE: "*Ninguna de las disposiciones de la presente Carta podrá ser interpretada en el sentido de que implique un derecho cualquiera a dedicarse a una actividad o a realizar un acto tendente a la destrucción de los derechos o libertades reconocidos en la presente Carta o a limitaciones más amplias de estos derechos y libertades que las previstas en la presente Carta*".

[14] Véase, ECRI: *Informe sobre España*, 2016; ACNUDH: *Informe de 2019*.

sino que afecta a todas las democracias de mundo[15]. Así, las demandas de protección de colectivos mayoritarios o de minorías históricamente objeto de agresión, más o menos vulnerables, conforman uno de los puntos de referencia que, al alzar legítimamente su voz, sirven el campo de ponderación de intereses y hacen girar la cabeza desde la mirada garantista para con el ejercicio de los derechos fundamentales, hacia la necesidad imperiosa de su limitación en aras a la protección del agredido, a su colectivo de referencia y, finalmente, a la propia sociedad y su marco de convivencia democrática[16]. Baste a este respecto con mencionar desde la Alemania nazi y el Ku Klux Klan en Estados Unidos, a Bosnia en los noventa y el genocidio de Ruanda en 1994; en todos ellos se emplearon expresiones de odio para acosar, perseguir o justificar privaciones de los derechos humanos y, en su máximo extremo, racionalizar el asesinato[17].

Simultáneamente, desde otro ángulo, son numerosos y continuos los casos de raperos, cantantes, pintores, artistas en general, líderes políticos, religiosos o sociales, pero también ciudadanos que protagonizan declaraciones o expresiones que

---

[15] Así, por ejemplo, la Anti-Difamation League (ADL) ha señalado que "*los delitos de odio en EEUU alcanzaron en 2019 su nivel más alto en más de una década (…) y que la retórica y la propaganda de los grupos extremistas y las figuras públicas, han contribuido a un clima de polarización política y tensión social*" (cit. en *The Tear in Hate and Extremism*, 2019).

[16] Véanse a este respecto, FUENTES OSORIO, J.L.: "El odio como delito", en *Revista electrónica de Ciencia Penal y Criminología*, núm. 19 (2017), pp. 1-52; ID.: "Concepto de "odio" y sus consecuencias penales", en MIRÓ LLINARES, F. (DIR.): *Cometer delitos en 140 caracteres. El derecho penal ante el odio y la radicalización en Internet*, Marcial Pons, Madrid 2017, pp. 131-154.

[17] El Secretario General de las NNUU, en diciembre de 2020, señaló que "*el discurso de odio es una amenaza para la vida humana. Está socavando los esfuerzos de prevenir y combatir la pandemia, descarrilando la recuperación y destruyendo los cimientos mismos de la cohesión social*".

acaban por ser objeto de debate y controversia por su eventual relevancia penal como discurso de odio merecedor de castigo. En este sentido, baste con mencionar que la poca o nula tolerancia a la diversidad de creencias y convicciones o el fanatismo en estas ha generado "choques" o conflictos entre los diferentes credos o convicciones en todo el mundo y en todas las épocas[18]. Algunos ejemplos actuales de estos conflictos los encontramos en lo ocurrido con el libro: *Los versos satánicos*, de Salman Rashdie, en 1988, y sus recientes consecuencias que han culminado en el ataque al escritor (en 2022), o con la película: *La última tentación de Cristo*, de Martin Scorsese, en 1988, así como con las publicaciones de las caricaturas de Mahoma, en 2005[19], o con las acciones en las redes sociales sobre apolo-

---

[18]   Cfr. ARMSTRONG, Karen: *Una historia de Dios. 4000 años de búsqueda en el judaísmo, el cristianismo y el islam*, Ed. Paidós, Barcelona 2002; FUKUYAMA, Francis: *El fin de la historia y el último hombre*, Ed. Planeta, Barcelona 1992; FUKUYAMA, Francis: *¿El fin de la Historia? y otros ensayos*, Alianza Editorial, Madrid 2015; HUMTINGTOM, Samuel: *El choque de civilizaciones y la reconfiguración del orden mundial*, Ed. Paidós, Barcelona 2017; SARTORI, Giovanni: *La sociedad multiétnica*, Ed. Taurus, Madrid 2003.

[19]   La publicación de viñetas en un diario danés, *Jyllands-Posten*, en septiembre de 2005 resultó ser ofensiva para diversos países musulmanes y provocó en enero de 2006 demostraciones populares y violentas protestas en estos países. Las viñetas incluían imágenes poco halagüeñas y socarronas de los musulmanes y caricaturas del profeta Mahoma, incluso una viñeta que representaba a Mahoma de turbante con la forma de una bomba a punto de explotar. Los musulmanes suelen considerar como blasfemas las imágenes, por no decir las caricaturas, del profeta. La controversia condujo en algunas instancias al rompimiento de relaciones diplomáticas entre Estados árabes y Dinamarca, ataques a embajadas danesas y amenazas de muerte a los responsables de la publicación. Las viñetas fueron publicadas en diarios de otros países europeos, incluso Francia y Alemania, y podían verse en Internet. Para leer informes sobre las protestas véanse: BILEFSKY, D.: "Denmark is Unlikely Front in Islam-West Culture

gía de la guerra o del terrorismo por parte de grupos yihadistas como Al Qaeda o Daesh[20].

Estos mencionados hechos son sólo pequeños atisbos de fracturas sociales, culturales y religiosas en las que vivimos. Basta poner el dedo en la llaga para que las heridas del fanatismo y la sinrazón se amotinen en una trinchera de intolerancia y odio, algunas de cuyas manifestaciones de reprobación se ma-

---

War", en *New York Times*, 8 de enero de 2006; Craig SMITH y Ian FISHER: "Temperatures Rise over Cartoons Mocking Mohammed", en *New York Times*, 3 de febrero de 2006; Carlotta GALL y Craig SMITH: "Muslim Protests against Cartoons Spread", en *New York Times*, 7 de febrero de 2006. Para leer un comentario acerca de la controversia, véase el artículo de Agnès CALLAMARD: "Prophetic Fallacy", en *The Guardian*, 2 de febrero de 2006. Al momento de la controversia, el eminente filósofo Ronald DWORKIN, escribió: "la libertad de exposición es condición de un Gobierno legítimo... La religión debe adecuarse a la democracia, no a la inversa... No puede pensarse que las convicciones religiosas de alguien prevalezcan sobre la libertad que posibilita la democracia". Véase, "Even bigots and Holocaust deniers must have their say", en *The Guardian*, 14 de febrero de 2006. Ver a este respecto, ATIENZA, M.: "Las caricaturas de Mahoma y la libertad de expresión", en *Revista Internacional de Filosofía Política*, 2007, pp. 65-72; FERREIRO GALGUERA, J.: "Las caricaturas de Mahoma y la jurisprudencia del Tribunal Europeo de los Derechos Humanos", en *Revista Electrónica de Estudios Internacionales*, núm. 12 (2006), pp. 1-40.

[20] Estos grupos están utilizando memes, emojis y otros elementos de la cultura popular para difundir sus mensajes y conectarse con audiencias jóvenes. Véanse, MILLER-IDRISS, C.: "The Extreme Gone Mainstream: Commercialization and Far Right Yunth Culture in Germany", consultar en línea: https://press.princeton.edu/books/hardcover/9780691170206/the-extreme-gone-mainstream (visitado por última vez el 26 de enero de 2024); MILLER-IDRISS, C.: "Hate in the Homeland: The New Global Far Right", consultar en línea: https://press.princeton.edu/books/paperback/9780691222943/hate-in-the-homeland (visitado por última vez el 29 de enero de 2024).

terializan en muerte y desolación, como lo ocurrido en el semanario satírico *Charlie Hebdo*, el 7 de enero de 2015, o en el teatro Bataclán, en noviembre de 2015, así como en los atentados de 11-Marzo (de 2004) y de 17-Abril (de 2015) en Madrid y Barcelona, respectivamente. Los presentes actos de terrorismo merecen, sin ningún embate, una enérgica condena, pues las acciones violentas difícilmente encuentran justificación en una sociedad democrática. No obstante, tampoco podemos ignorar que determinadas publicaciones o actividades fomentan el racismo y la intolerancia hacia grupos concretos, lo que produce un conflicto entre la aceptación o no de ciertas apologías del odio.

Tal y como ha puesto de manifiesto SOTELO, éste es uno de los graves problemas con el que se enfrentan las sociedades actuales, tanto a nivel interna como global[21], y frente al que no caben titubeos pues es imposible avanzar en un régimen de libertades si, *prima facie*, no se corta de raíz dichos comportamientos que convierten en ilusorios los derechos y libertades de las personas que son objeto de los ataques de los intolerantes[22].

Todo ello nos sitúa ante la paradoja de la tolerancia que planteara POPPER: ¿Hasta dónde tolerar a los intolerantes? ¿Hasta dónde reconocer libertad a los enemigos de la libertad?[23]. Y respecto de la cual, dicho autor será tajante: *"hay una insensatez,*

---

[21] SOTELO, Ignacio: "El racismo, el mayor peligro del siglo XXI", en *El País*, de 12 de noviembre de 2000, p. 21.

[22] CATALÁ Y BAS, Alexander: "¿Tolerancia frente a la intolerancia? El respeto a los valores y principios democráticos como límite a la libertad de expresión", en *Cuadernos de Derecho Político*, núm. 14 (2001), pp. 132-132 (consultar en línea: https://revistasonline. inap.es/index.php/CDP/article/download/630/685; visitado por última vez el 11 de enero de 2024).

[23] POPPER, Karl: *La sociedad abierta y sus enemigos*, Paidós, Barcelona-Buenos Aires, 2006.

la intolerancia, difícil de tolerar: en realidad, es aquí donde encuentra su límite la tolerancia. Si concedemos a la intolerancia el derecho a ser tolerada, destruimos la tolerancia y el Estado constitucional"[24].

Ello hace, además, que la protección o tutela contra los discursos (delitos) de odio vaya más allá de los propios Estados, y es por ello por lo que son múltiples los organismos internacionales que han dedicado parte de su actividad a los discursos (delitos) de odio, destacando a este respecto la actividad desarrollada, a nivel universal, en el seno de las Naciones Unidas; en el ámbito americano, la labor desarrollada por la Organización de Estados Americanos, y en el ámbito regional europeo, la llevada a cabo por la OSCE, el Consejo de Europa y la Unión Europea. Amén de que las manifestaciones públicas que incitan al odio basado en prejuicios religiosos representan un peligro para la paz social y la estabilidad política de los Estados democráticos[25].

A este respecto, y con motivo de la presentación del Plan de acción, de las Naciones Unidas, para líderes y actores religio-

---

[24] POPPER, Karl: *En busca de un mundo mejor*, Ed. Paidós, Barcelona, 1994, p. 244. *En esta misma línea se ha pronunciado SARTORI, para quien "el tolerar no es, ni puede ser, algo ilimitado" y que la tolerancia es elástica hasta cierto punto* (SARTORI, Giovanni: *La sociedad multiétnica. Pluralismo, multiculturalismo y extranjeros*, Taurus, Madrid, 2001, p. 42). Por su parte, CHOMSKY plantea la necesidad de una respuesta democrática a los discursos de odio, y argumenta que el discurso de odio debe ser entendido como una forma de violencia verbal y no como una forma de expresión libre (CHOMSKY, N.: *La libertad y la democracia en el discurso del odio*, 2017; CHOMSKY, J.: *Discurso de odio y libertad de expresión*, 2011; CHOMSKY, J.: *El discurso del odio y la cultura de la censura*, 2010; CHOMSKY, J.: *La cultura de la censura*, 2008)

[25] Véanse, TAGUIEFF, P.A.: *Face Au Racisme. Vol. 1. les Moyens D'Agir*, 2011; TAGUIEFF, P.A.: *Face Au Racisme. Vol. 2. Analyses, Hypotheses, Perspectives*, 2012; WIEVIORKA, M.: "Los avatares del odio", consultar en línea: https://unesco.unesco.org/ark:/48223/pf0000102557. spa (visitado por última vez el 27 de enero de 2024).

sos, relativo a la Prevención de la Incitación a la Violencia, su Secretario General, D. Antonio Guterres, destacó el "alarmante aumento" de los discursos de odio, tanto en internet como en otros espacios, y de los mensajes que animan a utilizar la violencia. En concreto, para el Secretario General:

> "el discurso del odio es en sí mismo un ataque a la tolerancia, la inclusión, la diversidad y la esencia misma de nuestras normas y principios de derechos humanos. En general, socava la cohesión social, erosiona los valores compartidos y puede sentar las bases de la violencia, haciendo retroceder la causa de la paz, la estabilidad, el desarrollo sostenible y el cumplimiento de los derechos humanos para todos".

Por ello, las Naciones Unidas han insistido en la necesidad de tomar acciones contra esos mensajes con el fin de prevenir atrocidades como genocidios o crímenes contra la humanidad, y para ello ha elaborado el reseñado Plan de Acción. Un Plan de acción que está pensado principalmente como una guía para los líderes religiosos y en el que se incluyen toda una serie de recomendaciones para que los mismos, así como los agentes religiosos, a través de su liderazgo, contribuyan a la paz y la estabilidad. El diálogo entre los distintos agentes se convierte así en un instrumento absolutamente necesario para superar la lacra del discurso dl odio y de la incitación a la violencia. En este sentido, y con motivo de una reunión auspiciada por la ONU y el KAICIID, en Viena, el Secretario General ha señalado que "*debemos actuar ahora para fortalecer la inmunidad de nuestras sociedades contra el virus del odio. Por ello, hoy pido que no se escatimen esfuerzos para erradicar el discurso del odio en todo el mundo*".

La realidad es que los discursos de odio provengan de donde provengan son una causa de preocupación en las sociedades modernas. El odio, el extremismo y su discurso está hoy presente en nuestras sociedades como una realidad más. El problema está en su normalización o no; y esperemos que ello no se normalice. En consecuencia, el discurso del odio es y tiene su razón de ser en un "desprecio" del otro por el sólo hecho de ser diferente, lo que lleva implícito el germen de la discriminación y la intolerancia. Y uno de esos motivos no es otro que la discriminación e intolerancia religiosa o de creencias (antisemitismo, islamofobia, cristianofobia, etc.). Atenta, pues, contra la esencia misma de la dignidad humana. Es aquí, por tanto, donde el delito de odio encuentra su razón de ser y el bien jurídico a proteger.

Una protección o tutela que -como se ha señalado- va más allá de los propios Estados, atribuyendo a los citados organismos internacionales funciones que -como ha puesto de manifiesto QUESADA ALCALÁ- van

"desde la promoción de los derechos humanos en su relación con la no discriminación y la tolerancia, a través de informes, recomendaciones y recogida y centralización de datos, hasta logar -en el caso del Tribunal Europea de Derechos Humanos una verdadera función protectora del individuo frente a los delitos de odio. La presente actividad no puede si no entenderse como complementaria de la que deben realizar los Estados en su compromiso en la lucha contra la intolerancia y la violencia"[26].

Para desarrollar el presente trabajo, se va a analizar, en primer término, la actividad desarrollada por las organizaciones internacionales en la materia, y para ello iremos de una mayor a una menor extensión espacial y, por tanto, de la Organización de las Naciones Unidas (capítulo I) a la Unión Europea (capítulo V), pasando por la Organización de Estados Americanos (capítulo II), la Organización para la Seguridad y la

---

[26] QUESADA ALCALÁ, Carmen: "La labor del Tribunal Europeo de Derechos Humanos en torno al discurso de odio en los partidos políticos: coincidencias y contradicciones con la jurisprudencia española", en *Revista electrónica de Estudios Internacionales*, núm. 30 (2015), p. 2 (consultar en línea: https://dialnet.unirioja.es/descarga/articulo/5335857.pdf; visitado por última vez el 11 de enero de 2024).

Cooperación en Europa (capítulo III) y el Consejo de Europa (capítulo IV). Los datos son otro de los factores que ponen de manifiesto la importancia de la temática abordada, y a este respecto resultan de interés traer a colación, tanto los estudios realizados por instituciones de reconocido prestigio como informes elaborados en el propio seno de las organizaciones internacionales, destacado a este respecto los realizados por diferentes organismos de la Unión Europea. Esta materia será abordada en el capítulo VI de la obra.

Tras el análisis de toda la actividad desarrollada por parte de las organizaciones internacionales reseñadas, así como de los datos relacionados con la importancia de la actitud y sobre las motivaciones de odio, se abordará la cuestión relativa al ámbito conceptual desde el plano de las expresiones en concurso como son el delito de odio, los discursos de odio, la incitación al odio, así como a términos conexos como intolerancia o discriminación, genocidio, etc.; y a ello dedicaremos el capítulo VII.

El último ámbito espacial de estudio estará referido a España (capítulo VIII), donde se afrontará, además de las libertades de expresión y de conciencia, la evolución producida respecto a los delitos de odio, así como otros posibles límites a la libertad de expresión y que encuentran su reflejo en el Derecho penal.

Capítulo I

Discurso de odio e intolerancia religiosa o de creencias en las Naciones Unidas: estrategias y planes de acción

1. CONSIDERACIONES GENERALES

En las últimas décadas, la preocupación por los discursos de odio ha adquirido a nivel global una gran relevancia, lo que ha tenido su lógico reflejo en el seno de la Organización de las Naciones Unidas. Como ha señalado la Relatora especial de la ONU para la Prevención del Genocidio, la Sra. Wairimu Nredit, "*ninguna sociedad en el mundo es inmune al discurso de odio*". En este sentido, cabe señalar que hace sesenta años la DUDH proclamó "*como la aspiración más elevada del hombre, el advenimiento de un mundo en que los seres humanos, liberados del temor y de la miseria, disfruten de la libertad de palabra y de la libertad de creencias*"[27]. Las libertades de expresión y convicciones se situaron así una al lado de la otra cuando nació el sistema internacional de derechos humanos. Hoy día esas dos libertades (es decir, más concretamente, el derecho a la libertad

---

[27] Al hacerlo, el segundo párrafo de la DUDH repite las cuatro libertades expuestas claramente por el presidente Franklin D. Roosevelt en su discurso sobre el Estado de la Unión dirigido al Congreso de Estados Unidos, del 6 de enero de 1941: libertad de palabra y de expresión, libertad de religión, liberación de la miseria y derecho a vivir libre de temor. El texto del discurso original en inglés está disponible en línea: http:/www.fdrlibrary.marist.edu/od4freed.html (Página visitada por última vez el 30 de mayo de 2023).

de expresión y el derecho a la libertad de religión) a menudo parecen -como se ha puesto de manifiesto *supra*- hallarse en un conflicto sin solución. Por ello, la temática del discurso de odio resulta sin lugar a duda una cuestión compleja en la que confluyen otras realidades como pueden ser la incitación al odio y la violencia raciales y religiosos[28], la erradicación de la intolerancia religiosa[29]; la lucha contra la difamación de las religiones[30], la promoción de la tolerancia[31], la protección de las minorías[32], los derechos humanos y la lucha contra el terrorismo[33] y el diálogo entre culturas y religiones[34]. En definitiva, el discurso de odio -como manifiesta el Secretario General de la

---

[28] Docs. A/HRC/2/3 y A/HRC/10/31/Add.3.

[29] Doc. A/HRC/6/5; y A/64/159.

[30] Docs. A/HRC/9/12; A/HRC/12/38, y A/HRC/13/57. A este respecto debemos hacer referencia a sendos estudios presentados por la Alta Comisionada para los Derechos Humanos donde, en el primero de ellos, se realiza una compilación de las legislaciones y la jurisprudencia vigentes sobre la difamación y el desprecio de las religiones (A/HRC/9/25), mientras que en el segundo -y de conformidad con la resolución 7/19 sobre la lucha contra la difamación de las religiones (A/HRC/9/7) se recopilaron las contribuciones de los Estados, las organizaciones regionales y las organizaciones no gubernamentales (ONG) y se llegó a la conclusión de que en la mayoría de las respuestas se reflejaba la preocupación por la creciente tendencia a dar una imagen negativa de la religión en los medios de comunicación y en los debates políticos, así como por las políticas y las prácticas que parecían aplicarse a las personas por causa de su religión (A/HRC/9/7, párr. 64). Cabe citar un tercer Informe, en esta ocasión presentado por el Secretario General a la Asamblea General en su sexagésimo cuarto período de sesiones (A/64/209) y dedicado igualmente a la lucha contra la difamación de las religiones.

[31] Doc. A/HRC/12/36.

[32] Doc. A/HRC/10/38.

[33] Docs. A/HRC/4/26; A/HRC/8/13; A/HRC/6/17; A/64/186; y A/HRC/12/22.

[34] Doc. A/64/325.

ONU, Sr. GUTERRES- "deshumaniza a las personas y a las comunidades". Todo ello ha dado lugar a una ingente actividad que no siempre ha tenido su reflejo en resultados positivos y de eficacia. Pero de lo que tampoco cabe duda es que, sin ellos, el incremento de la violencia hubiera resultado superior. Tomar conciencia de esta realidad resulta, pues, un factor esencial en la lucha antiodio y conocer la actividad desarrollada y desplegada por la ONU absolutamente necesaria.

En este primer Capítulo vamos a centrar nuestra investigación en la actividad llevada a cabo por las Naciones Unidas, y a este respecto se va a diferenciar tres estadios o momentos en la evolución y desarrollo de esta cuestión. Debemos precisar desde este momento inicial que, aunque la temática del discurso del odio es relativamente actual, no se puede afirmar que resulte nueva en la actividad de la presente organización internacional, toda vez que la lucha contra la discriminación y la intolerancia y la protección de las minorías, así como la defensa de los derechos y libertades fundamentales, constituyen factores presentes desde el mismo momento de su creación[35].

2. INTOLERANCIA, NO DISCRIMINACIÓN Y MINORÍAS

Históricamente, y por lo que al ámbito de las Naciones Unidas se refiere, la temática del discurso de odio ha ido tomando forma en el contexto más amplio de la intolerancia y la discriminación en general[36], y de la intolerancia y la discriminación

---

[35] Cfr. CONTRERAS MAZARÍO, José Mª: *Las Naciones Unidas y la protección de las minorías religiosas. De la tolerancia a la interculturalidad*, Ed. Tirant lo Blanch, Valencia 2004.

[36] Véanse a este respecto, LANDA GOROSTIZA, J.M.: "La regulación penal alemana sobre la discriminación racial y la xenofobia tras la nueva «Ley de lucha contra la criminalidad», del 28 de octubre de 1994", en *Anuario de Derecho penal y Ciencias penales* 1996, vol. XLIX-2

racial y religiosa en particular[37]; constituyendo la presente temática el primero de los ámbitos. En este sentido, cabe afirmar que, si bien los Estados miembros de la ONU han logrado avances significativos hacia el desarrollo de un marco internacional para abordar el discurso del odio, los esfuerzos multilaterales para mitigar este problema e implementar políticas a nivel nacional y mundial se han visto obstaculizados por la sensibilidad del tema.

El *impasse* es el resultado de diferencias conceptuales entre Estados miembros a la hora de determinar cómo combatir la intolerancia y la discriminación. En este sentido, cabe señalar que la Unión Europea, junto con los Estados Unidos y otros Estados "occidentales", han defendido el enfoque amplio de la libertad *"de religión"*[38], y con ella sostener que la libertad de

---

(1996), pp. 529-589, en especial pp. 540-541; LANDA GOROSTIZA, J-M.: *La intervención penal frente a la xenofobia. Problemática general con especial referencia al «delito de provocación» del artículo 510 del Código penal*, Universidad del País Vasco/Euskal Herriko Unibertsitatea, Bilbao, 2000, pp. 81 y ss.

[37] Cfr. CONTRERAS MAZARÍO, José Mª: "La libertad religiosa y la no discriminación por motivos religiosos en la Comisión de Derechos Humanos de las Naciones Unidas". En *Anuario de derecho eclesiástico del Estado*, vol. 5 (1989), pp. 19-32; CONTRERAS MAZARÍO, José Mª: "La protección internacional de las minorías religiosas: algunas consideraciones en torno a la declaración de los derechos de las personas pertenecientes a minorías y al Convenio-Marco sobre la protección de las minorías", en *Anuario español de derecho internacional*, núm. 15 (1999), pp. 159-204; CONTRERAS MAZARÍO, José Mª: "El estatuto jurídico-internacional de las minorías religiosas: un recorrido desde la Sociedad de las Naciones a la Organización de las Naciones Unidas", en AMERIGO CUERVO-ARANGO, Fernando: *Religión, religiones, identidad, identidades, minorías. Actas del V Simposio de la Sociedad Española de Ciencias de las Religiones, Valencia, 1-3 de febrero de 2002*, Madrid 2003, pp. 105-136.

[38] Respecto de este primer sentido, la Resolución de la AG, de 5 de mayo de 1993, reafirma que la libertad de pensamiento, conciencia,

expresión debe ser casi absoluta. Ahora bien, en el otro lado, la Organización de Cooperación Islámica (antes Organización de la Conferencia Islámica) ha favorecido tradicionalmente la temática de la "difamación de la religión "[39], y con ella la restricción de la libertad de expresión cuando ésta se utilice para difamar religiones o a sus seguidores. La lucha contra la difamación de las religiones es el objeto de una serie de Resoluciones adoptadas, primero, por la Comisión de Derechos Humanos y, después, por el Consejo de Derecho Humanos, desde 1998. En este sentido, la Resolución, de 17 de abril de ese año (1998) [40], presentada dentro del Programa «sobre el racismo, la discrimi-

---

religión y convicciones es un derecho humano que debe ser garantizado a todos sin discriminación, y se condenan los actos de odio, la intolerancia y la violencia contra las religiones o provocadas por el extremismo religioso (Puntos 1 y 2). Seguidamente insta a los Estados a reconocer y garantizar a todas las personas la práctica del culto o a celebrar reuniones en relación con las religiones o las convicciones; a tutelar el derecho a fundar y a mantener lugares para la realización de estos fines (Punto 9); y a garantizar el pleno respeto y protección de los santuarios, lugares y edificios sagrados (Punto 10).

En términos similares se pronuncian las Resoluciones de 25 de febrero de 1994 (E/CN.4/RES/1994/18), 24 de febrero de 1995 (E/CN.4/RES/1995/23), 19 de abril de 1996 (E/CN.4/RES/1996/23), 11 de abril de 1997 (E/CN.4/RES/1997/18), 9 de abril de 1998 (E/CN.4/RES/1998/18), 26 de abril de 1999 (E/CN.4/RES/1999/39), 20 de abril de 2000 (E/CN.4/RES/2000/33), y 23 de abril de 2001 (E/CN.4/RES/2001/42).

[39] Véanse, CERONE, J.: "Inappropriate renderings: the danger of reductionist resolutions", en *Brooklyn Journal of International Law*, vol. 33 (2008), pp. 357 y ss.; GRINBERG, M.: "Defamation of Religions v Freedom of Expression: Finding the Balance in a Democratic Society", en *Sri Lanka Journal of International Law*, vol. 18 (2006), pp. 197 y ss.; TEMPERMAN, J.: "Blasphemy, Defamation of Religions and Human Rights Law", en *Netherlands Quarterly of Human Rights*, vol. 26 (2008), pp. 517 y ss.

[40] E/CN.4/RES/1998/26 (en línea: https://ap.ohchr.org/documents/alldocs.aspx?doc_id=4546; consulta: 20/9/ 2023).

nación racial, la xenofobia y formas conexas de intolerancia»[41], volvía a subrayar la preocupación por la propagación de ideas y actos antisemitas y los ataques al islam y a las comunidades cristianas, exhortando a todos los gobiernos a colaborar con los órganos de las Naciones Unidas con competencias en materia de derechos humanos y, singularmente, con el Relator especial, para examinar los incidentes y proponer soluciones en los casos de discriminación contra árabes y musulmanes, y en el antisemitismo (punto 20)[42].

Ahora bien, el término "difamación de las religiones" no figura en el texto hasta la tercera resolución de la Comisión de Derechos Humanos de 2001[43]. Sin embargo, ninguna de las resoluciones de la Comisión de Derechos Humanos (y, posteriormente, el Consejo de Derechos Humanos) hasta la fecha definen la noción de difamación de las religiones, que figura como término técnico para insinuar un fenómeno bien definido que es "una ofensa grave contra la dignidad humana" mis-

---

[41]   Durante las negociaciones de la primera resolución de la Comisión de Derechos Humanos de las Naciones Unidas, la India sostuvo que sería más apropiado que el proyecto de resolución perteneciera al inciso sobre "derechos civiles y políticos" del programa bajo el inciso "tolerancia religiosa".

[42]   Un año después, en 1999, el tema específico de la difamación de las religiones es objeto de atención en la Resolución de 30 de abril, Doc. E/CN.4/RES/1999/82 (en línea: https://ap.ohchr.org/documents/alldocs.aspx?doc_id=4690; consulta: 20/9/2023). En ella la Comisión propone una serie de medidas para luchar contra los ataques a determinadas religiones y la incitación al odio religioso. En el marco de la condena que realiza a la existencia de estereotipos negativos de ciertas religiones, subraya la necesidad de que acaben los ataques físicos contra lugares de culto y símbolos religiosos (punto 2). En términos parecidos se pronuncia la Resolución de 20 de abril de 2000 (E/CN.4/RES/2000/84).

[43]   Resolución 2001/4, del 18 de abril de 2001.

ma[44]. Para algunos Estados[45], por el contrario, la difamación de las religiones se considera no sólo como incongruente con respecto a la protección de los derechos humanos, sino incompatible con los "objetivos de una verdadera mundialización y con la promoción y el mantenimiento de la paz y la seguridad internacionales"[46]. No obstante, cabe señalar que, durante décadas, varios Estados, incluidos los Estados Unidos (caso *Brandenburg vs. Ohio*) y la Unión Europea, han mantenido una legislación sobre el discurso de odio que prohíbe expresiones inflamatorias específicas de la libertad de expresión[47].

---

[44] Resolución del CDH del 26 de marzo de 2009, párrafo 10 del Preámbulo.

[45] En una etapa del proceso, Estados Unidos mencionó la introducción de una cláusula que prohibiese la difamación de las religiones en el texto de trabajo del proyecto de documento final como justificación de su posible retiro de la conferencia. Italia y Canadá dieron a entender de manera inequívoca que boicotearían el proceso de la Conferencia de Examen de Durban, mientras que el Reino Unido, Francia, los Países Bajos y Australia también habían amenazado distintas veces con retirarse si el texto no se modificaba de acuerdo con su parecer.

[46] Resoluciones de la CDH 2002/9 del 15 de abril de 2002, párrafo 15 del Preámbulo; 2003/4 del 14 de abril de 2003, párrafo 13 del preámbulo; y 2004/6 del 13 de abril de 2004, párrafo 13 del preámbulo.

[47] El número creciente de llamados para la promulgación de leyes nacionales en materia de discurso que incita al odio, o por lo menos una aplicación más enérgica de éstas para penalizar expresiones ofensivas o injuriosas para los creyentes, han obtenido apoyo debido a un evidente aumento en la islamofobia (por ejemplo, los debates que llevaron a la aprobación de la Ley contra el odio racial y religioso de 2006 en el Reino Unido). La prohibición de la blasfemia sigue estando vigente en muchos países del mundo, no sólo en países islámicos donde "sigue bien viva" (Pakistán, Irán, Bahrein, Marruecos, las Maldivas, Afganistán, Argelia, Jordania, Kuwait, Malasia, Omán, Arabia Saudita y Yemen tienen leyes que restringen la libertad de expresión en interés al respeto por el Islam. La blasfemia sigue siendo un delito en Australia, Austria, el Canadá, Nueva Zelanda, Irlanda,

Sin embargo, el umbral preciso en el que se cree que el discurso de odio incita a la discriminación, la hostilidad o la violencia es controvertido y ampliamente discutido, como se pone de manifiesto por los Estados miembros de la OCI y su iniciativa relativa a las difamaciones contra las religiones, aunque esta perspectiva ha ido perdiendo apoyo paulatinamente. En 2010, los actos de violencia contra las minorías religiosas proporcionaron suficiente voluntad política para encontrar en el ámbito de las Naciones Unidas un compromiso entre las dos posiciones en competencia, lo que tuvo su reflejo en la Resolución 16/18 sobre la *"lucha contra la intolerancia, los estereotipos negativos y la estigmatización y la discriminación, la incitación a la violencia y la violencia contra personas por motivos de religión o convicciones"*, adoptada por el Consejo de Derechos Humanos en 2011[48].

Grecia, Finlandia y Noruega. En Alemania hay una disposición en el Código Penal que penaliza tanto el insultar a las religiones como los insultos dirigidos a las creencias seculares. Y en España está penalizando los ataques contra los sentimientos religiosos o de otras las creencias). Los Estados europeos han respondido a las propuestas de resolución sobre la difamación de las religiones públicamente y cerrado filas contra éstas en el seno de las Naciones Unidas. Sin embargo, las legislaciones de los Estados europeos demuestran en la práctica su tratamiento ambivalente con respecto a las cuestiones decisivas de la libertad de expresión y de religión. Existe en toda Europa una amplia variedad de delitos concretos "con un cariz religioso", como lo informó en octubre de 2008 el organismo consultivo en materia constitucional del Consejo de Europa, la Comisión Venecia: Comisión Europea para la Democracia a través del Derecho (Comisión Venecia), *Report on the relationship between freedom of expression and freedom of religion: the issue of regulation and prosecution of blasphemy, religious insult and incitement to religious hatred*, aprobado por la Comisión Venecia en su 76ª Sesión Plenaria, CDL-AD(2008)026, 23 de octubre de 2008; véanse en concreto los párrafos 2 y 22–40.

[48] Doc. A/HRC/RES/16/18, de 12 de abril de 2011 (en línea: https://documents-dds-ny.un.org/doc/RESOLUTION/GEN/G11/127/30/

La Resolución 16/18 del Consejo de Derecho Humanos, junto con su mecanismo de aplicación intergubernamental (el denominado *Proceso de Estambul*[49]), sirvió como marco internacional principal para abordar el discurso de odio. Desde el lanzamiento del *Proceso en Estambul*, Turquía, en julio de 2011, se han celebrado siete reuniones a nivel de expertos: en Washington (EE.UU.), en 2012; Londres (Reino Unido), en 2013; Ginebra (Suiza), en 2014; Doha (Qatar), en 2015; Jeddah (Arabia Saudí), en 2016; Singapur y La Haya (Países Bajos), en 2018. En abril de 2019, Dinamarca y la Unión Europea organizaron una reunión en Ginebra para evaluar el progreso realizado con la implementación de las resoluciones 16/18 y 66/167. Sin embargo, las interpretaciones contradictorias de la presente Resolución han estancado el progreso en su implementación. Los Estados de la OCI han argumentado que la citada Resolución favorecía la interpretación de los Estados Unidos del artículo 19 del PIDCP sobre el derecho a la libertad de expresión a expensas del párrafo 5 (f) de la Resolución 16/18 sobre la tipi-

---

PDF/G1112730.pdf?OpenElement; consulta: 10/12/2022).

[49]   Las Resoluciones 16/18 y 66/167 fueron adoptadas por consenso en 2011, y aclamadas por las partes interesadas de todas las regiones y religiones como un importante paso adelante en los esfuerzos internacionales para enfrentar la intolerancia religiosa y el discurso de odio. La inclusión de un plan de acción explícito para combatir la intolerancia religiosa en los párrafos operativos de estas resoluciones (así como en iteraciones posteriores de los textos) es clave para comprender su valor y relevancia continua. Además, los Estados tuvieron la previsión de establecer también un mecanismo específico de implementación para el plan de acción: el "Proceso de Estambul". Sobre el denominado "Proceso de Estambul", hasta la fecha se han celebrado seis reuniones en todo el mundo en el marco del Proceso de Estambul, la última en La Haya (2022) (en línea: https://www.universal-rights.org/lac/programas/mas-alla-del-consejo/proceso-de-estambul/; consulta: 10/12/2022).

ficación como delito de la incitación a la violencia inminente basada en la religión o las creencias.

Una década después de la adopción de esas Resoluciones y en un contexto preocupante de mayor intolerancia religiosa en todo el mundo (incluido el aumento de la islamofobia, el antisemitismo y los ataques contra las minorías cristianas), el fortalecimiento del Proceso de Estambul y su uso como vehículo para impulsar el progreso mundial en la lucha contra la discriminación y el odio sigue siendo de suma importancia. El intento más completo de salvar esta brecha ha tenido lugar con la adopción del denominado *"Plan de Acción de Rabat"*[50], consistente en un conjunto de recomendaciones recopiladas en el transcurso de varios talleres a nivel de expertos organizados por el ACNUDH en la citada ciudad de Marruecos, en 2012. El *Plan de acción* proporciona seis puntos básicos, los cuales deben ser entendidos como una 'prueba de umbral' para evaluar si un discurso de odio determinado viola o no el derecho internacional al respecto[51]. Estos seis puntos son los siguientes: 1) el contexto social y político: el contexto es de gran importancia al valorar la probabilidad de que determinadas declaraciones inciten a la discriminación, hostilidad o violencia contra el colectivo objetivo, y podría tener una relación directa con la intención y/o la causalidad. El análisis del contexto debería ubicar al discurso dentro del contexto social y político predominante en el momento en el que éste fue hecho y difundido; 2) la categoría de la o el orador/a: la

---

[50]   Doc. A/HRC/22/17/Add.4, apéndice (consultar en inglés o en francés, respectivamente, en: https://www.ohchr.org/Documents/ Issues/Opinion/SeminarRabat/Rabat_draft_outcome.pdf,   y https://www.ohchr.org/Documents/Issues/Opinion/SeminarRabat/Rabat_draft_outcome_FR.pdf [consulta: 22/12/2022].

[51]   En su sentencia del 17 de julio de 2018, el Tribunal Europeo de Derechos Humanos hizo referencia al Plan de Acción de Rabat en el inciso relativo a materiales internacionales de referencia.

posición o estatus social de la o el orador debería ser tomada en cuenta, especialmente la reputación del individuo u organización en el contexto de la audiencia a la que se dirige el discurso; 3) la intención de incitar a la audiencia contra un grupo determinado: el artículo 20 del PICDP prevé la intención. La negligencia y la imprudencia no son suficientes para que un acto constituya delito según el artículo 20 del PIDCP, ya que éste incluye disposiciones sobre la "apología" e "incitación" en lugar de la sola distribución o circulación de material. En este aspecto, requiere de la activación de una relación triangular entre el objeto del discurso, el sujeto del discurso y la audiencia; 4) el contenido y la forma del discurso: el contenido del discurso constituye uno de los enfoques principales en las decisiones del tribunal y es un elemento esencial de la incitación. El análisis del contenido puede incluir el grado en el cual el discurso fue provocador y directo, así como la forma, estilo y naturaleza de los argumentos empleados en el discurso o el equilibrio entre los argumentos empleados; 5) la extensión de su difusión: a extensión incluye elementos tales como el alcance del discurso, su naturaleza pública, su magnitud y el tamaño de su audiencia y 6) la probabilidad, incluida la inminencia: la incitación, por definición, es un delito incipiente. La acción propugnada a través del discurso de incitación no tiene que ser cometida para que dicho discurso constituya un delito. No obstante, debe identificarse algún grado de riesgo de daño. Significa que los tribunales tendrán que determinar que había una probabilidad razonable de que el discurso lograra incitar a una acción real contra el grupo objetivo, reconociendo que dicha causalidad debe ser más bien directa[52].

---

[52] En línea: https://www.ohchr.org/Documents/Issues/Opinion/Articles19-20/ThresholdTestTranslations/Rabat_threshold_test_Spanish.pdf [consulta: 20/12/2022].

Otros elementos que considerar incluyen si el discurso es público, los medios de difusión empleados, por ejemplo, por un único folleto o transmisión en los medios convencionales o a través de Internet, la frecuencia, la cantidad y la extensión de las comunicaciones, si los destinatarios tenían los medios para responder a la incitación, si la declaración (u obra) es distribuida en un entorno restringido o es fácilmente accesible al público en general.

Aunque la presente "prueba de umbral" está concebida para la penalización de la incitación al odio, el Relator Especial de las Naciones Unidas sobre la Libertad de Expresión señaló -en su informe de 2019- a la Asamblea General que estos seis factores también deberían tenerse en cuenta en el contexto de las medidas adoptadas por las empresas contra este tipo de discurso, ya que esos factores *"ofrecen un marco útil para determinar cuándo los contenidos específicos -mensajes informáticos, palabras o imágenes conexas deben ser objeto de limitación"*. No obstante, y a pesar de su promesa, el *Plan de Acción de Rabat* no alteró las posiciones anteriormente expuestas sobre el tema del "discurso de odio".

3. LOS DISCURSOS (DELITOS) DE ODIO: MARCO NORMATIVO Y CONTROL

Llegados a este punto, debemos plantearnos dónde encuentra su fundamentación jurídica el discurso (delito) de odio en el ámbito de las Naciones Unidas. A este respecto, cabe señalar que, junto a la actividad desarrollada básicamente en el ámbito de la Secretaria General, se debe asimismo hacer referencia a la desarrollada por aplicación de dos normas del sistema de protección de derechos humanos como son los casos, por un lado, del ya mencionado *Pacto Internacional de Derechos Civiles y Políticos*[53], y más concretamente a través de sus artículos 19 y 20, lo que supone el derecho a sostener opiniones sin interferencias y el derecho a buscar, difundir y recibir información independientemente del medio utilizado, eso sí sometidos a un "sistema de control" previsto en la presente norma internacional ejercido por el Comité de Derechos Humanos[54]; y, por otro, la *Convención internacional sobre la Eliminación de todas las Formas de Discriminación Racial*, de 1965[55], en concreto en su artículo 4, así como a través del Comité *ad hoc* creado por la presente norma (véanse Arts. 8 a 15).

No obstante, se debe hacer referencia en este ámbito a una norma que, aunque de una manera indirecta, tiene y adquiere especial relevancia en esta materia como es la *Convención para*

---

[53] Pacto Internacional de Derechos Civiles y Políticos, adoptado y abierto a la firma, ratificación y adhesión por la Asamblea General en su Resolución 2200 A(XXI), de 16 de diciembre de 1966. Entrada en vigor el 23 de marzo de 1973, de conformidad con el artículo 49. Entrada en vigor para España el 27 de julio de 1977 (en línea: https://www.boe.es/buscar/doc.php?id=BOE-A-1977-10733; consulta: 1/7/2023).

[54] A este respecto, resulta de interés el Protocolo facultativo al Pacto de Derechos Civiles y Políticos, en virtud del cual los Estados que lo acepten podrán conceder competencia al Comité de Derechos Humanos para atender comunicaciones de individuos a los que se le hayan violado alguno de los derechos citados en dicho Protocolo. Dicho Protocolo fue adoptado en virtud de la misma resolución y en la misma fecha que el Pacto. El 25 de abril de 1985 entró en vigor para España.

[55] Convención Internacional sobre la Eliminación de Todas las Formas de Discriminación Racial, adoptada y abierta a la firma y ratificación por la Asamblea General en su resolución 2106 A(XX), de 21 de diciembre de 1965. Entrada en vigor de forma general y para España, de conformidad con el artículo 19, el 4 de enero de 1969 (*BOE* núm. 118, de 17 de mayo de 1969) (en línea: https://www.boe.es/buscar/doc.php?id=BOE-A-1969-597; consulta: 1/7/2023).

la Prevención y la Sanción del Delito de Genocidio, de 9 de diciembre de 1948[56]. En concreto, en su artículo III se dispone que

> *"Serán castigados los actos siguientes:*
> *a) El genocidio;*
> *b) La asociación para cometer genocidio;*
> *c) La instigación directa y pública a cometer genocidio;*
> *d) La tentativa de genocidio;*
> *e) La complicidad en el genocidio"*[57].

Aunque no puede afirmarse que dicho tratado se convierta en la primera norma que acoja el delito de odio como tal, sí que en el mismo se acoge una modalidad extrema de expresión de odio[58]. Su importancia, por tanto, resulta significativa, aunque el fundamento jurídico de protección y control del delito de odio cabe situarlo en otras normas a las que haremos referencia seguidamente.

3.1. Marco normativo

1. A nivel universal, cabe señalar que el estándar general de protección de los derechos fundamentales en general, y del discurso de odio en particular, se remite fundamentalmente a las dos normas reseñadas. En efecto, el referente fundamental para la criminalización del

---

[56] Adoptada y abierta a la firma y ratificación, o adhesión, por la Asamblea General en su Resolución 260 A (III), de 9 de diciembre de 1948. Entrada en vigor de conformidad con el Art. XIII el 12 de enero de 1951; y para España entró en vigor el 13 de diciembre de 1968 (en línea: https://www.ohchr.org/es/instruments-mechanisms/instruments/convention-prevention-and-punishment-crime-genocide; consulta: 31/3/2023).

[57] El subrayado es del autor.

[58] BENESCH, S. (2011): "Contribution to OHCHR initiative on incitement to national, racial, or religious hatred", en línea: https://bit.ly/2CdNOpd [consulta: 31/3/2023].

"antiodio" en el Derecho internacional de los derechos humanos se remite, en primer término, a la citada *Convención de 1965* cuya inspiración directa –según LANDA GOROSTIZA[59]– trae causa de una ola particularmente virulenta de incidentes antisemitas que se produjo en Alemania durante las navidades de 1959, entre los que destacó, por su importante carga simbólica, la profanación nada menos que de la sinagoga de Colonia[60].

Ante esta situación y el incremento alarmante del neo-nazismo, Alemania lideró en el plano internacional lo que acabaría por convertirse en la *Declaración de la ONU sobre la Eliminación de Todas las Formas de Discriminación Racial*, de 1963[61], en tanto que antecedente inmediato de lo que sería la aprobación definitiva del estándar sustantivo y vinculante que cristalizó en la *Convención para la Eliminación de todas las Formas de Discriminación Racial*,

---

[59] LANDA GOROSTIZA, Jon-Mirena: "Delitos de odio y estándares internacionales: una visión crítica a contracorriente", en *Revista electrónica de Ciencia Penal y Criminología*, 22-19 (2020), pp. 5-6 (en línea: http://criminet.ugr.es/recpc/22/recpc22-19.pdf; consulta: 14/4/2023).

[60] Ver LANDA GOROSTIZA, J-M: "La regulación penal alemana sobre la discriminación racial y la xenofobia tras la nueva «ley de lucha contra la criminalidad» (Verbrechensbekämpfungsgesetz) del 28 de octubre de 1994", en *Anuario de Derecho penal y Ciencias penales* 1996, vol. XLIX-2 (1996), pp. 529-589, en especial pp. 540-541; LANDA GOROSTIZA, J-M.: *La intervención penal frente a la xenofobia. Problemática general con especial referencia al «delito de provocación» del artículo 510 del Código penal*, Universidad del País Vasco/Euskal Herriko Unibertsitatea, Bilbao, 2000, pp. 81 y ss.

[61] Aprobada por la Asamblea General de la ONU mediante Resolución 1904 (XVIII), de 20 de noviembre de 1963 (en línea: https://www.oas.org/dil/esp/1963_Declaracion%20de_las_Naciones_Unidas_resolucion_1904-XVIII.pdf; consulta: 1/7/2023).

de 1965[62]. En este Tratado se afirmó tajantemente el principio de dignidad e igualdad de todos los seres humanos, al proclamarse en su artículo 1º que

> *"La discriminación entre los seres humanos por motivos de raza, color u origen étnico es un atentado contra la dignidad humana y debe condenarse como una negación de los principios de la Carta de las Naciones Unidas, una violación de los derechos humanos y las libertades fundamentales proclamados en la Declaración Universal de Derechos Humanos, un obstáculo para las relaciones amistosas y pacíficas entre las naciones y un hecho susceptible de perturbar la paz y la seguridad entre los pueblos".*

En dicho Convenio, la cuestión del discurso de odio es abordada en el artículo 4, en el que se dispone que

> *"Los Estados partes condenan toda la propaganda y todas las organizaciones que se inspiren en ideas o teorías basadas en la superioridad de una raza o de un grupo de personas de un determinado color u origen étnico, o que pretendan justificar o promover el odio racial y la discriminación racial, cualquiera que sea su forma, y se comprometen a tomar medidas inmediatas y positivas destinadas a eliminar toda incitación a tal discriminación o actos de tal discriminación[63], y, con ese fin, teniendo debidamente en cuenta los principios incorporados en la Declaración Universal de Derechos Humanos, así como los derechos expresamente enunciados en el artículo 5 de la presente Convención, tomarán, entre otras, las siguientes medidas:*
>
> *a) Declararán como acto punible conforme a la ley toda difusión de ideas basadas en la superioridad o en el odio racial,*

---

[62]   Convención para la Eliminación de todas las Formas de Discriminación Racial, de 21 de diciembre de 1965 (en línea: https://www.ohchr.org/sites/default/files/Documents/ProfessionalInterest/cerd_SP.pdf; consulta: 14/4/2023). La Convención, de conformidad con el artículo 19, entró en vigor el 4 de enero de 1969 y ha sido ratificada -hasta la actualidad por 182 países, entre ellos España.

[63]   El subrayado es del autor.

toda incitación a la discriminación racial, así como todo acto de violencia o toda incitación a cometer tales actos contra cualquier raza o grupo de personas de otro color u origen étnico, y toda asistencia a las actividades racistas, incluida su financiación;

b) Declararán ilegales y prohibirán las organizaciones, así como las actividades organizadas de propaganda y toda otra actividad de propaganda⁶⁴, que promuevan la discriminación racial e inciten a ella, y reconocerán que la participación en tales organizaciones o en tales actividades constituye un delito penado por la ley;

c) No permitirán que las autoridades ni las instituciones públicas nacionales o locales promuevan la discriminación racial o inciten a ella"⁶⁵.

Si bien en la Convención no se utiliza explícitamente el término "discurso de odio", esa falta de referencia expresa no ha impedido al Comité -como posteriormente se abordará- detectar fenómenos de discurso de odio y calificarlos como tales, ni tampoco examinar la relación entre las prácticas empleadas en el discurso y las normas de la Convención. Lo que si incorpora la CIEDR es una obligación para los Estados de gran importancia en la materia, como es la obligación de incriminación de (una parte del) discurso de odio, ya que se trata de una prohibición sin margen de maniobra para el Estado Parte.

---

⁶⁴ El CEDR ha entendido que *"la referencia a "actividades organizadas de propaganda" implica formas de organización o redes improvisadas, y que cabe considerar que "toda otra actividad de propaganda" se refiere a la promoción e incitación no organizadas o espontáneas de la discriminación racial"* (CERD/C/GC/35, párr. 21).

⁶⁵ Cabe señalar que los Estados Unidos de América, mediante reserva, no aceptó obligación alguna de imponer medidas derivadas del artículo 4 que considere incompatibles con su interpretación de libertad de expresión.

En consecuencia, a través del presente precepto se reconoció que, tanto las amenazas como actos de violencia racial, conducen directamente a otros actos de esta índole y crean una atmósfera de hostilidad, ante los que solamente la intervención inmediata puede satisfacer las obligaciones de responder eficazmente. Al mismo tiempo, se consideraba fundamental proscribir la difusión de ideas de superioridad racial y las actividades organizadas susceptibles de incitar a las personas a la violencia racial. Pero siguen existiendo prácticas de violencia organizada basadas en el origen étnico y la explotación política de diferencias étnicas, por lo que la aplicación del artículo 4 reviste particular importancia especialmente cuando se establecen cuatro categorías de comportamiento indebido, a saber:

a) la difusión de ideas basadas en la superioridad o el odio racial[66];

b) la incitación al odio racial[67];

---

[66]   El Comité ha entendido el término "basado en", en el contexto del artículo 1, como equivalente a "por motivos de" (véase a este respecto el párrafo 1 de la Recomendación general nº 14 (1993), relativa al artículo 1, párrafo 1, de la Convención (Documentos Oficiales de la Asamblea General, cuadragésimo octavo período de sesiones, Suplemento nº 18 (A/48/18), cap. VIII, secc. B [en línea: https://conf-dts1.unog.ch/1%20SPA/Tradutek/Derechos_hum_Base/CERD/00_3_obs_grales_CERD.html#GEN14; consulta: 1/7/2023]), y en principio le atribuye el mismo significado en el artículo 4. Las disposiciones sobre la difusión de ideas de superioridad racial son una expresión directa de la función preventiva de la Convención y un complemento importante a las disposiciones sobre la incitación.

[67]   Para el Comité, "*la incitación se caracteriza por el afán de influir en otras personas, persuadiéndolas o amenazándolas para que adopten determinadas formas de conducta, incluida la comisión de un delito. La incitación puede ser explícita o implícita, mediante actos tales como la exhibición de símbolos racistas o la distribución de material, así como mediante palabras. La noción de incitación como acto preparatorio punible no exige que la inci-*

c) los actos de violencia contra cualquier raza o grupo de personas de otro color y origen étnico; y

d) la incitación a cometer tales actos[68].

También se sanciona la financiación de actividades racistas emanadas de diferencias étnicas y raciales enunciadas en el artículo 3 de la CIEDR, por lo que los Estados partes deben investigar si su legislación y aplicación cumplen con esta exigencia[69], así como examinar los procedimientos legislativos nacionales para declarar ilegales las organizaciones que impulsen

---

tación se traduzca en acción, pero al regular las formas de incitación a que se hace referencia en el artículo 4 los Estados partes deben tener en cuenta como elementos importantes del delito de incitación, además de las consideraciones indicadas en el párrafo 14 anterior, la intención del emisor y el riesgo o la probabilidad inminente de que el discurso en cuestión tenga por resultado la conducta deseada o pretendida por el emisor, consideraciones que se aplican asimismo a los otros delitos que se enumeran en el párrafo 13" (Observación general n° 35 del CEDR, párr. 16 [consultar en línea: https://conf-dts1.unog.ch/1%20SPA/Tradutek/Derechos_hum_Base/CERD/00_3_obs_grales_CERD.html#GEN35; visitado por última vez el 1 de diciembre de 2023]. Véanse igualmente, Comité de Derechos Humanos, Observación general n° 34, párr. 35 (consultar en línea: https://docstore.ohchr.org/SelfServices/FilesHandler.ashx?enc=6QkG1d%2FPPRiCAqhKb7yhsrdB0H1l5979OVGGB%2BWPAXiks7ivEzdmLQdosDnCG8FaqoW3y%2FrwBqQ1hhVz2z2lpRr6MpU%2B%2FxEikw9fDbYE4QPFdIFW1VlMIVkoM%2B312r7R; visitado por última vez el 1 de diciembre de 2023); y Plan de Acción de Rabat, párr. 22. El subrayado es del autor.

[68] Ver a este respecto, Recomendación General n° 15 del Comité para la Eliminación de la Discriminación Racial. 42° Periodo de Sesiones 1993 (consultar en línea: https://conf-dts1.unog.ch/1%20SPA/Tradutek/Derechos_hum_Base/CERD/00_3_obs_grales_CERD.html#GEN15 ; visitado por última vez el 1 de julio de 2023). El subrayado es del autor.

[69] *Ibidem.*

la discriminación racial[70], sobre lo cual deben informar al Comité[71]. Junto a ello, cabe señalar que la prohibición de la discriminación racial es considerada una norma de *ius cogens*[72] por la Comisión de Derecho Internacional[73], al tiempo que se traduce en unas obligaciones *erga omnes*. Ello supone para los Esta-

---

[70] Véase en este sentido, Recomendación General nº 1 del Comité para la Eliminación de la Discriminación Racial. 5º Periodo de Sesiones 1972 (consultar en línea: https://conf-dts1.unog.ch/1%20SPA/Tradutek/Derechos_hum_Base/CERD/00_3_obs_grales_CERD.html#GEN1; visitado por última vez el 1 de diciembre de 2023).

[71] En este sentido, ver Recomendación General nº 7 del Comité para la Eliminación de la Discriminación Racial. 32º Periodo de Sesiones 1985 (consultar en línea: https://conf-dts1.unog.ch/1%20SPA/Tradutek/Derechos_hum_Base/CERD/00_3_obs_grales_CERD.html#GEN7; visitado por última vez el 1 de diciembre de 2023).

[72] Se entiende que una noma *ius cogens* debe ser "aceptada y reconocida por la comunidad internacional de Estados en su conjunto", que "*no admite acuerdo en contrario*" y que "*sólo puede ser modificada por una norma ulterior de Derecho Internacional general que tenga el mismo carácter*", como prescribe el artículo 53 de la Convención de Viena sobre el Derecho de los Tratados. A este respecto, véanse BROWNLIE, Ian: *Principles of Public International Law*, pp. 510 y 511; CASSESE, Antonio: *International Law in a Divided World*, p. 179; HANNIKAINEN, Lauri: "Peremptory Norms (Ius Cogens)", in *International Law. Historical Development*, Criteria, Present Status, pp. 467-481; y MALANCZUK, Peter, y AKEHURST, Michael Barton: *Akehurst's Modern Introduction to International Law*, p. 58.

[73] Documento A/CN.4/L.702, párr. 33, publicado en ILC Report A/61/10, 2006, cap. XII, párrs. 237-251, "Conclusions of the work of the Study Group on the fragmentation of International Law: Difficulties arising from the diversification and expansion of International Law", en *Yearbook of the International Law Commission*. [S.l.], ONU, 2006. Este y los documentos a los que haremos referencia de la ILC sobre la fragmentación están disponibles en línea: http://untreaty.un.org/ilc/guide/1_9.htm (visitado por última vez el 4 de noviembre de 2023).

dos partes un legítimo interés de protección, mientras que las obligaciones son hacia la comunidad en su conjunto.

Aunque el artículo 4 ha constituido el principal medio para luchar contra el discurso de odio racista, otros artículos de la Convención contribuyen de modo particular a alcanzar sus objetivos. Así, la cláusula que comienza con "teniendo debidamente en cuenta" en el artículo 4 vincula explícitamente ese artículo al artículo 5, que garantiza el derecho a la igualdad ante la ley, sin discriminación racial, en el disfrute de los derechos, entre ellos el derecho a la libertad de opinión y de expresión. En el artículo 7 se resalta la función de "la enseñanza, la educación, la cultura y la información" en la promoción de la comprensión y la tolerancia entre las etnias. En el artículo 2 se recoge el compromiso de los Estados partes de eliminar la discriminación racial, obligación que recibe su máxima expresión en el artículo 2, párrafo 1.d). El artículo 6 se centra en la obligación de asegurar protección y recursos efectivos para las víctimas de la discriminación racial, así como el derecho a pedir una "satisfacción o reparación justa y adecuada" por los daños sufridos[74].

A este respecto, la adopción de "medidas inmediatas y positivas" para erradicar la incitación y la discriminación supone una disposición que complementa y refuerza las obligaciones derivadas de otros artículos de la Convención de dedicar la más amplia gama posible de recursos a erradicar el discurso de odio. En la *Recomendación general n° 32 (2009), sobre el significado*

---

[74] Cfr. ESCUDERO RODRÍGUEZ, A.: "Legislación internacional: la ONU y la incitación al odio basado en la religión", en MARTÍ SÁNCHEZ, J.; MORENO MOZOS, M.; CATALÁ RUBIO, S.: *Derecho de difusión de mensajes y libertad religiosa*, Dykinson, Madrid 2018, pp. 51-86.

y alcance de las medidas especiales en la Convención[75], el CERD resumió la noción de "medidas" como la gama de *"instrumentos legislativos, ejecutivos, administrativos, presupuestarios y reglamentarios..., así como los planes, políticas, programas y sistemas"*[76].

El Comité también ha recordado el carácter obligatorio del artículo 4 y observa que, en el proceso de aprobación de la Convención, este artículo se consideró *"fundamental para la lucha contra la discriminación racial"*[77]. El artículo 4 comprende elementos relativos al discurso y al contexto organizativo necesario para la emisión del discurso, ejerce las funciones de prevención y disuasión, y prevé sanciones para cuando la disuasión no logre su objetivo. El presente precepto también tiene una función expresiva al poner en evidencia el rechazo absoluto de la comunidad internacional por el discurso de odio (racista), entendido como una forma de discurso dirigido a los demás que rechaza los principios fundamentales de derechos humanos relativos a la dignidad humana y la igualdad y pretende rebajar el lugar que ocupan determinados individuos y grupos en la estima de la sociedad.

2. Por su parte, el PIDCP[78] integra la presente temática desde el plano de los límites a la libertad de expresión

---

[75] Documentos Oficiales de la Asamblea General, sexagésimo cuarto período de sesiones, Suplemento Nº 18 (A/64/18), anexo VIII (consultar en línea: https://www.acnur.org/fileadmin/Documentos/BDL/2012/8464.pdf; visitado por última vez el 1 de diciembre de 2023).

[76] *Ibid*, párr. 13.

[77] Recomendación general nº 15, párr. 1 (consultar en línea: https://conf-dts1.unog.ch/1%20SPA/Tradutek/Derechos_hum_Base/CERD/00_3_obs_grales_CERD.html#GEN15; visitado por última vez el 1 de diciembre de 2023).

[78] El PIDCP ha sido ratificado por un total de 173 países, entre ellos España.

(Art. 19). Más concretamente, en su artículo 20 se establece que

"1. Toda propaganda en favor de la guerra estará prohibida por la ley.

2. Toda apología del odio nacional, racial o religioso que constituya incitación a la discriminación, la hostilidad o la violencia estará prohibida por la ley"[79].

La prohibición establecida en el párrafo 1º abarca toda forma de propaganda que amenace con un acto de agresión o de quebrantamiento de la paz contrario a la Carta de las Naciones Unidas o que pueda llevar a tal acto, mientras que el párrafo 2 está dirigido contra toda apología del odio nacional, racial o religioso que constituya incitación a la discriminación, la hostilidad o la violencia, tanto si tal propaganda o apología tiene fines internos al Estado de que se trate como si tiene fines externos a ese Estado. El Comité de Derechos Humanos ha señalado, en sus comentarios generales, que la apología de estas formas del odio queda comprendida en el artículo 20, ya sea que su objetivo sea interno o externo al Derecho afectado[80]. Así pues, cabe señalar que la prohibición de la difusión de todas las ideas basadas en la superioridad, la intolerancia o el odio nacional, racial o religioso es compatible con el derecho a la libertad de opinión y de expresión[81]. Este derecho está reconocido en el artículo 19 de la DUDH[82], pues el ejercicio de este derecho por los ciudadanos conlleva deberes y responsabilida-

---

79   El subrayado es del autor.
80   Doc. CCPR/C/21/Rev. 1 (1989).
81   Ver Doc. CCPR/C/GC/11, párr. 2
82   Art. 19 DUDH: *"Todo individuo tiene derecho a la libertad de opinión y de expresión; este derecho incluye el de no ser molestado a causa de sus opiniones, el de investigar y recibir informaciones y opiniones, y el de difundirlas, sin limitación de fronteras, por cualquier medio de expresión".*

des, especificados también en la DUDH[83]; y el PIDCP también establece –como acabamos de señalar- que será prohibida por ley toda apología de odio nacional racial o religioso.

3.2. Desarrollo y control jurisdiccional

Dentro del sistema de Naciones Unidas, y conectados con las dos normas jurídicas de referencia, cabe mencionar dos órganos *ad hoc* de control como son, por un lado, el Comité para la Eliminación de la Discriminación Racial y, por otro. el Comité de Derechos Humanos.

3.2.1. El Comité para la Eliminación de la Discriminación Racial

1. La Convención prevé mecanismos de cumplimiento, algunos son de naturaleza administrativa y exclusivos para los Estados, como la presentación de informes, el procedimiento de alerta temprana y el examen de denuncias entre los Estados. Otro mecanismo, que es de naturaleza administrativa y de participación de los propios afectados, es el examen de denuncias de particulares. Y el último, que es de naturaleza judicial e interestatal, obliga a llenar ciertos requisitos estrictos, como es el acceso a la Corte Internacional de Justicia.

---

[83]   Ver Art. 29.2 DUDH: "*1. Toda persona tiene deberes respecto a la comunidad, puesto que sólo en ella puede desarrollar libre y plenamente su personalidad.*
2. En el ejercicio de sus derechos y en el disfrute de sus libertades, toda persona estará solamente sujeta a las limitaciones establecidas por la ley con el único fin de asegurar el reconocimiento y el respeto de los derechos y libertades de los demás, y de satisfacer las justas exigencias de la moral, del orden público y del bienestar general en una sociedad democrática.
3. Estos derechos y libertades no podrán, en ningún caso, ser ejercidos en oposición a los propósitos y principios de las Naciones Unidas".

Se prevé, asimismo, la existencia de un Comité para la Eliminación de la Discriminación Racial, órgano de expertos independientes que supervisa la aplicación de la propia Convención por los Estados partes. Por lo regular, el citado Comité se reúne en Ginebra y celebra dos periodos de sesiones con una duración de tres semanas cada uno. Está compuesto por *"dieciocho expertos de gran prestigio moral y reconocida imparcialidad, elegidos por los Estados partes entre sus nacionales, los cuales ejercerán sus funciones a título personal"* (Art. 8 CIEDR). Este órgano es relativamente autónomo, ya que, si bien sus miembros son elegidos por los Estados, los mismos no pueden ser destituidos o reemplazados por el Estado que los propuso.

Por lo que toca a su labor, entre otras funciones[84], el CEDR publica interpretaciones del contenido de los derechos humanos derivados de la Convención, cuestión que ayuda, junto con los debates temáticos que éste organiza, a la precisión de las ramificaciones de la prohibición de la discriminación racial. Otra de sus funciones es la expresión de recomendaciones u

---

[84]   Todos los Estados partes tienen la obligación de presentar informes periódicos al Comité sobre cómo se están aplicando los derechos. Los Estados deben presentar un informe inicial un año después de su adhesión a la Convención y, posteriormente, cada dos años. El Comité examina cada informe y comunica al Estado parte sus preocupaciones y recomendaciones en forma de "observaciones finales". Además del procedimiento de presentación de informes, el Convenio establece otros tres mecanismos a través de los cuales el Comité ejerce sus funciones de control:
el procedimiento de alerta temprana;
el examen de denuncias entre Estados; y
el examen de denuncias individuales.
El Comité también publica su interpretación del contenido de las disposiciones de derechos humanos, conocida como recomendaciones generales (o comentarios generales), y organiza debates temáticos.

observaciones generales a los informes sobre el cumplimiento de la Convención que presentan los Estados.

2. En cuanto a su actividad de control, y por lo que al ámbito material de este trabajo se refiere, se debe hacer especial mención a la *Recomendación n° 35*, de 2013[85], ya que en ésta se aborda el conjunto de las disposiciones de la Convención que globalmente permiten identificar las formas de expresión que constituyen el discurso de

---

[85] Recomendación n° 35 titulada: *La lucha contra el discurso de odio racista*, aprobada por el CERD en su 83° período de sesiones (12 a 30 de agosto de 2013) (CERD/C/GC/35) (consultar en línea: https://documents-dds-ny.un.org/doc/UNDOC/GEN/G13/471/41/PDF/G1347141.pdf?OpenElement; visitado por última vez el 14 de enero de 2024). Véase sobre esta recomendación, McGONAGLE, T.: "General Recommendation 35 on combating racist hate speech", en KEANE, D., y WAUGHRAY, A. (Eds.): *Fifty years of the International Convention on the Elimination of all Forms of racial Discrimination. A living Instrument*, Manchester University Press, Manchester 2017, pp. 246-268.

odio[86]. La presente Recomendación se ocupa principal-

---

[86] Otras Recomendaciones generales importantes del Comité a este respecto, son la n° 7 (1985), relativa a la aplicación del artículo 4 de la Convención (Documentos Oficiales de la Asamblea General, cuadragésimo período de sesiones, Suplemento n° 18 (A/40/18), cap. VII, secc. B) (consultar en línea: https://conf-dts1.unog.ch/1%20SPA/Tradutek/Derechos_hum_Base/CERD/00_3_obs_grales_CERD.html#GEN7; visitado por última vez el 1 de diciembre de 2023); n° 15 (1993), sobre el artículo 4, que hacía hincapié en la compatibilidad entre el artículo 4 y el derecho a la libertad de expresión (*Ibid.*, cuadragésimo octavo período de sesiones, Suplemento n° 18 (A/48/18), cap. VIII, secc. B, párr. 4) (consultar en línea: https://conf-dts1.unog.ch/1%20SPA/Tradutek/Derechos_hum_Base/CERD/00_3_obs_grales_CERD.html#GEN15; visitado por última vez el 1 de diciembre de 2023); n° 25 (2000), relativa a las dimensiones de la discriminación racial relacionadas con el género (*Ibid.*, quincuagésimo quinto período de sesiones, Suplemento N° 18 (A/55/18), anexo V, secc. A) (consultar en línea: https://conf-dts1.unog.ch/1%20SPA/Tradutek/Derechos_hum_Base/CERD/00_3_obs_grales_CERD.html#GEN24; visitado por última vez el 1 de diciembre de 2023); n° 27 (2000), relativa a la discriminación de los romaníes (*Ibid.*, anexo V, secc. C) (consultar en línea: https://conf-dts1.unog.ch/1%20SPA/Tradutek/Derechos_hum_Base/CERD/00_3_obs_grales_CERD.html#GEN27; visitado por última vez el 1 de diciembre de 2023); n° 29 (2002), relativa a la discriminación basada en la ascendencia (*Ibid.*, quincuagésimo séptimo período de sesiones, Suplemento n° 18 (A/57/18), cap. XI, secc. F) (consultar en línea: https://conf-dts1.unog.ch/1%20SPA/Tradutek/Derechos_hum_Base/CERD/00_3_obs_grales_CERD.html#GEN29; visitado por última vez el 1 de diciembre de 2023); n° 30 (2004), sobre la discriminación contra los no ciudadanos (*Ibid.*, quincuagésimo noveno período de sesiones, Suplemento n° 18 (A/59/18), cap. VIII) (consultar en línea: https://conf-dts1.unog.ch/1%20SPA/Tradutek/Derechos_hum_Base/CERD/00_3_obs_grales_CERD.html#GEN30; visitado por última vez el 1 de diciembre de 2023); n° 31 (2005), sobre la prevención de la discriminación racial en la administración y el funcionamiento de la justicia penal (*Ibid.*, sexagésimo período de sesiones, Suplemento

mente de los artículos 4, 5 y 7 de la CIEDR[87].

---

n° 18 (A/60/18), cap. IX) (consultar en línea: https://conf-dts1. unog.ch/1%20SPA/Tradutek/Derechos_hum_Base/CERD/00_3_ obs_grales_CERD.html#GEN31; visitado por última vez el 1 de diciembre de 2023); y n° 34 (2011), sobre la discriminación racial contra afrodescendientes (*Ibid.*, sexagésimo sexto período de sesiones, Suplemento n° 18 (A/66/18), anexo IX) (consultar en línea: https://conf-dts1.unog.ch/1%20SPA/Tradutek/Derechos_ hum_Base/CERD/00_3_obs_grales_CERD.html#GEN34; visitado por última vez el 1 de diciembre de 2023). Todas las Recomendaciones del CEDR se pueden consultar en línea: https://conf-dts1. unog.ch/1%20SPA/Tradutek/Derechos_hum_Base/CERD/00_3_ obs_grales_CERD.html (visitado por última vez el 1 de diciembre de 2023).

[87] Art. 5 CIEDR: "*En conformidad con las obligaciones fundamentales estipuladas en el artículo 2 de la presente Convención, los Estados partes se comprometen a prohibir y eliminar la discriminación racial en todas sus formas y a garantizar el derecho de toda persona a la igualdad ante la ley, sin distinción de raza, color y origen nacional o étnico, particularmente en el goce de los derechos siguientes:*
a) El derecho a la igualdad de tratamiento en los tribunales y todos los demás órganos que administran justicia;
b) El derecho a la seguridad personal y a la protección del Estado contra todo acto de violencia o atentado contra la integridad personal cometido por funcionarios públicos o por cualquier individuo, grupo o institución;
c) Los derechos políticos, en particular el de tomar parte en elecciones, elegir y ser elegido, por medio del sufragio universal e igual, el de participar en el gobierno y en la dirección de los asuntos públicos en cualquier nivel, y el de acceso, en condiciones de igualdad, a las funciones públicas;
d) Otros derechos civiles, en particular:
i) El derecho a circular libremente y a elegir su residencia en el territorio de un Estado;
ii) El derecho a salir de cualquier país, incluso del propio, y a regresar a su país;
iii) El derecho a una nacionalidad;
iv) El derecho al matrimonio y a la elección del cónyuge;
v) El derecho a ser propietario, individualmente y en asociación con otros;
vi) El derecho a heredar;

El CEDR, al abordar el discurso de odio, además de tratar todas las formas específicas de discurso a que se hace referencia en el artículo 4, dirigidas contra los grupos reconocidos por el artículo 1 de la CIEDR -que prohíbe la discriminación por motivos de raza, color, linaje u origen nacional o étnico-, y a la luz del principio de interseccionalidad, también ha prestado atención al discurso de odio dirigido contra las personas pertenecientes a determinados grupos étnicos que profesan o practican una religión distinta de la mayoría, por ejemplo las expresiones de islamofobia, antisemitismo y otras manifestaciones de odio similares contra grupos etno-religiosos, así como

---

vii) El derecho a la libertad de pensamiento, de conciencia y de religión;
viii) El derecho a la libertad de opinión y de expresión;
ix) El derecho a la libertad de reunión y de asociación pacíficas;
e) Los derechos económicos, sociales y culturales, en particular:
i) El derecho al trabajo, a la libre elección de trabajo, a condiciones equitativas y satisfactorias de trabajo, a la protección contra el desempleo, a igual salario por trabajo igual y a una remuneración equitativa y satisfactoria;
ii) El derecho a fundar sindicatos y a sindicarse;
iii) El derecho a la vivienda;
iv) El derecho a la salud pública, la asistencia médica, la seguridad social y los servicios sociales;
v) El derecho a la educación y la formación profesional;
vi) El derecho a participar, en condiciones de igualdad, en las actividades culturales;
f) El derecho de acceso a todos los lugares y servicios destinados al uso público, tales como los medios de transporte, hoteles, restaurantes, cafés, espectáculos y parques".
Art. 7 CIEDR: *"Los Estados partes se comprometen a tomar medidas inmediatas y eficaces, especialmente en las esferas de la enseñanza, la educación, la cultura y la información, para combatir los prejuicios que conduzcan a la discriminación racial y para promover la comprensión, la tolerancia y la amistad entre las naciones y los diversos grupos raciales o étnicos, así como para propagar los propósitos y principios de la Carta de las Naciones Unidas, de la Declaración Universal de Derechos Humanos, de la Declaración de las Naciones Unidas sobre la eliminación de todas las formas de discriminación racial y de la presente Convención".*

las manifestaciones extremas de odio tales como la incitación al genocidio y al terrorismo, aunque siempre bajo el prisma de que "las críticas contra dirigentes religiosos o los comentarios sobre la doctrina religiosa o el dogma" no deben prohibirse ni castigarse[88] y tampoco deberá castigarse "la expresión de opiniones sobre hechos históricos"[89], así como las "protesta(s) contra la injusticia, ni las de descontento social o de oposición" (párr. 20)[90]. La creación de estereotipos y la estigmatización de miembros de grupos protegidos también han sido objeto de expresiones de inquietud y de recomendaciones por parte del CEDR.

En dicha Recomendación, el Comité establece un test (inspirado en el ya mencionado supra *Plan de Acción de Rabat*) a efectos de orientar la distinción entre el discurso de odio punible (o incluso solo contrario a la ley) y el protegido por la libertad de expresión[91]. En concreto, el CEDR considera que

---

[88] Ver igualmente la Observación general nº 34 (2011) del Comité de Derechos Humanos, sobre la libertad de opinión y la libertad de expresión (Documentos Oficiales de la Asamblea General, sexagésimo sexto período de sesiones, Suplemento nº 40, vol. I (A/66/40 (Vol. I)), anexo V), parr. 48.

[89] *Ibid.*, párr. 49.

[90] En este sentido, el Comité ha considerado que "*la expresión de ideas y opiniones en el contexto de los debates académicos, el compromiso político y otras actividades similares, sin incitación al odio, el desprecio, la violencia o la discriminación, deben considerarse como un ejercicio legítimo del derecho a la libertad de expresión, incluso cuando esas ideas sean controvertidas*" (CERD/C/GC/35, párr. 25).

[91] El Comité recomienda, a este respecto, que la tipificación como delito de las formas de expresión racista se reserve para los casos más graves, que puedan probarse más allá de toda duda razonable, mientras que los casos menos graves deben tratarse por otros medios que no sean el derecho penal, teniendo en cuenta, entre otras cosas, la naturaleza y la amplitud de las repercusiones para las personas y los grupos destinatarios. La aplicación de sanciones pena-

-para calificar los actos de difusión e incitación como actos punibles conforme a la ley- deben tenerse en cuenta los siguientes factores contextuales: i) el contenido y la forma del discurso: si el discurso es o no provocativo y directo, la forma en que está construido y es difundido y el estilo en que se expresa; ii) el clima económico, social y político que prevalecía en el momento en que se formuló y difundió el discurso, incluida la existencia de pautas de discriminación contra grupos étnicos y otros grupos, como los pueblos indígenas. Los discursos que resultan inocuos o neutrales en un contexto pueden adquirir connotaciones peligrosas en otro: en sus indicadores sobre el genocidio, el Comité puso de relieve la importancia de las condiciones locales al valorar la significación y los posibles efectos del discurso de odio racista[92]; iii) la posición o condición del emisor del discurso en la sociedad y el público al que se dirige el discurso. El Comité ha señalado repetidamente la influencia de los políticos y otros formadores de opinión pública en la creación de un clima negativo respecto de los grupos protegidos por la Convención, y ha alentado a esas personas y entidades a adoptar actitudes positivas encaminadas a promover la comprensión y la armonía entre las culturas. El Comité es consciente de la especial importancia de la libertad de expresión en los asuntos políticos, y también de que su ejercicio entraña deberes y responsabilidades especiales; iv) el alcance del discurso, con inclusión del tipo de audiencia y los medios de transmisión: si el discurso se difundió o no en medios de comu-

---

les debe regirse por los principios de legalidad, proporcionalidad y necesidad. Ver también Observación general n° 34 del Comité de Derechos Humanos, párrs. 22 a 25 y 33 a 35.

[92]   Decisión sobre el seguimiento de la declaración sobre la prevención del genocidio: indicadores de modalidades de discriminación racial sistemática y masiva, Documentos Oficiales de la Asamblea General, sexagésimo período de sesiones, Suplemento n° 18 (A/60/18), cap. II, párr. 20.

nicación generales o en Internet y la frecuencia y amplitud de la comunicación, en particular cuando la repetición sugiere la existencia de una estrategia deliberada para suscitar hostilidad hacia grupos étnicos y raciales; y v) los objetivos del discurso: el discurso encaminado a proteger o defender los derechos humanos de personas y grupos no debe ser objeto de sanciones penales o de otro tipo[93] (párr. 15).

El CEDR recomienda que los Estados partes declaren y castiguen efectivamente como delitos punibles conforme a la ley los siguientes actos: a) toda difusión de ideas basada en la superioridad o en el odio racial o étnico, por cualquier medio; b) la incitación al odio, el desprecio o la discriminación contra los miembros de un grupo por motivos de su raza, color, linaje, u origen nacional o étnico; c) las amenazas o la incitación a la violencia contra personas o grupos por los motivos señalados en el apartado b) anterior; d) la expresión de insultos, burlas o calumnias a personas o grupos, o la justificación del odio, el desprecio o la discriminación por los motivos señalados en el apartado b) anterior, cuando constituyan claramente incitación al odio o a la discriminación; y e) la participación en organizaciones y actividades que promuevan e inciten a la discriminación racial (párr. 13).

3. Junto a esta actividad, cabe señalar igualmente que el Comité puede recibir, en determinadas circunstancias, comunicaciones o denuncias a nivel individual (o de particulares) que aleguen ser víctimas de una violación por un Estado Parte de las disposiciones de la CIEDR, siempre y cuando ese Estado Parte haya reconocido la competencia del Comité para recibir y examinar las co-

---

[93] Adaptado del Plan de Acción de Rabat sobre la prohibición de la apología del odio nacional, racial o religioso que constituye incitación a la discriminación, la hostilidad o la violencia, párr. 22.

municaciones enviadas por personas sometidas a su jurisdicción (Art. 14[94]).

En este marco, cabe traer a colación un conjunto de supuestos todos ellos relacionados con el artículo 4 de la CIEDR, a saber:

a) La Comunicación N° 26/2002, *Hagan c. Australia*[95], resolvió una queja sobre el uso del término "nigger" (negro), que en inglés es despectivo, para nombrar un

---

[94] Art. 14 CIEDR: "*Los Estados partes condenan toda la propaganda y todas las organizaciones que se inspiren en ideas o teorías basadas en la superioridad de una raza o de un grupo de personas de un determinado color u origen étnico, o que pretendan justificar o promover el odio racial y la discriminación racial, cualquiera que sea su forma, y se comprometen a tomar medidas inmediatas y positivas destinadas a eliminar toda incitación a tal discriminación o actos de tal discriminación, y, con ese fin, teniendo debidamente en cuenta los principios incorporados en la Declaración Universal de Derechos Humanos, así como los derechos expresamente enunciados en el artículo 5 de la presente Convención, tomarán, entre otras, las siguientes medidas:*
a) Declararán como acto punible conforme a la ley toda difusión de ideas basadas en la superioridad o en el odio racial, toda incitación a la discriminación racial, así como todo acto de violencia o toda incitación a cometer tales actos contra cualquier raza o grupo de personas de otro color u origen étnico, y toda asistencia a las actividades racistas, incluida su financiación;
b) Declararán ilegales y prohibirán las organizaciones, así como las actividades organizadas de propaganda y toda otra actividad de propaganda, que promuevan la discriminación racial e inciten a ella, y reconocerán que la participación en tales organizaciones o en tales actividades constituye un delito penado por la ley;
c) No permitirán que las autoridades ni las instituciones públicas nacionales o locales promuevan la discriminación racial o inciten a ella".

[95] Comunicación N° 26/2002, *Hagan c. Australia*, adoptada por el CERD el 20 de marzo de 2003 (consultar en línea: https://docstore.ohchr.org/SelfServices/FilesHandler.ashx?enc=6QkG1d%2FPPRiCAqhKb7yhspqM7cAoWBySteFOuKcRpLwN48omZ2TcD3GGkGRh5ozlEOX1PVv9nNURAlhC7reOzx41bcpt8IIszxt6QA%2BNDH2GvKb%2FxHRjQivJppaJxOv%2F-

anuncio público en Australia en honor al jugador E. S. "Nigger" Brown. Una vez agotados los recursos internos, según reconoció Australia, el peticionario acudió al Comité, quien consideró que, a pesar de no tener la intención de usarse el término en forma peyorativa, el propio vocablo resultaba ofensivo, ya que hoy en día palabras como el término injurioso en cuestión despiertan la sensibilidad de más y más personas (párr. 7.3); y por ello, el Comité recomendó al Estado tomar las medidas necesarias para la remoción del término e informar de las acciones que se emprendieran con dicho propósito (párr. 8)[96].

b) En la Comunicación N° 34/2004, *Gelle c. Dinamarca*[97], el Comité observó que el ministerio público regional y la policía habían excluido la posibilidad de aplicar el artículo 266.b) del CP danés sin basar esta decisión en una labor de investigación.

El Comité concluyó que el Estado parte había violado los artículos 2, 4 y 6 de la Convención al no haber llevado a cabo una investigación efectiva para determinar si se había producido un acto de discriminación racial.

%2B2OoUvTz7OKGjgOE7A83tw%3D%3D; visitado por última vez el 14 de enero de 2024).

[96] Ver CERD/C/62/D/26/2002, reunión del 20 de marzo de 2003.

[97] Comunicación N° 34/2004, *Gelle c. Dinamarca*, adoptada por el CERD el 6 de marzo de 2006 (consultar en línea: https:// docstore.ohchr.org/SelfServices/FilesHandler.ashx?enc=6QkG-1d%2FPPRiCAqhKb7yhshdLsKFaouJfHOHP6Cm6a1l1fXzxAy1Ua RjSWkKPcDt7887j2VJTUM55Quffe2Mzh2DnUfgxN1fpaEEeO2Mh aecBgMQT%2FX05APsNHFkgsr3MYnli2nmdCnLuPtUMR6mUfx 2dIpMnSqD88H5qXjbCV1M%3D; visitado por última vez el 10 de enero de 2024).

c) La Comunicación Nº 36/2006, *P.S.N. c. Dinamarca*[98], resuelve la demanda presentada por P.S.N. al considerarse víctima de violaciones por parte Dinamarca del apartado d), del párrafo 1, del artículo 2, y de los artículos 4 y 6 de la CIEDR.

Los hechos que están en el origen de este caso son los siguientes:

> "*En vista de las elecciones del 15 de noviembre de 2005, la Sra. Louise Frevert, miembro del Parlamento por el Partido Popular de Dinamarca, publicó en su sitio web declaraciones contra los inmigrantes y los musulmanes, bajo el título "Artículos que nadie se atreve a publicar", entre las que se incluían las siguientes declaraciones relacionadas con los musulmanes: "... porque creen que somos nosotros quienes debemos rendirnos al islam, y sus predicadores y líderes afianzan esa convicción. (...) Pase lo que pase, creen que tienen derecho a violar a las jóvenes danesas y matar a los daneses*" (párr. 2.1).

> Y en ese mismo texto, la Sra. Frevert mencionó la posibilidad de deportar a jóvenes inmigrantes a prisiones rusas y añadió: "*No obstante, incluso esta opción es más bien una solución a corto plazo, ya que cuando regresen, estarán aún más decididos a matar daneses*" (párr. 2.2)[99].

---

[98]   Comunicación Nº 36/2006, *P.S.N. c. Dinamarca*, adoptada por el CEDR el 8 de agosto de 2007 (consultar en línea: https://www.ohchr.org/sites/default/files/Documents/Publications/CERDSelectedDecisionsVolume1_sp.pdf; consulta: 14/4/2023).

[99]   El Estado parte cita el artículo en el que se incluye esta declaración, a saber: "*(...) La ley que el islam establece como única ley verdadera es la ley basada en las palabras del Corán que sus predicadores enseñan durante la oración, y los jóvenes no han oído en su corta vida ninguna otra interpretación. Esta es la única verdad que conocen, de manera que ningún funcionario danés podrá encauzar a esos jóvenes en otra dirección. A los ojos de la sociedad danesa, son una causa perdida. Las leyes danesas no pueden tratar a esos jóvenes 'descarriados' ya que ellos consideran que somos nosotros quienes tenemos que rendirnos al islam, y sus predicadores y líderes afianzan*

El Comité, finalmente, inadmite la demanda al entender que dicha materia no forma parte del contenido material de la CEDR (párr. 6.4)[100], aunque también

cada día esa creencia. El hecho de que hayan nacido en Dinamarca y hablen danés no cambia su actitud fundamental; pase lo que pase, creen que tienen derecho a violar a las jóvenes danesas y matar daneses de forma indiscriminada. El hecho de ser capturados y condenados conforme al derecho danés únicamente les infunde desprecio y desdén; esos jóvenes serán considerados verdaderos mártires y héroes entre los suyos, ya que han demostrado ser los guerreros sagrados que un día se convertirán en los líderes de los seres inferiores e impíos, los daneses. Así pues, ¿hacia dónde debe avanzar Dinamarca? Hemos de considerar a esos jóvenes como nuestros enemigos de guerra y no solo como jóvenes daneses de origen musulmán con problemas, y los enemigos de guerra han de ser capturados y neutralizados. Nuestra legislación prohíbe matar a nuestros enemigos oficialmente, de manera que sólo nos queda llenar las cárceles con esos delincuentes. Esta solución resulta muy cara, y como nunca se arrepentirán de sus actos, esos delincuentes tomarán rápidamente el control de las cárceles del mismo modo que lo hacen las bandas de motociclistas proscritos. Probablemente tengamos que pensar en otras opciones y aceptar, por ejemplo, la oferta de Rusia de acoger a los presos que cumplen condena por delitos leves en sus prisiones por 25 coronas danesas al día, que resulta bastante más barato, y donde las posibilidades de que influyan en su entorno son limitadas. Incluso esta opción es más bien una solución a corto plazo, ya que cuando regresen, estarán incluso más decididos a matar a daneses. (...)".

[100] A este respecto, se señala que *"el Comité observa que las declaraciones impugnadas se refieren específicamente al Corán, el islam y los musulmanes en general, sin hacer ninguna referencia a una determinada raza, color, linaje u origen nacional o étnico. Aunque los elementos del expediente no permiten que el Comité analice y determine la intención de las declaraciones impugnadas, lo cierto es que, en estas declaraciones orales, según se informa o consta por escrito, no se ataca directamente a ningún grupo nacional o étnico específico. De hecho, el Comité observa que los musulmanes que residen actualmente en el Estado parte son de origen heterogéneo. Proceden de por lo menos 15 países diferentes, poseen orígenes nacionales y étnicos diversos, y consisten en no ciudadanos, y ciudadanos daneses, entre los que figuran conversos daneses"* (párr. 6.2). Y se sigue considerando que *"el Comité reconoce la importancia de la interfaz entre la raza y la religión y estima*

alienta al Estado parte a que vele por el cumplimiento de sus recomendaciones y facilite información pertinente sobre las preocupaciones expresadas en el contexto del procedimiento del Comité para el seguimiento de sus observaciones finales (párr. 6.5)[101].

d) La Comunicación N° 43/2008, *Adan c. Dinamarca*[102], es relativa a las declaraciones discriminatorias de un miembro del Parlamento de Dinamarca contra personas de

---

que sería pertinente considerar una reclamación por "doble" discriminación sobre la base de la religión y otra base específicamente prevista en el artículo 1 de la Convención, en particular el origen nacional o étnico. Sin embargo, no es el caso en la petición actual, que tiene que ver exclusivamente con la discriminación por motivos religiosos. El Comité recuerda asimismo que la Convención no abarca la discriminación por motivos de religión exclusivamente, y que el islam no es una religión practicada únicamente por un determinado grupo de personas que pueden ser identificadas también por su "raza, color, linaje u origen nacional o étnico". Los trabajos preparatorios de la Convención revelan que la Tercera Comisión de la Asamblea General rechazó la propuesta de incluir la discriminación racial y la intolerancia religiosa en un solo instrumento, y decidió en la Convención Internacional sobre la Eliminación de todas las Formas de Discriminación Racial centrarse exclusivamente en la discriminación racial. Por lo tanto, es incuestionable que no era la intención incluir la discriminación basada exclusivamente en motivos religiosos dentro del ámbito de la Convención" (párr. 6.3).

[101] Si la presente demanda se hubiera presentado ante el CCPR por violación del Art. 20 del PIDCP, seguramente -como se abordaremos seguidamente hubiera tenido un recorrido más positivo. Ver *infra*, apartado 3.2.2.

[102] Comunicación N° 43/2008, *Adan c. Dinamarca*, adoptada por el Comité para la Eliminación de la Discriminación Racial el 13 de agosto de 2010 (consultar en línea: https://documents-dds-ny.un.org/doc/UNDOC/DER/G10/452/59/PDF/G1045259.pdf?OpenElement; visitado por última vez el 14 de enero de 2024).

origen somalí[103] y la falta de investigación criminal de
las mismas.

El Comité concluyó que existió una violación por parte de Dinamarca de los artículos 2, párrafo 1 d), y 4 de
la Convención, al considerar que las declaraciones eran
ofensivas y que constituían una generalización negativa
sobre todo un grupo de personas, basada únicamente
en su origen étnico o nacional, a pesar de haber sido
formulada en el contexto de un debate político (párr.
7.7 en relación con el párr. 7.6)[104].

---

[103]   Las declaraciones realizadas por la Sra. Pia Kjaersgaard, parlamentaria y dirigente del Partido Popular de Dinamarca, que decían lo
siguiente: *"… ¿Y por qué la Asociación Danesa-Somalí ha de tener influencia en la legislación relativa a un delito que cometen principalmente los somalíes? ¿Se trata acaso de que los somalíes evalúen si la prohibición de la
mutilación femenina viola sus derechos o menoscaba su cultura? A mi juicio
esto equivale a preguntar a una asociación de pedófilos si tienen alguna
objeción a la prohibición de las relaciones sexuales con menores o preguntar a
los violadores si tienen objeciones al aumento de las condenas por violación"*.
Durante el debate, el Sr. Soren Espersen, otro parlamentario del
Partido Popular de Dinamarca dijo lo siguiente en alusión a la práctica de la mutilación genital femenina: *"¿Por qué tendríamos entonces
que preguntar a los somalíes qué opinan al respecto, cuando la mayoría de
los somalíes la practican con gran naturalidad? Coincido plenamente con lo
que dijo ella [la Sra. Pia Kjaersgaard]. Muy bien dicho"* (párr. 2.1).

[104]   El Comité observa que *"estas alusiones ofensivas pueden entenderse como
una generalización negativa sobre todo un grupo de personas sobre la base
únicamente de su origen nacional o étnico y sin tener en cuenta sus puntos
de vista, opiniones o acciones particulares sobre el tema de la mutilación genital femenina"*. Al tiempo que recuerda además que *"el fiscal regional
y la policía desde el principio excluyeron la aplicabilidad del artículo 266 b)
al caso del Sr. Espersen, sin basar su presunción en una investigación adecuada"* (párr. 7.5). Ver, Informe del Comité para la Eliminación de
la Discriminación Racial, Asamblea General, Documentos Oficiales,
Sexagésimo quinto periodo de sesiones, Suplemento núm. 18
(A/65/18), p. 140.

e) La Comunicación Nº 62/2018, *Jallow c. Dinamarca*[105], versa sobre la denuncia presentada por el Sr. Momodou Jallow contra una exposición artística cuyas imágenes

---

[105] Comunicación Nº 62/2018, Jallow c. Dinamarca, dictada por el Comité para la Eliminación de la Discriminación Racial el 1 de diciembre de 2022 (consultar en línea: https://docstore.ohchr.org/ SelfServices/FilesHandler.ashx?enc=6QkG1d%2FPPRiCAqhKb7yh sk1o%2Fr406%2F%2BoXC1TjkRWZNHp4RH4qxYbtfzWOASwr3j %2FVc%2FpKMd7MbmF5mAQ8Yb7zFcOMrYr0J6vmR6S2o2YxJom xQwbY7diIYd4bEOcA%2FbfwJGhN5oDSQ2q92njjJii0w%3D%3D; visitado por última vez el 14 de enero de 2024).

incitan a la discriminación racial[106], así como respecto
del texto explicativo de las mencionadas obras[107].

---

[106] A este respecto, los hechos que están en el origen de la comunicación son los siguientes: "2.1. El 23 de octubre de 2014 se expuso
en las dependencias de la sede del Parlamento danés de Copenhague una serie de obras del controvertido artista sueco D. P. bajo los
auspicios del Partido Popular Danés. La exposición estaba sujeta a
control de admisión y en la sala de exposiciones se vendían repro-
ducciones de las imágenes expuestas. También había a disposición
del público folletos que incluían imágenes de las obras y sus precios.
Del 27 al 31 de octubre de 2014, las obras fueron expuestas también
en la Sociedad Internacional de la Prensa Libre, en Copenhague.
2.2. Entre las imágenes expuestas se encontraban las siguientes:
a) Una imagen de Adolf Hitler con el texto "NOT ONLY NIGGERS
HAVE DREAMS" (No solo los negros tienen sueños);
b) Una imagen del autor, en la que aparece ahorcado en un puente, junto con otras dos personas negras, con el texto: "HANG ON,
Afrofobians" ("No soltéis, afrofóbicos");
c) Una imagen del autor en la que aparece caracterizado como un
esclavo que huye de su amo, con el siguiente texto encima de la imagen: "VAR NEGERSLAV ÄR BORTSPRUNGEN!" (Nuestro esclavo
negro ha huido). Debajo de la imagen podía leerse: "Han försvann/
Lördags 16 April Och lystrar till namnet JALLOW MOMODOU /
Om du vet var han är eller har sett honom" ("Desapareció / el pasado sábado 16 de abril y responde al nombre de Mamadou Jallow/
Si conoces su paradero o lo has visto"), junto con un número de
teléfono al que llamar, debajo de la imagen;
d) La caricatura de una persona negra con una pipa de regaliz en
la boca y el texto "this is not a crackNIGGER or is it?" (Esto no es
cracknigger [negro drogadicto], ¿o sí?);
e) Una imagen de dos líderes comunitarios romaníes, en la que
podía leerse sus nombres, y el siguiente texto: "ZIGENAR BROTT
ÄR NÅGOT GOTT!" (Los delitos cometidos por gitanos son algo
bueno)".

[107] En el texto explicativo presentado junto a la imagen descrita en el
párrafo 2.2 a) se indicaba que, dada la atención mediática suscitada
por el 50° aniversario del discurso de Martin Luther King Junior
"Tengo un sueño", D. P. creó esa obra para llamar la atención sobre

el hecho de que también Hitler había tenido un sueño, y que no todos los sueños merecían ser celebrados.

En el texto explicativo presentado junto a la imagen referida en el párrafo 2.2 b) se señala que la obra estaba relacionada con un incidente ocurrido en 2013 en Suecia, en el que un hombre negro fue maltratado y prácticamente arrojado desde un puente. El autor, entonces portavoz de la Asociación Nacional de Afrosuecos, había declarado que el incidente guardaba relación con el "racismo blanco sueco". Sin embargo, posteriormente se estableció que los autores de la agresión eran de origen kurdo y la atención mediática en torno a la agresión decayó. D. P. se dijo que el caso había perdido interés cuando se reveló que los autores no eran blancos y llegó a la conclusión de que era aceptable ser racista, "siempre y cuando se fuera un inmigrante".

En el texto explicativo de la imagen descrita en el párrafo 2.2 c) se indicaba que la obra estaba relacionada con un incidente acaecido en 2011, cuando un grupo de estudiantes de una asociación universitaria realizó una escenificación cómica de una venta de esclavos. El autor, entonces portavoz de la Asociación Nacional de Afrosuecos, exigió la intervención del Gobierno de Suecia. D. P. consideró que el autor usaba una "retórica patética" y lo había representado como un esclavo fugitivo, junto con una leyenda en la que se pedía a quien lo encontrara que se pusiera en contacto con la asociación de estudiantes.

En el texto explicativo que acompañaba la imagen descrita en el párrafo 2.2 d) se indica que la obra respondía al proyecto de la Unión Europea de prohibir las pipas de regaliz. Se señala asimismo que la imagen estaba relacionada con la decisión de un fabricante de regaliz de dejar de utilizar un rostro negro como logotipo para evitar los estereotipos sobre las personas negras. El artista, emulando el cuadro de René Magritte *La traición de las imágenes*, que lleva inscrito el texto "Ceci n'est pas une pipe" (Esto no es una pipa), "representaba una pipa de regaliz, conjeturando que no se trataba de un negro drogadicto sino únicamente de una pipa de regaliz".

En el texto explicativo presentado junto a la imagen referida en el párrafo 2.2 e) se señalaba que la obra de arte guardaba relación con un incidente ocurrido en 2013: un periódico reveló la existencia de una lista de personas romaníes investigadas por la policía, en la

El Comité observa, en relación con la presunta violación del artículo 4.c) de la CIEDR, que *"las imágenes expuestas pueden entenderse prima facie como expresiones de superioridad u odio racial"* (párr. 6.3), y que también entran en el ámbito de aplicación del artículo 4.a) de la Convención (párr. 7.7). Y lo hace considerando que

"(...) las obras en cuestión contienen lenguaje despectivo, así como representaciones negativas de la población negra, lo que afecta a personas y grupos por motivos de raza y color. Una obra representa en términos negativos a los miembros de la comunidad romaní, lo que afecta a personas en razón de su origen étnico. Por lo tanto, la exposición de las obras entra en el ámbito de aplicación de la Convención. Teniendo en cuenta que varias de las obras en cuestión representan a personas concretas, el Comité recuerda que el artículo 4 de la Convención no solo protege a los grupos y a sus miembros, sino también a personas específicas. El artículo 4 establece un derecho individual[108]" (párr. 7.4 in fine).

Sin embargo, el Comité precisa que *"para calificar las expresiones en cuestión como discurso de odio racista en el sentido del artículo 4 a) de la Convención y que queden incluidas en el ámbito de la obligación positiva de los Estados partes en virtud de esta disposición no basta con que esas expresiones tengan un contenido racista. El artículo 4 a) de la Convención requiere, además, que el discurso en cuestión suponga la difusión de ideas basadas*

---

que figuraban niños y personas ya fallecidas. Se celebraron varias manifestaciones frente a la Jefatura de Policía. D. P. asistió a una de ellas, portando un cartel que rezaba "La delincuencia romaní está bien" para sugerir que los activistas no podían usar a los romaníes como víctimas permanentes, si cometían delitos. Tras asistir a la manifestación, en la que fue agredido, D. P. compuso una obra en la que aparecen las imágenes y los nombres de dos líderes de la comunidad romaní.

[108]   Ver Comunicación *Comunidades judías de Oslo c. Noruega* (CERD/C/67/D/30/2003), párr. 10.6.

en la superioridad o el odio racial o étnico, la incitación al odio, al desprecio o a la discriminación, las amenazas o la incitación a la violencia y a la expresión de insultos, burlas o calumnias o la justificación del odio, el desprecio o la discriminación, y que constituyan claramente una incitación al odio o a la discriminación" (párr. 7.5).

En consecuencia, puede observarse como el Comité busca establecer un equilibrio entre el derecho a la libertad de expresión, por un lado, y las obligaciones del Estado parte de combatir el discurso de odio racista, por el otro. Según el CEDR, *"para decidir si un discurso determinado constituye un discurso de odio racista en el sentido del artículo 4 a) de la Convención, hay que tener en cuenta una serie de factores contextuales, como el contenido y la forma del discurso, el clima económico, social y político en el que se produce, la posición o condición del emisor del discurso, el alcance del discurso y sus objetivos del mismo*[109]*"* (párr. 7.6).

3.2.2. El Comité de Derechos Humanos

1. El Comité de Derechos Humanos, por su parte, está compuesto de 18 expertos independientes que supervisan la aplicación del PIDCP por los Estados partes[110] (Art. 28[111]). A este respecto, cabe señalar que todos ellos deben presentar al Comité informes periódicos sobre

---

[109] Recomendación general núm. 35 (2013), párr. 15 en relación con el párr. 26.

[110] Su mandato es de cuatro años, con una sola posibilidad de reelección, y cada dos años se renueva la mitad del Comité de Derechos Humanos (Art. 32 PIDCP). En caso de vacante, suele ser cubierta por otra persona del mismo país.

[111] Art. 28 PIDCP: *"1. Se establecerá un Comité de Derechos Humanos (en adelante denominado el Comité). Se compondrá de dieciocho miembros, y desempeñará las funciones que se señalan más adelante.*

la manera en que aplican los derechos civiles y políticos (Art. 40[112]). Además, el Comité puede recibir y examinar denuncias, tanto interestatales (Art. 41[113]) como

---

2. El Comité estará compues to de nacionales de los Estados Partes en el presente Pacto, que deberán ser personas de gran integridad moral, con reconocida competencia en materia de derechos humanos. Se tomará en consideración la utilidad de la participación de algunas personas que tengan experiencia jurídica.

3. Los miembros del Comité serán elegidos y ejercerán sus funciones a título personal".

[112] Art. 40 PIDCP: "*1. Los Estados Partes en el presente Pacto se comprometen a presentar informes sobre las disposiciones que hayan adoptado y que den efecto a los derechos reconocidos en el Pacto y sobre el progreso que hayan realizado en cuanto al goce de esos derechos:*

a) En el plazo de un año a contar de la fecha de entrada en vigor del presente Pacto con respecto a los Estados Partes interesados;

b) En lo sucesivo, cada vez que el Comité lo pida.

2. Todos los informes se presentarán al Secretario General de las Naciones Unidas, quien los transmitirá al Comité para examen. Los informes señalarán los factores y las dificultades, si los hubiere, que afecten a la aplicación del presente Pacto.

3. El Secretario General de las Naciones Unidas, después de celebrar consultas con el Comité, podrá transmitir a los organismos especializados interesados copias de las partes de los informes que caigan dentro de sus esferas de competencia.

4. El Comité estudiará los informes presentados por los Estados Partes en el presente Pacto. Transmitirá sus informes, y los comentarios generales que estime oportunos, a los Estados Partes. El Comité también podrá transmitir al Consejo Económico y Social esos comentarios, junto con copia de los informes que haya recibido de los Estados Partes en el Pacto.

5. Los Estados Partes podrán presentar al Comité observaciones sobre cualquier comentario que se haga con arreglo al párrafo 4 del presente artículo".

[113] Art. 41 PIDCP: "*1. Con arreglo al presente artículo, todo Estado Parte en el presente Pacto podrá declarar en cualquier momento que reconoce la competencia del Comité para recibir y examinar las comunicaciones en que un Estado Parte alegue que otro Estado Parte no cumple las obligaciones que le impone este Pacto. Las comunicaciones hechas en virtud del presente artículo sólo se podrán admitir y examinar si son presentadas por un Estado Parte*

individuales (cfr. Protocolo facultativo). Y, finalmente,

que haya hecho una declaración por la cual reconozca con respecto a sí mismo la competencia del Comité. El Comité no admitirá ninguna comunicación relativa a un Estado Parte que no haya hecho tal declaración. Las comunicaciones recibidas en virtud de este artículo se tramitarán de conformidad con el procedimiento siguiente:

a) Si un Estado Parte en el presente Pacto considera que otro Estado Parte no cumple las disposiciones del presente Pacto, podrá señalar el asunto a la atención de dicho Estado mediante una comunicación escrita. Dentro de un plazo de tres meses, contado desde la fecha de recibo de la comunicación, el Estado destinatario proporcionará al Estado que haya enviado la comunicación una explicación o cualquier otra declaración por escrito que aclare el asunto, la cual hará referencia, hasta donde sea posible y pertinente, a los procedimientos nacionales y a los recursos adoptados, en trámite o que puedan utilizarse al respecto.

b) Si el asunto no se resuelve a satisfacción de los dos Estados Partes interesados en un plazo de seis meses contado desde la fecha en que el Estado destinatario haya recibido la primera comunicación, cualquiera de ambos Estados Partes interesados tendrá derecho a someterlo al Comité, mediante notificación dirigida al Comité y al otro Estado.

c) El Comité conocerá del asunto que se le someta después de haberse cerciorado de que se han interpuesto y agotado en tal asunto todos los recursos de la jurisdicción interna de que se pueda disponer, de conformidad con los principios del derecho internacional generalmente admitidos. No se aplicará esta regla cuando la tramitación de los mencionados recursos se prolongue injustificadamente.

d) El Comité celebrará sus sesiones a puerta cerrada cuando examine las comunicaciones previstas en el presente artículo.

e) A reserva de las disposiciones del inciso c, el Comité pondrá sus buenos oficios a disposición de los Estados Partes interesados a fin de llegar a una solución amistosa del asunto, fundada en el respeto de los derechos humanos y de las libertades fundamentales reconocidos en el presente Pacto.

f) En todo asunto que se le someta, el Comité podrá pedir a los Estados Partes interesados a que se hace referencia en el inciso b que faciliten cualquier información pertinente.

g) Los Estados Partes interesados a que se hace referencia en el inciso tendrán derecho a estar representados cuando el asunto se examine en el Comité y a presentar exposiciones verbalmente, o por escrito, o de ambas maneras.

tiene la función de elaborar las llamadas "observaciones generales", que sirven de guía a los Estados partes al detallar sus principales obligaciones[114].

2. Por lo que respecta a esta última actividad, y en concreto con relación al objeto de análisis, cabe hacer referencia de las Observaciones Generales núms. 11 y 34[115]. En ellas, el Comité establece de manera categórica, en

---

h) El Comité, dentro de los doce meses siguientes a la fecha de recibido de la notificación mencionada en el inciso b), presentará un informe en el cual:
i) Si se ha llegado a una solución con arreglo a lo dispuesto en el inciso e, se limitará a una breve exposición de los hechos y de la solución alcanzada:
ii) Si no se ha llegado a una solución con arreglo a lo dispuesto en el inciso e, se limitará a una breve exposición de los hechos y agregará las exposiciones escritas y las actas de las exposiciones verbales que hayan hecho los Estados Partes interesados.
En cada asunto, se enviará el informe los Estados Partes interesados.
2. Las disposiciones del presente artículo entrarán en vigor cuando diez Estados Partes en el presente Pacto hayan hecho las declaraciones a que se hace referencia en el párrafo 1 del presente artículo. Tales declaraciones serán depositadas por los Estados Partes en poder del Secretario General de las Naciones Unidas, quien remitirá copia de las mismas a los demás Estados Partes. Toda declaración podrá retirarse en cualquier momento mediante notificación dirigida al Secretario General. Tal retiro no será obstáculo para que se examine cualquier asunto que sea objeto de una comunicación ya transmitida en virtud de este artículo; no se admitirá ninguna nueva comunicación de un Estado Parte una vez que el Secretario General de las Naciones Unidas haya recibido la notificación de retiro de la declaración, a menos que el Estado Parte interesado haya hecho una nueva declaración".

[114]   Cfr. BARRERA, Guadalupe: *El Pacto Internacional de Derechos Civiles y Políticos*, Comisión Nacional de Derechos Humanos, México 2012 (consultar en línea: https://www.corteidh.or.cr/tablas/r29904.pdf; visitado por última vez el 25 de enero de 2024).

[115]   Comité de Derechos Humanos (CCPR): Observaciones general nº 11 (CCPR/C/GC/11) (consultar en línea: https://tbinternet. ohchr.org/_layouts/15/TreatyBodyExternal/TBSearch.aspx?Lang =sp&TreatyID=8&DocTypeID=11; visitado por última vez el 14 de enero de 2024), y nº. 34 (CCPR/C/GC/34) (consultar en línea:

sus apartados 50 a 52, que las prohibiciones del artículo 20 comprenden actos extremos que caen dentro de las restricciones del artículo 19 y, por tanto, deben cumplir las limitaciones establecidas en el párrafo tercero de este último (a saber: legitimidad, necesidad y proporcionalidad)[116].

En concreto, el Comité manifiesta expresamente lo siguiente:

"50. Los artículos 19 y 20 son compatibles entre sí y se complementan. Los actos a que se refiere el artículo 20 son de naturaleza tan extrema que quedarían todos sujetos a restricción con arreglo al párrafo 3 del artículo 19. Así pues, las limitaciones que se justifiquen por el artículo 20 tendrían también que cumplir el párrafo 3 del artículo 19[117].

51. El elemento que distingue los actos a que se refiere el artículo 20 de otros que también podrían ser objeto de restricción con arreglo al párrafo 3 del artículo 19 es que respecto de los primeros el Pacto indica la medida concreta que debe tomar el Estado, o sea, prohibirlos por ley. Solo en esta medida puede el artículo 20 ser considerado lex specialis con respecto al artículo 19.

52. Los Estados partes solo están obligados a promulgar prohibiciones legales con respecto a las formas concretas de expresión que indica el artículo 20. En todos los casos en que el Estado restringe la libertad de expresión, es necesario justificar las prohibiciones y poner sus disposiciones en estricta conformidad con el artículo 19".

---

file:///C:/Users/PC/Downloads/G1145334.pdf; visitado por última vez el 14 de enero de 2024).

[116] Sobre la práctica de este Comité, ver ROLLNERT LIERN, G.: "El discurso del odio: una lectura crítica de la regulación internacional", en *Revista española de derecho constitucional*, núm. 115 (2019), pp. 81-109, en especial pp. 84 y ss.

[117] Véase la Comunicación Nº 736/1997, *Ross c. el Canadá*, dictamen aprobado el 18 de octubre de 2000.

No obstante, el propio Comité precisa que "*el simple hecho de considerar que una declaración insulta a una figura pública no basta* -según el Comité *para justificar la imposición de sanciones, aunque las personalidades públicas también pueden beneficiarse de las disposiciones del Pacto*[118]. *Además, todas las figuras públicas, incluso las que ejercen los cargos políticos de mayor importancia, como los Jefes de Estado o de Gobierno, pueden ser objeto legítimo de críticas y oposición política*" (CCPR/C/GC/34, párr. 38)[119].

Tampoco las leyes que penalizan la expresión de opiniones sobre hechos históricos resultan -a tenor del CCPR- compatibles con las obligaciones que el Pacto impone a los Estados partes en lo tocante al respeto de las libertades de opinión y expresión[120]. Sobre esta cuestión, el Comité señala que "*el Pacto no autoriza las prohibiciones penales de la expresión de opiniones erróneas o interpretaciones incorrectas de acontecimientos pasados. No deben imponerse nunca restricciones al derecho a la libertad de opinión y, en cuanto a la libertad de expresión, las restricciones no deberían exceder de lo autorizado en el párrafo 3, o de lo prescrito en el artículo 20*" (CCPR/C/GC/34, párr. 49).

Y, por último, el Comité también se pronuncia sobre la blasfemia, considerando a este respecto que "*la prohibición de las demostraciones de falta de respeto por una religión u otro sistema de creencias, incluidas las leyes sobre la blasfemia, es incompatible con el Pacto, excepto en las circunstancias previstas explícitamente en el párrafo 2 de su artículo 20. Estas prohibiciones deben ajustarse además a las condiciones estrictas del párrafo 3 del artículo 19, así como a los*

---

[118]　Véase la Comunicación Nº 1180/2003, *Bodrozic c. Serbia y Montenegro*, dictamen aprobado el 31 de octubre de 2005.

[119]　Véase a este respecto, la Comunicación Nº 1128/2002, *Marques de Morais c. Angola*.

[120]　Sobre las llamadas "leyes de la memoria histórica": véanse la Comunicación Nº 550/93, *Faurisson c. Francia*, y las observaciones finales sobre Hungría (CCPR/C/HUN/CO/5), párr. 19.

artículos 2, 5, 17, 18 y 26. Por ejemplo, no sería admisible que esas leyes discriminasen en favor o en contra de uno o varias religiones o sistemas de creencias, o en favor o en contra de sus seguidores, o bien en favor de los creyentes de una determinada religión con respecto a los no creyentes. Tampoco sería admisible que estas prohibiciones se utilizaran para impedir o sancionar las críticas contra dirigentes religiosos o los comentarios sobre la doctrina religiosa o el dogma" (CCPR/C/GC/34, párr. 48)[121].

3. Al igual que lo manifestado con el CEDR, el CCPR puede recibir, en determinadas circunstancias, comunicaciones o denuncias a nivel individual[122] (o de particulares) que aleguen ser víctimas de una violación por un Estado Parte de las disposiciones del PIDCP, siempre y

---

[121] Véanse también a este respecto, Observaciones finales sobre el Reino Unido de Gran Bretaña e Irlanda del Norte –territorios dependientes de la Corona de Jersey, Guernsey y la Isla de Man (CCPR/C/79/Add.119) y las Observaciones finales sobre Kuwait (CCPR/CO/69/KWT).

[122] El Comité tiene capacidad para examinar denuncias de personas que consideran violados por un Estado Parte sus derechos y libertades consagrados en el Pacto. El procedimiento se apoya en la información presentada por escrito por la persona denunciante y por el país en cuestión –no se aportan pruebas testimoniales–, y aplica la carga de la prueba con criterios flexibles. El asunto puede llevar años, aunque el CCPR puede pedir al Estado Parte que adopte "medidas provisionales", como suspender ejecuciones o extradiciones, para evitar un daño irreparable a la presunta víctima mientras estudia la denuncia. Si el Comité de Derechos Humanos la considera admisible, adopta un "dictamen" sobre el fondo de la cuestión y sobre la constatación o no de la violación de derechos denunciada. Tal jurisprudencia sirve de referencia para los tribunales e instancias decisorias de los Estados partes. Si se comprueba la violación de derechos, se pide al país afectado que la remedie, sea con una indemnización, una derogación o enmienda legislativa, o la libertad de una persona arrestada. El caso pasa entonces al Relator Especial para su seguimiento y solución satisfactoria.

cuando ese Estado Parte haya reconocido la competencia del Comité para recibir y examinar las comunicaciones enviadas por personas sometidas a su jurisdicción (Art. 1º Protocolo facultativo PIDCP[123]). En este marco, cabe traer a colación un conjunto de supuestos todos ellos relacionados con los artículos 19 y 20 del PIDCP, a saber:

a) La Comunicación Nº 104/1981, *J.R.T. y el Partido W.G. c. Canadá*[124], en la que se aborda una posible violación por parte de las autoridades canadienses del derecho a tener y mantener sus opiniones sin interferencia, en violación del artículo 19 (1) del PIDCP, y el derecho a la libertad de expresión y el derecho a buscar, recibir y difundir información e ideas de todo tipo a través de los medios de comunicación de su elección, en violación del artículo 19 (2) del Pacto.

En cuanto a los hechos, éstos se concretan por parte del CCPR en los siguientes: "*El Partido WG fue fundado como partido político en Toronto, Ontario, Canadá, en febrero de 1972. El Partido y el Sr. T. intentaron durante varios años atraer miembros y promover las políticas del Partido mediante el uso de cintas grabadas. mensajes, que*

---

[123]   Art. 1 Protocolo facultativo PIDCP: "*Todo Estado Parte en el Pacto que llegue a ser parte en el presente Protocolo reconoce la competencia del Comité para recibir y considerar comunicaciones de individuos que se hallen bajo la jurisdicción de ese Estado y que aleguen ser víctimas de una violación, por ese Estado Parte, de cualquiera de los derechos enunciados en el Pacto. El Comité no recibirá ninguna comunicación que concierna a un Estado Parte en el Pacto que no sea parte en el presente Protocolo*".

[124]   Comunicación núm. 104/1981, *J.R.T. y el W.G. Party c. el Canadá*, dictamen aprobado el 6 de abril de 1983 (consultar en línea: http://hrlibrary.umn.edu/undocs/html/104-1981.htm; visitado por última vez el 14 de enero de 2023).

fueron grabados por el Sr. T. y vinculados al Bell Telephone System en Toronto, Ontario, Canadá. Cualquier miembro del público podía escuchar los mensajes marcando el número de teléfono correspondiente. Los mensajes se cambiaban de vez en cuando, pero el contenido era básicamente el mismo, es decir, advertir a los que llamaban "sobre los peligros de las finanzas internacionales y los judíos internacionales que conducen al mundo a guerras, desempleo e inflación y el colapso de los valores y principios mundiales"[125].

La petición de J.R.T. cuestionaba la cancelación de su servicio telefónico en virtud de la Ley de Derechos Humanos de Canadá, de 1978, que determinaba que uso del teléfono en forma que pudiera exponer a otros al odio con base, entre otras razones, en la raza, el origen nacional o étnico y la religión, era "una práctica discriminatoria"[126].

El Comité declaró la inadmisión de la parte concerniente a GT al considerar que ésta se trataba de una asociación y no de una persona (Art. 1 del Protocolo facultativo al PIDCP); mientras que respecto de las manifestaciones realizada telefónicamente por el Sr. G.R.T., el CCPR estimó que éstas *"constituyen claramente (…) apología del odio racial o religioso que Canadá tiene la obligación de prohibir en virtud del artículo 20 (2) del Pacto"*. En opinión del Comité, *"la comunicación es, con respecto a esta denuncia, incompatible con las disposiciones del Pacto, en el sentido del artículo 3 del Protocolo Facultativo"*[127].

---

[125] *Ibid*, párr. 2.1.
[126] *Ibid*, párr. 2.2.
[127] *Ibid*, párr. 8.b).

b) La Comunicación N° 550/1993, *Faurisson c. Francia*[128], es relativa a la violación del derecho a la libertad de expresión, opinión e investigación académica, al manifestar sus dudas sobre la existencia de cámaras de gas con fines de exterminio ("chambres à gaz homicides") en Auschwitz y en otros campos de concentración nazis, lo que motiva que sea desposeído de su cátedra[129].

El 13 de julio de 1990, la Asamblea legislativa francesa promulgó la denominada "Ley Gayssot", que modifica la Ley de libertad de la prensa de 1881, agregando el artículo 24 bis, según el cual "es delito poner en duda la existencia de la categoría de crímenes contra la humanidad definida en la Carta de Londres de 8 de agosto de 1945, sobre la base de la cual líderes nazis fueron juzgados y declarados culpables por el Tribunal Militar Internacional en Nuremberg, en 1945 y 1946". El Sr. Faurisson sostuvo que, esencialmente, la "Ley Gayssot" eleva el juicio y la sentencia de Nuremberg a la categoría de dogma, imponiendo sanciones criminales contra los que se atreven a desafiar sus conclusiones y premisas, al tiempo que afirmaba que tiene razones fundadas para creer que los autos de los juicios de Nuremberg pueden efectivamente ponerse en tela de juicio, y que las pruebas utilizadas contra líderes nazis pueden discutirse, lo

---

[128]   Comunicación N° 550/1993, *Faurisson c. Francia*, dictamen aprobado el 8 de noviembre de 1996 (consultar en línea: http://hrlibrary. umn.edu/hrcommittee/spanish/550-1993.html; visitado por última vez el 14 de enero de 2024).

[129]   *Ibid*, párr. 2.1.

mismo que, según él, la prueba sobre el número de víctimas exterminadas en Auschwitz[130].

Poco después de la promulgación de la "Ley Gayssot", el Sr. Faurisson fue entrevistado por la revista mensual francesa: *Le choc du mois*, que publicó la entrevista en su número 32, de septiembre de 1990. Además de expresar su preocupación por que la nueva ley constituía una amenaza para la libertad de investigación y la libertad de expresión, el autor reiteró su convencimiento personal de que en los campos de concentración nazis no se habían utilizado cámaras de gas homicidas para el exterminio de judíos. Tras la publicación de esa entrevista, 11 asociaciones de miembros de la resistencia francesa y deportados a campos de concentración alemanes entablaron un procedimiento penal privado contra el Sr. Faurisson y Patrice Boizeau, editor de la revista *Le choc du mois*. Por fallo de 18 de abril de 1991, la Sala de lo Penal 17 del Tribunal de Primera Instancia de París declaró culpables a los Sres. Boizeau y Faurisson de haber cometido el delito de "contestation de crimes contre l'humanité" y les impuso multas y costas que ascendían a 326.832 FF[131].

---

[130] *Ibid*, párr. 2.3.

[131] *Ibid*, párr. 2.5. La declaración de culpabilidad se basaba, entre otras cosas, en las siguientes declaraciones de Faurisson: *"... Nadie me hará decir que dos y dos son cinco, que la Tierra es plana o que el Tribunal de Nuremberg es infalible. Tengo excelentes razones para no creer en esa política de exterminación de los judíos ni en la mágica cámara de gas...*
Deseo que el 100% de los franceses se den cuenta de que el mito de las cámaras de gas es un infundio ("est une gredinerie"), admitido en 1945/46 por los vencedores de Nuremberg y oficializado el 14 de julio de 1990 por el Gobierno de la República Francesa, con la aprobación de los "historiadores de palacio"' (párr. 2.6).

El Comité abordó, después de declararse incompetente para juzgar en abstracto la "Ley Gaysoot", tres cuestiones de base: 1) si la restricción estaba prevista en la ley, 2) si apuntaba a alguno de los objetivos del inciso 3 del artículo 19 y 3) si era necesaria para alcanzar un fin legítimo[132]. Con respecto a la primera cuestión, el Comité señaló que la restricción de la libertad de expresión de Fauresson estaba prevista claramente en la "Ley Glaysoot"[133].

El CCPR también observó que su condena no interfería con su derecho a mantener y expresar una opinión en general, sino que se basaba, por el contrario, en la violación de los derechos y reputación de los demás, por lo cual satisfacía los requisitos del inciso 3 del artículo 19[134].

---

[132] *Ibid*, párr. 9.4.

[133] *Ibid*, párr. 9.5: "*Efectivamente, la restricción impuesta a la libertad de expresión del autor estaba prevista por una ley, a saber, la Ley del 13 de julio de 1990. La jurisprudencia del Comité siempre ha consistido en que la ley restrictiva propiamente dicha debe estar de acuerdo con las disposiciones del Pacto. A este respecto, el Comité llega a la conclusión, basándose en la lectura de la sentencia de la Sala de lo Penal 17 del Tribunal de primera instancia de París, de que la determinación de la culpabilidad del autor se basaba en las declaraciones siguientes hechas por él: "... Tengo excelentes razones para no creer en esa política de exterminación de los judíos ni en la mágica cámara de gas... Deseo que el 100% de los franceses se den cuenta de que el mito de las cámaras de gas es un infundio". Su convicción no menoscababa su derecho a mantener y expresar una opinión general; el tribunal condenó al Sr. Faurisson más bien por haber violado los derechos y la reputación de terceros. Por estos motivos el Comité considera que la Ley Gayssot, tal como fue leída, interpretada y aplicada en el caso del autor por los tribunales franceses, está de acuerdo con las disposiciones del Pacto*".

[134] *Ibid*, párr. 9.6: "*A fin de evaluar si las restricciones impuestas a la libertad de expresión del autor por la condena penal se aplicaron con los propósitos previstos en el Pacto, el Comité comienza por señalar, tal como lo hizo en su*

En cuanto a la tercera cuestión, el Comité subrayó los argumentos de Francia de que la Ley Gayssot estaba destinada a combatir el racismo y el antisemitismo y que la negación del holocausto era "el principal vehículo del antisemitismo"[135]. El CCPR observó asimismo que, habida cuenta de la inexistencia de argumentos que socavaran la posición de Francia, se manifestaba satisfecho en cuanto a que la restricción de la libertad de expresión había sido necesaria, por lo cual no había existido violación alguna del artículo 19[136].

Observación general 10, que los derechos para cuya protección el párrafo 3 del artículo 19 permite ciertas restricciones a la libertad de expresión pueden relacionarse con los intereses de terceros o los de la comunidad en conjunto. Dado que, leídas en su contexto completo, las declaraciones hechas por el autor podían suscitar o reforzar sentimientos antisemitas, las restricciones favorecían el derecho de la comunidad judía a vivir sin temor de una atmósfera de antisemitismo. Así pues, el Comité llega a la conclusión de que las restricciones impuestas a la libertad de expresión del autor eran lícitas de conformidad con el apartado a) del párrafo 3 del artículo 19 del Pacto".

[135] *Ibid*, párr. 9.7: *"Finalmente, el Comité tiene que considerar si la restricción impuesta a la libertad de expresión del autor era necesaria. El Comité tomó nota del argumento del Estado Parte de que la promulgación de la Ley Gayssot tenía como objeto apoyar la lucha contra el racismo y el antisemitismo. También se tomó nota de la declaración de un miembro del Gobierno francés, el entonces Ministro de Justicia, que dijo que negar la existencia del holocausto era un instrumento principal de antisemitismo. Habida cuenta que en los datos de que dispone no figura ningún argumento que menoscabe la validez de la posición del Estado Parte en cuanto a la necesidad de la restricción, el Comité considera que la restricción impuesta a la libertad de expresión del Sr. Faurisson era necesaria en el contexto del párrafo 3 del artículo 19 del Pacto".*

[136] *Ibid*, párr. 10.

c) La Comunicación N° 736/1997, *Ross c. Canadá*[137], resolvió una queja presentada por el Sr. Malcolm Ross, quien afirmó ser víctima de una violación por Canadá de los artículos 18 y 19 del Pacto. En concreto, los hechos que dan lugar al presente asunto son los siguientes:

* El autor trabajó como especialista reconvertido a la enseñanza de la lectura a niños atrasados en un distrito escolar de Nueva Brunswick, desde septiembre de 1976 hasta septiembre de 1991. Durante este período, publicó varios libros y folletos e hizo otras declaraciones públicas, en particular una entrevista por televisión, que reflejaban opiniones controvertidas presuntamente religiosas. Sus libros tenían como tema el aborto, el conflicto entre el judaísmo y el cristianismo y la defensa de la religión cristiana. Las noticias de los medios de comunicación locales sobre sus escritos contribuyeron a dar notoriedad a sus ideas en la comunidad. El autor destaca que en sus publicaciones no había nada contrario a las leyes canadienses y que nunca fue encausado por la expresión de sus opiniones. Además, todos sus escritos se hicieron en su tiempo libre y sus opiniones nunca formaron parte de la enseñanza[138].

* A consecuencia de las preocupaciones manifestadas, la enseñanza del autor en clase se supervisó a partir de 1979. Sin embargo, creció la contro-

---

[137] Comunicación N° 736/1997, *Ross c. el Canadá*, dictamen aprobado el 18 de octubre de 2000 (CCPR/C/70/D/736/1997(2000)) (consultar en línea: http://hrlibrary.umn.edu/hrcommittee/spanish/736-1997.html; visitado por última vez el 14 de enero de 2024).

[138] *Ibid*, párr. 2.1.

versia en torno al autor y, debido a la inquietud pública expresada, la Junta Directiva Escolar amonestó al autor el 16 de marzo de 1988 y le apercibió de que la continuación del debate público de sus opiniones podría originar otras medidas disciplinarias más graves, incluida la destitución. No obstante, se le permitió seguir enseñando, y esta medida disciplinaria fue suprimida de su expediente en septiembre de 1989. El 21 de noviembre de 1989, el autor apareció en la televisión, y la Junta Directiva Escolar lo volvió a amonestar el 30 de noviembre de 1989[139].

• El 21 de abril de 1988, el Sr. David Attis, padre judío cuyos hijos iban a otra escuela del mismo distrito escolar, presentó una denuncia a la Comisión de Derechos Humanos de Nueva Brunswick, afirmando que la Junta Directiva Escolar, al no tomar medidas contra el autor, toleraba sus opiniones antijudías y violaba el artículo 5 de la Ley de derechos humanos por discriminar a los alumnos judíos y de otras minorías[140]. Esta denuncia, finalmente, se tradujo por parte de la Comisión de Investigación en una serie de sanciones[141].

En su consideración de los méritos del caso, el Comité observó la existencia de las tres mismas cuestiones que las analizadas en el caso *J.R.T. y el partido W.G. c. Canadá*[142]. Primero, el Comité tenía que considerar si en efecto la libertad de expresión de Ross se veía

---

[139]   *Ibid*, párr. 2.2.
[140]   *Ibid*, párr. 2.3.
[141]   Ver *ibid*, párr. 4.3.
[142]   *Ibid*, párr. 11.1 a 11.6.

restringida por su remoción del cargo[143]. El Comité señaló que, dado que la pérdida de un cargo docente era un "perjuicio importante" y la pérdida en este caso era resultado de la expresión de las opiniones de Ross, el acto constituía de hecho una restricción en el marco del artículo 19 del PIDCP[144].

El segundo aspecto era si las restricciones a la libertad de expresión de Ross satisfacían las condiciones establecidas en el inciso 3, del artículo 19: que estuviesen dispuestas en la ley y que apuntaran al respeto de los derechos y la reputación de los demás o a la protección de la seguridad nacional, el orden público o la moral pública[145]. El Comité tomo referencia de la decisión de la Corte Suprema en cuanto a la cuestión de un marco jurídico adecuado para los cargos contra Ross, observando que la Corte halló base suficiente en la legislación nacional para mantener la orden de remoción de Ross de su cargo[146].

En concreto, para el CCPR estos hechos no suponen una violación del PIDCP[147] (en concreto de los Arts.

---

[143]   *Ibid,* párr. 11.1.
[144]   *Ibidem.*
[145]   *Ibid,* párr. 11.2.
[146]   *Ibid,* párr. 11.4.
[147]   *Ibid,* párr. 12.

18[148] y 19[149] del PIDCP) y no lo suponen -por lo que

---

[148] Respecto de la posible violación del Art. 19 del PIDCP, el CCPR sostiene lo siguiente:
"*11.8. En lo que respecta a las denuncias del autor en virtud del artículo 18, el Comité observa que las medidas adoptadas contra el autor por medio de la orden de la Comisión de Investigación de Derechos Humanos de agosto de 1991 no estaban dirigidas contra sus creencias o pensamientos, sino más bien la manifestación de estas creencias dentro de un contexto determinado. La libertad para manifestar creencias religiosas puede ser objeto de limitaciones que prescriba la ley y que sean necesarias para proteger los derechos y las libertades fundamentales de los demás, y en este caso las cuestiones que abarca el párrafo 3 del artículo 18 son, por tanto, las mismas que las del artículo 19. Por consiguiente, el Comité sostiene que el artículo 18 no ha sido violado*".

[149] Respecto de la posible violación del Art. 19 del PIDCP, el Comité sostiene lo siguiente: "*11.1. En lo que respecta a la denuncia del autor en virtud del artículo 19 del Pacto, el Comité observa que, de acuerdo con el artículo 19 del Pacto, cualquier restricción del derecho a la libertad de expresión debe reunir una serie de condiciones establecidas en el párrafo 3. Por tanto, la primera cuestión ante el Comité es si la libertad de expresión del autor ha sido restringida o no por medio de la orden de la Comisión de Investigación de 28 de agosto de 1991, refrendada por el Tribunal Supremo del Canadá. A consecuencia de esta orden, se puso al autor en situación de excedencia sin sueldo durante una semana y más adelante fue transferido a un puesto no docente. Al tomar nota del argumento del Estado Parte (véase el párrafo 6.8 supra) de que la libertad de expresión del autor no estuvo restringida ya que permaneció libre de expresar sus opiniones al ocupar un puesto no docente o mientras estaba empleado en otro lugar, el Comité no puede aceptar que el hecho de apartar al autor del puesto docente no fuera, en realidad, una restricción de su libertad de expresión. La pérdida de un puesto docente era un perjuicio importante, incluso si el perjuicio pecuniario fuera insignificante o inexistente. El perjuicio al autor estuvo causado por la expresión de sus opiniones, y a juicio del Comité es una restricción que ha de justificarse en virtud el párrafo 3 del artículo 19 para estar conforme con el Pacto. 11.2. La segunda cuestión ante el Comité es si la restricción del derecho del autor a la libertad de expresión reunía las condiciones establecidas en el párrafo 3 del artículo 19, es decir, debe estar fijada por la ley, debe estar relacionada con los objetivos enumerados en los apartados a) y b) del párrafo*

3 (respeto a los derechos o a la reputación de los demás; protección de la se-
guridad nacional, el orden público o la salud o la moral públicas), y debe ser
necesaria para lograr un objetivo legítimo.

11.3. En cuanto al requisito de que la restricción debe estar prescrita por
la ley, el Comité observa que había un marco jurídico para las actuaciones
que condujeron al despido del autor de su puesto docente. La Comisión de
Investigación encontró que los comentarios del autor fuera de las horas de
trabajo denigraban la fe judía, lo cual había perjudicado el ambiente escolar.
La Comisión de Investigación sostuvo que la Junta Escolar era indirecta-
mente responsable por los actos discriminatorios de su empleado y que había
discriminado a los alumnos judíos del distrito directamente, en violación
del artículo 5 de la Ley de derechos humanos de Nueva Brunswick debido a
que no se sancionó al autor de forma oportuna y apropiada. De acuerdo con
el artículo 20 (6.2) de la misma ley, la Comisión de Investigación ordenó
a la Junta Escolar que pusiera remedio a la discriminación adoptando las
medidas expuestas en el párrafo 4.3 supra. De hecho, como se ha dicho antes,
la discriminación se corrigió mediante la excedencia del autor sin sueldo
durante una semana y su traslado a un puesto no docente.

11.4. Al tomar nota de la vaguedad de los criterios de las disposiciones que se
aplicaron en el caso contra la Junta Escolar y que se utilizaron para apartar
al autor de su puesto docente, el Comité debe tener también en consideración
que el Tribunal Supremo examinó todos los aspectos del caso y estimó que ha-
bía base suficiente en la legislación nacional para las partes de la orden que
restableció. El Comité observa también que el autor fue escuchado en todas las
actuaciones y que tuvo la oportunidad, que aprovechó, de recurrir contra las
decisiones que le perjudicaban. Dadas las circunstancias, no le corresponde
al Comité volver a evaluar las conclusiones del Tribunal Supremo sobre este
punto y, por tanto, estima que la restricción estaba prescrita por la ley.

11.5. Al determinar si las restricciones impuestas a la libertad de expresión
del autor se aplicaron para los fines reconocidos por el Pacto, el Comité en
primer lugar observa (8) que los derechos o la reputación de los demás para
cuya protección se pueden permitir restricciones en virtud del artículo 19 pue-
den estar relacionados con otras personas o con una comunidad en su con-
junto. Por ejemplo, como sostuvo en el caso Faurisson c. Francia, se pueden
permitir restricciones de las declaraciones cuya naturaleza puede aumentar
o fortalecer los sentimientos antisemitas, para salvaguardar el derecho de las
comunidades judías a estar protegidas del odio religioso. Esas restricciones
también se apoyan en los principios enunciados en el párrafo 2 del artículo

respecta al artículo 20 de éste- porque *"el ejercicio del derecho a la libertad de expresión conlleva deberes y responsabilidades especiales. Estos deberes y responsabilidades especiales son particularmente importantes en el sistema de enseñanza, sobre todo en lo que respecta a la enseñanza de jóvenes alumnos"* (párr. 11.6). A juicio del Comité, *"la influencia que ejercen los maestros puede justificar las limitaciones para garantizar que el sistema de enseñanza no legitime la expresión de opiniones discriminatorias"* (párr. 11.6).

La tercera de las cuestiones en el caso *Ross c Canadá* consistía en determinar si las restricciones a la libertad de expresión de Ross eran necesarias para proteger el derecho o la reputación de las personas de fe judía[150]. El CCPR observó que, de acuerdo con el artículo 19 del PIDCP, el derecho a la libertad de expresión conlleva deberes y responsabilidades especiales, y ello era especialmente pertinente en el contexto del sistema escolar, con alumnos jóvenes[151]. Dado que la Corte Suprema había concluido que sea razonable prever un vínculo causal entre las publica-

---

20 del Pacto. El Comité observa que tanto la Comisión de Investigación como el Tribunal Supremo estimaron que las afirmaciones del autor eran discriminatorias en relación con las personas de fe y ascendencia judías y que denigraban la fe y las creencias de los judíos e instaban a los verdaderos cristianos no solamente a que pusieran en cuestión la validez de las creencias y enseñanzas judías, sino para que despreciaran a las personas de fe y ascendencia judías por socavar la libertad, la democracia y las creencias y los valores cristianos. Teniendo en cuenta las conclusiones sobre el carácter y los efectos de las declaraciones públicas del autor, el Comité llega a la conclusión de que las restricciones que se le impusieron tenían por objeto proteger los "derechos o la reputación" de las personas de fe judía, incluido el derecho a disfrutar de la enseñanza en el sistema de enseñanza pública que fuera libre de sesgo, prejuicios e intolerancia".

[150] *Ibid,* párr. 11.6
[151] *Ibidem.*

ciones antisemitas del autor y el "entorno enrarecido" que percibían los alumnos judíos del Distrito, el CCPR dictaminó que la remoción de Ross del cargo podía considerarse una restricción necesaria[152].

En este caso concreto, el Comité tomó nota de que *"el Tribunal Supremo estimó que era razonable prever que había una relación causal entre las expresiones del autor y el "ambiente escolar envenenado" que percibieron los niños judíos en el distrito escolar. En este contexto, el hecho de apartar al autor de un puesto docente puede considerarse una restricción necesaria para proteger el derecho y la libertad de los niños judíos a disfrutar de un sistema escolar libre de sesgo, prejuicios e intolerancia"* (párr. 11.6). Además, el CCPR observa que *"el autor fue transferido a un puesto no docente solamente después de un período mínimo de licencia sin sueldo, y que la restricción, por consiguiente, no fue más allá de lo necesario para cumplir su función protectora"* (párr. 11.6)[153].

4. DISCURSO DE ODIO: ESTRATEGIAS

1. Tanto la Convención de 1965 como el Pacto de 1966 supusieron un gran paso para la eliminación de la discriminación; no obstante, el presente fenómeno siguió y sigue latente. Por tal razón, la comunidad internacional se ha mantenido enfocada en erradicarla y, con dicho objetivo, además del trabajo del Comité, ha utilizado di-

---

[152]   *Ibidem.*
[153]   A este respecto, ver Comunicación N° 1868/2009, *Anderssen c. Dinamarca*, adoptada por el CCPR el 26 de julio de 2010 (consultar en línea: file:///C:/Users/PC/Downloads/G1044966.pdf; visitado por última vez el 14 de enero de 2024).

versos foros internacionales para que cobre vigencia el presente derecho humano. Al tal efecto, en el año de 1998 la Asamblea General observó con preocupación, en la Resolución 52/111, que -a pesar de los esfuerzos de la comunidad internacional- "*millones de seres humanos seguían siendo víctimas [...] de diversas formas de racismo y discriminación racial*", que "*el racismo, la discriminación racial, la xenofobia y las formas conexas de intolerancia, el antagonismo étnico y los actos de violencia parecen ir en aumento*" y "*que para difundir propaganda racista y xenófoba se están aprovechando también las nuevas tecnologías de comunicación, incluso redes de computadoras como la Internet*"[154].

Ante ese escenario, la Asamblea General convocó a una conferencia mundial contra el racismo, la discriminación racial, la xenofobia y las formas conexas de intolerancia, determinando que se celebraría a más tardar en 2001, y para tal efecto se designó a la Comisión de Derechos Humanos para que fungiera de comité preparatorio. Como respuesta a la convocatoria, la Conferencia Mundial Contra el Racismo, la Discriminación Racial, la Xenofobia y las Formas Conexas de Intolerancia se celebró en Durban, Sudáfrica, del 31 de agosto al 8 de septiembre de 2001. La participación en dicha Conferencia resultó masiva, ya que contó con la asistencia de 173 países.

La *Declaración y el Programa de Acción*[155] son los instrumentos que resultaron de los estudios y debates de la citada Conferencia, y en la que se adoptaron medidas concretas para combatir

---

[154] Resolución A/RES/52/111 del 18 de febrero de 1998: "Tercer Decenio de la Lucha contra el Racismo y la Discriminación Racial y convocación de una conferencia mundial contra el racismo, la discriminación racial, la xenofobia y las formas conexas de intolerancia".

[155] Consultar en línea: https://www.ohchr.org/sites/default/files/Documents/Publications/DurbanDecProgAction_sp.pdf (visitado por última vez el 30 de enero de 2024).

el racismo, la discriminación racial, la xenofobia y las formas conexas de intolerancia en todo el mundo[156]. A pesar de sus avances, ello no ha tenido como consecuencia la desaparición de la discriminación, ni se han incrementado las medidas legislativas y de prevención contra los discursos de odio.

Con posterioridad, y después de los sucesos de Kenia, de 2007 (que dejaron más de 1.000 muertos y 600.000 desplazados), se formó en el año 2013 el *Proyecto UMATI*, con el fin de analizar la circulación de discursos de odio en internet. El *Proyecto* desarrolló una metodología específica para identificar, recopilar y clasificar este tipo de discursos a partir de las definiciones aportadas por Susan BENESCH[157], que habían sido anteriormente recopiladas por el *Proyecto de Camden* sobre discurso peligroso[158], en tanto discurso que tiene el potencial de

---

[156]   Véanse, con relación al citado Plan de acción: Informe del Secretario General sobre el Programa de actividades para la implementación del Decenio Internacional de los Afrodescendientes [A/70/339]; Informe del Secretario General sobre el Programa de actividades para la implementación del Decenio Internacional de los Afrodescendientes [A/71/290]; Informe del Secretario General sobre el Programa de actividades para la implementación del Decenio Internacional de los Afrodescendientes [A/72/323]; Informe del Secretario General sobre el Programa de actividades para la realización del Decenio Internacional de los Afrodescendientes [A/73/354], e Informe del Secretario General sobre el Programa de actividades para la implementación del Decenio Internacional de los Afrodescendientes [A/74/308].

[157]   BENESCH, Susan: "Vile Crime or Inalienable Right: Defining Incitement to Genocide", en *Virginia Journal of International Law*, vol. 48, nº 3 (2008) (consultar en línea: https://www.researchgate.net/publication/228149554_Vile_Crime_or_Inalienable_Right_Defining_Incitement_to_Genocide; visitado por última vez el 10 de enero de 2024).

[158]   Los *principios de Camden sobre la libertad de expresión y la igualdad* recomiendan que: los sistemas nacionales jurídicos deberán dejar en claro, ya sea explícitamente o mediante interpretación autoritativa, que: (i) Los términos "odio" y "hostilidad" se refieren a emociones

catalizar la violencia colectiva. Las variables clave de la perspectiva de BENESCH indican que se debe tener en cuenta un conjunto de factores, a saber: (i) la influencia del orador, (ii) la receptividad de la audiencia, (iii) entender el contenido del discurso como una llamada a la acción, (iv) el contexto social e histórico en que se despliega el discurso y (v) el medio de difusión por el que se emite[159]. A partir de estas variables, el *Proyecto UMATI* definió tres categoríasde discursos peligrosos: (i) discurso ofensivo, (ii) discurso moderadamente peligroso, o (iii) discurso extremadamente peligroso, especialmente en función del nivel de influencia del hablante y lo que se percibe como un llamado a la acción[160].

2. Ante el aumento de este tipo de discursos y la parálisis tanto del *Proceso de Estambul* como del *Plan de acción de Rabat*, el Secretario General decidió brindar mayor cla-

---

intensas e irracionales de oprobio, enemistad y aversión del grupo objetivo. (ii) El término "promoción" se entenderá como requiriendo la intención de promover públicamente el odio contra el grupo objetivo. (iii) El término "incitación" se refiere a declaraciones sobre grupos nacionales, raciales o religiosas que puedan crear un riesgo inminente de discriminación, hostilidad o violencia contra las personas que pertenecen a dichos grupos (Artículo 19, "Los principios de Camden sobre libertad de expresión e igualdad", 2009 (consultar en línea: https://www.article19.org/data/files/pdfs/standards/los-principios-de-camden-sobre-la-libertad-de-expresion-y-la-igualdad.pdf; visitado por última vez el 10 de enero de 2024).

[159] Estos elementos resultan similares a los elaborados ese mismo año por el CERD: Recomendación general N° 35. La lucha contra el discurso de odio racista, Naciones Unidas Derechos Humanos, Oficina del Alto Comisionado, 2013 (consultar en línea: https://www.ohchr.org/sp/hrbodies/cerd/pages/cerdindex.aspx; visitado por última vez el 8 de enero de 2024).

[160] iHub Research: *Umati Final Report*, 2013 (consultar en línea: https://dangerousspeech.org/umati-final-report; visitado por última vez el 22 de enero de 2024).

ridad y comprensión, y para ello elaboró una Estrategia y un Plan de Acción específicos en esta materia[161]; los cuales fueron presentados en mayo de 2019; y constituyen el segundo estadio. En su presentación, el Relator Especial de las Naciones Unidas para la Prevención del Genocidio, el Sr. Adama Dieng, afirmó que "el discurso de odio es un desafío al que ningún país es inmune". La estrategia se lanzó en un contexto de crecientes niveles de xenofobia, racismo e intolerancia en general en todo el mundo. Esta tendencia se ha visto amplificada por las redes sociales y las tecnologías de la información y la comunicación, que se han convertido en incubadoras de la intolerancia. Las perspectivas que alguna vez se consideraron extremas se están moviendo hacia la corriente principal tanto en las democracias liberales, como en los Estados autoritarios.

En este mismo evento de lanzamiento, el Secretario General de las Naciones Unidas, Antonio GUTERRES, manifestó que *"el discurso de odio ha sido un precursor de crímenes atroces, incluido el genocidio, desde Ruanda hasta Bosnia y Camboya"*. Este vínculo también se articuló en la investigación independiente sobre la participación de la ONU en Myanmar, compuesta por el embajador Gert Rosenthal, en la que explica que los episodios esporádicos de violencia dirigidos contra los rohingya fueron *"a menudo alimentados por discursos de odio e intimidación"*. Por lo tanto, abordar los crímenes y el delito de odio puede ser una herramienta para prevenir los conflictos armados, los crímenes atroces y el extremismo violento, así como para proteger los derechos humanos y promover sociedades pacíficas, inclusivas y abiertas.

---

[161] Consultar en línea: https://www.un.org/en/genocideprevention/documents/advising-and-mobilizing/Action_plan_on_hate_speech_ES.pdf (visitado por última vez el 20 de enero de 2024).

Tanto la Estrategia como el Plan de Acción parten de un mismo concepto de discurso de odio, a saber: *"cualquier tipo de comunicación en el habla, la escritura o el comportamiento que ataca o utiliza un lenguaje peyorativo o discriminatorio con referencia a una persona o un grupo sobre la base de quiénes son, en otras palabras, basados en su religión, etnia, nacionalidad, raza, color, ascendencia, género u otro factor de identidad"*. Ahora bien, la presente definición no pretende ofrecer un concepto jurídico cerrado propio de un delito a semejanza de la actividad que a este respecto ha podido llevar a cabo otras organizaciones internacionales como la OSCE[162] o la UE[163], sino por el contrario la actividad que está detrás de un discurso de odio.

Por lo que respecta a los objetivos de la presente iniciativa, éstos son esencialmente dos: en primer lugar, busca mejorar los esfuerzos de la ONU para abordar las causas fundamentales y los impulsores del discurso de odio; y en segundo lugar, la estrategia busca permitir respuestas efectivas de la ONU al impacto del discurso de odio en las sociedades. El primero de los objetivos está en consonancia con la agenda de prevención

---

[162]   Para la OSCE los delitos de odio pueden ser definidos como *"aquellos delitos en los que la motivación del autor es una característica que identifica a la víctima como miembro de un grupo hacia el que el delincuente siente alguna animosidad. Porque los autores están motivados para actuar contra un individuo o sus propiedades, en razón de su pertenencia real o supuesta a un grupo, los delitos de odio envían un mensaje a un grupo más amplio o a la comunidad: los delitos de odio simbolizan una forma única de agresión, puesto que la violencia constituye una amenaza de más violencia para los miembros de los grupos minoritarios"* (OSCE: *Leyes sobre delitos de odio: una guía práctica*, Varsovia 2009, pág. 11 [consultar en línea: https://www.osce.org/odihr/36426; visitado por última vez el 11 de enero de 2024]). Ver *infra*, Capítulo III.

[163]   Por lo que se refiere a la UE, la incitación al odio como aquella incitación pública a la violencia o al odio dirigidos contra un grupo o un miembro de tal grupo que comparta una característica protegida (*Decisión marco 2008/913/JAI*) Ver *infra*, Capítulo V.

del Secretario General, que intenta combatir la violencia, la marginación y la discriminación dando prioridad a la alerta y la acción tempranas, así como aprovechando enfoques preventivos de los derechos humanos. Mientras que, con el segundo, y teniendo en cuenta las dos posiciones de pensamiento enunciadas, se establece un umbral relativamente bajo para lo que constituye la incitación a la discriminación, la hostilidad y la violencia, al tiempo que el Plan de acción aborda el problema promoviendo contranarrativas positivas, pero no se establecen límites a la libertad de expresión.

El Plan de acción enumera 13 compromisos que la ONU se esforzará por asumir, incluido el seguimiento y análisis de las causas fundamentales del discurso del odio, el apoyo a las víctimas, el empleo de técnicas de mediación, el mejor uso de la tecnología y la educación, el aprovechamiento de la asociación con empresas de redes sociales, desarrollar las habilidades del personal de la ONU y participar en actividades de promoción para resaltar las tendencias preocupantes del discurso del odio. Estos trece compromisos de la ONU en materia de combatir el discurso de odio son los siguientes: 1) Vigilancia y análisis del discurso de odio; 2) Hacer frente a las causas profundas, los factores y los protagonistas del discurso de odio; 3) Aliento y apoyo a las víctimas del discurso de odio; 4) Reunión de los agentes pertinentes; 5) Colaboración con medios de comunicación nuevos y tradicionales; 6) Uso de la tecnología; 7) Uso de la educación como instrumento para afrontar y contrarrestar el discurso de odio; 8) Promoción de sociedades pacíficas, inclusivas y justas para hacer frente a las causas profundas y los factores del discurso de odio; 9) Actividades de promoción; 10) Elaboración de orientaciones para la comunicación externa; 11) Aprovechamiento de las alianzas; 12) Creación de capacidad del personal de las Naciones Unidas, y 13) Apoyo a los Estados Miembros.

5. DISCURSO DE ODIO E INTOLERANCIA RELIGIOSA: PLANES DE ACCIÓN

El tercer estadio o momento viene determinado por la especificidad de "lo religioso" en la materia, y en concreto por dos acciones llevadas a cabo en el seno de la Alianza de Civilizaciones, a saber: en primer lugar, el *Plan de acción sobre líderes religiosos* y, en segundo lugar, el también *Plan de acción sobre sitios y lugares de culto.*

5.1. El Plan de acción sobre líderes religiosos

Respecto del primero de los Planes de acción, esto es, el *Plan de acción para líderes y actores religiosos para la prevención de la incitación a la violencia que podría dar lugar a crímenes atroces*[164], se parte de todo lo señalado respecto del discurso de odio, y con él la función que a este respecto puede corresponder a los líderes y agentes religiosos, tanto como actores activos del mismo como desde el plano de la contranarrativa a los mismos. No se puede desconocer a este respecto que los líderes religiosos ocupan respecto de su comunidad religiosa -y en ocasiones respecto de los gobiernos- una posición de privilegio, admiración y guía que resultan relevantes[165].

---

[164]   Consultar en línea: https://www.un.org/en/genocideprevention/documents/publications-and-resources/UN%20Plan%20of%20Action_ES.pdf (visitado por última vez el 25 de enero de 2024).

[165]   WVS en 2000 y en 2005 preguntó a muestras significativas del público si estaba de acuerdo con la siguiente afirmación: «los líderes religiosos no deberían interferir con el Gobierno». En los países de la Unión Europea, una media del 70% de los encuestados estaba de acuerdo con esta opinión, incluido el 76% de los suecos, el 85% de los daneses y el 82% de los franceses. La creciente aceptación de las normas seculares ha conducido a cambios constitucionales, en concreto a la reforma de la legislación referente a la blasfemia y la

Por ello, el trabajo con el reseñado personal resulta fundamental, y así se ha entendido también en el seno de la ONU.
En el ya mencionado *Plan de Acción de Rabat*, de 2012, sobre la
prohibición del odio que por motivos de nacionalidad, raza o
religión incita a la discriminación, la hostilidad o la violencia,
ya se habían formulado las principales responsabilidades de los
líderes religiosos en lo tocante a frenar la incitación al odio.
Por lo que respecta a la importancia que tanto los líderes religiosos, como los ministros de culto, tienen en la prevención
y contraargumentación de los discursos de odio, sobre todo
cuando éstos pueden derivar en acciones o ataques violentos
contra las personas y los lugares de culto, ha sido puesto de

---

separación de poderes entre Iglesia y Estado. Casi todos los países
europeos son ahora estados laicos. Por ejemplo, España, donde la
iglesia católica romana fue la fe dominante hasta 1978, Italia, donde
lo mismo fue cierto hasta 1984, y Suecia, donde, aunque la sociedad
es mayoritariamente laica, no se separó oficialmente el Estado de la
iglesia luterana hasta 1984. Y en el Reino Unido, donde la iglesia de
Inglaterra sigue siendo la fe oficial, se abolieron las leyes sobre la
blasfemia en 2008, después de que hubieran sido reformadas en la
Ley Criminal de 1967 (que legalizaba el laicismo) y la Ley de Derechos Humanos de 1998. En Holanda, el gobierno está actualmente
considerando derogar sus leyes contra la blasfemia, aunque no han
sido aplicadas desde la década de los sesenta. En la mayoría de los
otros países éstas permanecen en el papel, pero son ignoradas por
los tribunales de justicia o directamente contradichas por la legislación relativa a la libertad de expresión. Por ejemplo, la demanda
presentada contra el autor danés de unas viñetas sobre Mahoma se
desestimó basándose en la libertad de expresión. Por último, en la
mayoría de los países europeos los líderes religiosos carecen de un
papel consultivo en el gobierno, a diferencia de lo que ocurría durante los últimos siglos. Una de las pocas excepciones a esta regla es
el Reino Unido, donde 26 obispos conservan un asiento en la Cámara de los Lores, aunque la Cámara de los Comunes ha votado a favor
de expulsar del Parlamento a todos los representantes no electos, y
sólo encuentra oposición dentro de la Cámara de los Lores.

manifiesto por el Secretario General de la ONU, para quien *"los líderes religiosos tienen un papel especialmente importante que desempeñar a través de su influencia en el comportamiento de quienes comparten sus creencias"*[166]. En este momento, por tanto, sólo nos interesa destacar la función que pueden desempeñar dichas personas en relación con esa contraargumentación de la violencia y en la medida que esa violencia se dirige o tiene como destino u objetivo los lugares de culto en general, y las personas que oran o rezan en ellos en particular.

El presente *Plan de Acción* se basa en los principios de los derechos humanos en general, y de los derechos a la libertad de expresión y de opinión, la libertad de religión y de creencias y el derecho de reunión pacífica en particular[167]. La prevención de la incitación a la violencia se convierte en un elemento crucial de la prevención de crímenes atroces[168]. La intensificación

---

[166] Prólogo al *Plan de acción para Líderes y Actores Religiosos para la Prevención de la Incitación a la Violencia que Podría Dar Lugar a Crímenes Atroces,* pág. 1 (consultar en línea: https://www.un.org/en/genocideprevention/documents/publications-and-resources/UN%20Plan%20of%20Action_ES.pdf; visitado por última vez el 25 de enero de 2024).

[167] La prevención de la incitación a la violencia se basa en las normas internacionales de derechos humanos, con especial mención a la Convención para la Prevención y la Sanción del Delito de Genocidio, de 1948; la Convención Internacional sobre la Eliminación de todas las Formas de Discriminación Racial, de 1965, y el Pacto Internacional de Derechos Civiles y Políticos, de 1966.

[168] A este respecto, el propio Plan de Acción realiza la siguiente aclaración: "La incitación a la violencia es diferente del discurso de odio. Si bien no existe una definición jurídica del discurso de odio y la caracterización de qué significa "odioso" es una cuestión controvertida, el discurso de odio se define normalmente como cualquier tipo de comunicación verbal, escrita o de conducta que denigra a una persona o a un grupo por razón únicamente de quiénes son, es decir, en función de su religión, etnia, nacionalidad, raza o cualquier otro factor de identidad. El discurso de odio puede sugerir que la

del discurso de odio contra comunidades o personas por razón únicamente de su identidad contribuye a facilitar o preparar la comisión de crímenes atroces y, por tanto, es un indicador de la posibilidad de que se cometan esos crímenes[169]. Por tanto, prestar atención por parte de las autoridades a la presencia del discurso de odio y la incitación a la violencia en sociedades divididas con base en líneas identitarias, y en situaciones en que las tensiones son elevadas, puede contribuir a los esfuerzos de alerta y prevención. En este contexto, y aunque no son los actores principales, los líderes religiosos pueden ejercer una gran capacidad para influir en la vida y el comportamiento de quienes siguen su fe y comparten sus creencias. Cuando hablan, sus mensajes pueden tener un impacto de gran intensidad y alcance. Por ello, los líderes religiosos resultan esenciales en la puesta en marcha de mecanismos e instrumentos conducentes a la protección y salvaguarda de los derechos y libertades fundamentales, así como en el apoyo al diálogo interreligioso.

El *Plan de Acción* consta de nueve conjuntos de recomendaciones temáticas que se organizan en tres grupos principales, bajo los títulos: prevenir, fortalecer y desarrollar. En concreto, dichas recomendaciones temáticas se distribuyen entre los tres grupos mencionados del modo siguiente: A) Prevenir: i) Medidas espe-

---

persona o el grupo contra el que se dirige —por lo general suele ser un grupo— son inferiores y deben ser excluidos o discriminados por ese motivo, por ejemplo, limitando su acceso a la educación, al empleo o al desempeño de cargos políticos. Si bien toda incitación a la discriminación, la hostilidad o la violencia puede caracterizarse como discurso de odio, no siempre el discurso de odio constituye incitación", op. cit., pág. 5.

[169] Marco de análisis de los crímenes atroces, Oficina de las Naciones Unidas para la Prevención del Genocidio y la Responsabilidad de Proteger (consultar en línea: http://www.un.org/en/preventgenocide/adviser/pdf/framework%20of%20analysis%20for%20atrocity%20crimes_en.pdf; visitado por última vez el 3 de enero de 2024).

cíficas para prevenir y combatir la incitación a la violencia; ii) Prevenir la incitación al extremismo violento, y iii) Prevenir la incitación a la violencia de género; B) Fortalecer: i) Mejorar la educación y fomentar la capacidad para prevenir la incitación a la violencia; ii) Fomentar el diálogo inter e intraconfesional para prevenir la incitación a la violencia; iii) Fortalecer la colaboración con los medios de comunicación, tanto nuevos como tradicionales, para prevenir y contrarrestar la incitación a la violencia; y iv) Fortalecer el compromiso con los socios regionales e internacionales para aplicar el Plan de Acción; y C) Desarrollar: i) Desarrollar sociedades pacíficas, inclusivas y justas a través del respeto, la protección y la promoción de los derechos humanos; y ii) Establecer redes de líderes religiosos para prevenir y contrarrestar la incitación a la violencia.

Mediante la ampliación de esas responsabilidades a todo el espectro de los derechos humanos, los representantes de confesiones religiosas y entidades de la sociedad civil que participaron en el taller coordinado por el ACNUDH los días 28 y 29 de marzo de 2017 aprobaron la *Declaración de Beirut y sus 18 compromisos sobre "Fe religiosa para los derechos humanos"*[170]. Su objetivo es fomentar la creación de sociedades pacíficas, que defiendan la dignidad humana y la igualdad para todos, y en las que la diversidad no solo se tolere, sino que se respete y exalte plenamente. Entre dichos compromisos, cabe destacar los siguientes: evitar que se use el concepto de "religión de Estado" para discriminar a cualquier persona o grupo; revisar las interpretaciones de los textos religiosos que parecen perpetuar la desigualdad de género y los estereotipos nocivos o incluso condonar la violencia de género; defender los derechos de todos los miembros de las minorías; denunciar públicamente todos los casos de fomento

---

[170] Consultar en línea: https://www.ohchr.org/sites/default/files/18C ommitmentsonFaithforRights.pdf (visitado por última vez el 13 de enero de 2024).

del odio para incitar a la violencia, la discriminación o la hostilidad; vigilar las interpretaciones, decisiones y otras opiniones religiosas que contradigan abiertamente las normas y los criterios universales de derechos humanos; evitar que se supriman las opiniones críticas e instar a los Estados a que deroguen todas las leyes vigentes que castigan la blasfemia o la apostasía; perfeccionar los planes de estudio, materiales didácticos y manuales escolares; e interactuar con niños y jóvenes que sean víctimas de la incitación a la violencia en nombre de la religión o que pudieran ser vulnerables a esa prédica.

Figura 1: "Fe por los derechos". 18 compromisos

1 ... to stand up and act for everyone's right to free choices, particularly for everyone's freedom of thought, conscience, religion or belief	**2** ... to use the declaration on "Faith for Rights" as a common minimum standard of interaction between theistic, non-theistic, atheistic or other believers	**3** ... to promote constructive engagement on the understanding of religious texts through critical thinking and debate on religious matters
18 ... to use technological means more creatively and consistently in order to produce capacity-building and outreach tools and make them available for use at the local level		**4** ... to prevent the notions of "State religion" and "doctrinal secularism" from being used to discriminate or reduce the space for diversity of religions and beliefs
17 ... to develop sustained partnerships with specialised academic institutions to promote interdisciplinary research, programs and tools for implementing the 18 commitments	**We commit...**	**5** ... to ensure non-discrimination and gender equality, particularly regarding harmful stereotypes and practices or gender-based violence
16 ... to leverage the spiritual and moral weight of religions and beliefs in order to strengthen the protection of universal human rights and develop preventative strategies		**6** ... to stand up for the rights of all persons belonging to minorities and to defend their freedom of religion or belief, particularly in cultural, religious, social, economic and public life
15 ... not to coerce people in vulnerable situations into converting from their religion or belief, while fully respecting everyone's freedom to have, adopt or change a religion or belief	**Faith** *for* **Rights**	**7** ... to publicly denounce all instances of advocacy of hatred that incites to violence, discrimination or hostility in the name of religion or belief
14 ... to ensure that humanitarian aid is given regardless of the recipients' creed and that aid will not be used to further a particular religious standpoint		**8** ... to monitor interpretations, determinations or other religious views that manifestly conflict with universal human rights norms and standards
13 ... to engage with children and youth against violence in the name of religion and to promote their active participation in decision-making		**9** ... to condemn any judgemental determination that disqualifies the religion or belief of another individual or community, exposing them to violence in the name of religion
12 ... to review the curriculums and teaching materials wherever some religious interpretations seem to encourage or tolerate violence or discrimination	**11** ... not to oppress critical voices on religious matters in the name of "sanctity", and to advocate for repealing any anti-blasphemy and anti-apostasy laws	**10** ... not to tolerate exclusionary interpretations on religious grounds which instrumentalize religions, beliefs or their followers for electoral purposes or political gains

Fuente: https://www.ohchr.org/sites/default/files/2022-03/18cFPD-Web-FINAL.pdf

Para la puesta en marcha de estos 18 compromisos se ha elaborada la llamada *"Carpeta de herramientas de Fe religiosa para los derechos humanos"*[171], en la que se contienen, a su vez, 18 módulos de aprendizaje, que reflejan cada uno de los compromisos de la iniciativa. Estos módulos aportan ideas concretas para realizar ejercicios pedagógicos, al tiempo que presentan varios temas de debate con el fin de mejorar las competencias de distintos agentes para gestionar la diversidad religiosa en situaciones de la vida real[172].

5.2. El Plan de acción de salvaguarda de los lugares religiosos

Por su parte, y por lo que respecta al segundo de los Planes de acción reseñados, cabe señalar que los recientes conflictos interreligiosos y el odio contra determinadas religiones en algunas partes del mundo han sido tomados en consideración de un modo especial en las Resoluciones tanto de la Comisión, como por el órgano que lo sustituyó el Consejo de Derechos Humanos, aprobadas, sobre todo, a partir de 2004. Así, en la *Resolución de 19 de abril de 2004*[173], el Consejo manifiesta su honda preocupación por el aumento del extremismo religioso que afecta a las religiones en todo el mundo (párrafo 13°) y por el incremento de los casos de intolerancia dirigida contra los miembros de distintas comunidades religiosas, «en *particular por los casos motivados por la islamofobia, el antisemitismo y la cris-*

---

[171] Consultar en línea: https://www.ohchr.org/sites/default/files/faith4rights-toolkit.pdf (visitado por última vez el 13 de enero de 2024).

[172] A esta Carpeta de herramientas se puede consultar en línea: https://www.ohchr.org/en/faith-for-rights/faith4rights-toolkit (visitado por última vez el 25 de enero de 2024).

[173] E/CN.4/RES/2004/36 (consultar en línea: https://ap.ohchr.org/documents/alldocs.aspx?doc_id=9840; visitado por última vez el 20 de enero de 2024).

tianofobia» (párrafo 14º). Al tiempo que en la *Resolución de 20 de abril de 2005*[174], en su parte dispositiva, se subraya la conveniencia de no establecer correspondencia entre una religión determinada y el terrorismo, ya que de ello se derivan consecuencias negativas para todos los miembros de la comunidad religiosa en cuestión[175]. Y, relacionándolo con el punto anteriormente mencionado, el Consejo insta a los Estados a revisar las prácticas de registros en locales o dependencias religiosas a fin de garantizar a todas las personas su derecho a profesar su religión[176].

En esta misma línea, tanto la Asamblea General como el Consejo de Seguridad han hecho hincapié en que el terrorismo y el extremismo violento como y cuando conduce al terrorismo[177] no pueden ni deben asociarse a ninguna religión, nacionalidad

---

[174]   E/CN.4/RES/2005/40 (consultar en línea: https://ap.ohchr.org/documents/S/CHR/resolutions/E-CN_4-RES-2005-40.doc; visitado por última vez el 20 de enero de 2024).

[175]   *Ibid*, punto 11º.

[176]   *Ibid*, punto 4º.c).

[177]   Debe precisarse que a nivel de las Naciones Unidas ha sido imposible alcanzar un concepto universal y global sobre terrorismo, toda vez que las definiciones que se han ofrecido han dejado sin resolver una cuestión básica como es la relativa a si los Estados pueden o no cometer actos terroristas, o éstos sólo pueden ser cometidos por actores no estatales. Una definición de terrorismo la encontramos en la *Convención para la Represión de la Financiación del Terrorismo* (1999), según la cual será terrorismo "cualquier acto dirigido a causar la muerte o serios daños corporales a un civil, o a cualquier otra persona que no tome parte activa en las hostilidades en una situación de conflicto armado, cuando el propósito de tal acto, por su naturaleza o contexto, sea intimidar a la población, u obligar a un gobierno o a una organización internacional a hacer o abstenerse de hacer cualquier acto"

o civilización[178], y han reafirmado que los Estados miembros deben velar por que cualquier medida adoptada para luchar contra el terrorismo cumpla todas sus obligaciones en virtud del derecho internacional, en particular el derecho internacional de los derechos humanos, el derecho internacional de los refugiados y el derecho internacional humanitario[179].

Por último, el *Plan de Acción de las Naciones Unidas de Salvaguarda de los Lugares Religiosos,* elaborado por el Alto Representante para la Alianza de Civilizaciones, en 2019[180], tiene como objetivo concienciar en el mayor grado posible a la comunidad y a la opinión pública internacional sobre el grave problema que representa el incremento de los ataques contra los lugares de culto para la paz y seguridad internacional. El *Plan de acción,* que contiene un total de 21 recomendaciones, se divide en dos partes: una primera relativa a la prevención en tanto que mecanismo de salvaguarda, donde adquiere especial relevancia los ámbitos relacionados con la educación y el discurso de odio; y una segunda parte relativa a la preparación y respuesta a las acciones que sobre los lugares religiosos puedan producirse.

---

[178] Véanse Resoluciones S/RES/1369 (2201) y S/RES/1373 (2201). En este sentido, ver también *Declaración sobre terrorismo internacional,* adoptada en la novena sesión extraordinaria de la Conferencia Islámica de Ministros de Asuntos Exteriores, el 3 de abril de 2002, en Kuala Lumpur (en internet: www.oic-oci.org/oicnew/english/conf/fm/11_extraordinary/d).

[179] Ver RODRIGUEZ-VILLASANTE Y PRIETO, José Luis: "Actos de terror y Derecho internacional humanitario", en RODRÍGUEZ-VILLASANTE Y PRIETO, José Luis, y LÓPEZ SÁNCHES, Joaquín: *Derecho internacional humanitario,* 3 ed., Tirant lo Blanch, Valencia 2017, pp. 243-267.

[180] UNAOC: The United Nations Plan of Action to Safeguard Religious Sites: In Unity and Solidarity for Safe and Peaceful Worship, Nueva York 2019 (consultar en línea: https://www.un.org/sg/sites/www.un.org.sg/files/atoms/files/12-09-2019-UNAOC-PoA-Religious-Sites.pdf; visitado por última vez el 27 de enero de 2024).

Y para ello, en el *Plan de acción* se dan una serie de recomendaciones a los Estados miembros, a los líderes religiosos, a los medios de comunicación y el sector privado de los media y medios, y a la sociedad civil. En consecuencia, cabe afirmar que el presente *Plan de acción* –como se ha indicado por el Alto Representante- "*es un llamamiento global a reunirnos en torno a nuestros principios más básicos de humanidad y solidaridad y a reafirmar la santidad de todos los sitios religiosos y la seguridad de todos los fieles que visitan las casas de culto con espíritu de compasión y respeto*". Y por ello, "*el Programa Global constituye un componente esencial de la implementación del Plan de Acción de la ONU para Salvaguardar los Sitios Religiosos, ya que ayudará a fortalecer la capacidad de los Estados Miembros para desarrollar estrategias integrales y colaborativas en la protección de sitios religiosos y prevenir y responder a ataques contra sitios religiosos, entre otros objetivos vulnerables*"[181].

En desarrollo y complemento de este Plan de acción, otra actividad complementaria la encontramos en la *Estrategia de la UNESCO para reforzar su labor en materia de protección de la cultura y promoción del pluralismo cultural en caso de conflicto armado*[182], así como en el Plan de acción correspondiente. El objetivo ge-

---

[181] Sobre el presente Plan de acción y su aplicación en España, ver CONTRERAS MAZARÍO, J.M.: *Libertad religiosa e intolerancia. Los ataques a los lugares de culto*, Ministerio de la Presidencia, Madrid 2022 (consultar en línea: chrome-extension://efaidnbmnnnibp-cajpcglclefindmkaj/https://www.mpr.gob.es/servicios/publicaciones/Documents/LibertadReligiosaEIntolerancia.pdf; visitado por última vez el 18 de enero de 2024).

[182] La Conferencia General de la UNESCO, en su 38ª reunión, aprobó la Resolución 38C/48, relativa a una Estrategia para reforzar la labor de la UNESCO en materia de protección de la cultura y promoción del pluralismo cultural en caso de conflicto armado (en adelante, la Estrategia) (consultar en línea: https://unesdoc.unesco.org/ark:/48223/pf0000259805_spa?posInSet=1&queryId=1c07781c-0c6c-4dea-9842-8b6edd97c967; visitado por última vez el 4 de enero de 2024).

neral de la presente *Estrategia* es mejorar la capacidad de los Estados miembros para aplicar con éxito las disposiciones de, a su vez, el *Marco de Sendai para la Reducción del Riesgo de Desastres en los Bienes del Patrimonio Mundial* (2015-2030), cuya finalidad es lograr los resultados y objetivos siguientes:

> *"La reducción sustancial del riesgo de desastres y las pérdidas en vidas, medios de subsistencia y salud y en los activos económicos, físicos, sociales, culturales y ambientales de las personas, las empresas, las comunidades y los países", y "Prevenir nuevos riesgos de desastre y reducir los existentes mediante la aplicación de medidas económicas, estructurales, jurídicas, sociales, sanitarias, culturales, educativas, ambientales, tecnológicas, políticas e institucionales integradas e inclusivas que prevenir y reducir la exposición a peligros y la vulnerabilidad a los desastres, aumentar la preparación para la respuesta y la recuperación, y así fortalecer la resiliencia".*

En este contexto, y en consonancia con los dos objetivos principales de la *Estrategia*, los dos objetivos entrelazados de la UNESCO en relación con las emergencias asociadas a los desastres (naturales) son los siguientes: 1) Fortalecer la capacidad de los Estados Miembros para prevenir, mitigar y recuperar la pérdida del patrimonio cultural y la diversidad como resultado de desastres causados por peligros naturales e inducidos por el hombre. Esto se hará principalmente a través de iniciativas de creación de capacidad, así como el apoyo a la preparación, respuesta y recuperación. Y 2) Incorporar la consideración por la cultura en el sector de la reducción de riesgos de desastres y la acción humanitaria relacionada con los desastres mediante la participación de las partes interesadas pertinentes fuera del ámbito cultural. Esto implicará el desarrollo de asociaciones y herramientas, y la participación en los procesos de toda la ONU para fomentar un enfoque culturalmente sensible de la reducción del riesgo de desastres, que se basaría en la cultura para fortalecer la resiliencia frente a los desastres.

La *Estrategia* enuncia un conjunto de acciones sobre la base de las cuatro prioridades de acción siguientes: n° 1: comprender los riesgos de los desastres culturales; n° 2: fortalecer la gobernanza del riesgo de desastres en el sector de la cultura para gestionarlo mejor; n° 3: invertir en la reducción del riesgo de desastres culturales para aumentar la resiliencia, y n° 4: mejorar la preparación para casos de desastre para una respuesta eficaz y "reconstruir mejor" para la rehabilitación, rehabilitación y reconstrucción culturales.

Por último, el citado *Plan de acción sobre los lugares de culto* se ha visto complementado, además, con el *Programa Mundial sobre la protección de objetivos vulnerables*[183], al haberse incluido en el mismo la protección de lugares religiosos contra las amenazas relacionadas con el terrorismo, que ha elaborado la Oficina de las Naciones Unidas de Lucha contra el Terrorismo en consulta con las entidades pertinentes de la Organización, lo que supone un salto cualitativo por lo que a la protección de estos espacios se refiere. Hasta la actualidad, los lugares de culto entraban dentro de la categoría de las infraestructuras blandas, lo que las situaba en una posición clara de vulnerabilidad. Su inclusión dentro de los objetivos vulnerables supone su configuración como infraestructura crítica y, por tanto, sometida no sólo a una protección especial, sino a planes estratégicos de acción cuando se establezcan grados altos de amenaza terrorista.

El objetivo principal del *Programa* es contribuir a la elaboración de enfoques cooperativos que incluyan la colaboración internacional y las asociaciones entre el sector público y el privado para fortalecer la seguridad de los Estados Miembros, y en particular la protección de los objetivos vulnerables frente a los atentados terroristas. El presente *Programa,* liderado por

---

[183] Véase también a este respecto, OLCT: *The protection of critical infrastructure againts terrorism attacks: compendium of good practices,* Nueva York 2018.

la citada Oficina, busca fortalecer la capacidad de los Estados Miembros para prevenir, contrarrestar, responder e investigar ataques terroristas contra objetivos vulnerables mediante el desarrollo de estrategias de colaboración, incluyendo asociaciones público-privadas, y la prestación, previa solicitud, de asistencia técnica en forma de capacitaciones operativas. Respecto de este *Programa*, el Alto Representante de la UNAOC, Miguel Ángel MORATINOS, ha asegurado que "*el Programa Global constituye un componente esencial de la implementación del Plan de Acción de la ONU para Salvaguardar los Sitios Religiosos, ya que ayudara a fortalecer la capacidad de los Estados Miembros para desarrollar estrategias integrales y colaborativas en la protección de sitios religiosos y prevenir y responder a ataques contra sitios religiosos, entre otros objetivos vulnerables*".

En este contexto, cabe mencionar un último documento que bajo el título: *Protección de los lugares religiosos de los ataques terroristas*[184], ha sido elaborado asimismo en el seno de la citada Oficina contra el Terrorismo. En el presente informe se recogen un conjunto de buenas prácticas (en total 21) llevadas a cabo por diferentes Estados y organizaciones, entre las que cabe mencionar los programas de enlace entre el clero y la aplicación de la ley en Estados Unidos, las ya mencionadas Declaraciones de Marrakech (2016) y Beirut, el registro de ataques a lugares sagrados en Tierra Santa y los programas de subvenciones para comunidades religiosas llevados a cabo en Canadá, Francia, Reino Unido y Estados Unidos[185].

---

[184]   UNOCT: *Protecting religious sites from terrorist attacks. Good practices guide. Specialized module*, Nuevo York 2022 (consultr en línea: https://www.un.org/counterterrorism/sites/www.un.org.counterterrorism/files/2118451e-vt-mod4-religious_sites_final-web.pdf; visitado por última vez el 4 de enero de 2024).

[185]   Para un estudio en profundidad de los lugares de culto y su salvaguarda en el Derecho internacional, ver CONTREAS MAZARIO, J.M.: *Libertad religiosa e intolerancia. Los ataques a los lugares de culto,*

6. DELITOS DE ODIO Y JURISPRUDENCIA INTERNACIONAL

En los casos más extremos de las expresiones de odio son aquéllas en las que son utilizadas como armas para incitar, promover o impulsar la violencia e incluso el exterminio de un grupo de personas, como se vio en la Alemania nazi o en el genocidio de Runda en 1994, entre otras. Ambas atrocidades, como las cometidas en los territorios de la antigua Yugoslavia, dieron lugar a la creación de tribunales internacionales para procesar a los responsables, y estos procesos incluían dictámenes directos sobre el delito de "incitación al genocidio". A este respecto, la Relatoría Especial para la Libertad de Expresión (RELE)[186] ha señalado que *"si bien este crimen aborrecible es una forma singular e infrecuente de expresión de odio, muy comúnmente objeto de las convenciones internacionales y la legislación interna, las decisiones de los tres tribunales sobre la incitación al genocidio pueden ser valiosas para orientar las decisiones sobre tipos de expresiones de odio más comunes"*. A ello se va a añadir en este apartado las decisiones de la Corte Internacional de Justicia, relacionadas bien directa bien indirectamente con la incitación al genocidio y/o al odio[187].

Ministerio de la Presidencia, Madrid 2022, 411 pp. (consultar en línea: chrome-extension://efaidnbmnnnibpcajpcglclefindmkaj/ https://www.mpr.gob.es/servicios/publicaciones/Documents/LibertadReligiosaEIntolerancia.pdf; visitado por última vez el 18 de enero de 2024).

[186] RELE-OEA: RELE (2004): *Las expresiones de odio y la Convención Americana sobre Derechos Humanos*, p. 2 (consultar en línea: http://www.oas.org/es/cidh/expresion/docs/informes/odio/Expreisones%20de%20odio%20Informe%20Anual%202004-2.pdf; visitado por última vez el 23 de enero de 2024).

[187] Ver *infra*, apartado 6.4.

Como ya se ha señalado, los Estatutos del TPIY y del TPIR reproducen la disposición de la *Convención del Genocidio* sobre la "incitación al genocidio" en los artículos 4(3)(c)[188] y 2(3)(c)[189], respectivamente. Por su parte, el *Estatuto de la Corte Penal Internacional*[190] enumera la incitación al genocidio en el artículo 25(3)(e)[191], bajo responsabilidad penal individual. Se

---

[188] Art. 4.3.c) ETPIY: "*3. Serán punibles los actos siguientes:*
a) El genocidio;
b) La conspiración para cometer genocidio;
c) La instigación directa y pública a cometer genocidio;
d) La tentativa de genocidio;
e) La complicidad en el genocidio".
El subrayado es del autor.

[189] Art. 2.3.c) ETPIR: "*3. Serán punibles los actos siguientes:*
a) El genocidio;
b) La conspiración para cometer genocidio;
c) La instigación directa y pública a cometer genocidio;
d) La tentativa de genocidio;
e) La complicidad en el genocidio".
El subrayado es del autor.

[190] Estatuto de Roma para la Corte Penal Internacional, UN Doc. A/CONF.183/9. En adelante, ECPI (consultar en línea: https://digitallibrary.un.org/record/260261; visitado por última vez el 11 de enero de 2024).

[191] Art. 25.3.e) ECPI: "*3. De conformidad con el presente Estatuto, será penalmente responsable y podrá ser penado por la comisión de un crimen de la competencia de la Corte quien:*
a) Cometa ese crimen por sí solo, con otro o por conducto de otro, sea éste o no penalmente responsable;
b) Ordene, proponga o induzca la comisión de ese crimen, ya sea consumado o en grado de tentativa;
c) Con el propósito de facilitar la comisión de ese crimen, sea cómplice o encubridor o colabore de algún modo en la comisión o la tentativa de comisión del crimen, incluso suministrando los medios para su comisión;
d) Contribuya de algún otro modo en la comisión o tentativa de comisión del crimen por un grupo de personas que tengan una finalidad común. La contribución deberá ser intencional y se hará:

ha argumentado que esto *"reduce el estatus de incitación de un crimen por derecho propio a un modo de participación en el genocidio"*[192]. En las conferencias de redacción de la CPI, se hicieron esfuerzos para ampliar el delito de incitación para abarcar otros crímenes centrales, pero fracasaron[193]. No obstante, *"no es raro que las atrocidades masivas derivadas de guerras civiles o conflictos regionales sean precedidas* -como señala MAREE TORRENS- *por discursos de odio, que se utilizan como un arma de manipulación y consolidación del poder"*[194]. Por ello -como ya se ha señalado-, resulta de especial relevancia el análisis y los procesos de enjuiciamiento del discurso de odio abordados por parte de los tribunales y cortes internacionales.

---

i) Con el propósito de llevar a cabo la actividad o propósito delictivo del grupo, cuando una u otro entrañe la comisión de un crimen de la competencia de la Corte; o
ii) A sabiendas de que el grupo tiene la intención de cometer el crimen;
e) Respecto del crimen de genocidio, haga una instigación directa y pública a que se cometa;
f) Intente cometer ese crimen mediante actos que supongan un paso importante para su ejecución, aunque el crimen no se consume debido a circunstancias ajenas a su voluntad. Sin embargo, quien desista de la comisión del crimen o impida de otra forma que se consume no podrá ser penado de conformidad con el presente Estatuto por la tentativa si renunciare íntegra y voluntariamente al propósito delictivo". El subrayado es del autor.

[192]   DAVIES, Thomas E.: "How the Rome Statute Weakens the International Prohibition on Incitement to Genocide", en *Harvard Human Rights Journal* vol. 22 (2009), pp. 245-252.

[193]   *Schabas*, p. 272.

[194]   MAREE TORRENS, Shannon: "Enjuiciando el discurso de odio en la Corte Penal Internacional", consultar en línea: http://leypenalinternacional.blogspot.com/2020/02/enjuiciando-el-discurso-de-odio-en-la.html?utm_source=feedburner&utm_medium=feed&utm_campaign=Feed:+blogspot/WqkURz+(Derecho+Penal+Internacional)&m=1 (visitado por última vez el 3 de enero de 2024).

6.1. Tribunal Militar Internacional

El primero de los tribunales fue el Tribunal Penal Internacional de Núremberg (TMI), el cual fue el resultado del acuerdo, de 1945, entre el Reino Unido, Estados Unidos, Francia y la Unión Soviética con el fin de enjuiciar a los criminales de guerra por delitos contra la paz, crímenes de guerra y crímenes contra la humanidad. El Tribunal Militar Internacional juzgó a dos acusados por actos equivalentes a la incitación al genocidio. Dado que el crimen aún no estaba codificado como tal, ambos fueron acusados de crímenes de *lesa humanidad*. Estos dos casos son los siguientes:

6.1.1. Streicher

Julius Streicher fue el editor de Der Stürmer, un semanario alemán violentamente antisemita publicado entre 1923 y 1945195. *"En sus discursos y artículos, semana tras semana, mes tras mes, infectó la mente alemana con el virus del antisemitismo e incitó al pueblo alemán a la persecución activa"*, encontró la TMI[196]. En un artículo principal en septiembre de 1938, utilizando un lenguaje deshumanizante típico de la incitación al genocidio, Streicher *"calificó al judío como un germen y una plaga, no un ser humano, sino 'un parásito, un enemigo, un malhechor, un diseminador de enfermedades que deben ser destruidas en interés de la humanidad"*[197].

---

[195]   El juicio de los principales criminales de guerra alemanes, Procedimientos del Tribunal Militar Internacional con sede en Núremberg, Alemania, parte 21, 9 de agosto de 1946 a 21 de agosto de 1946. Volumen 22, p. 501.

[196]   *Ibid.*

[197]   *Ibid.*

En mayo de 1939, Streicher escribió: "*Una expedición puni-tiva debe venir contra los judíos en Rusia. Una expedición punitiva que les proporcionará el mismo destino que todo asesino y criminal debe esperar. Sentencia de muerte y ejecución. Los judíos en Rusia deben ser asesinados. Deben ser exterminados de raíz y rama*"[198]. Al igual que Joseph Goebbels, Streicher acusó a los judíos de querer asesinar a los alemanes. Esta es una técnica típica o sello distintivo de incitación al genocidio, en el que el orador acusa al grupo víctima de planear atrocidades contra el grupo dominante (la audiencia). Un término apropiado para ello fue acuñado en Ruanda: "acusación en un espejo"[199].

Para refutar la afirmación de Streicher de que había estado pidiendo no el exterminio literal de los judíos, sino solo su clasi-ficación como extranjeros, los fiscales de Núremberg demostra-ron que continuó escribiendo tales artículos después de saber que cientos de miles de judíos de Europa del Este habían sido masacrados. Mientras que Streicher negó tener conocimiento de las ejecuciones masivas de judíos, el Tribunal dictaminó que sus incitaciones al asesinato y al exterminio constituían claramente una "persecución por razones políticas y raciales en relación con crímenes de guerra", definidos por la Carta del Tribunal, y cons-tituían, por tanto, crímenes de lesa humanidad[200]. Streicher fue condenado a muerte y ahorcado[201].

---

[198]   *Ibid.*

[199]   Para una descripción y análisis más detallados de la incitación al genocidio, incluido el término *"acusación en un espejo"*, véase BE-NESCH, Susan "Crimen vil o derecho inalienable: definición de in-citación al genocidio", en *Virginia Journal of International Law*, vol. 48 (2008), pp. 485-504.

[200]   *Ibid.*

[201]   *Ibid*, párr. 981.

6.1.2. Fritzsche

El segundo de los casos fue el de Hans Fritzsche, jefe de la División de Radio del Ministerio de Propaganda alemán, fue acusado de "falsificar deliberadamente noticias para despertar en el pueblo alemán aquellas pasiones que los llevaron a la comisión de atrocidades" y, en particular, de "haber utilizado su influencia oficial y no oficial para 'difundir y explotar las principales doctrinas de los conspiradores nazis'". Fritzsche fue absuelto. Aunque había hecho transmisiones intensamente antisemitas y culpó a los judíos por la guerra, el Tribunal de Núremberg encontró que sus discursos *"no instaban a la persecución o el exterminio de judíos"* como lo había hecho Streicher. La intención de Fritzsche no estaba clara, y su incitación no era lo suficientemente "directa": no llamaba claramente a matar. Además, el Tribunal concluyó que *"Fritzsche no había sido lo suficientemente influyente entre los líderes nazis como para haber tenido mucho control sobre la formulación de políticas"*[202]. En una fuerte disidencia, el juez soviético argumentó que Fritzsche había sido un propagandista poderoso y bien informado[203].

Al año siguiente, un Tribunal alemán que realizaba juicios de "desnazificación" procesó a Fritzsche nuevamente, lo colocó en la categoría de los criminales de guerra nazis más culpables y lo sentenció a nueve años de trabajos forzados. Cuando Fritzsche apeló, el Tribunal confirmó su condena, haciendo hincapié en cuatro puntos en particular[204]: 1) había tenido una influencia extraordinaria sobre el público alemán; 2) sabía que

---

[202] B.S. Murty, Propaganda and World Public Order: The Legal Regulation of the Ideology Instrument of Coercion 144 (1968).

[203] *Ídem*, p. 549.

[204] Véanse TIMMERMAN, Wibke Kristin: "Incitement in International Criminal Law", en *International Review of the Red Cross*, núm. 88 (2006), p. 830, citando a Hans Fritzsche Sentencia de apelación, Ber.-Reg.-Nr. BKI/695, Berfungskammer Yo, Núremberg-Fürth, 30

el público ya había sido "sistemáticamente incitado contra los judíos"[205]; 3) sabía que los judíos ya estaban siendo enviados a campos de concentración; y 4) continuamente acusó a los judíos de "dominación" y de hacer la guerra, para destruir al pueblo alemán[206].

El Tribunal alemán condenó a Fritzsche "*por propaganda antisemita per se, sin llamados adicionales a actos de violencia*", toda vez que sus discursos tenían algunas características de ese crimen, aunque en el bien entendido que, si no llamaba a la violencia, no cometía incitación al genocidio.

6.2. Tribunal Penal Internacional para la ex Yugoslavia (TPIY)

1. El TPIY fue un cuerpo de la ONU establecido en cumplimiento de la Resolución 827 del Consejo de Seguridad, el 25 de mayo de 1993[207]. Fue denominado en dicha Resolución como «*Tribunal internacional con la finalidad exclusiva de enjuiciar a los presuntos responsables de graves violaciones del derecho internacional humanitario cometidas en el territorio de la ex Yugoslavia entre el 1.º de enero de 1991 y una fecha que el Consejo de Seguridad determinará una vez restaurada la paz*»[208]. El Consejo de Seguridad consideró que, desde 1991, se venían produciendo en territorio de Yugoslavia graves violaciones de los derechos humanos, así como una amenaza real y seria para la paz y seguridad de la zona balcánica en particular y europea en general. Al tiempo que representó la primera oportunidad his-

---

de septiembre de 1947, Staatsarchiv München, SpKa Karton 475, p. 1.

[205] *Ibid.*

[206] *Id.*, citando el fallo de apelación en párr. 10.

[207] CdS: *Resolución 808 (1993)*, de 22 de febrero de 1993.

[208] Ver también, CdS: *Resolución 827*, de 25 de mayo de 1993.

tórica para juzgar a presuntos responsables de crímenes de guerra en un Tribunal verdaderamente internacional -no únicamente multinacional como Núremberg-, y estableció un precedente inédito hasta entonces en el accionar del Consejo de Seguridad y de la Asamblea General de las Naciones Unidas[209].

Al Tribunal se le otorgó, de conformidad con su Estatuto, jurisdicción internacional para perseguir y procesar a las personas naturales (no organizaciones públicas o privadas) culpables por los siguientes delitos: 1) Graves violaciones de las Convenciones de Ginebra, de 1949; 2) Violaciones de las Convenciones Internacionales sobre la guerra y la costumbre internacional acuñada desde el fin de la Segunda Guerra Mundial; 3) Crímenes contra la humanidad; y 4) Genocidio. A ellos se ha unido, siguiendo el criterio del propio Tribunal, los delitos sexuales, la tortura como instrumento ilegal de la guerra y la no exculpación por orden superior de la comisión de varios delitos.

2. El TPIY ha visto un caso de incitación al genocidio, es el caso *Seselj*[210], quien estuvo acusado de instigación y dis-

---

[209] Ver ODIO BENITO, E: "El Tribunal Penal Internacional para la ex-Yugoslavia -justicia para la paz", en *Revista IIDH*, vol. 24 (1996), pp. 133-155 (consultar en línea: https://www.corteidh.or.cr/tablas/R06843-4.pdf; visitado por última vez de 4 de enero de 2024); PELLET, Alain: "Le Tribunal Criminel International pour l'ex-Yougoslavie", en *Revue de Droit International Public*, núm. 1 (1994); RHENÁN-SEGURA, Jorge: "El Tribunal Internacional para la ex-Y ugoslavia", en *Rev. Derecho Penal*, núm. 12 (1996).

[210] STPIY: de 31 de marzo de 2016, asunto *Fiscal c. Seselj*, causa Nª ICTY IT-03-67 (consultar en línea: chrome-extension://efaidnbmnnnibpcajpcglclefindmkaj/https://www.icty.org/x/cases/seselj/tjug/fr/160331.pdf; visitado por última vez el 18 de enero de 2024).

curso de odio como persecución, entre otros cargos[211]. El *juicio de Seselj* pudo ser el caso histórico del TPIY sobre el discurso, como indican las primeras frases de la declaración de apertura de la fiscalía:

> *"Este juicio, quizás más que cualquier otro caso ante este Tribunal, es sobre el uso de palabras, lenguaje y expresión. Este juicio trata sobre el uso del discurso político para envenenar las mentes de hombres y mujeres con el fin de promover objetivos criminales. Este caso trata sobre la capacidad de este acusado, Vojislav Seselj, para usar propaganda para condicionar a los serbios a temer, odiar y cometer violencia contra miembros de las comunidades no serbias en la ex Yugoslavia, en particular croatas y musulmanes"*[212].

La fiscalía acusó a Seselj de varios tipos de delitos de expresión: directos e indirectos, ilocutivos y perlocutivos. En noviembre de 1991, por ejemplo, dio varios discursos en Vukovar, por lo que fue acusado de perseguir a los no serbios y de instigar el asesinato de no serbios por sus propios seguidores. La fiscalía también argumenta que un discurso que Seselj dio el 6 de mayo de 1992, en la ciudad de Hrtkovci, constituyó un cierre étnico en sí mismo, ya que aterrorizó tanto a los croatas locales que muchos huyeron rápidamente. Bajo esta novedosa teoría, el acto ilocutivo era en sí mismo un crimen separado. Además, al igual que Julius Streicher, Seselj estuvo acusado de envenenar mentes.

El TPIY, en sentencia de 31 de marzo de 2016[213], absolvió al Sr. Seselj de todas las acusaciones. Según el Tribunal de La

---

[211] Sobre él pesaban nueve cargos ligados a asesinatos, torturas y expulsiones de no serbios en Bosnia y Croacia.

[212] STPIY: *Fiscal c. Seselj*, causa Nª ICTY IT-03-67, declaración inicial de la Fiscalía, en los archivos del autor.

[213] Consultar en línea: chrome-extension://efaidnbmnnnibpcajpcgl-clefindmkaj/https://www.icty.org/x/cases/seselj/tjug/fr/160331.

Haya, el fundador del Partido Radical Serbio solo tuvo responsabilidad moral sobre los paramilitares que actuaron en los conflictos, ya que Seselj no era el "jefe jerárquico" de dichas milicias, que no estaban bajo su mando, sino que dependían del ejército; y que, por tanto, sus discursos carecían de propósito criminal[214]. No obstante, la jueza Flavia Lattanzi afirmó que "las pruebas mostraron instigación al crimen contra los no serbios en sus discursos inflamatorios, que sugerían una limpieza étnica". Destacó también, entre otras consideraciones, el clima de intimidación al que sometía a los testigos el nacionalista serbio.

La Fiscalía recurrió la citada sentencia y los jueces del Mecanismo de Naciones Unidas para los Tribunales Penales Internacionales[215] (MICT, en sus siglas en inglés) le condenó, el 10 de abril de 2018, a 10 años de cárcel por crímenes contra la humanidad cometidos en las guerras de los Balcanes, pero confirmó la absolución de los cargos de crímenes de guerra, al no disponer de suficientes pruebas para demostrar esos delitos. Junto a ello, y al contrario de lo que consideraron los jueces en primera instancia, sus discursos incendiarios entre 1991 y 1993, al principio de los conflictos en la ex-Yugoslavia, "incitaron a la violencia" y "vulneraron el derecho a la seguridad" de las poblaciones no serbias a las que atacaba, asegura la sentencia. La sentencia añade que *"dada su influencia sobre la*

---

pdf (visitado por última vez de 18 de enero de 2023).

[214] No puede descartarse que ese tipo de discursos se hicieron *"en un contexto de conflicto y buscaran levantar la moral de las tropas en el campo, en vez de llamarlos a no perdonar a nadie"*, dijo el juez Jean-Claude Antonetti, quien lideraba el panel de tres magistrados que votó 2-1 a favor de su absolución.

[215] El MICT es el sucesor del TPIY, encargado de cerrar las apelaciones de los casos.

multitud, Seselj contribuyó de forma sustancial al comportamiento de quienes perpetraron" los crímenes[216].

6.3. Tribunal Penal Internacional para Ruanda (TPIR)

El TPIR es hasta la actualidad el tribunal que ha llevado a cabo la gran mayoría de los juicios internacionales por incitación al genocidio. Cincuenta años después de los TMI de Núremberg y de Tokio, se creó el TPIR por Resolución del Consejo de Seguridad de 1994[217], tras una serie de informes que demuestran que se habían cometido en ese país actos de genocidio y otras "violaciones sistemáticas, generalizadas y flagrantes" al derecho internacional humanitario[218]. Como se ha puesto de manifiesto, el Estatuto de este Tribunal lo habilitaba para enjuiciar a quienes hubieren cometido actos de genocidio, entre los que abarcaba el asesinato, la infracción de graves daños corporales o mentales y otros actos *"perpetrados con el propósito de destruir, total o parcialmente, a un grupo nacional, étnico, racial o religioso"* (Art. 2). Dentro de la categoría de delitos relacionados con el genocidio, el Estatuto establece específicamente que la

---

[216]   El Fiscal para la Ex Yugoslavia ha alertado contra el discurso del odio que perdura aún en los Balcanes y lamentó que la reconciliación sea todavía difícil de conseguir en víspera del 25 aniversario del genocidio de Srebrenica (*El País*, de 25 de junio de 2020 [consultar en línea: https://elpais.com/internacional/2020-06-25/el-fiscal-para-yugoslavia-alerta-contra-el-discurso-del-odio-que-persiste-en-los-balcanes.html; visitado por última vez el 18 de enero de 2023). Muchas víctimas siguen enfrentándose a amenazas, intimidación, incitación al odio y retórica revisionista, incluido el rechazo a las decisiones de los tribunales.

[217]   Doc. S/RES/955 (1994).

[218]   *Ibid.*

"incitación directa y pública a cometer genocidio" es un delito punible (Art. 2)[219].

---

[219] La matanza de Ruanda ha tenido, asimismo, su proyección en Canadá, donde la Corte Suprema de Canadá ha producido un fallo importante sobre la incitación al genocidio en Ruanda que fue un caso de inmigración, no un enjuiciamiento penal (*Mugesera c. Canadá* (Minister of Citizenship and Immigration), [2005] S.C.C. 40, párrs. 179-180). El 22 de noviembre de 1992, Leon Mugesera dio un mensaje entusiasta a una multitud de militantes del partido gobernante MRND en Kabaya, prefectura de Gisenyi (Movimiento Nacional Republicano para el Desarrollo y la Democracia, cuya milicia juvenil, la *Interhamwe*, cometió una gran proporción de los asesinatos en el genocidio de 1994). El discurso fue grabado y ampliamente difundido, y luego ampliamente criticado por comentaristas ruandeses. El Ministerio de Justicia ruandés emitió una orden de detención contra Mugesera por incitación a la violencia. Mugesera huyó a Canadá, donde otros ruandeses lo denunciaron al gobierno, y el 11 de julio de 1996 un juez de inmigración canadiense descubrió que había cometido incitación al genocidio y ordenó su deportación. Mugesera apeló y, en noviembre de 1998, un tribunal de apelaciones de inmigración confirmó el fallo del juez en una opinión que analizaba el discurso en detalle (ver *Mugesera c. Ministro de Ciudadanía e Inmigración*, Nos. M96-10465 y M96-19466. Junta de Inmigración y Refugiados (División de Apelaciones) de Canadá, 6 de noviembre de 1998). Mugesera había manifestado a sus oyentes que no se dejaran abiertos a la invasión, y dijo: "*Estas personas llamadas Inyenzi [cucarachas] se han propuesto atacarnos*" (*Mugesera c. Canadá*, párr. 164). También ofreció a su audiencia una justificación de autodefensa para matar, prediciendo que de lo contrario serían víctimas de genocidio. "*Sepan que la persona cuya garganta no cortan ahora será la que cortará la suya*", declaró. El discurso de Mugesera fue seguido por una serie de atrocidades dirigidas contra los tutsis en la región de Gisenyi del país. Mugesera apeló de nuevo y el Tribunal de Apelación Federal de Canadá revocó los tribunales inferiores, concluyendo que Mugesera solo había estado dando un discurso político apasionado, y demostrando un margen interpretativo excesivo en la ley de incitación (*Mugesera c. Ministro de Ciudadanía e Inmigración*, Nos. M96-10465 y M96-19466, párr. 169).

El TPIR ha juzgado muchas causas y ha aceptado varias declaraciones de culpabilidad por incitación al genocidio. Algunos de los casos más notables se analizarán a continuación.

6.3.1. Fiscalía c. Akayesu[220].

Jean-Paul Akayesu, el burgomaestre o alcalde del municipio ruandés de Taba, fue la primera persona condenada por el TPIR por incitación al genocidio, así como por genocidio. Durante el genocidio de Ruanda en 1994, el Sr. Akayesu era alcalde de Taba, una población en la que miles de tutsis fueron víctimas de violación, tortura y asesinato sistemáticos. Al comienzo de su juicio, Akayesu se enfrentaba a 12 imputaciones de genocidio, crímenes de lesa humanidad y violaciones del artículo 3 común a los Convenios de Ginebra de 1949, por asesinato, tortura y tratos crueles. En junio de 1997, el Fiscal agregó tres imputaciones de crímenes de lesa humanidad y violaciones del artículo 3 común y el Protocolo adicional II, a saber: violación, actos inhumanos y agresión contra la integridad sexual (informe del Tribunal Penal Internacional para Ruanda (S/1997/868)). Esas imputacio-

---

Finalmente, el gobierno canadiense apeló ante la Corte Suprema, donde Mugesera perdió. Dado que, como señaló el Tribunal Supremo, no existe un requisito de causalidad para la incitación al genocidio, no se preocupó por la demora de 17 meses entre el discurso de Mugesera y el estallido del genocidio. El Tribunal dedujo la intención requerida del hecho de que Mugesera sabía que las masacres de tutsis ya estaban teniendo lugar cuando habló.

Sobre este asunto, véanse SCHABAS, William A.: "International Decision: Mugesera v. Ministro de Ciudadanía e Inmigración", en *AJIL*, vol. 93 (1999), pp. 529 y ss; SCHABAS, William A.: "Hate Speech in Rwanda: The *Road* to Genocide", en *McGill L.J.*, vol. 46 (2000-2001), pp. 141-144.

[220] Tribunal Penal Internacional para Ruanda, *Fiscalía c. Jean-Paul Akayesu* (ICTR-96-4-T), Fallo de 2 de septiembre de 1998 de la Sala de Primera Instancia.

nes adicionales constituyeron la primera ocasión en la historia del derecho internacional en que la violación era considerada un componente del genocidio. El 2 de septiembre de 1998, el Tribunal declaró a Akayesu culpable de nueve imputaciones de genocidio, incitación directa y pública a cometer genocidio y crímenes de lesa humanidad por exterminio, asesinato, tortura, violación y otros actos inhumanos[221]. En cuanto a los hechos relacionados con la incitación al odio, la Fiscalía relató cómo la mañana del 19 de abril de 1994, Akayesu se encontró con una multitud de más de 100 personas de pie cerca del cuerpo de un joven miliciano hutu que había sido asesinado. Akayesu pronunció un discurso, exhortando a la multitud a unirse contra el "único enemigo" que describió como los cómplices de los Inkotanyi, o rebeldes tutsis que habían estado luchando para derrocar al gobierno liderado por los hutus de Ruanda. Un panel de tres jueces del TPIR encontró que la audiencia de Akaysu había entendido su discurso como un llamamiento a exterminar al pueblo tutsi.

Los jueces estaban convencidos de que Akayesu sabía que su discurso se entendería de esa manera, ya que el genocidio ya había comenzado en otras partes de Ruanda, y las milicias genocidas ya se habían formado en Taba. Cientos de tutsis fueron asesinados en Taba, en los días posteriores al discurso de Akayesu. En septiembre de 1998, el Tribunal condenó a Akayesu no sólo por genocidio (haciendo de su caso la primera condena de este tipo)[222], sino también por "incitación directa y

---

[221] Actualmente Akayesu está cumpliendo una pena de cadena perpetua en Malí.

[222] El proceso de Akayesu constituyó la primera ocasión en que se pidió a un Tribunal internacional que interpretara la definición de genocidio en virtud de lo dispuesto en la Convención para la Prevención y la Sanción del Delito de Genocidio (véase ICTR *Fact Sheet* No. 1, The Tribunal at a Glance). En virtud de la Convención, se entiende por genocidio la comisión de ciertos actos, incluida la matanza de

pública al genocidio". Aunque Akayesu hizo su discurso en persona, la Sala de Primera Instancia hizo hincapié en interpretar "directo y público" para incluir muchas formas de comunicación, incluida la transmisión[223]. *"La incitación directa y pública debe definirse, a los efectos de interpretar el artículo 2, apartado 3, letra c), como la provocación directa al autor o autores de la comisión de genocidio, ya sea mediante discursos, gritos o amenazas pronunciados*

---

miembros del grupo o la lesión grave a la integridad física o mental de los miembros del grupo, perpetrados con la intención de destruir, total o parcialmente, a un grupo nacional, étnico, racial o religioso, como tal (artículo II de la Convención para la Prevención y la Sanción del Delito de Genocidio).

[223]   El TPIR sostuvo lo siguiente respecto al delito de incitación pública y directa al genocidio:

"557. La característica de "directo" del delito de incitación implica que esta asume una forma directa y que provoca a otro específicamente a involucrarse en la comisión de un delito y que se requiere más que meras sugerencias vagas o indirectas para que exista incitación directa. En los sistemas de derecho civil, la "provocación", que es el equivalente de la incitación, se considera directa cuando su propósito es ocasionar que se cometa un delito en particular. La acusación debe probar causalidad definitiva entre el acto clasificado como incitación, o provocación, y un delito en particular. Sin embargo, la Sala es de la opinión de que el requisito de que la incitación sea "directa" debe analizarse a la luz de su contenido cultural y lingüístico. De hecho, un determinado discurso puede ser percibido como "directo" en un país, pero no en otro, dependiendo de la audiencia. A mayor abundamiento, la Sala recuerda que la incitación puede ser directa y, aun así, implícita. Así, durante la redacción de la Convención sobre el Genocidio, el delgado de Polonia apuntó que bastaba con manipular hábilmente la psicología de las masas levantando sospechas sobre ciertos grupos, insinuando que son responsables de determinadas dificultades económicas o de otro tipo, para crear una atmósfera favorable a la comisión del delito.
558. La Sala, por tanto, considerará de manera casuística si, vista la cultura de Ruanda y las circunstancias específicas de este caso, los actos de incitación pueden calificarse de directos o no, enfocándose primordialmente en la cuestión de si las personas a las que el mensaje iba dirigido aprehendieron de manera inmediata las implicaciones".

en lugares públicos o en reuniones públicas, o mediante la venta o difusión, oferta de venta o exhibición de material escrito o impreso en lugares públicos o en reuniones públicas, o a través de la exhibición pública o carteles o carteles, o a través de cualquier otro medio de comunicación audiovisual[224].

El discurso de Akaysu fue la forma más fácil de incitación al genocidio de identificar. Funciona como una orden: un orador se dirige a una multitud en particular, sabiendo que él o ella tiene una fuerte influencia o autoridad sobre las mentes de los oyentes, y que ya están preparados para cometer genocidio. Inmediatamente o poco después, la multitud actúa en respuesta al discurso. Este es el tipo de incitación que John Stuart Mill proscribió con su famosa ilustración de "comerciante de maíz", excepto que, en el *caso de Akayesu*, el TPIR encontró que era incitación para cometer genocidio, no incitación a la hostilidad o la violencia[225]. Sin embargo, el tipo de incitación no es el crimen que parece catalizar verdaderamente el genocidio. El discurso de Akaysu instigó asesinatos en Taba, pero no pudo haber ayudado a desencadenar el genocidio en general, ya que habló después de que ya había comenzado. Por lo tanto, impedir este tipo de discurso por sí solo parece insuficiente para prevenir el genocidio[226].

---

[224] *Ibid*, párr. 559.

[225] *"[E]Ven: Las opiniones pierden su inmunidad cuando las circunstancias en que se expresan son tales que constituyen su expresión una instigación positiva a algún acto malicioso. Una opinión de que los traficantes de maíz son hambrientos de los pobres, no debe ser molestada cuando simplemente circula a través de la prensa, pero [no] cuando se entrega oralmente a una multitud excitada reunida ante la casa de un comerciante de maíz".* John Stuart Mill, *Sobre la libertad* (1859).

[226] Como Mardoqueo KREMNITZER y Khaled GHAYANIM han señalado que, *"en muchos ordenamientos jurídicos, la incitación pública se dirige a un grupo numeroso de personas, ni pública ni definida, mientras que la instigación se dirige a un grupo o individuo específico y definido. Según esta*

6.3.2. Asuntos Fiscalía c. Kambanda y Ruggiu[227].

A menudo se pasa por alto que la estación de radio Radio Télévision Libre des Milles Collines (en adelante, RTLM) ha recibido varias declaraciones de culpabilidad por incitación al genocidio, lo que indica que los propios incitadores, que estaban en una buena posición para medir el impacto de su propio discurso, concluyeron que el discurso era criminal. Esta cuestión se afronta en los dos asuntos ahora analizados. Jean Kambanda fue el Primer Ministro de Ruanda durante los 100 días del genocidio. Hablando en la famosa estación de radio RTLM, dijo que la estación era "un arma indispensable en la lucha contra el enemigo". En su declaración de culpabilidad ante el TPIR, y con relación a la incitación al genocidio entre otros crímenes, Kambanda admitió que había dado discursos incitando a la población a cometer actos de violencia contra los tutsis y los hutus moderados, y reconoció haber pronunciado una frase que luego se repitió repetidamente: "te niegas a dar tu sangre a tu país y los perros la beben por nada". La admisión de culpabilidad de Kambanda y su posterior condena constituyeron no sólo la primera ocasión en el Derecho internacional en que un Jefe de Gobierno era declarado culpable de genocidio, sino también en que un acusado reconocía ser culpable de genocidio ante un Tribunal penal internacional[228].

---

definición, Akayesu puede haber cometido mera instigación" (cit. en KREM-NITZER, Mordejai, y GHANAYIM, Khaled (eds.): "Incitación, no sedición", en KRETZMER, David, y KERSHMAN HAZAN, Francine: *Libertad de expresión e Incitación contra la democracia*, 2000, p. 147).

[227] Tribunal Penal Internacional para Rwanda, *Fiscalía c. Jean Kambanda* (ICTR-97-23-S), Fallo de 4 de septiembre de 1998 de la Sala de Primera Instancia; y *Fiscalía c. Georges Ruggiu* (ICTR-97-32-I). Fallo de 1 de junio de 2000 de la Sala de Primera Instancia.

[228] Kambanda está cumpliendo una pena de cadena perpetua en Malí.

El segundo de los asuntos es la sentencia relativa a Georges Ruggiu, un ciudadano belga que trabajó como locutor para la RTLM, desde el 6 de enero de 1994 hasta el 14 de julio de 1994, y que en un primer momento se declaró inocente del delito de incitación al genocidio, y que posteriormente cambió de opinión. Cuando se le pidió que explicara por qué, dijo: *"Me di cuenta de que algunas personas en Ruanda habían sido asesinadas durante los acontecimientos de 1994, y que yo era responsable y culpable de esos hechos, que había un vínculo directo con lo que había dicho y sus muertes y en estas circunstancias creía que no tenía otra opción que declararme culpable"*[229].

6.3.3. El caso de los medios de comunicación.

1. Resultan igualmente trascendente en esta materia la mención de las actuaciones del Tribunal Penal Internacional para Ruanda contra Ferdinand Nahimana y Jean-Bosco Barayagwiza, directivos ambos de Radio Télévision Libre des Mille Collines (RTLM), y de Hassan Ngeze, fundador y director del periódico Kangur.

Ferdinand Nahimana era profesor de historia y fundador de la RTLM, la estación de radio que se hizo famosa por sus transmisiones anti-tutsis, a partir de julio de 1993, nueve meses antes de que comenzara el genocidio de Ruanda. Jean-Bosco Barayagwiza, abogado, era un ejecutivo de la RTLM. Hassan Ngeze, el tercer acusado, había sido el fundador, editor y editor de un tabloide ruandés llamado Kangura que, a partir de 1990, imprimió "planfletos" u "octavillas" anti-tutsi, pero ninguna orden explícita de matar.

---

[229]   *La Fiscalía c. Georges Ruggiu*, Sentencia, Caso No. ICTR-97-32-I (1 de junio de 2000).

El Tribunal acumuló las acusaciones contra esas tres personas en un único proceso, que se conoce habitualmente como "la causa de los medios de comunicación" (*Fiscalía c. Ferdinand Nahimana, Jean-Bosco Barayagwiza y Hassan Ngeze*[230]). Durante tres años, la Sala de Primera Instancia recibió el testimonio de más de 100 testigos. Este proceso fue la primera ocasión desde el juicio de Nuremberg en que se examinó la función de los medios de comunicación en el marco del Derecho penal internacional. En 2003, Nahimana, Barayagwiza y Ngeze fueron declarados culpables de genocidio (ya que los tres acusados habían actuado con la "intención de destruir total o parcialmente al grupo étnico tuttsi"[231]), conspiración para cometer genocidio (por fomentar la matanza de civiles tutsis[232]), incitación directa y pública a cometer genocidio[233] (por radiodifusiones a través de la RTLM, en la que exhortaba a los radioyentes a tomar medidas contra los enemigos, y que se conoció posteriormente como "Radio machete"[234], y en el caso del Sr. Kangura por publicaciones en el periódico Kangura, cuyos escritos estaban basados en el odio étnico, la creación de un clima de terror y la exhortación a la violencia contra los tutsis[235]), y crímenes de lesa humanidad. Originalmente, Nahimana y Ngeze fueron condenados a cadena perpetua y Barayagwiza a una pena de 35 años de prisión. En apelación, las penas impuestas a Nahimana y Ngeze se redujeron a 30 y 35 años, respectivamente.

---

[230] Tribunal Penal Internacional para Rwanda, *Fiscalía c. Ferdinand Nahimana, Jean-Bosco Barayagwiza and Hassan Ngeze* (ICTR-99-52-T), Fallo de 3 de diciembre de 2003 la Sala de Primera Instancia.

[231] *Ibid*, párr. 969.

[232] *Ibid*, párrs. 6, 9 y 1035.

[233] *Ibid*, párr. 1033.

[234] *Ibid*, párr. 981.

[235] *Ibid*, párrs. 7, 10 y 1036.

La sentencia de los "medios de comunicación" discute la incitación que tiene lugar mucho antes del genocidio, y un testigo captó elocuentemente por qué la incitación temprana es importante y peligrosa. El crimen de los acusados dijo el testigo, fue "*esparcir gasolina por todo el país poco a poco, para que un día [ellos] pudieran incendiar todo el país*"[236]. Por su parte, el TPIR dedicó la mayor parte de su análisis jurídico de la incitación al genocidio a una revisión del Derecho internacional de los derechos humanos que restringe la libertad de expresión, basada en el PIDCP, la Convención Internacional sobre la Eliminación de todas las Formas de Discriminación Racial [CIEDR] y el Convenio Europeo para la Protección de los Derechos Humanos y de las Libertades Fundamentales [CEDH]. El Tribunal discutió la evidencia disponible –esto es, transmisiones de RTLM[237], artículos de Kangura y testimonios de testigos– en términos de esa ley, opinando, por ejemplo, que "*el discurso que constituye odio étnico resulta del estereotipo de la etnicidad combinada con su denigración*"[238]. La Sala de Primera Instancia hizo algunos esfuerzos para distinguir la incitación al odio de la expresión protegida, pero no distinguió claramente la incitación al genocidio, ni esta última de otras formas de incitación.

El Tribunal identificó tres "principios centrales" que "*surgen de la jurisprudencia internacional sobre la incitación a la discriminación y la violencia que sirven como una guía útil*"[239] para definir la incitación al genocidio aplicada a los medios de comunicación (el contexto en el que ocurre con mayor frecuencia y puede

---

[236]   *Ibid.*, párrafo 436.

[237]   A este respecto, el Tribunal, al considerar que el Sr. Nahimana era responsable de la programación de la RTLM, llegó a la conclusión de que éste era culpable de la incitación directa y pública al genocidio, diciéndole, por ejemplo, "*sin un arma de fuego, machete o cualquier arma física, usted causó la muerte de miles de civiles inocentes*" (párr. 1099).

[238]   *Ibid.*, párrafo 1021.

[239]   *Ibid.*, párrafo 1000.

ser más peligroso). El primer principio identificado por la Sala de Primera Instancia es el "propósito", esto es, equivalente a la intención, que ya es un requisito claro en Derecho. El Tribunal también enumera la "causalidad", pero al mismo tiempo precisa que resulta evidente que la causalidad no es un requisito necesario[240]. El último principio enumerado es el "contexto", respecto de cual el TPIR recomienda que se tenga en cuenta este elemento *"al considerar el impacto potencial de la expresión"*[241].

2. Por su parte, en la sentencia Nahimana et al vs. la Acusación[242], el Tribunal de Apelación del TPIR, respecto al delito de incitación a cometer genocidio, afirmó lo siguiente:

> *"692. El Tribunal de Apelación considera que hay una diferencia entre el discurso de odio en general (o la incitación a la discriminación o a la violencia) y la incitación directa y pública a cometer genocidio. La incitación directa a cometer genocidio implica que el discurso es una llamada directa a cometer un acto (de genocidio); debe ser más que una sugerencia vaga o indirecta. En la mayoría de los casos, la incitación pública y directa al genocidio puede ir precedida o acompañada por un discurso de odio, pero solo se prohíbe la incitación pública y directa al genocidio (como incitación pública y directa a cometer el delito de genocidio). Los Trabajos Preparatorios de la Convención sobre el Genocidio confirman esta conclusión.*
>
> *693. El Tribunal de Apelaciones, por lo tanto, concluye que cuando un acusado es indiciado (por incitación pública y directa al genocidio), no puede hacérsele responsable por discursos de odio que no hayan llamado directamente a la comisión de un genocidio. El Tribunal de Apelaciones*

---

[240] *Ibid.*, párrafo 1007.

[241] *Ibid.*, párrafo 1004.

[242] Tribunal Penal Internacional para Rwanda, *Ferdinand Nahimana, Jean-Bosco Barayagwiza and Hassan Ngeze c. Fiscalía* (ICTR-99-52-A), Fallo de 28 de noviembre de 2007 de la Sala de Apelaciones.

también es de la opinión de que, en la medida en que no todos los discursos de odio constituyen incitaciones directas al genocidio, la jurisprudencia sobre la incitación al odio, la discriminación o la violencia no es directamente aplicable para determinar qué constituye incitación directa al genocidio…".

Con relación al presente análisis jurisprudencial, se ha señalado que "*la jurisprudencia pionera ha hecho progresos considerables, pero no ha desarrollado plenamente el derecho penal internacional sobre la incitación. A veces la jurisprudencia confunde la incitación al genocidio con el discurso de odio, la propaganda y con otras formas de incitación, como la incitación al asesinato o al odio racial. Varios estudiosos han criticado esta tendencia*[243]. *Algunos han sugerido que el Tribunal Penal Internacional para Rwanda hizo bien en definir ampliamente la incitación al genocidio y que la propaganda de odio debería tipificarse como delito*"[244].

---

[243] Véanse, por ejemplo, DELLA MORTE, Gabrielle: "Desmediatizando el caso de los medios de comunicación. Elements of a Critical Approach", en *Journal of Int'l Crim. Justice*, n° 3 (2005), pp. 1019 y ss.; ORENTLICHER, Diane F.: "Criminalización del discurso de odio en el crisol del juicio: Fiscal v. Nahimana", en *New Eng. J. Int'l. y Comp. L.*, vol. 12, p. 17; TIMMERMANN, Wibke Kristin: "La relación entre la propaganda de odio y la incitación al genocidio, ¿una nueva tendencia en el derecho internacional hacia la criminalización de la propaganda de odio?", en *Leiden J. Int'l. L.*, n° 18 (2005), pp. 257 y ss.; ZAHAR, Alexander: "The ICTR's "Media" Judgment and the Reinvention of Direct and Public Incitement to Genocide", en *Foro de Derecho Penal*, 2005.

[244] A este respecto, ver BENESCH, Susan: *Dangerous Speech Project. Dangerous Speech: A Practical Guide*, 2020, pp. 1-20 (en línea: http://www. dangerousspeech.org; consulta: 14/4/2023); BENESCH, S.: *Dangerous Speech Project. Dangerous Speech: A Proposal to Prevent Group Violence*, 2013, pp. 1-6 (en su versión actualizada al 4 de enero de 2018) (consultar en línea: http://www.dangerousspeech.org; visitado por última vez el 14 de abril de 2023); MORRIS, V., y SCHARF, M.P.: *The International Criminal Tribunal for Rwanda*, Irvington-onHudson,

6.4. Corte Internacional de Justicia (CIJ)

1. Una última jurisdicción a la que se va a hacer referencia es la que corresponde a la Corte Internacional de Justicia, la cual se ha pronunciado de manera indirecta sobre esta materia en tres ocasiones. La primera tuvo lugar con su sentencia de 26 de febrero de 2007[245], en la que la Corte, con motivo en la consulta formulada sobre la Aplicación de la Convención sobre la Prevención y Sanción del Delito de Genocidio, consideró que *"el genocidio, como se define en el Artículo II de la Convención, comprende "actos" e "intenciones". Está bien establecido que los actos (a) Asesinato de miembros del grupo; (b) Causar daños serios, físicos o mentales, a miembros del grupo; (c) Imponer deliberadamente al grupo condiciones de vida diseñadas para ocasionar su destrucción total o parcial; (d) Imponer medidas para prevenir los nacimientos dentro del grupo; (y) (e) Desplazar de manera forzada a niños de un grupo a otro grupo. El asesinato debe ser intencional, como debe ser el ocasionar daños serios físicos o mentales. Los elementos mentales se evidencian*

NY, Transnational Publishers, 1998 (el primer volumen contiene un análisis y el segundo volumen contiene documentos relacionados con el Tribunal); REYES MIL, Michelle: "Mandatarios al banquillo: los legados de la jurisprudencia de los Tribunales *ad hoc* y desafíos actuales para la Corte Penal Internacional en el juzgamiento de los jefes de Estado en funciones", en *Themis* núm. 62 (2013), pp. 275-290 (en línea: https://dialnet.unirioja.es/descarga/articulo/5110721.pdf; consulta: 18/6/2023).

[245] SCIJ de 26 de febrero de 2007 (*Aplicación de la Convención sobre la Prevención y Sanción del Delito de Genocidio* (Bosnia y Herzegovina v. Serbia y Montenegro), Sentencia, Reportes de la I.C.J. 2007 (en línea: chrome-extension://efaidnbmnnnibpcajpcglclefindmkaj/http://www.derecho.uba.ar/multimedia/material/mat_00002_0002_posse.pdf; consulta: 20/6/2023). Consultar también en: https://www.icj-cij.org/public/files/annual-reports/2006-2007-es.pdf [consulta: 20/6/2023).

explícitamente en los párrafos (c) y (d) del artículo II mediante la utilización de las palabras "imponer" y "causar daño"; el desplazamiento forzado también requiere actos deliberados e intencionales. Los actos, en palabras de la ILC, son por su propia naturaleza conscientes, intencionales o volitivos (Commentary on Article 17 of the 1996 Draft Code of Crimes against the Peace and Security of Mankind, ILC Report 1996, Yearbook of the International Law Commission, 1996, Vol. II, Part Two, p. 44, para. 5)" (párr. 186).

Pero también precisa que, *"además de estos elementos mentales, el artículo II requiere un elemento mental adicional,* [esto es] *requiere que se demuestre la "intención de destruir, total o parcialmente (…) al grupo (protegido), como tal." No basta demostrar, por ejemplo, en los términos del inciso (a), que se han producido asesinatos de miembros del grupo. La intención específica debe demostrarse también, y está definida de manera muy concreta. Frecuentemente se hace referencia a ella como intención especial o específica o dolus specialis; en esta Sentencia se le llamará con frecuencia la "intención específica (dolus specialis). No es suficiente que los miembros del grupo estén en la mira por pertenecer a ese grupo, es decir, porque el perpetrador tiene una intención discriminatoria. Hace falta algo más. Los actos mencionados en el artículo II deben ser cometidos con la intención de destruir al grupo como tal, total o parcialmente. Las palabras "como tal" enfatizan la intención de eliminar al grupo protegido"* (párr. 187). Sin olvidar que la especificidad de la intención y sus requisitos son resaltados cuando se ponen en el contexto de otros delitos como pueden ser los crímenes contra la humanidad y la persecución (párr. 188).

En la misma sentencia, la CIJ fundó las conclusiones de hecho que la llevaron a concluir que la masacre de Srebrenica había constituido un genocidio, principalmente en aquellos (sic) del Tribunal Internacional para el enjuiciamiento de presuntos responsables de graves violaciones al derecho internacional humanitario cometidas en el territorio de la antigua Yugoslavia desde 1991 ("el TPIY"), pese a la abundancia de otros materiales que se le habían presentado[246].

2. La segunda de las sentencias tuvo lugar con ocasión de la *Aplicación de la Convención para Prevenir y Sancionar el Delito de Genocidio en el asunto Croacia c. Serbia*[247]. En este caso, la CIJ, habiendo examinado numerosas pruebas orales y escritas presentadas por las partes, y tomando particularmente en consideración las conclusiones de hecho del ICTY, determinó que se había presentado un "patrón de conducta" por parte del Ejército Popular de Yugoslavia y las fuerzas serbias en sus acciones contra los croatas[248]. Sin embargo, tomando en consideración el contexto y la oportunidad que estas fuerzas tuvieron para cometer actos de violencia, el Tribunal de La Haya no se persuadió de que la única conclusión razonable que podría inferirse de este patrón de conducta fuera la intención de destruir, en todo o en parte, al grupo

---

[246]   *Ibid*, párrs. 212-224 y 278-297. Cfr. MARQUÉS RUEDA, Efrén G.: "Caso Bosnia–Herzegovina *vs*. Serbia. Comentarios al fallo pronunciado por la Corte Internacional de Justicia el 14 de febrero de 2007 con relación al caso sobre la Aplicación de la Convención para la Prevención y Sanción del Delito de Genocidio en el asunto Bosnia–Herzegovina C. Serbia", en *Anuario Mexicano de Derecho Internacional*, vol.8 (2008) (consultar en línea: https://www.scielo.org.mx/scielo.php?script=sci_arttext&pid=S1870-46542008000100036; visitado por última vez el 20 de enero de 2024); NIETO NAVIA, Rafael: "Responsabilidad internacional por genocidio. La sentencia de la Corte Internacional de Justicia en el caso Srebrenica", consultar en línea: https://www.corteidh.or.cr/tablas/25368.pdf (visitado por última vez el 20 de enero de 2024).

[247]   SCIJ de 3 de febrero de 2015 (Aplicación de la Convención para Prevenir y Sancionar el Delito de Genocidio (*Croacia c. Serbia*) (consultar en línea: http://icjcij.org/docket/files/118/18422.pdf; visitado por última vez el 5 de enero de 2024)

[248]   *Ibid*, párrs. 407-416.

croata, y de que los actos constituyentes del delito de genocidio según se define en el artículo II (a) y (b) de la Convención para el Genocidio hubieran sido cometidos por el Ejército Nacional Yugoslavo y las fuerzas serbias con la intención específica que sería necesaria para caracterizar esos actos como genocidio[249].

Sobre esta base, la Corte concluyó que Croacia no había probado su afirmación de que se hubiera cometido genocidio[250]. El Tribunal llegó a la misma conclusión respecto de la contra-demanda de Serbia de que los actos cometidos por Croacia contra la población serbia de Krajina hubieran constituido genocidio: no encontró probado que hubiera habido una intención genocida específica (*dolus specialis*)[251].

3. La tercera y última ocasión en que la CIJ se ha pronunciado ha sido con motivo del asunto *Armenia c. Azerbaiyán*, ha hecho referencia a la cuestión relacionada con el discurso de odio. En concreto, en el asunto que enfrenta ambos países y en el que solicitaron del Tribunal la adopción de medidas provisionales por presuntas violaciones del otro con relación a la Convención Internacional sobre la Eliminación de Todas las Formas de Discriminación Racial[252] y dirigidas a proteger y pre-

---

[249] Con relación a esta sentencia, ver HERNÁNDEZ, Gretta N.: "Corte Internacional de Justicia: caso relativo a la aplicación de la convención para la prevención y la sanción del delito de genocidio (Croacia contra Serbia) Decisión de fondo 3 de febrero de 2015", en *ANIDIP*, vol. 4 (2016), pp. 129-136 (consultar en línea: https://dialnet.unirioja.es/servlet/articulo?codigo=5393334; visitado por última vez el 20 de enero de 2024).

[250] *Ibid*, párrs. 417-441.

[251] *Ibid*, párrs. 500-515.

[252] Los insultos entre armenios y azerbaiyanos se han convertido en un componente primordial de las demandas presentadas ante la justicia internacional. Términos como "bárbaros", "animales" o "fascis-

servar los derechos de Armenia y los derechos de los
armenios frente a nuevos daños, la Corte internacional
-sin competencia clara respecto a forzar el cumplimiento de estas medidas- ha ordenado a ambas partes, en
una orden provisional de 7 de diciembre de 2021, que
prevengan el odio racial mientras revisan el asunto[253].
Estas medidas resultan para las Estados Partes en ambos
litigios, esto es, las Repúblicas de Azerbaiyán y de Armenia, vinculantes.

En concreto, la Corte indica con relación a la República de
Azerbaiyán las siguientes medidas provisionales: "*1) La República de Azerbaiyán debe, de conformidad con las obligaciones que le
incumben en virtud de la Convención Internacional sobre la Eliminación de Todas las Formas de Discriminación Racial:*

Por 14 votos contra 1[254]:

*Proteger contra la violencia y las lesiones corporales a todas las
personas capturadas en relación con el conflicto de 2020 que
permanezcan detenidas y garantizar su seguridad e igualdad
ante la ley*

Por unanimidad:

---

tas" aparecen en los alegatos de uno y otro país. En concreto, el Presidente de Azerbaiyán, Ilham Alíyev, para referirse a los armenios
utiliza términos como los siguientes: "bandidos", "vándalos", "fascis-
tas", "bárbaros", "infieles con ropa negra", "enemigos" y "animales".
Por su parte, la agencia estatal armenia de noticias, Armen Press,
escribe que los azerbaiyanos "son tan bárbaros como los turcos" o
que "no son dignos de estar en la tierra".

[253] ONU: *Informe de la Corte Internacional de Justicia*, Nueva York 2022
(A/77/4), pp. 40-42 (consultar en línea: https://adobeacrobat.app.
link/o0SiKn1MPxb; visitado por última vez el 30 de enero de 2024).

[254] A favor: Donogue, Presidenta; Gevorgian, Vicepresidente; Tomka,
Abraham, Benouna, Xue, Sebutinde, Bhandari, Robinson, Salam,
Iwasawa, Nolte, Magistrados; Keith, Daudet, Magistrados *ad hoc*. En
contra: Yusuf, magistrado.

Adoptar todas las medidas necesarias para prevenir la incitación y promoción del odio y la discriminación raciales contra las personas de origen nacional o étnico armenio, incluso por parte de sus funcionarios e instituciones públicas[255]

Por 13 votos contra 2[256]*:*

Adoptar todas las medidas necesarias para prevenir y castigar los actos de vandalismo y profanación que afecten al patrimonio cultural armenio, incluidas las iglesias y otros lugares de culto, los monumentos, los lugares emblemáticos, los cementerios y los artefactos.

Por unanimidad:

Las dos partes deben abstenerse de cualquier acto que pueda agravar o ampliar la controversia sometida a la Corte o dificultar su solución" (párr. 179).

Mientras que, respecto a la República de Armenia, las siguientes medidas provisionales fueron las siguientes:

"1) Por unanimidad:

La República de Armenia debe, de conformidad con las obligaciones que le incumben en virtud de la Convención Internacional sobre la Eliminación de Todas las Formas de Discriminación Racial, adoptar todas las medidas necesarias para prevenir la incitación y promoción del odio racial contra las personas de origen nacional o étnico azerbaiyano, incluso por parte de organizaciones y particulares en su territorio[257]*.*

2) Por unanimidad:

---

[255] El subrayado es del autor.
[256] A favor: Donogue, Presidenta; Gevorgian, Vicepresidente; Tomka, Abraham, Benouna, Xue, Sebutinde, Bhandari, Robinson, Salam, Iwasawa, Nolte, Magistrados; Daudet, Magistrado *ad hoc*. En contra: Yusuf, Magistrado; Keith, Magistrado *do hoc*.
[257] El subrayado es del autor.

Las dos partes deben abstenerse de cualquier acto que pueda agravar o ampliar la controversia sometida a la Corte o dificultar su solución" (párr. 187).

A este respecto, cabe destacar que es la primera vez que el Tribunal internacional dicta medidas cautelares tan claras en esta materia.

7. VALORACIÓN DEL SISTEMA

Todo lo expuesto nos permite llegar a una serie de consideraciones de carácter general. En este momento, esas consideraciones pueden ser reducidas a dos, a saber:

En primer lugar, que existe a este nivel una fuerte interrelación entre discriminación e intolerancia y discursos de odio. A este respecto, cabe señalar que la discriminación y la intolerancia pueden estar en el origen de las motivaciones que llevan al odio, pero no estamos ante figuras jurídicas asimilables y muchos menos equiparables. Esta asimilación pueda dar lugar a confusión, tanto a la hora de la recopilación de datos -y así lo ha puesto de manifiesto la ODIHR en su informe de 2019[258]- como

---

[258] En este sentido, la ODIHR llama la atención, en su Informe de 2019, como "*muchos de los 42 Estados que respondieron, aportaron información sobre quejas de discriminación general y de trato desigual más que de delitos de odio per se. Específicamente, muchos países nórdicos parecen recopilar datos dentro del marco general de la discriminación en contraposición a la manifestación violenta del prejuicio. Otros Estados como Austria y Alemania recopilan información en relacionada con delitos de motivación política y grupos de extrema derecha. En ambos casos, es difícil extraer de la información aportada estadísticas o iniciativas que pertenezcan exclusivamente a delitos de odio contra grupos seleccionados*" (pág. 15) (consultar en línea: https://hatecrime.osce.org/hate-crime-data?year=2019; visitado por última vez el 13 de enero de 2024).

en la propia definición del delito de odio[259]. La intolerancia y la discriminación pueden ser los bienes jurídicos que están en la razón de ser del delito de odio, pero "delito de odio" no es sólo toda acción que suponga discriminacióno intolerancia.

En segundo lugar, cabe señalar que a nivel universal en lugar de prohibir el discurso de odio *per se*, el derecho internacional penaliza la incitación a la discriminación, la hostilidad y la violencia. Ello se pone de manifiesto en el ámbito del derecho positivo-internacional en el apartado 2, del artículo 20, del PIDCP, donde se dispone de manera vinculante que: "*Toda apología del odio nacional, racial o religioso que constituya incitación a la discriminación, la hostilidad o la violencia estará prohibida por la ley*".

Respecto a la temática de la incitación, la jurisprudencia analizada ha supuesto un gran avance en la materia, aunque aún quedan cuestiones por resolver como pueden ser las relativas a la distinción entre unas incitaciones y otras, así como la determinación de los elementos que dan lugar a que las mismas se conviertan en factores integrantes del delito de odio. En este sentido también adquiere una especial relevancia la cuestión relacionada como el contexto en que los discursos de odio se producen, ya que puede haber una constelación casi infinita de variables contextuales que afecten el impacto del

---

[259] A este respecto, también la ODIHR, en el mismo Informe, llama la atención a este respecto: "*En este momento, existe una amplia divergencia entre los Estados con respecto al ámbito de los actos que se tratan y clasifican como delitos e incidentes motivados por el odio. Por ejemplo, pueden utilizar una aproximación restrictiva o extensa a las categorías de prejuicios abordadas. En algunos casos, sólo se recogen datos de incidentes racistas, mientras que, en otros, se emplea un concepto de delito de odio más abierto para incluir infracciones cometidas por una serie de motivos, como la religión de la persona, el origen étnico, el género, la discapacidad, la orientación sexual, u otra característica identitaria*" (pág. 21).

habla. A este respecto, cabe traer a colación lo manifestado por el CEDR, quien señala los siguientes factores contextuales:

"El contenido y la forma del discurso: si el discurso es o no provocativo y directo, la forma en que está construido y es difundido y el estilo en que se expresa.

El clima económico, social y político que prevalecía en el momento en que se formuló y difundió el discurso, incluida la existencia de pautas de discriminación contra grupos étnicos y otros grupos, como los pueblos indígenas. Los discursos que resultan inocuos o neutrales en un contexto pueden adquirir connotaciones peligrosas en otro: en sus indicadores sobre el genocidio, el Comité puso de relieve la importancia de las condiciones locales al valorar la significación y los posibles efectos del discurso de odio racista.

La posición o condición del emisor del discurso en la sociedad y el público al que se dirige el discurso. El Comité ha señalado repetidamente la influencia de los políticos y otros formadores de opinión pública en la creación de un clima negativo respecto de los grupos protegidos por la Convención, y ha alentado a esas personas y entidades a adoptar actitudes positivas encaminadas a promover la comprensión y la armonía entre las culturas. El Comité es consciente de la especial importancia de la libertad de expresión en los asuntos políticos, y también de que su ejercicio entraña deberes y responsabilidades especiales.

El alcance del discurso, con inclusión del tipo de audiencia y los medios de transmisión: si el discurso se difundió o no en medios de comunicación generales o en Internet y la frecuencia y amplitud de la comunicación, en particular cuando la repetición sugiere la existencia de una estrategia deliberada para suscitar hostilidad hacia grupos étnicos y raciales.

Los objetivos del discurso: el discurso encaminado a proteger o defender los derechos humanos de personas y grupos no debe ser objeto de sanciones penales o de otro tipo"[260].

---

[260] Observación general nº 35 del CEDR, párr. 15.

Capítulo II.

Discurso de odio e intolerancia religiosa en la OEA: informes (de la RELE) y resoluciones (de la CIADH)

1. CONSIDERACIONES GENERALES

La temática de la libertad de expresión en relación con el discurso de odio aparece expresamente recogida en el sistema interamericano de derechos humanos en el artículo 13 de la Convención America sobre Derechos Humanos (en adelante, CADH), en el que se dispone que

"1. Toda persona tiene derecho a la libertad de pensamiento y de expresión. Este derecho comprende la libertad de buscar, recibir y difundir informaciones e ideas de toda índole, sin consideración de fronteras, ya sea oralmente, por escrito o en forma impresa o artística, o por cualquier otro procedimiento de su elección.

2. El ejercicio del derecho previsto en el inciso precedente no puede estar sujeto a previa censura sino a responsabilidades ulteriores, las que deben estar expresamente fijadas por la ley y ser necesarias para asegurar:

a) el respeto a los derechos o a la reputación de los demás, o

b) la protección de la seguridad nacional, el orden público o la salud o la moral públicas.

3. No se puede restringir el derecho de expresión por vías o medios indirectos, tales como el abuso de controles oficiales o particulares de papel para periódicos, de frecuencias radioeléc-

tricas, o de enseres y aparatos usados en la difusión de informa-
ción o por cualesquiera otros medios encaminados a impedir la
comunicación y la circulación de ideas y opiniones.

4. Los espectáculos públicos pueden ser sometidos por la ley a
censura previa, con el exclusivo objeto de regular el acceso a
ellos para la protección moral de la infancia y la adolescencia,
sin perjuicio de lo establecido en el inciso 2.

5. Estará prohibida por la ley toda propaganda en favor de la
guerra y toda apología del odio nacional, racial o religioso que
constituyan incitaciones a la violencia o cualquier otra acción
ilegal similar contra cualquier persona o grupo de personas,
por ningún motivo, inclusive los de raza, color, religión, idioma
u origen nacional".

El derecho a la libertad de expresión tiene y alcanza en
el presente sistema un alcance sumamente amplio, en el que
se incluye, entre otros derechos, la manifestación de ideas y
opiniones que otros pueden considerar profundamente ofensivas y perturbadoras. Sin embargo, existe una preocupación
creciente por cierto tipo de expresiones públicas, que además
de resultar ofensivas o perturbadoras, tienen un efecto nocivo
para la convivencia democrática. Estas manifestaciones, a las
que se suele denominar genéricamente «discursos de odio»,
contribuyen a estigmatizar o incitan a la violencia contra determinados grupos sociales.

La actividad en el seno de la Organización de Estados Americanos (OEA) ha venido básicamente de la mano de la Relatoría Especial para la Libertad de Expresión (en adelante,
RELE), aunque tampoco se puede desconocer la actividad
desarrollada en menor medida tanto por la Comisión Interamericana de Derechos Humanos (en adelante, ComIADH),
como por la Corte Interamericana de Derechos Humanos (en
adelante, CIADH). La Corte -al contrario de lo hecho por el
TEDH- no se ha manifestado abiertamente respecto al discurso
de odio, sino más bien de manera tangencial. Así lo sostiene

un documento de la RELE-OEA, según el cual: "*los lineamientos básicos que definen las expresiones de odio de acuerdo con el artículo 13(5), a diferencia de las disposiciones similares que se encuentran en los tratados internacionales y en la legislación nacional, aún no han sido interpretados ni desarrollados en profundidad por la Corte Interamericana o la Comisión Interamericana*"[261]. Es por ello por lo que centraremos el presente Capítulo en los pronunciamientos más relevantes del Sistema Interamericano de Derechos Humanos en relación con el discurso del odio a través de sus principales órganos –los ya mencionados, la ComIADH y la RELE-OEA– y en una exégesis de otros fallos y opiniones consultivas de la CIADH, que pueden echar luz sobre la temática objeto de estudio.

2. MARCO NORMATIVO

1. Por lo que al marco legal se refiere, la referencia explícita al tema la encontramos en el ya citado artículo 13 de la CADH, que garantiza a todas las personas el derecho a «buscar, recibir y difundir informaciones e ideas de toda índole». Dos referencias complementarias para la interpretación del discurso de odio aparecen en los artículos 13.2 y 13.5. El primero de los apartados prohíbe la censura previa y habilita, en cambio, un régimen de responsabilidades ulteriores en situaciones específicamente delimitadas y ajustándose a las siguientes condiciones: (a) las limitaciones deben establecerse mediante leyes redactadas de manera clara y precisa;

---

[261]   RELE-OEA: *Las expresiones de odio y la Convención Americana sobre Derechos Humanos*, San José 2004, p. 2 (consultar en línea: http://www.oas.org/es/cidh/expresion/docs/informes/odio/Expreisones%20de%20odio%20Informe%20Anual%202004-2.pdf; visitado por última vez el 23 de enero de 2024).

(b) las limitaciones deben estar orientadas al logro de los objetivos imperiosos autorizados por la Convención Americana; y (c) las limitaciones deben ser necesarias en una sociedad democrática para el logro del objetivo que persiguen, estrictamente proporcionales a la finalidad que buscan, e idóneas para lograr dicho objetivo.

A este respecto, cabe señalar que la CIADH, en el caso de la *Última tentación de Cristo*, observó que *"el párrafo 4 establece una excepción a la censura previa, ya que la permite en el cao de los espectáculos públicos, pero únicamente con el fin de regular el acceso a ellos, para la protección moral de la infancia y la adolescencia"*, de modo que, *"en todos los demás casos, cualquier medida preventiva implica el menoscabo a la libertad de expresión"*[262].

Este artículo limita, además, el alcance de la regulación en materia de discursos de odio para aquellos discursos que no incitan abiertamente a la violencia. Así lo ha sostenido el Relator para la Libertad de Expresión, Eduardo BERTONI, para quien *"otras expresiones o comentarios intolerantes que no constituyan estrictamente «incitación a la violencia» pueden ser sujetos al establecimiento de responsabilidades ulteriores para garantizar los derechos a la dignidad y no discriminación de un grupo particular de la sociedad"*[263].

La única referencia explícita al discurso de odio la ofrece el artículo 13.5, según el cual

"Estará prohibida por la ley toda propaganda en favor de la guerra y toda apología del odio nacional, racial o religioso que constituyan incitaciones a la violencia o cualquier otra acción ilegal similar contra cualquier persona o grupo de personas,

---

[262] CIADH: caso *La última Tentación de Cristo*, sentencia de 5 de febrero de 2002, asunto *Olmedo Bustos y otros c. Chile*, párr. 70.

[263] RELE-OEA: *Violencia contra personas LGBTI*, San José 2015 (consultar en línea: https://www.oas.org/es/cidh/informes/pdfs/Violencia-PersonasLGBTI.pdf; visitado por última vez el 23 de enero de 2024).

por ningún motivo, inclusive los de raza, color, religión, idioma u origen nacional".

Aunque la prescripción del artículo 13.5 parece concluyente, su interpretación ha dado lugar a un extenso debate sobre si las expresiones de odio deben censurarse o someterse a un régimen de responsabilidades ulteriores. Autores como FAÚNDEZ LEDESMA entienden que puede existir una franja de «discursos prohibidos», basándose en lo que establece el artículo 13.5 de la CADH y el artículo 20.2 del PIDCP, según el cual «*toda apología del odio nacional, racial o religioso que constituya incitación a la discriminación, la hostilidad o la violencia estará prohibida por la ley*»[264].

Este punto ha sido desarrollado también por BERTONI[265], quien cuestiona si estos discursos «deben estar prohibidas por la ley» como indica el artículo 13.5 en español o si «deben ser consideradas delitos punibles por ley» (como se traduciría la versión en inglés: «*shall be considered as offenses punishable by law*»). A partir de esta diferencia semántica, el ex Relator sostiene que el artículo 13.5 establece un tipo especial de las responsabilidades ulteriores previstas en el inciso 2 y no una posibilidad de prohibición de contenidos. Este aporte de BER-

---

[264] En este sentido, ver FAÚNDEZ LEDESMA, H.: *Los límites a la libertad de expresión*, Universidad Autónoma de México, México 2004.

[265] BERTONI, E. (2010): *Estudio sobre la prohibición de la incitación al odio en las Américas. Informe preparado para los talleres organizados por el Alto Comisionado en Derechos Humanos de Naciones Unidas*, pág. 40 (consultar en línea: https://www.ohchr.org/sites/default/files/Documents/Issues/Expression/ICCPR/Santiago/SantiagoStudy_sp.pdf; visitado por última vez el 14 de enero de 2024). Ver también, RELE (2004): *Las expresiones de odio y la Convención Americana sobre Derechos Humanos*, consultar en línea: http://www.oas.org/es/cidh/expresion/docs/informes/odio/Expreisones%20de%20odio%20Informe%20Anual%202004-2.pdf (visitado por última vez el 23 de enero de 2024).

TONI fue retomado por los sucesivos relatores de la OEA, que entienden que los fallos y opiniones consultivas de la Corte IADH, no admiten restricciones previas[266]. La Corte ha subrayado, a este respecto, que las expresiones de odio deben ser reguladas como las demás áreas de la libertad de expresión previstas en el inciso, del artículo 132[267].

Además, cabe señalar que dos artículos de la CADH definen, igualmente, el "contexto" en que deben interpretarse las restricciones del artículo 13.2, como son -por un lado- el artículo 29 y -por otro- el artículo 32. El artículo 29 precisa que *"ninguna disposición de la Convención puede ser interpretada en el sentido de excluir otros derechos y garantías que son inherentes al ser humano o que se derivan de la forma democrática representativa de gobierno"*, o de *"excluir o limitar el efecto que puedan producir la Declaración Americana de Derechos y Deberes del Hombre y otros actos internacionales de la misma naturaleza"*. Mientras que el artículo 32, por su parte, establece que *"los derechos de cada persona están limitados por los derechos de los demás, por la seguridad de todos y por las justas exigencias del bienestar general y del desenvolvimiento democrático"*. Pues bien, a la luz de los principios que surgen del artículo 29, la Corte Interamericana ha llegado a la conclusión de que *"la necesidad y legalidad de las restricciones que se imponen a la libertad de expresión dependen de que se demuestre que éstas son necesarias por un interés imperioso del Estado, que los medios adoptados son los menos restrictivos de la opciones disponibles y que la restricción sea proporcional al interés que la justifica y ajustarse estrechamente al logro de este objetivo legítimo"*[268].

---

[266]   Var, a este respecto, LORETTI, D.: "Tensiones entre la libertad de expresión y la protección contra la discriminación: La incidencia de las regulaciones sobre censura previa y el debate sobre el rol del Estado", en *Democracia y Derechos*, Año 1, núm. 1 (2012), pp. 15-34, en especial pág. 29.

[267]   CIADH: caso *La última Tentación de Cristo*, op. cit. párr. 70.

[268]   CIADH: OC-5/85, párr. 46.

2. Junto a la reseñada Convención, cabe traer igualmente traer a colación por su importancia otros dos convenios, ambos aprobados el 5 de junio de 2013: la *Convención Interamericana contra el Racismo, la Discriminación Racial y Formas Conexas de Intolerancia* –que aún no ha entrado en vigor–, y la *Convención Interamericana contra Toda Forma de Discriminación e Intolerancia*, en vigor desde 2017.

La *Convención Interamericana contra Toda Forma de Discriminación e Intolerancia*[269] establece en su artículo 4[270] que: "*Los*

---

[269] Consultar en línea: http://www.oas.org/es/sla/ddi/docs/tratados_multilaterales_interamericanos_A-69_discriminacion_intolerancia.pdf (visitado por última vez el 22 de enero de 2024).

[270] Art. 4: "*Los Estados se comprometen a prevenir, eliminar, prohibir y sancionar, de acuerdo con sus normas constitucionales y con las disposiciones de esta Convención, todos los actos y manifestaciones de discriminación e intolerancia, incluyendo:*

El apoyo privado o público a actividades discriminatorias o que promuevan la intolerancia, incluido su financiamiento.

La publicación, circulación o diseminación, por cualquier forma y/o medio de comunicación, incluida la Internet, de cualquier material que:

a) defienda, promueva o incite al odio, la discriminación y la intolerancia;

b) apruebe, justifique o defienda actos que constituyan o hayan constituido genocidio o crímenes de lesa humanidad, según se definen en el derecho internacional, o promueva o incite a la realización de tales actos.

La violencia motivada por cualquiera de los criterios enunciados en el artículo 1.1.

Actos delictivos en los que intencionalmente se elige la propiedad de la víctima debido a cualquiera de los criterios enunciados en el artículo 1.1.

Cualquier acción represiva fundamentada en cualquiera de los criterios enunciados en el artículo 1.1, en vez de basarse en el comportamiento de un individuo o en información objetiva que lo identifique como una persona involucrada en actividades delictivas.

La restricción, de manera irracional o indebida, del ejercicio de los derechos individuales de propiedad, administración y disposición de bienes de cualquier tipo en función de cualquiera de los criterios enunciados en el artículo 1.1.

Estados se comprometen a prevenir, eliminar, prohibir y sancionar, de acuerdo con sus normas constitucionales y con las disposiciones de esta

---

Cualquier distinción, exclusión, restricción o preferencia aplicada a las personas con base en su condición de víctima de discriminación múltiple o agravada, cuyo objetivo o resultado sea anular o menoscabar el reconocimiento, goce o ejercicio de derechos y libertades fundamentales, así como su protección, en igualdad de condiciones.

Cualquier restricción discriminatoria del goce de los derechos humanos consagrados en los instrumentos internacionales y regionales aplicables y en la jurisprudencia de las cortes internacionales y regionales de derechos humanos, en especial los aplicables a las minorías o grupos en condiciones de vulnerabilidad y sujetos a discriminación.

Cualquier restricción o limitación al uso del idioma, tradiciones, costumbres y cultura de las personas, en actividades públicas o privadas.

La elaboración y la utilización de contenidos, métodos o herramientas pedagógicos que reproduzcan estereotipos o preconceptos en función de alguno de los criterios enunciados en el artículo 1.1 de esta Convención.

La denegación al acceso a la educación pública o privada, así como a becas de estudio o programas de financiamiento de la educación, en función de alguno de los criterios enunciados en el artículo 1.1 de esta Convención.

La denegación del acceso a cualquiera de los derechos sociales, económicos y culturales, en función de alguno de los criterios enunciados en el artículo 1.1 de esta Convención.

La realización de investigaciones o la aplicación de los resultados de investigaciones sobre el genoma humano, en particular en los campos de la biología, la genética y la medicina, destinadas a la selección de personas o a la clonación de seres humanos, que prevalezcan sobre el respeto a los derechos humanos, las libertades fundamentales y la dignidad humana, generando cualquier forma de discriminación basada en las características genéticas.

La restricción o limitación basada en algunos de los criterios enunciados en el artículo 1.1 de esta Convención, del derecho de todas las personas a acceder o usar sosteniblemente el agua, los recursos naturales, los ecosistemas, la biodiversidad y los servicios ecológicos que forman parte del patrimonio natural de cada Estado, protegido por los instrumentos internacionales pertinentes y por su propia legislación nacional.

La restricción del ingreso a lugares públicos o privados con acceso al público por las causales recogidas en el artículo 1.1 de la presente Convención".

Convención, todos los actos y manifestaciones de discriminación e intolerancia".

Entre estos actos se incluyen *"la publicación, circulación o diseminación, por cualquier forma y/o medio de comunicación, incluida la internet, de cualquier material que: a) defienda, promueva o incite al odio, a la discriminación y a la intolerancia; b) apruebe, justifique o defienda actos que constituyan o hayan constituido genocidio o crímenes de lesa humanidad, según se definen en el derecho internacional, promueva o incite a la realización de tales actos"*.

En similares términos, la *Convención Interamericana contra el Racismo, la Discriminación Racial y Formas Conexas de Intolerancia*[271] establece restricciones similares en su artículo 4 para prevenir, eliminar, prohibir y sancionar todos los actos y manifestaciones de racismo, discriminación racial y formas conexas de intolerancia. Como puede observarse, la protección de la libertad de expresión establecida en la CADH (Art. 13) pareciera que entra en contradicción con lo dispuesto por las Convenciones ahora analizadas. En primer lugar, las presentes Convenciones establecen un tratamiento de los discursos de odio que cubren una gama de acciones: prevenir, erradicar, eliminar, prohibir y sancionar, más amplia que la establecida en la CADH. Y, en segundo lugar, al no distinguir entre el tipo de situaciones sobre las que se aplicarían cada una de estas medidas, éstas podrían entrar en tensión con lo establecido por la CADH en su artículo 13.2[272]. Con relación a estas posibles

---

[271] Consultar en línea: https://www.oas.org/es/sla/ddi/docs/tratados_multilaterales_interamericanos_A-68_racismo.pdf (visitado por última vez el 11 de enero de 2024).

[272] Cfr. TORRES, Natalia, y TARICCO, Víctor: *Los discursos de odio como amenaza a los derechos humanos*, Centro de Estudios en Libertad de Expresión y Acceso a la Información, Facultad de Derecho, Universidad de Palermo, Palermo 2019 (consultar en línea: https://acrobat.adobe.com/link/review?uri=urn%3Aaaid%3Ascds%3AUS%3A

divergencias sería conveniente que los distintos organismos del sistema interamericano homogeneizaran o armonizaran el sistema cara al futuro.

3. LOS INFORMES DE LA RELATORIA ESPECIAL PARA LA LIBERTAD DE EXPRESIÓN

1. Existen varios documentos elaborados por la RELE de los que puede desprenderse una posición de este organismo en relación con la censura del discurso de odio. El primero de ellos es el Informe de la RELE titulado: *Las expresiones de odio y la Convención Americana de Derechos Humanos,* de 2004[273]. En este documento, la Relatoría cuestiona si los discursos de odio «deben estar prohibidas por la ley» como indica el artículo 13.5 en español o si «deben ser consideradas delitos punibles por ley» (como se traduciría la versión en inglés «*shall be considered as offenses punishable by law*») y a partir de esta diferencia semántica se decanta la interpretación a favor de una regulación basada en un régimen de las responsabilidades ulteriores sobre un modelo de prohibición de contenidos.

2. Un segundo documento dedicado explícitamente a la presente temática es el *Informe sobre Discurso de odio y la incitación a la violencia contra las personas lesbianas, gays, bi-*

0c27463d-4752-3ef6-a32a-ea94bba85980; visitado por última vez el 23 de enero de 2024).

[273] RELE-OEA (2004): *Las expresiones de odio y la Convención Americana sobre Derechos Humanos,* San José 2004 (consultar en línea: http://www.oas.org/es/cidh/expresion/docs/informes/odio/Expreisones%20de%20odio%20Informe%20Anual%202004-2.pdf; visitado por última vez el 23 de enero de 2024).

sexuales, trans e intersex en América (2015)[274]. El documento sostiene que los Estados: «*"deben" adoptar legislación para sancionar la apología del odio que constituya "incitación a la violencia o cualquier otra acción ilegal similar»; «en cambio, según el artículo 13.2 de la Convención Americana, otras expresiones o comentarios intolerantes que no constituyan estrictamente "incitación a la violencia" "pueden" ser sujetos al establecimiento de responsabilidades ulteriores para garantizar los derechos a la dignidad y no discriminación de un grupo particular de la sociedad*».

De este modo, la Relatoría refuerza la postura a favor del régimen de responsabilidades ulteriores. Para complementar el argumento, el informe sostiene que: "*La CIDH considera necesario enfatizar que la censura del debate sobre asuntos controversiales no atacará las desigualdades estructurales y prejuicios prevalentes que afectan a las personas LGBTI en América. Por el contrario, como principio, en vez de restringirlos, los Estados deben impulsar mecanismos preventivos y educativos y promover debates más amplios y profundos, como una medida para exponer y combatir los estereotipos negativos*"[275].

3. Por último, en un documento de 2017 relacionado a la censura en internet[276], el ex Relator lleva el argumento contra la censura aún más lejos, cuestionando la validez de normas del sistema internacional de derechos huma-

---

[274]   RELE-OEA (2015): *Violencia contra personas LGBTI.*
[275]   RELE-OEA (2015).
[276]   BERTONI, E. (2010): *Estudio sobre la prohibición de la incitación al odio en las Américas. Informe preparado para los talleres organizados por el Alto Comisionado en Derechos Humanos de Naciones Unida*s, p. 40 (consultar en línea: https://www.ohchr.org/sites/default/files/Documents/Issues/Expression/ICCPR/Santiago/SantiagoStudy_sp.pdf; visitado por última vez el 14 de enero de 2024).

nos en el contexto americano. El documento reconoce que, dentro del sistema internacional de derechos humanos, «*cuando se está frente a contenidos abiertamente ilícitos o a discursos no resguardados por la libre expresión (como el discurso incitador a la violencia), resultaría admisible la adopción de medidas de bloqueo y filtrado de contenidos específicos*». Sin embargo, posteriormente matiza este argumento , manifestando que «*Estas afirmaciones se sostienen en gran medida en las propuestas provenientes del sistema universal. Las notas a pie de página que acompañan esos párrafos lo demuestran. Pero como bien explicó la Corte IDH en la OC-5/85, el Sistema Universal no contiene la prohibición de censura previa que contiene el Art. 13.2 de la CADH*». Esta clase de interpretaciones abonan a la descripción que se hace frecuente del sistema interamericano de derechos humanos como uno de los marcos jurídicos más protectores de la libertad de expresión.

Un argumento similar se desarrolla en el informe ya citado de la RELE, de 2004, al señalarse que «*Es importante observar que la Corte Interamericana considera que las disposiciones sobre la libertad de expresión de la Convención Americana son más "generosas" que sus contrapartidas de la Convención Europea y el PIDCP*»[277].

La propia CIADH ha señalado, en la OC 5/85[278], que una comparación de los tres instrumentos demuestra que «*las garantías de la libertad de expresión contenidas en la Convención Americana fueron diseñadas para ser las más generosas y para reducir al mínimo las restricciones a la libre circulación de las ideas*» (OC-

---

[277] RELE-OEA (2004).

[278] CIADH: Opinión Consultiva 5/85, de13 de noviembre d 1985. La colegiación obligatoria de periodistas (Arts. 13 y 29 de la Convención Americana de Derechos Humanos) (consultar en línea: https://www.corteidh.or.cr/docs/opiniones/seriea_05_esp.pdf; visitado por última vez el 20 de enero de 2024).

5/85, párr. 50)[279]. Partiendo de esta condición particular de la CIADH, el Relator concluye que: "*Si bien la jurisprudencia de otros sistemas jurídicos puede brindar una orientación valiosa para la interpretación de la Convención Americana y ha sido con frecuencia citada por la Comisión Interamericana y la Corte Interamericana, es importante subrayar los límites de este criterio. No se debe permitir que la aplicación de los principios jurídicos de las Naciones Unidas y de la Unión Europea erosionen las libertades fundamentales garantizadas por la Convención Americana [...]. El artículo 13, en su conjunto, también contiene disposiciones concretas que rigen las restricciones a la libertad de expresión y estas disposiciones tienen precedencia frente a las conclusiones que se extraigan de la jurisprudencia de otro sistema jurídico*"[280].

4. LOS DISCURSOS DE ODIO Y LA POSICIÓN DE LA CORTE INTERAMERICANA DE DERECHOS HUMANOS

Como señalamos anteriormente, el punto de partida para nuestro análisis de la jurisprudencia de la CIADH es la falta de sentencias explícitas en la materia. Sin embargo, existen fallos y opiniones consultivas relacionados con la censura que servirán para deducir criterios de interpretación y aplicación en la materia objeto de estudio.

1. A este respecto, las principales referencias al posicionamiento de la CIADH con relación al discurso de odio pueden encontrarse en la *Opinión Consultiva 5/85 sobre*

---

[279] Véase, MOGABURU, Joaquín Ignacio: "Los estándares sobre censura previa de la Corte IDH y su enmarañada aplicación a los delitos de odio", en Revista Jurídica AMFJN, núm. 11 (2022), 19 págs (consultar en línea: https://www.amfjn.org.ar/wp-content/uploads/2022/12/Mogaburu-EDITADO-FINAL.pdf; visitado por última vez el 15 de enero de 2023).

[280] RELE-OEA (2004), párr. 34.

la colegiación obligatoria de periodistas[281]. La Corte comienza haciendo referencia al ya reseñado artículo 13, atribuyéndole el siguiente contenido:

"El artículo 13 señala que la libertad de pensamiento y expresión "comprende la libertad de buscar, recibir y difundir informaciones e ideas de toda índole..." Esos términos establecen literalmente que quienes están bajo la protección de la Convención tienen no sólo el derecho y la libertad de expresar su propio pensamiento, sino también el derecho y la libertad de buscar, recibir y difundir informaciones e ideas de toda índole. Por tanto, cuando se restringe ilegalmente la libertad de expresión de un individuo, no sólo es el derecho de ese individuo el que está siendo violado, sino también el derecho de todos a "recibir" informaciones e ideas, de donde resulta que el derecho protegido por el artículo 13 tiene un alcance y un carácter especiales. Se ponen así de manifiesto las dos dimensiones de la libertad de expresión. En efecto, ésta requiere, por un lado, que nadie sea arbitrariamente menoscabado o impedido de manifestar su propio pensamiento y representa, por tanto, un derecho de cada individuo; pero implica también, por otro lado, un derecho colectivo a recibir cualquier información y a conocer la expresión del pensamiento ajeno" (párr. 30).

En este texto, la Corte distingue dos tipos de restricciones a la libertad de expresión por parte del Estado: 1) la «supresión radical» o censura abierta y 2) los «actos de poder público», que se refieren a las formas indirectas de censura por parte del Estado. La única referencia a la afectación de la libertad de expresión por parte de particulares es la «restricción» a la

---

[281] CADH: *Opinión consultiva oc-5/85, del 13 de noviembre de 1985, la colegiación obligatoria de periodistas* (Arts. 13 y 29 convención americana sobre derechos humanos), consultar en línea: https://www.corteidh.or.cr/docs/opiniones/seriea_05_esp.pdf (visitado por última vez el 20 de enero de 2024). Este documento es tan relevante al interior del Sistema interamericano de derechos humanos, que recientemente fue objeto de una publicación conmemorando los 30 años de su aparición.

libre expresión generada por la existencia de monopolios informativos[282].

Gran parte de los casos que ha resuelto desde entonces la CIADH se relacionan a casos de «supresión radical» o «restricciones», pero con origen en el poder público. Entre éstos, encontramos sentencias en casos de censura previa[283], sanciones ulteriores no justificadas bajo los parámetros de la Convención[284], restricciones indirectas por parte del Estado[285],

---

[282] El texto de la OC 5/85 denomina «supresión radical» a aquellas situaciones en las que el poder público establece «medios para impedir la libre circulación de información, ideas, opiniones o noticias», por ejemplo, a través de la censura previa, secuestro o prohibición de publicaciones, etc. Por otro lado, denominaba «actos de poder público» a las acciones estatales que implican «una limitación al derecho de buscar, recibir y difundir informaciones e ideas [...] con independencia de si esas restricciones aprovechan o no al gobierno», en referencia distintos medios indirectos de limitar la libertad de expresión por parte del Estado, como el uso arbitrario de la publicidad oficial, la discrecionalidad en la asignación de frecuencias, el abuso de controles oficiales o particulares de papel para periódicos, etc. Junto a estas modalidades de censura directa e indirecta, la OC caracteriza caracterizaba como «restricción», a aquellas limitaciones a la libertad de expresión por la «existencia de monopolios u oligopolios en la propiedad de los medios de comunicación» que generan en la práctica «medios encaminados a impedir la comunicación y la circulación de ideas y opiniones» (OP 5/85, par. 54-56).

[283] Caso *Olmedo Bustos y otros v. Chile* («La última tentación de Cristo»), de 5 de febrero de 2001.

[284] Caso *Herrera Ulloa c. Costa Rica*, de 2 de julio de 2004; caso *Ricardo Canese c. Paraguay*, de 31 de agosto de 2004; caso *Palamara Iribarne c. Chile*, de 22 de noviembre del 2005; caso *Kimel c. Argentina*, de 2 de mayo del 2008; caso *Tristán Donoso c. Panamá*, de 27 de enero 2009; caso *Usón Ramírez c. Venezuela*, de 20 de noviembre 2009, y caso *Fontevecchia D´Amico c. Argentina*, de 29 de noviembre de 2011

[285] Caso *Ivcher Bronstein c. Perú*, de 6 de febrero de 2001; caso *Vélez Restrepo y Familiares c. Colombia*, de 24 de julio de 2008; Caso *Úzcátegui y*

reconocimiento del derecho de acceso a la información[286] y sobre obligación del Estado de proteger el derecho a la libertad de expresión dentro de su jurisdicción y frente a potenciales ataques de agentes no estatales[287]. En la OC 5/85, la Corte considera -como se ha puesto de manifiesto- que la libertad de expresión tiene una doble vertiente: abarca desde la libertad individual de expresar opiniones, hasta el derecho de buscar, recibir y difundir informaciones e ideas de diversa índole (párrs. 31-32[288]).

---

otros c. Venezuela, de 3 de septiembre del 2012; caso *Norín Catriman y otros [dirigentes miembros y autoridades del pueblo indígena Mapuche] c. Chile*, de 29 de mayo del 2004, y caso *López Lone y otros c. Honduras*, de 5 de octubre de 2015.

[286]   Caso *Claude Reyes y otros c. Chile*, de 19 de septiembre de 2006, y caso *Gómez Lund y otros c. Brasil*, de 24 de noviembre del 2010.

[287]   Caso *Perozo y otros c. Venezuela*, de 28 de enero del 2009; caso *Manuel Cepeda Vargas c. Colombia*, de 26 de mayo del 2010, y caso *Carvajal y otros c. Colombia*, de 13 de marzo de 2018.

[288]   Párrs. 31-32: "*31. En su dimensión individual, la libertad de expresión no se agota en el reconocimiento teórico del derecho a hablar o escribir, sino que comprende, además, inseparablemente, el derecho a utilizar cualquier medio apropiado para difundir el pensamiento y hacerlo llegar al mayor número de destinatarios. Cuando la Convención proclama que la libertad de pensamiento y expresión comprende el derecho de difundir informaciones e ideas "por cualquier... procedimiento", está subrayando que la expresión y la difusión del pensamiento y de la información son indivisibles, de modo que una restricción de las posibilidades de divulgación representa directamente, y en la misma medida, un límite al derecho de expresarse libremente. De allí la importancia del régimen legal aplicable a la prensa y al status de quienes se dediquen profesionalmente a ella.*
32. En su dimensión social la libertad de expresión es un medio para el intercambio de ideas e informaciones y para la comunicación masiva entre los seres humanos. Así como comprende el derecho de cada uno a tratar de comunicar a los otros sus propios puntos de vista implica también el derecho de todos a conocer opiniones y noticias. Para el ciudadano común tiene tanta importancia el conocimiento de la opinión ajena o de la información de que disponen otros como el derecho a difundir la propia".

Como consecuencia, a la hora de evaluar la violación del derecho hay que atender tanto los derechos del emisor, como el derecho de la sociedad a recibir informaciones e ideas. Esto se debe a que la libertad de expresión tiene una dimensión individual, que comprende el derecho de opinar y de difundir el pensamiento por cualquier medio, y una dimensión social, relacionada con su carácter instrumental para el intercambio de ideas e informaciones y para la comunicación masiva entre los seres humanos. Según la definición del Tribunal, «estas dos dimensiones deben ser garantizadas de manera simultánea» (OP 5/85, parr. 33[289]). Si bien el posicionamiento de la Corte se enmarca en otro debate como es el relacionado con la necesidad de regular a los monopolios informativos, este reconocimiento de ambas dimensiones de la libertad de expresión y el postulado sobre la garantía simultánea de ambas dimensiones resulta revelador en el marco de nuestro análisis.

La pregunta que permanece abierta es cómo debería de posicionarse el Estado en los casos en los que existe un conflicto de interés y en los que esta garantía simultánea de la dimensión individual y la colectiva no resulta posible. En un documento de 2009, la RELE retoma este argumento al afirmar que *«una de las principales consecuencias del deber de garantizar simultáneamente ambas dimensiones es que no se puede menoscabar una de ellas invocando como justificación la preservación de la otra»* (RELE, 2009, p. 17). Si bien la afirmación de la RELE no ofrece soluciones para los casos de conflicto de interés, resulta de suma

---

[289] Párr. 33: *"Las dos dimensiones mencionadas (supra 30) de la libertad de expresión deben ser garantizadas simultáneamente. No sería lícito invocar el derecho de la sociedad a estar informada verazmente para fundamentar un régimen de censura previa supuestamente destinado a eliminar las informaciones que serían falsas a criterio del censor. Como tampoco sería admisible que, sobre la base del derecho a difundir informaciones e ideas, se constituyeran monopolios públicos o privados sobre los medios de comunicación para intentar moldear la opinión pública según un solo punto de vista".*

relevancia, en tanto cierra la puerta al principio de ponderación predominante del modelo europeo. Pero si la solución no es menoscabar alguna de las dimensiones o encontrar un «justo punto medio» por el que ambas dimensiones puedan garantizarse en forma simultánea, aunque sea parcialmente, no queda claro cómo se resolverían estos puntos en tensión.

2. La postura descrita anteriormente se ve reforzada en un fallo de la CIADH en el caso "*La última tentación de Cristo (Olmedo Bustos y otros vs. Chile)*, relacionado a la censura judicial a la exhibición cinematográfica de la película "La Última Tentación de Cristo"[290]. A este respecto, y sobre los hechos que dieron lugar a la misma, cabe hacer referencia a los siguientes datos:

> "*El 15 de enero de 1999 la Comisión Interamericana de Derechos Humanos sometió ante la Corte una demanda contra la República de Chile que se originó en una denuncia (No. 11.803) recibida en la Secretaría de la Comisión el 3 de septiembre de 1997. (…) La Comisión sometió este caso con el fin de que la Corte decidiera si hubo violación, por parte de Chile, de los artículos 13 (Libertad de Pensamiento y de Expresión) y 12 (Libertad de Conciencia y de Religión) de la Convención. Asimismo, la Comisión solicitó a la Corte que, como consecuencia de las supuestas violaciones a los artículos antes mencionados, declare que Chile incumplió los artículos 1.1 (Obligación de Respetar los Derechos) y 2 (Deber de Adoptar Disposiciones de Derecho Interno) de la misma*" (párr. 1).

La CIADH parte del análisis del mencionado artículo 13 de la CADH, y para ello reitera lo ya considerado en la OC 5/85 respecto de este precepto, manifestando que "*en cuanto al con-*

---

[290]   CIADH: caso «La última tentación de Cristo» (asunto *Olmedo Bustos y otros c. Chile*), sentencia de 5 de febrero de 2001 (consultar en línea: https://www.corteidh.or.cr/docs/casos/articulos/seriec_73_esp.pdf; visitado por última vez el 18 de enero de 2024).

tenido del derecho a la libertad de pensamiento y de expresión, quienes están bajo la protección de la Convención tienen no sólo el derecho y la libertad de expresar su propio pensamiento, sino también el derecho y la libertad de buscar, recibir y difundir informaciones e ideas de toda índole. Es por ello que la libertad de expresión tiene una dimensión individual y una dimensión social, a saber: ésta requiere, por un lado, que nadie sea arbitrariamente menoscabado o impedido de manifestar su propio pensamiento y representa, por tanto, un derecho de cada individuo; pero implica también, por otro lado, un derecho colectivo a recibir cualquier información y a conocer la expresión del pensamiento ajeno[291]" (párr. 64).

En este caso, la Corte también entra en el análisis del artículo 12 de la CIADH (libertad de conciencia y religión)[292], ya que la ComIADH entiende que en el presente caso también se ha violado el derecho a la liberta de conciencia y religión. Sin embargo, la CIADH ha entendido que "*el Estado no violó el derecho a la libertad de conciencia y de religión consagrado en el artículo 12 de la Convención Americana*" (párr. 80), al considerar que "*según el*

---

[291]   Opinión Consultiva OC-5/85 del 13 de noviembre de 1985. Serie A No. 5, párr. 30.

[292]   Art. 12 CADH: "*1. Toda persona tiene derecho a la libertad de conciencia y de religión. Este derecho implica la libertad de conservar su religión o sus creencias o de cambiar de religión o de creencias, así como la libertad de profesar y divulgar su religión o sus creencias, individual o colectivamente, tanto en público como en privado.*
2. Nadie puede ser objeto de medidas restrictivas que puedan menoscabar la libertad de conservar su religión o sus creencias o de cambiar de religión o de creencias.
3. La libertad de manifestar la propia religión y las propias creencias está sujeta únicamente a las limitaciones prescritas por la ley y que sean necesarias para proteger la seguridad, el orden, la salud o la moral públicos o los derechos o libertades de los demás.
4. Los padres, y en su caso los tutores, tienen derecho a que sus hijos o pupilos reciban la educación religiosa y moral que esté de acuerdo con sus propias convicciones".

artículo 12 de la Convención, el derecho a la libertad de conciencia y de religión permite que las personas conserven, cambien, profesen y divulguen su religión o sus creencias. Este derecho es uno de los cimientos de la sociedad democrática. En su dimensión religiosa, constituye un elemento trascendental en la protección de las convicciones de los creyentes y en su forma de vida. En el presente caso, sin embargo, no existe prueba alguna que acredite la violación de ninguna de las libertades consagradas en el artículo 12 de la Convención. En efecto, entiende la Corte que la prohibición de la exhibición de la película "La Última Tentación de Cristo" no privó o menoscabó a ninguna persona su derecho de conservar, cambiar, profesar o divulgar, con absoluta libertad, su religión o sus creencias" (párr. 79).

El Alto Tribunal incluyó en su argumentación la consideración sobre el discurso de odio del artículo 13.5, al manifestar que *"el artículo 13.5 de la Convención establece la obligación positiva del Estado de evitar la diseminación de información que pueda generar acciones ilegales. Este caso no se enmarca en este supuesto, ya que la versión cinematográfica de Martin Scorsese ha sido definida como obra artística de contenido religioso sin pretensiones propagandísticas. [...] Además, este inciso 5 del artículo 13 debe entenderse dentro del principio establecido en el inciso 1 del mismo artículo, es decir, que «quienes hagan apología del odio religioso deben estar sujetos a responsabilidades ulteriores conforme a la ley»"*[293].

Con base en a estos argumentos, la Corte de San José se posicionó en favor de los demandantes y forzó a modificar el artículo 19.12 de la Constitución chilena, que permitía ejercer

---

[293] Caso «La Última Tentación de Cristo» (asunto *Olmedo Bustos y otros c. Chile*), párr. 69. Ver LÓPEZ KRAMSKY, C. R. (2015): "La Última Tentación de Cristo. ¿Un caso de "colisión" de derechos humanos?", consultar en línea: https://clopezkramskyblog.wordpress.com/2015/11/23/la-ultima-tentacion-de-cristo-un-caso-decolision-de-derechos-humanos/ (visitado por última vez el 20 de enero de 2024].

la censura previa. De este modo, reforzó la interpretación del artículo 13.5 que privilegia los mecanismos de responsabilidades ulteriores sobre los de censura previa[294].

5. VALORACIÓN DEL SISTEMA

El sistema interamericano de derechos humanos puede ser calificado de poco interesado en esta materia, lo que encuentra su correlato -con alguna excepción como el caso de Argentina- en las normativas penales estatales. Asimismo, las pocas decisiones encontradas en el ámbito judicial parecen responder a una aplicación de un modelo que no exige la presencia del nexo causal entre la idea que "incita" y el acto violento que posteriormente se pueda producir. De esta forma, y salvo el caso de Argentina y de los Estados Unidos (que además ha presentado una reserva al artículo 20 del PIDCP), los jueces de las Américas han preferido una interpretación mucho más cercana al arquetipo propuesto por el PIDCP. Se sanciona así la "idoneidad" del discurso para producir el acto discriminador o violento, al margen de su inminencia o real producción.

Así, en relación con el artículo 13 de la CADH se ha interpretado que sólo se pueden imponer restricciones a la libertad de expresión mediante la imposición de sanciones ulteriores a los culpables de abusar de esta libertad, y a la hora de la determinación de la correspondiente responsabilidad se debe satisfacer el cumplimiento de cuatro requisitos, a saber: i) la existencia de causas de responsabilidad previamente establecidas; ii) la definición expresa y taxativa de esas causas por ley; iii) la

---

[294] GILAS, K. (2016): *Libertad de expresión en el ámbito electoral en México (a la luz de los estándares internacionales).* Ciudad de México, México: Tirant Lo Blanch, pág. 105; ROSALES ROA, Ricardo (2018): *Liberalismo igualitario, discurso de odio y grupos discriminados: una teoría contra el discurso de odio para la región,* p. 22.

legitimidad de los fines perseguidos al establecerlas, y iv) que esas causas o motivos de responsabilidad sean "necesarias para asegurar" los mencionados fines[295].

No obstante, debe precisarse que las disposiciones sobre la libertad de expresión contenidas en la CADH resultan más "generosas" que, por ejemplo, las contenidas tanto en el PIDCP, como en el CEDH. A este respecto, la Corte Interamericana ha manifestado que una comparación de los tres instrumentos internacionales demuestra que "*las garantías de la libertad de expresión contenidas en la Convención American fueron diseñadas para ser más generosas y para reducir al mínimo las restricciones a la libre circulación de las ideas*"[296]. Por consiguiente, cabe afirmar que el sistema interamericano es mucho más protector de la libertad de expresión que los otros sistemas internacionalesde derechos humanos. En esta línea, y por mencionar un ejemplo de documentos recientes, la Declaración Conjunta de los Relatores sobre Libertad de Expresión y "Noticias Falsas" ("Fake News"), Desinformación y Propaganda recuerda que "*los Estados únicamente podrán establecer restricciones al derecho de libertad de expresión de conformidad con el test previsto en el derecho internacional para tales restricciones, que exige que estén estipuladas en la ley, alcancen uno de los intereses legítimos reconocidos por el derecho internacional y resulten necesarias y proporcionadas para proteger ese interés*". En el mismo documento, se estipula que "*se podrán imponer restricciones a la libertad de expresión, siempre que sean conformes con los requisitos señalados en el párrafo 1(a), con el fin de prohibir la apología del odio por motivos protegidos que constituya incitación a la violencia, discriminación u hostilidad (conforme al artículo 20 del Pacto Internacional de Derechos Civiles y Políticos)*"[297].

---

[295]   CIADH: OC-5/85, párr. 5.

[296]   CIADH: OC 5/85, párr. 50.

[297]   RELE-ONU, RELE-OSCE, RELE-OEA y CADHP: *Declaración Conjunta sobre Libertad de Expresión y "Noticias Falsas" ("Fake News"), Desinfor-*

Por otro lado, desde la década de los años noventa, en las Américas se viene apreciando una notable apuesta por los mecanismos no sancionatorios, en especial por la generación de políticas públicas y la creación de comisiones o comités en el ámbito gubernamental para su seguimiento. Un detalle importante que resaltar es que la mayor parte de estos organismos han sido creados en el ámbito de la variable racial de la discriminación. Es decir, los otros dos factores: la nacionalidad y la religión, no se presentan como un problema -al menos en la superficie- al que los Estados de las Américas le presten mayor atención. Esta apuesta por lo extrapenal parece tener origen en el caso brasilero, que progresivamente se ha ido alejando de un modelo sancionatorio hacia mecanismos extrapenales que procuran sensibilizar y capacitar antes que imponer penas de cárcel[298].

---

mación y Propaganda, 2017 (consultar en línea: http://www.oas.org/ es/cidh/expresion/showarticle.asp?artID=1056&lID=2;   visitado por última vez el 22 de enero de 2024).

[298]   Ver HITA, María Gabriela, y GREDHILL, John: "La política de odio en Brasil", en ALTERIDADES, vol. 29, núm. 58 (2019), pp. 47-58 (consultar en línea: www.doi.org/10.24275/uam/izt/dcsh/ alteridades/2019v29n58/Hita; visitado por última vez el 31 de enero de 2024).

Capítulo III.

Discurso de odio e intolerancia religiosa en la OSCE: labor conceptual, informes y medidas

1. CONSIDERACIONES GENERALES

La segunda organización internacional a la que vamos a hacer referencia es la Organización para la Seguridad y la Cooperación en Europa (en adelante, OSCE)[299], y en concreto la Oficina para los Derechos Humanos y las Instituciones Democráticas (en adelante, ODIHR). La actividad de este órgano por lo que a la temática de nuestra investigación se refiere se ha orientado en una doble dirección: la de concreción y obtención de datos sobre delitos de odio, la primera, y la de orientación y formación en materia de intolerancia y discriminación en general, y religiosa en particular, la segunda.

---

[299] Véanse BARBERINI, G.: *Sicurezza e cooperazione da Vancouver a Vladivostok. Introduzione allo studio dell'organizzazione per la sicurezza e la cooperazione in Europa (Osce),* Ed. G. Giappichelli Editore, Torino, 1998; BLOED, A.: *The conference on Security and Co-operation in Europe Analysis and Basic Documents, 1972-1993,* Ed. Martinus Nijhoff Publishers, La Haya, 1993; MARIÑO MENÉNDEZ, F.: "La Organización para la Seguridad y la Cooperación en Europa" en DIEZ DE VELASCO, M.: *Las Organizaciones Internacionales,* Ed. Tecnos, Madrid, 2010, pp. 733-746; SERVANDO DE LA TORRE, F.: *La organización de seguridad y cooperación en Europa,* Ed. Dykinson, Madrid, 2006.

Los orígenes de la OSCE se remontan a la época de distensión a principios de la década de 1970, cuando se estableció la Conferencia sobre la Seguridad y la Cooperación en Europa (CSCE) como foro multilateral para el diálogo y la negociación entre el Este y el Oeste. Tras un conjunto de reuniones de alto nivel durante cinco años (en Helsinki [1973] y en Ginebra [1978]), la CSCE acordó el Acta Final de Helsinki (el 1 de agosto de 1975)[300], en la que se incluyeron una serie de compromisos clave acerca de cuestiones político-militares, económicas y de derechos humanos que pasaron a ser el núcleo del denominado "Proceso de Helsinki". En él se establecieron también diez principios fundamentales (el "Decálogo") que rigen la conducta de los Estados hacia sus ciudadanos, así como entre ellos[301]. Con la Carta de París (1990) para una Nueva Europa, se pidió a la CSCE que asumiera su papel en la gestión de las transformaciones históricas que estaban teniendo lugar en Europa y reaccionara ante los nuevos retos del período posterior a la guerra fría. Como resultado de ello, se le fue dotando de un conjunto de instituciones permanentes y de capacidades operativas, todo lo cual culminó en la Cumbre de Budapest, de 1994, con la decisión de crear la Organización para la Seguridad y Cooperación en Europa.

---

[300] Consultar en linea: https://www.oscepa.org/en/documents/annual-sessions/2015-helsinki/declaration-3/3065-2015-helsinki-declaration-spa/file (visitado por última vez el 11 de enero de 2024).

[301] Cfr. BLOED, A.: *From Helsinki to Vienna: Basic Documents of the Helsinki Process,* Dordrecht Boston London, Martinus Nijhoff Publishers, 1990; MARIÑO MENENDEZ, Fernando: "Seguridad y cooperación en Europa: el acta final de Helsinki", consultar en línea: https://www.cepc.gob.es/sites/default/files/2021-12/27980rie002003007.pdf (visitado por última vez el 11 de enero de 2024).

Transformada en Organización internacional en 1994, la OSCE -con sus 57 países participantes[302], de América del Norte, Europa y Asia- es la organización de seguridad regional más grande del mundo, que trabaja para garantizar la paz y la estabilidad a más de mil millones de personas. La necesidad de hacer frente a los retos heredados del pasado (resolución de conflictos prolongados, promoción de la transparencia militar, respaldo a los procesos de transición y a las reformas democráticas), así como a las amenazas transnacionales del siglo XXI, han puesto claramente de manifiesto que la cooperación fomentada por la OSCE es ahora más necesaria que nunca. El concepto de seguridad de la OSCE, que no se limita únicamente a los aspectos político–militares y económicos de la seguridad. Los 57 Estados participantes de la OSCE acordaron que no se puede lograr una seguridad duradera sin respeto por los derechos humanos y el funcionamiento de las instituciones democráticas. Ello conforma lo que se ha denominado la "dimensión humana" de la seguridad. Una dimensión humana que incluye la protección de los derechos humanos y las libertades fundamentales, la promoción del imperio de la ley y las instituciones democráticas, la tolerancia y la no discriminación.

Para ocuparse de esta dimensión se creó la mencionada Oficina para las Instituciones Democráticas y los Derechos Humanos, con sede en Varsovia. La Oficina, originalmente de-

---

[302] Albania, Alemania, Andorra, Armenia, Austria, Azerbaiyán, Balarás, Bélgica, Bosnia y Herzegovina, Bulgaria, Canadá, Chipre, Croacia, Dinamarca, Eslovaquia, Eslovenia, España, Estados Unidos de América, Estonia, Federación de Rusia, Finlandia, Francia, Georgia, Grecia, Hungría, Irlanda, Islandia, Italia, Kazajstán, Kirguistán, La exRepública Yugoslava de Macedonia, Letonia, Liechtenstein, Lituania, Luxemburgo, Malta, Moldava, Mónaco, Mongolia, Montenegro, Noruega, Países Bajos, Polonia, Portugal, Reino Unido, República Checa, Rumania, San Marino, Santa Sede, Serbia, Suecia, Suiza, Tayikistán, Turkmenistán, Turquía, Ucrania y Uzbekistán.

nominada Oficina de Elecciones Libres, fue creada en 1990 por la Carta de París y establecida en 1991. El nombre de la oficina se cambió en 1992 para reflejar el mandato ampliado que recibió en la Cumbre de Helsinki (1992). La ODIHR tiene la tarea de ayudar a los Estados participantes de la OSCE a garantizar el pleno respeto de los derechos humanos y las libertades fundamentales; respetar el estado de derecho; promover los principios de la democracia; construir, fortalecer y proteger las instituciones democráticas; y promover la tolerancia en sus sociedades. La Oficina también juega un papel importante en la mejora del diálogo entre los Estados, los gobiernos y la sociedad civil. Organiza la Reunión anual sobre la implementación de la dimensión humana de la OSCE, tres reuniones complementarias y un seminario, que revisan el progreso de los gobiernos y brindan a las ONG una plataforma para expresar libremente sus preocupaciones. La Oficina brinda igualmente apoyo, asistencia y experiencia a los Estados participantes y la sociedad civil para promover la democracia, el estado de derecho, los derechos humanos y la tolerancia y la no discriminación. La ODIHR observa las elecciones, revisa la legislación y asesora a los gobiernos sobre cómo desarrollar y mantener las instituciones democráticas. Igualmente, dicha Oficina lleva a cabo programas de capacitación para funcionarios gubernamentales y encargados de hacer cumplir la ley y organizaciones no gubernamentales sobre cómo defender, promover y vigilar los derechos humanos y combatir la intolerancia y la discriminación[303].

Dentro de este mismo plano, la OSCE ha prestado especial atención a los delitos motivados por prejuicios, en la medida

---

[303] Sobre la OSCE, su estructura y funciones, ver *¿Qué es la OSCE?*, consultar en línea: https://www.osce.org/files/f/documents/8/f/35776_0.pdf (visitado por última vez el 15 de enero de 2024).

en que se encuentran entre las manifestaciones más graves de intolerancia. El Consejo Ministerial de la OSCE ha reafirmado en repetidas ocasiones la amenaza que representan los delitos motivados por prejuicios para la seguridad de las personas y la cohesión social, así como su potencial para generar conflictos y violencia a mayor escala. A este respecto, el Director de la ODIHR, Ingibjörg Sólrún Gísladótti, ha manifestado que "*Los delitos de odio afectan la seguridad de las personas, sus comunidades y sociedades en su conjunto. Debemos enviar un mensaje claro de que estos crímenes no serán tolerados*".

En este contexto, el Consejo Ministerial mantuvo, en diciembre de 2003[304], en Maastricht, una reunión en la que los Estados Miembro de la OSCE reconocieron los peligros que representan los delitos de odio y acordaron por sí mismos combatir estos delitos, al tiempo que se instaba a llevar a cabo una tarea de registro y análisis estadístico de estos tipos de delitos de odio, así como a hacerlos frente con legislaciones penales y cooperando siempre dichos Estados con la Oficina de Instituciones Democráticas y de Derechos Humanos. Se asignaba, a partir de este momento, a la Organización una labor investigadora de manera estadística sobre dichos delitos de odio, así como a elaborar un concepto sobre qué debe entenderse por crímenes de odio que sirviese para los Estados y de ayuda para los Cuerpos y Fuerzas de Seguridad de cada Estado. Dicho concepto –como veremos posteriormente[305] se dio en un Proyecto de 2004, que también inspiraría a la Unión Europea[306].

---

[304] Decisión del Consejo de Ministros de la OSCE n° 4/03, Maastricht, 2 diciembre 2003, sobre Tolerancia y no discriminación.

[305] Ver *infra*, apartado 3.

[306] En este sentido, baste con traer aquí la Decisión Marco 2008/913/ JAI, según la cual se considera como odio o "*al odio basado en la raza, el color, la religión, la ascendencia o el origen nacional o étnico*" (consultar en línea: https://eur-lex.europa.eu/legal-content/ES/

Posteriormente, los Estados miembro de la OSCE adoptaron una serie de decisiones en las que mandataron a la ODIHR para trabajar con los delitos de odio[307]. Los Estados Miembros adoptaron el acuerdo de *"considerar la promulgación o fortalecimiento, donde proceda, de legislación que prohíba la discriminación, o la incitación a los delitos de odio"*[308]. Para ello, se encomendó a la reseñada Oficina (ODIHR) que fuera la encargada de recopilar todos los datos que les facilitaran los distintos Estados y de que informase con regularidad al respecto, para lo cual todos los años presenta un Informe anual en la materia, coincidiendo con el Día Internacional de la Tolerancia: 18 de noviembre[309].

2. DELITOS DE ODIO: ESTRATEGIAS

Para la presente organización, los delitos de odio representan la manifestación más insidiosa de intolerancia y discriminación, basada en la raza, el sexo, el lenguaje, la religión, la creencia, el origen nacional o social, la orientación sexual, la discapacidad o en otras materias similares. La expresión violenta de estos prejuicios puede tomar forma de agresión,

---

TXT/?uri=celex:32008F0913; visitado por última vez el 15 de enero de 2024).

[307] Decisión del Consejo de Ministros n° 12/04, "Tolerancia y No Discriminación", Sofía 7 de diciembre de 2004; Decisiones del Consejo Permanente n° 607, "Combate del Antisemitismo" y n° 621 "Tolerancia y Lucha Contra el Racismo, la Xenofobia y la Discriminación", <www.osce.org/mc/documents.html>.

[308] Decisión del Consejo Permanente n° 621 "Tolerancia y la lucha contra el Racismo, la Xenofobia y la Discriminación <www.osce.org/mc/documents.html>.

[309] A este respecto, vid. QUESADA ALCALÁ, C.: "La labor de la Unión Europea, el Consejo de Europa y la OSCE en materia de crímenes de odio: sus repercusiones en España", en *Revista General de Derecho Europea*, n° 36 (2015), págs. 2-24.

asesinato, amenazas o daños a la propiedad, como incendio, profanación o vandalismo[310]. Para la OSCE, el término se utiliza para abarcar las manifestaciones violentas de intolerancia y discriminación que dañan a los individuos, sus propiedades y el grupo con el que se identifican a sí mismos, ya sean musulmanes, judíos, inmigrantes africanos o árabes, roma, gay o lesbianas, o miembros de cualquier otro grupo[311]. Y por ello, el término es lo suficientemente amplio para cubrir una serie de manifestaciones de intolerancia desde la incitación a cometer delitos internacionales, al acoso o a la violencia persistente "de baja intensidad" motivada por el prejuicio, como la profanación de cementerios.

Por tanto, para la OSCE los delitos de odio pueden ser definidos como

---

[310] Véanse a este respecto, entre otros, OSCE: *Los delitos de odio motivados por el racismo y la xenofobia*, Varsovia 2021 (consultar en línea: https://www.osce.org/files/f/documents/6/b/502275.pdf; visitado por última vez el 20 de enero de 2024); OSCE: *Delitos de odio contra los Musulmanes*, Varsovia, 2018 (consultar en línea: https://www.osce.org/files/f/documents/6/7/414479.pdf; visitado por última vez el 20 de enero de 2024); OSCE: *Desarrollar una comprensión de los delitos de odio de naturaleza antisemita y abordar las necesidades de seguridad de las comunidades judías: Guía práctica*, Varsovia 2017 (consultar en línea: https://www.osce.org/files/f/documents/6/d/423680.pdf; visitado por última vez el 20 de enero de 2024).

[311] Véanse a este respecto, OSCE: *Los delitos de odio motivados por el racismo y la xenofobia*, Varsovia 2021 (consultar en línea: https://www.osce.org/files/f/documents/6/b/502275.pdf; visitado por última vez el 19 de enero de 2022); OSCE: *Delitos de odio contra los musulmanes*, Varsovia 2018 (consultar en línea: https://www.osce.org/files/f/documents/6/7/414479.pdf; visitado por última vez el 22 de enero de 2024); OSCE: *Desarrollar una comprensión de los delitos de odio de naturaleza antisemita y abordar las necesidades de seguridad de las comunidades judías: Guía práctica*, Varsovia, 2017 (consultar en línea: https://www.osce.org/files/f/documents/6/d/423680.pdf; visitado por última vez el 21 de enero de 2024).

"*aquellos delitos en los que la motivación del autor es una característica que identifica a la víctima como miembro de un grupo hacia el que el delincuente siente alguna animosidad. Porque los autores están motivados para actuar contra un individuo o sus propiedades, en razón de su pertenencia real o supuesta a un grupo, los delitos de odio envían un mensaje a un grupo más amplio o a la comunidad: los delitos de odio simbolizan una forma única de agresión, puesto que la violencia constituye una amenaza de más violencia para los miembros de los grupos minoritarios*"[312].

En esta misma línea, se ha dicho que "*los autores de los delitos de odio tienen en común el odio al otro cuya diferencia le convierte en objetivo. En su forma más extrema, implican genocidio, limpieza étnica y asesinatos en serie. En sus formas menores, pero no menos insidiosas, puede incluir agresiones, violaciones, y/o muchos otros incidentes denominados de baja intensidad, como el acoso o el vandalismo, las cuales amenazan y degradan la calidad de vida de las víctimas*"[313]. En consecuencia, el término "delito de odio" es para la OSCE un término inclusivo, puesto que recoge delitos motivados por una lista abierta de categorías potenciales de prejuicios[314].

---

[312] OSCE: *Leyes sobre delitos de odio: una guía práctica*, Varsovia 2009, p. 11 (consultar en línea: https://www.osce.org/odihr/36426; visitado por última vez el 22 de enero de 2024). Véase también Decisión nº 9/09 de su Consejo Ministerial relativa a la "lucha contra los delitos de odio". Atenas, 1-2 de diciembre de 2009 (consultar en línea: https://www.osce.org/files/f/documents/d/9/40695.pdf; visitado por última vez el 15 de enero de 2024).

[313] CROALL, H., y WALL, D.: "Editorial", en *Criminal Justice Matters*, núm. 48 (2002), p. 3.

[314] DEFINICIÓN DE TRABAJO DE DELITO DE ODIO DE LA OID-HR: "*Un delito de odio puede ser definido como: (A) Cualquier infracción penal, incluyendo infracciones contra las personas o las propiedades, donde la víctima, el local o el objetivo de la infracción se elija por su, real o percibida, conexión, simpatía, filiación, apoyo o pertenencia a un grupo como los definidos en la parte B. (B) Un grupo se basa en una característica común de sus miembros, como su "raza" real o percibida, el origen nacional o étnico,*

En la *Decisión sobre Tolerancia y No Discriminación* (nº 4/03), que fue adoptada en la reunión de Maastricht, se anima a todos los Estados Miembros "*a elaborar y mantener registros de información fidedigna y estadísticas sobre delitos de odio, incluyendo manifestaciones violentas de racismo, xenofobia, discriminación y antisemitismo*"; al tiempo que se encomendó a la ODIHR la tarea de servir como punto de recopilación de la información y las estadísticas recogidas por los Estados Miembros y, haciendo esto, trabajar en colaboración estrecha con el Comité para la Eliminación de Todas las Formas de Discriminación Racial de Naciones Unidas, la Comisión Europea contra el Racismo y la Intolerancia (ECRI), y el Observatorio Europeo del Racismo y la Xenofobia (EUMC). Con respecto a este último encargo, la ODIHR se encontró con la dificultad no sólo de la inexistencia de un concepto unívoco de delito de odio[315], sino con la inexistencia también de estadísticas fiables y completas, con lo que se pone de manifiesto que un alto nivel de las estadísticas sobre delitos de odio está relacionado con sistemas de obtención de información eficaces y eficientes, y que, al contrario, el bajo nivel o la inexistencia de datos oficiales sobre delito y violencia

---

el lenguaje, el color, la religión, el sexo, la edad, la discapacidad intelectual o física, la orientación sexual u otro factor similar". Ver CONTRERAS MAZARÍO, José M.: "Discursos (delitos) de odio en la OSCE", en CONTRERAS MAZARÍO, José M., y SÁNCHEZ GÓMEZ, Raul (dirs.): *El tratamiento normativo del discurso de odio*, Aranzadi, Pamplona 2021, pp. 15-40.

[315]   "*En este momento, existe una amplia divergencia entre los Estados con respecto al ámbito de los actos que se tratan y clasifican como delitos e incidentes motivados por el odio. Por ejemplo, pueden utilizar una aproximación restrictiva o extensa a las categorías de prejuicios abordadas. En algunos casos, sólo se recogen datos de incidentes racistas, mientras que, en otros, se emplea un concepto de delito de odio más abierto para incluir infracciones cometidas por una serie de motivos, como la religión de la persona, el origen étnico, el género, la discapacidad, la orientación sexual, u otra característica identitaria*" (p. 21).

de odio podría reflejar mecanismos de recogida de datos ineficaces más que una realidad de bajos niveles de este tipo de delitos o/y violencias. Así, pues, es esta una cuestión esencial que debe no sólo de realizarse, sino también de establecerse mecanismos que mejoren dicha obtención de datos para lo cual resulta esencial diferenciar entre los delitos de odio y los actos de discriminación o intolerancia[316].

Por lo que se refiere a la motivación, cabe señalar que para la ODIHR la identificación y determinación de la misma resulta vital a fin de poder *"planificar respuestas políticas y asignar adecuadamente los recursos. Saber quiénes son las víctimas de los delitos de odio permite elaborar programas de atención–ayuda a las víctimas para los individuos afectados, así como el desarrollo de intervenciones comunitarias efectivas para las comunidades victimizadas"*[317]. Y pone un ejemplo, *"según las estadísticas de la Oficina Federal de Investigación (FBI) de los Estados Unidos, de los 7.462 incidentes motivados por el odio que ocurrieron en 2002, cerca de la mitad (el 49,8 por cien), estuvieron motivados por prejuicios raciales. El prejuicio religioso motivó el 19 por ciento de los incidentes y el prejuicio por la orientación sexual provocó el 17 por ciento de los delitos de odio. Por lo tanto, determinados prejuicios causan un número desproporcionado de delitos de odio"*[318].

---

[316] En este sentido, la ODIHR llama la atención, en el citado Informe, como *"muchos de los 42 Estados que respondieron, aportaron información sobre quejas de discriminación general y de trato desigual más que de delitos de odio per se. Específicamente, muchos países nórdicos parecen recopilar datos dentro del marco general de la discriminación en contraposición a la manifestación violenta del prejuicio. Otros Estados como Austria y Alemania recopilan información en relacionada con delitos de motivación política y grupos de extrema derecha. En ambos casos, es difícil extraer de la información aportada estadísticas o iniciativas que pertenezcan exclusivamente a delitos de odio contra grupos seleccionados"* (p. 15).

[317] *Ibid.*, p. 25.

[318] *Ibidem.*

Una segunda cuestión abordada tiene que ver con los tipos de delitos, ya que la ODIHR llega a la conclusión de que existe "*una asociación clara entre la presencia de delitos motivados por el odio y el alcance del daño infligido a la persona*", así como respecto del grupo seleccionado[319]. Y para ilustrarlo pone los siguientes ejemplos: "*los delitos de odio contra individuos identificados sobre la base de la raza, el origen étnico y la orientación sexual son más susceptibles de implicar violencia física, mientras que los incidentes antisemitas lo son de implicar daños a la propiedad, como la profanación de cementerios, monumentos y sinagogas. La información sobre el tipo de infracciones motivadas por el odio también facilita la diferenciación entre actos como pintar una esvástica en una sinagoga, para distinguirlos de otras formas de "vandalismo" o "travesuras", que pueden interpretarse como nimios o insignificantes*"[320].

3. APROXIMACIONES CONCEPTUALES SOBRE EL DELITO DE ODIO

Antes de entrar en las medidas o herramientas desarrolladas por la ODIHR en materia de intolerancia y discriminación, y con ellas contra el delito de odio, cabe señalar que el odio o el sentimiento de odio procede del vocablo latino "odium" cuyo significado es odio, aversión. En la misma línea, el diccionario de la Real Academia de la Lengua define al "odio" como: "*antipatía y aversión hacia algo o hacia alguien cuyo mal se desea*". Por su parte, la ONU ha descrito el delito de odio como "*un estado de ánimo que se caracteriza por emociones intensas e irracionales de oprobio, enemistad y aversión hacia el grupo al que van dirigidas*"[321]. El odio genera en quien lo siente "antipatía, disgusto, aversión,

---

[319]   *Ibid*, p. 34.
[320]   *Ibidem.*
[321]   A/HRC/67/357, p. 13.

enemistad o repulsión" que puede manifestarse en una amplia variedad de contextos y proyectarse sobre personas, grupos, la sociedad en general e, incluso, hacía uno mismo.

Sin embargo, debe precisarse que en un Estado democrático castigar a las personas por un simple sentimiento de odio, atentaría contra el principio limitador del *ius puniendi* de responsabilidad personal por el hecho, o lo que es lo mimo "*no puede haber delito y, por tanto, pena sin una concreta acción o conducta y sobre ella tiene que versar la descripción de la ley (…) Se prohíbe, por tanto, que se pueda apreciar delito e imponer pena sin una acción o hecho concreto que pueda ser soporte de delito y que esté probado, o sea que se pueda penar sólo por el modo de ser o carácter negativo o peligroso del sujeto o por el dato impreciso de su modo de conducirse o comportarse a lo largo del tiempo*"[322]. En este mismo sentido, IBARRA ha manifestado que "*el delito de odio no es un delito de sentimiento. Una persona puede cometer un delito común y sentir odio hacia su víctima porque han tenido conflictos por motivos de vecindad, por discusiones de carácter laboral, una relación afectiva o por cualquier otra situación generada en el contexto de un enfrentamiento en el que aparecen los sentimientos de odio, ira o de rabia. Sin embargo, esto no quiere decir que estemos ante un delito de odio. Ya que, este delito de odio posee una característica fenomenológica objetivable, aunque tenga elementos subjetivos (prejuicios, ideologías, doctrinas, etc.), en la que radica esa actitud heterófoba. Las víctimas son intencionalmente seleccionadas a causa de una característica específica, les inflige un daño físico y emocional incalculable*"[323].

Con ocasión de la elaboración o revisión de leyes relacionadas con este tipo de delito, la OSCE plantea 5 cuestiones de gran interés, a saber:

---

[322] LUZÓN PEÑA, D-M.: *Lecciones de Derecho Penal*, 2ª ed., Tirant lo Blanch, Valencia 2012, p. 24.

[323] IBARRA, Esteba/STOHAL: *La lucha contra los delitos de odio en la Región OSCE*, 2005, p. 11.

1. *¿debería la ley crear un nuevo delito sustantivo u operar como un agravante de la pena para los delitos existentes?*

2. *¿qué características deberían incluirse en la ley?*

3. *¿cómo se debería definir la motivación en la ley?*

4. *¿cómo debería abordarse la relación, la afiliación y los errores en la percepción?*, y

5. *¿Qué prueba se necesita y cuántas motivaciones se exigen?*

Partiendo de estas cinco consideraciones, podemos afirmar que para la presente Organización los delitos de odio son actos delictivos motivados por la subjetividad o los prejuicios contra colectivos específicos de personas. Todos los delitos de odio se caracterizan por dos particularidades, a saber:

1. son actos delictivos en virtud del código penal, y

2. durante la comisión de éste, el autor del delito actúa motivado por subjetividad de opinión o los prejuicios.

Mientras que los motivos de sesgo se concretan para la OSCE en los siguientes, a saber: racismo y xenofobia; roma y sinti; antisemitismo; contra los musulmanes; contra los cristianos; contra otros grupos religiosos; sexo, orientación sexual e identidad de género; personas discapacitadas, y migrantes, refugiados y asilados.

Todo ello permite concluir que lo que preocupa actualmente a los Estado y las sociedades modernas es que personas impulsadas por el sentimiento de odio pueden llegar a cometer ciertos actos delictivos; de ahí el concepto de "delitos de odio", relativo a aquellos actos antijurídicos cometidos por personas impulsadas por el odio. Pero, además, éstos no tienen por qué acabar sólo en la comisión de un resultado lesivo, también se puede llegar a incluir aquellos actos o conductas impulsadas por el odio que creen un clima que promueva la hostilidad frente a ciertos grupos vulnerables, es decir, que se lleven a cabo conductas discriminatorias[324].

4. MEDIDAS PARA COMBATIR EL ODIO Y LA DISCRIMINACIÓN EN EL SENO DE LA OSCE

1. La ODIHR, entendiendo que la lucha eficaz contra los delitos de odio requiere un esfuerzo integral que reúna a las instituciones gubernamentales, los sistemas de justicia penal, los actores de la sociedad civil y las organizaciones internacionales, ha desarrollado una serie de programas para ayudar a los Estados y grupos de la sociedad civil a lograr estos objetivos. Además de la recopilación normativa de este delito, la OSCE, a través de la Oficina para los Derechos Humanos y las Instituciones Democráticas, ha propuesto una respuesta combinada con otras herramientas. Todo ello combinado puede llegar a ser un poderoso catalizador para el cambio de las actitudes sociales en esta materia. En concreto, y junto a las medidas legales[325], la ODIHR propone un conjunto de medidas específicas, entre las que incluye las siguientes: i) formar al personal de justicia penal sobre cómo investigar delitos de odio, trabajar con víctimas e

---

[324]   Esta segunda consideración lleva a muchos autores a considerar que el término de "delitos de odio" podría sustituirse de una manera más apropiada por el de "delitos discriminatorios". En este sentido, ver CÁMARA ARROYO, S.: "Delitos de odio: concepto y crítica: ¿límite legítimo a la libertad de expresión?", en *LLP*, nº 130 (2018), p. 3.

[325]   La mayoría de la legislación incluida puede encontrarse en la base de datos legislativa online de la ODIHR: http://www.legislationline. org (visitado por última vez el 11 de enero de 2024); también se puede acceder a través del Sistema de Información sobre Tolerancia y No Discriminación, consultar en línea: http://tandis.odihr.pl (visitado por última vez el 11 de enero de 2024).

instruir casos; ii) recopilar datos precisos sobre delitos motivados por un prejuicio, para que cueste lo que cueste estos delitos se instruyan como delitos de odio; iii) estipular una corrección en la ley civil antidiscriminatoria; iv) crear instituciones antidiscriminatorias con el mandato de apoyar a las víctimas de los delitos de odio y la discriminación; v) tender la mano a las comunidades y fomentar la relación entre las fuerzas de seguridad y los grupos comunitarios, para que las víctimas se sientan con la confianza suficiente como para atreverse a denunciar los delitos; y vi) educar a la opinión pública (especialmente a la juventud) en la tolerancia y la no discriminación.

La ODIHR ha desarrollado, además, una colección de recursos y programas al respecto, orientados a la consecución del objetivo siguiente: crear conciencia sobre la discriminación, los delitos motivados por prejuicios, el antisemitismo y otras formas de intolerancia, incluso contra musulmanes, cristianos y miembros de otras religiones. De este modo, la Oficina entiende que comprender el desafío de los delitos de odio contra los judíos, musulmanes, cristianos o cualquier otro grupo religioso es el primer paso para encontrar soluciones. Los pasos prácticos que se muestran en esta infografía tienen como objetivo ayudar a los gobiernos y a todos los que trabajan para combatir los delitos de odio contra los grupos religiosos a convertir las políticas en acciones y construir sociedades tolerantes para el beneficio de todos. De igual modo, el asesoramiento sobre políticas y la capacitación de personal encargado de hacer cumplir la ley y educadores resulta para la Oficina una prioridad y por ello trabaja para desarrollar la capacidad de los gobiernos para prevenir y responder a este problema. La ODIHR también trabaja para aumentar la capacidad de la sociedad civil para monitorear e informar sobre los delitos e incidentes de odio.

2. Por lo que respecta al ámbito de la discriminación y la intolerancia religiosa, la OSCE pone de manifiesto como éste está entre los factores que pueden ser fuente de conflictos perturbadores de la seguridad y la estabilidad. Ello presupone que todos los grupos sociales deban de disponer de entornos e instituciones donde poder debatir entre sí pacíficamente y donde poder expresar libremente sus intereses. Partiendo de dicha posición, se debe promover activamente el establecimiento de relaciones armónicas entre los diversos grupos étnicos, religiosos, lingüísticos y de otra índole, así como los derechos de personas pertenecientes a minorías nacionales y la igualdad de oportunidades para mujeres y hombres; se debe igualmente contrarrestar todo acto de violencia, intolerancia, extremismo o discriminación contra dichos grupos[326].

En concreto, vamos a hacer referencia a aquellas actividades relacionadas con grupos religiosos y su discriminación, sin olvidar el racismo y la xenofobia como causa de intolerancia y de sesgo del delito de odio.

---

[326] Sobre esta temática véanse, entre otros, OSCE: *Directrices para educadores sobre la manera de combatir la intolerancia y la discriminación contra los musulmanes: Afrontar la islamofobia mediante la educación*, Varsovia, 2011 (consultar en línea: https://www.osce.org/files/f/documents/a/2/91301.pdf; visitado por última vez el 20 de enero de 2024); OSCE: *Formación de coaliciones para la tolerancia y la no discriminación una guía práctica*, Varsovia 2018 (consultar en línea: https://www.osce.org/files/f/documents/3/d/417290.pdf; visitado por última vez el 20 de enero de 2024); OSCE: *Prevención del antisemitismo mediante la educación: Directrices para los responsables de la formulación de políticas*, Varsovia 2020 (consultar en línea: https://www.osce.org/files/f/documents/8/4/444640.pdf; visitado por última vez el 20 de enero de 2024).

A) ANTISEMITISMO

Los Estados participantes de la OSCE condenaron por primera vez el antisemitismo en 1990. Este término incluye las situaciones de acoso verbal, incitación al odio y ataques violentos contra judíos e instituciones judías, actividades neonazis y negación del holocausto. El Observatorio Europeo contra el Racismo y la Xenofobia (en 2005) adoptó una definición práctica de antisemitismo, que ha sido recogida por la OSCE en la Conferencia de Córdoba (2007) y la Alianza Internacional para el Recuerdo del Holocausto, en su sesión de Bucarest (2018), que reza así:

> *"[a]ntisemitismo es una percepción de los judíos, la cual puede ser expresada como odio hacia los judíos. Las manifestaciones retóricas y físicas del antisemitismo se dirigen hacia individuos judíos o no judíos y/o sus propiedades, hacia las instituciones de las comunidades judías y las instalaciones religiosas"*[327].

Los Estados participantes de la OSCE están comprometidos en prevenir y abordar el antisemitismo mediante un conjunto integral de medidas. Así, la ODIRH tiene la tarea de recopilar información e informar sobre incidentes antisemitas y crímenes de odio en la región de la OSCE. Estos datos son recopilados en su sitio web de denuncia de delitos de odio y trabaja con la sociedad civil para registrar y denunciar mejor los incidentes antisemitas. La ODIHR también trabaja para crear conciencia sobre los desafíos actuales y las respuestas efectivas al antisemitismo facilitando el intercambio de buenas prácticas entre gobiernos, educadores, sociedad civil y organizaciones de la comunidad judía de la región de la OSCE para prevenir

---

[327]   Sesión plenaria de la IHRA en Bucarest. Decisión para adoptar una definición práctica no vinculante de antisemitismo. Información facilitada por la Presidencia rumana de la IHRA, 26 de mayo de 2016. El texto íntegro de la definición práctica se encuentra disponible en el Anexo 6

y responder al antisemitismo. La ODIHR creó, igualmente, he-rramientas de enseñanza específicas con organizaciones aso-ciadas[328]. A partir de 2016, el proyecto *Words Into Action* hace especial hincapié en abordar las necesidades de seguridad de las comunidades judías, contrarrestar el antisemitismo a través de la educación y fomentar la formación de coaliciones entre diferentes comunidades.

De igual modo, en estrecha cooperación con la sociedad civil, la ODIHR crea conciencia sobre el antisemitismo y su im-pacto, y ha desarrollado herramientas educativas para abordar este desafió, al tiempo que permite el intercambio de buenas prácticas sobre la memoria y la educación del holocausto.

B) ISLAMOFOBIA (discriminación contra los musulmanes)

La OSCE reconoció el peligro de una creciente intoleran-cia pública contra los musulmanes ya en 2002, en una decisión del Consejo Ministerial que condenó firmemente tales actos de discriminación. Los Estados participantes de la OSCE se han

---

[328]   Los materiales educativos han sido elaborados para siete Estados Miembro de la OSCE. Los materiales educativos han sido desarrolla-dos por siete Estados Miembro de la OSCE. Los materiales se elabo-raron en estrecha colaboración con la Casa de Ana Frank y expertos de cada uno de los siete estados. Se han desarrollado y puesto a prueba cuatro adaptaciones específicas de un país, basadas en la situación histórica y actual. Los materiales se dividen en tres par-tes: la Parte primera, sobre la historia del antisemitismo; la Segunda parte, sobre formas contemporáneas de antisemitismo; y la Parte tercera, que pone el antisemitismo en la perspectiva de otras formas de discriminación. Una guía del profesor acompañará a los mate-riales. Los materiales para el profesor, en este momento está siendo adaptados por Estados Miembro adicionales. Vid. a este respecto, *Guía para Educadores sobre el Tratamiento del Antisemitismo y Directrices y Evaluación de aproximaciones educativas sobre la enseñanza del Holocausto y el antisemitismo.*

comprometido a combatir la intolerancia contra los musulmanes y han rechazado enérgicamente la asociación de cualquier religión o cultura con el terrorismo.

En cuanto a la intolerancia y la discriminación contra los musulmanes, la OSCE ha puesto de manifiesto como este tipo de actuaciones no son nuevas, pero las manifestaciones de estos fenómenos parecen haber ido en aumento en los últimos años. Los musulmanes pueden sufrir acoso verbal o ser objeto de discursos de odio, ataques violentos o perfiles religiosos. La ODIHR trabaja con los Estados participantes de la OSCE para desarrollar políticas educativas para combatir la hostilidad y los prejuicios contra los musulmanes, y brinda capacitación sobre delitos motivados por prejuicios a las ONG que trabajan en esta área[329].

La intolerancia y la discriminación contra los musulmanes se ha vuelto cada vez más frecuente en la región de la OSCE en los últimos años. La "guerra contra el terrorismo", la crisis económica mundial, las preocupaciones sobre la identidad nacional y las dificultades para hacer frente a la creciente diversidad en muchas sociedades han provocado un aumento del resentimiento contra los musulmanes y el islam, que a veces ha sido alimentado por el lenguaje intolerante en los medios de comunicación y en los discursos políticos. Como resultado, muchos musulmanes experimentan una variedad de discriminación, que incluye acoso verbal, incitación al odio, ataques violentos y perfiles religiosos. Muchos también se enfrentan a la falta de igualdad de oportunidades en el empleo, la vivienda, la atención médica y la educación, y enfrentan restricciones en la expresión pública de su religión.

---

[329]   Vid a este respecto, *Directrices para educadores sobre la manera de combatir la intolerancia y la discriminación contra los musulmanes.*

Con el fin de apoyar los esfuerzos de los Estados participantes para contrarrestar la intolerancia y la discriminación contra los musulmanes, la ODIHR ha emprendido una serie de actividades, que incluyen: a) trabajar con los Estados participantes de la OSCE para desarrollar políticas y programas educativos para combatir el odio, la hostilidad y los prejuicios, con miras a abordar las causas profundas de la intolerancia; b) seguimiento de los delitos de odio y los incidentes motivados por el odio contra los musulmanes mediante la recopilación de datos para el Informe anual de delitos de odio de la ODIHR; c) Impartir formación sobre delitos motivados por prejuicios a las organizaciones no gubernamentales que se ocupan de la intolerancia contra los musulmanes en la región de la OSCE, para ayudarles a registrar y denunciar mejor los casos de delitos motivados por prejuicios; y d) crear foros internacionales y regionales donde se destaquen los desafíos en la lucha contra la intolerancia contra los musulmanes y se identifiquen recomendaciones para acciones futuras.

C) CRISTIANOFOBIA (Intolerancia y discriminación contra los cristianos)

Los cristianos de diversas denominaciones son, asimismo, blancos de delitos de odio en la región de la OSCE. La naturaleza de los crímenes de odio contra los cristianos varía desde ataques a la propiedad, incluidos grafitis y vandalismo, hasta agresiones físicas. Ha este respecto se ha realizado un folleto informativo, que es el tercero de la serie, en el que destaca cómo los crímenes de odio afectan a los cristianos y ayuda a los lectores a identificar de manera efectiva los crímenes de odio anticristianos.

D) RACISMO Y XENOFOBIA

La discriminación y las manifestaciones de racismo y xenofobia siguen amenazando la seguridad en las sociedades cada vez más diversas de muchos Estados participantes de la OSCE. Para comprender el fenómeno del racismo, el seguimiento de los hechos racistas es fundamental, y esta es una de las actividades centrales de la ODIHR en este ámbito. La Oficina también asesora y apoya a gobiernos y ONG en la implementación de programas para combatir el racismo. Los países de la región de la OSCE están experimentando incidentes racistas de naturaleza cada vez más violenta. Las agresiones físicas, los incendios provocados y los asesinatos se han convertido en la triste realidad de sociedades cada vez más diversas.

Desde 2004, la OSCE ha realizado un esfuerzo considerable para configurar políticas y actividades contra el racismo. Las Conferencias Internacionales de la OSCE y las Decisiones Ministeriales y del Consejo Permanente (Decisión MC 10/05, Decisión MC 4/03, Decisión PC 621) han identificado la necesidad de abordar la violencia racista con una legislación y educación adecuadas sobre delitos de odio. La legislación nacional contra el racismo, las estrategias específicas y las estructuras nacionales adecuadas (como las instituciones especializadas) son aspectos clave para luchar eficazmente contra el racismo.

La cooperación entre la Comisión Europea contra el Racismo y la Intolerancia (ECRI) del Consejo de Europa, la Agencia de los Derechos Fundamentales de la Unión Europea (FRA) y la ODIHR ha dado como resultado un mensaje antirracismo fortalecido y reforzado. Han pedido a los líderes políticos que se pronuncien contra todas las formas de violencia motivadas por el odio racial o la xenofobia, actúen con responsabilidad y se abstengan de dar explicaciones simplistas (con connotaciones racistas, xenófobas o antisemitas) de problemas sociales, políticos y económicos complejos.

E) AGENTES ESTATALES: JUECES, FISCALES Y POLICIAS

Dentro de las herramientas adoptadas para los Estados, cabe mencionar de un modo especial aquellas que están relacionadas con los agentes estatales encargados de la protección como son las fuerzas y cuerpos de seguridad del Estado, los jueces y los fiscales. A este respecto, cabe señalar que la ODIHR trabaja en estrecha colaboración con jueces y fiscales para combatir eficazmente los delitos motivados por prejuicios. En cuanto a los agentes de policía, la OSCE parte de que éstos están en la primera línea de las respuestas de los Estados a los delitos de odio. El programa de Capacitación contra los crímenes de odio para las fuerzas del orden (TAHCLE)[330] está diseñado para mejorar las habilidades de la policía para reconocer, comprender e investigar los delitos de odio.

5. VALORACIÓN DEL SISTEMA

De lo expuesto, podemos concluir que, a efectos de facilitar un adecuado abordaje del problema, la OSCE realiza una definición amplia orientada a la aplicación práctica del término. Conforme a ésta, un delito de odio consta de dos elementos: 1) es un acto penalmente tipificado como delito en la legislación nacional y 2) ha sido cometido con motivación prejuiciosa, es decir, la víctima ha sido escogida por su pertenencia, real o percibida, a un grupo que el autor desprecia, rechaza u odia (OSCE, 2014). Se debe, además, añadir un matiz adicional: muchos ilícitos pueden estar motivados por prejuicios del perpetrador, pero el término "delito de odio" suele estar reservado para aquellos que atacan bienes jurídicos eminen-

---

[330] Consultar en: https://www.osce.org/odihr/tahcle (visitado por última vez el 14 de abril de 2024).

temente personales[331]: con el presente delito no sólo se ataca el principio de igualdad (delito de discriminación), sino que, por su naturaleza, los *hate crimes* también atacan la dignidad de la persona[332].

En definitiva, cabe afirmar que, desde el plano de la OSCE, existen dos conceptos sobre el delito de odio en función del modelo legislativo que se quiera adherir al tipo penal. Nos encontramos primero con el modelo de animosidad, según el cual delito de odio es aquel causado por una persona movida por el prejuicio hacia un estereotipo[333] que representa una condición personal de la víctima sea cual sea dicha condición (punto de vista de un móvil prejuicioso discriminatorio); y, en segundo lugar, con el modelo de discriminación selectiva, según el cual para que haya un delito de odio no es tan importan-

---

[331]   Cfr. REY MARTÍNEZ, F.: "Igualdad y prohibición de discriminación: de 1978 a 2018", en *Revista de Derecho Político*, n° 100 (2017), pp. 128-146.

[332]   Cfr. DE DOMINGO PÉREZ, T.: "La lucha contra el «discurso del odio» desde el respeto a los derechos fundamentales", en MIRÓ LLINARES, F. (Dir.): *Cometer delitos en 140 caracteres. El Derecho penal ante el odio y la radicalización*, Marcial Pons, Madrid 2017, pp. 275-296.

[333]   Normalmente un estereotipo negativo *"que va ligado a un grupo que se adjudica la persona en particular por pertenecer a él (…) Los estereotipos proporcionan una visión altamente exagerada de unas pocas características algunos son inventados, carecen de base real o se muestran verosímiles porque en una pequeña proporción pueden ser reales; en los estereotipos negativos, o prejuicios, las características positivas se omiten o infravaloran, no aportan ninguna información sobre sus causas; no facilitan el cambio y, sobre todo, no tienen en cuenta las diferencias entre individuos del mismo grupo"*. Algo que la persona víctima de eso no puede modificar y que la persona que ve esos estereotipos tampoco puede cambiar la visión de esos rasgos, lo que acaba produciendo una estigmatización social. Ver a este respecto, REY MARTINEZ, F.: "Igualdad y prohibición de discriminación…", op. cit., pp. 137-139.

te que el autor se haya movido por un prejuicio o intolerancia, como que haya una carga ofensiva hacia un colectivo tradicionalmente minoritario por una concreta condición personal del sujeto pasivo[334]. Se produce de este modo una vinculación directa con el modo legislativo, el cual queda en manos de los Estados miembros, ya que ambas definiciones de delitos de odio tienden a proteger una cosa distinta: en la primera definición podemos ver que se relaciona con una acción donde ha habido un prejuicio; y en el segundo simplemente se relaciona con la defensa de un colectivo concreto que ha sido discriminado históricamente[335].

Sin olvidar tampoco que en los delitos de odio hay un elemento social, toda vez que además de la víctima, se produce asimismo un ataque contra la comunidad. Cuando un delito de odio sucede, el perpetrador envía a los miembros de un

---

[334]   En esta misma línea, el *Diccionario Jurídico de la Real Academia de Jurisprudencia y Legislación* (RAJYL) ofrece la siguiente definición: "*Conjunto de delitos que admiten varias acepciones. En primer lugar, tal denominación se refiere a aquellos delitos agravados por haber sido cometidos con una determinada motivación o móvil, consistente en el odio o prejuicio del autor hacia un estereotipo caracterizado por una condición personal, real o sólo por él percibida, de su víctima (etnia, sexo, creencias, etc.). Alternativamente, también puede referirse este concepto a aquellos delitos cuya comisión, con independencia de la motivación real del autor, conlleve una carga ofensiva, humillante o intimidatoria hacia un colectivo social que haya sido tradicionalmente objeto de discriminación por razón de alguna de dichas condiciones personales. Pueden incluirse entre estos delitos o crímenes de odio todos aquellos a los que fuera de aplicación la circunstancia agravante genérica de motivos discriminatorios, así como diversos tipos de la parte especial del Código, paradigmáticamente los relativos al llamado "discurso del odio" (entre los que se encuentra el delito de incitación al odio, la hostilidad, la discriminación o la violencia contra un grupo, una parte del mismo o contra una persona determinada por razón de su pertenencia a aquél del Art. 510 CP)*", en *RAJYL*, 2016.

[335]   Cfr. DÍAZ LOPEZ, *Informe de delimitación conceptual en materia de delitos de odio*, 2018, p. 38.

determinado grupo el mensaje de que no son bienvenidos, amenazando a todo el colectivo y generando sentimientos de inseguridad, rechazo e, incluso, baja autoestima. Esto puede tener implicaciones negativas para la cohesión social y la integración de las minorías y servir para mantener la hegemonía y jerarquía de poder de la mayoría sobre las minorías.

Capítulo IV

Discurso de odio e intolerancia religiosa y de creencias en el Consejo de Europa: recomendaciones y jurisprudencia

1. CONSIDERACIONES GENERALES

La temática de los discursos de odio en el ámbito del Consejo de Europa aparece directamente conectada con el reconocimiento y garantía de los derechos fundamentales, especialmente civiles y políticos, contenidos en el *Convenio europeo para la Protección de los Derechos Humanos y de las Libertades Fundamentales*, de 1950[336] (Art. 10[337]). En el ámbito del Consejo de Europa, la libertad de expresión es configurada, además de como

---

[336] Consultar en línea: https://www.echr.coe.int/documents/convention_spa.pdf (visitado por última vez el 22 de enero de 2024).

[337] Art. 10 CEDH: "*1. Toda persona tiene derecho a la libertad de expresión. Este derecho comprende la libertad de opinión y la libertad de recibir o de comunicar informaciones o ideas sin que pueda haber injerencia de autoridades públicas y sin consideración de fronteras. El presente artículo no impide que los Estados sometan a las empresas de radiodifusión, de cinematografía o de televisión a un régimen de autorización previa.*
2. El ejercicio de estas libertades, que entrañan deberes y responsabilidades, podrá ser sometido a ciertas formalidades, condiciones, restricciones o sanciones, previstas por la ley, que constituyan medidas necesarias, en una sociedad democrática, para la seguridad nacional, la integridad territorial o la seguridad pública, la defensa del orden y la prevención del delito, la protección de la salud o de la moral, la protección de la reputación o de los derechos

un derecho fundamental, como un requisito esencial para la propia existencia del Estado democrático, por lo que -a tenor del TEDH- *"comprende la posibilidad de criticar, incluyendo el uso de expresiones que puedan molestar, inquietar o disgustar a quienes se dirige, pues así lo requieren el pluralismo, la tolerancia y el espíritu de apertura, sin los cuales no existe sociedad democrática"*[338]. Sin embargo, el Convenio europeo no aborda, como si hacen -como se ha puesto de manifiesto- el PIDCP (Art. 20)[339] y la CADH (Art. 13.5)[340], la cuestión de la apología del odio nacional, racial o religioso que incita a la discriminación, la hostilidad y la violencia. Ahora bien, el citado Convenio también establece el principio de igualdad, así como su reverso el principio de no discriminación (Art. 14[341]); entendida ésta como *"un prejuicio hostil contra un determinado grupo"* y, además, *"atribuye a todos los miembros de ese grupo las características negativas comunes"*[342]. Este carácter grupal es, por tanto, *"expresión de fenómenos sociales sistemáticos y estructurales"*[343], lo que afecta a un elenco de grupos, categorías o circunstancias que se consideran tradicionalmen-

---

ajenos, para impedir la divulgación de informaciones confidenciales o para garantizar la autoridad y la imparcialidad del poder judicial".

[338] A este respecto, véanse sentencias de 23 de septiembre de 1998, asunto *Lehideux c. Francia* (Decisión nº 55/1997/839/1045); de 8 de julio de 1999, asunto *Baskaya y Okcuoglu c. Turquía* (Decisión nº 23536/94 y 24408/94), y de 29 de septiembre de 1999, asunto *Oztürk c. Alemania* (Decisión nº 8544/79).

[339] Ver *supra*, Capítulo I.

[340] Ver *supra*, Capítulo II.

[341] Art. 14: *"El goce de los derechos y libertades reconocidos en el presente Convenio ha de ser asegurado sin distinción alguna, especialmente por razones de sexo, raza, color, lengua, religión, opiniones políticas u otras, origen nacional o social, pertenencia a una minoría nacional, fortuna, nacimiento o cualquier otra situación".*

[342] REY MARTÍNEZ, F.: *Derecho antidiscriminatorio*, Aranzadi, Pamplona 2019, p. 40.

[343] *Idem*, p. 45.

te agravadas por situar a las personas afectadas en una posición no sólo de desventaja, sino que afecta a su propia dignidad.

Es importante, igualmente, señalar que la situación de vulnerabilidad del grupo en el que se integra la persona es, como sucede en general con todas las medidas del llamado derecho antidiscriminatorio, condición indispensable para que se considere que dicha protección posee una justificación objetiva y razonable. Por tanto, puede afirmarse que la protección de la libertad de expresión no incluye los abusos cometidos en su ejercicio, como pueden ser la emisión o difusión de mensajes ofensivos, injuriosas, vejatorios, ultrajantes, ni aquellos que denoten, produzcan, propaguen, inciten, promuevan o justifiquen un desprecio, intolerancia, odio, intimidación, amenazas o violencia a las personas o a una etnia, minoría, grupo o sector poblacional determinado. No obstante, debe precisarse que la aplicación de todas estas limitaciones han de ser interpretadas de tal modo que el derecho no quede desvirtuado.

Ello nos lleva a dirimir una cuestión básica como es la relativa a cuándo unas declaraciones alientan o no la intolerancia o la discriminación, y si es o no necesario que las mismas supongan un determinado acto de violencia o criminal para que sea considerado como un delito. Pues bien, el Tribunal europeo ha considerado que no es necesario que concurra un acto de violencia o criminal, pero sí debe estar presente la finalidad discriminatoria e intolerante contra un grupo determinado o sector poblacional. En consecuencia, se puede afirmar que el Consejo de Europa ha acogido un concepto más próximo al discurso del odio[344], y no tanto relacionado con que el mismo

---

[344] Ver a este respecto *Resolución 1510 (2006), de 28 de junio de 2006, sobre la libertad de expresión y el respeto de las creencias religiosas.* Debate de la Asamblea el 28 de junio de 2006 (19a Sesión) (ver Doc 10970, Informe de la Comisión de Cultura, Ciencia y Educación, ponente: Sra Hurskainen). Texto aprobado por la Asamblea el 28 de junio

esté o no tipificado penalmente, por lo que se trataría de un concepto autónomo en el que se incluirían todas aquellas formas de expresión que propaguen, inciten, promuevan o justifiquen el odio basado en la intolerancia, por lo que no estaría vinculado por la clasificación que al respecto puedan realizar los tribunales internos.

Entrando en el ámbito del Consejo de Europa, debemos destacar dos órganos como son, por un lado, la Comisión Europea contra el Racismo y la Intolerancia (ECRI) y, por otro, el Tribunal Europeo de Derechos Humanos (TEDH). Debemos precisar desde este momento inicial que, aunque la temática del discurso del odio es relativamente actual, no se puede afirmar que resulte nueva en la actividad de la presente organización internacional.

2. ECRI: ESTRATEGIAS Y RECOMENDACIONES

Por lo que respecta al primero de los órganos, esto es, la ECRI, cabe señalar que la misma está integrada por miembros independientes y cuya función básica es combatir el racismo, la xenofobia, el antisemitismo y la intolerancia a nivel paneuropeo, desde la perspectiva de la promoción de los derechos humanos. En definitiva, se trata de un órgano de carácter promocional y recomendatorio, pero cuya tarea no puede ni debe ser minimizada, pues desde su creación ha realizado importantes contribuciones en la materia objeto del presente trabajo. A través de sus recomendaciones, la ECRI no sólo ha definido qué es el discurso de odio, sino que en sus análisis país por país

---

de 2006 (19a Sesión), en concreto pp. 17-19 (consultar en línea: https://www.educatolerancia.com/wp-content/uploads/2022/03/MD-12_2022_MINISTERIO_INCLUSION.pdf; visitado por última vez el 20 de enero de 2024).

ha sido capaz de extraer conclusiones generales al respecto, determinando las formas y circunstancias específicas en que el mismo tiene lugar, así como formular recomendaciones a los Estados que resultan muy relevantes en la lucha contra este fenómeno. Toda esta actividad del presente organismo se ha centrado básicamente en tres ámbitos: la discriminación e la intolerancia, el primero; el discurso y delito de odio, la segunda, y el discurso de odio en internet, la tercera.

2.1. ECRI y discriminación e intolerancia

Con relación al primero de los ámbitos, esto es, el de la discriminación y la intolerancia, señalar que la ECRI adoptó, el 13 de diciembre de 2002, la *Recomendación núm. 7, relativa a las legislaciones nacionales, para la lucha contra el Racismo y la Discriminación Racial*[345], en la que se establece que *"deben tipificarse como delitos penales los comportamientos siguientes: cuando se muestren de forma intencionada: a) la incitación pública a la violencia, el odio o la discriminación; b) las injurias o la difamación públicas, o c) las amenazas, cuando se dirijan contra una persona o un conjunto de personas por razón de su raza, color, idioma, religión, nacionalidad u origen nacional o étnico"*[346]. En la presente *Recomendación* se recoge, además, la represión contra las expresiones públicas con

---

[345] Adoptada el 13 de diciembre de 2002 y revisada el 7 de diciembre de 2017 (consultar en línea: https://www.coe.int/en/web/european-commission-against-racism-and-intolerance/recommendation-no.7; visitado por última vez el 17 de enero de 2024).

[346] Ver en esta misma línea, ECRI: *Recomendación n. 97 (20) del Comité de Ministros del Consejo de Europa sobre el Discurso del odio.* Adoptada por el Comité de Ministros el 30 de octubre de 1997, en la 607ª sesión de los Diputados de los Ministros, en concreto pp. 20-32 (consultar en línea: https://www.educatolerancia.com/wp-content/uploads/2017/06/material-didactico12.-Discurso-de-Odio.pdf; visitado por última vez el 20 de enero de 2024).

fines racistas de una ideología que propugne la superioridad de un conjunto de personas por razón de su raza, color, idioma, religión, nacionalidad u origen étnico, o que calumnie o denigre a un conjunto de personas por estos motivos. Se incluyen, igualmente, en dichos actos, la negación, la minimización grosera, la justificación o la apología públicas, con fines racistas, de los genocidios, los crímenes contra la humanidad o los crímenes de guerra.

Partiendo de estas consideraciones, la ECRI manifiesta en la citada Recomendación núm. 7 que "*deben tipificarse como delitos penales los comportamientos siguientes: cuando se muestren de forma intencionada: a) la incitación pública a la violencia, el odio o la discriminación; b) las injurias o la difamación públicas; c) las amenazas, cuando se dirijan contra una persona o un conjunto de personas por razón de su raza, color, idioma, religión, nacionalidad u origen nacional o étnico; d) la expresión en público, con un objetivo racista, de una ideología que reivindique la superioridad o que desprecie o denigre a una categoría de personas por motivos de raza, color, idioma, religión, nacionalidad, u origen nacional o étnico; e) la negación, banalización, justificación o aprobación en público, con un objetivo racista, de delitos de genocidio, crímenes contra la humanidad o crímenes de guerra; f) la divulgación o distribución pública o la producción o almacenamiento con la intención de divulgar o distribuir públicamente, con un objetivo racista, material escrito, gráfico o de cualquier otra índole que contenga manifestaciones de los tipos descritos en los apartados 18.a), b), c), d) y e); g) la creación o el liderazgo de un grupo que promueva el racismo; el apoyo prestado a un grupo de tal naturaleza; y la participación en sus actividades con el propósito de contribuir a los delitos referidos en los apartados 18.a), b), c), d), e) y f); y h) la discriminación racial en el ejercicio individual de una ocupación de carácter público*".

2.2. ECRI y discurso de odio

Por lo que respecta al discurso de odio, cabe hacer referencia a un conjunto de recomendaciones, las cuales constituyen un marco de referencia para los Estados miembros a la hora de adoptar medidas efectivas en la lucha contra el discurso de odio. En cuanto a su conceptualización, uno de los instrumentos básicos de referencia fue adoptado, el 30 de octubre de 1997, por el Comité de Ministros del Consejo de Europa: la ya mencionada Recomendación núm. R (97), constituyendo -hasta diciembre de 2015- uno de los referentes más importante en la materia. En la presente Recomendación se define el discurso de odio como aquel que *"abarca todas las formas de expresión que propaguen, inciten, promuevan o justifiquen el odio racial, la xenofobia, el antisemitismo u otras formas de odio basadas en intolerancia, incluida la intolerancia expresada por agresivo nacionalismo y el etnocentrismo, la discriminación y la hostilidad contra las minorías, los inmigrantes y las personas de origen inmigrante"*.

La mencionada fecha de 2015 constituye un punto de inflexión, con la adopción, el 18 de diciembre de ese año, de la *Recomendación general de la ECRI núm. 15 relativa a la lucha contra el discurso de odio*[347], y por la que se amplían los actos que se incluyen en la categorización de discurso de odio[348].

---

[347] Consultar en línea: https://rm.coe.int/ecri-general-policy-recommendation-n-15-on-combating-hate-speech-adopt/16808b7904 (visitado por última vez el 16 de enero de 2022].

[348] Para esta Recomendación debe entenderse como discurso de odio *"la defensa, promoción o instigación al odio, la humillación o el menosprecio de una persona o grupo de personas, así como el acoso, descrédito, difusión de estereotipos negativos o estigmatización o amenaza con respecto a dicha persona o grupos de personas, y la justificación de esas manifestaciones, basada en una lista no exhaustiva de características personales o estados que incluyen la raza, color, idioma, religión o creencias, nacionalidad u origen nacional o étnico, al igual que la ascendencia, edad, discapacidad, sexo, género, identidad de género y orientación sexual"*

Así, por un lado, los actos constitutivos de discurso de odio serían: el fomento, la promoción o instigación en cualquiera de sus formas, al odio, la humillación o el menosprecio, así como el acoso, descrédito, difusión de estereotipos negativos, estigmatización o amenaza; y el uso que no sólo tiene por objeto incitar a que se comentan actos de violencia, intimidación, hostilidad o discriminación, sino que también se incluyen actos que cabe esperar razonablemente que produzcan tal efecto. La Recomendación excluye, sin embargo, de forma explícita cualquier forma de expresión, tales como la sátira o informes o análisis realizados de forma objetiva, que simplemente ofenden, dañan o molestan[349].

Dicha posición obliga, por tanto, a distinguir entre el llamado "discurso de odio", que no está protegido por la libertad de expresión, y el "discurso impopular u ofensivo", el cual sí estaría protegido por el mencionado derecho fundamental. Mientras que por lo que respecta a los motivos, se recogen, además de los tradicionales como la raza, color, idioma, religión o creencias, nacionalidad, origen étnico o nacional y ascendencia, que ya se contenían en la Recomendación de 2002; otros nuevos como la discapacidad, el género, la identidad de género y la orientación sexual.

---

[349]   Esta postura coincide, como se verá posteriormente, con alguna de la jurisprudencia del TEDH: sentencias de 23 de septiembre de 1994, asunto *Jersild contra Dinamarca* (Decisión nº 15890/89); de 8 de julio de 1999, asunto *Sürek y Özdemirv contra Turquía* (Decisión nº 23927/94); de 31 de enero de 2006, asunto *Giniewski contra Francia* (Decisión nº 64016/00); de 20 de octubre de 2009, asunto *Alves da Silva contra Portugal* (Decisión nº 41665/07), y de 24 de julio de 2014, asunto *Fáber contra Hungría* (Decisión nº 40721/06). El TEDH también reconoce que la incitación al odio puede proceder de actos de ridiculización o difamación irresponsable de ciertos grupos de población: sentencias de 16 de julio de 2007, asunto *Féret contra Bélgica* (Decisión nº 15615/07), y de 9 de febrero de 2012, asunto *Vejdeland y otros contra Suecia* (Decisión nº 1813/07).

La ECRI ha contribuido igualmente a precisar las formas que puede revestir dicho discurso, especificando que el mismo puede adoptar forma oral o escrita o cualquier otra forma como pinturas, señales, símbolos, dibujos, música, obras de teatro o videos. En consecuencia, toda forma de expresión artística también es susceptible de generar un discurso de odio. Y se dice "susceptible de" porque hay que indagar en el propósito de dicha manifestación artística[350]. En concreto, en la presente Recomendación se establecen una serie de elementos contextuales como son, entre otros, los siguientes: i) la capacidad que tiene la persona que emplea el discurso de odio para ejercer influencia sobre los demás: con motivo de ser, por ejemplo, un líder político, religioso o de una comunidad; ii) la naturaleza y contundencia del lenguaje empleado: si es provocativo y directo, si utiliza información engañosa, difusión de estereotipos negativos y estigmatización, o si es capaz por otros medios de incitar a la comisión de actos de violencia, intimidación, hostilidad o discriminación; iii) el contexto de los comentarios específicos: si son un hecho aislado o reiterado, o si se puede considerar que se equilibra con otras expresiones pronunciadas por la misma persona o por otras, especialmente durante el debate; y iv) la naturaleza de la audiencia: o lo que es lo mismo, si ésta tiene o no los medios para discernir o si es propensa o susceptible de mezclase en actos de violencia, intimidación, hostilidad o discriminación.

---

[350]   A este respecto, y por lo que respecta al tipo de mansajes, el Tribunal distingue, a su vez, entre mensaje explícitos, respecto de los cuales la libertad de expresión no puede ofrecer garantías para los mismos, de modo que "*expresiones concretas que constituyan un discurso de odio (…) no se [pueden] beneficia[r] de la protección del artículo 10 del Convenio*" (ver TEDH: sentencias de 4 de diciembre de 2004, asunto *Müslüm Günduz c. Turquía* (Decisión nº 35071/97); de 4 de noviembre de 2008, asunto *Balsytè-Lideikienè c. Lituania* (Decisión nº 72596/01), y de 16 de julio de 2009, asunto *Féret contra Bélgica* (Decisión nº 15615/07)).

Para el cumplimiento de los reseñados objetivos, el Comité de Ministros aprobó, el 20 de mayo de 2022, la *Recomendación CM/Rec (2022) 16, sobre la lucha contra el discurso de odio*[351], estableciéndose en la misma un conjunto de directrices. Entre las cuestiones a las que hace referencia estas directrices está la relativa al diferente grado en los discursos de odio, aconsejándose a los Estados miembros que diferencien entre los casos más graves, los cuales deben ser prohibidos por el derecho penal[352], de aquellos otros que deban de estar sujetos bien al derecho civil bien al derecho administrativo, así como -por último- de las expresiones ofensivas o perjudiciales que no son suficientemente graves como para ser restringidas legítimamente en virtud del Convenio Europeo de Derechos Humanos, pero que pueden requerir la adopción de respuestas alternativas. El Consejo de Europa con relación a dicho marco jurídico señala que las autoridades nacionales deben conciliar cuidadosa-

---

[351] *Aprobado por el Comité de Ministros el 20 de mayo de 2022 (consultar en línea: https://search.coe.int/cm/Pages/result_details.aspx?ObjectId=0900001680 a67955; visitado por última vez el 15 de enero de 2024).*

[352] Los Estados miembros deben especificar y definir claramente en su legislación penal nacional qué expresiones de incitación al odio están sujetas a responsabilidad penal, por ejemplo: a) incitación pública a cometer genocidio, crímenes de lesa humanidad o crímenes de guerra; b) la incitación pública al odio, la violencia o la discriminación; c) amenazas racistas, xenófobas, sexistas y LGBTIfóbicas; d) insultos públicos racistas, xenófobos, sexistas y LGBTIfóbicos en condiciones como las establecidas específicamente para los insultos en línea en el Protocolo Adicional al Convenio sobre Ciberdelincuencia relativo a la tipificación como delito de actos de carácter racista y xenófobo cometidos a través de sistemas informáticos (ETS n. 189); e) la negación pública, la banalización y la aprobación del genocidio, los crímenes de lesa humanidad o los crímenes de guerra; y f) diseminación intencional de material que contenga tales expresiones de incitación al odio (enumeradas en apartado de arriba), incluidas ideas basadas en la superioridad racial o el odio (apdo. 11).

mente la concurrencia de tres derechos: a la vida privada, a la libertad de expresión y a la no discriminación. Se introducen de este modo -según TERUEL LOZANO- dos elementos que resulta de interés señalar: *"por un lado, que las conductas expresivas han de dirigirse contra una persona o grupo de personas, y, por otro lado, se especifica con claridad que deberán estar movidas ("por razón de") determinadas circunstancias discriminatorias"*[353].

Por lo que respecta a los casos más graves y extremos de incitación al odio, y por tanto deben formar parte del ámbito penal, la ECRI señala que los mismos deben incluir los siguientes elementos: la gravedad, la incitación, el contenido, el alcance, la posibilidad o probabilidad de que cause daño, la inminencia y el contexto, recordando la importancia de respetar los derechos de libertad de expresión y asociación (*Rec.* nº 15, apdo. 2)[354].

2.3. ECRI e intolerancia religiosa

Con relación a la incitación al odio por motivos religiosos resulta relevante hacer referencia a la *Recomendación 1805 (2007) de la Asamblea Parlamentaria del Consejo de Europa, sobre Blasfemia, insultos religiosos y discursos de odio contra personas por causa de su*

---

[353] TERUEL LOZANO, Germán M.: "El discurso de odio como límite a la libertad de expresión en el marco del Convenio europeo", en *Revista de Derecho constitucional europeo*, núm. 27 (2017) p. 85 (consultar en línea: https://www.ugr.es/~redce/REDCE27/PDFs/ReDCE_27.pdf; visitado por última vez el 11 de enero de 2024).

[354] En este sentido, cabe señalar que la Recomendación General nº 15 sigue la estela del Relator Especial de la ONU sobre la Promoción y Protección del Derecho a la Libertad de opinión y de Expresión, cuando recomienda que se tipifiquen como delitos penales sólo los casos graves y extremos de incitación al odio (UN Doc. A/67//357, de 7 de septiembre de 2012).

religión[355], según la cual se consideran discursos de odio *"las manifestaciones en las que se pide que una persona o grupo de personas sean objeto de odio, discriminación o violencia por motivo de su religión o [creencias]"*[356]. Los términos "lo religioso" encuentran, por consiguiente, su límite en la manifestación o difusión que propague, incite, promueva, fomente o justifique el odio racial (racismo), la xenofobia, el antisemitismo y cualquier otra forma de odio fundado en la intolerancia, la discriminación y la hostilidad contra una minoría o grupo religioso o una persona perteneciente a una minoría o grupo religioso[357]. Ahora bien, por lo que se refiere a la intolerancia o discriminación por mo-

---

[355]   PARLAMENTARY ASSEMBLY: *Recommendation 1805 (2007), Blasphemy, religious insults and hate speech against persons or groups of their religion*, consultar en línea: http://assembly.coe.int/main.asp?Link=/documents/adoptedtext/ta07/erec1805.htm (visitado por última vez el 27 de enero de 2024).

[356]   Ver ECRI: *General Policy Recommendation n. 7 on National Legislation to Combat Racism and Racial Discrimination*, consultar en línea: http://www.coe.int/t/dghl/monitoring/ecri/activities/gpr/en/recommendation_n7/ecri03-8%20recommendation%20r%207.pdf (visitado por última vez el 28 de enero de 2024).

[357]   A este respecto, resulta relevante la definición lograda en el ámbito de la OSCE, según la cual *"cualquier infracción penal, incluyendo infracciones contra las personas (A) o las propiedades, donde la víctima, el local o el objetivo de la infracción se elija por su, real o percibida, conexión, simpatía, filiación, apoyo o pertenencia a un grupo como los definidos en la parte B"* puede ser definido como un delito o crimen de odio. (B) Un grupo se basa en una característica común de sus miembros, como su raza real o percibida, el origen nacional o étnico, el lenguaje, el color, la religión, el sexo, la edad, la discapacidad intelectual o física, la orientación sexual" (consultar en línea: http://tandis.odihr.pl/hcr2020/pdf/Hate_Crime_Report_full_version,pdf; visitado por última vez el 11 de enero de 2024). Estas acciones suelen afectar a grupos de población en situación de subordinación o discriminación. En algunos casos son minorías o bien grupos vulnerables (EUROPEAN UNION FUNDAMENTAL RIGHTS AGENCY: *Data in Focus Report. Minorities as Victims of Crime*, 2012, pp. 3-16).

tivos religiosos o por las creencias, cabe precisar que ésta no se reserva únicamente para los dogmas o doctrinas referentes a la divinidad, ni tan siquiera a una concepción del mundo en clave espiritual o trascendente, sino que dentro de la misma también deben ser incluidas aquellas basadas en un sistema ético o moral[358]. En estos términos han de incluirse -por consiguiente-, además de las creencias religiosas tradicionales, a los nuevos movimientos religiosos, así como a las convicciones ateas y agnósticas[359].

2.4. ECRI y discursos de odio en internet

Respecto del tercero de los ámbitos, esto es, el relativo a los discursos de odio en internet, nos conduce a una realidad que dada sus características exige de estrategias globales para prevenir y combatir la incitación al odio, incluyendo la adopción de un marco jurídico *ad hoc* eficaz, así como de medidas eficaces, graduales y proporcionales.

1. A este respecto, se debe partir de un hecho y es que internet, al mejorar la capacidad del público para buscar, recibir y difundir información sin interferencias y sin consideración de fronteras, desempeña un papel particularmente importante con respecto al derecho a la

---

[358] Ver Consejo de Europa: *Declaración de Viena*, de 9 de octubre de 1993, en concreto pp.11-15 (consultar en línea: https://www. educatolerancia.com/wp-content/uploads/2017/06/material-didactico12.-Discurso-de-Odio.pdf; visitado por última vez el 20 de enero de 2024).

[359] El TEDH, en sus sentencias de 25 de mayo de 1993, *Kokkinakis c. Grecia*, y de 15 de enero de 2013, *Eweida y otros c. Reino Unido*, manifiesta que la libertad de pensamiento, conciencia y religión protege *"los elementos más esenciales de la identidad de los creyentes y de su concepción de la vida, pero también es un bien preciado por los ateos, los agnósticos, los escépticos o los indiferentes"*.

libertad de expresión. También permite el ejercicio de otros derechos protegidos por la Convención europea y sus protocolos, como el derecho a la libertad de reunión y asociación y el derecho a la educación, y permite el acceso al conocimiento y la cultura, así como la participación en el debate público y político y en la gobernanza democrática. Amén de la protección de la vida privada y de los datos personales es fundamental para el goce y ejercicio de la mayoría de los derechos y libertades garantizados en la Convención.

Sin embargo, internet ha facilitado un aumento de los riesgos e infracciones relacionados con la privacidad y ha estimulado la propagación de ciertas formas de acoso, odio e incitación a la violencia, en particular por motivos de género, raza y religión, que no se denuncian y rara vez se remedian o enjuician. Además, el auge de internet y los avances tecnológicos conexos han creado desafíos sustanciales para el mantenimiento del orden público y la seguridad nacional, para la prevención del delito y la aplicación de la ley, y para la protección de los derechos de los demás, incluidos los derechos de propiedad intelectual. Las campañas de desinformación dirigidas en línea, diseñadas específicamente para sembrar la desconfianza y la confusión y agudizar las divisiones existentes en la sociedad, también pueden tener efectos desestabilizadores en los procesos democráticos. Por tanto, el discurso y la acción que resulten incompatibles con los valores consagrados en la CEDH no están protegidos por el artículo 10 ni por ninguna de sus otras disposiciones, en virtud del artículo 17 de la Convención.

A este respecto, deben mencionarse dos Recomendaciones. La primera es la *Recomendación CM/Rec (2018) 2, del Comité de Ministros a los Estados miembros, sobre las funciones y responsabilidades de los intermediarios de Internet*, aprobado por el Comité de Ministros el 7 de marzo de 2018[360]. En la misma, el Comité de Ministros realiza una serie de sugerencias para los Estados miembros entre las que cabe destacar las siguientes: a) aplicar las directrices incluidas en la presente Recomendación al elaborar y aplicar marcos legislativos relativos a los intermediarios de internet; b) adopte todas las medidas necesarias para garantizar que los intermediarios de internet cumplan con sus responsabilidades de respetar los derechos humanos[361]; c) aplicar las directrices incluidas en la presente Recomendación en el entendimiento de que, en la medida en que se refieren a las

---

[360] Consultar en línea: https://search.coe.int/cm/Pages/result_details.aspx?ObjectID=0900001680790e14 (visitado por última vez el 15 de enero de 2024).

[361] Véanse, la Recomendación CM/Rec(2016)3 del Comité de Ministros a los Estados miembros sobre derechos humanos y empresas; así como las Recomendaciones: CM/Rec. (2016) 5 del Comité de Ministros sobre la libertad en Internet; Rec. CM/Rec.(2016)1 sobre la protección y promoción del derecho a la libertad de expresión y el derecho a la vida privada en lo que respecta a la neutralidad de la red; Rec. CM/Rec(2015)6 sobre el flujo libre y transfronterizo de información en Internet; Rec. CM/Rec.(2014)6 sobre una Guía de los derechos humanos para los usuarios de internet; Rec. CM/Rec. (2013)1 sobre igualdad de género y medios de comunicación; Rec. CM/Rec.(2012)3 sobre la protección de los derechos humanos en lo que respecta a los motores de búsqueda; Rec. CM/Rec(2012)4 sobre la protección de los derechos humanos en lo que respecta a los servicios de redes sociales; Rec. CM/Rec.(2011)7 sobre un nuevo concepto de medios de comunicación; Rec. CM/Rec.(2010)13 sobre la protección de las personas físicas en lo que respecta al tratamiento automatizado de datos personales en el contexto de la elaboración de perfiles; y Rec. CM/Rec(2007)16 sobre medidas para promover el valor de servicio público de Internet. Véanse también las Directrices de 2017 sobre la protección de las personas físicas en lo que respecta al tratamiento de datos personales en un mundo de Big Data, y las Directrices de 2008 para la cooperación entre las fuerzas del orden y los proveedores de servicios de Internet contra la ciberdelincuencia.

responsabilidades de los proveedores de servicios de internet que han evolucionado significativamente en la última década, tienen por objeto desarrollar y reforzar las directrices sobre derechos humanos; d) entablar un diálogo periódico, inclusivo y transparente con todas las partes interesadas pertinentes, incluidos el sector privado, los medios de comunicación de servicio público, la sociedad civil, los centros educativos y el mundo académico, con vistas a compartir y debatir información y promover el uso responsable de los nuevos avances tecnológicos relacionados con los intermediarios de internet; e) fomentar y promover la aplicación de programas eficaces de alfabetización mediática e informacional sensibles a la edad y al género para que todos los adultos, jóvenes y niños puedan disfrutar de los beneficios y minimizar la exposición a los riesgos del entorno de las comunicaciones en línea; y f) revisar periódicamente las medidas adoptadas para aplicar la presente Recomendación con vistas a aumentar su eficacia.

Mientras que la segunda es la *Recomendación CM/Rec (2022) 16, del Comité de Ministros a los Estados miembros sobre la lucha contra el discurso de odio*[362], en la que el Comité de Ministros del Consejo de Europa llama a los gobiernos a desarrollar estrategias globales para prevenir y combatir la incitación al odio[363], incluyendo la adopción de un marco jurídico eficaz y la aplicación de medidas correctamente graduadas y proporciona-

---

[362] *Aprobado por el Comité de Ministros el 20 de mayo de 2022 (consultar en línea: https://search.coe.int/cm/Pages/result_details.aspx?ObjectId=090000 1680a67955; visitado por última vez el 15 de enero de 2024).*

[363] A los efectos de esta recomendación, se entiende por discurso de odio *"todo tipo de expresión que incite, promueva, propague o justifique la violencia, el odio o la discriminación contra una persona o grupo de personas, o que las denigre, por razón de su real o características o estatus personales atribuidos como "raza", color, idioma, religión, nacionalidad, origen nacional o étnico, edad, discapacidad, sexo, identidad de género y orientación sexual"* (punto 1.2).

das[364]. Al hacerlo, las autoridades nacionales deben conciliar cuidadosamente el derecho a la vida privada, el derecho a la libertad de expresión y la prohibición de la discriminación. En las directrices establecidas en la presente Recomendación se aconseja a los Estados miembros que diferencien entre los casos más graves de discurso del odio que deben ser prohibidos por el derecho penal[365], el discurso de odio sujeto al derecho civil y administrativo y, por último, las expresiones ofensivas o perjudiciales que no son suficientemente graves como para ser restringidas legítimamente en virtud del Convenio Europeo de Derechos Humanos, pero que, sin embargo, requieren respuestas alternativas.

---

[364] A este respecto, ver también Recomendación CM/Rec(2018)2, del Comité de Ministros a los Estados miembros, sobre las funciones y responsabilidades de los intermediarios de Internet, aprobado por el Comité de Ministros el 7 de marzo de 2018 (consultar en línea: https://search.coe.int/cm/Pages/result_details. aspx?ObjectID=0900001680790e14; visitado por última vez el 15 de enero de 2024).

[365] Los Estados miembros deben especificar y definir claramente en su legislación penal nacional qué expresiones de incitación al odio están sujetas a responsabilidad penal, por ejemplo: a) incitación pública a cometer genocidio, crímenes de lesa humanidad o crímenes de guerra; b) la incitación pública al odio, la violencia o la discriminación; c) amenazas racistas, xenófobas, sexistas y LGBTI-fóbicas; d) insultos públicos racistas, xenófobos, sexistas y LGBTI-fóbicos en condiciones como las establecidas específicamente para los insultos en línea en el Protocolo Adicional al Convenio sobre Ciberdelincuencia relativo a la tipificación como delito de actos de carácter racista y xenófobo cometidos a través de sistemas informáticos (ETS n. 189); e) la negación pública, la banalización y la aprobación del genocidio, los crímenes de lesa humanidad o los crímenes de guerra; y f) diseminación intencional de material que contenga tales expresiones de incitación al odio (enumeradas en apartado de arriba), incluidas ideas basadas en la superioridad racial o el odio (apartado 11).

En la presentación de dichas directrices, la secretaria general, Marija Pejčinović Burić, ha declarado que "*el discurso del odio está aumentando en Europa, especialmente en Internet, donde a menudo adopta la forma de racismo, antisemitismo o incitación a la violencia. Los gobiernos europeos deben unir fuerzas para hacer frente a esta compleja amenaza para nuestras sociedades mediante medidas eficaces y proporcionadas*".

2. En este ámbito adquiere, igualmente, una especial relevancia la *Convención sobre la Ciberdelincuencia*, de 23 de noviembre de 2001[366], y el *Protocolo adicional al Convenio de Ciberdelincuencia relativo a la penalización de actos de índole racista y xenófoba cometidos por medios informáticos*, de 28 de enero de 2003[367]. En este sentido, es de destacar que el mencionado Protocolo ha definido como "material racista y xenófobo" "*todo material escrito, toda imagen o cualquier otra representación de ideas o teorías que propugne, promueva o incite al odio, la discriminación o la violencia, contra cualquier persona o grupo de personas, por razón de la raza, el color, la ascendencia o el origen nacional o étnico, así como de la religión en la medida en que ésta se utilice como pretexto para cualquiera de esos factores*" (Art. 2)[368].

---

[366]　Consultar en línea: https://www.oas.org/juridico/english/cyb_pry_convenio.pdf (visitado por última vez el 30 de enero de 2022).

[367]　Consultar en línea: https://rm.coe.int/1680a7bbf3 (visitado por última vez el 30 de enero de 2024).

[368]　Véanse a este respecto, BAKALIS: *Ciberodio: un tema de preocupación constante para la Comisión contra el Racismo del Consejo de Europa*, Consejo de Europa, 2015; SIDLAUSKIENE and JURKEVICIUS: "Weside Operator's Liability for offensive comments: a comparative análisis of Delfi as vs. Estonia and Mte & index vs. Hungary", en *Baltic Journal od Law & Politics*, vol. 10, nº 2 (2015), pp. 46-75.

3. TEDH Y DISCURSOS (DELITOS) DE ODIO

En cuanto al segundo de los órganos reseñados, esto es, el Tribunal de Estrasburgo (TEDH), y la actividad jurisprudencial desarrollado por éste, cabe señalar que el mismo ha acogido un concepto más próximo al discurso del odio[369], y no tanto relacionado con que el mismo esté o no tipificado, por lo que se trataría de un concepto autónomo en el que se incluirían todas aquellas formas de expresión que propaguen, inciten, promuevan o justifiquen el odio basado en la intolerancia[370], por lo que no estaría vinculado por la clasificación que al res-

---

[369] Los conceptos de difamación de las religiones y de discurso de odio no son idénticos. La frontera que separa difamación e incitación al odio o a la violencia no es fácil de delimitar netamente. La incitación conduce a la discriminación, la hostilidad o la violencia. La difamación, sin embargo, no supone necesariamente violencia o promoción de la misma. Ver a este respecto Resolución 1510 (2006), de 28 de junio de 2006, sobre *la libertad de expresión y el respeto de las creencias religiosas.*

[370] Este es el concepto que se recoge en las sentencias del TEDH de 7 de diciembre de 1976, asunto *Handyside c. Reino Unido* (TOL573.845; consulta: 15/10/2023); de 8 de julio de 1986, asunto *Lingens c. Austria* (TOL216.239; consulta: 15/10/2023); de 23 de septiembre de 1998, asunto *Lehideux y Isorny c. Francia* (TOL 313.937; consulta: 14/10/2023); de 8 de julio de 1999, asunto *Baskaya y Okcuoglu c. Truquía* (TOL6.594.886; consulta: 16/10/2023); de 29 de septiembre de 1999, asunto *Oztürk c. Alemania* (TOL123.778; consulta: 16/10/2023); de 24 de junio de 2003, asunto *Garaudy c. Francia* (TOL9.089.496; consulta: 15/10/2023); de 4 de diciembre de 2003, asunto *Müslüm Gündez c. Turquía* (TOL9.088.423; consulta: 16/10/2023); de 29 de marzo de 2005, asunto *Alinak c. Turquía* (TOL9.085.683; consulta: 16/10/2023); de 6 de julio de 2006, asunto *Erbakan c. Turquía* (TOL965.152; consulta: 14/10/2023); de 16 de noviembre de 2006 asunto *Norwood c. Reino Unido* (TOL9.086.472; consulta: 14/10/2023); de 2 de diciembre de 2008, asunto *Leroy c. Francia* (TOL9.075.209; consulta: 14/10/2023); de 4 de noviembre de 2008, asunto *Balsvte-Lideikiene c. Lituania* TOL9.074.886; con-

pecto puedan realizar los tribunales internos[371]. En dicho concepto quedan incluidos -siguiendo a QUESADA ALCALÁ- tres categorías distintas, a saber: *"en primer lugar, la incitación al odio racial*[372] *o contra personas o grupos de personas por distintos motivos; en segunda instancia, la incitación a otras formas de odio basadas en la intolerancia, incluida la intolerancia que se exprese en forma de nacionalismo agresivo*[373] *y etnocentrismo*[374] *(...). Y, finalmente, la incitación al odio por motivos religiosos*"[375]. A lo que también se puede añadir, entre otras, la causa homófoba[376].

---

sulta: 16/10/2023), y de 16 de julio de 2009, asunto *Fèret c. Bélgica* (TOL9.072.546; consulta: 16/10/2023).

[371] TEDH: sentencias de 8 de julio de 1999, asunto *Sürek & Ödemir c. Turquia*, párr. 63; de 8 de julio de 1999, asunto *Sürek c. Turquía*, párr. 62 (TOL9.164.296; consulta: 16/10/2023); de 8 de julio de 1999, asunto *Sürek c. Turquía* (n. 2); de 8 de julio de 1999, asunto *Sürek c. Turquía* (n. 3); de 8 de julio de 1999, asunto *Sürek c. Turquía* (n. 4), párr. 60, y de 8 de julio de 1999, asunto *Erdogdu & Ince c. Turquía*, párr. 54.

[372] Cfr. TEDH: sentencias (Gran Sala) de 23 de septiembre de 1994, asunto *Jersild c. Dinamarca* (TOL224.114); (Sección 2.ª) de 16 de julio de 2009, asunto *Fèret c. Bélgica* (TOL9.072.546); y Decisión (Sección 5.ª) de 20 de abril de 2010, sobre la admisibilidad del asunto *Le Pen c. Francia* (TOL9.070.303; consulta: 6/11/2023).

[373] Cfr. Decisión TEDH (Sección 4.ª) de 7 de octubre de 2014, sobre la admisibilidad del asunto *Hösl Daum y otros c. Polonia* (TOL9.054.046; consulta: 6/11/2023). El TEDH no entra en el fondo del asunto porque inadmite por falta de agotamiento de las vías procesales nacionales

[374] Cfr. STEDH (Sección 3.ª) de 4 de noviembre de 2008, asunto *Balsytè-Lideikienè c. Lituania* (TOL9.074.886).

[375] QUEDASA ALCALÁ, C.: "La labor del Tribunal Europeo de Derechos Humanos en torno al discurso de odio en los partidos políticos: coincidencias y contradicciones con la jurisprudencia española", en *Revista electrónica de Estudios internacionales*, nº 30 (2015), pág. 8.

[376] Cfr. STEDH (Sección 1.ª) de 9 de febrero de 2012, asunto *Vejdeland y otros c. Suecia* (TOL9.064.736; consulta: 6/11/2023).

3.1. TEDH, libertad de expresión y delito de odio

1. En cuanto al delito de odio propiamente dicho, el mayor obstáculo al que se deben enfrentar los tribunales a la hora de dirimir en este tipo de casos es determinar cuándo unas declaraciones alientan o no la intolerancia en general, y la religiosa en particular[377]. A este respecto, para el TEDH queda claro que «*la incitación al odio no requiere necesariamente un determinado acto de violencia o acto criminal*»[378], así como que las difamaciones contra sectores de la población, grupos específicos o la incitación a la discriminación son suficientes para que las autoridades enfaticen la lucha contra el discurso racista, antisemita, islamófobo o cualquier otra forma de intolerancia o discriminación religiosa[379].

---

[377] En este sentido constituye un apoyo importante la Decisión Marco 2008/913/JAI del Consejo, de 28 de noviembre de 2008, relativa a la lucha contra determinadas formas y manifestaciones de racismo y xenofobia mediante el Derecho Penal (*Diario Oficial de la Unión Europea* L 328/55, de 6 de diciembre de 2008), según la cual se considerarán punibles como delitos penales determinados actos cometidos con objetivos racistas o xenófobos, tales como la incitación pública a la violencia o al odio, dirigidos contra un grupo de personas o contra un miembro de dicho grupo, definido en relación con la raza, el color, la religión o creencia, la ascendencia o el origen nacional o étnico, así como la difusión, por cualquier medio, de escritos, imágenes u otros soportes de contenido racista o xenófobo (Arts. 1 y 2).

[378] STEDH asunto *Féret c. Bélgica*, párr.73 (TOL9.072.546).

[379] STEDH asunto *Fèret c. Bélgica*, párr. 78 (TOL9.072.546). Junto a ello, para el Tribunal europeo la finalidad que se persigue con este tipo de delitos es la de humillar y vejar a la víctima, creando en la misma un sentimiento de terror, de angustia y de inferioridad por la gratuidad del ataque sufrido (ver a este respecto, TEDH: sentencias de 13 de junio de 2002, asunto *Anguelova c. Bulgaria* (TOL9.091.416; consulta: 6/11/2023); de 6 de julio de 2005, asunto *Nachova y otros c.*

Ahora bien, también debemos llamar la atención sobre el hecho de que el propio Tribunal ha manifestado en varias ocasiones que la libertad de expresión extiende su cobertura al llamado discurso ofensivo o impopular, esto es, a aquellas ideas no sólo "*favorablemente recibidas o consideradas como inofensivas o indiferentes, sino también aquellas otras que chocan, ofenden o inquietan al Estado o una fracción cualquiera de la población*"[380]. Ello pone de manifiesto como los derechos humanos en general, y la libertad de expresión (junto con la libertad de conciencia y religiosa) en particular, no pueden entenderse absolutos[381], encontrando, respecto de las manifestaciones públicas de dichas libertades, su límite en el orden público protegido por la ley. Un orden público marcado, además de en la no coacción -como puso de manifiesto el TEDH en el asunto *Larissis, Mandalarides y Sarandis c. Grecia*[382]-, en el deber de abstenerse de

---

Bulgaria (TOL9.084.917; consulta: 6/11/2023); de 30 de noviembre de 2005, asunto *Moldovan y otros c. Rumania* (TOL9.085.027; consulta: 6/11/2023), y de 7 de febrero de 2006, asunto *DH y otros c. República Checa* (TOL9.083.322; consulta: 6/11/2023)).

[380] Ver a este respecto, sentencias de 4 de diciembre de 2003, asunto *Müslüm Gündiz c. Turquía* (Decisión nº 35071/97) (TOL9.088.423); de 29 de septiembre de 1999, asunto *Oztürk c. Alemania* (Decisión nº 8544/79) (TOL123.778); de 8 de julio de 1999, asunto *Baskaya y Okcuoglu c. Turquía* (Decisión nº 23536/94 y 24408/94) (TOL6.594.886); de 23 de septiembre de 1998, asunto *Lehideux c. Francia* (Decisión nº 55/1997/839/1045) (TOL313.937); de 8 de junio de 1986, asunto *Lingens c. Austria* (Decisión nº 9815/82) (TOL216.239), y de 7 de diciembre de 1976, asunto *Handyside contra Reino Unido* (Decisión nº 5493/72) (TOL573.845).

[381] En este sentido, ver CREMADES, J.: *Los límites de la libertad de expresión en el ordenamiento jurídico español*, Madrid 1995; FERREIRO GALGUERA, J.: *Los límites de la libertad de expresión. La cuestión de los sentimientos religiosos*, Madrid 1996; MARTÍN-RETORTILLO, L.: *Libertad religiosa y orden público*, Madrid 1970.

[382] STEDH de 24 de febrero de 1998, asunto. *Larissis, Mandalarides y Sarandis c. Grecia*.

toda propaganda en favor de la guerra, así como de toda actividad que suponga apología del odio nacional, racial o religioso, tal y como se establece en el artículo 20 del PIDCP.

2. En este sentido, una primera sentencia del TEDH a traer a colación es el asunto *Jersild c. Dinamarca*[383], donde se analiza el formato documental de un presunto discurso de odio[384]. En este caso, el Tribunal de Estrasburgo determinó la inexistencia de éste, al no existir una finalidad discriminatoria. El demandante, Sr. Jens Olaf Jersild, era un periodista de la televisión danesa y de una red de estaciones de radio, que había sido sancionado en el ámbito interno por un documental donde tres de sus entrevistados, pertenecientes a un grupo juvenil (los "Greekackets"), habían realizado comentarios racistas y denigrantes sobre los inmigrantes y grupos étnicos de Dinamarca[385], llegando incluso a llamar a algunos grupos "animales"[386]. El Sr. Jersild fue acusado de asistencia e instigación de los jóvenes en su violación de la legislación danesa, que prohíbe las amenazas, los insultos o la degradación contra un grupo de personas a causa de su raza, color, origen nacional o étnico o creencias[387]. En su denuncia ante el sistema europeo, el Sr. Jersild sostu-

---

[383] STEDH de 23 de septiembre de 1994, asunto *Jersild c. Dinamarca* (Decisión n° 15890/89) (TOL224.114).

[384] La Comisión de Derechos Humanos ya había tenido la oportunidad de pronunciarse en el asunto *J. Glimmerveen y J. Hagenbeek c. Holanda*, de 11 de octubre de 1978, donde concluyó que el artículo 17 CEDH no permitía invocar la libertad de expresión amparada en el artículo 10 para difundir ideas radicalmente discriminatorias.

[385] STEDH *Jersild c. Dinamarca*, párr. 10.

[386] *Ibid*, párr. 12.

[387] *Ibidem*.

vo que su condena por este delito suponía una violación del artículo 10 del CEDH[388].

El Tribunal Europeo observó que la legislación danesa preveía el delito del que el Sr. Jersild había sido acusado y que la injerencia tenía el objetivo legítimo de proteger la reputación o los derechos de los demás, como lo estipula el artículo 10.2 del CEDH[389]. Ahora bien, respecto del elemento final de este inciso 2 -esto es, si las medidas eran necesarias en una sociedad democrática- el Tribunal de Estrasburgo subrayó como antecedentes dos aspectos. Primero, observó que era "particularmente consciente" de la importancia de combatir la discriminación racial[390]. Y segundo, recalcó que las obligaciones que imponía a Dinamarca el artículo 10 tenían que ser interpretadas "en forma conciliable" con las obligaciones que le impone la Convención internacional para la Eliminación de todas las Formas de Discriminación Racial[391].

Pero, al mismo tiempo, el TEDH consideró que un aspecto fundamental era si la expresión, al ser considerada en su conjunto, "parecía, desde un punto de vista objetivo, que había tenido el propósito de propagar opiniones e ideas racistas". El Tribunal concluyó que el programa no parecía tener esa intención, como lo había demostrado su introducción, sino que -por el contrario estaba destinado a divulgar a un determinado grupo de jóvenes y su estilo de vida[392]. A raíz de ello, el TEDH dictaminó que las justificaciones del Estado para condenar al Sr. Jersild no establecían que la interferencia con la libertad de expresión fuese "necesaria en una sociedad democrática"[393].

---

[388] *Ibid*, párr. 25.
[389] *Ibid*, párr. 27.
[390] *Ibid*, párr. 30.
[391] *Ibidem.*
[392] *Ibid*, párr. 33.
[393] *Ibid*, párr. 37.

3. Un segundo supuesto lo encontramos en la sentencia *Incal c. Turquía*[394], donde el Tribunal sostuvo el derecho de un ciudadano a criticar al gobierno con expresiones que poco distaban de la incitación a la violencia, la hostilidad y el odio. El Sr. Ibrahim Incal era un abogado turco que había sido miembro del comité ejecutivo del Partido Popular de los Trabajadores (PKK). En 1992, el comité ejecutivo redactó un panfleto para distribuir en la ciudad de Izmir, en el que se criticaban las medidas de las autoridades locales a las que ese partido acusaba de tratar de expulsar a los kurdos de las ciudades[395]. En el panfleto se exhortaba a los "patriotas demócratas kurdos y turcos a que asumieran sus responsabilidades" y se opusieran a esta denominada guerra contra el proletariado[396].

El comité ejecutivo del partido pidió a las autoridades permiso para distribuir el panfleto, pero el Tribunal de Seguridad Nacional secuestró la distribución y, posteriormente, condenó al Sr. Incal y a otros ocho miembros del comité del Partido por intento de incitación al odio y la hostilidad con expresiones racistas[397]. Más tarde, el Sr. Incal presentó una petición en el sistema europeo alegando, entre otras cosas, que su condena violaba el derecho a la libertad de expresión garantizado en el artículo 10 del CEDH[398].

El Tribunal Europeo, una vez más, ponderó si esta interferencia de la libertad de expresión cumplía las disposiciones del inciso 2 del artículo 10: que estuviera "preestablecida" por la

---

[394] STEDH de 9 de junio de 1998, asunto *Incal c Turquía* (Decisión n° 22678/93).
[395] *Ibid*, párr. 10.
[396] *Ibidem.*
[397] *Ibid*, párr. 11 y 12.
[398] *Ibid*, párr. 38.

ley, que estuviera destinada a la consecución de, por lo menos, uno de los objetivos establecidos en dicho precepto y que fuese "necesaria en una sociedad democrática"[399]. Los jueces fueron unánimes en cuanto a que la interferencia estaba prevista en el Código Penal y en la Ley de Prensa, por lo cual estaba preestablecida por la ley[400]. De igual manera, el Tribunal supuso que el objetivo era evitar el desorden, un objetivo legítimo previsto en el artículo 10.2 CEDH. Sin embargo, concluyó que la exigencia final -que la limitación fuera necesaria en una sociedad democrática- no se ve satisfecha y observó que el artículo 10 *"es aplicable, no sólo a la "información" o "ideas" que son recibidas favorablemente o consideradas inofensivas o indiferentes, sino también a aquéllas que ofenden, perturban o distorsionan; esa es una exigencia del pluralismo, de la tolerancia y de la amplitud de miras, sin lo cual no existe una sociedad democrática"*[401].

A la luz de estos principios y del contexto del panfleto, el Tribunal Europeo llegó a la conclusión de que exhortaciones a los kurdos y a otros podían considerarse una instigación a que la población "se reuniera para plantear ciertas exigencias políticas"[402]. No obstante, si bien no estaba claro el significado de los "comités de vecinos", el TEDH concluyó que las exhortaciones no podían considerarse una *"incitación al uso de la violencia, la hostilidad o el odio entre los ciudadanos"*[403]. El Tribunal también observó que los límites a las críticas contra el gobierno son más amplios que los que afectan a los ciudadanos particulares. Por todo ello, concluyó que la condena del Sr. Incal era desproporcionada respecto del objetivo esgrimido por el

---

[399] *Ibid*, párr. 40.
[400] *Ibid*, párr. 41.
[401] *Ibid*, párr. 46.
[402] *Ibid*, párr. 50.
[403] *Ibidem*.

gobierno y, por tanto, innecesaria en una sociedad democrática[404].

4. Una tercera sentencia del TEDH a mencionar es la relativa al asunto *Norwood c. Reino Unido*[405], en el que el reseñado partido político mostró una fotografía de las Torres Gemelas en llamas con la expresión: "*Islam out of Britain–Protect the British People*" ("Islam fuera de Gran Bretaña-Proteger al pueblo británico"), y el símbolo de la media luna con una señal de prohibición. El Tribunal Europeo consideró que las manifestadas expresiones contra un grupo religioso, vinculándolo con el terrorismo, resulta incompatible con los valores proclamados y garantizados por el Convenio europea, sobre todo con la tolerancia, la paz social y la no discriminación. Por consiguiente, para el Tribunal la exhibición de dicho poster por parte del demandante constituía un acto incluido en el artículo 17 del CEDH[406], por lo que no podía gozar de la protección de los artículos 10 o 14 del CEDH[407].

---

[404] *Ibid*, párr. 59.
[405] STEDH de 16 de noviembre de 2006, asunto *Norwood c. Reino Unido* (Decisión nº 23131/03) (TOL9.086.472).
[406] Art. 17 CEDH: "*Ninguna de las disposiciones del presente Convenio podrá ser interpretada en el sentido de implicar para un Estado, grupo o individuo, un derecho cualquiera a dedicarse a una actividad o a realizar un acto tendente a la destrucción de los derechos o libertades reconocidos en el presente Convenio o a limitaciones más amplias de estos derechos o libertades que las previstas en el mismo*".
[407] Ver TEDH, sentencias de 4 de diciembre de 2003, asunto *Gündüz c. Turquía* (TOL9.088.423), y de 16 de julio de 2009, asunto *Fèret c. Bélgica* (TOL9.072.546)

5. En la misma línea, el Tribunal europeo falló con ocasión del asunto *Ivanov c. Rusia*, de 20 de febrero de 2007[408]. La resolución fue motivada por un artículo periodístico en el que autor señalaba que los judíos eran una fuente del mal para Rusia, se acusaba al grupo étnico-religioso de planear conspiraciones contra el pueblo ruso y atribuirle una ideología fascista. En la publicación se negaba a los judíos la condición de una "dignidad nacional", alegando que no formaban una nación. El TEDH señaló que los puntos de vista antisemita que incitaban al odio hacia el pueblo judío constituían un ataque general a un grupo étnico. Por lo tanto, subrayó que dichas manifestaciones eran contrarias al artículo 17 del CEDH, en particular a la tolerancia, la paz social y la no discriminación[409].

6. Finalmente, una quinta sentencia a la que se debe hacer referencia en esta misma línea es la relativa al asunto *Féret c. Bélgica*, de 10 de diciembre de 2009[410]. En dicha resolución se cuestionaba la condena impuesta al presidente del partido político Frente Nacional por la

[408] STEDH de 8 de febrero de 2007, asunto *Ivanov c. Rusia* (Decisión nº 3436/05) (TOL9.080.359; consulta: 7/6/2023).

[409] Véase también *STEDH* de 2 de septiembre de 2004, asunto *W.P. y otros c. Polonia* (Decisión nº 42264/98) (TOL9.087.057; consulta: 6/11/2023). En esta decisión se niega la constitución de una asociación en la que en sus estatutos se incluían declaraciones antisemitas. Al respecto, la Corte europea señaló que dichas manifestaciones no gozaban de la protección que ofrece el artículo 11 del Convenio Europeo de Derechos Humanos (libertad de reunión y asociación).

[410] STEDH de 10 de diciembre de 2009, asunto *Féret c. Bélgica* (Decisión nº 15615/07) (TOL9.072.546). Ver un interesante comentario sobre esta sentencia en ROCA, Mª J.: "Límites a la libertad de expresión de los políticos y abuso de derecho. Los casos *Féret c. Bélgica* y *Perinçek c. Suiza*", en *Revista de Derecho Político*, núm. 109 (2020), pp. 345-370.

difusión de diversos panfletos en los que se promovía
la expulsión de los inmigrantes irregulares de Bélgica.
En el presente asunto el demandante fue condenado
por los tribunales belgas[411] sobre la base de las declaraciones realizadas en campaña electoral contra determinados colectivos, a saber: inmigrantes y musulmanes
principalmente[412], y respecto de las cuales el Tribunal
realiza un llamamiento recordando que es del todo crucial *«que los políticos en sus discursos públicos, eviten difundir declaraciones que tiendan a alimentar la intolerancia»*, la
discriminación y el odio[413], y ello lo fundamenta en la

---

[411] Por estas declaraciones, por ser autor y editor de las octavillas y propietario de la web donde se difundieron algunas de ellas, el Sr. Féret
fue condenado por el Tribunal de Apelación de Bruselas, en sentencia de 18 de abril de 2006, a una pena de 250 horas de trabajo en
el sector de la integración de personas de nacionalidad extranjera,
con pena de prisión subsidiaria de diez meses. Prohibió al demandante el ejercicio del derecho de elegibilidad durante diez años.
Por último, le condenó a pagar una suma provisional de 1 euro a
cada una de las partes civiles, reservándose la facultad de resolver las
demás cuestiones.

[412] Apdo. 77: *"Le «programme du Front National» prônait le rapatriement des
immigrés et disait vouloir «s'opposer à l'islamisation de la Belgique», «inte-
rrompre la politique de pseudo-intégration», «renvoyer les chômeurs extra-eu-
ropéens», «réserver aux Belges et aux Européens la priorité de l'aide sociale»,
«cesser d'engraisser les associations socio-culturelles d'aide à l'intégration des
immigrés», «réserver le droit d'asile (…) aux personnes d'origine européenne
réellement poursuivies pour raisons politiques» et «comprendre l'expulsion
des immigrés en situation irrégulière comme une simple application de la loi».
De plus, le programme préconisait de réglementer plus sévèrement l'accession
à la propriété des biens immobiliers en Belgique, empêcher l'implantation
durable de familles extra-européennes et la constitution de ghettos ethniques
sur le territoire et «sauver notre peuple du risque que constitue l'Islam con-
quérant»".*

[413] Apdo. 78: *"(…) la incitación al odio no requiere necesariamente el llamamiento a tal o cual acto de violencia ni a otro acto delictivo. Los ataques que
se cometen contra las personas al injuriar, ridiculizar o difamar a ciertas*

tolerancia y el respeto a la igual dignidad de todos los seres humanos[414].

En concreto, el Sr. Féret en sus escritos utiliza expresiones del calibre siguiente: «*Prisonniers de l'extrême gauche, les libéraux sont des menteurs!. L'extrême gauche –ECOLO– impose sa politique en matière d'immigration. De tous les pays du monde, c'est la Belgique qui accorde le plus facilement et le plus rapidement la naturalisa-*

---

partes de la población y sus grupos específicos o la incitación a la discriminación, como en el caso de autos, son suficientes para que las autoridades privilegien la lucha contra el discurso racista frente a una libertad de expresión irresponsable y que atenta contra la dignidad, incluso la seguridad, de tales partes o grupos de la población. Los discursos políticos que incitan al odio basado en prejuicios religiosos, étnicos o culturales representan un peligro para la paz social y la estabilidad política en los Estados democráticos". Véanse a este respecto igualmente TEDH: sentencias de 6 de julio de 2006, asunto *Erbakan c. Turquía*, párr. 64 (TOL965.152), y de 23 de septiembre de 1994, asunto *Jersild c. Dinamarca*, párr. 30 (TOL224.114).

A este respecto, ver también la Recomendación n°. 15, de la Comisión Europea contra el Racismo y la Intolerancia (ECRI), de 21 de marzo de 2016, relativa a la lucha contra el Discurso de odio (consultar en línea: https://plataformaciudadanacontralaislamofobia. files.wordpress.com/2017/01/recomendacion-ecri-no-15-discurso-de-odio-traduccic3b3n-espac3b1ol.pdf; visitado por última vez el 15 de enero de 2024).

[414] Apdo. 79: "(…) *La tolerancia y el respeto de la igual dignidad de todos los seres humanos constituyen el fundamento de una sociedad democrática y pluralista. De ello resulta que, en principio, se puede considerar necesario, en las sociedades democráticas, sancionar e incluso prevenir todas las formas de expresión que propaguen, inciten, promuevan o justifiquen el odio basado en la intolerancia (incluida la intolerancia religiosa), si se vela por que las 'formalidades', 'condiciones', 'restricciones' o 'sanciones' impuestas sean proporcionales al fin legítimo perseguido (en lo que respecta al discurso de odio y la apología de la violencia, véanse, mutatis mutandis, sentencias Sürek contra Turquía núm. 1) [GS], núm. 26682/1995, ap. 62, TEDH 1999-IV y, especialmente, Gündüz contra Turquía, núm. 35071/1997, ap. 40, TEDH 2003-XI)*".

tion. Les sans papiers –illégaux, donc délinquants– sont régularisés massivement. Contrairement à ce qu'avait prétendu le Ministre PRL de l'Intérieur, cela fait littéralement exploser le nombre de demandeurs d'asile– 42 000 rien que pour l'année 2000. De tous les députés francophones, seul Daniel Féret – FN – a voté contre! Les socialistes sont des tricheurs. [L.O.], Ministre socialiste de l'Emploi, et non de l'aide au tiers-monde, lors d'un voyage au Maroc, distribue, sans honte, notre argent là-bas, comme s'il ne suffisait pas que nos CPAS soient rendus exsangues par l'afflux de réfugiés politiques. Nos gouvernants sont des voleurs (…)»[415].

En la sentencia, el Tribunal europeo afirmó que, aunque las expresiones fueron proferidas en campaña electoral, y el debate político constituye el núcleo del contenido protegido por la libertad de expresión, en esta ocasión, la condena al presidente del partido se apreció acorde al artículo 10 del CEDH. Asimismo, se razonó que las expresiones empleadas para dar a conocer el proyecto político del citado partido político incitaban claramente a la discriminación y al odio racial. El TEDH observó que *«la incitación al odio no requiere necesariamente el llamamiento a tal o cual acto de violencia ni a otro acto delictivo. Los ataques que se cometen contra las personas al injuriar, ridiculizar o difamar a ciertas partes de la población y sus grupos específicos o la incitación a la discriminación, como en el caso de autos, son suficientes para que las autoridades privilegien la lucha contra el discurso racista frente a una libertad de expresión irresponsable y que atenta contra la dignidad, incluso la seguridad de tales partes o grupos de la población. Los discursos políticos que incitan al odio basado en prejuicios religiosos, étnicos o culturales representan un peligro para la paz social y la estabilidad política en los Estados democráticos»*[416].

---

[415] STEDH *Féret c. Francia*, párrs. 7-18.
ᵁn bâtiment décrépi et portant la légende «Pensionnés: le gouvernement se fout de vous» (sentencia *Féret c. Bélgica*, párr. 12).

[416] *Ibid*, párr. 73.

Por todo ello, en este caso el Tribunal no entendió que se violara el derecho a la libertad de expresión del Sr. Féret[417], al considerar que "(…) *los partidos políticos tienen derecho a defender públicamente sus opiniones, incluso si algunas de ellas ofenden, chocan o inquietan a una parte de la población. Pueden pues recomendar soluciones para los problemas relativos a la inmigración. Sin embargo, deben evitar hacerlo promoviendo la discriminación racial y recurriendo a expresiones o actitudes vejatorias o humillantes, ya que tal comportamiento puede suscitar en el público reacciones incompatibles con un clima social sereno y podría minar la confianza en las instituciones democráticas*"[418]. En consecuencia, el Tribunal europeo estima que los motivos de los tribunales internos para justificar la injerencia en la libertad de expresión del demandante eran pertinentes y suficientes, "*habida cuenta de la necesidad social imperiosa de proteger el orden público y los derechos ajenos, es decir, los de la comunidad inmigrante*"[419].

7. De los considerandos de las presentes sentencias, podemos afirmar que el Tribunal europeo ha enfatizado en

---

[417] Párr. 75: "(…) *El lenguaje empleado por el demandante incitaba claramente a la discriminación y el odio racial, lo que no puede ser camuflado por el proceso electoral*".

[418] *Ibid*, párr. 77. Cfr. ALCÁCER GUIRAO, R.: "Discurso del odio y discurso político. En defensa de la libertad de los intolerantes", en *Revista electrónica de Ciencia Penal y Criminal*, nº 14/2 (2012), pp. 5 y ss.

[419] *Ibid*, párr. 78. La sentencia contó con las opiniones disidentes de tres magistrados (Opinión disidente del Magistrado Andràs Sajó a la que se adhieren los Magistrados Vladimiro Zagrebelsky y Nona Tsotsoria), para quienes «*confirmar la represión penal del discurso político es contrario a la libertad de expresión*». Destacan que la mayor parte de las frases enjuiciadas han sido tomadas del programa del Frente Popular distribuido en la campaña electoral, y el partido no ha sido prohibido. En opinión de los magistrados disidentes, las declaraciones del Sr. Féret no constituyen un llamamiento a la violencia contra una parte de la población, en cuyo caso las autoridades internas gozarían de un margen de apreciación más amplio.

que la dignidad humana demarca el espacio del legítimo ejercicio de la libertad de expresión[420], y ha suscrito

---

[420] En esta misma línea, la reconocida jurisprudencia de nuestro TC
advierte que *"el odio y el desprecio a todo un pueblo o a una etnia son
incompatibles con el respeto a la dignidad humana"*. Así sucede, según
el Tribunal, *"cuando la justificación de tan abominable delito suponga
un modo de incitación indirecta a su perpetración"* o bien *"cuando con la
conducta consistente en presentar como justo el delito de genocidio se busque
alguna suerte de provocación al odio hacia determinados grupos definidos
mediante la referencia a su color, raza, religión u origen nacional o étnico,
de tal manera que represente un peligro cierto de generar un clima de violencia y hostilidad que puede concretarse en actos específicos de discriminación"* (STC 235/2007, FJ 9 [TOL1.173.808]). En esta misma línea,
ver TEDH: sentencias de 25 de noviembre de 1997, asunto *Zana c.
Turquía* (TOL6.918.876); de 26 de noviembre de 1997, asunto *Sakik
y otros c. Turquía*; de 9 de enero de 1998, asunto *Incal c. Turquía*;
de 8 de julio de 1999, asunto *Arslan c. Turquía*; de 8 de julio de
1999, asunto *Gerger c. Turquía*; de 8 de julio de 1999, asunto *Başkaya
y Okçuoğlu c. Turquía* (TOL6.594.886); de 8 de julio de 1999, asunto *Okçuoğlu c. Turquía*; de 8 de julio de 1999, asunto *Sürek y Özdemir c. Turquía*; de 8 de julio de 1999, asunto *Sürek c. Turquía* (n° 1)
(TOL9.164.296); de 8 de julio de 1999, asunto *Sürek c. Turquía* (n°
2); de 8 de julio de 1999, *Caso Sürek c. Turquía* (n° 3); de *8 de julio de
1999*, asunto *Sürek c. Turquía* (n° 4); de 8 de julio de 1999, asunto
Polat c. Turquía; de 8 de julio de 1999, asunto *Karatas c. Turquía*; de 8
de julio de 1999, asunto *Erdoğdu e Ince c. Turquía*; de 15 de junio de
2000, asunto *Erdoğdu c. Turquía*; de 10 de octubre de 2000, asunto
İbrahim Aksoy c. Turquía; de 17 de julio de 2001, asunto *Sadak y otros c.
Turquía*; de 17 de julio de 2001, asunto *Association EKIN c. Francia*; de
4 de junio de 2002, asunto *Yağmurdereli c. Turquía*; de 15 de octubre
de 2002, asunto *Ayşe Öztürk c. Turquía*; de 15 de octubre de 2002,
asunto *Karakoç y otros c. Turquía*; de 5 de diciembre de 2002, asunto
Yalçin Küçük c. Turquía; de 2 de octubre de 2003, asunto *Kizilyaprak
c. Turquía*; de 6 de abril de 2004, asunto *Mehdi Zana c. Turquía*; de
27 de mayo de 2004, asunto *Yurttas c. Turquía*; de 23 de septiembre
de 2004, asunto *Feridun Yazar y otros c. Turquía*; de 19 de octubre de
2004, asunto *Varli y otros c. Turquía*; de 10 de noviembre de 2004,
asunto *Kalin c. Turquía*; de 9 de diciembre de 2004, asunto *Elden c.*

el rechazo del discurso del odio, así como contra las expresiones discriminatorias, por suponer una incitación directa a la violencia y una quiebra en la protección a las minorías, amén de que su lucha ayuda a la integración social[421]. Evidentemente, pues, no cabe ninguna duda de que, a semejanza de cualquier otra declaración contra los valores que subyacen en el Convenio, las expresiones que tienden a propagar, incitar o justificar el odio basado en la intolerancia, incluida la intolerancia religiosa, no se benefician de la protección del artículo 10 del CEDH (ap. 50). Sin embargo, en opinión del Tribunal, el simple hecho de defender la Sharia, sin emplear la violencia para establecerla, no puede ser considerado como un «discurso de odio»[422].

Turquía; de 7 de febrero de 2006, asunto *Halis Doğan c. Turquía*; de 25 de julio de 2006, asunto *Halis Doğan c. Turquía* (no. 2); de 14 de junio de 2007, asunto *Hünkar Demirel c. Turquía*; de 2 de octubre de 2008, asunto *Leroy c. Francia*; de 17 de julio de 2008, asunto *Yilmaz & Kilic c. Turquía*; y de 15 de febrero de 2011, asunto *Çamyar y Berktaş c. Turquía*.

[421] En sentido contrario, Dworkin señala que *"la esencia de la libertad negativa es la libertad de ofender, y eso se aplica tanto a lo vulgar como a lo heroico"*, y añade en su obra, *La democracia posible*, que no existe un derecho a ser respetado o a no ser ofendido. Dworkin, Ronald: *Freedom's Law. The Moral Reading of the American Constitution*, Oxford, Oxford University Press, 1996, pp. 218 y 219; y *La democracia posible. Principios para un nuevo debate político*, Barcelona, Paidós, 2008, pp. 73-118. Asimismo, véase la columna titulada "El derecho a la burla", *El País*, 25 de marzo de 2006 (consultar en línea: http://el-pais.com/diario/2006/03/25/opinion/1143241211_850215.html; visitado por última vez el 15 de enero de 2024).

[422] Algunas de las temáticas que subyacen en esta cuestión ya habían sido abordadas por el TEDH con anterioridad al hilo de los asuntos *Refah Partisi* (sentencias de 31 de julio de 2001 y de 13 de febrero de 2003) y *Partido Comunista Unificado de Turquía* (sentencias de 25 de mayo de 1998 y de 8 de diciembre de 1999) contra Turquía. Por lo

3.2. TEDH, discriminación e intolerancia por motivos religiosos o de creencias y delitos de odio

1. Un segundo contenido tiene que ver con el ámbito concreto de la libertad de conciencia y religiosa y el derecho de difusión y manifestación de las propias creencias, incluido el proselitismo[423]. Con relación a la difusión de las creencias, el TEDH ha tenido la oportunidad de pronunciarse con motivo del uso de la coacción o de la presión en dicha difusión como factor de ilicitud. A este respecto, se debe partir de la consideración realizada por el TEDH para quien el proselitismo religioso es una actividad lícita en el marco de la libertad religiosa, y que prohibirlo o castigar a quienes lo realizan significa no confiar en las capacidades de los ciudadanos para elegir sus propias creencias o convicciones[424].

---

que respecta a la difusión de ideas islamistas a través de un partido político (asunto *Refah Partisi c. Turquía* [2001]), el TEDH considera algunos de sus contenidos resultan contrarios a las exigencias y valores del CEDH, en concreto a los principios de no discriminación y de libertad religiosa, y, por ende, al propio sistema democrático (párrs. 70 y 72). Véase también, posteriormente, la sentencia *Günzu c. Turquía* (párr. 51).

[423] Ver TEDH: sentencias de 25 de mayo de 1993, asunto *Kokkinakis c. Grecia* (TOL145.170) y de 24 de febrero de 1998, asunto *Larissis, Mandalaries y Sarandis c. Grecia*.

[424] TEDH, sentencias 25 de mayo de 1993, asunto *Kokkinakis c. Grecia*; y de 24 de febrero de 1998, asunto *Larissis, Mandalarides y Sarandis c. Grecia*. Ver, además, GARAY, A.: «Liberté religieuse et prosélytisme: l'expérience européenne», en *Revue Trimestrielle des droits de l'homme*, n° 5 (1994), pp. 7-29; MARTÍNEZ-TORRÓN, J.: "La libertad de proselitismo en Europa", en *Quaderni di Diritto e Politica Ecclesiastica*, n° 10 (1994), pp. 59-71.

Ésta fue precisamente la decisión de este Tribunal en el asunto *Kokkinakis c. Grecia*[425], en el que se declaró que una condena penal por un delito de proselitismo no era ajustada a las necesidades de una sociedad democrática[426]. En este asunto se abordaba la actividad proselitista realizada por el Sr. Kokkinakis, miembro de los Testigos de Jehová, en Grecia[427]. En concreto, con motivo de la visita de él y su mujer, así como la entrada en el domicilio de la Sra. Kyriakaki en Sitia, donde entablaron una discusión con ella. Denunciados por el marido de esta última, ministro (chantre) de una iglesia ortodoxa de la ciudad, la policía detiene a los esposos Kokkinakis y les arresta en el puesto de la policía local, donde pasarán la noche del dos al tres de marzo de 1986.

Procesados por infracción del artículo 4 de la Ley griega nº 1363/1938 que castiga el proselitismo[428], el demandante y su esposa fueron remitidos ante el tribunal correccional de Lassithi, el cual consideró que los acusados, *"que pertenecen a la secta de los testigos de Jehová, han hecho proselitismo y han intentado directa e indirectamente penetrar en la conciencia religiosa de cristianos ortodoxos, con el fin de alterar esta conciencia, abusando de su inexpe-*

---

[425] STEDH de 25 de mayo de 1993, asunto *Kokkinakis c. Grecia* (Decisión nº 14307/88) (TOL145.170; consulta: 12/11/2023).

[426] *Ibid*, párr. 36.

[427] En su Resolución nº 2276/1953, la Asamblea plenaria del Consejo de Estado griego dio la siguiente definición de proselitismo: *"(...) el artículo 1 de la Constitución, al consagrar de una parte la libertad de toda religión conocida y la permisión del ejercicio de su culto, prohibiendo de otra el proselitismo y toda otra intervención contra la religión dominante que es la Iglesia ortodoxa oriental de Cristo, debe interpretarse en el sentido de que una enseñanza puramente espiritual no deviene en proselitismo, incluso si demuestra el carácter erróneo de otras religiones. El proselitismo prohibido por la disposición precitada de la Constitución consiste en intentar firme e inoportunamente apartar de las disciplinas de la religión dominante por medios ilícitos o condenados por la moral".*

[428] STEDH *Kokkinakis c. Grecia*, párr. 16 (TOL145.170).

riencia, su fragilidad intelectual y su ingenuidad. En particular, ellos son recibidos por la Sra. Kyriakaki y anuncian que son portadores de buenas nuevas; después de haber penetrado con insistencia y presión en su casa, han comenzado a dar lectura a un libro relativo a las Escrituras que ellos refieren a un rey de los cielos y a acontecimientos que no han pasado pero que pasarán... etc., y le incitan con sus explicaciones oportunas y hábiles a modificar el contenido de su conciencia religiosa de cristiana ortodoxa".

Por ello, el Tribunal condenó a cada uno de los esposos Kokkinakis por proselitismo[429], a cuatro meses de prisión convertibles en 400 dracmas por día de detención (Art. 82 del Código Penal) y a 10.000 dracmas de multa. Y ordenó también, conforme al artículo 76 del Código Penal, la confiscación y destrucción de cuatro folletos que intentaron vender a la Sra. Kyriakaki. Los interesados apelaron ante la Corte de apelación de Creta, la cual absolvió a la Sra. Kokkinakis y confirmó la declaración de culpabilidad de su marido, pero redujo a tres meses la pena de prisión y la convierte en una sanción pecunia-

---

[429] La jurisdicción griega califica de proselitismo los actos siguientes: asimilar a santos "figuras que adornan la pared" y la Iglesia a "un teatro, un mercado o un cine" (Corte de casación, sentencia n° 271/1932); prometer a refugiados ortodoxos un alojamiento en condiciones ventajosas si se adhieren al dogma de los Uniatas (Corte de apelación del Egeo, sentencia n° 2950/1930); ofrecer una bolsa de estudios en el extranjero (Corte de casación, sentencia n° 2276/1953)); enviar a sacerdotes ortodoxos folletos recomendando su estudio y la aplicación de su contenido (Corte de casación sentencia n° 59/1956); distribuir gratuitamente libros y folletos "que se dicen religiosos" a "campesinos incultos" o a "pequeños escolares" (Corte de casación, sentencia n° 201/1961); prometer a una joven costurera la mejora de su situación profesional si abandona la Iglesia ortodoxa, pues los sacerdotes son "explotadores de la sociedad" (Corte de casación, sentencia n° 498/1961). La Corte de casación ha juzgado que la definición de proselitismo del Art. 4 de la ley n° 1363/1938 no viola el principio de legalidad de los delitos y las penas.

ria de 400 dracmas por día. Dictada el 17 de marzo de 1987, su sentencia se apoya en los siguientes motivos:

> *"(...) Resulta probado que, con el deseo de propagar la fe de la secta de los testigos de Jehová, de la que el acusado es adepto, ha intentado directa e indirectamente penetrar en la conciencia religiosa de una persona de confesión diferente a la suya, a saber, cristiana ortodoxa, con la intención de modificar su contenido, abusando de su inexperiencia, de su fragilidad intelectual y de su ingenuidad. Concretamente, ha visitado a Georgia, esposa de Nic. Kyriakaki, a la cual, después de haberle anunciado que era portador de buenas nuevas, le ha pedido con insistencia que le permitiera entrar en su casa, donde ha comenzado por hablarle del político Palme y por desarrollar sus tesis pacifistas. Enseguida, él ha sacado un pequeño libro sobre las profesiones de fe de su secta y se ha puesto a leer pasajes de la Sagrada Escritura que ha analizado hábilmente y de una manera que la mujer cristiana no podía controlar, dada su falta de formación en materia de dogmas, al mismo tiempo que le ofrecía diversos libros, tratando de obtener directa e indirectamente una alteración de su conciencia religiosa. En consecuencia, debe ser declarado culpable del acto del que es acusado, mientras que la otra acusada, su esposa Elisabeth, debe ser absuelta pues no ha aparecido ningún indicio de participación en los actos de su marido, limitándose a acompañarle".*

El Sr. Kokkinakis recurrió, entonces, en casación, obteniendo respuesta negativa de la Corte de Casación, en sentencia de 22 de abril de 1988[430]. Agotada la vía interna, el Sr. Kokkinakis

---

[430] La Corte de casación rechazó la excepción de inconstitucionalidad por las siguientes razones: "*Considerando que la disposición del Art. 4 de la ley n° 1363/1938, reemplazada por el Art. 2 de la ley n° 1672/1939, (...) adoptados bajo el imperio de la Constitución de 1911, cuyo Art. 1 prohibía el proselitismo y toda otra injerencia en la religión dominante en Grecia que es la Iglesia ortodoxa oriental de Cristo, no sólo no contraviene el Art. 13 de la Constitución de 1975, sino que es absolutamente compatible con él, pues reconoce la libertad de conciencia religiosa como inviolable y dispone que toda religión conocida es libre, pero la misma disposición constitucional*

acude a la Comisión el 25 de agosto de 1988, alegando que su condena por proselitismo viola los derechos garantizados por los artículos 7, 9 y 10 del CEDH[431]. La Comisión, en su resolución de 3 de diciembre de 1991, llega a las siguientes conclusiones: a) que no hay violación del artículo 7 (once votos contra dos); b) que hay violación del artículo 9 (unanimidad); y c) que no se plantea una cuestión diferenciada desde la perspectiva del artículo 10 CEDH (doce votos contra uno). El 21 de febrero de 1992, la Comisión trasladó el asunto al Tribunal europeo.

El Tribunal europeo, después de señalar que la libertad de pensamiento, de conciencia y de religión constituye una de las bases de una "sociedad democrática" en el sentido del Convenio europeo, manifestó que *"el testimonio, en palabras y en actos, se encuentra ligado a la existencia de convicciones religiosas […] Ella [la libertad religiosa] implica en principio el derecho de intentar convencer a su prójimo, por ejemplo, por medio de una 'enseñanza', sin lo cual además la 'libertad de cambiar de religión o de convicción', consagrada por el artículo 9, sería letra muerta"*[432]. Junto a ello, el Tribunal también distinguió entre el testimonio religioso *strictu sensu* del proselitismo abusivo, considerando que *"(e)l primero corresponde a la verdadera evangelización, que, en una relación elaborada en 1956, en el seno del Consejo ecuménico de las Iglesias, es considerado como "misión esencial" y "responsabilidad de cada cristiano y de cada Iglesia".* [Mientras que] *(e)l segundo representa la corrupción o deformación del primero. Puede consistir en ofrecer ventajas materiales o sociales para conseguir adeptos a una Iglesia, o en presionar de manera*

---

consagra la interdicción del proselitismo, en el sentido de que el proselitismo está prohibido en general cualquiera que sea la religión desde la cual sea ejercido, incluida la religión dominante en Grecia, que conforme al Art. 3 de la Constitución de 1975, es la Iglesia ortodoxa oriental de Cristo".

[431] El TEDH invocó también los artículos 5.1° y 6.1° y 2° del citado Convenio europeo.

[432] STEDH *Kokkinakis c. Grecia*, párr. 31.

abusiva a las personas en situación de necesidad, o en el recurso a la violencia o al "lavado de cerebro"; se trata de métodos que no se concilian con el respeto debido a la libertad de pensamiento, de conciencia y de religión de los demás"[433]. En consecuencia, cabe señalar que la limitación de la actividad proselitista resulta lícita. En efecto, el Tribunal de Estrasburgo ha establecido una distinción entre formas lícitas e ilícitas de proselitismo.

Por ello, y a *sensu contrario*, sí resultan legítimas las limitaciones cuando, por ejemplo, la persona que realiza una actividad proselitista intenta prevalerse de una relación de dependencia o jerarquía que la vincula con el destinatario de su actividad. Estos hechos se produjeron en el caso *Larissis, Mandalarides y Sarandis c. Grecia*[434], en el que los actos de proselitismo eran realizados por militares respecto de sus inferiores. Este tipo de limitaciones no son incompatibles con la autonomía de los individuos y su libertad en la elección de las creencias religiosas, porque de lo que se trata es de impedir que se usen estructuras jerárquicas estatales establecidas con finalidades de interés público para la propagación de creencias religiosas privadas. Lo que en el ámbito puramente civil puede ser visto como un simple intercambio de ideas, en el ámbito de la vida militar puede significar una situación de acoso de un superior a un subordinado, y los Estados pueden legítimamente sancionar este tipo de proselitismo[435]. Ahora bien, en el caso reseñado, y

---

[433] *Ibid*, párr. 48.

[434] STEDH de 24 de febrero de 1998, asunto *Larissis, Mandalaries y Sarandis* (Decisión nº 23372/94).

[435] *Ibid*, párr. 51. A este respecto, ver GARAY, A.: «Liberté religieuse et prosélytisme: l'expérience européenne», en *Revue Trimestrielle des droits de l'homme*, nº 5 (1994), pp. 7-29; HIRSCH, M.: «The Freedom of Proselytism under the Fundamental Agreement and International Law», en *Catholic Univesity Law Review*, nº 47 (1998), pp. 407-425; LENER. N.: "Proselytism, Change of Religion and International Human Rights", en *Emory International Law Review*, nº 12 (1998), pp.

–como ya quedó señalado- el Tribunal Europeo consideró que, aunque la medida litigiosa estaba "prevista por la ley"[436] y había un "fin legítimo" (esto es, "la protección de los derechos y libertades de los demás")[437], la medida incriminatoria –sin embargo- no resultaba proporcionada al fin legítimo perseguido, ni, -por tanto- necesaria "en una sociedad democrática" para la "protección de los derechos y libertades de los demás"[438], por lo que concluyó que Grecia había violado el artículo 9 del Convenio.

2. Un segundo campo en el que el TEDH se ha mostrado más condescendiente con las autoridades nacionales y ha reconocido un mayor margen de apreciación nacional, al considerar que no existe un consenso europeo al respecto, es el de las ofensas a los sentimientos religiosos. Para el Tribunal no se estaría aquí ante casos de discurso del odio basado en la intolerancia religiosa, sino ante atentados contra los símbolos y los dogmas de una religión que revierten en ofensas a los sentimientos de sus feligreses y que, consecuentemente, pueden perturbar la convivencia pacífica en las sociedades. No obstante, ha considerado adecuadas las restricciones impuestas por las autoridades nacionales respecto a la tutela de

447-561; MARTÍNEZ-TORRÓN, J.: "La libertad de proselitismo en Europa", en *Quaderni di Diritto e Politica Ecclesiastica*, nº 10 (1994), pp. 59-71; MOTILLA, A.: "Proselitismo y libertad religiosa en el derecho español", en *Anuario de Derecho Eclesiástico del Estado*, vol. XVII (2001), pp. 179-192; STAHNKE, T.: "Proselytism and the Freedom to Change Religion in International Human Rights Law", en *Bringham Toung University Law Review*, 1999, pp. 251-350.

[436]   STEDH *Larissis, Mandalarides y Sarandis c. Grecia*, párr. 41.
[437]   *Ibid*, párr. 44.
[438]   *Ibid*, párr. 49.

los sentimientos religiosos ante ataques injustificados y ofensivos de los símbolos de una religión[439].

Dentro de este ámbito cabe mencionar el asunto *Otto Preminguer Institu c. Austria*[440], y en el que se aborda el contenido de una película en la que se presentaba a Dios padre como un viejo senil, a Jesucristo como un estúpido y a la Virgen María como una casquivana (párr. 21[441]), y si ésta puede o no ser confiscada por las autoridades austriacas, ya que se persigue un fin lícito como es el caso (párrs. 46 a 48) y si resulta necesaria en una sociedad democrática (párrs. 49-56), y ello a pesar de la injerencia en el ejercicio de la libertad de expresión que sólo

---

[439] A este respecto, véanse MARGIOTTA BROGLIO, F.: "Un scontro tra libertà: la sentenza Otto Premiger Institut della Corte Europea", en *Revista di Diritto internazionale*, núm. 2 (1995), pp. 368-378; WACHSMANN, P.: "La religión contre la libertè d'expression: sur un ârret regrettable de la Corte européenne des droits humme. L'arret Otto Premiger Institut du 20 septembre 1994", en *Revue universalle de Droits del'homme*, núm. 12 (1994), pp. 441 y ss.

[440] STEDH de 20 de septiembre de 1994, asunto *Otto Preminger Institut c. Austria* (Decisión n° 13470/87) (TOL227.970; consulta: 18/6/2023).

[441] *Ibid*, párr. 21: "*The play portrays God the Father as old, infirm and ineffective, Jesus Christ as a "mummy's boy" of low intelligence and the Virgin Mary, who is obviously in charge, as an unprincipled wanton. Together they decide that mankind must be punished for its immorality. They reject the possibility of outright destruction in favour of a form of punishment which will leave it both "in need of salvation" and "capable of redemption". Being unable to think of such a punishment by themselves, they decide to call on the Devil for help. The Devil suggests the idea of a sexually transmitted affliction, so that men and women will infect one another without realising it; he procreates with Salome to produce a daughter who will spread it among mankind. The symptoms as described by the Devil are those of syphilis. As his reward, the Devil claims freedom of thought; Mary says that she will "think about it". The Devil then dispatches his daughter to do her work, first among those who represent worldly power, then to the court of the Pope, to the bishops, to the convents and monasteries and finally to the common people".*

es admisible si está prescrita por el derecho (párrs. 44 y 45). Para el TEDH existen razones relevantes y suficientes cuando la libertad de expresión afecta a opiniones y creencias religiosas, porque el ejercicio de ese derecho incluye una obligación de evitar, en la mayor medida posible, expresiones que sean gratuitamente ofensivas para otros y que, por tanto, no contribuyen a ninguna forma de debate público capaz de promover el progreso de los asuntos humanos (párr. 57[442]).

Una misma posición mantuvo el Tribunal europeo en los asuntos *Wingrove c. Reino Unido*[443] y *Müller y otros c. Suiza*[444]. En la primera de las sentencias se aborda la negativa de la Oficina inglesa de clasificación de películas a otorgar su visto bueno a una película de vídeo titulada: *Visions of Ecstasy*, que versaba sobre ciertas experiencias místicas de Santa Teresa unidas a representaciones cargadas de un cierto erotismo y pasión carnal. El Sr. Wingrove presentó la película al Instituto Británico de Clasificación Cinematográfica para obtener un certificado que le permitiese vender, alquilar o difundir de otro modo la obra entre el público. El 18 de septiembre de 1989, el Instituto rechazó la solicitud basándose, en particular, en que su presentación podría ofender a terceros por la manera inacep-

---

[442] *Ibid*, párr. 57: "*The foregoing reasoning also applies to the forfeiture, which determined the ultimate legality of the seizure and under Austrian law was the normal sequel thereto. Article 10 (Art. 10) cannot be interpreted as prohibiting the forfeiture in the public interest of items whose use has lawfully been adjudged illicit (see the Handyside judgment referred to above, p. 30, para. 63). Although the forfeiture made it permanently impossible to show the film anywhere in Austria, the Court considers that the means employed were not disproportionate to the legitimate aim pursued and that therefore the national authorities did not exceed their margin of appreciation in this respect*".

[443] STEDH de 25 de noviembre de 1996, asunto *Wingrove c. Reino Unido* (Decisión n° 17419/90) (TOL227.970; consulta: 18/6/2023).

[444] STEDH de 24 de mayo de 1988, asunto *Müller y otros c. Suiza* (Decisión n° 10737/94).

table de tratar un tema sagrado y que, en consecuencia, un jurado razonable y adecuadamente instruido en los puntos de Derecho pertinentes concluiría que dicha obra incurre en la tipificación penal del delito de blasfemia.

El Tribunal europeo, después de entrar en el análisis de los requisitos previstos en el apartado 2, del artículo 10, a efectos de la limitación del derecho a la libertad de expresión (la injerencia está establecida en la ley[445], perseguía un fin legítimo[446] y resulta necesaria en una sociedad democrática[447]) concluye

---

[445] STEDH *Wingrove c. Reino Unido*, apdo. 3.I: "*El Instituto actuó en el marco de las facultades que le confería el apartado 1 del artículo 4 de la Ley de 1984 sobre grabaciones en vídeo. Por su propia naturaleza, el delito de blasfemia no se presta a una definición jurídica precisa. Por ello, deberá concederse a las autoridades nacionales la flexibilidad que les permita apreciar si los hechos del caso de autos están comprendidos en la definición admitida. No parece existir incertidumbre en general ni desacuerdo sobre la definición del delito de blasfemia. El Tribunal, que visionó la película, está convencido de que el demandante hubiera podido prever razonablemente, rodeándose de asesores prudentes, que su película podía caer bajo el ámbito de aplicación de la ley sobre la blasfemia. En estas circunstancias, no cabe decir que la ley en cuestión no ofrecía la protección querida contra una injerencia arbitraria. La restricción criticada se encontraba, por tanto, «prevista por la ley».*

[446] *Ibid*, apdo. 3.II: "*(...) Aunque en el Derecho inglés sobre la blasfemia sólo se protege a los seguidores de la fe cristiana, el Tribunal no tiene que decidir en abstracto sobre la compatibilidad del Derecho interno con el Convenio: no está en juego en el presente asunto el grado de la protección garantizado por el Derecho inglés a las restantes confesiones. El hecho de que el Derecho sobre la blasfemia no trate con igualdad a las distintas religiones no resta un ápice a la legitimidad de la finalidad perseguida en el presente contexto. El Tribunal concluye que la negativa a conceder un certificado de difusión tenía un fin legítimo*".

[447] *Ibid*, apdo. 3.III: "*(...) El Derecho sobre la blasfemia no prohíbe la expresión de ideas hostiles a la religión cristiana o de opiniones ofensivas para los cristianos. Lo que trata de controlar es más bien la manera de defender dichas ideas. La magnitud del insulto a las creencias religiosas deberá ser importante. El elevado grado de profanación necesario constituye una pro-*

que, "*aunque la injerencia equivalía a una prohibición total, ello debe contemplarse como una consecuencia comprensible del punto de vista de las autoridades, según el cual la difusión del filme constituiría una infracción del Derecho penal, y asimismo un efecto de la negativa del demandante a modificar o cortar las secuencias blasfematorias. Por consiguiente, las autoridades nacionales no sobrepasaron su margen de apreciación y, por ende, no se vulneró el artículo 10 del Convenio*".

Mientras que en la segunda de las sentencias (*Müller c. Suiza*) se aborda el secuestro de tres cuadros de un artista en una exposición fotográfica (con imágenes de bestialismo, sodomía, felaciones, etc.) y el posterior proceso penal seguido por las autoridades suizas contra dicho artista y contra los organizadores de la exposición por un delito de obscenidad[448]. El Tribunal europeo, al igual que en los casos anteriores, concluye que la medida impugnada no infringía el artículo 10 de la Conven-

---

tección contra la arbitrariedad. Visions of Ecstasy representa a Cristo crucificado entregándose a un acto manifiestamente sexual. Las autoridades nacionales estimaron que la manera de tratar dichas imágenes centraba el vídeo no tanto en la sensibilidad erótica de los personajes como en la de los espectadores (función primaria de la pornografía). Además, declararon que la película no trataba de profundizar en el significado de las imágenes, sino que se limitaba a invitar al espectador a ser un «mirón erótico». Por ello, su difusión podía herir y ultrajar los sentimientos religiosos de los cristianos y constituir el delito de blasfemia. Por consiguiente, los motivos alegados para justificar la injerencia pueden considerarse a la vez pertinentes y suficientes, y no cabe calificar la injerencia de arbitraria o excesiva. Como las películas de vídeo, una vez puestas en el mercado, escapan al control de las autoridades, no resulta descabellado que dichas autoridades estimasen que la película podía llegar a un público que pudiera ofenderse (...)".

[448] Un asunto parecido es el abordado en el caso Whitehouse c. Lemmon, en el que lo que se discutía era sobre un poema publicado en la revista *Gay News*, acompañado de un dibujo en el que aparecía Cristo teniendo relaciones sexuales con sus discípulos de un modo bastante detallado y explícito. El TEDH, no obstante, declaró inadmisible la demanda, con fecha de 7 de mayo de 1982.

ción[449]. Y lo hace considerado que "*en el caso de autos, procede subrayar que, como declararon los tribunales suizos tanto a nivel cantonal en primera instancia como en apelación y a nivel federal, las pinturas en cuestión representan de manera cruda relaciones sexuales, en particular entre hombres y animales (véanse los apartados 14, 16 y 18 supra). Fueron pintados en el lugar, de acuerdo con los objetivos de la exposición, que estaba destinada a ser espontánea, y el público en general tuvo libre acceso a ellos, ya que los organizadores no habían impuesto ningún cargo de admisión ni ningún límite de edad. De hecho, las pinturas se exhibieron en una exposición que estaba abierta sin restricciones y buscaba atraer al público en general*"[450].

---

[449] STEDH *Müller y otros c. Suiza*, párr. 37.

[450] *Ibid*, párr. 36. Además, TEDH señala que: "*Las demandantes alegaron que la exposición de los cuadros no había suscitado ninguna protesta pública y que, de hecho, la prensa en su conjunto estaba de su lado. También puede ser cierto que Josef Felix Müller haya podido exponer obras en una línea similar en otras partes de Suiza y en el extranjero, tanto antes como después de la exposición "Fri-Art 81" (véase el apartado 9 supra). Sin embargo, de ello no se deduce que la condena de los demandantes en Friburgo no respondiera, en todas las circunstancias del caso, a una necesidad social real, como afirmaron en esencia los tres órganos jurisdiccionales suizos que conocieron del asunto*" (*Ibidem*). Amén de que el Tribunal de Estrasburgo reconoce que "*al igual que los tribunales suizos, que las concepciones de la moral sexual han cambiado en los últimos años. No obstante, tras examinar las pinturas originales, el Tribunal no considera irrazonable la opinión adoptada por los tribunales suizos de que esas pinturas, con su énfasis en la sexualidad en algunas de sus formas más crudas, eran "gravemente susceptibles de ofender el sentido de la propiedad sexual de las personas de sensibilidad ordinaria*" (*véase el párrafo 18 supra*). En estas circunstancias, teniendo en cuenta el margen de apreciación que les deja el artículo 10 § 2 (Art. 10-2), los tribunales suizos tenían derecho a considerar "*necesario*" para la protección de la moral imponer una multa a los solicitantes por publicar material obsceno" (*ibidem*).

Una cuarta y última sentencia del TEDH en esta materia es la promulgada con motivo del asunto *I.A. c. Turquía*, de 2005[451]. En ésta se aborda la publicación, en noviembre de 1993, de una novela de Abdullah Rıza Ergüven, titulada: "*Yasak Tümceler*" ("Las frases prohibidas"), por la Editorial Berfin. La obra trataba, en un estilo novelístico, las ideas del autor sobre cuestiones filosóficas y teológicas. Fue objeto de una sola edición impresa en dos mil copias. El demandante es el propietario y director de la editorial Berfin y vive en Francia[452]. Mediante escrito de acusación de 18 de abril de 1994, el fiscal de Estambul ("el fiscal") acusó al demandante en virtud de los artículos 175 §§ 3 y 4 del Código Penal de haber insultado a "Dios, a la religión, al profeta y al libro sagrado" en publicaciones a causa de la publicación del libro en cuestión[453]. El tribunal turco, mediante sentencia de 28 de mayo de 1996, condenó al demandante a la pena de dos años de prisión y a una multa. Posteriormente, conmutó la pena de prisión por una multa y, finalmente, ordenó al demandante pagar una multa de 3.291.000 liras turcas (16 dólares estadounidenses en ese momento)[454].

El TEDH, por su parte, entendió que no se había producido una violencia del artículo 10 de la CEDH por parte de Turquía, al considerar que "*la medida impugnada tenía por objeto proporcionar protección contra ataques ofensivos en asuntos considerados sagrados por los musulmanes. A este respecto, considera que la adopción de una medida contra las declaraciones impugnadas podría responder razonablemente a una "necesidad social apremiante*'"[455]. Al tiempo

---

[451]   Cfr. TEDH: sentencia (Sección 2.ª) de 13 de septiembre de 2005, asunto *I.A. c. Turquía* (Decisión n° 42571/98) (TOL9.084.706; consulta: 18/6/2023).

[452]   A este respecto, véanse, párrs. 5 y 6.

[453]   Ver párr. 7.

[454]   Ver párr. 13.

[455]   *Ibid*, párr. 30.

que manifiesta que *"no puede considerarse que las autoridades hayan excedido su margen de apreciación a este respecto y que las razones aducidas por los tribunales nacionales eran suficientes y pertinentes para justificar una medida contra el demandante"*[456]. Mientras que por lo que se refiere al criterio de la proporcionalidad del acto impugnado, el Tribunal europeo tuvo en cuenta el hecho de que *"los órganos jurisdiccionales nacionales no decidieron embargar el libro y, por tanto, considera que la imposición de una multa insignificante parece proporcionada en lo que respecta a los objetivos perseguidos"*[457].

3. Dentro de este apartado también se va a incluir las manifestaciones extremas conducentes a la defensa de posiciones políticas totalitarias, incluyendo proyectos basados en ideas religiosas, que representan una amenaza al orden democrático. A este respecto, cabe señalar que cuando la cuestión ha tenido que ver con actividades o manifestaciones relacionadas con el nacionalismo, el Tribunal europeo se ha inclinado básicamente por la aplicación del artículo 17 del CEDH[458], mientras que ante otro tipo de discursos que, aunque no estén directamente vinculados con el nacionalsocialismo sí que podía existir una identificación con regímenes totalitarios, ha optado por aplicar el test propio del artículo 10 CEDH.

Con relación a esta última posición, cabe traer a colación dos sentencias como son, por un lado, en el asunto *Vajnai c. Hungría*[459], en el que el Tribunal Europeo revisó la condena

---

[456] *Ibid*, párr. 31.

[457] *Ibid*, párr. 32.

[458] Cfr. Decisión del TEDH (Sección 1.ª) de 1 de febrero de 2000, sobre la admisibilidad del asunto *Hans Jorg Schimanek c. Austria*.

[459] STEDH (Sección 2.ª) de 8 de octubre de 2008, asunto *Vajnai c. Hungría* (Decisión n° 33629/06) (TOL9.075.950; consulta: 10/12/2022).

impuesta por exhibición pública de símbolos de regímenes totalitarios por haber ido vestido con una estrella comunista y, tras advertir que la interpretación del símbolo no era unívoca, constató que *«[n]o hay evidencia que sugiera que exista un peligro real y presente de ningún movimiento o partido político restaurador de la dictadura Comunista»*[460], por lo que consideró que la condena no había sido legítima. Destaca que en este caso el Tribunal exigiera un «examen cauteloso» del contexto para poder deslindar adecuadamente entre «el lenguaje chocante y ofensivo» protegido y aquél que no lo está[461]; a lo que añadió que, aunque la exhibición de tales símbolos pudiera ser considerada irrespetuosa, *«este tipo de sentimientos, aunque comprensibles, no pueden por sí mismos fijar los límites de la libertad de expresión»*, ya que los mismos no pueden considerarse «temores racionales»[462].

Por otro lado, en el asunto *Fáber c. Hungría*[463], el Tribunal Europeo enjuició la multa impuesta a un sujeto por desplegar una bandera que se identificaba con un régimen totalitario en Hungría a menos de cien metros de una manifestación contra el racismo. Concluyó que había habido violación del artículo 10 CEDH en la medida que no se había evidenciado ningún comportamiento abusivo o amenazante, ni se había probado un peligro para la seguridad pública, por lo que no estaba justificada la multa por la mera exhibición de la bandera, aunque pudiera ser irrespetuosa o molesta. Una línea argumentativa que se mantiene en relación con la difusión de mensajes religiosos que resultan incompatibles con los valores democráticos, como -por ejemplo- la defensa de la Sharia, los cuales han sido amparados por el Tribunal Europeo al abrigo del artículo

---

[460]   *Ibid*, párr. 49.
[461]   *Ibid*, párr. 53.
[462]   *Ibid*, párr. 57.
[463]   STEDH (Sección 2.ª) de 24 de julio de 2012, asunto *Fáber c. Hungría* (Decisión n° 40721/08) (TOL9.063.435; consulta: 10/12/2022).

10 CEDH, siempre y cuando en el análisis concreto del caso no se percibiera una provocación a la violencia[464]. No obstante, a diferencia de los dos supuestos anteriores, aquí el Tribunal más que valorar la peligrosidad o el daño «real y presente», consideró el contexto y la intencionalidad en un juicio más genérico, al modo de lo que ocurría con el discurso del odio.

3.3. TEDH, seguridad nacional y apología de la violencia y el odio

1. Un tercer contenido lo encontramos en el delito de apología del odio, de la violencia o de la hostilidad en su conexión con la seguridad nacional, el orden público y el enaltecimiento del terrorismo[465]. Para ilustrar los criterios que ha ido adoptando el TEDH, podemos citar un conjunto de sentencias, destacando -entre otras- las siguientes: *Kühnen c. Alemania*, de 12 de mayo de 1988;

---

[464] A este respecto, pueden verse las sentencias, ya mencionadas, del TEDH (Sección 1.ª) de 4 de diciembre de 2003, asunto *Müslüm Gündüz c. Turquía* (TOL9.088.423), en la que excluyó que pudiera considerarse como discurso del odio la defensa en un programa de televisión de la Sharia ya que las ideas que fueron expresadas, aunque resultaran extremistas, no constituyeron una llamada a la violencia y, en consecuencia, consideró que la condena por las mismas había violado el Art. 10 CEDH; y (Sección 1.ª) de 6 de julio de 2006, asunto *Erbakan c. Turquía* (TOL965.152).

[465] El bien jurídico protegido por este delito fue definido por la STS 812/2011, 21 de julio, al establecer que constituye *"(...) la alabanza o justificación de acciones terroristas, que no cabe incluirlo dentro de la cobertura otorgada por el derecho a la libertad de exposición o ideológica en la medida que el terrorismo constituye la más grave vulneración de los Derechos Humanos de aquella comunidad que lo sufre, porque el discurso del terrorismo se basa en el exterminio del distinto, en la intolerancia más absoluta, en la pérdida del pluralismo político y en definitiva en el aterrorizamiento (sic) colectivo como medio de conseguir esas finalidades"*.

Zana c. Turquía, de 25 de noviembre de 1997; *Sürek c. Turquía* (nº 1), de 8 de julio de 1999; *Sürek y Özdemir c. Turquía*, de 8 de julio de 1999; *Arslan c. Turquía*, de 8 de julio de 1999, y *Medya FM Reha Radyo ve Iletisim Hizmetleri A. S. c. Turquía*, de 14 de noviembre de 2006. En todos ellos, el Tribunal se pronunció con relación a las restricciones al derecho a la libertad de expresión con base en intereses de seguridad nacional.

En la primera de las sentencias reseñadas, esto es, *Kühnen c. Alemania*[466], el Tribunal examinó las actividades que llevó a cabo un periodista para publicitar el Partido Socialista del Reich, que tenía por objeto retomar en Alemania el partido de Hitler, el partido Nacional Socialista. El periodista exaltaba "la Alemania unida, la justicia social, el orgullo racial, la comunidad del pueblo y la camaradería". El Tribunal Constitucional alemán condenó al partido al considerar que sus actos transgredían el orden democrático instaurado en Alemania. El periodista Kühnen, no satisfecho con tal resolución, acudió al TEDH. El Tribunal europeo determinó que el intento de reimplantar el nacionalsocialismo se opone a los valores básicos del Convenio y al régimen político verdaderamente democrático.

Por su parte, en la sentencia *Zana c. Turquía*[467], el Tribunal concluyó que se podía limitar la libertad de expresión de un ex funcionario de gobierno cuando pudiera agravar una tensa situación de seguridad. El Sr. Medi Zana, un ex alcalde de la ciudad turca de Diyarkabir, declaró a los periodistas desde la cárcel que respaldaba al "movimiento de liberación nacional" del Partido Kurdo de los Trabajadores (PKK), pero no apoyaba

---

[466] STEDH de 12 de mayo de 1988, asunto *Kühnen c. Alemania* (Decisión nº 12194/86).

[467] STEDH de 25 de noviembre de 1997, asunto *Zana c. Turquía* (Decisión nº 18954/91) (TOL6.918.876; consulta: 3/6/2023).

las matanzas[468]. Y agregó que "cualquiera comete errores, y el PKK asesina a mujeres y niños por error"[469]. El Tribunal de Seguridad de Turquía sentenció a Zana a pena de prisión por violar la proscripción del Código Penal de las incitaciones públicas al odio y a la hostilidad y su prohibición contra la participación en grupos o en organizaciones armadas[470].

El Tribunal europeo, aplicando las normas del artículo 10.2 del CEDH en su examen al caso, concluyó que la limitación a la libertad de expresión del Sr. Zana estaba prevista por la ley[471], y que las restricciones eran legítimas, dado que podían justificarse por razones de seguridad nacional y seguridad pública a la luz de los "graves disturbios" que se producían en Turquía sudoriental[472]. El Tribunal después entró en el examen del contenido de las declaraciones del Sr. Zana para determinar si las restricciones eran necesarias en una sociedad democrática[473]. Observó que las declaraciones del Sr. Zena eran contradictorias y vagas, pero que también "coincidían con ataques homicidas perpetrados por el PKK contra civiles en Turquía sudoriental"[474]. Dado que el Sr. Zana había sido alcalde de Diyarkabir, su respaldo al PKK podía considerarse como "probable exacerbación de una situación ya explosiva" en la región, lo que llevó al TEDH a concluir que la condena de Zana había sido resultado de una "necesidad social imperante" y proporcionada con un objetivo legítimo[475].

---

[468] *Ibid*, párr. 12.
[469] *Ibidem*.
[470] *Ibid*, párrs. 27 y 31.
[471] *Ibid*, párr. 37.
[472] *Ibid*, párr. 41.
[473] *Ibid*, párr. 56.
[474] *Ibid*, párr. 59.
[475] *Ibid*, párrs. 61 y 62.

En el asunto *Sürek c. Turquía* (n° 1)[476], el Tribunal europeo volvió a concluir que las limitaciones a las expresiones de odio y la "glorificación de la violencia" no iban en contra del artículo 10 del CEDH. El peticionario era el principal accionista de una empresa propietaria de una publicación semanal turca que divulgaba cartas al redactor en las que se criticaba acerbamente las medidas de las autoridades turcas en la atribulada zona sudoriental del país, y se llamaba a las autoridades "banda de asesinos"[477]. El Sr. Sürek fue condenado por difundir propaganda separatista[478], y presentó una denuncia ante el Tribunal europeo. El TEDH concluyó que la restricción a la libertad de expresión estaba "previsto por la ley", de acuerdo con la Ley de Prevención del Terrorismo de 1991[479], y observó que las restricciones que había impuesto el gobierno turco a la libertad de expresión eran legítimas, dado que podía decirse que procuraban la seguridad nacional y la integridad territorial en una zona delicada[480].

Mientras que con respecto a la cuestión de si la interferencia era "necesaria en una sociedad democrática", el Tribunal observó que las cartas tenían el claro propósito de estigmatizar a la otra parte utilizando frases como "el ejército fascista turco" y "la banda de asesinos turcos" junto con palabras como "matanzas" y "carnicerías"[481]. También observó que las cartas habían sido publicadas con el telón de fondo de una grave situación de seguridad en la zona sudoriental de Turquía, escenario

---

[476]   STEDH de 8 de julio de 1999, asunto *Sürek c. Turquía* (n° 1) (Decisión n° 22682/05) (TOL9.164.296; consulta: 14/10/2023).

[477]   *Ibid*, párr. 11.

[478]   *Ibid*, párrs. 14 y 15.

[479]   *Ibid*, párr. 48.

[480]   *Ibid*, párr. 52.

[481]   *Ibid*, párr. 62.

de violentos disturbios y de estado de emergencia[482]. Dado este contexto, el Tribunal de Estrasburgo consideró que las cartas podían "*incitar a una mayor violencia en la región al instigar un odio profundo e irracional contra aquellos a los que describía como responsables de las presuntas atrocidades*"[483]. El TEDH también resaltó que una de las cartas identificaba a algunas personas por su nombre, exponiéndolas a una posible violencia, y observó que, aunque no se admita la interferencia en casos de información que meramente perturba u ofende, este caso superaba esa norma poque conllevaba expresiones de odio y una "glorificación de la violencia"[484].

El Tribunal europeo resaltó -finalmente- que, si bien el peticionario no se vinculaba a las opiniones de los que enviaban las cartas, les ofreció a éstos un "medio para incitar a la violencia y al odio"[485]. Amén de tener influencia en el contenido de la publicación y estaba, por tanto, sujeto a "las obligaciones y responsabilidades" que establece el artículo 10 del CEDH[486]. En consecuencia, el Tribunal llegó a la conclusión de que las sanciones podían ser razonablemente consideradas una respuesta a una necesidad social imperiosa y, por tanto, proporcional de acuerdo con el objetivo legítimo que se perseguía[487].

Por último, en el asunto *Medya FM Reha Radyo ve Iletisim Hizmetleri A. S. c. Turquía*[488], el Tribunal europeo analizó la suspensión (por un año) del presente medio de comunicación por decisión del Consejo Superior Audiovisual turco, motivada por

---

[482] *Ibidem.*
[483] *Ibidem.*
[484] *Ibidem.*
[485] *Ibid*, párr. 63.
[486] *Ibidem.*
[487] *Ibid*, párrs. 63 y 65.
[488] STEDH de 14 de noviembre de 2006, asunto *Medva FM Reha Radvo ve Iletisim Hizmetleri A. S. c. Turquía* (Decisión nº 32842/02).

la difusión de expresiones contrarias a los principios nacionales y de unidad territorial, cuyo mensaje, se afirmaba, incitaban a la violencia, al odio y a la discriminación racial lo que
resultaba contrario artículo 4 de la Ley nº 3984, de 12 de abril
de 1991[489]. El TEDH observó que "*cuando el discurso impugnado
alienta el uso de la violencia contra un individuo, un representante del
Estado o parte de la población, las autoridades nacionales gozan de un
margen de apreciación en su examen de la necesidad de injerencia en el
ejercicio de la libertad de expresión*"[490]. En este sentido, el Tribunal
de Estrasburgo reiteró que "*expresiones que podrían ser calificadas
como discurso de odio, apología de la violencia o incitación a la violencia, como es el caso aquí, no pueden ser consideradas compatibles con el
espíritu de tolerancia y contravienen los principios fundamentales valores de justicia y paz expresados en el Preámbulo de la Convención*"[491].
Por ello, el Tribunal europeo volvió a concluir que las expresiones producidas no gozaban de la protección del derecho a la libertad de expresión garantizado en el artículo 10 del CEDH[492].

2. No obstante, los criterios del TEDH relacionados con las
    restricciones a la libertad de expresión no siempre han
    dado lugar a una sentencia condenatoria y en favor de
    la seguridad nacional o del orden público. Así tenemos,
    por ejemplo, las sentencias *Sürek y Özdemir c. Turquía*,
    de 8 de julio de 1999; *Arslan c. Turquía*, de 8 de julio de
    1999; *Müslüm Gündüz c. Turquía*, de 4 de diciembre de
    2003, y *Faruk Temel c. Turquía*, de 1 de febrero de 2011.

En la primera de las sentencias mencionadas (*Sürek y Özdemir c. Turquía*[493]), el Tribunal vuelve a abordar la divulgación

---

[489]   *Ibid*, párr. 1.
[490]   *Ibid*, párr. 3.
[491]   *Ibidem.*
[492]   *Ibidem.*
[493]   STEDH de 8 de julio de 1999, asunto *Sürek y Özdemir c. Turquía*
        (Decisiones nº 23927/94 y 24277/94) (TOL9.164.296; consulta:

en una publicación turca de una entrevista informativa con un dirigente del grupo político ilegal perteneciente al Partido Kurdo de los Trabajadores (PKK). Como en el caso anterior, el Sr. Kamil Sürek, en esta ocasión junto con el Sr. Yüçel Özdemir, el redactor responsable de periódico semanal: *Haberde Yorumda Gerçek*[494]. Después de la entrevista, en la que el dirigente del PKK declaró continuar librando la guerra contra el Estado turco, en tanto éste se resistiera a la voluntad de los kurdos, las autoridades turcas acusaron a los Srs. Sürek y Özdemir de divulgación de propaganda separatista y de opiniones terroristas en violación de la Ley de Prevención del Terrorismo, de 1991[495].

El Tribunal europeo, en su examen de la denuncia del peticionario de que se había violado su libertad de expresión, aplicó los criterios ya reseñados del artículo 10.2, llegando a la conclusión de que las violaciones estaban prescritas por ley y tenían el objetivo legítimo de mantener la seguridad nacional y el orden público[496]. Con respecto al tercer requisito -esto es, que las medidas sean "necesarias en una sociedad democrática"-, el Tribunal observó que ello exige que exista una "necesidad social imperiosa" y que este elemento no estaba presente en el caso en cuestión[497]. El Tribunal primero reiteró que el artículo 10.2 del CEDH deja poco margen para las restricciones al discurso o el debate político sobre cuestiones de interés público[498]; señalando seguidamente que la entrevista en cuestión no podía considerarse una incitación a la violencia o el odio, sino que la misma tenía "un contenido noticioso que permitía que el público obtuviera información sobre la psico-

---

14/10/2023).
[494] *Ibid*, párr. 8.
[495] *Ibid*, párrs. 10, 12 y 23.
[496] *Ibid*, párrs. 47 y 51.
[497] *Ibid*, párr. 60.
[498] *Ibidem*.

logía de quienes impulsaban la oposición a la política oficial en Turquía sudoriental"[499]. En consecuencia, el TEDH dictaminó que las razones de las autoridades turcas para la condena del peticionario no bastaban para justificar la interferencia con la libertad de expresión[500].

En el segundo de los asuntos: *Arslan c. Turquía*[501], el Tribunal europeo volvió a concluir que las críticas al gobierno que no constituyen una incitación a la violencia o el odio no podían restringirse en forma justificada. Günay Arslan, un ciudadano turco, escribió un libro titulado *"History in Mourning: 33 Bullets"*, en el que se analizaba la opresión de los kurdos por Turquía[502]. El Sr. Arslan fue condenado por divulgar propaganda separatista debido a intentar incitar a los de ascendencia kurda a rebelarse contra el Estado[503]. En el análisis del caso por el Tribunal, éste concluyó que la condena del Sr. Arslan, en aplicación de la Ley de Prevención del Terrorismo, cumplía con el requisito del artículo 10.2 de que la interferencia con la libertad de expresión estuviera preestablecida por ley[504].

El TEDH también concluyó que, dada la "sensibilidad de la situación de seguridad" en Turquía sudoriental, el gobierno tenía el objetivo legítimo de proteger la seguridad nacional y la integridad territorial, y evitar desórdenes en sus restricciones a la libertad de expresión[505]. Mientras que respecto al requisito de que la restricción fuese necesaria en una sociedad democrática, el Tribunal observó que el libro contenía una narración

---

[499]   *Ibid*, párr. 61.
[500]   *Ibidem.*
[501]   STEDH de 8 de julio de 1999, asunto *Arslan c. Turquía* (Decisión nº 23462/94).
[502]   *Ibid*, párr. 10.
[503]   *Ibid*, párr. 19.
[504]   *Ibid*, párr. 37.
[505]   *Ibid*, párr. 40.

histórica literaria y que, si bien no era neutral en la descripción de los hechos, la crítica que se proponía efectuar contra las autoridades turcas estaba comprendida dentro del ámbito del discurso político y de las cuestiones de interés público, esferas en las que existe escaso margen para imponer restricciones congruentes con el artículo 10.2 del CEDH[506].

En última instancia, el Tribunal concluyó que el libro contenía un "tono hostil" y "pasajes duros", pero no incitaba a la violencia o la resistencia armada[507]. Todo ello, y la grave condena de prisión de un año y ocho meses, llevó al Tribunal a la conclusión de que esa condena era "desproporcionada" con los objetivos perseguidos y, en consecuencia, no era "necesaria en una sociedad democrática[508].

Por su parte, en el asunto *Müslüm Gündüz c. Turquía*[509], el Tribunal analiza las expresiones proferidas por un miembro de una secta islamista durante la transmisión de un debate. Las expresiones controvertidas señalaban duras críticas sobre las instituciones seculares del sistema democrático turco, pidiendo además la introducción de la ley *Sharia*. El TEDH afirmó que las declaraciones no podían considerarse como una llamada a la violencia o como discurso de odio basado en la intolerancia religiosa, por el mero hecho de defender la *Sharia*[510].

---

[506]　*Ibid*, párrs. 45 y 46.

[507]　*Ibid*, párr. 48.

[508]　*Ibid*, párr. 50.

[509]　STEDH de 4 de junio de 2004, asunto *Müslüm Gündüz c. Turquía* (Decisión n° 35071/97) (TOL9.089.423; consulta: 10/12/2022).

[510]　En la misma línea, véase STEDH de 6 de julio de 2006, asunto *Erbakan c. Turquía* (TOL965.152). Este asunto hace referencia a un político turco, quien, durante la campaña para las elecciones municipales, pronunció un discurso contra los no musulmanes, con acusaciones de explotación y opresión del mundo islámico, y con una abierta invitación a instaurar una fraternidad basada en el islam. El discurso fue interpretado por los tribunales nacionales turcos como

En concreto, en el caso *Gündüz c. Turquía*, el cual se caracteriza por el hecho de que el demandante fue sancionado por declaraciones calificadas por los tribunales internos de «discurso de odio». A la vista de los instrumentos internacionales y de su propia jurisprudencia, el Tribunal europeo subraya, una vez más, que la tolerancia y el respeto de la igual dignidad de todos los seres humanos constituyen el fundamento de una sociedad democrática y pluralista[511].

De todo ello resulta que, en principio, se puede juzgar necesario, en las sociedades democráticas, sancionar o prevenir todas las formas de expresión que propaguen, inciten, promuevan o justifiquen un odio[512]. No obstante, el Tribunal observa, en primer lugar, que la emisión en cuestión estaba consagrada a la presentación de una secta cuyos adeptos atraían la atención del gran público. El señor Gündüz, considerado como el dirigente de ésta y cuyas ideas son bien conocidas por el público, estaba invitado a ella con un fin preciso: la presentación de su secta y de sus ideas no conformistas, principalmente, en cuanto a la incompatibilidad de su concepción del islam con los valores actuales, y se limitaba a un intercambio de puntos de vista sobre el papel de la religión en una sociedad democrática. Este tema era ampliamente debatido en los medios de comunicación turcos y se refería a una cuestión de interés ge-

---

incitación al odio y a la hostilidad, y el Sr. Erbakan fue condenado a penas pecuniarias y de prisión. El TEDH estimó, en cambio, que la sanción impuesta a nivel interno por discurso de odio entraba en contradicción con el artículo 10.2 del CEDH.

[511]   STEDH *Gündüz c. Turquía*, párr. 42 (TOL9.089.423)..

[512]   *Ibid*, párr. 44. Sobre la relación entre democracia y discurso del odio, ver. REVENGA, M.: "Discurso del odio y modelos de democracia", en *El Cronista del Estado Social y Democrático de Derecho*, n. 50 (2015), pp. 32-35.

neral, campo en el que las restricciones a la libertad de expresión exigen una interpretación rigurosa[513].

Por lo que respecta al primer pasaje de las afirmaciones de Gündüz (esto es: "*toda persona que se dice demócrata, laica (...) no tiene religión (...). La democracia en Turquía es despótica, sin piedad e impía (...). El sistema laico (...) es hipócrita, trata a unas personas de una manera y a otras de modo diferente (...). Mantengo estas afirmaciones sabiendo que constituyen un crimen según las leyes de la tiranía. ¿Por qué tendría que dejar de hablar?, ¿hay otra vía diferente de la muerte?*"), se puede señalar que para el Tribunal estas palabras denotan una actitud intransigente y un descontento profundo frente a las instituciones actuales de Turquía, tales como el principio de la laicidad y la democracia; pero que, sin embargo, examinadas en su contexto no pueden considerarse una llamada a la violencia, ni un discurso de odio basado en la intolerancia religiosa[514].

Mientras que, en relación con el segundo de los pasajes (esto es, "*si una persona pasa su noche de bodas después de que su matrimonio hubiera sido celebrado por un funcionario del ayuntamiento habilitado por la República de Turquía, el niño que nazca de esta unión será un bastardo*"[515]), el Tribunal europeo, aunque afir-

---

[513] *Ibid*, párr. 43. Sobre el margen de apreciación, ver WACHSMANN, P.: "Un certaine marge d'appréciation. Considération sur les variations du contrôle européen en matière de liberté d'expression", en AA.VV.: *Les droits de l'hpmme au seuil du troisième millénaire. Mélanges en hommage a Pierre Lambert*, Bruylant, Bruselas 2000; YOUROW, H.Ch.: *The margin of appreciation doctrine in the dynamic of European Human Rights jurisprudence*, Kluwer Law International, La Haya/Londres/Boston 1996.

[514] *Ibid*, párr. 48.

[515] *Ibid*, apdo. 49. En turco, el término «piç» (bastardo) designa peyorativamente a los hijos nacidos fuera del matrimonio y/o nacidos de un adulterio y su uso en la lengua corriente constituye un insulto tendente a ultrajar a la persona afectada.

ma que no puede dejar de lado el hecho de que la población turca, profundamente vinculada a un modo de vida secular del que forma parte el matrimonio civil, puede legítimamente sentirse atacada de manera injustificada y ofensiva, considera que se trataba de declaraciones orales hechas en el transcurso de una emisión de televisión en directo, lo que no daba al demandante la posibilidad de reformularlas, perfeccionarlas o retirarlas antes de que fueran hechas públicas[516]. El Tribunal constata, asimismo, que los jueces turcos, mejor situados que los jueces internacionales para evaluar el impacto de tales palabras, no concedieron una importancia especial a este hecho[517]. Por lo que el TEDH considera que, al sopesar, por un lado, los intereses de la libertad de expresión y, por otro, los relativos a la protección de los derechos ajenos, a la vista del criterio de la necesidad planteado por el artículo 10.2 del CEDH, procede conceder más importancia al hecho de que el demandante participaba activamente en una discusión pública[518].

Por último, en la sentencia *Faruk Temel c. Turquía*[519], el Tribunal conoce de la declaración del presidente de un partido político en la que criticaba la intervención de Estados Unidos en Irak, el confinamiento de un líder terrorista y la desaparición de personas bajo custodia policial. El presidente del partido fue condenado por difundir propaganda en la que defendía el uso de la violencia y los métodos terroristas. El TEDH consideró, a este respecto, que se había producido una violación del artículo 10 (libertad de expresión) del Convenio y, por tanto, una violación de la libertad de expresión del dirigente político

---

[516] *Ibid*, párr. 44.

[517] *Ibid*, párr. 47.

[518] *Ibid*, apdo. 49. Cfr. QUESADA ALCALÁ, C.: "La labor del Tribunal Europeo...", op. cit., pp. 1-33.

[519] STEDH de 1 de mayo de 2011, asunto *Faruk Temel c. Turquía (Decisión n° 16856/05) (TOL9.067.731; consulta: 10/10/2023).*

en cuestión. En particular, señaló que el dirigente partidista había estado hablando como actor político y miembro de un partido político de oposición, presentado puntos de vista desde su posición ideológica, en asuntos de actualidad y de interés general. Por lo que el TEDH consideró que el discurso en general no incitaba a la violencia, a la resistencia armada ni al levantamiento.

3. La presente temática nos introduce en una última cuestión relacionado con la permisibilidad o no de determinados grupos, que bajo incluso la denominación de partidos políticos, plantean postulados contra el propio Estado democrático, por un lado, o/y mantienen posicionamientos racistas y negacionistas principalmente del Holocausto judío producido durante la Segunda Guerra Mundial, por otro. A este respecto, se pueden citar las dos resoluciones siguientes. En primer término, la Decisión sobre el caso *X c. Italia*, de 21 de mayo de 1976[520], en la que la ComEDH admite que las sanciones penales impuestas al demandante por fundar un movimiento político cuya doctrina, programa y símbolos se inspiraban en el partido fascista estaban justificadas, pues perseguían como objetivo proteger las instituciones democráticas.

Mientras que una segunda Decisión tiene que ver con el caso *Glimmerveen y Hagenbeek c. Países Bajos*, de 11 de octubre de 1979[521]. El Sr. Glimmerveen se convirtió, en 1974, en presidente del partido político *Nederlandendse Volks Unie* (NVU), que se basaba en la convicción de que es interés general de un Estado que su población sea étnicamente homogénea. La ComEDH

---

[520] Decisión de admisibilidad de 21 de mayo de 1976, asunto *X c. Italia* (Decisión n° 6323/73).

[521] Decisión de admisibilidad de 11 de octubre de 1979, asunto *Glimmerveen y Hagenbeek c. Países Bajos* (Decisión núms. 8348/78 y 8406/78).

analiza, en primer lugar, el derecho de libertad de expresión establecido en el artículo 10 del CEDH, y manifestó que *"la Comisión recuerda que el Tribunal Europeo de Derechos Humanos en el asunto Handyside (sentencia de 7 de diciembre de 1976, serie A, nº 24, apartado 491), ha sostenido que la libertad de expresión constituye uno de los fundamentos esenciales de una sociedad democrática, una de las condiciones básicas para su progreso y para el desarrollo de todo hombre. Y añadió: "Sujeto al párrafo 2 del Artículo 10, es aplicable no sólo a las 'informaciones' o 'ideas' que son recibidas favorablemente o consideradas como inofensivas o como una cuestión de indiferencia, sino también a aquellas que ofenden, conmocionan o perturban al Estado o a cualquier sector de la población. Tales son las exigencias de ese pluralismo, tolerancia y amplitud de miras sin las cuales no hay "sociedad democrática"'*.

Después de lo cual, la ComEDH consideró que no se había vulnerado ningún derecho del CEDH, ni la sanción al primero por estar en posesión y pretender distribuir unos panfletos que incitaban al odio racial, ni la anulación de las listas electorales en las que figuraban tanto el Sr. Glimmerveen como el Sr. Hagenbeek, vicepresidente del partido. El ComEDH advirtió a este respecto, aplicando el artículo 17 del CEDH, que *"los demandantes buscan esencialmente utilizar el artículo 10 para fundar sobre el Convenio un derecho a llevar a cabo actividades (...) que son contrarias a la letra y al espíritu del Convenio, derecho que si se permitiera contribuiría a la destrucción de los derechos y libertades establecidos"*[522].

---

[522] Ello lleva a la Comisión a concluir, en relación con el artículo 17, que *"El objetivo general del artículo 17 es evitar que las agrupaciones totalitarias exploten en beneficio de los principios establecidos en el Convenio. Para lograr este objetivo, no es necesario privar de todos los derechos y libertades garantizados por la Convención a las personas que se encuentren involucradas en actividades encaminadas a la destrucción de cualquiera de esos derechos y libertades. El artículo 17 se refiere esencialmente a los derechos que, de ser invocados, permitirían tratar de derivar de ellos el derecho a participar*

3.4. TEDH, ComEDH y negacionismo

3.4.1. Libertad de expresión y negación de los genocidios

Partiendo de lo anterior, un tercer contenido cabe situarlo en el **delito de negacionismo de los genocidios**[523], y de un modo especial del Holocausto. En este ámbito, la actividad desarrollada, tanto por la ComEDH como por el TEDH, puede calificarse de esencial al inadmitir las demandas de los que se presentaban como víctimas, cuando lo cierto es que eran más que "lobos con piel de cordero"[524]. Por lo que a esta materia

---

efectivamente en actividades encaminadas a la destrucción de los derechos o libertades reconocidos en la Convención (cf. Lawlessn (fondo), sentencia de 1 de julio de 1961, "En Droit", párr. 6, p. 45)".

[523] Para ubicar el discurso negacionista, nos acogemos al concepto de BILBAO UBILLOS, quien señala que el negacionismo es el "*discurso que consiste en cuestionar o negar la realidad del genocidio cometido por los nazis durante la II Guerra Mundial, con el propósito declarado de borrar de la memoria colectiva la huella de esa infamia. Y comprende la negación pura y simple o la puesta en duda o en tela de juicio tanto de la realidad del genocidio como de su amplitud o de las modalidades de ejecución*" (BILBAO UBILOS, J.M.: "La negación del Holocausto en la jurisprudencia del Tribunal Europeo de Derechos Humanos: la endeble justificación de tipos penales contrarios a la libertad de expresión", en *Revista de Derecho Político*, núms. 71-72 (2008), p. 19).

[524] Por lo que respecta a la significativa actividad llevada a cabo por la ComEDH cabe mencionar las decisiones siguientes: El primero de los casos lo encontramos en la Decisión de 16 de julio de 1982, asunto *X c. Austria*, en la que el demandante acudió a los órganos de Estrasburgo alegando que la sanción por haber colgado unos folletos en la valla de su jardín, en los que calificaba de "pura invención", de "mentira inaceptable" y de "estafa sionista" la masacre de seis millones de judíos. La ComEDH consideró que la sanción era legítima, toda vez que perseguía no sólo la protección de la reputación ajena, sino que también era necesaria en una sociedad democrática, sociedad que: "*se basa en los principios de tolerancia y de espíritu amplio a los que manifiestamente faltaban dichos panfletos. Es particularmente necesario garantizar estos principios con re-*

se refiere, y concretándola en la actividad desarrollada por el TEDH cabe mencionar las sentencias siguientes.

Una primera sentencia aborda el asunto *Lingens c. Austria*, de 8 de julio de 1986[525]. Dicho asunto tiene su fundamento

---

lación a los grupos que históricamente han sufrido discriminación". El segundo supuesto es la Decisión sobre el caso *T c. Bélgica*, de 14 de julio de 1983. En esta ocasión, el ComEDH consideró que la sanción impuesta a la demandante por publicar un texto de León Degrelle, en el que -con el título "Carta al Papa a propósito de Auschwitz" negaba la realidad de exterminio de seis millones de judíos, principalmente en Auschwitz y relativizaba las atrocidades nazis en comparación con otras atrocidades de la guerra, no infringía las exigencias del segundo párrafo del Art. 10 del CEDH. Una tercera la Decisión se produjo con el caso *H, W, P y K c. Austria*, de 12 de octubre de 1989, en la que los demandantes, juzgados culpables por las autoridades austriacas como consecuencia de varias actividades (elaboración de panfletos negando el Holocausto, programa del ANR fundado sobre las diferencias de orden biológico entre los individuos, razas y pueblos, sobre los principios de elitismo, unidad nacional de la nación alemana en la totalidad de su *Lebensraum*, la participación en el 90º aniversario de Hitler, etc.) llevadas a cabo en el seno de organizaciones pro-nazis (*Arktion Neue Rechte* (ANR) y *Nationalisticher Bund Nordland* (NBN), invocan ante la ComEDH la vulneración de los artículos 10 y 14 CEDH. Los demandantes alegan que no existen sanciones análogas a las previstas para estas actividades en contra de los que niegan, minimizan o defienden los crímenes comunistas o los crímenes de guerra de las fuerzas aliadas. La ComEDH manifiesta que esta distinción encuentra una justificación objetiva y razonable en la historia concreta de Austria durante la era nacionalsocialista, las obligaciones asumidas posteriormente por el Estado austriaco y el riesgo que para la sociedad austriaca pueden constituir actividades fundadas en el pensamiento nacionalsocialista. Concluye afirmando con referencia al artículo 17 del CEDH que: "*Observa que el nacionalsocialismo es una doctrina totalitaria incompatible con la democracia y los derechos humanos, y que sus partidarios incontestablemente buscan objetivos del tipo de los mencionados en el artículo 17*".

[525]   TEDH: sentencia de 8 de julio de 1986, asunto *Lingens c. Austria* (Decisión nº 9815/82) (TOL216.239; consulta: 15/7/2023).

en las acusaciones efectuadas en un medio televisivo por el presidente del Centro de Documentación Judía, el conocido "cazanazis" Simón Wisenthal, de que el presidente del Partido Liberal de Austria, Sr. Friedrich Peter, había servido durante la Segunda Guerra Mundial en la SS. Antes estas acusaciones, el Canciller saliente, y presidente del Partido Socialista austriaco, Bruno Kreisky, defendió al anterior y tachó las actividades del Sr. Wisenthal de "mafiosas". Este hecho dio lugar a la publicación de dos artículos del Sr. Lingens, jefe de redacción de la revista *Profil* ("El caso Peter", "Reconciliarse con los nazis, pero ¿cómo?"), en los que atacaba al Canciller tachándolo de benevolente con el pasado nazi de las personas que tomaban parte de la vida política austriaca y calificándole, entre otras cosas, de "inmoral e indigno"; artículos que le valieron una sanción.

El TEDH amparó al Sr. Lingens en base, primero, a la importancia que la libertad de expresión tiene en el debate público[526]; segundo, a que el Sr. Kreisky era un personaje público y que como tal ha de soportar mayores injerencias en su honor[527] y, tercero, que los artículos vinieron precedidos de unas polémicas declaraciones de este último[528].

---

[526]   *Ibid*, párr. 37: *"(…) Considera también, como lo hace la Comisión, que un político, como acostumbrado a atacar a sus adversarios, tiene que esperar ser objeto de críticas más duras que cualquier otra persona".*

[527]   *Ibid*, párr. 38: *"Sobre este último punto comprueba el Tribunal que los términos que se censuran al señor Lingens se referían a determinadas declaraciones públicas del señor Kreisky contra el señor Wiesenthal (apartado 10) y a su comportamiento como personalidad política en relación a los antiguos nazis y al nacional-socialismo (apartado 14). Por ello, no se puede interpretar en el caso de autos el artículo 10 a la vista del artículo 8".*

[528]   *Ibid*, párr. 43: *"(…) Se trataba en los artículos de cuestiones políticas de interés público para Austria, que habían suscitado numerosas y apasionadas discusiones sobre la actitud de los austríacos en general, y del Canciller en particular, frente al nacional-socialismo y la participación de los antiguos nazis en el gobierno del país. Su contenido y su tono eran, en conjunto, bastante equilibrados, pero el empleo especialmente de los términos antes citados*

El segundo de los casos lo encontramos con la Decisión sobre el asunto *Otto E.F.A. Remer c. Alemania,* de 6 de septiembre de 1995[529]. El demandante, general retirado, acudió a la
ComEDH alegando la vulneración del artículo 10 del CEDH
como consecuencia de la sanción penal impuesta por los tribunales alemanes por haber publicado una serie de artículos en
los que, entre otras cosas, negaba la existencia de las cámaras
de gas, negaba la realidad de Auschwitz, consideraba mentira la ejecución de cuatro millones de judíos, o denunciaba el
trato privilegiado que recibían los que demandaban asilo a los
que calificaba de traficantes de droga. La ComEDH, aplicando
el artículo 17 del CEDH, declaró la demanda inadmisible, al
considerar que *"los escritos del demandante van en contra de uno*

---

*parecía capaz de perjudicar al buen nombre del señor Kreisky. No obstante,
al tratarse del señor Kreisky en su condición de político, hay que tener en
cuenta las circunstancias en que se escribieron estos artículos. Pues bien, se
publicaron poco después de las elecciones generales de octubre de 1975. Con
anterioridad, muchos austríacos creían que el partido del señor Kreisky perde-
ría la mayoría absoluta y se vería obligado, para gobernar, a coaligarse con el
partido del señor Peter. Cuando después de las elecciones el señor Wiesenthal
se refirió al pasado nazi del señor Peter, el Canciller defendió a éste y atacó a
su detractor, calificando sus actividades como «métodos mañosos», y de ahí
vino la enérgica reacción del señor Lingens (apartados 9-10 precedentes).
Las expresiones impugnadas tenían, por tanto, como fondo una discusión política posterior a las elecciones, y como lo comprobó el Tribunal regional de Viena
en su fallo de 26 de marzo de 1979 (apartado 24 anterior), en esta lucha se
utilizaban las armas de que se disponía, las cuales no eran raras en los duros
combates de la vida política. No hay que perder de vista estas circunstancias al
considerar en el ámbito del Convenio la pena que se impuso al (ahora) demandante y los fundamentos de lo fallado por los tribunales internos".*
El TEDH se ha pronunciado en dos ocasiones más sobre esta temática amparando en ambos al Sr. Oberschlick (el 20 de abril de 1983
y el 1 de julio de 1997) con los mismos argumentos esgrimidos en la
STEDH *Lingens c. Turquía* (TOL216.239).

[529]   Decisión de 6 de septiembre de 1995, asunto *Otto E.F.A. Remer c.
Alemania* (Decisión n° 25096/94).

de los valores fundamentales del Convenio, tal como se señala en su Preámbulo, a saber, la justicia y la paz y denotan una discriminación racial y religiosa. El interés general que presentan la defensa del orden y la prevención del crimen en la sociedad alemana frente a la incitación al odio contra los judíos y la necesidad de proteger la reputación y los derechos de esta comunidad priman, en una sociedad democrática, sobre el derecho del demandante a difundir publicaciones cuestionando la exterminación de los judíos en las cámaras de gas de los campos de concentración bajo el régimen nazi"[530].

En esta misma línea, uno de los casos más destacados ha sido el asunto *Marais c. Francia*, de 24 de junio de 1996[531]. La decisión se centra en el trabajo de un científico que pretendía demostrar que la técnica utilizada por los nazis en las cámaras de gas del campo de Struthof-Natzweiler, en ningún caso pudieron haber producido los efectos devastadores que se le atri-

---

[530] La ComEDH ha tenido igualmente la oportunidad de pronunciarse sobre esta temática y su relación con el artículo 10 CEDH, entre otras, en las Decisiones siguientes: de 16 de julio de 1982 sobre la admisibilidad del caso *X c. República Federal de Alemania* y de 14 de julio de 1983, sobre la admisibilidad del caso *T. c. Bélgica*. Mientras que respecto a la utilización del artículo 17 CEDH véanse las Decisiones de 12 de mayo de 1988, sobre la admisibilidad del asunto *Michel Kühnen c. República Federal Alemana*; de 12 de octubre de 1989, sobre la admisibilidad del asunto *B.H., M. W., H.P. y G. K. c. Austria*; de 2 de septiembre de 1994, sobre la admisibilidad del asunto *Walter Ochensberger c. Austria*; de 11 de enero de 1995, sobre la admisibilidad del asunto *Udo Walendy*; de 18 de octubre de 1995, sobre la admisibilidad del asunto *Gerd Honsik c. Austria*; de 29 de noviembre de 1995, sobre la admisibilidad del asunto *Nationaldemokratische Partei, Bezirksverband München-Oberbayern c. Alemania*; de 24 de junio de 1996, sobre la admisibilidad del asunto *Marais c. Francia*; de 29 de junio de 1996, sobre la admisibilidad del asunto *Irving c. Alemania*; y de 9 de septiembre de 1998, sobre la admisibilidad del asunto *Heerwig Nachtmann c. Austria*.

[531] Decisión de admisibilidad de 24 de junio de 1996, asunto *Marais c. Francia* (Decisión nº 31159/96).

buyen. Marais fue condenado a una multa y a la indemnización civil por daños y perjuicios, dado que al negar la existencia de los crímenes cometidos en una de las cámaras de gas se subsumía la conducta en el delito de negación del Holocausto judío, de conformidad con lo establecido en el artículo 17 del Convenio[532]. La ComEDH advirtió que "*consideraba que el demandante intenta desviar el artículo 10 de su vocación utilizando su derecho a la libertad de expresión para fines contrarios al texto y espíritu del Convenio y que, si fueran admitidas, contribuirían a la destrucción de los derechos y libertades garantizados por el Convenio*".

Un cambio sutil en la jurisprudencia del TEDH se aprecia desde la aparición de la sentencia *Lehideux e Isorni c. Francia*, de 23 de septiembre de 1998[533], ya que el Tribunal europeo no va a plantear la compatibilidad o no de los hechos con el artículo 17 del CEDH, sino bajo el prisma del propio artículo 10. En esta resolución se cuestionaba la publicación del diario *Le Mon-*

---

[532] No obstante, se ha precisado que "*se trata de una cláusula pensada para privar de protección a aquellos que pretendan valerse de los derechos y libertades del Convenio con propósitos liberticidas: «el propósito general del Art. 17 es prevenir que individuos o grupos con fines totalitarios exploten en sus propios intereses los principios enunciados en el Convenio». Como describe Javier García Roca, siguiendo a Cesare Pinelli, confluyen en el origen de esta prohibición de abuso de los derechos fundamentales dos líneas: por un lado, la doctrina iusprivatista del abuso del derecho, y por otro, la defensa de la democracia frente a los totalitarismos que se desarrolla en el constitucionalismo tras la II Guerra Mundial*" (cit. en TERUEL LOZANO, Germán M.: "El discurso de odio como límite a la liberta de expresión...", op. cit., p. 91). Ver también GARCÍA ROCA, J.: «Abuso de los derechos fundamentales y defensa de la democracia (Art. 17 CEDH)», en GARCÍA ROCA, J., y Pablo SANTOLAYA, Pablo (coords.): *La Europa de los Derechos. El Convenio Europeo de Derechos Humanos*, CEPC, Madrid, 2009, p. 728. En este sentido, ver STEDH (Sección 1.ª) de 14 de marzo de 2013, asunto *Kasymakhunov y Saybatalov c. Rusia*, apartado 103.

[533] STEDH de 23 de septiembre de 1998, asunto *Lehideux e Isorni c. Francia* (Decisión nº 24662/94) (TOL313.937; consulta: 7/6/2023).

de, en la que se reprochaba la corta memoria de los franceses con relación a las acciones realizadas por el mariscal Pétain, cuyas simpatías durante la Segunda Guerra Mundial se evidenciaron en favor del bando alemán. La controvertida publicación enfatizaba en la revisión de la condena y la rehabilitación del militar, amparándose en todo momento bajo el artículo 10 del CEDH. En este sentido, el Tribunal europeo manifiesta que *"no existe ninguna duda que al igual que cualquier otra propuesta dirigida contra los valores que defiende el Convenio (ver mutatis mutandis, la sentencia Jersild c. Dinamarca, de 23 de septiembre de 1994, párr. 35), la justificación de una política pronazi no puede beneficiarse de la protección del artículo 10"*[534].

El TEDH advierte, además, de que una revisión histórica negadora del Holocausto no encuentra amparo en el artículo 10 del CEDH, pues, el artículo 17 del CEDH establece que ninguna de las disposiciones del Convenio podrá ser interpretada de forma que justifique la destrucción de los derechos recogidos en el propio Convenio: *"La negación o la revisión del mismo (el Holocausto) está sustraída en virtud del artículo 17 a la protección del artículo 10"*[535].

Lo destacable de esta sentencia se centra en el señalamiento de la existencia de una *"categoría de hechos históricos claramente probados —como el Holocausto— cuya negación o revisión el artículo 17 sustraería de la protección del artículo 10 [...] la justificación de una política pronazi no podría beneficiarse de la protección del artículo 10"*. En definitiva, el TEDH mantiene que no son susceptibles de amparo los mensajes que ataquen la propia democracia. Esta declaración ha se ser entendida -según CATALÁ I BAS- *"en sus justos términos pues darle un significado amplio equivaldría a una restricción ilegítima de las libertades ideológica y de expresión. Las*

---

[534] *Ibid*, párr. 53.
[535] *Ibid*, párr. 47.

injerencias sobre estos derechos son objeto de un control especialmente estricto por parte del TEDH"[536].

Mención especial merece, igualmente, el asunto *Perinçek c. Suiza*[537], ya que en él el Tribunal europeo falla que Suiza realizó una injerencia indebida en la libertad de expresión del demandante, que había sido condenado, de conformidad al Código penal suizo, al haber negado el genocidio armenio. En 2005, el Sr. Doğu Perinçek, presidente del Partido de los Trabajadores de Turquía (PKK), hizo tres declaraciones públicas en distintas ocasiones en Suiza sobre el genocidio armenio[538]. Después de la segunda declaración, la Asociación Suiza-Armenia presentó una denuncia penal contra el Sr. Perinçek. En marzo de 2007, el Tribunal de Policía de Distrito de Lausana lo declaró culpable de violar el artículo 261 bis, § 4, del Código Penal, que

---

[536]   CATALÀ I BAS, A.H.: "¿Tolerancia frente a la intolerancia" El respeto a los valores y principios democráticos como límite a la libertad de expresión", en *Cuaderno de Derecho Público*, núm. 14 (2001), pp. 160-161.

[537]   STEDH Sala de 17 de diciembre de 2013, asunto *Perinçek c. Suiza* (Decisión n° 27510/08) (TOL6.403.944; consulta: 7/6/2023); y sentencia de la Gran Sala de 15 de octubre de 2015, asunto *Perinçek c. Suiza* (Decisión n° 27510/08) (TOL6.403.944; consulta: 7/6/2023).

[538]   En primer lugar, durante una conferencia de prensa en Lausana, dijo: «*Permítanme decir a la opinión pública europea de Berna y Lausana: las acusaciones del 'genocidio armenio' son una mentira internacional (…) inventada por primera vez en 1915 por los imperialistas de Inglaterra, Francia y la Rusia zarista, que querían dividir el Imperio Otomano durante la Primera Guerra Mundial*».
En segundo lugar, durante un evento público en Zúrich, denunció implícitamente la existencia del genocidio al afirmar que «*el problema kurdo y el problema armenio, por lo tanto, no eran un problema y, sobre todo, ni siquiera existían*».
Luego, en septiembre de 2005, durante un mitin del Partido de los Trabajadores de Turquía en Berna, Perinçek sostuvo que «*incluso Lenin, Stalin y otros líderes de la revolución soviética que escribieron sobre la cuestión armenia, dijeron en sus informes que las autoridades turcas no habían llevado a cabo ningún genocidio del pueblo armenio*».

impone prisión de hasta tres años o una multa contra «*cualquier persona que denigre o discrimine públicamente a una persona o grupo de personas por su raza, origen étnico o religión de una manera que viole la dignidad humana, ya sea a través de palabras, material escrito, imágenes, gestos, actos de agresión u otros medios, o cualquier persona que por los mismos motivos niega, groseramente trivializa o busca justificar un genocidio u otros crímenes contra la humanidad*». El Tribunal suizo condenó al Sr. Perinçek a pagar 100 francos suizos durante 90 días, una suma de 3.000 francos suizos, reemplazables por 30 días de prisión, y 1.000 francos suizos a la Asociación Suiza-Armenia por daños morales.

En junio de 2008, el Sr. Perinçek presentó una demanda ante el TEDH. Y, entre otros motivos, alegó que los tribunales suizos habían violado injustamente su derecho a la libertad de expresión garantizado en el artículo 10 del CEDH al condenarlo por negar el genocidio armenio. La Sala del TEDH concluyó que las razones dadas por el tribunal nacional suizo eran insuficientes para justificar su condena. En particular, sostuvo que a la luz de todas las circunstancias, «la condena no equivalía a una 'necesidad social apremiante' ni era 'necesaria en una sociedad democrática', para proteger el honor y los sentimientos de los descendientes de las víctimas de las atrocidades que datan de vuelta a 1915 y años posteriores»[539].

En marzo de 2014, el Gobierno suizo solicitó que el caso se remitiera a la Gran Sala. Ésta sostuvo que la condena penal del Sr. Perinçek constituía una forma de interferencia del Gobierno con su derecho a la libertad de expresión, aunque estaban previstas por la ley y fueron prescritas de conformidad con el objetivo legítimo de proteger la identidad y la dignidad de los armenios. Al ponderar el equilibrio entre el derecho a la libertad de expresión garantizado en el artículo 10 y el derecho a la vida

---

[539]   STEDH *Perinçek c. Suiza* (2013), párr. 129.

privada del artículo 8 del CEDH, la Gran Sala concluyó que la interferencia del Gobierno suizo con el derecho del Sr. Perinçek a la libertad de expresión no era necesaria en una sociedad democrática y que, por tanto, el artículo 10 había sido lesionado[540].

La segunda cuestión por abordar era si la condena penal del Sr. Perinçek constituía una injerencia justificada en virtud del artículo 10 del CEDH. Según el Tribunal europeo, para que una injerencia se considere justificada, «*debe haber sido 'prescrita por ley', destinada a uno o más de los objetivos legítimos [Art. 10.2], y 'necesaria en una sociedad democrática' para lograr ese objetivo u objetivos*»[541]. Además, enfatizó que la expresión «prescrita por la ley» denota que las medidas restrictivas de los gobiernos deben formularse con «*suficiente precisión para permitir que la persona interesada regule su conducta...*»[542]. El Tribunal primero abordó la cuestión de si en el momento de expresar sus declaraciones, el Sr. Perinçek sabía o debería haber sabido que eran susceptibles de hacerlo penalmente responsable. El gobierno sostuvo que el artículo 261 bis, § 4, de su Código Penal tipifica como delito negar tanto el genocidio como los crímenes de lesa humanidad. El Tribunal tomó nota que el Sr. Perinçek admitió ante las autoridades judiciales, que sabía que el Consejo Nacional Suizo había reconocido los acontecimientos de 1915 como un genocidio contra los armenios. A la luz de este hecho, sostuvo que su condena y castigo eran conformes con el artículo 10 § 2 del CEDH[543].

La última cuestión que abordó el Tribunal europeo fue si esa interferencia era necesaria en una sociedad democrática. De conformidad con su jurisprudencia, el TEDH señaló que el adjetivo «necesario», en virtud del artículo 10, implica «*la exis-*

---

[540] STEDH *Perinçek c. Suiza* (2015), párr. 120.
[541] *Ibid*, párr. 124.
[542] *Ibid*, párr. 131.
[543] *Ibid*, párr. 72.

tencia de una necesidad social apremiante. Pero los Estados parte en la Convención disfrutan de un margen de apreciación al evaluar si existe tal necesidad. Así, en el asunto Aksu c. Turquía[544], la Corte sostuvo que *«los estereotipos negativos de un grupo étnico eran capaces, al alcanzar cierto nivel, de tener un impacto en el sentido de identidad del grupo y en los sentimientos de autoestima y confianza de sus miembros»*, y, por lo tanto, este estereotipo negativo estaba dentro del significado del artículo 8 del CEDH sobre el derecho a la vida privada. Debido a que la identidad del pueblo armenio se percibía como un grupo que sufrió atrocidades durante los eventos de 1915, la Corte primero procedió a realizar un juicio de ponderación para lograr el equilibrio entre el derecho a la libertad de expresión y el derecho a la vida privada. En la presente sentencia, el Tribunal añade una serie de requisitos que no se han aplicado hasta el momento para la negación del holocausto judío, pero que -en cambio- si aplica a otros crímenes como el genocidio armenio.

De hecho, según el TEDH se debe atender a la finalidad que pretendía el discurso, diferenciando aquéllos que buscan la mera negación, de aquéllos otros que intentan la justificación o banalización de este tipo de delitos. Igualmente, el Tribunal alega la falta de consenso sobre la criminalización de la negación de los crímenes nazis y de los cometidos por el comunismo, entendiendo que sería favorable a la no penalización de estos discursos negacionistas siempre que no lleven aparejada una incitación a la violencia o al odio. Todo ello lleva al TEDH a concluir que en el presente asunto no resulta aplicable el artículo 17 del CEDH[545]. A este respecto, el Tribunal

---

[544]   STEDH de 15 de marzo de 2012, asunto *Aksu c. Turquía* (Decisiones nº 4149/04 y 41029/04) (TOL9.064.329; consulta: 7/6/2023).

[545]   STEDH *Perinçek c. Suiza* (2015), párr. 113.
Sobre esta sentencia, ver GASCÓN CUENCA, Andrés: "La negación de los delitos de genocidio en la jurisprudencia del Tribunal de Eu-

europeo ha recordado que los supuestos de negacionismo del Holocausto sí que quedan excluidos *ratione materiae*, pero en otros supuestos -como el armenio- el Tribunal se ha mostrado proclive a garantizar el más amplio debate, más aún cuando se trata de acontecimientos sobre los que había transcurrido un notable tiempo que permitiría afrontar un debate «abierto y sereno» de la propia historia, sin que fuera de su competencia ser «árbitro» de debates entre historiadores. De esta suerte, ha descartado aplicar de forma autónoma el artículo 17 CEDH en aspectos que *«escapa[n] de la categoría de hechos históricos claramente probados –como el Holocausto– cuya negación o revisión el artículo 17 sustraería a la protección del artículo 10»*[546].

En consecuencia, se puede afirmar que para el Tribunal europeo las presentes conductas no resultaban proporcionadas sobre la base de la sola constatación de que con tales discursos se habían perseguido unos fines nacionalsocialistas que resultan «incompatibles con la democracia y los derechos humanos», y por ende con el artículo 17 del CEDH[547]. El uso de este

---

ropeo de Derechos Humanos a partir de la sentencia Perinçek contra Suiza", en *AFD*, vol. XXXIV (2018), pp. 177-198 (consultar en línea: https://www.boe.es/biblioteca_juridica/anuarios_derecho/abrir_pdf.php?id=ANU-F-2018-10017700197; visitado por última vez el 22 de diciembre de 2023); SALINAS DE FRÍAS, Ana Mª: "El valor absoluto de la libertad de expresión: la sentencia del TEDH en el asunto *Perinçek v. Suiza*, de 15 de octubre de 2015", en *DiariolaLey*, núm. 8816 (2016) (consultar en línea: https://diariolaley.laleynext.es/Content/DocumentoRelacionado.aspx?params=H4sIAAAAAAAEAMtMSbF1CTEAAiNjM2MzI7Wy1KLizPw827DM9NS8klQA9T6hwCAAAAA=WKE; visitado por última vez el 11 de enero de 2023).

[546] A este respecto, véanse también TEDH: sentencias (Gran Sala) de 23 de septiembre de 1998, asunto *Lehideux y Isorni c. Francia*; (Sección 2.ª) de 29 de junio de 2004, asunto *Chauvy y otros c. Francia*; y (Sección 3.ª) de 21 de septiembre de 2006, asunto *Monnat c. Suiza*.

[547] En esta línea, cabe señalar que el Tribunal europeo, en el asunto *Roger Garaudy c. Francia*, optó por un planteamiento radical de pro-

instrumento ha sido criticado por una parte de la doctrina, toda vez que el Tribunal europeo no ha dejado suficientemente claros los criterios en los que se basa para recurrir a la mismos[548], ni haber realizado un juicio de peligrosidad mínimo[549].

Un supuesto distinto es el que se plantea en el asunto *M'Bala c. Francia*[550], en el que el demandante había utilizado un espectáculo teatral cómico para ridiculizar a la comunidad judía, de modo que se entregaba un premio a un académico que negaba el holocausto, siendo dicho premio un candelabro con 3 ramificaciones en forma de manzana, entregado por alguien con pijama de rayas con una estrella cosida con la palabra "judío". El espectáculo teatral fue considerado por

tección frente a los discursos negacionistas del Holocausto, al considerarlos «*una de las más serias formas de difamación racial de los judíos y de incitación al odio contra ellos [...] incompatibles con la democracia y los derechos humanos porque infringen los derechos ajenos. Sus propuestas indiscutiblemente tienen un propósito que cae en la categoría de fines prohibidos por el Artículo 17 de la Convención*». Véanse, también, TEDH: sentencias (Sección 4.ª) de 20 de abril de 1999, sobre la admisibilidad del asunto *Hans-Jürgen Witzsch c. Alemania*; (Sección 1.ª) de 1 de febrero de 2000, sobre la admisibilidad del asunto *Hans Jorg Schimanek c. Austria*; (Sección 1.ª) de 20 de febrero de 2007, sobre la admisibilidad del asunto *P. Ivanov c. Rusia*, y (Sección 2.ª) de 16 de noviembre de 2004, sobre la admisibilidad del asunto *M. A. Norwood c. Reino Unido.*

[548] GARCÍA ROCA, J.: op. cit., p. 755.

[549] Cfr. CANNIE, H., y VOORHOOF, D.: «The abuse clause and freedom of expression in the European Human Rights Convention: an added value for democracy and human rights protection», en *Netherlands Quarterly of Human Rights*, vol. 29/1 (2011), pp. 54-83; ELÓSEGUI ITXASO, M.: «La negación o justificación del genocidio como delito en el Derecho europeo. Una propuesta a la luz de la recomendación n. 15 de la ECRI», en *Revista de Derecho Político*, n.º 98 (2017), pp. 306-316.

[550] STEDH de 20 de octubre de 2015, asunto *M'Bala c. Francia* (Decisión nº 25239/13) (TOL6.403.877; consulta: 14/10/2023).

el Tribunal de Estrasburgo como "una actuación contraria a los valores del Convenio Europeo de Derechos Humanos", de modo que el formato artístico o cultural en este caso era una simple apariencia trasvertida de una innegable conducta injuriosa marcada por una finalidad negacionista y antisemita que superaba los límites de la libertad de expresión.

El argumento central en los tres casos analizados se condensa en el alegato del "peligro que corre la democracia" con la proliferación de estos discursos dañinos. Bajo esta perspectiva, el TEDH se acerca no a la dignidad humana, sino a las circunstancias que pueden atentar contra la subsistencia del propio sistema democrático. Ahora bien, debe llamarse también la atención sobre la dificultad del Tribunal a la hora de analizar hechos históricos sobre los que no tiene una gran certeza, lo que ha llevado a la condición de que se han de tratar de delitos que hayan sido probados por tribunales. Con relación a estos asuntos debemos mencionar la posición de TERUEL LOZANO, para quien una posición expansionista sobre el negacionismo podría conducir a limitaciones de la libertad de expresión que afectasen a la naturaleza misma de la investigación histórica[551].

3.4.2. Libertad de expresión y revisionismo

La anterior temática, además, nos introduce en una última cuestión, la cual tiene que ver con el fenómeno del revisionismo del holocausto y el grado de tolerancia que deben soportar los Estados frente a las expresiones controversiales[552]. A este

---

[551] TERUEL LOZANO, Germán M.: "El discurso de odio como límite a la libertad de expresión en el marco del Convenio Europeo", en *Revista de Derecho Comunitario Europeo*, núm. 27 (2017), p. 8.

[552] Un asunto relevante fue el conocido en la resolución *De Becker c. Bélgica*, de 27 de marzo de 1962. La sentencia conoció de la condena a

respecto, un caso paradigmático fue la resolución *Honsik c. Austria*, de 18 de octubre de 1995[553]. En ella se analiza la condena realizada a un periodista, quien en una serie de artículos de carácter histórico ponía en duda la existencia de una cámara de gas en los campos de concentración nazis. Este asunto fue analizado por la Comisión, desde la perspectiva del artículo 17 del CEDH, y tomando en consideración la legítima libertad de expresión científica (historia revisionista) sobre la verdad histórica. Al respecto, la Comisión señaló que los intentos por negar el genocidio practicado por los nazis es una cuestión que colisiona frontalmente con los valores del Convenio europeo.

En el mismo sentido que la sentencia anterior ubicamos el *asunto Walendy c. Alemania*, de 11 de enero de 1995[554]. La resolución conoce de una publicación en la que se ponía en duda la idoneidad de la técnica utilizada en los crematorios de los campos de concentración para producir la muerte en masa. Por tal motivo, el Tribunal regional de Bielefeld ordenó el secuestro del controvertido impreso, y acusó a Walendy, autor de dicha publicación, del delito de denegación del genocidio. En

---

pena de muerte del periodista De Becker por haber contribuido en el diario *Le Soir* cuya publicidad era abiertamente a favor de las autoridades nazis en la Segunda Guerra Mundial. El señor De Becker fue enjuiciado por haber colaborado como editor en el diario emitiendo propaganda para el enemigo. El asunto llegó a la sede del TEDH porque De Becker alegaba que las expresiones manifestadas en el periódico quedaban amparadas por la libertad de expresión. Finalmente, el TEDH no tuvo la oportunidad de pronunciarse sobre el fondo del asunto (la condena a pena de muerte), debido a que durante el transcurso del proceso el Gobierno belga modificó el precepto penal por el que fue condenado De Becker, lo que produjo el desistimiento del actor.

[553] STEDH de 18 de octubre de 1995, asunto *Honsik c. Austria* (Decisión nº 25062/94).

[554] STEDH de 11 de enero de 1995, *asunto Walendy c. Alemania* (Decisión nº 21128/93).

consecuencia, Walendy se acogió a la protección del artículo 10 del Convenio, la misma fue inadmitida por la Comisión, subrayándose que no puede ser alegada la libertad de expresión cuando se ha abusado de su ejercicio en perjuicio de terceros.

Resulta muy llamativa la inflexibilidad del TEDH frente al avance de las indagaciones científicas históricas en temas relacionados con el Holocausto. Así tenemos, por ejemplo, la sentencia *Garaudy c. Francia*, de 24 de junio de 2003[555]. En esta resolución se cuestiona la publicación de un libro que incluye un capítulo sobre el "mito del Holocausto", en el que minimizaba los crímenes cometidos contra los judíos frente a otros genocidios. El autor fue condenado por la Ley Gayssot por la negación de crímenes contra la humanidad, resolución que sería impugnada ante el TEDH. Al respecto, el TEDH volvió a señalar que *"no puede caber duda de que negar la realidad de hechos históricos claramente establecidos como el Holocausto [...] no constituye un trabajo de investigación histórica que guarde relación con una búsqueda de la verdad"*. Por lo que afirmó que los actos son incompatibles con la democracia y los derechos humanos, consecuentemente no puede ampararse su publicación en la protección del artículo 10 del CEDH, ya que el demandante pretendía hacer uso de su libertad de expresión para finalidades que, en caso de resultar amparadas, contribuirían a la destrucción de los derechos y libertades garantizados en la misma[556].

---

[555] STEDH (Sección 4.ª) de 24 de junio de 2003, sobre la admisibilidad del caso *Roger Garaudy c. Francia* (Decisión nº 65831/01) (TOL9.089.496; consulta: 16/10/2023).

[556] En esta misma línea, vid. STEDH de 23 de septiembre de 1988, asunto *Lehodeux e Isorni contra Francia*. En esta sentencia, el Tribunal europeo manifestó que aceptar una revisión histórica de lo ocurrido en Francia durante la II Guerra Mundial, podría vulnerar el honor de las personas que tuvieron que vivir estos duros acontecimientos, por lo que concluyó que la limitación en la expresión pública de teorías negacionistas, con el objeto de proteger al honor de un co-

Bajo la lógica argumentativa utilizada por el TEDH, resulta pertinente cuestionarnos si existe una diferencia entre la negación del Holocausto y la duda razonable sobre la veracidad de ciertos acontecimientos del mismo, sobre todo en lo que hace a la tipificación del delito (taxatividad). A nuestro juicio, la duda sobre la veracidad de ciertos acontecimientos no implica dejar de reconocer la existencia del Holocausto. No obstante, como en el caso que nos ocupa, la Ley Gayssot señala puntualmente que la negación constituye por sí misma un delito, por lo tanto, aquí no se repara en una cuestión puntual del Holocausto sino en el total desconocimiento del trágico evento histórico.

Por último, en la STEDH (Sección 5.ª) de 7 de junio de 2011, sobre la admisibilidad del asunto *Bruno Gollnisch c. Francia*[557], ante un supuesto de expresiones con connotaciones revisionistas y negacionistas realizadas por el diputado B. Gollnisch, el TEDH resolvió el asunto sin aplicar el artículo 17 CEDH, aunque utilizando un requiebro argumentativo para no separarse de su doctrina anterior en relación con los discursos negacionistas: recordó que «*no cabe duda de que cualquier proposición dirigida contra los valores sobre los que se basa el Convenio se vería sustraída por el artículo 17 a la protección del artículo 10*»; pero, a renglón seguido, el Tribunal entendió que en este caso no necesitaba pronunciarse sobre este extremo ya que anticipaba que la propia apelación presentada sobre el artículo 10 CEDH iba a resultar inadmisible y justificaba entonces tal inadmisibilidad sobre la base del juicio que impone el citado artículo.

---

lectivo determinado, no tendría por qué plantear problemas para ser incluida dentro de los fines que legitimarían tal restricción, según el artículo 10.2 del CEDH, pues cabría dentro de la finalidad de protección de derechos ajenos.

[557]   STEDH (Sección 5.ª) de 7 de junio de 2011, sobre la admisibilidad del asunto *Bruno Gollnisch c. Francia* (Decisión nº 48135/08) (TOL9.066.841; consulta: 10/12/2022).

Por consiguiente, se puede afirmar que el TEDH, en cuanto a los discursos revisionistas de cuestiones históricas, ha declarado que habría que valorar la forma del discurso, los derechos afectados, el impacto o el tiempo transcurrido, y ha concluido que «*al igual que ocurre en relación con el "discurso del odio", el reconocimiento por el Tribunal de la necesidad de la interferencia en discursos relacionados con hechos históricos ha sido bastante específica para cada caso y ha dependido del juego entre la naturaleza y los potenciales efectos de las manifestaciones y del contexto en el que se habían realizado*»[558].

3.5. TEDH, discurso de odio y redes sociales

El último ámbito por abordar tiene que ver con las redes sociales e internet, o lo que es lo mismo, la protección *online* de los derechos fundamentales, respecto del cual el TEDH ha considerado compatibles con el Convenio europeo las sanciones impuestas a portales de internet por comentarios, considerados como expresión del discurso del odio, y publicados por sus usuarios. El Tribunal europeo también ha llamado la atención sobre el alcance y la dimensión de dichas expresiones, así como éstas pueden diseminarse en cuestión de segundos, lo que supone que el daño potencial que pueden generar sus contenidos y comunicaciones es más alto que el asociado a otros medios de comunicación[559].

---

[558] STEDH (Gran Sala) de 15 de octubre de 2015, asunto *Perinçek c. Suiza*, párr. 220 (TOL6.403.944).

[559] Véase, por todas, STEDH (Gran Sala) de 10 de octubre de 2013, asunto *Delfi c. Estonia* (Demanda n° 64569/09), párr. 110 (TOL9.060.164; consulta: 6/11/2023).

Así, en la sentencia (Sección 2ª), de 14 de enero de 2020, caso *Beizaras y Levickas c. Lituania*[560], el Tribunal europeo condenó a Lituania por no haber investigado la posible relevancia penal de determinados comentarios publicados en la red social Facebook después de que un usuario, como describimos con anterioridad, publicara una fotografía en la que se besaba con su pareja, que era del mismo sexo[561]. Para el Tribunal, a pesar de que el Derecho penal debía ser considerado como la última ratio, en este caso, su aplicación estaba justificada dado que las llamadas a atacar la integridad física de los demandantes eran claras. De hecho, según el Tribunal esta aplicación hubiera sido posible a la vista del Código Penal lituano, y fue, sin embargo, la actitud de las autoridades nacionales lo que lo impidió, esgrimiendo para ello razones (las fotografías eran «provocadoras» o se tenían que haber compartido solo con los amigos) que indicaban, según el Tribunal, una mentalidad «discriminatoria» (párr. 128).

En concreto, el Tribunal europeo concluye que *"teniendo en cuenta todo el material disponible, la Corte encuentra así establecido, en primer lugar, que los comentarios de odio, incluidas las llamadas a la violencia sin censura de particulares, dirigidos contra los demandantes y la comunidad homosexual en general, fueron instigados por una actitud intolerante hacia ese comunidad y, en segundo lugar, que el mismo estado de ánimo discriminatorio estaba en el centro del incumplimiento por parte de las autoridades públicas relevantes de cumplir con su obligación positiva de investigar de manera efectiva si esos co-*

---

[560]   STEDH (Sección 2ª) de 14 de enero de 2020, asunto *Beizaras y Levickas c. Lituania* (Demanda nº 41288/15) (TOL7.668.776; consulta: 26/6/2023).

[561]   Los demandantes, amparándose en los artículos 8 y 14 del Convenio, habían alegado que habían sido discriminados por su condición y que esta era la razón por la que las autoridades nacionales se habían negado a inicial una investigación judicial respecto a los comentarios publicados en la red social

mentarios sobre la orientación sexual de los demandantes constituían una incitación al odio y la violencia, lo que confirmó que al infravalorar el peligro de tales comentarios, las autoridades al menos toleraron tales comentarios (ver, mutatis mutandis, Begheluri, citado anteriormente, § 179). A la luz de estas conclusiones, el Tribunal también considera establecido que los demandantes sufrieron discriminación por razón de su orientación sexual. Considera además que el Gobierno no proporcionó ninguna justificación que demuestre que la distinción impugnada fuera compatible con las normas del Convenio (véase también Alekseyev, antes citado, § 109)" (párr. 129).

En la misma línea de protección, cabe mencionar la sentencia (Gran Sala) de 16 de junio de 2015, caso *Delfi c. Estonia*[562], donde el Tribunal europeo consideró que la sanción impuesta por las autoridades nacionales al portal de internet donde se publicaron comentarios de esta naturaleza no implicaba una vulneración del artículo 10 del Convenio. Destacaba esta resolución, entre otras ideas, que a pesar de que la compañía tenía medidas para detectar y retirar este tipo de comentarios, en el caso, no funcionaron porque los mismos permanecieron en la página unas seis semanas. Para el Tribunal de Estrasburgo[563], estas compañías están obligadas a tomar medidas que limiten la propagación del discurso del odio y de aquellos que inciten a la violencia, y descarta que tales medidas puedan ser calificadas o consideradas como una forma de censura privada.

Las entidades están en mejor posición que las propias víctimas para identificar y eliminar rápidamente este tipo de discurso. De hecho, podrán ser sancionadas sin vulnerar el artículo 10 del Convenio, si no lo hacen sin dilación y ello aun cuando, como resalta el Tribunal, no haya existido una notificación o denuncia al respecto de las supuestas víctimas o de terceros.

---

[562]   STEDH (Gran Sala) de 16 de junio de 2015, caso *Delfi c. Estonia* (Demanda nº 64569/09) (TOL6.405.080; consulta: 26/6/2023).

[563]   Véase párrs. 157 y ss.

En concreto, el Tribunal considera que *"dependiendo de las circunstancias, puede que no haya una víctima individual identificable, por ejemplo, en algunos casos de incitación al odio dirigido contra un grupo de personas o que incite directamente a la violencia del tipo manifestado en muchos de los comentarios en el presente caso. En casos donde existe una víctima individual, se le puede impedir notificar a un proveedor de servicios de Internet sobre la presunta vulneración de sus derechos. El Tribunal da peso a la consideración de que la capacidad de una potencial víctima del discurso de odio de monitorear continuamente Internet es más limitada que la capacidad de un gran portal comercial de noticias de Internet para prevenir o eliminar rápidamente dichos comentarios"* (párr. 158).

4. VALORACIÓN DEL SISTEMA

De todo lo expuesto, y por lo que al sistema del CEDH se refiere en relación con el discurso de odio y su limitación, cabe establecer las siguientes consideraciones:

En primer lugar, que la libertad de expresión comprende la posibilidad de criticar, incluyendo el uso de expresiones que *"puedan molestar, inquietar o disgustar a quienes se dirige, pues así lo requieren el pluralismo, la tolerancia y el espíritu de apertura, sin los cuales no existe sociedad democrática"*[564].

En segundo lugar, cabe precisar que dicha protección no incluye los abusos cometidos en el ejercicio del derecho de expresión, en el que se emitan mensajes ofensivos, ultrajantes

---

[564] A este respecto, véanse sentencias de 23 de septiembre de 1998, asunto *Lehideux c. Francia* (Decisión nº 55/1997/839/1045) (TOL313.937); de 8 de julio de 1999, asunto *Baskaya y Okcuoglu c. Turquía* (Decisión nº 23536/94 y 24408/94) (TOL6.594.886), y de 29 de septiembre de 1999, asunto *Oztürk c. Alemania* (Decisión nº 8544/79) (TOL123.778).

o que denoten un desprecio por una etnia, grupo o sector poblacional determinado.

En tercer lugar, se puede afirmar que para el TEDH tanto la salvaguarda de la dignidad humana[565], por un lado, como el peligro que puede correr o que corre la democracia con este tipo de discursos, por otro, demarcan o delimitan el espacio del legítimo ejercicio de la libertad de expresión.

En cuarto lugar, de la jurisprudencia reseñada se puede deducir, por tanto, que merecerán el amparo todas aquellas ideas respetuosas con los derechos humanos, que asuman valores como la tolerancia o el pluralismo sin los cuales no hay democracia. Cumplido este mínimo ético todas las ideas son respetables. Por debajo de dicho mínimo, para el TEDH las ideas no merecen ser amparadas.

En definitiva, la libertad de expresión encontraría -y esta es la quinta de las consideraciones- dos vías de limitación: por un lado, el artículo 17 del CEDH o, lo que lo mismo, mediante la doctrina del abuso de derecho[566]; y, por otro, el propio artículo

---

[565]   En este mismo sentido, el Tribunal Penal Internacional de las Naciones Unidas para Ruanda, *Fiscalía contra Ferdinand Nahimana, Jean-Bosco Barayagwiza y Hassan Ngeze.* Asunto núm. ICTR-99-52-T, ha manifestado que «*La incitación al odio es una forma discriminatoria de agresión que destruye la dignidad de las personas que pertenecen al grupo objeto del ataque. Atribuye una condición de inferioridad no solo a los ojos de los propios miembros del grupo, sino también a los ojos de los demás, que los perciben y tratan como seres infrahumanos. La denigración de una persona por razón de su identidad étnica u otra pertenencia a un grupo puede, por sí misma y por las consecuencias que acarrea, generar un daño irreversible*».

[566]   Ver, por todas, STEDH (Gran Sala) de 15 de octubre de 2015, asunto *Perinçek c. Suiza* (TOL6.403.944). Cfr. CANNIE, H., y VOORHOOF, D.: «The abuse clause and freedom of expression in the European Human Rights Convention: an added value for democracy and human rights protection», en *Netherlands Quarterly of Human Rights,* vol. 29/1 (2011), pp. 54-83; CARUSO, C.: «Ai confini dell'abuso del

10 del mismo, a través del denominado *test de Estrasburgo*, en virtud del cual el Tribunal Europeo considera, a la luz del caso en concreto, tres elementos: a) previsión legal de la injerencia; b) fin legítimo; c) necesidad en una sociedad democrática. En relación con este último, el TEDH estudia si la injerencia es proporcional al fin legítimo perseguido y si las razones invocadas por las autoridades nacionales para justificarla son pertinentes y suficientes. No obstante, los Estados gozan de un cierto margen de apreciación –poder que lógicamente no es ilimitado y que se somete a un control último por el Tribunal–, cuya amplitud varía según los casos y, en particular, dependiendo de si existe o no un consenso europeo sobre la cuestión[567].

A este respecto, y sería la sexta de nuestras conclusiones, el Tribunal distingue entre mensaje explícitos, respecto de los cuales la libertad de expresión no puede ofrecer garantías para los mismos, de modo que *"expresiones concretas que constituyan un discurso de odio (...) no se benefician de la protección del artículo 10 del Convenio"*. Y expresiones que implican provocación a la violencia o consideradas como discurso del odio. Respecto de este segundo supuesto, y como expone la Jueza emérita F. TULKENS[568], los dos principales elementos tenido en cuenta

---

diritto: l'hate speech nella giurisprudenza della Corte Europea dei Diritto dell'Uomo», en MEZZETTI, L., y MORRONE, A.: *Lo strumento costituzionale dell'ordine pubblico europeo*, G. Giappichelli, Turín 2011, pp. 339-352; DROOGHENBROECK, S. Van: «L'article 17 de la Convention européenne des droits de l'homme: incertain et inutile?», en DUMONT, H., et. al. (eds.): *Pas de liberté pour les ennemis de la liberté?*, Groupements liberticides et droits, Bruylant, Bruselas 2000, pp. 141 y ss.

[567]   Véase a este respecto, SSTEDH (Gran Sala) de 7 de diciembre de 1976, asunto *Handyside c. Reino Unido* (TOL573.845), y de 26 de abril de 1978, asunto *Sunday Times c. Reino Unido* (TOL148.640).

[568]   TULKENS, F.: «When to say is to do. Freedom of expression and hate speech in the case-law of the European Court of Human

han sido el contexto y la intencionalidad, aunque también se han tenido en cuenta otros como el estatus del emisor o el impacto del discurso.

El Tribunal Europeo ha recordado a este respecto que, en el caso de expresiones que implican provocación a la violencia o consideradas como discurso del odio, habrá que valorarse -y ésta constituye la séptima de las conclusiones el caso en concreto teniendo en cuenta los siguientes factores[569]: a) la capacidad que tiene la persona que emplea el discurso de odio para ejercer influencia sobre los demás de provocar consecuencias dañosas (con motivo de ser, por ejemplo, un líder político, religioso o de una comunidad)[570]; b) la naturaleza y contundencia del lenguaje empleado (si es provocativo y directo, si utiliza información engañosa, difusión de estereotipos negativos y estigmatización, o si es capaz por otros medios de incitar a la comisión de actos de violencia, intimidación, hostilidad o discriminación e intolerancia)[571]; c) el contexto de los comentarios específicos (si son un hecho aislado o reiterado, si fueron realizadas en un clima de tensión política y social o no, o si se puede considerar que se equilibra con otras expresiones pronunciadas por la misma persona o por otras, especialmen-

---

Rights», en *European Court of Human Rights-European Judicial Training Network*, de 8 de julio de 2014.

[569] En esta misma línea, véanse los factores establecidos también en la Recomendación General n° 15, apartado A, punto 16.

[570] A este respecto, el Tribunal europeo realiza un llamamiento, en la sentencia *Féret c. Bélgica* (TOL 9.072.546), recordando que es del todo crucial que los políticos, en sus discursos públicos, eviten difundir declaraciones que tiendan a alimentar la intolerancia en la presente ocasión en contra de los inmigrantes y de los musulmanes.

[571] Véase, por todas, STEDH (Sección 3°) de 11 de febrero de 2020, asunto *Atamanchuk c. Rusia*, párr. 51 (TOL7.735.786; consulta: 12/11/2023).

te durante el debate)[572]; y d) la naturaleza de la audiencia (si tiene o no los medios para discernir o si es propensa o susceptible de mezclase en actos de violencia, intimidación, hostilidad o discriminación)[573]. Junto a estos factores citados, el TEDH ha hecho también referencia a la motivación o la intención del sujeto[574], si bien en determinados supuestos este elemento pierte peso dado el propio tenor objetivo de las expresiones en cuestión, por ejemplo, por ser éstas explícitamente racistas o negacionistas.

Y lo mismo cabe señalar, en octavo y último lugar, respecto de las distintas expresiones artísticas, las cuales pueden ser o no constitutivas de discurso de odio dependiendo de los objetivos que posean las mismas[575]. Y, por tanto, el formato artístico o cultural puede tener u adoptar una simple apariencia trasvertida de una innegable conducta injuriosa marcada por una finalidad negacionista y antisemita que superaba los límites de la libertad de expresión y, por ende, se considerada como una actuación o expresión contraria a los valores del Convenio Europeo de Derechos Humanos[576].

---

[572] Ver STEDH (Gran Sala) de 15 de octubre de 2015, asunto *Perinçek c. Suiza*, apdos. 204-207 (TOL6.403.944).

[573] Véanse a este respecto, sentencias de 4 de diciembre de 2004, asunto *Müslüm Günduz c. Turquía* (Decisión nº 35071/97) (TOL9.089.423); de 4 de noviembre de 2008, asunto *Balsytè-Lideikienè c. Lituania* (Decisión nº 72596/01) (TOL9.074.886), y de 16 de julio de 2009, asunto *Féret c. Bélgica* (Decisión nº 15615/07) (TOL9.072.546).

[574] Ver STEDH (Sección 2ª) de 20 de octubre de 2015, asunto *Balázs c. Hungría* (TOL6.403.869; consulta: 12/11/2023).

[575] Véanse, por todas, TEDH: sentencias de 24 de junio de 1996, asunto *Marais c. Francia*; y de 16 de noviembre de 2006, asunto *Norwood c. Reino Unido* (TOL9.086.472).

[576] Véase, por todas, STEDH de 20 de octubre de 2015, asunto *M'Bala c. Francia* (TOL6.403.877).

Capítulo V.

Discurso de odio e intolerancia religiosa en la Unión Europea: armonización normativa y estrategias de actividad

1. CONSIDERACIONES GENERALES

La quinta organización internacional a la que vamos a hacer referencia es la Unión Europea, donde la lucha contra la incitación al odio y los delitos de odio forman parte de la acción de la Comisión para promover los valores fundamentales de la UE y garantizar el respeto de la Carta de los Derechos Fundamentales de la Unión Europea (en adelante, CDFUE). A este respecto, se debe partir de una premisa clara como es que todas las formas y manifestaciones de odio e intolerancia son incompatibles con los valores de respeto de la dignidad humana, libertad, democracia, igualdad, Estado de Derecho y respeto de los derechos humanos, incluidos los derechos de las personas pertenecientes a minorías, en que se fundamenta la UE.

Estos valores, consagrados en el artículo 2 del TUE[577], son comunes a los Estados miembros en una sociedad caracteri-

---

[577] Art. 2 TUE: *"La Unión se fundamenta en los valores de respeto de la dignidad humana, libertad, democracia, igualdad, Estado de Derecho y respeto de los derechos humanos, incluidos los derechos de las personas pertenecientes a minorías. Estos valores son comunes a los Estados miembros en una sociedad*

zada por el pluralismo, la no discriminación, la tolerancia, la justicia, la solidaridad y la igualdad entre mujeres y hombres. En este sentido, la presidenta de la Comisión, Úrsula von der Leyen, en su discurso sobre el estado de la Unión Europea de 2020[578], subrayó que "*los avances en la lucha contra el racismo y el odio son frágiles y que ha llegado el momento de cambiar para construir una Unión que pase de la condena a la acción*". Y también anunció que la Comisión propondrá «*ampliar la lista de delitos de la UE a todas las formas de delitos y discursos de odio, ya sea por razón de raza, religión, género u orientación sexual*».

En efecto, en el seno de la Unión Europea está prohibida toda forma de discriminación, ya sea por motivos de sexo, de origen racial o étnico, religión o convicciones, discapacidad, edad u orientación sexual, tal como se establece igualmente en el artículo 19 del TFUE[579]. Al mismo tiempo, la libertad de expresión es uno de los pilares de una sociedad democrática y pluralista,

---

caracterizada por el pluralismo, la no discriminación, la tolerancia, la justicia, la solidaridad y la igualdad entre mujeres y hombres".

[578] Consultar en línea: Estado de la Unión 2020, Carta de intenciones, Bruselas, 16 de septiembre de 2020 (visitado por última vez el 23 de enero de 2024).

[579] Art. 19 TFUE: "*1. Sin perjuicio de las demás disposiciones de los Tratados y dentro de los límites de las competencias atribuidas a la Unión por los mismos, el Consejo, por unanimidad con arreglo a un procedimiento legislativo especial, y previa aprobación del Parlamento Europeo, podrá adoptar acciones adecuadas para luchar contra la discriminación por motivos de sexo, de origen racial o étnico, religión o convicciones, discapacidad, edad u orientación sexual.*
2. No obstante lo dispuesto en el apartado 1, el Parlamento Europeo y el Consejo podrán adoptar, con arreglo al procedimiento legislativo ordinario, los principios básicos de las medidas de la Unión de estímulo, con exclusión de toda armonización de las disposiciones legales y reglamentarias de los Estados miembros, para apoyar las acciones de los Estados miembros emprendidas con el fin de contribuir a la consecución de los objetivos enunciados en el apartado 1".

y debe protegerse firmemente. Además, tal como se establece en el artículo 67 del TFUE, la UE debe constituir un espacio de libertad, seguridad y justicia dentro del respeto de los derechos fundamentales. Debe garantizar un nivel elevado de seguridad mediante medidas de prevención y lucha contra la delincuencia, el racismo y la xenofobia. La incitación al odio y los delitos de odio afectan no solo a las víctimas individuales y a sus comunidades, causándoles sufrimientos y limitando sus derechos y libertades fundamentales, sino también a la sociedad en general. El odio socava los cimientos mismos de nuestra sociedad y debilita el entendimiento mutuo y el respeto de la diversidad en la que se basan sociedades plurales y democráticas.

En el año 2008, una Encuesta de la Unión Europea sobre las minorías y la discriminación (EU-MIDIS), que recogió el testimonio de 23.500 personas de origen inmigrante o pertenecientes a alguna minoría, concluyó que más de uno de cada cuatro encuestados de los grupos que se indican seguidamente creía haber sido víctima de un delito contra la persona "por motivos racistas" (asalto o amenaza, o bien acoso grave) en los once meses anteriores a la realización de la encuesta: miembros de la población romaní en la República Checa, somalíes en Finlandia, somalíes en Dinamarca, africanos en Malta, miembros de la población romaní en Grecia, miembros de la población romaní en Polonia y africanos subsaharianos en Irlanda (Figura 2).

Figura 2. Delitos de odio y racismo

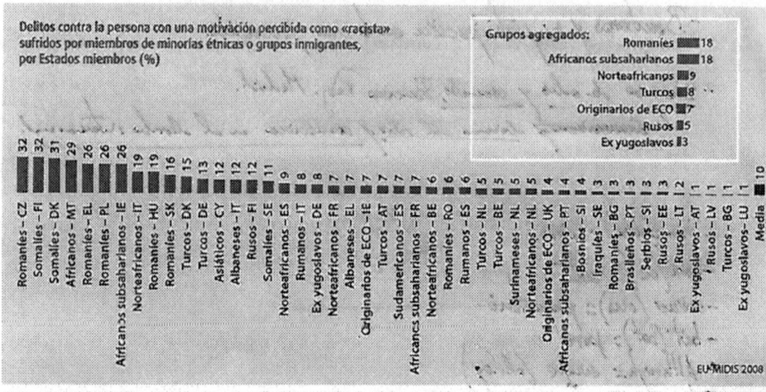
Delitos contra la persona con una motivación percibida como «racista» sufridos por miembros de minorías étnicas o grupos inmigrantes, por Estados miembros (%)
Grupos agregados:
Romaníes 18
Africanos subsaharianos 18
Norteafricanos 9
Turcos 8
Originarios de ECO 7
Rusos 5
Ex yugoslavos 3
Romaníes – CZ 32
Somalíes – FI 32
Somalíes – DK 31
Africanos – MT 29
Romaníes – EL 26
Romaníes – PL 26
Africanos subsaharianos – IE 26
Norteafricanos – IT 19
Romaníes – HU 19
Romaníes – SK 16
Turcos – DK 15
Turcos – DE 13
Asiáticos – CY 12
Albaneses – IT 12
Rusos – FI 12
Somalíes – SE 11
Norteafricanos – ES 9
Rumanos – IT 8
Ex yugoslavos – DE 8
Norteafricanos – FR 7
Albaneses – EL 7
Originarios de ECO – IE 7
Turcos – AT 7
Sudamericanos – ES 7
Africanos subsaharianos – FR 7
Norteafricanos – BE 6
Romaníes – RO 6
Rumanos – ES 6
Turcos – NL 5
Turcos – BE 5
Surinameses – NL 5
Norteafricanos – NL 5
Originarios de ECO – UK 4
Africanos subsaharianos – PT 4
Bosnios – SI 4
Iraquíes – SE 3
Romaníes – BG 3
Brasileños – PT 3
Serbios – SI 3
Rusos – EE 3
Rusos – LT 2
Ex yugoslavos – AT 1
Rusos – LV 1
Turcos – BG 1
Ex yugoslavos – LU 1
Media 10
EU-MIDIS 2008

Notas: *Pregunta DD4-DE5 – ¿Considera que este incidente o cualquier otro similar producido en los últimos 12 meses se produjo, total o parcialmente, por su perfil de migrante o de miembro de una minoría?; ECO = Europa central y oriental.*

Fuente: *FRA (2012),* EU-MIDIS, Data in focus 6: *Minorities as victims of crime, Figura 5*

Estos datos ponen en evidencia la necesidad no sólo de combatir penalmente actitudes de violencia u hostilidad con determinados grupos vulnerables, sino también la toma no sólo de posición, sino de promoción y prevención contra este tipo de actitudes, a través de la educación y formación no sólo de los ciudadanos en general, sino de determinados colectivos en particular. En esta materia adquieren una especial relevancia los medios de comunicación y las redes sociales, así como los centros educativos.

Desde el plano de la Unión Europea, dos órganos han adquirido y desarrollado medidas y actividades de especial relevancia a este respecto como son, por un lado, la Agencia Europea de Derechos Fundamentales (FRA) (apartado 5) y, por el otro, el Observatorio Europea del Racismo y la Xenofobia (EUMC) (apartado 6). La actividad de estos dos órganos pone de manifiesto como a pesar de los esfuerzos de los Estados miembros para combatir la discriminación y la intolerancia, incluidos los delitos de odio, hay indicios de que la situación no está mejorando. Por el contrario, en los últimos años se han observado nuevas y continuas violaciones de los derechos fundamentales de los residentes de la UE en forma de agresiones verbales y físicas o incluso asesinatos motivados por prejuicios. Junto a esta actividad, también se analizará la actividad jurisprudencial del TJUE en la materia (apartado 8).

2. IGUALDAD Y NO DISCRIMINACIÓN EN LA UNIÓN EUROPEA

En el ámbito de la Unión Europea, la actividad relativa a la no discriminación y la intolerancia[580] y de lucha contra el radicalismo violento[581], así como de la protección de los derechos

---

[580] A este respecto, véanse Resoluciones del Parlamento Europeo, de 20 de enero de 2011, sobre la situación de los cristianos en relación con la libertad de religión (*DOUE* C 136E, de 11.5.2012, p. 53); de 17 de abril de 2014, sobre la política exterior de la UE en un mundo de diferencias religiosas y culturales (consultar en línea: https://www.europarl.europa.eu/doceo/document/TA-7-2014-0456_ES.html?redirect; visitado por última vez el 20 de enero de 2024); de 4 de febrero de 2016, sobre la masacre sistemática de minorías religiosas por el denominado «EIIL/Dáesh» (*TDO* C 35, de 31.1.2018, p. 77); de 14 de diciembre de 2017, sobre la situación de los rohinyás (consultar en línea: https://www.europarl.europa.eu/doceo/document/TA-8-2017-0500_ES.html; visitado por última vez el 20 de enero de 2024); y de 15 de enero de 2019, sobre las Directrices de la UE y el mandato del enviado especial de la Unión para la promoción de la libertad de religión o creencias fuera de la Unión (consultar en línea: https://www.europarl.europa.eu/doceo/document/TA-8-2019-0013_ES.html; visitado por última vez el 20 de enero de 2024).

[581] Sobre la temática de la lucha contra el radicalismo violento, véanse *Informe sobre la prevención de la radicalización y el reclutamiento de ciudadanos europeos por organizaciones terroristas*, Comisión de Libertades Civiles, Justicia e Interior, de 4 de noviembre de 2015 (consultar en línea: https://www.europarl.europa.eu/doceo/document/A-8-2015-0316_ES.pdf; visitado por última vez el 20 de enero de 2024); Resolución del Parlamento Europeo, de 25 de noviembre de 2015, sobre la prevención de la radicalización y el re-

humanos y las libertades fundamentales[582], con especial referencia al derecho de libertad de conciencia y religiosa[583], ha sido un tema central liderada por el Parlamento Europeo[584]. A

---

clutamiento de ciudadanos europeos por organizaciones terroristas (consultar en línea: https://www.europarl.europa.eu/doceo/document/TA-8-2015-0410_ES.html; visitado por última vez el 20 de enero de 2024); Comunicación de la Comisión al Parlamento Europeo y al Consejo, de 21 de septiembre de 2005, sobre la captación de terroristas: afrontar los factores que contribuyen a la radicalización violenta (consultar en línea: https://eur-lex.europa.eu/legal-content/ES/TXT/HTML/?uri=CELEX:52005DC0313&from=EN; visitado por última vez el 20 de enero de 2024); Comunicación de la Comisión, de 22 de noviembre de 2010, titulada «La Estrategia de Seguridad Interior de la UE en acción: cinco medidas para una Europa más segura» (consultar en línea: https://eur-lex.europa.eu/legal-content/ES/TXT/PDF/?uri=CELEX:52010DC0673&from=ES; visitado por última vez el 20 de enero de 2024); Comunicación de la Comisión, de 15 de enero de 2014, titulada «Prevenir la radicalización hacia el terrorismo y el extremismo violento: una respuesta más firme de la UE» (consultar en línea: https://eur-lex.europa.eu/legal-content/ES/TXT/PDF/?uri=CELEX:52013DC0941&from=ES; visitado por última vez el 20 de enero de 2024).

[582]   Carta de Derechos Fundamentales de la Unión Europea, de 12 de diciembre de 2007 (consultar en línea: https://www.boe.es/doue/2010/083/Z00389-00403.pdf; visitado por última vez el 20 de enero de 2024).

[583]   En concreto, artículos 10 y 22.
Art. 10: "*1. Toda persona tiene derecho a la libertad de pensamiento, de conciencia y de religión. Este derecho implica la libertad de cambiar de religión o de convicciones, así como la libertad de manifestar su religión o sus convicciones individual o colectivamente, en público o en privado, a través del culto, la enseñanza, las prácticas y la observancia de los ritos.
2. Se reconoce el derecho a la objeción de conciencia de acuerdo con las leyes nacionales que regulen su ejercicio*".
Art. 22: "*La Unión respeta la diversidad cultural, religiosa y lingüística*".

[584]   Véanse, entre otras, Resolución del Parlamento Europeo, de 18 de enero de 2023, sobre los derechos humanos y la democracia en el mundo y la política de la Unión Europea al respecto – Informe

este respecto, cabe señalar que después de la aprobación del Tratado de Amsterfam, de 1997, la igualdad pasó a configurarse como un principio informador básico del sistema comunitario (Art. 13 TCE; actual Art. 19 TFUE), al tiempo que adoptó carta de naturaleza como derecho humano con la Carta de Derechos Fundamentales de la Unión Europea. Esta última es importante por lo que aquí interesa, al predominar en su texto una concepción amplia de la igualdad, mucho más general y universal, que la que hasta el momento se había reconocido. De esta forma, y bajo la rúbrica "Igualdad" del capítulo III, se proclama la igualdad de todas las personas ante la ley (Art. 20), así como la prohibición de toda discriminación, incorporando nuevos motivos concretos de discriminación prohibicdos como el origen social, las características genéticas, la lengua, la religión o las convicciones, las opiniones políticas o de cualquier otro tipo, la pertenencia a una minoría nacional, el patrimonio y el nacimiento (Art. 21).

En este sentido, resulta de interés partir de la noción que sobre discriminación se contiene en la Directiva 2000/78/CE[585],

---

anual 2022 (2022/2049(INI)) (consultar en línea: https://www.europarl.europa.eu/doceo/document/TA-9-2023-0011_ES.pdf; visitado por última vez el 24 de enero de 2024); *Resolución del Parlamento Europeo, de 3 de mayo de 2022, sobre la persecución de las minorías por motivos de creencias o de religión* (2021/2055(INI)) (consultar en línea: https://www.europarl.europa.eu/doceo/document/TA-9-2022-0137_ES.pdf; visitado por última vez el 24 de enero de 2024); *Resolución, de 15 de enero de 2019, sobre las Directrices de la UE y el mandato del enviado especial de la Unión para la promoción de la libertad de religión o creencias fuera de la Unión* (*DOUE* C 411, de 27 de noviembre de 2020).

[585] A este respecto, entiendo de interés traer a colación la definición de discriminación por motivos religiosos contenida en la Declaración de Naciones Unidas de 1981, según la cual: "*A los efectos de la presente Declaración, se entiende por «intolerancia y discriminación basadas en la religión o las convicciones» toda distinción, exclusión, restricción o preferencia*

y en la que se diferencia entre discriminación directa e indirecta. Pues bien, existe discriminación directa cuando una persona sea, haya sido o pudiera ser tratada de manera menos favorable que otra en situación análoga por motivos de religión o convicciones (Art. 2.1). Las excepciones a la apreciación de la discriminación directa se cifran en las acciones positivas (admitidas en el Derecho comunitario) y los requisitos profesionales esenciales y determinantes, sobre los que de forma general se pronuncia el artículo 4.1 de la misma Directiva[586].

Mientras que existe discriminación indirecta *"cuando una disposición, criterio o práctica aparentemente neutros puedan ocasionar una desventaja particular a personas con una religión o convicción (...) determinadas, respecto de otras personas, salvo que: i) dicha disposición, criterio o práctica pueda justificarse objetivamente con una finalidad legítima y salvo que los medios para la consecución de*

---

fundada en la religión o en las convicciones y cuyo fin o efecto sea la abolición o el menoscabo del reconocimiento, el goce o el ejercicio en pie de igualdad de los derechos humanos y las libertades fundamentales" (Art. 2.2).

[586] Cfr. CONTRERAS MAZARÍO, José Mª: "El TJUE no prohíbe el uso del velo islámico. Comentario a las sentencias del TJUE de 14 de marzo de 2017, asuntos C-157/15 y C-188/15", en *Revista de Derecho comunitario*, núm. 57 (2017), pp. 577-613 (consultar en línea: https://dialnet.unirioja.es/descarga/articulo/6119560.pdf; visitado por última vez el 27 de enero de 2024); CONTRERAS MAZARÍO, José M.: "Símbolos religiosos y principio de no discriminación en las relaciones laborales: el caso del velo islámico (comentario a las "Conclusiones" emitidas por las Abogadas Generales en dos cuestiones prejudiciales presentadas ante el TJUE)", en *Revista de Derecho social*, núm. 77 (2017), pp. 125-150; PALOMINO, Rafael: "Igualdad y no discriminación religiosa en el Derecho de la Unión Europea. A propósito de las conclusiones en los casos Achbita y Bougnaoui", en *Revista Latinoamericana de Derecho y Religión*, vol. 2, núm. 2 (2016), pp. 1-34 (consultar en línea: https://eprints.ucm.es/id/eprint/39452/1/Palomino_igualdad.pdf; visitado por última vez el 18 de enero de 2024).

esta finalidad sean adecuados y necesarios; o que ii) respecto de las personas con una discapacidad determinada, el empresario o cualquier persona u organización a la que se aplique lo dispuesto en la presente Directiva, esté obligado, en virtud de la legislación nacional, a adoptar medidas adecuadas de conformidad con los principios contemplados en el artículo 5 para eliminar las desventajas que supone esa disposición, ese criterio o esa práctica" (Art. 2.2). En la discriminación indirecta, por tanto, el término comparativo es siempre colectivo, no individual, frente a la discriminación directa, en la que se comparan sujetos, no grupos. La discriminación indirecta es una situación de resultado, por lo que no se exige la prueba de la voluntad de discriminar.

Además de la excepción referida a los requisitos profesionales esenciales y determinantes, la discriminación indirecta -frente a la directa- admite una justificación objetiva y razonable. Para conseguir tales objetivos, la UE aprobó un *Plan de acción contra el racismo para 2020-2025*[587], en el que -entre otras cosas- manifiesta la necesaria colaboración policial para prevenir actitudes discriminatorias, así como el desarrollo de investigaciones y enjuiciamientos de los delitos relacionados con el odio, además de ayudar en este proceso a la víctima del delito.

3. UNIÓN EUROPEA Y LIBERTAD DE CONCIENCIA Y RELIGIOSA

En el ámbito de la Unión Europea, el artículo 10 de la CDFUE garantiza el derecho a la libertad de pensamiento, conciencia y religión:

---

[587] Comunicación de la Comisión al Parlamento Europeo al Consejo, al Comité Económico y Social europeo y al Comité de las Regiones. Una Unión de la igualdad: Plan de Acción de la UE Antirracismo para 2020-2025. Bruselas, 18.9.2020 COM (2020) 565 final

> «1. Toda persona tiene derecho a la libertad de pensamiento,
> de conciencia y de religión. Este derecho implica la libertad de
> cambiar de religión o de convicciones, así como la libertad de
> manifestar su religión o sus convicciones individual o colectiva-
> mente, en público o en privado, a través del culto, la enseñanza
> las prácticas y la observancia de los ritos».

Junto a ello, también se prevé que la Unión Europea man-
tenga un diálogo abierto, transparente y regular con dichas
iglesias y organizaciones, al tiempo que les reconoce «su identidad y su aportación específica». Así se establece en el artículo
I-52:

> «1. La Unión respetará y no prejuzgará el estatuto reconocido
> en los Estados miembros, en virtud del derecho interno, a las
> iglesias y las asociaciones o comunidades religiosas.
>
> 2. La Unión respetará asimismo el estatuto reconocido en vir-
> tud del derecho interno, a las organizaciones filosóficas y no
> confesionales.
>
> 3. Reconociendo su identidad y su aportación específica la
> Unión mantendrá un diálogo abierto, transparente y regular
> con dichas iglesias y organizaciones»[588].

En esta misma línea, debemos hacer referencia al proceso de ampliación de competencias a las áreas sociales que ha

---

[588] Dicho artículo proviene del Tratado de Ámsterdam (2-X-1997). En
él, a pesar de las múltiples e importantes intervenciones de las grandes Iglesias (Católica, Calvinista y Luterana) y aun de las Notas de
las delegaciones de los gobiernos de Alemania, Austria, España, Italia y Portugal, tan sólo se alcanzó la Declaración sobre el estatuto de
las iglesias y de las organizaciones no confesionales nº 11 [Aneja]:
«*La Unión Europea respeta y no prejuzga el estatuto reconocido, en virtud
del Derecho internacional, a las iglesias y las asociaciones o comunidades
religiosas en los Estados miembros. La Unión Europea respeta asimismo el
estatuto de las organizaciones filosóficas y no confesionales*».

acompasado el crecimiento de esta organización internacional desde su creación en 1957 como Comunidad Económica Europea hasta el actual Tratado de Lisboa, de 2007. Este proceso corre paralelo a la sensibilización de la organización en materia de derechos y libertades y en la lucha contra la discriminación: un momento histórico en el devenir de la Unión Europea lo constituyó la adopción en Niza de la Carta de Derechos Fundamentales, el 7 de diciembre de 2000[589], incorporada al Tratado de Lisboa (Art. 6). En ella, y como ya se ha puesto de relieve, su artículo 10 acoge el derecho a la libertad de pensamiento, conciencia y religión, que implica, entre otros aspectos, «*la libertad de manifestar su religión o sus convicciones individual o colectivamente, en público o en privado, a través del culto, la enseñanza, las prácticas y la observancia de los ritos*».

No es extraño, pues, que las instituciones de la Unión Europea y, en especial, su órgano asambleario, el Parlamento europeo (en adelante, PE), se hayan pronunciado en materia de protección y tutela del ejercicio individual y colectivo de la libertad religiosa. En la *Resolución del PE, de 16 de diciembre de 2010, «Sobre los derechos humanos en el mundo y la política de la Unión Europea al respecto»*[590], se recuerda -por ejemplo- las frecuentes destrucciones de lugares de culto de ciertas creencias, producto los discursos de odio, de las luchas interreligiosas o la acción de los gobiernos, las cuales se califican de «práctica habitual», y se insta a las instituciones de la Unión a condenar las violaciones y a presionar a los Estados implicados para que luchen contra ellas[591].

---

[589]   Consultar en línea: https://www.europarl.europa.eu/charter/pdf/text_es.pdf (visitado por última vez el 30 de octubre de 2022).

[590]   Consultar en línea: https://www.europarl.europa.eu/doceo/document/TA-7-2010-0489_ES.html (visitado por última vez el 20 de enero de 2024).

[591]   P7 TA (2010) 0489, punto 139°.

A esta declaración genérica han precedido numerosas resoluciones donde se dan ejemplos concretos de vulneraciones
de los derechos individuales y colectivos al culto público. En el
mismo sentido, la *Resolución del PE, de 27 de enero de 2005, «sobre holocausto, antisemitismo y racismo»*[592], da cuenta de los actos
de profanación de sinagogas, cementerios y otros lugares de
culto, y pide a la Unión Europea y a los Estados miembros que
*«condenen los ataques contra los sitios religiosos y los lugares sagrados
pertenecientes a las religiones judía, islámica u otras, así como contra
la minoría romaní»*[593].

---

[592] Consultar en línea: https://www.europarl.europa.eu/doceo/docu-
ment/TA-6-2005-0018_ES.html?redirect (visitado por última vez el
20 de enero de 2024).

[593] PA TA (2005) 0018, punto 2.
Otras resoluciones especifican los países y las minorías que sufren
la violación de sus derechos por cuestiones religiosas, lo cual ha di-
ficultado, o incluso impedido, la práctica del culto público. En el
marco geográfico europeo, el PE ha condenado la persecución de
la Iglesia católica griega en Rumania –antes de que este país fuera
miembro de pleno derecho de la Unión Europea– y se insta al Gobierno a que garantice la libertad de culto y luche contra las violaciones de ésta (Resolución del PE, de 13 de junio de 2002, Sobre la
ampliación de la Unión Europea [P5 TA (2002) 0317, punto 171]).
Más frecuentes son los supuestos en que el PE denuncia ataques y
destrucciones de lugares de culto fuera de Europa, ante la pasividad
de las autoridades en la protección, la investigación de los hechos y
el castigo a los culpables, o, incluso, actuando los gobiernos como
actores o cómplices de los mismos. Pueden enumerarse, entre otros,
los siguientes casos sobre los que el Parlamento se ha pronunciado:
los actos vandálicos contra los lugares de culto de los Bahaí en Irán
(Resolución del PE, de 25 de octubre de 2007, Sobre Irán [PA TA
(2007) 0488, punto 14]), la destrucción de las mezquitas y de otros
lugares de culto del grupo étnico de los Rohingga en Birmania (Resolución del PE, de 5 de febrero de 2009, Sobre la situación de los
refugiados birmanos en Tailandia [P6 TA (2009) 0055, punto 2]),
los ataques contra las iglesias de la minoría Copta en Egipto y contra
las iglesias cristianas en general en Malasia (Resolución del PE, de

Motivo, asimismo, de preocupación para el Parlamento Europeo respecto al disfrute individual de la libertad religiosa, sobre todo cuando se trata de minorías religiosas coincidente con los informes y declaraciones de Naciones Unidas, es el del acceso de los fieles a los lugares de culto sin trabas injustificadas. En la Resolución, de 19 de diciembre de 2002, «sobre destrucción del patrimonio cultural en Hebrón», la institución comunitaria pone de relieve cómo los palestinos se encuentran excluidos de la ciudad vieja de Hebrón, sin que puedan orar en la mezquita de Ibrahim –que es uno de los lugares santos para el islam–, y a los cristianos se les dificulta el acceso a la Iglesia de la Natividad de Belén. En consecuencia, pide a las autoridades israelitas que garanticen a todos los creyentes la reunión y la celebración del culto en los lugares de las diversas religiones[594]. En esta misma línea, el Consejo ha advertido como una de las principales restricciones al derecho fundamental de libertad religiosa en las que en ocasiones incurren los Estados consiste en dificultar el acceso a los lugares de culto o de reunión por motivos religiosos, o a los cementerios, así como la comisión de ataques directos a dicho espacios sagrados como manifestación de odio[595].

Además de estas cuestiones referidas al ejercicio de la libertad religiosa, aparecen otras de carácter social relacionadas con la sana convivencia y la integración de los diferentes

---

21 de enero de 2010, Sobre los recientes ataques contra las minorías cristianas [P7 TA(2010)0005 (puntos 6º y 7º)]), y en Irak, en este último país especialmente sufridos por la Iglesia siriaco-ortodoxa (Resolución del PE, de 25 de noviembre de 2010, Sobre Irak: la pena de muerte y los ataques contra las comunidades cristianas [P7 TA (2010) 0448, puntos I, J y 8]).

[594] P5 TA (2002) 0631, puntos F, I, y 7.

[595] CONSEJO DE LA UNIÓN EUROPEA (FOREING AFFAIRS COUNCIL MEETING), *EU Guidelines on the promotion and protetion of freedom of religión or belief,* de 24 de junio de 2013, § 41.

grupos religiosos en un determinado lugar. En este sentido, el Comité de las Regiones de la Unión Europea[596] ha sostenido que es importante que las distintas partes de la ciudad reflejen la cultura de las comunidades que viven en ellas. Los edificios emblemáticos del lugar, como son los centros comunitarios, los lugares de culto religioso, los mercados locales o los comercios especializados, son importantes para consolidar las comunidades y que mantengan su identidad. Por ello, entiende el Comité, en el momento de planificar las edificaciones urbanas, es conveniente tener presente las necesidades de los distintos grupos religiosos[597]. Y sigue señalado, que «*en el concreto caso de las mezquitas, su valor simbólico es importante. De este modo, para las primeras generaciones de inmigrantes, significó una reubicación de un elemento de su cultura y país de origen que les permitía realizar parte de sus prácticas y actividades en un nuevo lugar. Para la segunda y tercera generación, se convierte en un espacio donde hablan su lengua de origen y evitan su olvido, y se encuentran con tradiciones de lo que sigue siendo su cultura. Para las generaciones siguientes, la mezquita pasa a ser el símbolo de un lugar, en realidad, idealizado, correspondiente a una identidad que ya no les resulta tan propia, pero a la que quieren seguir vinculados*»[598].

En un sentido próximo, el citado Comité ha recomendado a los Estados miembros y a las autoridades regionales que apoyen la construcción de edificios religiosos para detectar en ellos, si fuera el caso, actividades de radicalización violenta. En este sentido, la colaboración se muestra como un medio útil

---

[596]　COMITÉ DE LAS REGIONES, *Dictamen del Comité de las Regiones «Política de la vivienda y política regional»*, de 14 de febrero de 2007, en *DOUE* C146, de 30 de junio de 2007, § 2.5.

[597]　*Ibid.*, § 2.2.

[598]　*Ibidem.*

para evitar actividades indeseadas y prevenirlas adecuadamente[599].

4. ACTIVIDAD NORMATIVA Y DE ARMONIZACIÓN EN MATERIA DE DISCURSO (DELITO) DE ODIO

En cuanto a los delitos de odio, se debe traer a colación la actividad normativa desarrollada en su seno. Los delitos motivados por el odio y la incitación al odio van en contra de los valores fundamentales europeos consagrados en el artículo 2 del TUE. Y dentro de ésta, debemos hacer referencia de un modo especial a la ya mencionada Carta de Derechos Fundamentales de la Unión Europea, de 2000[600], toda vez que en la misma se prohíbe la discriminación, y obliga -por tanto- a los Estados miembros de la UE a combatir los delitos motivados por el racismo, la xenofobia, la intolerancia religiosa, la discapacidad, la orientación sexual o la identidad de género de una persona (Arts. 20 y 21[601]).

---

[599] COMITÉ DE LAS REGIONES, *Dictamen sobre el tema «intensificación de la lucha contra el terrorismo: la participación de los entes locales y regionales»*, de 8 de octubre de 2008, en *DOUE* C325, de 19 de diciembre de 2008, § 32.

[600] *DOUE* C 364/1, de 18 de diciembre de 2000 (consultar en línea: https://www.europarl.europa.eu/charter/pdf/text_es.pdf; visitado por última vez el 14 de enero de 2024).

[601] Art. 20 CDFUE: "*Todas las personas son iguales ante la ley*".
Art. 21 CDFUE: "*1. Se prohíbe toda discriminación, y en particular la ejercida por razón de sexo, raza, color, orígenes étnicos o sociales, características genéticas, lengua, religión o convicciones, opiniones políticas o de cualquier otro tipo, pertenencia a una minoría nacional, patrimonio, nacimiento, discapacidad, edad u orientación sexual.*
2. Se prohíbe toda discriminación por razón de nacionalidad en el ámbito de aplicación de los Tratados y sin perjuicio de sus disposiciones particulares".

En el marco de la UE, ya existe una normativa de respuesta común firme a la incitación al odio y los delitos de odio racistas y xenófobos gracias a la *Decisión marco 2008/913/JAI del Consejo, de 28 de noviembre de 2008, relativa a la lucha contra determinadas formas y manifestaciones de racismo y xenofobia mediante el Derecho penal*[602]. En ella se define la incitación al odio como aquella incitación pública a la violencia o al odio dirigidos contra un grupo o un miembro de tal grupo que comparta una característica protegida[603]. Los delitos de odio en el sentido de la Decisión marco[604] se consideran delitos[605] (delitos de base), distintos de la incitación al odio, cometidos con una motivación racista o xenófoba (motivación sesgada).

En la Decisión-marco aparecen descritas las conductas punibles en su artículo 1º, en el que se señalan los delitos de carácter racista y xenófobo que incitan al odio, como "la propia incitación pública o violenta contra un grupo definido por la raza, el color, la religión", o "la difusión de escritos que puedan provocar un clima de violencia contra estas minorías". Además de tipificar la apología de los crímenes de guerra, los genocidios y, en especial, el Holocausto. En concreto, estos supuestos son:

---

[602]   *DOUE* núm. 328, de 6 de diciembre de 2008 (consultar en línea: https://www.boe.es/buscar/doc.php?id=DOUE-L-2008-82444; visitado por última vez el 14 de enero de 2024).

[603]   El artículo 1, apartado 1, de la Decisión marco exige a los Estados miembros que castiguen las conductas relativas a «*la incitación pública a la violencia o al odio dirigidos contra un grupo de personas o un miembro de tal grupo, definido en relación con la raza, el color, la religión, la ascendencia o el origen nacional o étnico*».

[604]   Ver artículo 4 Decisión-marco: «*En los casos de delitos distintos de los contemplados en los artículos 1 y 2, los Estados miembros adoptarán las medidas necesarias para garantizar que la motivación racista y xenófoba se considere como una circunstancia agravante, o bien que los tribunales tengan en cuenta dicha motivación a la hora de determinar las sanciones*».

[605]   Como los delitos contra la vida, la integridad física o la propiedad de una persona.

a) la incitación pública a la violencia o al odio dirigidos contra un grupo de personas o un miembro de tal grupo, definido en relación con la raza, el color, la religión, la ascendencia o el origen nacional o étnico; b) la comisión de uno de los actos a que se refiere la letra a) mediante la difusión o reparto de escritos, imágenes u otros materiales; c) la apología pública, la negación o la trivialización flagrante de los crímenes de genocidio, crímenes contra la humanidad y crímenes de guerra tal como se definen en los artículos 6, 7 y 8 del Estatuto de la Corte Penal Internacional, dirigida contra un grupo de personas o un miembro de tal grupo definido en relación con la raza, el color, la religión, la ascendencia o el origen nacional o étnico cuando las conductas puedan incitar a la violencia o al odio contra tal grupo o un miembro del mismo; y d) la apología pública, la negación o la trivialización flagrante de los crímenes definidos en el artículo 6 del Estatuto del Tribunal Militar Internacional adjunto al Acuerdo de Londres, de 8 de agosto de 1945, dirigida contra un grupo de personas o un miembro de tal grupo definido en relación con la raza, el color, la religión la ascendencia o el origen nacional o étnico cuando las conductas puedan incitar a la violencia o al odio contra tal grupo o un miembro del mismo. En palabras de LANDA GOROSTIZA, *"la Unión Europea presentaría con esta decisión un apoyo a su política antiodio, y se centraría básicamente en la incitación pública de la violencia o el odio prohibiendo este tipo de discursos, así como agravando determinados tipos de odio"*[606].

El objetivo de la presente *Decisión marco* no es otro que el de garantizar que las manifestaciones graves de racismo y xe-

---

[606]   LANDA GOROSTIZA, J.: "Delitos de odio y estándares internacionales: una visión crítica a contracorriente", en *Revista Electrónica de Ciencia Penal y Criminología*, núm. 22-19 (2020), pp. 1-34 (consultar en línea: http://criminet.ugr.es/recpc/22/recpc22-19.pdf; visitado por última vez el 14 de enero de 2024).

nofobia sean punibles con sanciones penales efectivas, proporcionadas y disuasorias en toda la UE, y requiere que los Estados miembros tipifiquen como delito la incitación pública a la violencia o al odio, por motivos de raza, color, religión, ascendencia u origen nacional o étnico[607]. También exige a los Estados miembros que garanticen, para delitos distintos de la incitación al odio, que dicha motivación racista y xenófoba se considere una circunstancia agravante, o bien que dicha motivación pueda tenerse en cuenta a la hora de determinar las sanciones (Art. 4[608]). Se entiende, por tanto, que lo aprobado por la Unión Europea son unos «mínimos» que deben aplicarse en todos los Estados para salvaguardar los derechos de las minorías.

Además, esta norma de obligada trasposición a los ordenamientos penales de cada Estado, llevando a cada uno de ellos a implantar una política efectiva, pero -como señala GARCÍA DOMÍNGUEZ- se debe tener en cuenta que *“las estadísticas de delitos de odio es distinto en cada país, ya que habrá que atender a las circunstancias sociales y culturales de cada uno de ellos, lo que provoca que aunque la normativa europea es efectiva por ser el odio un fenóme-*

---

[607]   En el Art. 1º se propone criminalizar las siguientes situaciones: la incitación pública a la violencia o el odio dirigidos contra personas pertenecientes a un grupo definido en referencia a la raza, color, religión, ascendencia, u origen nacional o étnico; la comisión de dichos actos mediante la difusión o reparto de escritos, imágenes u otros materiales; cualquier conducta de apología pública, negación o trivialización flagrante de los crímenes de genocidio, contra la humanidad, y crímenes de guerra cuando las conductas puedan incitar a la violencia o al odio contra una persona/s pertenecientes a un grupo mencionado; y instigación, colaboración e inducción.

[608]   Art. 4: *“En los casos de delitos distintos de los contemplados en los artículos 1 y 2, los Estados miembros adoptarán las medidas necesarias para garantizar que la motivación racista y xenófoba se considere como una circunstancia agravante, o bien que los tribunales tengan en cuenta dicha motivación a la hora de determinar las sanciones”.*

no global, debe tener un tratamiento concreto en cada lugar, haciendo que las acciones típicas tengan que ampliarse por no ser suficientes"[609]. En este sentido, se debe -asimismo- destacar que las penas impuestas a empresas tienen su fundamento en el control de determinadas conductas en internet; visto que es una de las herramientas principales para propagar el odio, se deben utilizar todas las herramientas disponibles para poder luchar contra este fenómeno global, involucrando a las empresas que controlan las redes sociales en frenar este tipo de discursos[610].

Esto se pone de manifiesto en el *Código de Conducta de la Unión Europea para la Lucha contra la Incitación Ilegal al Odio en Internet*[611], que fue firmado por la Comisión Europea con Google, Facebook, Twitter, Microsoft e Instagram, y en el que se implementan una serie de reglas y estándares a los usuarios de

---

[609] GARCÍA DOMÍNGUEZ, I.: "El tratamiento penal de los delitos de odio en España con la adopción de una perspectiva comparada", en *Anuario Iberoamericano de Derecho Internacional Penal*, núm. 8 (2020), p. 22 (DOI: https://doi.org/10.12804/revistas.urosario.edu.co/anidip/a.9899; visitado por última vez el 14 de enero de 2024).

[610] Véase a este respecto, FERNÁNDEZ FERNÁNDEZ, R.: "Políticas comunitarias de protección social y minorías étnicas: una materia necesitada de un impulso renovado", en *Trabajo y derecho: nueva revista de actualidad y relaciones laborales*, núm. 39 (2018), pp. 29-41.

[611] Consultar en línea: file:///C:/Users/PC/Downloads/just-2016-01584-01-00-es-tra-00_CB31B617-AF25-50AE-BF096C1A5D200C78_42855.pdf; visitado por última vez el 18 de enero de 2024). En este sentido, el artículo 16 de la Directiva 2000/31/CE del Parlamento Europeo y del Consejo, de 8 de junio de 2000, relativa a determinados aspectos jurídicos de los servicios de la sociedad de la información, en particular el comercio electrónico en el mercado interior («Directiva sobre el comercio electrónico», *DOUE* L 178, de 17 de julio de 2000), indica que los Estados miembros y la Comisión fomentarán la elaboración de códigos de conducta a nivel de la Unión, por parte de las asociaciones u organizaciones profesionales y de consumidores, diseñadas para contribuir a la aplicación de sus artículos 5 a 15.

estas redes sociales para prohibir mensajes de odio. En concreto, la empresas de TI se comprometen, entre otras, a adoptar procedimientos claros y eficaces para examinar las notificaciones relativas a la incitación ilegal al odio y deberán de disponer de normas o directrices comunitarias en las que se aclare que prohíben la promoción de la incitación a la violencia y las conductas odiosas, así como se comprometen a revisar las notificaciones válidas para la retirada de manifestaciones de incitación ilegal al odio. A este respecto, y a pesar de que –según datos de la Comisión europea– la autorregulación ha dado buenos resultados en la lucha contra la incitación al odio on line, no puede pasarse por alto la cuestionabilidad de la propia medida; y es que –como señala GUTIÉRREZ CASTILLO–, «*con ella no se resuelve el problema de raíz, sino que se garantiza únicamente una «limpieza» de los mensajes y contenidos violentos en internet por parte de actores privados (empresas TIC) de una forma discrecional y poco controlada. Además, esta solución puede dar lugar a perjuicios para los usuarios, que verán más o menos limitados sus derechos en función de las políticas de control de los diferentes operadores de la red*»[612].

En esta línea se debe mencionar, también, la *Recomendación de la UE 2018/334 de la Comisión Europea, de 1 de marzo de 2018, sobre medidas para combatir eficazmente los contenidos ilícitos en línea*[613], en la que se señala que "*la lucha contra los contenidos ilícitos en línea requiere un planteamiento general puesto que a menudo estos contenidos migran fácilmente de un prestador de servicios*

---

[612] GUTIÉRREZ CASTILLO, V.L.: «El control europeo del ciberespacio ante el discurso de odio: análisis de las medidas de lucha y prevención», en Araucaria. Revista Iberoamericana de Filosofía, Política, Humanidades y Relaciones Internacionales, año 22, núm. 45 (2020), p. 306 (consultar en línea: https://dx.doi.org/10.12795/araucaria.2020.i45.12; visitado por última vez el 18 de junio de 2023).

[613] *DOUE* núm. 63, de 6 de marzo de 2018 (consultar en línea: https://www.boe.es/buscar/doc.php?id=DOUE-L-2018-80435; visitado por última vez el 27 de enero de 2024).

de alojamiento de datos a otro y tienden a explotar los eslabones más débiles de la cadena. En consecuencia, resulta esencial una cooperación consistente, en particular, en la puesta en común con carácter voluntario de experiencias, mejores prácticas y soluciones tecnológicas. Esta cooperación es especialmente importante por lo que respecta a los prestadores de servicios de alojamiento de datos que por su tamaño o la escala en la que operan, disponen de escasos recursos y conocimientos técnicos" (párr. 30).

Para su consecución, la Recomendación *"invita a los Estados miembros y a los prestadores de servicios de alojamiento de datos, en relación con los contenidos facilitados por proveedores de contenidos que almacenan a petición de dichos proveedores, a adoptar medidas eficaces, apropiadas y proporcionadas para combatir los contenidos ilícitos en línea, con arreglo a los principios establecidos en la presente Recomendación y de plena conformidad con la Carta de los Derechos Fundamentales de la Unión Europea, en particular, el derecho a la libertad de expresión y de información, y otras disposiciones aplicables del Derecho de la Unión, en particular por lo que respecta a la protección de los datos personales, la competencia y el comercio electrónico"* (Art. 1).

Por último, cabe destacar cómo en la *Directiva 2012/29/UE, por la que se establecen normas mínimas sobre los derechos, el apoyo y la protección de las víctimas de delitos*[614], que menciona específicamente a las víctimas de delitos de odio (Art. 1.1), se aplican medidas de especial protección para estas víctimas en función de sus características personales, la naturaleza y las circunstan-

---

[614] DIRECTIVA 2012/29/UE DEL PARLAMENTO EUROPEO Y DEL CONSEJO, de 25 de octubre de 2012, por la que se establecen normas mínimas sobre los derechos, el apoyo y la protección de las víctimas de delitos, y por la que se sustituye la Decisión marco 2001/220/JAI del Consejo (*DOUE* L315/57, de 14 de noviembre de 2012) (consultar en línea: https://eur-lex.europa.eu/legal-content/ES/TXT/PDF/?uri=CELEX:32012L0029&from=es; visitado por última vez el 14 de enero de 2024).

cias del delito (Art. 3). Esta herramienta es eficaz para apoyar a las víctimas que son atacadas en las redes sociales, y se pueden aplicar medidas eficaces que puedan superar el ámbito nacional, como, por ejemplo, el bloqueo de su dirección IP para mandar mensajes por redes sociales a la víctima, sin importar el país de la UE en el que se encuentre.

Por otro lado, la Comisión presentó una *Comunicación en diciembre de 2021*[615] donde ampliaba el listado de delitos relacionados con el odio. Este documento se basó en el discurso que hemos mencionado de la presidenta Von der Leyen y quedó bajo el amparo de los Tratados y de la Carta de Derechos Fundamentales. Esta necesidad de ampliar la lista de delitos se debe a una razón y persigue dos objetivos. La razón principal es que el odio no tiene cabida en un Estado de derecho como el que promulga la Unión Europea, por lo que utiliza todos los medios legislativos a disposición para poder combatir este fenómeno, siendo uno de ellos el derecho penal. En este punto se ha de destacar que *"el derecho penal debe ser utilizado para los ataques más graves a los bienes jurídicos protegidos, respetando el principio de ultima ratio que configura la construcción del derecho penal, por lo que si hay otros medios menos lesivos para poder regular este fenómeno deben utilizarse estos"*[616]. Mientras que, respecto a los dos objetivos perseguidos, éstos parten del

---

[615] Comunicación de la Comisión al Parlamento Europeo y al Consejo. Una Europa más inclusiva y protectora: ampliación de la lista de delitos de la UE a la incitación al odio y a los delitos de odio. Bruselas, 9 de diciembre de 2021 COM (2021) 777 final (consultar en línea: https://eur-lex.europa.eu/legal-content/ES/TXT/HTML/?uri=CELEX:52021DC0777&from=EN; visitado por última vez el 14 de enero de 2024).

[616] LEÓN ALAPONT, J.: "La descontrolada expansión de los delitos de odio: acerca de la propuesta de incriminar el odio hacia las víctimas de la Guerra Civil española y del franquismo", en *El odio como motivación criminal*, Wolters Kluwer, 2022, p. 212.

aumento del odio en los últimos años y de la confrontación con la sociedad, principalmente debido al creciente uso de las redes sociales, donde la confrontación es plausible y el sentimiento de impunidad provocado por el anonimato ha llevado a que este fenómeno se posicione como uno de los problemas actuales de la Unión.

Una última iniciativa en este ámbito y con el fin de corregir los desequilibrios existentes, la UE ha trabajado para actualizar las normas que rigen los servicios digitales a través de las llamadas "Ley de Mercados Digitales" (DMA) y la "Ley de Servicios Digitales" (DSA)[617], que crean un conjunto de normas aplicables en toda la UE. Especial relevancia adquiere, en el ámbito objeto de este estudio, la DSA, toda vez que establece un conjunto común de normas sobre las obligaciones de los intermediarios, así como la rendición de cuenta en todo el mercado único, garantizando al mismo tiempo un elevado nivel de protección a todos los usuarios, con independencia del lugar donde residan en la UE. En este sentido, cabe señalar que la Ley de Servicios Digitales mejora significativamente los mecanismos de eliminación de contenidos ilícitos y de protección efectiva de los derechos fundamentales de los usuarios en línea, incluida la libertad de expresión. Amén de introducir una mejor supervisión pública de las plataformas, en particular las que llegan a más del 10% de la población de la UE.

En concreto, todo ello implica -como ha puesto de manifiesto la Comisión- lo siguiente: a) medidas para luchar contra los bienes, servicios o contenidos ilícitos en línea, tales como un mecanismo para que los usuarios denuncien este tipo de contenidos y para que las plataformas cooperen con "alertadores fia-

---

[617] *Reglamento 2022/2065 del Parlamento Europeo y del Consejo, de 19 de octubre de 2022, sobre un mercado único de servicios digitales y por el que se modifica la Directiva 2000/31/CE/* (*DOUE* L 277/1, de 27 de octubre de 2022).

bles"; b) nuevas obligaciones sobre trazabilidad de las empresas usuarias en los mercados en línea, para ayudar a detectar a los vendedores de bienes ilícitos, o esfuerzos razonables por parte de los mercados en línea para comprobar aleatoriamente si los productos o servicios han sido identificados como ilegales en alguna base de datos oficial; c) garantías eficaces para los usuarios, incluida la posibilidad de impugnar las decisiones de los moderadores de contenidos de las plataformas; d) prohibición de determinado tipo de anuncios selectivos en las plataformas en línea, cuando éstos vayan dirigidos a menores o cuando utilizan categorías específicas de datos personales, como la etnia, las opiniones políticas o la orientación sexual; e) medidas de transparencia para las plataformas en línea, inclusive sobre los algoritmos utilizados para las recomendaciones; f) obligación para las plataformas en línea y los motores de búsqueda de gran tamaño de evitar abusos de sus sistemas gracias a medidas basadas en el riesgo y auditorias independientes de su gestión de riesgo; g) acceso de los investigadores a los datos clave de las plataformas y los motores de búsqueda de mayor tamaño a fin de comprender cómo evolucionan los riesgos en línea; y h) estructura de supervisión adecuada a la complejidad del ciberespacio: en el caso de las plataformas de gran tamaño, la Comisión se encargará de la supervisión y ejecución, mientras que los países de la UE desempeñarán el papel principal a este respecto, con el apoyo a una nueva Junta Europea de Servicios Digitales.

5. LA ACTIVIDAD DE LA FRA EN EL ÁMBITO DE LOS DISCURSOS (DELITOS) DE ODIO

1. La Agencia Europea de Derechos Fundamentales (FRA, siglas en inglés) ha publicado un conjunto de informes relacionados bien con la discriminación y las minorías, bien con los delitos de odio, que, conjuntamente, ofre-

cen un análisis comparativo del marco jurídico vigente, de distintas experiencias individuales relacionadas con delitos motivados por prejuicios, y del estado de la recogida oficial de datos en los 27 Estados miembros de la UE:

- FRA (2010a): *EU-MIDIS – European Union minorities and discrimination survey: Main results report* (Segunda Encuesta sobre Minorías y Discriminación en la Unión Europea. Principales resultados), Luxembourg, Publications Office[618].

- FRA (2010b): *EU-MIDIS Data in Focus report 4: Police stops and minorities* (*EU-MIDIS Data in Focus: detenciones policiales y minorías*), Luxembourg, Publications Office[619].

- FRA (2011): *Homophobia, transphobia and discrimination on grounds of sexual orientation and gender identity in the EU Member States* (*Homofobia, transfobia y discriminación por orientación sexual e identidad de género*), Luxembourg, Publications Office[620]. Y

- FRA (2012): *Fundamental rights: challenges and achievements in 2011* (*Derechos fundamentales: desafíos y logros en 2011*), Luxembourg, Publications Office[621].

---

[618] Consultar en línea: http://fra.europa.eu/sites/default/files/fra_uploads/fra-2017-eu-midis-ii-main-results_en.pdf (visitado por última vez el 24 de enero de 2024).

[619] Consultar en línea: https://fra.europa.eu/sites/default/files/fra_uploads/1132-EU-MIDIS-police_ES.pdf (visitado por última vez el 24 de enero de 2024).

[620] Consultar en línea: https://fra.europa.eu/sites/default/files/fra_uploads/1759-FRA-2011-Homophobia-Update-Report_EN.pdf (visitado por última vez el 24 de enero de 2024).

[621] Consultar en línea: https://fra.europa.eu/sites/default/files/fra_uploads/2211-FRA-2012_Annual-Report-2011_EN.pdf (visitado por

2. Por lo que respecta al campo específico del discurso de odio, la FRA realizó en 2012 un informe titulado: *Making hate crime visible in the Eueopean Unión: acknowlwdging victims' rights* (*Hacer visibles los delitos de odio en la Unión Europea: reconocer los derechos de las víctimas*)[622], destaca los aspectos relativos a los derechos fundamentales en el contexto de los delitos de odio, al tiempo que ofrece un análisis comparativo de los mecanismos oficiales de recogida de datos y analiza posibles vías para ampliar el alcance de la recogida oficial de datos. En este Informe se demuestra que visibilizar los delitos motivados por el odio y reconocer los derechos de las víctimas implica adoptar medidas en tres niveles: legislación, política y práctica. A nivel legislativo, esto significa reconocer los delitos motivados por el odio, las motivaciones sesgadas subyacentes y el efecto que tienen en las víctimas tanto en la legislación nacional, como en la legislación europea.

Mientras que, a nivel de políticas, significa implementar políticas públicas que conduzcan a la recopilación de datos confiables sobre delitos de odio que registrarían, como mínimo, el número de incidentes de delitos motivados por el odio denunciados por el público y registrados por las autoridades; el número de condenas de delincuentes; los motivos por los que se determinó que esos delitos eran discriminatorios; y los castigos aplicados a los infractores. Y, por último, a nivel práctico significa establecer mecanismos para alentar a las víctimas y testigos a denunciar incidentes de delitos motivados por el odio,

---

última vez el 24 de enero de 2024).

[622] FRA: *Making hate crime visible in the European Union: acknowledging victims' rights*, Luxemburgo 2012 (consultar en línea: https://fra.europa.eu/sites/default/files/fra-2012_hate-crime.pdf; visitado por última vez el 20 de enero de 2024).

así como mecanismos que demuestren que las autoridades se están tomando en serio los delitos motivados por el odio.

Por su parte, un segundo Informe, también en el seno de la FRA, lleva por título: *EU-MIDIS Data in focues 6: Minorities as victims of crime* (*Las minorías como víctimas de delitos*)[623], y en él se presentan datos sobre las experiencias de victimización de los encuestados considerando cinco tipos de delitos, desde el robo hasta los casos graves de acoso. La presente Encuesta sobre minorías y discriminación de la Unión Europea (EU-MIDIS) es la primera encuesta en toda la UE que pregunta a 23 500 personas con antecedentes étnicos y minoritarios sobre sus experiencias de discriminación y victimización criminal en la vida cotidiana. Por lo tanto, la encuesta EU-MIDIS proporciona la evidencia más completa hasta la fecha sobre el alcance de la discriminación y la victimización contra las minorías percibidas en la UE, ya que muchos de estos incidentes no se denuncian y la recopilación de datos es limitada en muchos Estados miembros.

Este informe es el sexto de una serie de informes *EU-MIDIS Datos breves*[624], que presentan resultados específicos de la en-

---

[623] FRA: *EU-MIDIS Data in Focus report 6: Minorities as victims of crime*, Luxemburgo 2012 (consultar en línea: https://fra.europa.eu/sites/default/files/fra-2012-eu-midis-dif6_0.pdf; visitado por última vez el 20 de enero de 2024).

[624] También hay que hacer referencia a una serie de Informes previos, a saber:
EU-MIDIS, Introducción a la Encuesta de la Unión Europea sobre las minorías y la discriminación realizada por la FRA, Luxemburgo 2009 (consultar en línea: https://fra.europa.eu/sites/default/files/fra_uploads/414-EU-MIDIS_GLANCE_ES.pdf; visitado por última vez el 24 de junio de 2023).
EU-MIDIS, Informe sobre los principales resultados, 2009.
EU-MIDIS, EU-MIDIS Informe Técnico: Metodología, Muestreo y Trabajo de Campo, 2009.

cuesta. Estos informes proporcionan una primera "instantánea" de los resultados de la encuesta. Su objetivo es presentar al lector algunos hallazgos clave en áreas específicas o en relación con ciertos grupos minoritarios. Este informe se centra en las minorías como víctimas de delitos. Los informes EU-MIDIS ya publicados incluyen:

- *Datos in Focus – 1er informe: la población romaní*, 2009[625];

- *Datos in Focus – 2º informe: los musulmanes*, 2009[626];

- *Datos in Focus – 3er informe: Organismos de Sensibilización e Igualdad de Derechos*, 2010[627];

- *Data in Focus – 4º informe: Identificaciones policiales y minorías*, 2010[628], y

- *Data in Focus – 5º informe: Discriminación múltiple*, 2011[629].

Cuestionario EU-MIDIS, 2009.

[625] EU-MIDIS, *Datos in focus – 1er informe: la población romaní*, 2009 (consultar en línea: https://fra.europa.eu/sites/default/files/fra_uploads/413-EU-MIDIS_ROMA_ES.pdf; visitado por última vez el 24 de enero de 2024).

[626] EU-MIDIS, *Datos in focus – 2º informe: los musulmanes*, 2009 (consultar en línea: https://fra.europa.eu/sites/default/files/fra_uploads/448-EU-MIDIS_MUSLIMS_ES.pdf; visitado por última vez el 24 de enero de 2024).

[627] EU-MIDIS, *Datos in focus – 3er informe: Organismos de Sensibilización e Igualdad de Derechos*, 2010 (consultar en línea: https://fra.europa.eu/sites/default/files/fra_uploads/854-EU-MIDIS_RIGHTS_AWARENESS_EN.PDF; visitado por última vez el 24 de enero de 2024).

[628] EU-MIDIS, *Data in Focus – 4º informe: identificaciones policiales y minorías*, 2010 (consultar en línea: https://fra.europa.eu/sites/default/files/fra_uploads/1132-EU-MIDIS-police_ES.pdf; visitado por última vez el 24 de enero de 2024).

[629] EU-MIDIS, *Data in Focus – 5º informe: Discriminación múltiple*, 2011 (consultar en línea: https://fra.europa.eu/sites/default/files/fra_

La FRA publicó en 2018 un nuevo Informe con el título: *Sesgo en algoritmos–Inteligencia artificial y discriminación*[630], donde se examina el uso de la inteligencia artificial en la labor policial predictiva y la detección de discursos ofensivos[631]. En el pre-

---

uploads/1454-EU_MIDIS_DiF5-multiple-discrimination_EN.pdf; visitado por última vez el 24 de enero de 2024).

[630]   Consultar en línea: #BigData: Discrimination in data-supported Decision-making (europa.eu) (visitado por última vez el 15 de enero de 2024).

[631]   Otra institución de referencia como la Defensoría del Pueblo Europeo (EO por sus siglas en inglés) también ha dedicado recientemente sus esfuerzos al tema de la IA. La EO completó una iniciativa estratégica sobre el impacto que pueda tener la IA en la administración de la UE y las administraciones públicas de los Estados de la UE, a la luz de la propuesta de *Ley de inteligencia artificial* (ver *Propuesta de Reglamento del Parlamento Europeo y del Consejo por el que se establecen normas armonizadas en materia de inteligencia artificial (ley de inteligencia artificial) y se modifican determinados actos legislativos de la Unión* [consultar en línea: resource.html (europa.eu); visitado por última vez el 24 de enero de 2024]), que se está discutiendo desde 2021 en el seno de la UE. La mencionada propuesta de ley propone armonizar las reglas relativas a los sistemas de IA en el mercado de la UE, para lo cual plantea un enfoque basado en el riesgo, que delimita la intervención regulatoria dependiendo del grado de riesgo que los sistemas de IA puedan suponer para la seguridad y los derechos fundamentales. La EO concluye que el principio de buena administración implica justificación, proporcionalidad y una cultura de servicio empática y humana. Por ello, la sustitución de las personas por el uso de la IA plantea retos claros, que sitúan a las defensorías del pueblo en la primera línea de defensa de la ciudadanía ante el cambio que supone la digitalización de la administración pública. La EO anima a las defensorías del pueblo a hacer uso de las herramientas elaboradas por la FRA sobre afectación de los derechos fundamentales en el uso de la IA, y ha puesto en marcha un ejercicio de puesta en común de buenas prácticas en el uso de la IA en la administración pública, que servirá también al Ararteko como referencia para el desarrollo de actuaciones futuras en este ámbito (consultar en línea: Fundamental rights in AI: What to consider |

sente Informe, la FRA recoge, por primera vez, ejemplos concretos de cómo surge el sesgo en los algoritmos y cómo dicho sesgo puede afectar las vidas de las personas. Esto supone una novedad que permite ahondar aún más en los posibles riesgos que puede generar el uso de la IA en los derechos fundamentales, que la FRA ya había identificado en su anterior informe sobre IA, de 2020[632].

En concreto, la FRA ha dedicado su informe al examen de dos estudios de casos, cuyos resultados exponemos a continuación: i) El estudio de caso sobre la acción policial predictiva señala que un sesgo preexistente tiende a ampliarse con el tiempo, lo que puede resultar en acciones policiales discriminatorias. Por ejemplo, si sobre la base de predicciones influidas por informes criminales sesgados la policía centra su actuación en una zona urbana en concreto, entonces la policía detectará el crimen mayormente en dicha zona. Esto crea el llamado ciclo de retroalimentación o *feedback loop*. En este caso, los algoritmos influyen sobre otros algoritmos y, con ello, refuerzan o crean prácticas discriminatorias que afectan de manera desproporcional a las minorías étnicas. Y ii) En lo que respecta al

---

European Union Agency for Fundamental Rights (europa.eu); visitado por última vez el 24 de enero de 2024). De cara al futuro, la EO prevé que el uso de sistemas de IA planteará cuestiones relativas a la transparencia y al acceso de la ciudadanía a la información–como puede suceder con la propuesta de la Ley de IA de crear un registro de sistemas IA autónomos a nivel de UE-, así como a la rendición de cuentas (consultar en línea: Closing note on the Strategic Initiative concerning the impact of artificial intelligence on the EU administration and public administrations in the EU (SI/3/2021/VS) | Correspondence | European Ombudsman (europa.eu); visitado por última vez el 14 de diciembre de 2023).

[632] FRA: *Getting the Future Right Artificial Intelligence and Fundamental Rights Report*, Luxemburgo 2020 (consultar en línea: Getting the future right – Artificial intelligence and fundamental rights (europa. eu); visitado por última vez el 15 de enero de 2024).

segundo caso, se trata de analizar el sesgo étnico y de género en sistemas de detección de discursos ofensivos. El análisis demuestra que las herramientas que se usan para detectar el discurso del odio en la red pueden generar resultados sesgados o incluso señalar como ofensivas frases tan inocuas como "Yo soy musulmán/a" o "Yo soy judío/a". Además, los algoritmos puedan generar sesgos de género al analizar lenguas con marca de género, como el español o el alemán. Esto puede conllevar un acceso desigual a servicios en línea por motivos posiblemente discriminatorios.

La FRA concluye el Informe haciendo un llamamiento a las autoridades públicas para que la formulación de políticas tome en cuenta el examen de los sesgos de la IA conducentes a la discriminación. En concreto, la FRA aboga por llevar a cabo un diagnóstico integral y completo de los algoritmos y, para ello, solicita a las instituciones de la UE y a los países de la UE que: a) examinen posibles sesgos que los algoritmos puedan tener o desarrollar con el tiempo, con la posibilidad de que generen discriminación; b) proporcionen directrices sobre la recogida de datos sensibles que sean necesarios para evaluar un posible caso de discriminación por motivo étnico o de género, entre otros; c) evalúen, caso por caso, sesgos étnicos y de género en los modelos de detección y predicción de discursos, dando acceso en esa evaluación a los organismos de supervisión y a la ciudadanía; consideren todos los motivos de discriminación, ya que los sesgos son amplios -destaca, en ese sentido, la *propuesta de Directiva del principio de igualdad de trato de la UE*[633]; d) promuevan una mayor diversidad lingüística en el uso de herra-

---

[633] Propuesta de DIRECTIVA DEL CONSEJO por la que se aplica el principio de igualdad de trato entre las personas independientemente de su religión o convicciones, discapacidad, edad u orientación sexual {SEC(2008) 2180} {SEC(2008) 2181} (consultar en línea: EN (europa.eu); visitado por última vez el 20 de enero de 2024).

mientas, que se extienda a todos los idiomas oficiales de la UE, para así contrarrestar la hegemonía del inglés en los modelos de detección de discursos, que genera problemas en lenguas con marca de género, entre otros; y e) mejoren el acceso a los datos y las infraestructuras de datos, para identificar y combatir el riesgo de sesgo en los algoritmos, y avanzar así en la supervisión efectiva de los sistemas de inteligencia artificial.

Con anterioridad, la Agencia ya había abordado, dentro de la temática de la discriminación religiosa, la cuestión del antisemitismo en un trabajo titulado: *Antisemitism. Summary overview of the situation in the European Union 2001–2011*[634]. El informe de 2009 señala que un número significativo de Estados miembros no mantienen datos y estadísticas oficiales o incluso no oficiales sobre incidentes antisemitas. Para estos países, la Agencia proporciona listas de casos informados *ad-hoc* por organizaciones de la sociedad civil o a través de los medios de comunicación con diversos grados de validez y confiabilidad. A pesar de los efectos negativos del antisemitismo en las poblaciones judías en particular y en la sociedad civil en general, el trabajo realizado por la FRA a lo largo de los años muestra consistentemente que solo unos pocos Estados miembros de la UE operan mecanismos oficiales de recopilación de datos que registran la incidencia del antisemitismo con gran detalle. Esta continua falta de recopilación sistemática de datos conduce a un grave subregistro de la naturaleza y las características de los incidentes antisemitas que ocurren en la UE.

---

[634] FRA: *Antisemitism. Summary overview of the situation in the European Union 2001–2011*, Working Paper, Luxemburgo 2012 (consultar en línea: https://fra.europa.eu/sites/default/files/fra_uploads/2215-FRA-2012-Antisemitism-update-2011_EN.pdf; visitado por última vez el 23 de enero de 2024).

En la presente Encuesta[635], las secciones de países comenzaron presentando datos oficiales sobre el antisemitismo. Luego presentaron datos de fuentes no oficiales y concluyeron describiendo incidentes antisemitas notables que ocurrieron en el año 2011. Cuando estuvieron disponibles, las secciones de países proporcionan datos sobre los tipos de incidentes que se registran y sobre las características de las víctimas y los autores de incidentes antisemitas.

Este informe pone de manifiesto que no se pueden extraer conclusiones claras sobre la situación del antisemitismo en la UE sobre la base de los datos actualmente disponibles de los Estados miembros. Si bien se observan disminuciones en el número de incidentes registrados en la mayoría de los Estados miembros que recopilan datos, esto no debe interpretarse como que haya habido una disminución correspondiente en la manifestación del antisemitismo en la UE. En lugar de una disminución, los datos indican que el número de incidentes registrados en la mayoría de los Estados miembros tiende a volver a los niveles registrados antes de la operación Plomo Fundido en 2009. Este es un fuerte indicador que refuerza la noción de

---

[635] A este respecto, se pidió a los NPC que rellenasen un cuestionario sobre la base de la definición de la ODIHR de lo que constituye un crimen de odio: "*un acto criminal motivado por prejuicios hacia un determinado grupo. Para que un acto criminal califique como un crimen de odio, debe cumplir con dos criterios: El acto debe ser un delito según el código penal de la jurisdicción legal en la que se comete. El crimen debe haber sido cometido con una motivación parcial. "Motivación parcial" significa que el perpetrador eligió el objetivo del delito sobre la base de características protegidas. Una "característica protegida" es una característica fundamental o básica que es compartida por un grupo, como la "raza", la religión, el origen étnico, el idioma o la orientación sexual. El objetivo de un crimen de odio puede ser una persona, personas o propiedades asociadas con un grupo que comparte una característica protegida*" (ODIHR (2012): *Hate crime*, consultar en línea: http://tandis.odihr.pl/?p=ki-hc [visitado por última vez el 20 de enero de 2024]).

que los eventos en el Medio Oriente a menudo actúan como eventos desencadenantes, por lo que las personas se envalentonan para expresar sentimientos antisemitas más abiertamente. Por lo tanto, estos eventos desencadenantes a menudo se traducen en un sentimiento antiisraelí dirigido a las poblaciones judías en su conjunto.

La Encuesta muestra, además, que el antisemitismo sigue siendo un problema para las poblaciones judías en particular y para la sociedad civil en su conjunto en toda la UE. Por lo tanto, es imperativo que los actores políticos y de la sociedad civil en todos los niveles permanezcan vigilantes y prosigan los esfuerzos para combatir el antisemitismo. Esa es también la razón por la que todas las partes interesadas deben recopilar datos más sólidos y fiables a nivel nacional. De hecho, el presente informe ha demostrado que sigue habiendo graves lagunas en la recopilación de datos sobre incidentes antisemitas en la UE. Una pequeña minoría de Estados miembros cuenta con mecanismos oficiales de recopilación de datos que son lo suficientemente sólidos como para proporcionar una imagen de la situación del antisemitismo allí: Francia, Alemania, los Países Bajos, Suecia, el Reino Unido y, en menor medida, Bélgica.

Aunque los datos oficiales pueden complementarse con los recopilados por las ONG y las OSC, pocas de estas organizaciones tienen suficientes recursos humanos y financieros disponibles para recopilar datos sólidos y confiables sobre el antisemitismo. Como resultado, gran parte de los informes de este tipo de organizaciones siguen siendo anecdóticos y solo pueden proporcionar una visión de la realidad del antisemitismo en los Estados miembros de la UE. Deben realizarse esfuerzos sostenidos a nivel nacional e internacional para mejorar la recopilación de datos sobre el antisemitismo y otras formas de prejuicio a fin de que los Estados miembros de la UE puedan combatirlos de manera más eficaz. Estos esfuerzos deben concentrarse tanto en la recopilación de datos oficiales como en los no oficiales, a fin de permitir trazar una imagen más completa y precisa de la situación del antisemitismo en la UE.

Una de esas iniciativas se ha adoptado en el marco del programa de Derechos Fundamentales y Ciudadanía 2007-2013 de la Comisión Europea, que aborda el racismo, la xenofobia, el antisemitismo y las intolerancias conexas, como la islamofobia y el racismo antirromaní. El programa financia proyectos transnacionales destinados a luchar contra los estereotipos tradicionales y nuevos cuya persistencia o difusión están en la raíz de actitudes y discursos racistas, acciones discriminatorias e incidentes violentos. En el marco de este programa, se concedió una subvención de dos años (JUST/2010/FRAC/AG1075) a Facing Facts! Proyecto cuyo objetivo principal es mejorar el seguimiento y el registro de los crímenes e incidentes de odio en toda la UE[636]. Está dirigido por CEJI –Una contribución judía a una Europa inclusiva, en asociación con el CST, el CIDI, la Federación de Asociaciones Holandesas para la Integración de la Homosexualidad y la Asociación Internacional de Lesbianas y Gays en Europa. Los objetivos de este proyecto son *"estandarizar los criterios para la recopilación de datos comparables sobre delitos de odio e incidentes; capacitar a las organizaciones de la sociedad civil que representan a las víctimas para recopilar, analizar y comunicar datos con el fin de abogar; responsabilizar a los gobiernos de los acuerdos internacionales existentes a nivel nacional y local para que la sociedad civil y las autoridades públicas trabajen juntas; [y] mejorar la cooperación entre diferentes grupos socioculturales"*[637]. El proyecto elaborará un manual de formación para ayudar a

---

[636] Para obtener más información sobre el proyecto, consultar en línea: www.ceji.org/facingfacts (visitado por última vez el 24 de enero de 2024).

[637] *Facing Facts! 'Projects goals*, consultar en línea: www.ceji.org/facingfacts/?page_id=102 (visitado por última vez el 24 de enero de 2024).

formar a los formadores en el seguimiento y el registro de los delitos motivados por el odio, basado en la experiencia de las organizaciones y de expertos externos.

Una última Encuesta en materia de antisemitismo data de 2018[638], y en ella se pone de manifiesto que las actitudes antisemitas lejos de disminuir han ido creciendo sobre todo en el ámbito de las redes sociales[639]. En concreto, se ha observado que uno de cada dos europeos considera que el antisemitismo es un problema, mientras que para los judíos el porcentaje se sitúa en el 85%. Al tiempo que nueve de cada diez judíos creen que el antisemitismo ha aumentado en su país[640].

En esta misma línea, cabe señalar que mientras que, en la primera de las Encuestas (2013), el 33% de los encuestados

---

[638] FRA: *Experiences and perceptions of antisemitism Second survey on discrimination and hate crime against Jews in the EU*, Bruselas, 2018 (consultar en línea: https://fra.europa.eu/sites/default/files/fra_uploads/fra-2018-experiences-and-perceptions-of-antisemitism-survey_en.pdf; visitado por última vez el 25 de enero de 2023).

[639] La pandemia de COVID-19 ha mostrado la fuerza con la que pueden resurgir atávicos prejuicios antisemitas, dando pábulo a nuevos mitos de la conspiración y sentimientos de odio en línea y en la vida real. La comunidad judía ha sido una de las más atacadas durante la pandemia; se le ha achacado tanto la creación del virus como el desarrollo de vacunas con fines lucrativos. Por si fuera poco, hay quienes han llegado a comparar las medidas destinadas a detener la pandemia con las políticas que condujeron al genocidio de la población judía, símil que minimiza y trivializa las experiencias de las víctimas y los supervivientes del Holocausto. Ver, *Coronavirus and the plague of antisemitism*, Community Security Trust, 2021 (consultar en línea: https://cst.org.uk/data/file/d/9/Coronavirus%20and%20the%20plague%20of%20antisemitism.1586276450.pdf; visitado por última vez el 25 de enero de 2024).

[640] Eurobarometro 484: *Perceptions of antisemitism*, enero 2019 (consultar en línea: https://data.europa.eu/data/datasets/s2220_90_4_484_eng?locale=en; visitado por última vez el 25 de enero de 2024).

manifestaron su preocupación ante la posibilidad de sufrir una agresión física, en la segunda (2018) ese porcentaje había aumentado al 40%, y el 70% de los participantes en esta segunda Encuesta creían que el gobierno de su país no libraba una lucha eficaz contra el antisemitismo.

Todo ello ha culminado en la elaboración y aprobación de la denominada *Estrategia de la UE de lucha contra el antisemitismo y apoyo a la vida judía (2021-2030)*[641]. La presente *Estrategia* busca establecer, sin menoscabo de las competencias nacionales, el marco en el que se inscriba la actuación de la Comisión durante el período 2021-2030 con el objetivo de apoyar y fomentar la cooperación entre los Estados miembros y todas las partes interesadas. Aunque nos ocuparemos con más detenimiento en el apartado 7 de este mismo Capítulo, debemos señalar en este momento que la Estrategia busca situar a la UE en primera línea del combate mundial contra el antisemitismo, complementando las medidas internas de la UE con iniciativas internacionales en los tres pilares.

6. LA ACTIVIDAD DEL EUMC EN EL ÁMBITO DE LOS DISCURSO (DELITOS) DE ODIO

En cuanto a la actividad desarrollada por el Observatorio Europeo del Racismo y la Xenofobia (EUMC, siglas en inglés) en el campo de los discursos de odio, cabe señalar que la misma se ha centrado principalmente en el ámbito de la discriminación y la intolerancia por motivos raciales o étnicos, pero también se ha centrado en la discriminación por motivos religiosos (islamofobia, antisemitismo, etc.).

---

[641] Consultar en línea: file:///C:/Users/PC/Downloads/CELEX_52021DC0615_ES_TXT%20(1).pdf (visitado por última vez el 21 de enero de 2024).

1. A este respecto, cabe señalar que el EUMC elaboró, en 2006, un Informe titulado: «*Los musulmanes en la Unión Europea: Discriminación e islamofobia*»[642], y en él se examinan los datos y la información disponibles sobre el grado y la naturaleza de la discriminación contra musulmanes y de los incidentes islamófobos en la UE[643]. La documentación y la notificación de esos actos siguen siendo insuficientes. El informe presenta asimismo ejemplos de buenas prácticas en los Estados miembros y propone toda una serie de medidas destinadas a combatir la discriminación y el racismo y favorecer la integración[644].

---

[642] Consultar en línea: https://www.ararteko.eus/RecursosWeb/DOCUMENTOS/1/0_814_1.pdf (visitado por última vez el 20 de enero de 2024).

[643] El informe más reciente de la Agencia de los Derechos Fundamentales de la Unión Europea (FRA) del año 2017, titulado *Minorities and Discrimination Survey* (EU-MIDIS II): Muslims-Selected findings (FRA, 2017), muestra sorprendentemente una similitud en su estructura y contenido al informe realizado por su institución predecesora, el Observatorio Europeo del Racismo y la Xenofobia (EUMC), en el año 2006.

[644] Junto a estas medidas, en el Informe se recogen igualmente un conjunto de buenas prácticas para combatir la islamofobia y favorecer la cohesión que resultan asimismo de interés: Iniciativas educativas: En Luxemburgo, el Ministerio de Educación decidió ofrecer a los alumnos de último año un curso sobre «instrucción religiosa y moral» que se centra en el diálogo interreligioso y explica los valores humanos de religiones no cristianas.
Diálogo interreligioso: En Alemania se han creado varios «Foros del Islam» con el objetivo expreso de reducir los prejuicios y temores hacia la comunidad musulmana y de promover un debate crítico entre representantes de las organizaciones musulmanas y representantes de la sociedad mayoritaria. Estos foros no tienen carácter oficial y fueron iniciados por una ONG. En el Reino Unido, los líderes de las religiones musulmana, judía y cristiana han creado el Foro de las Tres Religiones, que organiza conferencias, seminarios y encuentros con políticos nacionales y locales.

En este sentido, y por su interés, pasamos a reproducir dichas propuestas, que van desde medidas en el ámbito legislativo a propuestas en el ámbito empleo, educación, vivienda, etc.[645]

Iniciativas municipales: En Rotterdam, los municipios urbanos subvencionan la SPIOR, una plataforma de organizaciones islámicas. Esta organización, creada en 1990, promueve los intereses de los musulmanes en la ciudad y representa a 42 organizaciones, que van desde ocho comunidades étnicas hasta organizaciones de mujeres y jóvenes. En los últimos tiempos, una tarea importante ha sido favorecer un mayor entendimiento entre musulmanes y no musulmanes. El ayuntamiento de Rotterdam organizó nueve «Debates sobre el Islam» entre febrero y abril de 2005. En esos debates se abordaron distintas cuestiones relacionadas con el Islam, desde la altura de los minaretes de las nuevas mezquitas hasta la educación y la situación económica. En el Reino Unido, algunas autoridades locales han elaborado directrices por escrito sobre la manera de atender las necesidades pastorales, religiosas y culturales de los alumnos musulmanes. Unas de las más detalladas y útiles han sido las elaboradas en Birmingham en colaboración con la Mezquita Central de Birmingham. Las autoridades locales han formulado también buenas prácticas para afrontar y combatir la islamofobia y hacen referencia a la hostilidad religiosa y a la islamofobia en sus documentos políticos.

Iniciativas policiales: En el Reino Unido, el Servicio de Policía Municipal de Londres (MET) ha trabajo en estrecha relación con la ONG FAIR (Foro contra la islamofobia y el racismo) y otras importantes organizaciones para lanzar la campaña «Islamofobia–No sufran en silencio». Esta gran campaña nacional fue lanzada por el MET en 2004 para combatir delitos contra musulmanes, ofrecer ayuda a las víctimas de la islamofobia y mejorar la vigilancia de la islamofobia y las relaciones con la comunidad musulmana.

[645] Entre las medidas que se proponen, cabe mencionar las siguientes: Aplicación de la legislación: los Estados miembros tienen que aplicar plenamente las directivas antidiscriminación (las mencionadas Directivas *2000/43/CE relativa a la igualdad de trato de las personas independientemente de su origen racial o étnico* y *2000/78/CE relativa a la igualdad de trato en el empleo y la ocupación*) y hacer un mayor uso de sus disposiciones, algunas de las cuales contemplan medidas especí-

ficas para promover la igualdad. Los Estados miembros deben considerar también la posibilidad de ir más allá de los requisitos legales mínimos de las Directivas y asegurar que los grupos vulnerables a la discriminación conozcan sus derechos y dispongan de medios para ejercer esos derechos.

Registro y vigilancia policial de los incidentes islamófobos: se insta a los Estados miembros a establecer mecanismos para registrar todos los incidentes racistas, con el fin de desglosar esas estadísticas en incidentes que afecten a diferentes grupos de víctimas, entre ellos los musulmanes. Se insta a los Estados miembros a incorporar la formación contra el racismo y en defensa de la diversidad en sus programas de formación de la policía.

Aplicación de políticas de integración e inclusión social para emigrantes y minorías: se insta a los Estados miembros a adoptar medidas de apoyo para emigrantes y minorías, entre ellos los musulmanes, para que dispongan de las mismas oportunidades y se evite su marginación. Las minorías deben ser activamente consultadas en la formulación de políticas dirigidas a la integración social.

Promoción de medidas en el empleo: se insta a los Estados miembros a intensificar sus esfuerzos para mejorar las oportunidades de empleo, sobre todo para los jóvenes pertenecientes a minorías, entre ellos los musulmanes. Las autoridades públicas nacionales y locales podrían encabezar la promoción de la igualdad de acceso al empleo.

Promoción de la educación y medidas de formación: se insta a los Estados miembros a analizar las razones de las diferencias en los logros académicos. Los Estados miembros deben evitar que los alumnos pertenecientes a minorías estudien en clases separadas. Los Estados miembros deben revisar los libros de texto de las escuelas para verificar que la historia de los grupos minoritarios se presenta de una manera exacta. El programa de estudios oficial debe incluir la discusión del racismo, la xenofobia, el antisemitismo y la islamofobia.

Implicación de los partidos políticos: se insta a todos los partidos políticos de Europa a firmar y aplicar la «Carta de los partidos políticos europeos para una sociedad no racista».

Participación: se debe animar a los musulmanes europeos a participar más activamente en la vida pública (por ejemplo, en instituciones y procesos políticos, económicos, sociales y culturales).

El EUMC insta a los Estados miembros a hacer un uso activo de ejemplos de iniciativas prácticas emprendidas en toda la UE, muchas de las cuales se mencionan en este informe. El EUMC cree que la integración es un proceso bidireccional. Muchos musulmanes europeos reconocen que necesitan implicarse más con la sociedad en general. Al mismo tiempo, los dirigentes políticos europeos tienen que hacer un mayor esfuerzo para promover un diálogo intercultural constructivo y para combatir el racismo, la discriminación y la marginación con más eficacia. El principal reto es fortalecer la cohesión en las sociedades europeas, y eso significa respetar la diversidad, defender los derechos fundamentales y garantizar la igualdad de oportunidades para todos.

2. En cuanto al ámbito judío, el EUMC (en 2005) adoptó una definición práctica de antisemitismo, que ha sido recogida por la OSCE en la Conferencia de Córdoba (2007) y la Alianza Internacional para el Recuerdo del Holocausto, en su sesión de Bucarest (2018), que reza así:

> *«[a]ntisemitismo es una percepción de los judíos, la cual puede ser expresada como odio hacia los judíos. Las manifestaciones retóricas y físicas del antisemitismo se dirigen hacia individuos judíos o no judíos y/o sus propiedades, hacia las instituciones de las comunidades judías y las instalaciones religiosas o lugares de culto»*[646].

Medios de comunicación: los medios de comunicación deben examinar sus noticias para verificar su exactitud y alcance cuando den cobertura a estas cuestiones. Se insta a los medios de comunicación a emprender iniciativas de selección y formación de periodistas que reflejen mejor la diversidad dentro de la UE. Se insta a los Estados miembros a formular o reforzar la legislación sobre proveedores de servicios de Internet para prevenir la divulgación de material racista ilícito, de conformidad con el artículo 14 de la Directiva europea sobre el comercio electrónico (2000/31/CE).

[646] Sesión plenaria de la IHRA en Bucarest. Decisión para adoptar una definición práctica no vinculante de antisemitismo. Información fa-

Aunque se trata de una definición de trabajo, pone claramente de manifiesto el alcance de dicha expresión[647].

---

cilitada por la Presidencia rumana de la IHRA, 26 de mayo de 2016. El texto íntegro de la definición práctica se encuentra disponible en el Anexo 6.

[647] Algunos ejemplos contemporáneos de antisemitismo en la vida cotidiana, en los medios, escuelas, lugares de trabajo y en círculos religiosos y políticos -según Recomendación n° 9 de política general de la ECRI sobre la lucha contra el antisemitismo, de fecha 25 de junio de 2004 (consultar en línea: www.coe.int./.../ecri/.../compilation%20recommandation%201-10%20espagnol%2cri70-38.pdf; visitado por última vez el 20 de enero de 2023) son: i) la incitación a la violencia, el odio o discriminación contra una persona o grupo de personas por motivo de su identidad u origen judío; ii) insultos y difamación en público de una persona o grupo de personas por motivo de su identidad u origen judío, reales o presuntos; iii) amenazas contra una persona o grupo de personas por motivo de su identidad u origen judío reales o presuntos; iv) la expresión en público, con un objetivo antisemita, de una ideología que desprecie o denigre a una agrupación de personas por motivo de su identidad u origen judío; v) la negación, trivialización, justificación o aprobación en público de crímenes de genocidio, crímenes contra la humanidad o crímenes de guerra cometidos contra personas por motivos de su identidad u origen judío; vi) la difusión o distribución pública, o la producción o almacenamiento encaminados a la difusión o distribución pública, con un propósito antisemita, de material escrito, con imágenes o de cualquier otro material que contenga manifestaciones referenciadas en los apartados anteriores; vii) la profanación, con un propósito antisemita, de propiedades, monumentos, lugares de culto y cementerios a los judíos; viii) la creación o el liderazgo de un grupo que promueva el antisemitismo, el apoyo a dicho grupo (como facilitar financiación al grupo, prever otras necesidades materiales, y producir u obtener documentos) y la participación en sus actividades con el propósito de contribuir a los delitos referenciados en los párrafos anteriores; ix) acusar a los judíos como pueblo de inventar o exagerar el Holocausto; y x) acusar a ciudadanos judíos de ser más leales a Israel, o a supuestas prioridades judías mundiales, que a los intereses de sus propios países.

7. INTOLERANCIA Y DISCRIMINACIÓN RELIGIOSA Y DISCURSOS DE ODIO EN LA UNIÓN EUROPEA

Por último, no podemos obviar el campo propio y específico de este trabajo como es el de los discursos de odio y la intolerancia y discriminación por motivos religiosos o de creencias. En este campo, la Unión Europea también ha desarrollado una estrategia dirigida a la protección de los derechos fundamentales en general[648], y de la libertad religiosa y de creencias en particular. La llamada cuestión religiosa ha ido tomando cada vez más relevancia no sólo *ad intra* de la propia Unión Europea[649], sino también *ad extra* en el plano de la cooperación y seguridad internacionales[650]. Ahora bien, la UE también ha puesto

---

[648]   En este sentido, cabe hacer mención del *Marco estratégico de la UE sobre derechos humanos y democracia en 2012* (consultar en línea: https://eeas.europa.eu/generic-warning-system-taxonomy/404_en/8441/Human%20Rights%20Guidelines; visitado por última vez el 19 de enero de 2024), así como de los tres *Planes de Acción de la UE para los Derechos Humanos y la Democracia (2012-2014; 2015-2019 y 2020-2024)* (consultar en línea: https://www.un.org/en/development/desa/population/migration/generalassembly/docs/globalcompact/A_CONF.177_20.pdf, y https://eur-lex.europa.eu/legal-content/ES/TXT/HTML/?uri=CELEX:52020JC0005&from=DE; visitado por última vez el 19 de enero de 2024), y el nombramiento del primer representante especial de la UE para los derechos humanos (REUE), en 2012.

[649]   Véanse, a este respecta, CELADOR ANGÓN, Oscar: "Notas para una interpretación sistemática del artículo 6 del Tratado de la Unión Europea en materia de libertad de conciencia", en *Derechos y libertades: Revista de Filosofía del Derecho y derechos humanos*, núm. 12 (2003), pp. 141-178.

[650]   Véanse a este respecto, las *Conclusiones del Consejo*, de 19 de mayo de 2014, sobre un planteamiento basado en los derechos a la cooperación para el desarrollo, que abarca todos los derechos humanos, y visto el documento de trabajo de los servicios de la Comisión, de 30 de abril de 2014, titulado «Una caja de herramientas para un enfo-

de manifiesto que la libertad religiosa y de creencia termina cuando su práctica viola los derechos y las libertades de los demás, y que la práctica de una religión o creencia no puede jamás ni bajo ningún pretexto justificar el extremismo violento o la mutilación, ni puede usarse como salvoconducto para llevar a cabo acciones que vulneren la dignidad inherente de las personas[651]. Y a este respecto, se va a diferenciar las prácticas adoptadas en el seno de la UE relacionadas con el antisemitismo, la islamofobia y la cristianofobia, en tanto que manifestaciones de odio contra los grupos religiosos.

1. Con relación al antisemitismo, cabe señalar que la Unión Europea se encuentra de nuevo ante uno de los desafíos que afrontaron los seis Estados fundadores hace ya más de setenta años: el antisemitismo. Este vuelve y amenaza a los valores democráticos y a los cimientos de la socie-

---

que basado en los derechos que abarque todos los derechos humanos para la cooperación de la UE al desarrollo» (SWD(2014)0152) (en línea: https://eur-lex.europa.eu/legal-content/EN/TXT/PD F/?uri=CELEX:52015SC0152&from=CS; consulta: 19/4/2023), y las Conclusiones del Consejo sobre democracia de 2019, la actuación de la UE es ahora más coordinada, activa, visible y eficaz en su compromiso en y con los terceros países y tiene un mayor grado de implicación a nivel multilateral (consultar en línea: https://www. un.org/en/genocideprevention/about-responsibility-to-protect. shtml; visitado por última vez el 19 de enero de 2024).

651　Sobre esta temática, véanse las *Directrices de la Unión Europea, de 24 de junio de 2013, sobre la promoción y protección de la libertad de religión o creencias*; *Recomendación, de 13 de junio de 2013, sobre el proyecto de Directrices de la UE sobre promoción y protección de la libertad de religión o creencias* (*DOUE* C 65, de 19 de febrero de 2016); y *Resolución del Parlamento Europeo, de 15 de enero de 2019, sobre las Directrices de la UE y el mandato del enviado especial de la Unión para la promoción de la libertad de religión o creencias fuera de la Unión* (2018/2155(INI)) (*DOUE* C 411/30, de 27 de noviembre de 2020) (consultar en línea: https:// eur-lex.europa.eu/legal-content/ES/TXT/PDF/?uri=CELEX:5201 9IP0013&from=EN; visitado por última vez el 15 de enero de 2024).

dad europea, a la vez que pone en riesgo la seguridad de la comunidad judía[652]. Junto a la actividad ya reseñada del EUMC, y a raíz del *Coloquio anual sobre derechos fundamentales*, de 2015, dedicado al antisemitismo y la islamofobia, la Comisión nombró a su primera coordinadora para la lucha contra el antisemitismo y el fomento del modo de vida judío[653].

Por su parte, en junio de 2017, el Parlamento Europeo aprobó una Resolución sobre la lucha contra el antisemitismo[654], por la que *"pide a los Estados miembros y a las instituciones y agencias de la Unión que adopten y apliquen la definición práctica del antisemitismo utilizada por la Alianza Internacional para el Recuerdo del Holocausto (IHRA por sus siglas en inglés), al objeto de respaldar a las autoridades judiciales y policiales en sus esfuerzos por determinar e interponer acciones judiciales contra los atentados antisemitas con mayor eficacia y eficiencia, y alienta a los Estados miembros a seguir el ejemplo del Reino Unido y Austria a este respecto"* (párr. 2); al tiempo que *"pide a los Estados miembros que adopten todas las medidas necesarias y que contribuyan de forma activa a garantizar la seguridad de sus ciudadanos judíos y de los centros religiosos, educativos y culturales*

---

[652]   En cuanto al incremento de estas conductas, los datos hablan por sí mismos: nueve de cada diez judíos europeos aprecian un aumento del antisemitismo en su país, mientras que el 38 % ha pensado en emigrar al no sentirse seguros en la UE.

[653]   La presidenta Ursula von der Leyen confió al vicepresidente Margaritis Schinas para dirigir la lucha contra el antisemitismo como parte de su cartera para promover el estilo de vida europeo. Cuenta con el apoyo de la Coordinadora de la Comisión Europea para combatir el antisemitismo y fomentar la vida judía y su equipo.
En diciembre de 2015, Katharina von Schnurbein fue nombrada primera coordinadora de la Comisión Europea en la lucha contra el antisemitismo.

[654]   Consultar en línea: Textos aprobados Lucha contra el antisemitismo Jueves 1 de junio de 2017 (europa.eu) (visitado por última vez el 14 de enero de 2024).

judíos, manteniendo consultas estrechas y un diálogo directo con las comunidades judías, las organizaciones de la sociedad civil y las ONG dedicadas a la lucha contra la discriminación" (párr. 3).

En diciembre de 2019, la lucha contra el antisemitismo -como se ha señalado- pasó a formar parte de la cartera del vicepresidente de la Comisión para la Promoción de nuestro Modo de Vida Europeo, mostrando la intención de considerar esta cuestión una prioridad transversal. Y, en diciembre de 2020, el Consejo reasumió otra *Declaración sobre la integración de la lucha contra el antisemitismo en todos los alrededores de actuación*[655]. Ante la incipiente amenaza que asola los Estados miembros[656], el 5 de octubre de 2021, la Comisión adoptó la primera *Estrategia para combatir el antisemitismo y fomentar la vida judía (2021-2030)*[657]. Esta estrategia se asienta en torno a tres contenidos básicos: 1) la prevención de cualquier forma de antisemitismo; 2) la protección y promoción de la forma de vida judía, y 3) el impulso de la investigación, la pedagogía y la conmemoración del Holocausto[658]. A estas medidas se añadirán los esfuerzos

---

[655] Consultar en línea: st13637-en20.pdf (europa.eu) (visitado por última vez el 11 de enero de 2024).

[656] La Comisión hace referencia a la definición de antisemitismo de la *International Holocaust Remembrance Alliance* (IHRA) y a los comportamientos y actitudes que esta cataloga como antisemitas. Estas conductas consisten, por ejemplo, en invocar el poder de los judíos como colectivo (especialmente con relación a una conspiración judía mundial), o justificar el asesinato o daño a este grupo en nombre de una ideología radical o una visión extremista de la religión.

[657] Consultar en línea: eu-strategy-on-combating-antisemitism-and-fostering-jewish-life_october2021_en.pdf (europa.eu) (visitado por última vez el 19 de enero de 2024).

[658] Esta estrategia se apoya en otras iniciativas, como la cita supra: *Decisión marco del Consejo relativa a la lucha contra determinadas formas y manifestaciones de racismo y xenofobia mediante el derecho penal,* del año 2008. Este instrumento especifica que las conductas racistas y xenófobas deben ser castigadas por los Estados miembros. En este

internacionales de la UE para liderar la lucha mundial contra el antisemitismo.

En cuanto a las medidas clave de la *Estrategia*, cabe mencionar las siguientes:

- La prevención y la lucha contra todas las formas de antisemitismo: nueve de cada diez judíos piensan que el antisemitismo ha advertido en su país y el 85 % lo considera un problema grave. Para solucionarlo, la Comisión movilizará fondos de la UE y asistirá a los Estados miembros en la elaboración y la aplicación de sus estrategias nacionales. La Comisión apoyará la creación de una red europea de alertadores confiables y de organizaciones judías para eliminar la incitación ilegal al odio en línea. También favorecerá la elaboración de relatos capaces de rebatir los contenidos antisemitas en línea. La Comisión colaborará con la industria y las empresas de TI para impedir la exposición y venta ilegales en línea de símbolos, objetos y literatura relacionados con el nazismo.

- La protección y la promoción del modo de vida judío en la UE: el 38 % de los judíos han considerado la posibilidad de emigrar porque no se sienten seguros como judíos en la UE. Para garantizar que los judíos se sientan seguros y puedan participar plenamente en la vida europea, la Comisión concederá financiación de la UE para proteger mejor los espacios públicos y los lugares de culto. La próxima convocatoria de propuestas se publicará en 2022, para la que estará disponible una importación

---

sentido, la incitación al odio, la apología pública o negación del holocausto son considerados como delitos. También clasifica como circunstancia agravante -en el momento de valorar otro tipo de delitos la motivación racista y xenófoba.

total de 24 millones de euros. Se anima también a los Estados miembros a que utilicen el apoyo de Europol en lo que respeta a las actividades antiterroristas, tanto en línea como fuera de línea. Para proteger la forma de vida judía, la Comisión adoptará medidas para salvar el patrimonio judío y dar a conocer mejor la vida, la cultura y las tradiciones judías.

- La pedagogía, la investigación y la conmemoración del Holocausto: en la actualidad, uno de cada veinte europeos no ha oído nunca hablar del Holocausto. Para mantener viva la memoria, la Comisión apoyará la creación de una red de sitios que han sido testigos del Holocausto, pero que no son aún conocidos, como escondites o lugares de ejecución. La Comisión impulsará también una nueva red de jóvenes embajadores europeos para promover la conmemoración del Holocausto. Gracias a la financiación de la UE, la Comisión favoreciendo la creación de un centro europeo de investigación sobre el antisemitismo actual y el modo de vida judío contemporáneo, en cooperación con los Estados miembros y la comunidad investigadora. Para resaltar el patrimonio judío, la Comisión invitará a las ciudades candidatas al título de Capital Europea de la Cultura a dar a conocer la historia de sus minorías.

La UE desempeña, igualmente, un papel importante a la hora de facilitar orientaciones, coordinar las medidas de los Estados miembros[659], supervisar la aplicación y los avances, prestar apoyo a través de los fondos de la UE y promover el in-

---

[659] España ha adoptado su propio Plan de acción en desarrollo de la presente Estrategia. Vid *infra*, Capítulo VII, apartado 2.2; y referencia: España (2023b): Plan Nacional para la implementación de la Estrategia Europea de Lucha contra el Antisemitismo 2023-2030 (consultar en línea: https://www.lamoncloa.gob.es/consejodemi-

tercambio de buenas prácticas entre los Estados miembros. A tal fin, la Comisión hará de su actual *grupo de trabajo ad hoc sobre la lucha contra el antisemitismo* una estructura permanente que reúna a los Estados miembros y a las comunidades judías. A este respecto, es asimismo destacable, una vez más, el papel que juegan las redes sociales, ya que favorecen la difusión de teorías conspirativas y la creación de grupos con ideas antisemitas e incluso negacionistas del holocausto[660]. La Comisión considera, en este sentido, «importante» reforzar la lucha contra el antisemitismo en línea, mediante la creación de una red de *"trusted flaggers"*, organizaciones judías y empresas que tengan presencia en Internet.

2. Por lo que respecta a la discriminación musulmana (islamofobia), y además de la actividad desarrollada en el seno del citado Observatorio europeo, cabe señalar que en la actualidad se ha adoptado un conjunto de medidas y acciones todas ellas dirigidas a superar las lagunas que puedan quedar en la legislación derivada, incluyendo la discriminación basada en las creencias o en la religión. Por lo que respecta a los musulmanes, cabe señalar que representan el segundo grupo religioso más

---

nistros/resumenes/Documents/2023/310123-PlanNacionalAntisemitismo.pdf; visitado por última vez el 15 de enero de 2024).

[660] Este fenómeno ha sido analizado por el *Institute for Strategic Dialogue* en un estudio, de abril de 2021, encargado por la Comisión, bajo el título: *El aumento del antisemitismo en línea durante la pandemia: un estudio del contenido francés y alemán*. Esta investigación observó que las publicaciones antisemitas en francés se multiplicaron por 7 y en alemán por 13 desde enero de 2020 a enero de 2021. De esta forma, los grupos extremistas se han alimentado de la desinformación que reina en Internet y se han normalizado discursos y comportamientos antisemitas que parecían haber ya desaparecido (consultar en línea: El aumento del antisemitismo en línea durante la pandemia: un estudio del contenido francés y alemán ISD (isdglobal.org); visitado por última vez el 19 de enero de 2024).

grande en la UE, por detrás de los cristianos. Aun así, son una minoría relativamente pequeña que, según una estimación hecha en 2017 por el *Pew Research Centre*, se sitúa en torno al 5% de la población europea, de la cual casi la mitad vive en dos Estados miembros: Francia y Alemania[661].

La UE tiene, al igual que respecto del antisemitismo, un coordinador para combatir el odio anti-musulmán (D. Tommaso Chiamparino, desde el 1 de julio de 2018), cuya misión es abordar el discurso de odio anti-musulmán, el crimen de odio y la discriminación. Muchas partes de la sociedad civil interesadas en el campo han acogido con satisfacción la creación de este puesto, pero también han instado a la Comisión a que otorgue al coordinador una misión clara basada en los derechos humanos y que cuente con recursos significativos. A este respecto, la principal fuente actual de financiación para combatir la islamofobia y otras formas de discriminación e intolerancia se encuentra en el *Programa de Derechos, Igualdad y Ciudadanía de la UE*. Cofinancia el proyecto "*Counter Islamophobia Kit*"[662], que revisa las narrativas anti musulmanas y el uso y eficacia de las contra-narrativas de la islamofobia en ocho Estados miembros de UE, y también produce guías de las mejores prácticas. Por su parte, el *Programa de Europa por los Ciudadanos* también apoya iniciativas que sensibilizan sobre los valores comunes de la UE.

---

[661] Consultar en línea: https://www.pewresearch.org/religion/2017/11/29/europes-growing-muslim-population/ (visitado por última vez el 24 de enero de 2024]. Según pronósticos del *Pew Research*, se espera que este porcentaje aumente hasta cerca de un 10% en 2050.

[662] Consultar en línea: https://hatewatchindia.com/sites/default/files/inline-images/ebooks/pdf1/Counter%20Islamophobia%20Kit.pdf (visitado por última vez el 24 de enero de 2024).

El Parlamento Europeo ha aprobado varias resoluciones que instan a una mayor acción en el combate de los crímenes y discursos de odio, discriminación y xenofobia. Por ejemplo, su *Resolución sobre los derechos fundamentales en la UE*, de 2016[663], condena la normalización de los discursos de odio, y enfatiza la necesidad de que la gente de diversos orígenes religiosos sea integrada en la sociedad europea. Insiste en la importancia de seguir políticas de igualdad y pide una reestructuración de la Decisión marco. En 2018, una Resolución del PE condenó el aumento de la violencia neofascista en Europa[664], mientras que una segunda Resolución llamaba a los Estados miembros a defender de manera constante los derechos de las minorías y evaluar periódicamente si se respetan estos derechos[665]. También pidió una revisión de las directivas de discriminación existentes y la continuación del trabajo en la propuesta de 2008 sobre la directiva horizontal contra la discriminación.

3. Por último, en relación con la intolerancia contra los cristianos, cabe señalar que la Unión Europea ha centrado su trabajo más a proteger la libertad religiosa en el mundo en general, y de los cristianos en particular, que a adoptar medidas contra actuaciones relativas a la discriminación o la intolerancia contra comunidades cristianas por parte de los Estados miembros. En este

---

[663] Consultar en línea: https://www.europarl.europa.eu/doceo/document/TA-8-2018-0056_ES.html (visitado por última vez el 25 de enero de 2023).

[664] Consultar en línea: https://www.europarl.europa.eu/doceo/document/TA-8-2018-0428_ES.html (visitado por última vez el 25 de enero de 2024].

[665] Resolución del Parlamento Europeo, de 7 de febrero de 2018, sobre la protección y no discriminación de minorías en los Estados miembros de la Unión (2017/2937(RSP)) (consultar en línea: https://eur-lex.europa.eu/legal-content/ES/TXT/PDF/?uri=CELEX:52018IP0032&from=ES; visitado por última vez el 24 de enero 2024).

sentido, cabe destacar la *Resolución del PE sobre las Directrices de la UE y el mandato del enviado especial de la Unión para la promoción de la libertad de religión o creencias fuera de la Unión*[666]. Esta resolución recoge fórmulas para una mejor defensa de la libertad religiosa en general, y de los cristianos en particular.

En concreto, en dicha Resolución se articula una estrategia al respecto y así se "*pide con carácter de urgencia la aplicación efectiva de las Directrices de la Unión sobre la libertad de religión o creencias, con el fin de aumentar la influencia de la Unión con respecto a la promoción de la libertad de religión o creencias en todo el mundo; destaca que es fundamental comprender cómo las sociedades pueden verse modeladas e influenciadas por las ideas, las religiones y otras formas de cultura y creencias, o la ausencia de ellas, para entender mejor la promoción de la libertad de religión o creencias en la política exterior y la cooperación internacional de la Unión; pide que se preste la misma atención a la situación de los no creyentes, los ateos y los apóstatas, que son víctimas de persecución, discriminación y violencia*" (párr. 22); y se "*refuercen los conocimientos sobre la libertad de religión o creencias*[667], *así como sobre la situación de las minorías religiosas y los no creyentes, respetando plenamente los principios de pluralismo y neutralidad; destaca, no obstante, la necesidad de unos programas de formación más amplios y sistemáticos que refuercen la sensibilización*

---

[666]   Resolución del Parlamento Europeo, de 15 de enero de 2019, sobre las Directrices de la UE y el mandato del enviado especial de la Unión para la promoción de la libertad de religión o creencias fuera de la Unión (2018/2155(INI)) (consultar en línea: https://www.europarl.europa.eu/doceo/document/TA-8-2019-0013_ES.html; visitado por última vez el 19 de enero de 2024).

[667]   A este respecto, se acoge con satisfacción, en este sentido, los esfuerzos realizados hasta la fecha por el SEAE y la Comisión para impartir a los funcionarios de la Unión y a los diplomáticos nacionales formación sobre las religiones y la historia de la religión y las creencias (párr. 23).

sobre las Directrices de la Unión y aumenten su uso entre los funciona-
rios y diplomáticos de la Unión y los Estados miembros, y que refuer-
cen la cooperación con el enviado especial; recomienda que el mundo
académico, las iglesias y las comunidades y asociaciones religiosas, en
toda su diversidad, así como las organizaciones aconfesionales, las or-
ganizaciones de defensa de los derechos humanos y las organizaciones
de la sociedad civil participen en este proceso de formación; pide a la
Comisión y al Consejo que asignen unos recursos adecuados a este tipo
de programas de formación" (párr. 23) [668].

En esta misma línea, hay que mencionar que, en 2016, el
presidente de la Comisión creó el cargo de enviado especial
para la promoción de la libertad de religión o creencias fuera de la Unión, en respuesta a la resolución del Parlamento
de 4 de febrero de 2016. Las funciones del Enviado Especial
se centran en la promoción de la libertad de pensamiento,
conciencia, religión y creencias, así como de los derechos a la
apostasía, a no creer y a profesar convicciones ateas, prestando
atención al mismo tiempo a los no creyentes en situación de
riesgo. Al tiempo que se le asignan las siguientes tareas: i) aumentar la visibilidad, la eficacia, la coherencia y la responsabili-
zación de la política de la Unión en el ámbito de la libertad de
religión o creencias fuera de la Unión; ii) facilitar un informe

---

[668] El PE, a este respecto, ha considerado que *"el analfabetismo religioso,*
así como la falta de conocimiento y reconocimiento del papel que las religiones
desempeñan para gran parte de la humanidad, alimentan los prejuicios y
estereotipos que contribuyen a acrecentar las tensiones, los malentendidos y el
trato irrespetuoso e injusto relacionado con las actitudes y el comportamiento
de gran parte de la población; destaca la importancia de la educación para
proteger y consolidar la libertad de religión o creencias en todo el mundo y
combatir la intolerancia; pide a los responsables de los medios de comunica-
ción y las redes sociales que participen de forma positiva y respetuosa en deba-
tes públicos, evitando los prejuicios y estereotipos negativos sobre las religiones
y los creyentes, y que ejerzan su libertad de expresión de forma responsable, tal
como dispone el artículo 10 del Convenio Europeo de Derechos Humanos"
(párr. 10).

de situación anual y un informe exhaustivo sobre el mandato del enviado especial al Parlamento Europeo, al Consejo, a la vicepresidenta de la Comisión/alta representante de la Unión para Asuntos Exteriores y Política de Seguridad, y a la Comisión al terminar el mandato; y iii) trabajar en estrecha colaboración con el Grupo de Trabajo del Consejo sobre Derechos Humanos[669].

4. Un último ámbito de actuación lo encontramos en la actividad de la Comisión relacionada con la protección de los lugares religiosos, como factor directo no sólo de medición de la libertad religiosa, sino de discriminación por motivos religiosos o de creencias, así como foco o destino de los ataques del odio. A este respecto, se puede traer a colación las medidas adoptadas en el seno del programa titulado: *Comunidades más seguras y fuertes en Europa* (siglas en inglés, SASCE), y en concreto se puede hacer especial mención a la Guía elaborada para líderes religiosos bajo el título: *Proteja a su comunidad. Guía para líderes y miembros del personal*[670]. En la presente Guía se pone el acento en las medidas de protección de los lugares de culto, entendida dicha protección desde el concepto estricto de seguridad. Desde el plano de la colaboración con las autoridades públicas, la *Guía* realiza una serie de propuestas, esencialmente dirigidas a la colaboración entre los líderes y actores religiosos y las au-

---

[669] A este respecto, en la citada resolución del PE se "*recomienda que se estudie la posibilidad de crear un grupo de trabajo consultivo informal compuesto por representantes de las instituciones de defensa de la libertad de religión o creencias de los Estados miembros y otras instituciones pertinentes, así como representantes y expertos del Parlamento Europeo, representantes del mundo académico y representantes de la sociedad civil, incluidas las iglesias y otras organizaciones confesionales y aconfesionales*" (párr. 19).

[670] Consultar en línea: Preparatory Document for Leaders and Staff-ES. indd (sasce.eu) (visitado por última vez el 16 de enero de 2024).

toridades principalmente municipales, así como con los cuerpos y fuerzas de seguridad del Estado[671] y los cuerpos de bomberos y protección civil (pág. 12). La presente *Guía* forma parte de un proyecto más amplio y a varios niveles, financiado por la Comisión Europea, que con el nombre de las *comunidades religiosas más seguras y fuertes en Europa* (siglas en inglés, SASCE)[672] va dirigido a aumentar la seguridad en y alrededor de los lugares de culto, así como dentro y entre las comunidades cristiana, budista, musulmana y judía. Construir y ampliar las buenas prácticas recomendadas por la Comisión Europea para la protección de los espacios públicos, pero también confiar en el conocimiento y la experiencia de comunidades bien organizadas y grupos de seguridad. Las cuatro organizaciones religiosas asociadas ofrecen contenido para líderes comunitarios, miembros de la comunidad y empleados (herramientas básicas de seguridad, conciencia de seguridad, gestión de crisis).

El proyecto tiene igualmente previsto la creación de una red de coordinadores sobre el uso de este contenido, que luego difundirá a través de capacitaciones, sesiones informativas en las comunidades y sus alrededores, así como campañas de comunicación más amplias en toda Europa. El proyecto también tiene como objetivo fomentar la confianza y la cooperación entre la sociedad civil, las autoridades nacionales y los líderes y actores religiosos, facilitando canales formales de comunica-

---

[671] A este respecto, y dentro del presente Proyecto, ver el documento: Una guía práctica para fuerzas del orden público para lograr comunidades más seguras y fuertes en Europa (consultar en línea: A Guide to Law Enforcement-ES.indd (sasce.eu); visitado por última vez el 2 de enero de 2024).

[672] Con relación a este proyecto ver web site www.sasce.eu

ción entre el liderazgo comunitario y las autoridades públicas encargadas de hacer cumplir la ley.

8. EL TJUE Y EL DISCURSO DE ODIO

1. En 2014, el Tribunal de Justicia otorgó el llamado 'derecho al olvido', por el cual las personas pueden solicitar a Google que elimine los enlaces europeos a sitios web que contengan información desactualizada o falsa que podría dañar su reputación[673]. La presente sentencia del TJUE vino a aclarar la interpretación de la Directiva 95/46/CE[674] del siguiente modo: i) mostrar los resultados del motor de búsqueda constituye un tratamiento de datos personales; y ii) el gestor de un motor de búsqueda tiene la responsabilidad de suprimir los enlaces a la información personal de los resultados de búsqueda en circunstancias específicas, introduciendo de manera efectiva el derecho al olvido.

El Alto Tribunal europeo consideró que *"el gestor de un motor de búsqueda es responsable del tratamiento de datos personales que aparecen en páginas web publicados por otras fuentes y debe cumplir la legislación que protege a las personas a este respecto (Directiva 95/46/*

---

[673] STJUE de 13 de mayo de 2014, caso *Google Spain, S.L., Google Inc. c Agencia Española de Protección de Datos (AEPD) y Mario Costeja González* (asunto C-131/12) (consultar en línea: https://eur-lex.europa.eu/legal-content/ES/TXT/PDF/?uri=CELEX:62012CJ0131; visitado por última vez el 24 de enero de 2024).

[674] *Directiva 95/46/CE del Parlamento Europeo y del Consejo, de 24 de octubre de 1995, relativa a la protección de las personas físicas en lo que respecta al tratamiento de datos personales y a la libre circulación de estos datos (DOUE* L 281 de 23.11.1995) (consultar en línea: https://eur-lex.europa.eu/legal-content/ES/TXT/PDF/?uri=CELEX:31995L0046; visitado por última vez el 24 de enero de 2023).

CE)", y ello sin perjuicio de que no ejerza ningún control sobre los datos personales publicados en las páginas web de terceros. El Tribunal sentenció que el gestor de un motor de búsqueda podría, en algunas circunstancias, estar obligado a suprimir los enlaces a determinadas páginas web de la lista de resultados que aparecen al buscar un nombre concreto (esto se conoce como el derecho al olvido o «a la retirada de enlaces»), cuando se considere que la información es inexacta, inadecuada, irrelevante, ya no es pertinente o excesiva para los fines del tratamiento de datos, pero no simplemente porque sea inconveniente para el sujeto. No obstante, el TJUE también recordó que el derecho al olvido no es un derecho absoluto o ilimitado, debiendo ser ponderado con otros derechos fundamentales como la libertad de expresión e información.

En definitiva, se puede afirmar que el TJUE reconoce (como también hizo la AEPD) el «derecho al olvido», como expresión concreta en Internet del derecho de cancelación y del derecho de oposición reconocidos por la Directiva 95/46/CE. Y lo hace desvinculando en todo momento la causa legítima del tratamiento de la fuente de la información de la causa legítima del tratamiento del buscador. Esta desvinculación es parte de la explicación del enorme debate que se ha producido respecto del alcance de la libertad de expresión y de información, de la propia legitimidad del tratamiento por el buscador de los datos considerados «sensibles», de las expectativas de otros individuos cuya información esté mezclada con el que quiere ser «olvidado» y del propio régimen de responsabilidad de los intermediarios en tanto que los prestadores de servicios de la sociedad de la información[675].

---

[675] ÁLVAREZ RIGAUDIA, Cecilia: "Sentencia Google Spain y derecho al olvido", en *Actualidad Jurídica Uría Menéndez*, 2014, pp. 110-118 (consultar en línea: https://www.uria.com/documentos/publica-

2. El Tribunal europeo volvió a tratar la presente cuestión en su sentencia de 24 de septiembre de 2019[676], pero esta vez con relación al Reglamento (UE) 2016/679[677] (el Reglamento General de Protección de Datos), que modernizó y unificó la normativa sobre protección de datos en toda la Unión Europea (UE) y derogó la citada Directiva 95/46/CE. En concreto, la sentencia del TJUE aclara el ámbito geográfico de su resolución anterior. En su sentencia, el Tribunal sostuvo que el derecho al olvido no se aplica a los enlaces que aparecen en todas las versiones de un motor de búsqueda en todo el mundo, sino que se aplica a los motores de búsqueda con nombres de dominio asociados a los Estados miembros de la UE, es decir, no solo google.fr, sino también google.it, google.de, google.nl, etc. Al tiempo que precisa que "*los gestores de motores de búsqueda también están obligados a utilizar, cuando sea necesario, medidas que «impidan de manera efectiva o, al menos, dificulten» seriamente a los internautas el acceso a los enlaces que hayan sido retirados al buscar un nombre desde un Estado miembro*".

---

ciones/4370/documento/fe04.pdf?id=5584; visitado por última vez el 24 de enero de 2023).

[676] STJUE de 24 de septiembre de 2019, caso *Google LLC c. Commission Nationale de l'Informatique et des Libertés (CNIL)* (asunto C-507/17) (consultar en línea: https://eur-lex.europa.eu/legal-content/ES/TXT/PDF/?uri=CELEX:62017CJ0507; visitado por última vez el 24 de enero de 2024).

[677] *Reglamento (UE) 2016/679 del Parlamento Europeo y del Consejo, de 27 de abril de 2016, relativo a la protección de las personas físicas en lo que respecta al tratamiento de datos personales y a la libre circulación de estos datos y por el que se deroga la Directiva 95/46/CE* (Reglamento general de protección de datos) (*DOUE* L 119 de 4.5.2016) (consultar en línea: https://eur-lex.europa.eu/legal-content/ES/TXT/PDF/?uri=CELEX:32016R0679; visitado por última vez el 24 de enero de 2024).

La relevancia de esta sentencia es también notoria, pues en ella obligó a un motor de búsqueda a retirar los enlaces controvertidos en todos los Estados Miembros en aras de garantizar un nivel coherente y unitario de protección de datos en la Unión Europea, si bien lo exoneró de retirar los vínculos de las versiones extracomunitarias de su motor de búsqueda (recordando, precisamente, que no es un derecho ilimitado y que numerosos países terceros no lo contemplan o lo regulan de forma diferente)[678].

3. El Tribunal de Justicia ha afirmado -en su sentencia de 3 de octubre de 2019[679]- que la UE «*no se opone a que un tribunal de un Estado miembro pueda obligar a un presta-*

---

[678] Véanse, entre otros, GONZÁLEZ SAN JUAN, José Luis: "El derecho al olvido en España y en la UE", en *Ibersid*, núm 13/2 (2019), pp. 57-63 (consultar en línea: https://edpb.europa.eu/sites/default/files/files/file1/edpb_guidelines_201905_rtbfsearchengines_afterpublicconsultation_es.pdf; visitado por última vez el 25 de enero de 2024); GUICHOT, E.: "El reconocimiento y desarrollo del derecho al olvido en el derecho europeo y español", en *Revista de Administración Pública*, núm. 209 (2019), pp. 45-92 (consultar en línea: https://doi.org/10.18042/cepc/rap.209.02; visitado por última vez el 25 de enero de 2024); ORZA LINARES, R.: «El derecho al olvido en Internet: algunos intentos para su regulación legal», en L. CORREDOIRA y Alfonso y L. COTINO HUESO (dirs.): *Libertad de expresión e información en Internet: amenazas y protección de los derechos personales*, Centro de Estudios Políticos y Constitucionales, Madrid 2013, pp. 475-500; SIMÓN CASTELLANO, P.: *El Régimen Constitucional del Derecho al Olvido Digital*, Tirant lo Blanch, Valencia 2012; TRONCOSO REIGADA, A.: «El derecho al olvido en Internet a la luz de la propuesta de Reglamento General de Protección de Datos Personales», en *datospersonales.org*, núm. 59 (2012).

[679] STJUE de 3 de octubre de 2019, caso *Eva Glawischnig-Piesczek c. Facebook Ireland Limited* (asunto C-18/18) (consular en línea: https://curia.europa.eu/juris/document/document.jsf?text=&docid=218621&pageIndex=0&doclang=ES&mode=lst&dir=&occ=first&part=1&cid=592759; visitado por última vez el 24 de enero de 2024).

dor de servicios de alojamiento de datos» a «*suprimir los datos que almacene y cuyo contenido sea idéntico al de una información declarada ilícita con anterioridad*». La decisión añade también que el tribunal tampoco se opone a que «*esta medida cautelar produzca efectos a escala mundial*». La resolución del Tribunal se basa en una denuncia presentada por una diputada ecologista austriaca que consideró que un usuario de Facebook se había burlado de ella al comentar un artículo publicado en la prensa sobre el apoyo de los Verdes austriacos a una decisión favorable a los refugiados. El artículo en cuestión llevaba también una foto de la diputada y bajo la foto, el usuario puso un comentario que un tribunal austriaco consideró injurioso. La diputada consideró que la defensa de su honor era importante porque este comentario podía ser consultado por Facebook en todo el mundo.

En el presente asunto se parte del hecho de que Facebook Ireland tenía conocimiento de la información ilícita de que se trata (párr. 13); y de que no actuó con prontitud para retirar o impedir el acceso a ella, como establece el artículo 14, apartado 1, de la Directiva 2000/31 (párr. 27). La sentencia considera -sobre la base de la Directiva 2000/31/CE, de 8 de junio de 2000[680]- que "*un tribunal de un país de la UE puede ordenar a una red como Facebook a «suprimir» este contenido e informaciones que reproduzcan el contenido «declarado ilícito previamente»*" (párr. 24), así como que, en principio, no cabe presumir, a los efectos de la aplicación del artículo 18 de la Directiva, que su alcance esté limitado. Esta interpretación no se ve desvirtuada por el

---

[680] *Directiva 2000/31/CE, de 8 de junio de 2000, relativa a determinados aspectos jurídicos de los servicios de la sociedad de la información, en particular el comercio electrónico en el mercado interior* (Directiva sobre el comercio electrónico) (*DOUE* 2000, L 178) (consultar en línea: https://www.boe.es/buscar/doc.php?id=DOUE-L-2000-81295; visitado por última vez el 24 de enero de 2024).

hecho de que otras versiones lingüísticas de dicha disposición, concretamente la alemana, dispongan que las referidas medidas tienen por objeto poner fin a «una presunta infracción» y evitar «nuevos perjuicios contra los intereses afectados» (párr. 30). Por ello, el TJUE manifiesta que "*del considerando 47 de la misma Directiva se desprende que tal prohibición no se refiere a las obligaciones de supervisión «en casos específicos»*" (párr. 34). Y tal caso específico puede tener su origen, en particular, como sucede en el litigio principal, en una información precisa, almacenada por el prestador de servicios de alojamiento de datos de que se trata a instancia de un determinado usuario de su red social, cuyo contenido ha sido analizado y apreciado por un tribunal competente del Estado miembro, que, al término de su apreciación, lo ha declarado ilícito (párr. 35).

Sobre la base de lo considerado, el Tribunal de Justicia concluye que "*en tales circunstancias, a fin de que el prestador de servicios de alojamiento de datos de que se trate evite que se produzcan nuevos perjuicios contra los intereses afectados, es legítimo que el tribunal competente pueda exigirle que bloquee el acceso a los datos almacenados cuyo contenido sea idéntico al que se ha declarado ilícito con anterioridad, o retire esos datos, sea quien fuere el autor de la solicitud de su almacenamiento. Ahora bien, habida cuenta, en particular, de la identidad de los datos controvertidos en cuanto a su contenido, no cabe considerar que una medida cautelar acordada a tal efecto imponga al proveedor de servicios de alojamiento de datos una obligación de supervisar, con carácter general, los datos que almacene, ni una obligación general de realizar búsquedas activas de hechos o circunstancias que indiquen actividades ilícitas en el sentido del artículo 15, apartado 1, de la Directiva 2000/31*" (párr. 37).

En definitiva, según el TJUE, "*un tribunal de un Estado miembro pued[e]:*

- *obligar a un prestador de servicios de alojamiento de datos a suprimir los datos que almacene, y cuyo contenido sea idéntico al de una información declarada ilícita con ante-*

*rioridad, o a bloquear el acceso a ellos, sea quien fuere el
autor de la solicitud de almacenamiento de tales datos;*

- *obligar a un prestador de servicios de alojamiento de datos a suprimir los datos que almacene, y cuyo contenido
sea similar al de una información declarada ilícita con anterioridad, o a bloquear el acceso a ellos, siempre que la
supervisión y la búsqueda de los datos a los que se refiere
tal medida cautelar se limiten a aquellos datos que transmi-
tan un mensaje cuyo contenido permanezca esencialmente
inalterado con respecto al que dio lugar a la declaración
de ilicitud y que contenga los elementos especificados en
la medida cautelar acordada, y en la medida en que las
diferencias en la formulación de dicho contenido similar
al que caracteriza a una información declarada ilícita con
anterioridad no puedan obligar al prestador de servicios de
alojamiento de datos a realizar una apreciación autónoma
de ese contenido, y*

- *obligar a un prestador de servicios de alojamiento de datos
a suprimir los datos a los que se refiera la medida cautelar
acordada o a bloquear el acceso a ellos a nivel mundial en
el marco del Derecho internacional pertinente".*

4. Poco tiempo después, el 8 de diciembre de 2022, el
TJUE volvió a pronunciarse fijando unos parámetros de
gran trascendencia: *Sentencia C-460/20*[681]. En el supuesto enjuiciado, dos directivos de un grupo de sociedades
de inversión solicitaron la retirada de varios vínculos a
artículos que incluían información financiera que no
se adaptaba al modelo de inversiones aplicado en su
empresa (al incluir alegaciones fácticas inexactas), así

---

[681] STJUE de 8 de diciembre de 2022, caso *TU y RE c. Google LLC* (asunto C-460/20) (DOUE C35/4, de 30 de enero de 2023) (consultar en línea: https://eur-lex.europa.eu/legal-content/ES/TXT/
PDF/?uri=CELEX:62020CA0460; visitado por última vez el 25 de
enero de 2024).

como a las imágenes que aparecían en forma de imágenes de previsualización en la lista de resultados de una búsqueda de imágenes efectuada a partir de sus nombres y que dejaban entrever el disfrute de un alto nivel de vida.

Tras la negativa del motor de búsqueda a atender a tales solicitudes -a la luz del contexto profesional de los artículos y alegando su desconocimiento sobre la exactitud o inexactitud de la información recogida en los mismos-, y tras el posterior rechazo de los tribunales, el asunto llega al TJUE por vía de una cuestión de prejudicialidad. Al abordar la controversia, el TJUE recuerda -en primer lugar que el derecho a la protección de datos personales debe ser considerado en atención a las circunstancias de cada caso (por ejemplo, el papel que el interesado tenga en la vida pública o la naturaleza y relevancia de la información) y al principio de proporcionalidad, si bien enfatiza que, al igual que ocurre con el derecho a la protección de la vida privada, el citado derecho a la protección de datos generalmente prevalece sobre el derecho de información de los internautas. Además, indica que cuando se comprueba que la información, o una parte (no menor) de la información, recogida en el contenido indexado es inexacta, en ningún caso deben prevalecer los derechos a informar y ser informados.

Así, concluye que, en el supuesto de que un solicitante de retirada de enlaces presente pruebas razonables (entendiéndose como tal los medios de prueba pertinentes y suficientes para fundamentar la solicitud, sin que sea necesario aportar una resolución judicial anterior dictada contra el editor de la página web) de la inexactitud manifiesta de la información (o de parte significativa de la misma) que se recoge en el contenido indexado, el gestor del motor de búsqueda está obligado a atender a dicha solicitud. La carga de la prueba recae en el solicitante de retirada, sin que el gestor del motor de búsqueda deba estar obligado a contribuir a determinar si el contenido indexado es o no exacto. Es decir, aunque deberá realizar la ponderación correspondiente, al dilucidar si la solicitud está o no justificada no puede estar obligado a buscar activamente datos fácticos no presentes en la solicitud.

En relación con la solicitud sobre las fotografías mostradas, y entendiendo que la injerencia de estas es mucho mayor, el TJUE realiza una puntualización interesante: la ponderación a realizar de los derechos e intereses en pugna debe ser diferente, por un lado, cuando el objeto son artículos con fotos que en su contexto original ilustran la información que dichos artículos aportan y las opiniones que en ellos se expresan y, por otro lado, cuando se trata de fotos mostradas en forma de previsualizaciones. En el segundo de los escenarios, el TJUE entiende que debe tenerse en cuenta su valor informativo sin tomar en consideración el contexto de su publicación en la página web de la que se extraen, es decir, debe valorarse la contribución o no de las mismas a un debate de interés general. Por último, el TJUE recuerda que en caso de que los motores de búsqueda no accedan a la solicitud los interesados, estos podrán acudir a la autoridad de control (la AEPD) o a los tribunales, poniendo el acento sobre la mejor posición de estos últimos a la hora de realizar complejas y minuciosas ponderaciones.

8. VALORACIÓN DEL SISTEMA

La cuestión de los discursos de odio ha sido abordada en el seno de la Unión Europea desde los planos conversos de la discriminación y la intolerancia, por un lado, y de la protección de los derechos fundamentales, por otro. A este respecto, la actividad coordinada de los distintos órganos y organismos de la Unión Europea ha resultado esencial en la lucha contra los discursos de odio. Por lo que respecta al ámbito de la discriminación resulta relevante la actividad normativa llevada a cabo en el seno del Consejo, y principalmente la mención de la Directiva 2000/78/CE en la que se sientan las bases de una lucha eficaz contra la discriminación por motivos racistas. No obstante, debemos llamar la atención sobre el hecho de que, hasta el momento, no se haya podido sacar adelante la Directiva horizontal sobre no discriminación.

Por su parte, la inclusión de la respuesta jurídico-penal debe partir de lo permitido en los Tratados en una acción de política criminal europea, debido al aumento de los incidentes racistas, antisemitas y de odio en los Estados de la Unión, lo que ha provocado que el propio legislador aprovechase la importancia de la Carta de Derechos Fundamentales para elevarla a Tratado a partir del Tratado de Lisboa, lo que a su vez se convierte en una acción fundamental para que, a través del espacio de libertad, seguridad y justicia, se hayan podido coordinar acciones en materia penal entre los Estados miembros.

La Decisión Marco 2008/913/JHA resulta la norma fundamental al respecto, desde el momento en que en la misma la Unión Europea hace referencia a la necesidad de castigar "*la incitación pública a la violencia o al odio dirigidos contra un grupo de personas o un miembro de tal grupo, definido en relación con la raza, el color, la religión, la ascendencia o el origen nacional o étnico*". Los delitos de odio en el sentido de la Decisión marco[682] se consideran delitos[683] (delitos de base), distintos de la incitación al odio, cometidos con una motivación racista o xenófoba (motivación sesgada). En ella, además, se define la incitación al odio

---

[682] Ver artículo 4 Decisión-marco: «*En los casos de delitos distintos de los contemplados en los artículos 1 y 2, los Estados miembros adoptarán las medidas necesarias para garantizar que la motivación racista y xenófoba se considere como una circunstancia agravante, o bien que los tribunales tengan en cuenta dicha motivación a la hora de determinar las sanciones*».

[683] Como los delitos contra la vida, la integridad física o la propiedad de una persona.

como aquella incitación pública a la violencia o al odio dirigidos contra un grupo o un miembro de tal grupo que comparta una característica protegida. En la Decisión-marco aparecen descritas las conductas punibles en su artículo 1°, en el que se señalan los delitos de carácter racista y xenófobo que incitan al odio, como "la propia incitación pública o violenta contra un grupo definido por la raza, el color, la religión", o "la difusión de escritos que puedan provocar un clima de violencia contra estas minorías". Además de tipificar la apología de los crímenes de guerra, los genocidios y, en especial, el Holocausto.

También el TJUE ha tenido ocasión de pronunciarse con relación a las empresas de redes sociales y la difusión de discursos de odio por internet, y la protección de los derechos fundamentales en el ámbito online. A este respecto, el Tribunal de Justicia, en sus diferentes pronunciamientos, ha llegado a las conclusiones siguientes: i) mostrar los resultados del motor de búsqueda constituye un tratamiento de datos personales; y ii) el gestor de un motor de búsqueda tiene la responsabilidad de suprimir los enlaces a la información personal de los resultados de búsqueda en circunstancias específicas, introduciendo de manera efectiva el derecho al olvido.

Capítulo VI

Discursos de odio y discriminación religiosa y de convicción: estudios sobre datos de las víctimas, incidentes y actitudes

1. CONSIDERACIONES GENERALES

A lo largo de los capítulos precedentes se han ido señalando una serie de trabajos e informes relacionados con datos sobre incidentes, víctimización y actitudes personales o sociales hacia grupos o colectivos víctimas de los discursos de odio elaborados en el seno de las reseñadas organizaciones internacionales. En este capítulo nos vamos a ocupar de manera específica sobre esos datos con el fin de obtener elementos que permitan comprobar la dimensión de la gravedad alcanzada por la presente temática, así como poner de manifiesto algunos factores que sin duda están presentes, como pueden ser los relativos a las denuncias o no de estos hechos o cómo son recogidos estos hechos por parte de las autoridades policiales o judiciales de los países.

A este respecto, vamos a diferenciar entre datos relacionados con las víctimas e incidentes relacionados con los delitos de odio, por un lado, y las actitudes de la población, esencialmente europea, respecto de determinados grupos objeto de esos discursos de odio, por otro. Y ello se realiza sobre la base de la diferente consideración y análisis de uno y otros datos, así como respecto a su valor empírico. Ello nos lleva a plantear dicho análisis, desde un planteamiento puramente expositivo, al contrario de lo apuntado anteriormente, por lo que comenzaremos, en primer lugares, con los datos de carácter sociológico relacionados con las actitudes de las poblaciones hacia un conjunto de grupos, especialmente desfavorecidos, y -por ende- destinatarios de los mencionados discursos de odio. A este respecto, se hará especial referencia a aquellos grupos relacionados con las creencias o las convicciones teniendo presente el objeto material del presente trabajo. Tras lo cual se abordará, en segundo término, los datos relacionados con los incidentes y víctimas de los delitos de odio.

Para llevar a cabo esta labor contaremos principalmente -como ya se ha señalado- con los trabajos e informes realizados por las organizaciones internacionales de referencia, aunque también se traerán a colación de manera puntual trabajos que al respecto se han realizado por grupos o centros de investigación de prestigio en la materia. En esta misma línea, se mencionarán trabajos y estudios llevados a cabo de manera concreta en España, a efectos de comprobar los métodos de trabajo desarrollados en uno y otro plano.

2. ACTITUDES RELACIONADAS CON LA DISCRIMINACIÓN Y LA INTOLERANCIA EN MATERIA RELIGIOSA Y DE CONVICCIONES

1. En materia de actitudes ante determinados grupos, especialmente religiosos, vamos a traer a colación, en primer lugar, una encuesta del Pew Research Center, de mayo de 2016[684], en la que se recogen las diferencias existentes en la opinión pública hacia las comunidades

---

[684]   Esta encuesta puede consultarse en internet: http://www.pewglobal.org/2017/07/11/europeans-fear-wave-of-refugees-will-mean-

musulmanas y la amenaza del extremismo yihadista en diez Estados miembros de la Unión Europea. A este respecto, la presente *Encuesta* pone de manifiesto como las opiniones sobre los musulmanes varían considerablemente en toda Europa. Así, la mitad o más de los resultados en Hungría, Italia, Polonia y Grecia tienen una opinión muy o algo desfavorable de los musulmanes: en Italia (36%), en Hungría (35%), Polonia (33%) y Grecia (32%), o lo que es lo mismo, aproximadamente un tercio de los encuestados tienen opiniones desfavorables. Además, un hecho destaca y es el relacionado con que, en el último año (2016), las opiniones desfavorables hacia los musulmanes habían aumentado en el Reino Unido (+ 9 puntos porcentuales), en España (+ 8) y en Italia (+ 8). En este sentido, entendemos de interés hacer mención de un Informe realizado por Eurostar, y en el que –sobre la base de las respuestas dadas– se han realizado los siguientes mapas:

---

more-terrorism-fewe-jobs/ (visitada por última vez el 10 de diciembre de 2023).

**Figura 2: actitudes sobre diferentes grupos
étnico-religiosos en Europa**

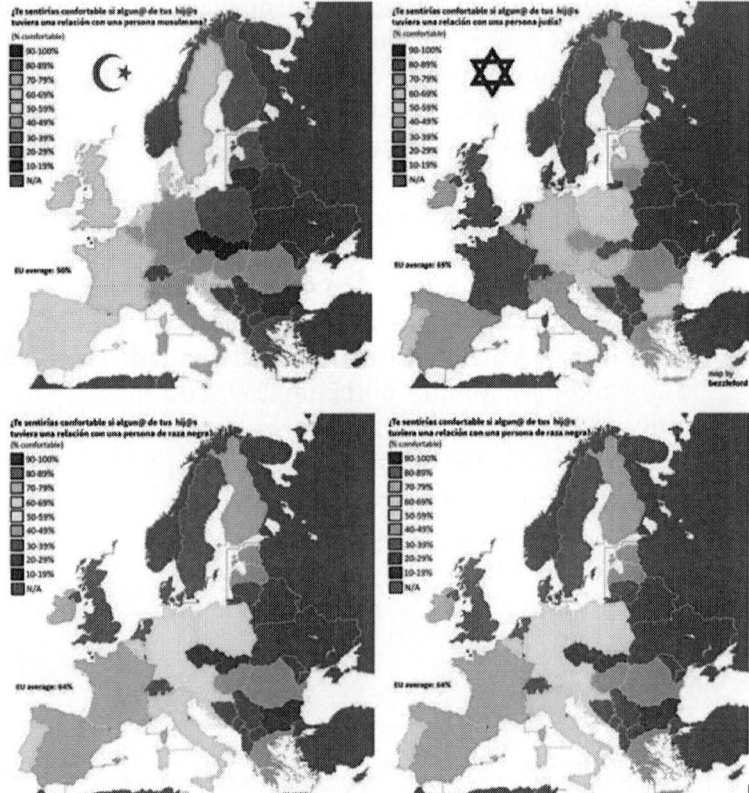

La conclusión que podemos obtener de dicho estudio no es otra que el hecho de que los europeos se sienten más incómodos con la presencia de un musulmán en la familia, que, en el caso de un judío, un negro o, en menor medida, un asiático. Sólo un 50% de los europeos se sentiría cómodo si su hijo o hija tuviera como pareja a un musulmán, mientras que en el caso de asiáticos y judíos el porcentaje aumenta al 69%. Con las personas de color, el porcentaje se sitúa en el 64%. Y, en esta misma línea, cabe señalar que, para los europeos, las actitudes negativas hacia los musulmanes se basan en la creencia de que éstos no desean participar en la sociedad en general, y que – por tanto– «desean seguir siendo diferentes».

2. Con relación a las actitudes de los españoles respecto de los diferentes grupos religiosos, cabe señalar que existen notables diferencias hacia unos y otros colectivos, y que con diferencia los musulmanes representan el grupo hacia el que existen los sentimientos más desfavorables y el que sería más discriminado; tal y como se muestra en la figura siguiente:

Figura 3: islamofobia y antisemitismo:

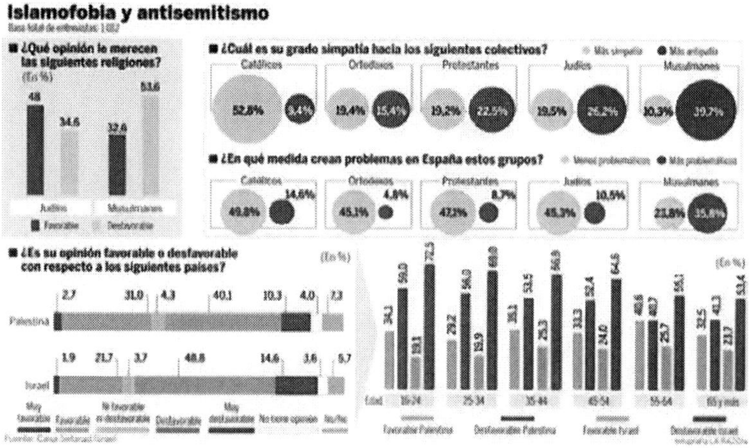

Por su parte, en un reciente Estudio relacinado con las actitudes hacia los musulmanes[685] se pone de manifiesto dicha percepción, tal y como se señala en la siguiente figura:

---

[685] APARICIO GÓMEZ, Rosa: *Resultados encuesta sobre intolerancia y discriminación hacia las personas musulmanas en España*, Ministerio de Inclusión, Seguridad Social y Migraciones, Madrid 2020 (consultar en línea: https://www.inclusion.gob.es/oberaxe/es/publicaciones/

Figura 4. Opinión sobre los sentimientos favorables o desfavorables quese tienen en España hacia algunos colectivos. Puntuaciones medias (1=Muy desfavorable; 6=muy favorable)

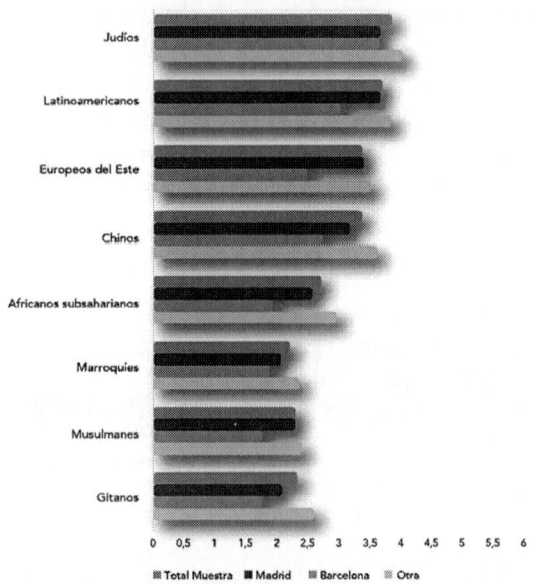

Fuente: Resultados encuesta sobre intolerancia y discriminacion hacia las personas musulmanas en Espana, Madrid 2020.

Los resultados con pequeñas diferencias replican los reseñados anteriormente en otros estudios y, por tanto, no traen sorpresas. Los gitanos aparecen en el presente estudio como el colectivo hacia el que existirían los sentimientos más desfavorables y los judíos, casi a la par con los latinoamericanos, aquellos hacia el que se darían los más favorables. Los musulmanes, según los encuestados, se situarían prácticamente en el mismo nivel que los gitanos y los marroquíes estarían cerca. Es

documentos/documento_0126.htm;visitado por última vez el 1 de diciembre de 2021).

de notar, sin embargo, que ningún grupo obtiene una puntuación por encima de 4 en el total de la muestra, lo cual indica que, incluso para los grupos hacia los que habría actitudes más positivas, estas en ningún caso son altas. Merece comentario, por otra parte, alguna de las diferencias en las puntuaciones entre las localizaciones geográficas. La más destacada es que en Barcelona, se da una tendencia a atribuir puntuaciones notablemente más bajas lo cual indicaría que en dicha localidad los sentimientos hacia los grupos minoritarios serían, en general, más negativos. Por ende, los sentimientos que según los encuestados existirían en Barcelona hacia los musulmanes serían, con diferencia, aún más desfavorables que en otras localidades[686].

En el cuestionario se quiso avanzar más preguntando concretamente sobre la islamofobia. Para comenzar, se pidió a los encuestados que dijeran en qué medida creían que, en España, existía islamofobia, entendiendo por ésta una forma de racismo y xenofobia manifestada en prejuicios, temores, actitudes de rechazo, hostilidad, discriminación, agresiones y actos de violencia hacia las personas musulmanas o consideradas como tales por el hecho de ser o de ser consideradas musulmanas. Las respuestas indican que una gran mayoría (80,8%) considera que la islamofobia está muy o bastante presente en España. Esta opinión es aún más acentuada en Barcelona donde más de un 40% de los encuestados piensa que existe mucha islamofobia en España; al tiempo que un muy pequeño porcentaje, en Madrid, considera que no hay islamofobia[687].

Los presentes datos ponen de manifiesto la necesidad por parte de los Estado de trabajar, en el ambito de la sensibilización, en el conocimiento y de la educacion, por aclarar algunas ideas que por estar presentes en las sociedades europeas no las

---

[686]   *Ibid*, pag. 15.
[687]   *Ibid*, pag. 17.

convierten en ciertas. Asi, en Europa no existe una comunidad musulmana: se trata de un espejismo. Los musulmanes vienen de paises distintos, viven en paises distintos, hablan lenguas diferentes y estan enormemente divididos, por confesiones, etnias y, tambien, en su relacion con la practica religiosa y con la importancia de la religion dentro de su vida. Asi, es un error desanclar al inmigrante de su naturaleza (por ejemplo, nacido de padres inmigrantes argelinos, con nacionalidad francesa y frances, ante todo), porque esto lleva a algo parecido a encasillarlo en una comunidad musulmana supuestamente cerrada e inmutable.

A este respecto también deben tenerse en cuenta un conjunto de informes cuyo origen están en la sociedad civil, como pueden ser los elaborados por la Plataforma ciudadana contra la Islamofobia[688], el Observatorio Andalusí[689] o el Observatorio

---

[688]   La Plataforma Ciudadana contra la Islamofobia (en adelante, PCCI) recoge, desde 2014, en sus informes anuales los casos de islamofobia de que ha tenido constancia. Ademas de las denuncias que llegan a la Plataforma, también se realiza seguimiento de los medios de comunicacion asi como de las redes sociales. Hasta ahora ha realizado cuatro Informes: PCCI: *Informe anual. Islamofobia en España 2014*, 2015 (consultar en linea: https://plataformaciudadanacontralaislamofobia.files.wordpress.com/2015/03/pcci-informe-islamofobia-espac3b1a-20141.pdf ; visitado por ultima vez 15 de noviembre de 2023); PCCI: *Informe anual. Islamofobia en España 2015*, 2016 (consultar en linea: https://plataformaciudadanacontralaislamofobia.files.wordpress.com/2016/04/informe-islamofobia-en-espac3b1a-2015-pcci-informe-anual-20164.pdf ; visitado por ultima vez el 15 de noviembre de 2023); PCCI: *Informe anual. Islamofobia en España 2017*, 2018 (consultar en linea: https://www.observatorioislamofobia.org/wp-content/uploads/2018/03/Informe-Islamofobia-en-Espa%C3%B1a.-PCCI-Informe-Anual-2018.pdf ; visitado por ultima vez el 15 de noviembre de 2023).

[689]   En 2003 nace el *Observatorio Andalusi* como organismo autonomo, de la UCIDE, sin animo de lucro y de utilidad publica, para la observacion y seguimiento de la situacion del ciudadano musulman y la is-

lamofobia en España. Durante este tiempo ha realiado un conjunto de 19 Informes en la materia, con el titulo: *Institucion para la observacion y seguimiento de la situacion del ciudadano musulman y la islamofobia en Espana*, al que añade el correspondiente año de referencia. Asi, sus informen empiezan en 2003: consultar en linea: https://ucide. org/wp-content/uploads/2021/06/ia2003.pdf (visitado por ultima vez el 27 de diciembre de 2023); en 2004 junto al informe anual hay un informe especial relativo al 11-M: consultar en linea: https:// ucide.org/wp-content/uploads/2021/06/ia2004.pdf y https:// ucide.org/wp-content/uploads/2021/06/it11m04.pdf , respectivamente (visitado por ultima vez el 27 de diciembre de 2023); en 2005 se vuelven a realiar dos informes: uno anual y otro especial: consultar en linea: https://ucide.org/wp-content/uploads/2021/06/ ia2005.pdf y https://ucide.org/wp-content/uploads/2021/06/ isj05.pdf , respectivamente (visitado por ultima vez el 27 de diciembre de 2023); e igual sucede en los años sucesivos: 2006: consultar en linea: https://ucide.org/wp-content/uploads/2021/06/ia2006. pdf y https://ucide.org/wp-content/uploads/2021/06/isj06.pdf , respectivamente (visitado por ultima vez el 27 de diciembre de 2023); 2007 [a partir de este año se realiza un tercer informe de carácter demográfico, por lo que no los incluiremos]: consultar en linea: https://ucide.org/wp-content/uploads/2021/06/ia2007. pdf y https://ucide.org/wp-content/uploads/2021/06/isj07.pdf , respectivamente (visitados por ultima vez el 27 de diciembre de 2023); 2008: consultar en linea: https://ucide.org/wp-content/ uploads/2021/06/ia2008.pdf y https://ucide.org/wp-content/ uploads/2021/06/isj08.pdf , respectivamente (visitandos por ultima vez el 27 de diciembre de 2023); 2009: consultar en linea: https:// ucide.org/wp-content/uploads/2021/06/ia2009.pdf y https://uci-de.org/wp-content/uploads/2021/06/isj09.pdf , respectivamente (visitados por ultima vez el 27 de diciembre de 2023); 2010: consultar en linea: https://ucide.org/wp-content/uploads/2021/06/ ia2010.pdf y https://ucide.org/wp-content/uploads/2021/06/ isj10.pdf , respectivamente (visitados por ultima vez el 27 de diciembre de 2023); 2011: consultar en linea: https://ucide.org/ wp-content/uploads/2021/06/ia2011.pdf y https://ucide.org/wp-content/uploads/2021/06/isj11.pdf (visitado por ultima vez el 27 de diciembre de 2023); 2012: consultar en linea: https://ucide.org/

de la Islamofobia en los Medios[690], entre otros. Mientras que,

wp-content/uploads/2021/06/ia2012.pdf y https://ucide.org/wp-content/uploads/2021/06/isj12.pdf (visitado por ultima vez 27 de diciembre de 2023); 2013: consultar en linea: https://ucide.org/wp-content/uploads/2021/06/ia2013.pdf y https://ucide.org/wp-content/uploads/2021/06/isj13.pdf (visitados por ultima vez el 27 de diciembre de 2023); 2014: consultar en linea: https://ucide.org/wp-content/uploads/2021/01/Informe-anual-2014.pdf y https://ucide.org/wp-content/uploads/2021/01/Informe-especial-2014.pdf (visitados por ultima vez el 27 de diciembre de 2023); 2015: consultar en linea: https://ucide.org/wp-content/uploads/2021/01/Informe-anual-2015.pdf y https://ucide.org/wp-content/uploads/2021/01/Informe-especial-2016.pdf (visitados por ultima vez el 27 de diciembre de 2023); 2016: consultar en linea: https://ucide.org/wp-content/uploads/2021/01/Informe-anual-2016.pdf y https://ucide.org/wp-content/uploads/2021/01/Informe-especial-2016.pdf (visitados por ultima vez el 27 de diciembre de 2023); 2017: consultar en linea: https://ucide.org/wp-content/uploads/2021/01/Informe-anual-2017.pdf y https://ucide.org/wp-content/uploads/2021/01/Informe-especial-2017.pdf (visitados por ultima vez el 27 de diciembre de 2023); 2018: consultar en linea: https://ucide.org/wp-content/uploads/2021/01/Informe-anual-2018.pdf y https://ucide.org/wp-content/uploads/2021/01/Informe-especial-2018.pdf (visitados por ultima vez el 27 de diciembre de 2023); 2019: consultar en linea: https://ucide.org/wp-content/uploads/2021/04/ia2019.pdf y https://ucide.org/wp-content/uploads/2021/04/isj19.pdf (visitado por ultima vez el 27 de diciembre de 2023); en 2020 es el ultimo año donde hay un informe especial relativo a la islamofobia (consultar en linea: https://ucide.org/wp-content/uploads/2022/03/isj20.pdf ; visitado por ultima vez el 27 de diciembre de 2023). Todos los informes realizados por este Observatorio pueden consultarse en: https://ucide.org/islam/observatorio/informes/.

[690] El Observatorio de la Islamofobia en los Medios ha realizado tres informes: *Proximidad, clave para un mejor periodismo inclusivo. Informe 2020* (consultar en linea: https://www.iemed.org/wp-content/uploads/2021/10/ObservatorioIslamofobia_2020_.pdf; visitado por ultima vez el 28 de diciembre de 2023); 2019: consultar

con relación al antisemitismo, mencionar los Informes sobre antisemitismo en España[691], realizados por el Observatorio del antisemitismo de la Federación española de Comunidades Judías y Movimiento contra la Intolerancia[692]. En dichos Informes se pone de manifiesto como en la sociedad española los

---

en linea: https://www.observatorioislamofobia.org/wp-content/ uploads/2021/01/Resumen-Ejecutivo-2019_ES.pdf (visitado por ultima vez el 28 de diciembre ᵈe 2021), y 2018: consultar en linea: https://www.observatorioislamofobia.org/2019/09/19/informe-2018-cambio-alcance-islamofobia-los-medios-resumen-ejecutivo/ (visitado por ultima vez el 28 de diciembre de 2023).

[691]　Consultar en línea: https://observatorioantisemitismo.fcje.org/wp-content/uploads/2021/06/Informe-2019-editado1.pdf (visitado por ultima vez el 13 de octubre de 2023).

[692]　Este Observatorio viene realizando Informes sobre el antisemitismo en Espana desde 2011. En concreto: *Informe sobre el Antisemitismo en Espana durante el año 2011* (consultar en linea: https://observatorioantisemitismo.fcje.org/wp-content/uploads//2012/08/ informe-antisemitismo-2011-.pdf ; visitado por ultima vez el 29 de diciembre de 2023); *Informe sobre el Antisemitismo en Espana durante el año 2012* (consultar en linea: https://observatorioantisemitismo. fcje.org/wp-content/uploads//2013/10/informe-antisemitismo-2012.1.pdf ; visitado por ultima vez el 29 de diciembre de 2023); *Informe sobre el Antisemitismo en Espana durante los anos 2013-2014* (consultar en linea: https://observatorioantisemitismo.fcje.org/ wp-content/uploads//2015/09/Informe-2013-14-online.pdf ; visitado por ultima vez el 29 de diciembre de 2023); *Informe sobre el Antisemitismo en Espana durante los años 2015-2016* (consultar en linea: https://observatorioantisemitismo.fcje.org/wp-content/ uploads//2017/09/Informe-2015-2016.pdf ; visitado por ultima vez el 29 de diciembre de 2023); *Informe sobre el Antisemitismo en Espana durante los anos 2017-2018* (consultar en linea: https://observatorioantisemitismo.fcje.org/wp-content/uploads//2020/10/Informe-2017-2018-rev-1.pdf ; visitado por ultima vez el 29 de diciembre de 2023), e *Informe sobre el Antisemitismo en Espana durante el año 2019* (consultar en linea: https://observatorioantisemitismo.fcje.org/ wp-content/uploads/2021/06/Informe-2019-editado1.pdf ; visitado por ultima vez el 29 de diciembre de 2023).

actos y actividades antisemitas se han incrementado, afectando tanto a personas como a bienes y lugares judíos, así como a través de los medios de comunicación tradicionales o nuevos.

En este sentido, y por lo que a la sociedad española se refiere, BRIONES ha afirmado que «*en el «campo religioso» español hay dos hechos que actualmente son muy relevantes y que aparecen como contradictorios: por un lado, la progresiva secularización que se acelera intensamente desde los años ochenta, y que se manifiesta en una creciente «descatolización» de las instituciones sociales y de las conciencias y prácticas individuales; ambas se van desvinculando del seguimiento y de la tutela de las creencias y prácticas de la Iglesia católica y de sus ministros. Los principales indicadores de esta secularización son la disminución de la práctica religiosa y de las creencias del llamado «catolicismo oficial», sobre todo por parte de los jóvenes; por otro lado, también desde los treinta últimos años, un nuevo fenómeno, aparentemente de signo contrario, toma fuerza: un resurgir religioso que se visualiza, por un lado, en una diversidad de grupos religiosos no católicos que se instalan en toda la geografía española y andaluza (BRIONES, 2010), y, por otro, en el ámbito católico, los rituales de religiosidad popular individual y colectiva persisten con un vigor incluso creciente en prácticas populares del denominado frecuentemente «catolicismo popular», que se presenta frecuentemente en un paralelismo y, a veces, en una confrontación con el «catolicismo oficial»*(BRIONES, 2000: 1-2)»[693].

---

[693] BRIONES, Rafael: "Religiones e inmigracion en la Espana actual. Analisis de los cambios en el campo religioso", en *Gaceta de Antropologia*, no 34 (2018), pag. 1 (consultar en linea: http://www.gazeta-antropologia.es/?p=5082; visitado por ultima vez el 29 de diciembre de 2023).

3. ACTITUDES DISCRIMINATORIAS E INTOLERANTES EN LOS ESTUDIOS E INFORMES DE LAS ORGANIZACIONES INTERNACIONALES

Junto a la actividad normativa descrita principalmente en los capítulos anteriores, debe igualmente mencionarse la actividad relacionada con las actitudes respecto de los grupos o segos de discriminación, intolerancia u odio. A este respecto, se debe mencionar la actividad llevada a cabo, tanto por la FRA como por el EMUC, en el seno de la Unión Europea, toda vez que la misma ha permitido no sólo a la organización, sino también a los Estados Miembros, tener un mayor y mejor conocimiento sobre la presente temática, en especial en su relación con fenómenos como el antisemitismo o la islamofobia. Realidades ambas que, en los últimos tiempos, han vuelto a resurgir con gran fuerza en las sociedades europeas, como lo pone de manifiesto el hecho de que más de un 90% de los judíos consideran que el antisemitismo ha aumentado en sus países, mientras que un 85% dicen que se trata de un problema serio[694]; al tiempo que, con relación a la islamofobia, cabe señalar que uno de cada diez musulmanes manifiesta sentirse discriminado por este motivo. La discriminación hacia los musulmanes es cada vez más común: casi uno de cada cinco musulmanes denunció que habían sido discriminados cuando buscaban empleo o en el propio trabajo, en el acceso a la vivienda o cuando se ponían en contacto con autoridades escolares como padres o tutores[695].

---

[694] Eurobarometro 484: *Perceptions of antisemitism*, enero 2019.

[695] EU-MIDIS, *Datos in focus – 2º informe: los musulmanes,* 2009 (consultar en línea: https://fra.europa.eu/sites/default/files/fra_uploads/448-EU-MIDIS_MUSLIMS_ES.pdf; visitado por última vez el 24 de enero de 2024).

En este sentido, un ámbito que ha adquirido especial relevancia en los últimos tiempos es el de las redes sociales e internet, donde la Unión Europea también ha actuado no sólo desde el plano normativo, sino a través del fomento del autocontrol por parte de las propias compañías o servidores, lo que ha tenido su reflejo en el llamado "Código de Cónducta" donde además de la Comisión, cinco empresas del sector han elaborado y firmado dicho código. Un código que -con todos sus defectos parece va dando buenos resultados o, al menos, resultados esperanzadores. A este respecto, en junio de 2020, la Comisión Europea publicaba la quinta evaluación sobre la implementación del Código de Conducta[696], que se calificaba de positiva. El 90% de las notificaciones se revisaban en un plazo de 24 horas y un 71 % del contenido al que estas se referían era retirado.

El porcentaje de retirada dependía de la gravedad del contenido en cuestión. De media, este porcentaje llegaba al 83,5% cuando se trataba de discursos que incitaban al asesinato o la violencia contra grupos determinados, mientras que descendía hasta el 57,8% en los casos de contenidos que utilizaran palabras o imágenes simplemente difamatorias. Los porcentajes también variaban en función de la compañía. Así Facebook había eliminado el 87.6% del contenido cuestionado; YouTube, el 79.7%; Twitter, el 35.9%, e Instagram, el 42%. La evaluación también ponía de manifiesto que la orientación sexual era el motivo más frecuente bajo el que se amparaban estos discursos de incitación al odio (un 33%)[697], seguidos de la xenofobia

---

[696] Consultar en línea: https://ec.europa.eu/info/sites/info/files/codeofconduct_2020_factsheet_12.pdf (visitado por última vez el 26 de enero de 2024].

[697] Véase, la *Resolución del Parlamento Europeo, de 18 de diciembre de 2019, sobre la discriminación pública y el discurso de odio contra las personas LGBTI*, incluido el concepto de «zonas sin LGBTI», que alerta sobre la intensificación de la discriminación pública y el discurso de odio

-incluyendo el odio al inmigrante, un 15% y las declaraciones contra los gitanos (un 9,9%). Si las dificultades de frenar el discurso del odio offline son enormes, la de tratar de hacerlo online resultan, en ocasiones, casi titánicas.

1. Respeto de la discriminación musulmana, el citado Observatorio europeo elaboró, en 2006, un Informe titulado: *Los musulmanes en la Union Europea: Discriminacion e islamofobia*[698], y en él se examinan los datos y la informacion disponibles sobre el grado y la naturaleza de la discriminacion contra musulmanes y de los incidentes islamofobos en la UE[699]. La discriminación hacia los musulmanes es cada vez más común: casi uno de cada cinco musulmanes denunció que habían sido discriminados cuando buscaban empleo o en el propio trabajo, en el acceso a la vivienda o cuando se ponían en contacto con autoridades escolares como padres o tutores. La primera encuesta EU MIDIS, en 2008, denunció que uno de cada diez musulmanes se sentía discriminado por este motivo[700]. Según una Encuesta *Eurobalance* de

---

contra las personas LGBTI en toda la Unión Europea, y destaca que los delitos de odio motivados por la fobia contra las personas LGBTI están aumentando en la Unión.

[698] Consultar en línea: https://www.ararteko.eus/RecursosWeb/DOCUMENTOS/1/0_814_1.pdf (visitado el 20 de diciembre de 2023).

[699] El informe mas reciente de la Agencia de los Derechos Fundamentales de la Union Europea (FRA) del año 2017, titulado: *Minorities and Discrimination Survey (EU-MIDIS II): Muslims-Selected findings* (FRA, 2017), muestra sorprendentemente una similitud en su estructura y contenido al informe realizado por su institucion predecesora, el Observatorio Europeo del Racismo y la Xenofobia (EUMC), en el año 2006.

[700] EU-MIDIS, *Datos in focus – 2º informe: los musulmanes*, 2009 (consultar en línea: https://fra.europa.eu/sites/default/files/fra_uploads/448-EU-MIDIS_MUSLIMS_ES.pdf; visitado por última vez el 14 de enero de 2024).

2017, la religión o creencias y el origen étnico han sido señaladas como motivos de discriminación en el último año por el 3% de los encuestados, por debajo de la edad (7%) y el género (4%). Los musulmanes son el grupo religioso minoritario menos aceptado. Por ejemplo, el 71% de los encuestados estaría a gusto trabajando con un musulmán, comparado a un 87% respecto a los ateos, un 84% a los judíos y un 81% a los budistas. Las cifras varían mucho entre los Estados miembros; por ejemplo, solo el 27% de los encuestados en la República Checa y el 37% en Eslovaquia se encontrarían cómodos trabajando con un compañero musulmán[701].

Por último, cabe mencionar que la FRA, en el año 2017, realizó un Informe titulado: *Minorities and Discrimination Survey (EU-MIDIS II): Muslims-Selected findings (FRA, 2017)*[702], referido a los musulmanes. En este Informe se pone de manifiesto que los musulmanes representan el segundo grupo religioso más grande de la Unión Europea. Se enfrentan a la discriminación en una amplia gama de entornos, y particularmente cuando buscan trabajo, en el trabajo y cuando intentan acceder a servicios públicos o privados. Características como el nombre y apellido de una persona, el color de la piel y el uso de símbolos

---

[701] Eurofound (2017), *Sixth European Working Conditions Survey – Overview report (2017 update)*, Publications Office of the European Union, Luxembourg (consultar en línea: https://www.eurofound. europa.eu/sites/default/files/ef_publication/field_ef_document/ ef1634en.pdf; visitado por última vez el 14 de enero de 2024).

[702] FRA: *Minorities and Discrimination Survey (EU-MIDIS II): Muslims-Selected findings (FRA, 2017)*, Luxembourg: Publications Office of the European Union, 2017 (consultar en línea: https://fra.europa.eu/ sites/default/files/fra_uploads/fra-2017-eu-minorities-survey-muslims-selected-findings_en.pdf; visitado por última vez el 20 de enero de 2024).

religiosos visibles pueden desencadenar un trato discriminatorio y acoso.

Los resultados presentados en este informe muestran que
la mayoría de los musulmanes encuestados están fuertemente
apegados a su país de residencia; así, la mayoría de los encuestados musulmanes (76%) se siente fuertemente apegada a su
país de residencia; al tiempo que confían en las instituciones
públicas de su país, a menudo más que en la población en general: los encuestados musulmanes indican niveles más altos
de confianza en las instituciones democráticas que la población general en la Encuesta Social Europea 2014. En promedio, los encuestados musulmanes confían más en la policía y el
sistema legal: en una escala de 10 puntos, donde 10 significa
"confianza completa", los resultados con respecto a la policía
son similares a los de la población general, con, en promedio,
6,6 puntos para los encuestados musulmanes y 6,5 puntos para
la población general. Para el sistema legal, los promedios son
6,6 para los musulmanes y 5,4 para la población general. Le
sigue el parlamento nacional (5,7 para los musulmanes y 4,5
para la población general). Los musulmanes son neutrales hacia el Parlamento Europeo (5,0 para los musulmanes y 3,9 para
la población en general). Tienden a no confiar en los políticos
nacionales (4.4 y 3.4) y los partidos políticos (4.3 y 3.5); en este
sentido, los niveles son similares a los de la población general
encuestada en la Encuesta Social Europea.

Los musulmanes encuestados en EU-MIDIS II están generalmente abiertos a otros grupos de personas en el sentido
de sentirse cómodos con vecinos de diferentes religiones, del
mismo u otros orígenes étnicos, o personas con discapacidad.
Por ejemplo, casi todos los encuestados (92 %) tienden a sentirse cómodos con tener vecinos de un origen religioso diferente. Sin embargo, siguen enfrentándose a barreras para su
plena inclusión en las sociedades europeas. Estos incluyen la
discriminación, el acoso y la violencia motivados por el odio,
así como las frecuentes detenciones policiales. Con el tiempo,

estas experiencias negativas pueden reducir la confianza de las víctimas en la policía, el poder judicial y el parlamento, y su apego al país en el que viven. A este respecto, en el Informe se señala como alrededor del 53 % de los encuestados musulmanes tienen la ciudadanía de su país de residencia y, por lo tanto, disfrutan de todos los derechos de los nacionales o ciudadanos de la UE. Sin embargo, el 15 % de los encuestados es titular de un permiso de residencia válido por menos de cinco años o no posee (temporalmente) ningún permiso de residencia. No obstante, casi uno de cada cuatro encuestados musulmanes (23 %) se siente incómodo con tener a personas lesbianas, gays o bisexuales como vecinos, y uno de cada tres (30 %) con tener a personas transgénero o transexuales como vecinos. Y, en general, las mujeres musulmanas encuestadas tienden a ser ligeramente más abiertas que los hombres musulmanes encuestados, mostrando niveles promedio más altos de comodidad con vecinos de diferentes orígenes religiosos, étnicos o de otro tipo, en particular las personas LGBT.

Los resultados de la encuesta EU-MIDIS II apuntan a las actitudes abiertas de los encuestados musulmanes hacia otras religiones, con casi la mitad (48%) indicando que se sentirían "totalmente cómodos" con un miembro de la familia que se casara con una persona no musulmana. Sin embargo, menos encuestados musulmanes expresaron su incomodidad por el hecho de que alguien de su familia estuviera casado con una persona de una religión diferente (17 %) que la población general en el Eurobarómetro de 2015. El 30% de estos últimos dicen que se sentirían incómodos si su hijo o hija tuviera una "relación amorosa" con una persona musulmana. Y, por último, nueve de cada 10 encuestados musulmanes tienen amigos con un trasfondo religioso diferente.

La Comision Europea contra el Racismo y la Intolerancia (ECRI) del Consejo de Europa también ha publicado varias recomendaciones dirigidas a los Estados miembros: la Recomendación de politica general nº 5 sobre la lucha contra la intolerancia y las discriminaciones hacia los musulmanes (CRI-2000-21), adoptada el 16 de marzo de 2000[703], y la Recomendación de politica general nº 7 sobre la legislacion nacional para luchar contra el racismo y la discriminación racial (CRI-2003-8), adoptada el 13 de diciembre de 2002[704]. A las que debemos unir la Recomendacion general nº 8 sobre la lucha contra el racismo y el terrorismo (CRI-2004-26), la Recomendacion de politica general nº 15 sobre Lineas de Actuacion para combatir el discurso de odío, adoptada el 8 de diciembre de 2015[705] y, en 2011, la publicacion del Manual de Derecho antidiscriminacion europeo (*Handbook on European non-discrimination law*), publicado conjuntamente por FRA y el Tribunal Europeo de Derechos Humanos[706].

---

[703] Recomendacion de politica general no 5 sobre la lucha contra la intolerancia y las discriminaciones hacia los musulmanes (CRI-2000-21), adoptada el 16 de marzo de 2000 (consultar en linea: https://rm.coe.int/ecri-general-policy-recommendation-no-5-on-combating-intolerance-and-d/16808b5a77; visitado por ultima vez el 22 de noviembre de 2023).

[704] Recomendacion de politica general no 7 sobre la legislacion nacional para luchar contra el racismo y la discriminación racial (CRI-2003-8), adoptada el 13 de diciembre de 2002 (consultar en linea: https://rm.coe.int/ecri-general-policy-recommendation-no-7-revised-on-national-legislatio/16808b5aaf ; visitado por ultima vez el 22 de noviembre de 2023).

[705] Recomendacion de politica general no 15 sobre Lineas de Actuacion para combatir el discurso de odio, adoptada el 8 de diciembre de 2015 (consultar en linea: https://rm.coe.int/ecri-general-policy-recommendation-n-15-on-combating-hate-speech-adopt/16808b7904 ; visitado por ultima vez el 22 de noviembre de 2023).

[706] Handbook on European non-discrimination law (consultar en linea: https://fra.europa.eu/sites/default/files/fra_uploads/fra-2018-handbook-non-discrimination-law-2018_en.pdf ; visitado por ultima vez el 22 de noviembre de 2023).

También se debe hacer una mención especial de los documentos elaborados en el seno tanto de la OSCE como del Consejo de Europa. Así, en el ámbito del Consejo de Europa se debe hacer especial mención a dos Informes elaborados en su seno, el primero de 2005, con el título: *Islamofobia y sus consecuencias en los jóvenes*[707], y el segundo –en 2006– bajo el título: *Islam, islamismo e islamofobia en Europa*[708]. En esta misma línea, el *Libro Blanco del Consejo de Europa sobre el Diálogo Intercultural: Vivir juntos como iguales en dignidad (2008)*[709], reconoce que hay una serie de concepciones religiosas y seculares de la vida que han enriquecido el patrimonio cultural de Europa y toma nota de la importancia de la religión, de las religiones y de otros marcos de diálogo para el fomento de la comprensión entre las diferentes culturas; al tiempo que se hace hincapié en que el Consejo de Europa *"se mantendrá neutral hacia las diversas religiones sin dejar de defender la libertad de pensamiento, de conciencia y de religion, los derechos y deberes de todos los ciudadanos, y la respectiva autonomia del Estado y las religiones"*.

En este contexto, la Asamblea Parlamentaria ha aprobado en los últimos tiempos un conjunto de resoluciones dirigidas a combatir la islamofobia en su ámbito de actuación: Resolución

---

[707] RAMBERG, I.: *Islamophobia and its consequences on Young People*, Council of Europe, Budapest 2005.

[708] Consultar en linea: https://www.ararteko.eus/RecursosWeb/DO-CUMENTOS/1/0_814_1.pdf (visitado por ultima vez el 15 de octubre de 2021).

[709] Consejo de Europa: *Libro Blanco sobre el Dialogo Intercultural. Vivir juntos como iguales en dignidad*, lanzada por el Consejo de Ministros Europeos de Asuntos Exteriores, en su 118ª Reunion a Nivel Ministerial (Estrasburgo, 7 de mayo de 2008), pag. 23 (consultar en linea: www.coe.int/t/dg4/intercultural/Source/Pub_White_Paper/White%20Paper_final_revised_EN.pdf ; visitado por ultima vez el 29 de diciembre de 2023). Vease tambien Declaracion de San Marino, de 2007.

1743/2010 sobre islam, islamismo e Islamofobia en Europa[710]; Recomendación 1805 (2007) sobre la blasfemia, los insultos religiosos y el discurso de odio contra las personas por motivos religiosos[711]; Resolución 1605 (2008); Recomendación 1831 (2008) las comunidades musulmanas europeas confrontadas con el extremismo; y Resolución de 23 de junio de 2010, por la que se desaconseja la prohibición total de los velos integrales – en contraposición con algunas políticas nacionales, regionales y/o locales– y reafirma el derecho a la educación religiosa[712]. Todo ello pone sobre el tablero la existencia de una intolerancia múltiple. En este sentido, MIJARES y RAMÍREZ (2008) mencionan los siguientes aspectos: procedencia étnica, color, nacionalidad, genero, idioma, edad… Siendo así, estas autoras afirman que «*estos factores de discriminación están relacionados entre sí y que existe una intersección entre diferentes discriminaciones*»[713].

---

[710] Resolucion 1743/2010 sobre islam, islamismo e Islamofobia en Europa, de 23 de junio de 2010 (consultar en linea: https://www.iustel.com/v2/revistas/detalle_revista.asp?id_noticia=409563 ; visitado por ultima vez el 18 de noviembre de 2023).

[711] Recomendacion 1805 (2007) sobre la blasfemia, los insultos religiosos y el discurso de odio contra las personas por motivos religiosos, de 29 de junio de 2007 (consultar en linea: https://www.iustel.com/v2/revistas/detalle_revista.asp?id_noticia=400888; visitado por ultima vez el 18 de noviembre de 2023).

[712] Resolucion por la que se desaconseja la prohibicion total de los velos integrales –en contraposición con algunas politicas nacionales, regionales y/o locales– y reafirma el derecho a la educacion religiosa, adoptado el 23 de junio de 2010 (consultar en linea: https://www.iustel.com/v2/revistas/detalle_revista.asp?id_noticia=409563 ; visitado por ultima vez el 18 de noviembre de 2023).

[713] MIJARES, Laura, y RAMIREZ, Angeles: "Mujeres, panuelos e islamofobia en Espana: un estado de la cuestión", en *Anales de historia contemporanea*, vol. 24 (2008), pags. (consultar en linea: https://revistas.um.es/analeshc/article/view/53911/51931 ; visitado por ultima vez el 18 de noviembre de 2023). Sobre esta tematica, veanse igualmente ABU-LUGHOD, Lila: "Do Muslim Women Really Need

2. Dentro del ambito del antisemitismo[714], por su parte,

Saving? Anthropological Re-fl ections on Cultural Relativism and its Others", en *American Anthropologist*, vol. 104 (2002), pags. 783-790; AHMED, Leila: *Women and Gender in Islam. The Roots of a Modern Debate*, Yale University Press, New Haven 1993; HAMDAN, Amani: "The issue of hijab in France: reflections and analysis", en *Muslim World Journal of Human Rights*, vol. 4 (2007).

[714] El Observatorio Europeo contra el Racismo y la Xenofobia (en 2005) adoptó una definición practica de antisemitismo, que ha sido recogida por la OSCE en la Conferencia de Cordoba (2007) y la Alianza Internacional para el Recuerdo del Holocausto, en su sesion de Bucarest (2018), que reza asi: "*Antisemitismo es una percepcion de los judios, la cual puede ser expresada como odio hacia los judios. Las manifestaciones retoricas y fisicas del antisemitismo se dirigen hacia individuos judios o no judios y/o sus propiedades, hacia las instituciones de las comunidades judias y las instalaciones religiosas o lugares de culto*". Aunque se trata de una definicion de trabajo, pone claramente de manifiesto el alcance de dicha expresion. Algunos ejemplos contemporaneos de antisemitismo en la vida cotidiana, en los medios, escuelas, lugares de trabajo y en circulos religiosos y politicos son: i) la incitacion a la violencia, el odio o discriminacion contra una persona o grupo de personas por motivo de su identidad u origen judio; ii) insultos y difamacion en publico de una persona o grupo de personas por motivo de su identidad u origen judio, reales o presuntos; iii) amenazas contra una persona o grupo de personas por motivo de su identidad u origen judío reales o presuntos; iv) la expresion en publico, con un objetivo antisemita, de una ideologia que desprecie o denigre a una agrupacion de personas por motivo de su identidad u origen judio; v) la negacion, trivializacion, justificacion o aprobacion en publico de crimenes de genocidio, crimenes contra la humanidad o crimenes de guerra cometidos contra personas por motivos de su identidad u origen judio; vi) la difusion o distribucion publica, o la produccion o almacenamiento encaminados a la difusión o distribucion publica, con un proposito antisemita, de material escrito, con imágenes o de cualquier otro material que contenga manifestaciones referenciadas en los apartados anteriores; vii) la profanacion, con un proposito antisemita, de propiedades, monumentos, lugares de culto y cementerios a los judios; viii) la creacion o el liderazgo de

una cuestion a debate es su encuadramiento bien dentro del ambito racial o etnico, bien del ambito religioso. Con independencia de donde se le encuadre, de lo que no cabe duda es que estamos ante una de las causas o motivos de discriminacion e intolerancias prescritas en todas las declaraciones o convenciones internacionales relativas a la igualdad ante ley.

Figura 5: antisemitismo en Europa

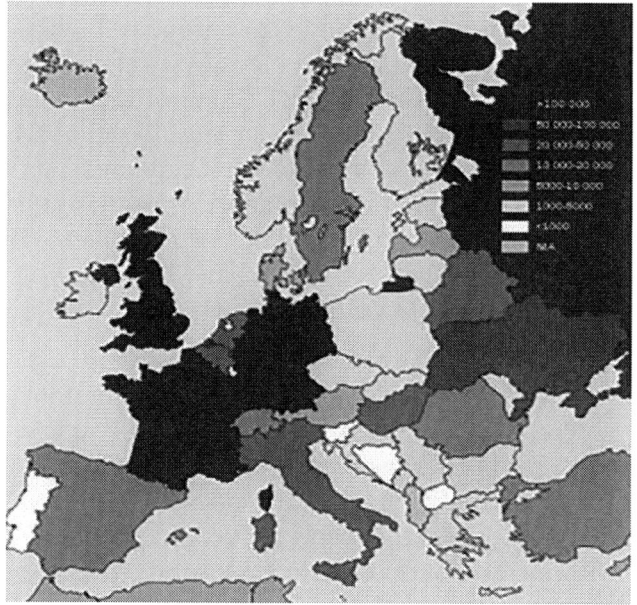

un grupo que promueva el antisemitismo, el apoyo a dicho grupo (como facilitar financiacion al grupo, prever otras necesidades materiales, y producir u obtener documentos) y la participacion en sus actividades con el proposito de contribuir a los delitos referenciados en los parrafos anteriores; ix) acusar a los judíos como pueblo de inventar o exagerar el Holocausto; y x) acusar a ciudadanos judíos de ser más leales a Israel, o a supuestas prioridades judías mundiales, que a los intereses de sus propios países.

A ello deben unirse los datos obtenidos del Eurobarómetro de 2019 sobre la percepción de los europeos sobre los judíos, los cuales arrojan resultados preocupantes para España. En concreto, el 66% de los españoles no cree que negar el Holocausto sea un problema frente al 38% de media de la Unión Europea. Respecto al grado de conocimiento, el 68% de los europeos y el 86% de los españoles admite no estar bien informado sobre la historia de los judíos. Además, el 60% de los españoles considera que el Holocausto no se enseña lo suficiente en la escuela frente al 42% de los europeos. El 46% de los españoles desconoce si existe una ley en España que penalice la negación del Holocausto. En la Unión Europea la media de desconocimiento es del 34%. En este mismo sentido, el 40% de los españoles, casi el doble que el 21% de media en la UE, no sabe que la incitación a la violencia contra los judíos está penada por ley. En términos generales, el 50% de los europeos creen que antisemitismo es un problema en su país algo que apenas comparte el 22% de los españoles.

3. Con relación a las actitudes contarias a los cristianos, y con carácter previo, cabe definir la cristianofobia como el sentimiento de odio hacia "lo cristiano", que se manifiesta de diversas maneras, ya sea a través de la violencia física o verbal, con aptitudes de discriminación, burla de sus dogmas y menosprecio de sus creencias[715]. En el Informe de Doudou Diène[716], Relator Especial sobre las formas contemporáneas de racismo, discriminación racial, xenofobia y formas conexas de intolerancia de las

---

[715] Véase, ANTEQUERA, Luis: *Cristianofobia. La persecución de los cristianos en el siglo XXI*, Ed. Digital Reasons.

[716] Informe de Doudou Diène, Relator Especial sobre las formas contemporáneas de racismo, discriminación racial, xenofobia y formas conexas de intolerancia, doc. Nº 41, p. 15 (consultar en línea: http://www.acnur.org/t3/leadmin/Documentos/BDL/2007/4994.pdf?view=1; visitado por última vez el 15 de enero de 2024).

Naciones Unidas, del año 2006, se señala que "*el aumento de la cristianofobia constituye una realidad innegable en varios países de Europa, Asia, África y Sudamérica. Se alimenta principalmente de tres factores. En primer lugar, en Europa, el fomento cultural de un secularismo dogmático que se ha construido históricamente contra la prominencia política, cultural y ética del cristianismo, bajo el pretexto de la modernidad, el mercado y la globalización, y se refleja no sólo en la cultura antirreligiosa, sino también en una intolerancia hacia toda práctica, expresión o signo religioso. El desgaste de la práctica religiosa, la impertinencia cultural y caricaturesca hacia las figuras y símbolos del cristianismo, en nombre de la libertad de expresión y la renuencia, sino la intolerancia, a aceptar la legitimidad de una ética religiosa en las opiniones y debates fundamentales de la sociedad, son los ejemplos más recientes. Luego, la amalgama entre occidente y cristianismo, que deriva de su proximidad histórica en la época de la colonización europea y de la retórica actual, política e intelectual sobre la identidad cristiana de Europa, en particular contra la entrada de Turquía en la Unión Europea, alimenta un sentimiento de cristianofobia en los países de África, Asia, y Oriente Medio*"

A este respecto, cabe traer a colación la Resolución del Parlamento europeo sobre la cristianofobia y la protección de los edificios culturales cristianos en Europa, de 2 de febrero de 2016[717]. En el Preámbulo de dicha Resolución se parte de los siguientes considerandos:

> «A. Considerando que en 2015 los actos de cristianofobia y la destrucción de edificios cristianos han aumentado peligrosamente en Europa y en el resto del mundo;

---

[717] Consultar en linea: https://www.europarl.europa.eu/doceo/document/B-8-2016-0229_ES.html (visitado por ultima vez el 3 de enero de 2024).

B. Considerando que, según determinados estudios realizados en treinta países europeos, se han enumerado casi 600 casos de intolerancia o discriminación contra los cristianos en Europa;

C. Considerando que en Francia los actos de vandalismo contra lugares religiosos han aumentado de 153 lugares dañados en 2008 a 494 en 2013, y que en el 84 % de los casos se trataba de lugares cristianos».

Al tiempo que, en un momento posterior, propone las medidas siguientes:

«1. Alienta a la Comisión a que ponga en marcha todos los medios de que dispone para luchar contra la cristianofobia y el deterioro de los edificios culturales cristianos;

2. Anima a la Comisión, a los Estados miembros y a las colectividades locales a ampliar las asociaciones y los foros de intercambio dedicados a la lucha contra las profanaciones constituidos por ellos mismos y los representantes de las confesiones, las fuerzas del orden y la justicia».

4. Por último, y respecto a la sociedad europea desde una perspectiva sociológica, mencionar que es de mayoría cristiana, pero con un alto porcentaje de personas secularizadas (entendiendo por tales personas agnósticas, indiferentes, etc.) y ateas. Así, y según un estudio de la Comisión Europea del año 2005, cuatro de cada cinco o seis ciudadanos de Europa tienen creencias religiosas o espirituales. Más en concreto, el 52% de la población afirma creer en la existencia de un Dios y un 27% creen en la existencia de alguna clase de espíritu o fuerza vital. Sólo el 18% de los ciudadanos declararon no tener ningún tipo de creencia religiosa[718].

---

[718] Veanse, a este respecto, BECKFORD, GARELLI, GINER, HERVIEU-LEGER et ALII: *La religione degli europei. Fede, cultura religiosa e mo-*

Figura 6: cristianismo en Europa

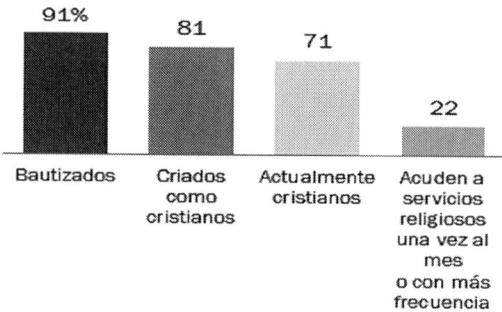

La mayoría de los europeos occidentales siguen identificándose como cristianos, aunque pocos acuden a la iglesia con regularidad

Entre los 15 países encuestados, porcentaje de la mediana...

91%	81	71	22
Bautizados	Criados como cristianos	Actualmente cristianos	Acuden a servicios religiosos una vez al mes o con más frecuencia

Fuente: Encuesta realizada entre abril y agosto de 2017 en 15 países. Para obtener información más detallada, ver Metodología. «Ser cristiano en Europa Occidental»

PEW RESEARCH CENTER

En un Estudio del Pew Research Center, de 2018[719], se concluye que la identidad cristiana sigue siendo un marcador importante en Europa Occidental, incluso entre aquellos

---

dernita in Francia, Italia, Spagna, Gran Bretagna, Germania e Ungheria, Edizione della Fondazione Giovanni Agnelli, Torino 1992; DAVIE, G.: *Religion in modern Europe. A memory mutates.* Oxford Univeristy Press, Oxford 2000; DAVIE, G., y HERVIEU-LEGER, D. (Directoras de la edicion): *Identities religieuses en Europe,* La Decouverte, Paris 1996; SARRACIN, Mario, y GONZALEZ, Carlos: *Población europea y sus caracteristicas. Lenguas y religiones europeas,* consultar en linea: https://storymaps.arcgis.com/stories/e48b459955124aacbde0cec-77d547a59 (visitado por ultima vez el 15 de diciembre de 2023).

[719] Consultar en línea: https://www.pewresearch.org/religion/2018/05/29/being-christian-in-western-europe/ (visitado por última vez el 22 de enero de 2024).

que acuden a la iglesia en raras ocasiones. No es tan solo una identidad «nominal» desprovista de importancia práctica. Por el contrario, las opiniones religiosas, políticas y culturales de los cristianos no practicantes a menudo son distintas de las de los cristianos que acuden a la iglesia o los adultos sin religión. Ciertamente, la identidad cristiana en Europa Occidental está asociada a niveles más altos de sentimientos negativos hacia los inmigrantes y las minorías religiosas. En resumen, quienes se identifican como cristianos (ya sea que acudan a la iglesia o no) son más proclives que las personas sin religión a expresar opiniones negativas sobre los inmigrantes, así como sobre los musulmanes y los judíos. Por ejemplo, en España, el 38% de los cristianos que acuden a la iglesia, al igual que aproximadamente el mismo porcentaje (43%) de los cristianos no practicantes, manifiestan que el islam es esencialmente incompatible con la cultura y los valores españoles. Sin embargo, entre los adultos sin religión, un menor porcentaje (29%) dice que el islam es principalmente incompatible con los valores de su país. Existe un patrón similar en Europa sobre si deben imponerse restricciones al atuendo de las mujeres musulmanas en público: los cristianos son más proclives que las personas sin religión a decir que a las mujeres musulmanas no se les debería permitir ningún atuendo religioso.

Junto a ello, para muchas personas y analistas europeos no cabe la menor duda de que el islam es visto como una realidad que nada o poco tiene que ver con ellos[720]. En este sentido,

---

[720]   Todo ello ha llevado a una vuelta a la presencia pública de la religion en Europa, suponiendo para muchos Estados un verdadero desconcierto por lo que respecta a cómo atender a la religión en la esfera doméstica. A este respecto, RIVERO señala que *"una de sus respuestas ha sido la de reafirmar la secularización como parte esencial de la civilización occidental. Esta respuesta tiene dos tipos de defensores: los creyentes en la ciencia como instrumento de transformación social, a quienes podríamos llamar neo-ilustrados, y los defensores tradicionales del cristianis-*

resulta difícil que cuando se habla de «las raíces de Europa»[721], entre ellas se incluya al islam, por lo que resulta necesario poner sobre la mesa una realidad como es el hecho de que –con independencia del origen– hoy viven en países de la Unión Europea (+-) 25 millones de musulmanes[722] (en comparación,

---

mo como la religión de Europa, que no están dispuestos a entregar la esfera pública que han ido perdiendo en favor de la secularización a una religión foránea. Entre los primeros, la renovada defensa de la secularización ha dado lugar a un movimiento anti-religioso, neo-anticlerical, bajo la bandera de la defensa de la ciencia. Los segundos han animado la movilización de los creyentes en un intento de renacimiento religioso. Unos y otros han producido como resultado de su activismo una cierta xenofobia que, a su vez, ha sido magnificada por los militantes religiosos en todo el mundo. Otra respuesta, más pragmática, ha sido el reconocimiento del valor de la religión para diversas comunidades humanas y de la necesidad de gestionar el conflicto religioso a través de la política. Ahora bien, esta postura se enfrenta al problema de que hacer sitio a religiones que imponen sobre sus miembros normas morales incongruentes con la libertad individual y que afirman, como en el viejo mundo teocrático europeo, que las normas religiosas y morales tienen primacía sobre el derecho positivo" (cit. en "La vuelta de la religion a la politica en Europa", consultar en linea: http://www.proyectos. cchs.csic.es/interjust/sites/proyectos.cchs.csic.es.interjust/files/ La_vuelta_de_la_religion_a_la_politica_en_Europa_Angel_Rivero. pdf (visitado el 19 de diciembre de 2023).

[721]   Véanse, a este respecto, ADENAUER, Konrad: *Final del nacionalismo*, Ed. Encuentro, Madrid 2015; CARDINI, Franco: *Europa año mil. Las raices de Occidente*, Anaya ediciones, Madrid 2012; COUDENHOVE-KALERGI: *Paneuropa*, Ed. Encuentro, Madrid 2003; ELIOT, T.S.: *Unidad de la cultura europea*, Ed. Encuentro, Madrid 2003; OTTO DE HABSBURGO: *El camino de Europa*, Ed. Encuentro, Madrid 2012; REALE, Giovanni: *Raices culturales y espirituales de Europa*, Herder Editorial, Madrid 2005; ROSALES, Jurate: *Las raices de Europa. El hallazgo de la milenaria historia de los godos*, Kalathos Ediciones, Madrid 2020.

[722]   *Islamic Population*, en linea: https://www.muslimpopulation.com/ (visitado: 25 de noviembre de 2023)

por ejemplo, de los 800.000 que vivían en 1950)[723], de los cuales tres cuartas partes son ya ciudadanos europeos, sea por naturalización o por nacimiento[724].

Figura 7: musulmanes en Europa

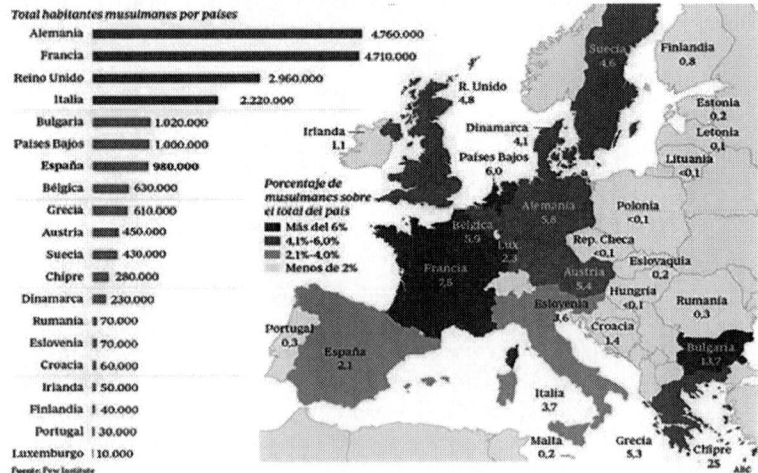

---

[723] Los musulmanes en la Union Europea representan en la actualidad alrededor del 5% de la poblacion total de estos paises. Los Estados con mayor poblacion musulmana en terminos absolutos son Francia (5 millones); Alemania (5 millones) e Italia (2.2 millones)1048; mientras que en términos relativos destacan Chipre (25%), Bulgaria (13,7%) y Francia (7,5%).

[724] Se piensa que para 2030 esta cifra podria duplicarse y alcanzar en toda Europa los 58 millones de musulmanes (ver Informe de Pew Research Center, cit. en *Vanguardia Dossier*, nº 56 (2015) pp. 18-19). En este sentido se ha señalado que, en 2030, seran el 10% de la poblacion en Francia, Belgica y Suecia; en torno al 9% en Austria; cerca del 8% en Suiza, Holanda y Reino Unido; el 7% en Alemania, Grecia y Noruega, el 5% en Dinamarca e Italia, y alrededor del 4% en España.

Figura 8: proyección de musulmanes en Europa 2030

EUROPE

Number of Muslims in Selected Countries

Countries	ESTIMATED MUSLIM POPULATION 2010	ESTIMATED PERCENTAGE OF POPULATION THAT IS MUSLIM 2010	PROJECTED MUSLIM POPULATION 2030	PROJECTED PERCENTAGE OF POPULATION THAT IS MUSLIM 2030
Austria	475,000	5.7%	799,000	9.3%
Belgium	638,000	6.0	1,149,000	10.2
Denmark	226,000	4.1	317,000	5.6
Finland	42,000	0.8	105,000	1.9
France	4,704,000	7.5	6,860,000	10.3
Germany	4,119,000	5.0	5,545,000	7.1
Greece	527,000	4.7	772,000	6.9
Ireland	43,000	0.9	125,000	2.2
Italy	1,583,000	2.6	3,199,000	5.4
Luxembourg	11,000	2.3	14,000	2.3
Netherlands	914,000	5.5	1,365,000	7.8
Norway	144,000	3.0	359,000	6.5
Portugal	65,000	0.6	65,000	0.6
Spain	1,021,000	2.3	1,859,000	3.7
Sweden	451,000	4.9	993,000	9.9
Switzerland	433,000	5.7	663,000	8.1
United Kingdom	2,869,000	4.6	5,567,000	8.2
Total for these countries	**18,267,000**	**4.5**	**29,759,000**	**7.1**

Population estimates are rounded to thousands. Percentages are calculated from unrounded numbers. Figures may not add exactly due to rounding. Table shows 17 of the 50 countries and territories in Europe.

Pew Research Center's Forum on Religion & Public Life • *The Future of the Global Muslim Population*, January 2011

4. DATOS SOBRE INCIDENTES Y VÍCTIMAS DE DELITOS DE ODIO

1. Dentro de este apartado, merece especial mención la actividad que a este respecto ha llevado a cabo la OSCE, ya que desde 2006 recopila y presenta un informe anual sobre el estado de la cuestión[725]; resultando dicho infor-

---

[725] Desde el año 2006, la OIDDH recopila y publica datos sobre delitos de odio por motivos racistas y xenófobos. Podrá hallar más información sobre delitos de odio por motivos racistas y xenófobos, y la forma en que las organizaciones de la sociedad civil pueden denunciar tales incidentes ante la OIDDH en nuestra página web específica para la denuncia de delitos de odio: www.hatecrime.osce.org. Desde su inicio, el Informe ha evolucionado de una publicación en papel a un sitio web más interactivo y fácil de usar que filtra datos e infor-

me un referente para todos y cada de los Estados miembros, así como un modelo a seguir para la recopilación de datos por parte de terceros países no miembros. Puede afirmarse que constituye la base de datos más grande sobre delitos de odio en el mundo y combina datos estadísticos, información y análisis sobre delitos de odio en toda la región de la OSCE.

A este respecto, cabe señalar que la propia OSCE ha ido evolucionando por lo que respecta a la recogida e interpretación de los datos obtenidos[726]. En este sentido, y como ha quedado puesto de manifiesto supra, la OSCE y, por ende, la ODIHR parte del siguiente concepto por lo que a los delitos de odio se refiere, a saber:

"es un acto de índole penal perpetrado por motivos basados en prejuicios.3 Para caer dentro de esta definición, el delito debe cumplir dos criterios. El primero es que debe tratarse de un acto constitutivo de delito conforme a lo dispuesto en el derecho penal. En segundo lugar, el acto debe haber sido perpetrado por motivos basados en prejuicios".

Mientras que las causas o motivaciones basadas en prejuicios pueden definirse, a grandes rasgos, como opiniones pre-

---

mación sobre delitos de odio según el año, el país y la motivación del sesgo subyacente al delito de odio. El sitio web, que también contiene herramientas y recursos para legisladores, policías, fiscales y la sociedad civil, y está disponible en inglés y ruso (consultar en línea: https://hatecrime.osce.org/infocus/odihrs-impact-2021-marking-15-years-reporting-hate-crimes; visitado por última vez el 3 de diciembre de 2023).

[726] The website replaces Hate Crimes in the OSCE Region: Incidents and Responses, making hate crime information collected by ODIHR publicly available as tasked in OSCE Ministerial Council Decision No. 13/06, "Combating Intolerance and Discrimination and Promoting Mutual Respect and Understanding", Brussels, 5 December 2006 (consultar en línea: http://www.osce.org/mc/23114).

concebidas, ideas estereotipadas, intolerancia u odio dirigido hacia un determinado grupo que comparte una característica común, como la raza, el origen étnico, idioma, religión, nacionalidad, orientación sexual, género, identidad de género, discapacidad o cualquier otra característica distintiva.

La siguiente lista proporciona una descripción básica de las esferas que la ODIHR tiene en cuenta al analizar la información presentada:

- Fecha, hora y lugar del incidente

- Fuentes de Información

- Las mejores fuentes son las entrevistas con víctimas y testigos. Los medios también pueden ser fuentes útiles de información sobre incidentes motivados por el odio. Sin embargo, es importante evaluar la fiabilidad de la fuente y cotejar la información en la medida de lo posible.

- Tipo de Delito: ¿Qué tipo de delito se cometió? Aunque sea posible incluir y describir otros tipos de delitos[727], la ODIHR informa principalmente sobre los siguientes delitos: homicidio, violencia física, daños a la propiedad, robo, atraco, incendio, vandalismo, profanación de tumbas, ataques contra lugares de culto y amenazas/conducta amenazante

---

[727] Debe precisarse que algunas expresiones de odio o casos de discriminación pueden ser actos constitutivos de delito según la legislación nacional. La promoción de un movimiento racista, la incitación al odio, el discurso racista por un político o la restricción del acceso a servicios por motivos religiosos, son ejemplos de actos que pueden ser tipificados como delitos en algunas jurisdicciones. La OIDDH no publica información sobre este tipo de incidentes de discriminación o de incitación al odio, porque no hay consenso en toda la región de la OSCE sobre si estos actos deben ser tipificados como delitos.

- Motivaciones basadas en prejuicios: La ODIHR informa sobre las siguientes categorías de crímenes de odio: delitos de odio racistas y xenófobos, delitos de odio contra la población romaní y sinti, delitos de odio antisemitas, delitos de odio contra los musulmanes, delitos de odio contra cristianos, otros delitos de odio motivados por religión o creencia, delitos de odio por razón de género, delitos de odio LGBTI-fóbicos y delitos de odio por razón de discapacidad.

A la hora de realizar su informe anual, la ODIHR sólo incorpora los delitos motivados por el odio que hayan sido registrados oficialmente. Cada año, el personal de la presente Oficina revisa las estadísticas, los datos y la información sobre delitos de odio presentados por los Estados, la sociedad civil y las organizaciones intergubernamentales. La información y los datos, desglosados por sesgo sobre delitos de odio, tipo de delito y país, se publican luego en el sitio web dedicado a la presentación de informes sobre delitos de odio el 16 de noviembre, Día Internacional de la Tolerancia[728]. El proceso de presentación de informes continúa durante todo el año y depende de las contribuciones de los puntos de contacto nacionales designados por los Estados y de las organizaciones de la sociedad civil que trabajan para recopilar y presentar datos a la ODIHR.

2. En su *Informe de 2022 sobre crímenes de odio* (OSCE, 2023)[729], la OSCE hace referencia a los datos recibidos de 46 países, incluidas estadísticas oficiales desglosadas

---

[728] Consultar en línea: https://hatecrime.osce.org/.

[729] Consultar en línea: https://hatecrime.osce.org/infocus/2022-hate-crime-data-now-available (visitado por última vez el 16 de enero de 2024). El archivo en pdf puede consultarse en línea: https://hatecrime.osce.org/sites/default/files/2023-11/2022%20Hate%20Crime%20Data%20Findings%20FINAL%2014112023-compressed.pdf (visitado por última vez el 28 de diciembre de 2023).

sobre delitos de odio para 29 países y 40 países ofrecen
únicamente estadísticas, y se complementan con datos
de la sociedad civil y organizaciones internacionales,
esto es, un total de 113 organizaciones y grupos que afectan a 46 países (figura 9). Se observa -según la ODIHR-
un aumento en el número de Estados que envían datos
para el Informe, lo que da como resultado una tasa de
presentación del 80 por ciento para 2022, así como un
aumento en la calidad de los datos reportados, ya que
más Estados presentan estadísticas oficiales, y desglosan
los datos sobre delitos de odio por motivación de sesgo.

Figura 9.

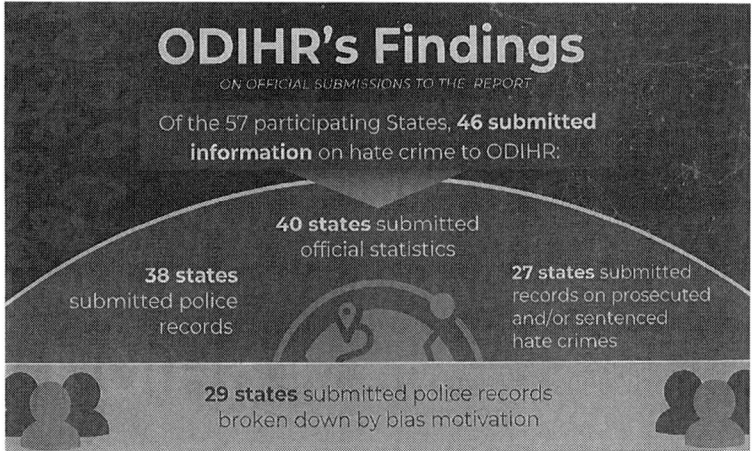

El conjunto de datos incluye un número total de 3.628 incidentes de delitos de odio estadísticos y 4.478 descriptivos
denunciados por la sociedad civil, lo que se traduce en 8.106
incidentes de odio, con un total de 4.932 víctimas (figura 10).
A pesar de los datos, un número significativo de Estados no
distinguen en sus registros los delitos de odio de otros tipos
de delitos, como el discurso de odio tipificado como delito, así
como los actos de discriminación, lo que da como resultado

una información insuficiente o falta de información sobre la manifestación más atroz, de parcialidad.

Figura 10: incidentes

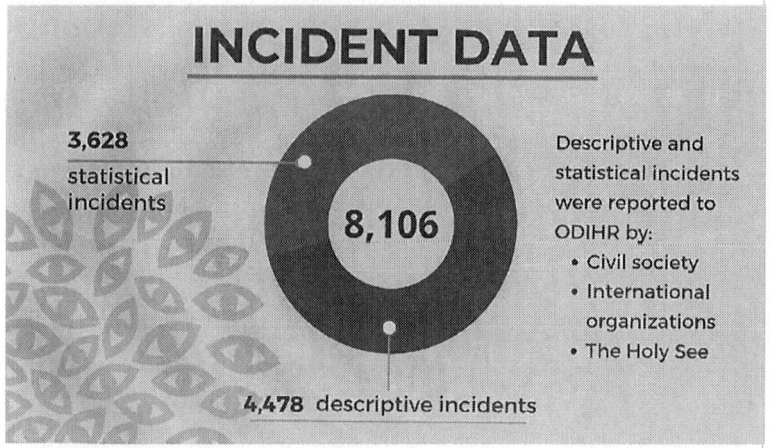

Por lo que respecta a las incidencias por motivación de sesgo y el número medio por delito, destacan los atentados por motivos racistas y xenófobos que ascienden a 2.510 casos, así como los relacionados con la orientación sexual y anti´LGTBI cuyos casos llegan a un total de 1.431. Los que ocupan un puesto especial en el presente Informe son los delitos relacionados con grupos religiosos, los cuales ascienden a un total de 4.777 casos, repartidos entre ataques a judíos (3.575), cristianos (852), musulmanes (339) y otros grupos religiosos (11), lo que supone un incremento del 32,5 % respecto del informe de 2021 (que tuvo un total de 3.615 casos) (figura 11).

Figura 11: sesgos o motivos

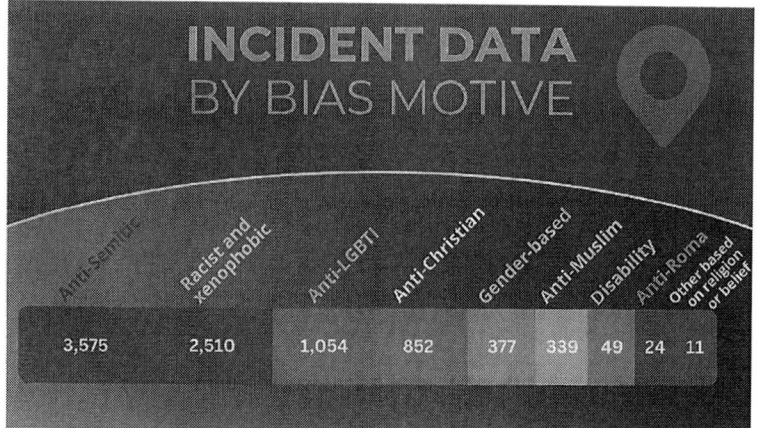

El Informe pone de manifiesto el tipo de actos cometidos, destacando a este respecto los tres siguientes: a) ataques contra las personas; b) amenazas, y c) ataques contra los bienes. A este respecto, llama la atención como un número muy importante de actos van dirigidos contra los bienes: antisemitismo: 62%; cristianofobia: 87%, o de islamofobia: 33%. Mientras que, respecto de otros sesgos, los actos se centran principalmente en ataques contra las personas: Anti-LGBTI: 58%, orientación sexual: 67%, o anti-roma: 58%[730] (figura 12).

---

[730] De igual modo se hace referencia a los lugares donde se comenten los actos, destacando por lo que a los grupos religiosos se refiere el que los mismos tengan lugar principalmente en los espacios de culto u oración: 49,25% (figura 10).

Figura 12: tipología de delitos

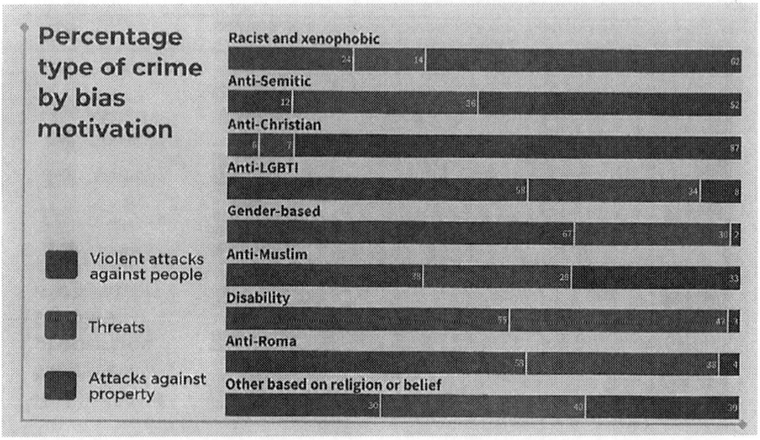

Sin embargo, a fecha de hoy (enero, 2024), se echa en falta, al contrario de lo que hacía el Informe de 2021[731], una referencia directa y global al número de víctimas, ya que dicho dato permite una mayor contrastabilidad con el datos global de actos denunciados. Esperemos que a lo largo del año dicho dato de incorpore al Informe de 2022.

---

[731] Con relación al número total de víctimas por motivación de sesgo y el número medio por delito, en el Informe relativo al año 2021 destacaban los atentados antisemitas que ascendían a 1.357, los motivos racistas y xenófobos que alcanzaban los 1.104 casos y los relacionados con la orientación sexual que llegaban a 1.051 casos. Junto a las víctimas por antisemitismo, destacan también las víctimas por motivos anticristianos que ascendían a 484 y contra los musulmanes que fueron de 453 (figura 11).
Fuente: https://www.canva.com/design/DAFQykqGQaY/McL-67zIJSQGnWOWHU2RaDA/view?utm_content=DAFQykqG QaY&utm_campaign=designshare&utm_medium=link2&utm_source=sharebutton

Figura 13.

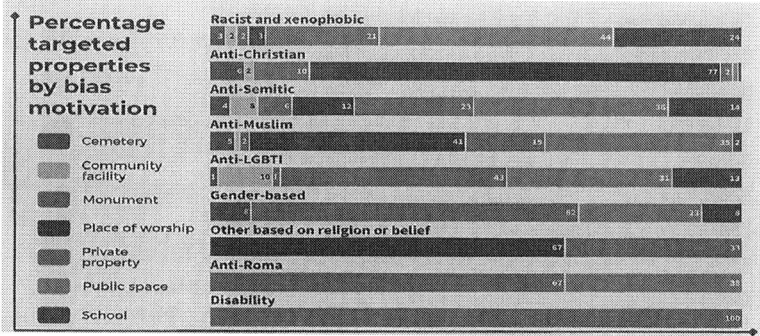

Figura 14: Número de víctimas

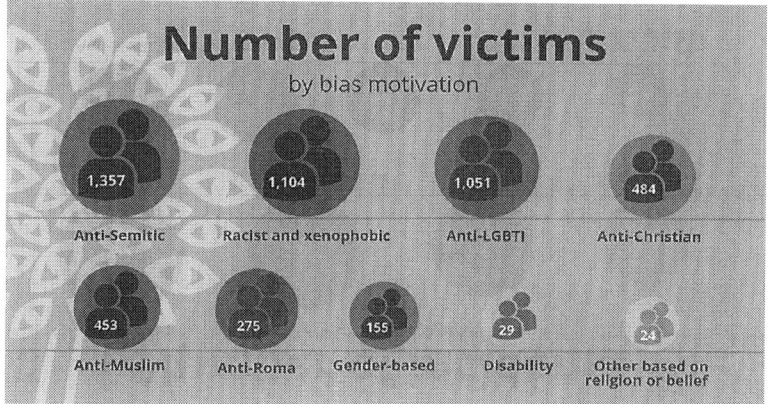

3. También en el ámbito del Consejo de Europa se ha llevado a cabo un interesante estudio relativo a la incidencia de las crisis en los discursos de odio. En concreto, el Informe lleva por título: *Estudio relativo a la Prevención y lucha contra los discursos de odio en tiempo de crisis*[732], ha sido

---

[732] CDADI: *Study on preventing and combating hate speech in time of crisis*, Consejo de Europa, 2023 (consulta ren línea: https://rm.coe. int/-study-on-preventing-and-combating-hate-speech-in-times-of-crisis/1680ad393b; visitado por última vez el 25 de enero de 2024).

llevado a cabo en el seno del Comité Director sobre la lucha contra la Discriminación, la Diversidad y la Inclusion (en adlante, CDADI), en él se analiza el discurso de odio que se dio en Europa durante las crisis de los últimos años, como la pandemia del Covid-19 y la agresión militar a gran escala de Rusia contra Ucrania desde febrero de 2022, las respuestas de las autoridades estatales y de otros actores. El *Estudio* desarrolla además, dos ejemplos de caso de discurso de odio *on line*, basándose en los datos recogidos de las redes sociales por una plataforma d sofware especializado y en los cuestionarios y entrevistas realizados a los principales actores de siete países en los qie se centra el estudio: Albania, Alemania, República Checa, Italia, Letonia, Reino Unido y Rumanía.

Las crisis exacerban el discurso de odio dirigido hacia individuos y grupos específicos que son considerados responsables de ellas y también agravan el propio discurso de odio, haciendo que éste se base en narrativas discriminatorias o de intolerancia ya existentes, pero también puede desencadenar y multiplicar nuevas narrativas. El *Estudio* pone de manifiesto como las personas migrantes y refugiadas siguen siendo uno de los principales objetivos del discurso de odio en tiempos de crisis en todo el continente. Los atentados terroristas en varios lugares de Europa han avivado los sentimientos xenófobos y de islamofobia. De igual modo, el odio contra las personas lesbianas, gays, bisexuales, transgénero e intersexuales (LGTBI) -y en particular contra las personas transgñenero se refuerza durante las crisis, lo que exige intervenciones institucionales efectivas. Finalmente, el Estudio subraya como las grandes crisis suelen también alimentar el discurso de odio antisemita.

4. Por lo que respecta a España[733], el mencionado *Informe de la OSCE de 2022* (OSCE, 2023) señala que el número total de incidentes motivados por el odio ascendió a 1.869, de los cuales 1.388 son delitos de odio estadísticos desagregados (registrados por la policía) y 414 incidentes descriptivos (registrados por la sociedad civil), mientras que los procesados son 191 y los sentenciados ascienden a un total de 152[734]. Entre los delitos registrados destacan los 755 de sesgo racista y xenófobo, así como los 459 relacionados con actos anti-LGBTI y los 189 retativos con la orientación sexual. A este respecto, cabe señalar que los datos de España no siguen exactamente el mismo sesgo que el descrito a nivel general anteriormente.

Figura 15: comparativa anual de hecho registrados

AÑO	CRIMENES REGISTRADOS	PROCESADO	SENTENCIADO
2022	1.869	191	152
2021	1.802	192	91
2020	1.401	675	144
2019	1.706	No disponible	No disponible
2018	1.598	No disponible	No disponible

En cuanto a los grupos religiosos, hay que destacar los 13 casos relacionados con el antisemitismo y los 47 incidentes que afectan a otros grupos religiosos. Llama la atención que en el caso de España no se haga mención individualizada de los incidentes producidos a musulmanes (islamofobia) o a cristianos;

---

[733] Consultar en línea: https://hatecrime.osce.org/spain?year=2022 (visitado por última vez el 22 de enero de 2024).

[734] A este respecto, resulta de interés traer a colación la comparativa que aparece en el presente Informe con respecto a años anteriores:

datos éstos que si aparece en el Informe general con un número significativo de casos a nivel global (figura 16).

Figura 16: Sesgos o motivos

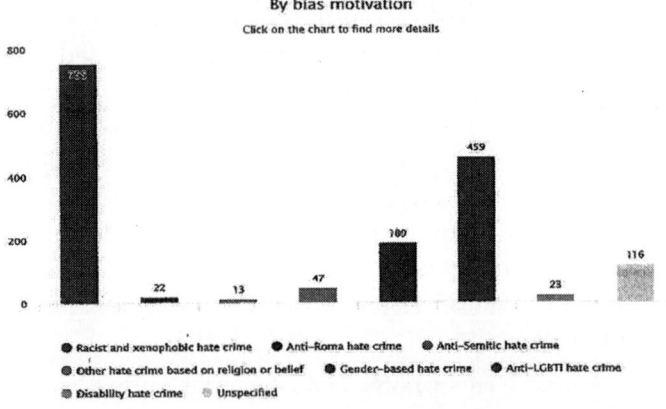

En esta línea, también debemos hacer referencia a los indidentes registrados, donde destacan los 82 producidos contra cristianos, así como los 6 antisemitas y los 5 contra los musulmanes, lo que da un total de 93 incidentes producidos contra grupos religiosos (figura 17).

Figura 17: incidentes recogidos

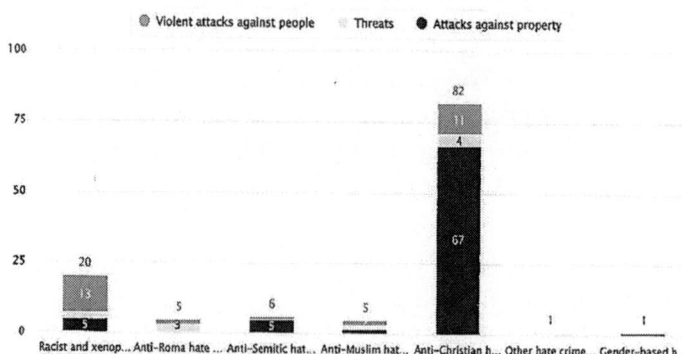

Otros de los factores que es destacado es el relacionado con los lugares donde esas incidencias se han producido, así como el tipo de ataques contra las mismas. Sobre un total de 84 inicidencias, respecto del primero, cabe mencionar los 45 actos que se han producido en el lugar de trabajo, así como los 22 en monumentos y los 8 en lugares públicos (figura 18). Mientras que con relación al tipo de ataque destacan los 56 vinculados con el vandalismo y los 16 relacionados con daños a la propiedad (figura 19).

Figura 18: propiedades específicas

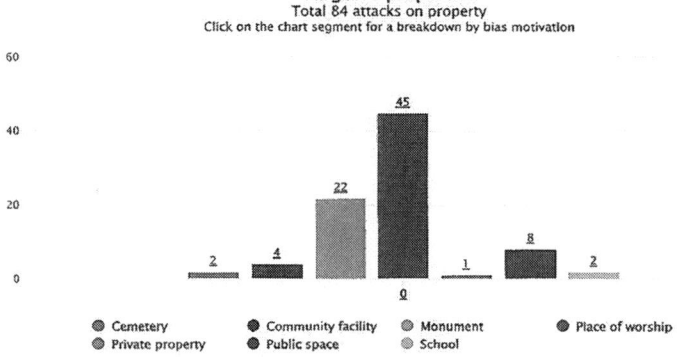

Figura 19: tipos de ataques a la propiedad

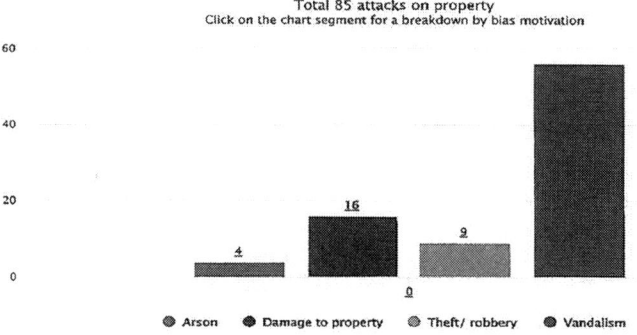

5. Siguiendo con España, hay que mencionar otro Informe anual realizado en esta ocasión por el Ministerio del Interior, a través de la Oficina Nacional de Lucha Contra los Delitos de Odio (ONCDO). Dicha Oficina, desde su creación, ha llevado a cabo importantes actividades, muchas de ellas relacionadas con el "I Plan de acción de Lucha contra los Delitos de Odio", aprobado por Instrucción 1/2019 de la Secretaria de Estado de Seguridad, el 15 de enero de 2019[735]. Entre estas actividades está la elaboración de un Informe anual sobre la evolución de los Delitos de Odio en España, los cuales llevan realizándose desde 2013[736]. Se trata de unos In-

---

[735] Consultar en línea: https://www.policia.es/miscelanea/participacion_ciudadana/normativa/Plan_de_accion_lucha_contra_los_delitosdeodio.pdf (visitado por última vez el 3 de enero de 2024).

[736] Véanse, *Informe de 2016*, consultar en línea: https://estadisticasdecriminalidad.ses.mir.es/publico/portalestadistico/dam/jcr:43050266-3884-4af0-a69d-f2ab3121a5a9/Estudio%20Incidentes%20Delitos%20de%20Odio%202016.pdf (visitado por última vez el 25 de enero de 2024); *Informe de 2017*, consultar en línea: https://estadisticasdecriminalidad.ses.mir.es/publico/portalestadistico/dam/jcr:1454d71c-5044-48ff-bf23-4354aec47ac9/Estudio%20Incidentes%20Delitos%20de%20Odio%202017.pdf (visitado por última vez el 25 de enero de 2024); *Informe de 2018*, consultar en línea: https://www.interior.gob.es/opencms/pdf/archivos-y-documentacion/documentacion-y-publicaciones/publicaciones-descargables/publicaciones-periodicas/informe-sobre-la-violencia-contra-la-mujer/Informe_sobre_la_evolucion_de_los_delitos_odio_126190168.pdf (visitado por última vez el 11 de enero de 2024); *Informe de 2019*, consultar en línea: https://www.interior.gob.es/opencms/pdf/archivos-y-documentacion/documentacion-y-publicaciones/publicaciones-descargables/publicaciones-periodicas/informe-sobre-la-violencia-contra-la-mujer/Informe_evolucion_delitos_de_odio_en-Espana_2019_126200207.pdf (visitado por última vez el 11 de enero de 2024); *Informe de 2020*, consultar en línea: http://www.interior.gob.es/documents/642012/13622471/Informe+sobre+la+evoluci%C3%B3n+de+delitos+de+odio+en+Espa%C3%B1a+a%C3

formes de gran interés para el tema que nos ocupa y que ponen de manifiesto la evolución seguida en España en esta materia[737].

%B1o+2020.pdf/bc4738d2-ebe6-434f-9516-5d511a894cb9 (visitado por última vez el 11 de enero de 2024); e *Informe de 2021*, consultar en línea: https://www.interior.gob.es/opencms/export/sites/default/.galleries/galeria-de-prensa/documentos-y-multimedia/balances-e-informes/2021/INFORME-EVOLUCION-DELITOS-DE-ODIO-VDEF.pdf (visitado por última vez el 11 de enero de 2024).

[737] También dentro del ámbito interno español, resulta relevante otras dos actuaciones como son las realizadas por la Fiscalía General del Estado y el Tribunal Supremo. En concreto, respecto de la Fiscalía resulta de interés la Memoria anual que ésta presenta, y que con relación al año 2020, recordó que los delitos de odio y discriminación "atacan los valores estructurales de nuestro sistema constitucional y de nuestra convivencia democrática". Los motivos más numerosos se refieren a la orientación sexual y al racismo y la xenofobia. En la Memoria se advierte de un "fuerte repunte" de las amenazas y coacciones a través de las redes -un 30 % más y un aumento del 10 % del acoso. No obstante, y pese al aumento de los delitos de odio, en 2020 se produjo una "apreciable disminución" del número total de diligencias de investigación y procedimientos judiciales incoados. En total, se incoaron 216 diligencias de investigación, entre otras: incitación al odio, violencia o discriminación (84), humillación o justificación de delitos (55), amenazas a grupos determinados (18), integridad moral (11) y otros (21). Se dictaron 144 sentencias: por delito agravante, según el artículo 22.4 del Código Penal (46), otros (45), humillación (27), incitación odio/violencia/ discriminación (14) e integridad moral (7). La Justicia dictó 144 sentencias relativas a delitos de odio en 2020. La Memoria de la Fiscalía ubica 45 sentencias en el apartado de "otros", por lo que no se ofrecen detalles que permitan determinar los hechos por los que se clasifican entre las resoluciones de delitos de odio (cit. Fiscalía General del Estado: *Memoria Anual correspondiente al año 2020*, consultar en línea: https://www.fiscal.es/memorias/memoria2020/FISCALIA_SITE/index.html; visitado por última vez el 29 de diciembre de 2023).

Figura 20.

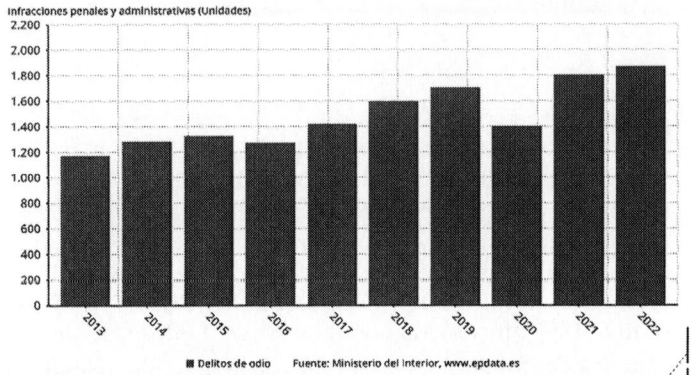

En el *Informe del año 2022*[738] se destaca el ascenso en el número global de hechos producidos a lo largo del presente año, el cual asciende a un total de 1.869 hechos, lo que supone un aumento del 3.72% en relación con 2021. De esta cifra total, 1796 son delitos de odio y 73 hechos se corresponden con infracciones administrativas y resto de incidentes. Los hechos registrados este pasado año, además del aumento global de incidentes de odio, han aumentado en un número importante de ámbitos: "antigitanismo" (22), "antisemitismo" (13), "aporofobia" (17), "orientación sexual e identidad de género" (459) "discriminación por razón de sexo/género" (189), y "racismo/xenofobia" (755). En otros ámbitos, como "creencias o prácticas religiosas", "personas con discapacidad", "discriminación generacional", "enfermedad" e "ideología" se ha producido un

---

[738] Consultar en línea: https://www.interior.gob.es/opencms/export/sites/default/.galleries/galeria-de-prensa/documentos-y-multimedia/balances-e-informes/2022/Informe_Evolucion_delitos_odio_2022.pdf (visitado por última vez el 11 de diciembre de 2023).

descenso de casos[739]. De los cuatro ámbitos que mayor número de incidentes registran en el año 2022, destaca el ámbito de "racismo/xenofobia", el cual presenta el mayor aumento, al producirse un ascenso del 43,50% (*Informe 2022*, pág. 10).

Figura 21: Hecho registrados

>> Hechos conocidos registrados

HECHOS CONOCIDOS	2020	2021	2022	Variación 2021/2022
ANTIGITANISMO	22	18	22	22,22%
ANTISEMITISMO	3	11	13	18,18%
APOROFOBIA	10	10	17	70,00%
CREENCIAS O PRÁCTICAS RELIGIOSAS	45	63	47	-25,40%
DELITOS DE ODIO CONTRA PERSONAS CON DISCAPACIDAD	44	28	23	-17,86%
DISCRIMINACIÓN GENERACIONAL	10	35	15	-57,14%
DISCRIMINACIÓN POR RAZÓN DE ENFERMEDAD	13	21	11	-47,62%
DISCRIMINACIÓN POR RAZÓN DE SEXO/GÉNERO	99	107	189	76,64%
IDEOLOGÍA	326	326	245	-24,85%
ORIENTACIÓN SEXUAL E IDENTIDAD DE GÉNERO	277	466	459	-1,50%
RACISMO/XENOFOBIA	485	639	755	18,15%
TOTAL DELITOS	1334	1724	1796	4,18%
INFRAC. ADM. Y RESTO INCIDENTES	67	78	73	-6,41%
TOTAL DELITOS E INCIDENTES DE ODIO	1401	1802	1869	3,72%

Distribución de los hechos conocidos por tipología delictiva: Figura 22.

TIPO DE HECHO	2022
LESIONES	423
AMENAZAS	338
INJURIAS	116
DAÑOS	106
PROM./INCITACIÓN ODIO	105
TRATO DEGRADANTE	94
COACCIONES	73
HUMILLACIÓN/MEN./DES.	56
OTROS CONSTITUCIÓN	54
RESTO	504
Total DELITOS E INCIDENTES	1869

Por lo que se refiere a los delitos de odio relacionados con ámbitos de carácter religioso, el Informe pone de manifiesto como el número ha aumentado en el caso de antisemitismo,

---

[739] Distribución de los hechos conocidos por tipología delictiva: Figura 21:

pasando de 3 y 11 casos producidos en 2020 y 2021, respectivamente, a 17 casos en el 2022 (figura 23), pero ha disminuido en los casos relacionados con las creencias o prácticas religiosas ya que en 2021 fueron un total de 63 casos y en 2022 han sido 47 los casos conocidos, aproximándose de este modo a las cifras de 2019 que fueron de 45.

Figura 23: delitos por antisemitismo

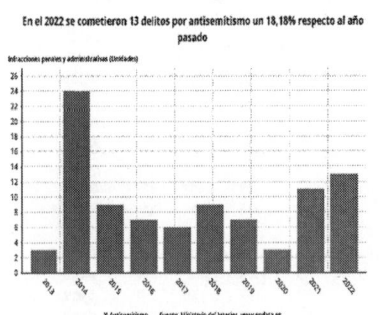
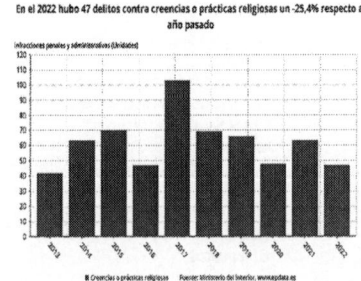

Un nuevo ámbito de análisis, que se incorporó en el Informe de 2021, tiene que ver con los delitos cometidos a través de internet o redes sociales, y en este ámbito destaca que el mayor número de incidencias en 2022 tienen que ver con los hechos relacionados con "ideología" (34), "orientación sexual e identidad de género" (43) y "racismo y xenofobia" (51) con un total de 128 hechos conocidos de los 169 hechos registrados (figura 24)[740].

---

[740] También resulta de interés a este respecto la distribución de los medios empleados para cometer delitos de odio: Figura 22: A este respecto, resulta de interés traer a colación un posible concepto de "ciberodio" según el cual es entendido (de una forma no restrictiva) como cualquier uso de la tecnología de las comunicaciones electrónicas para difundir mensajes o información antisemitas, racistas, intolerantes, extremistas o terroristas (cit. en Anti-Difamation League: *Responding to Cyberhate, Toolkit for Action*. Anti-Difamation 2010 [consultar en línea: https://www.adl.org/sites/default/files/docu-

Figura 24: Hechos denunciados en internet y redes sociales

>> Hechos conocidos

INTERNET Y REDES SOCIALES	2020	2021	2022	Variación 21/22
ANTIGITANISMO	6	2	0	-100,00%
ANTISEMITISMO	0	2	3	50,00%
APOROFOBIA	0	2	2	0,00%
CREENCIAS O PRÁCTICAS RELIGIOSAS	7	12	7	-41,67%
DELITOS DE ODIO CONTRA PER. DISCAPACIDAD	9	6	6	0,00%
DISCRIMINACIÓN GENERACIONAL	0	4	3	-25,00%
DISCRIMINACIÓN POR RAZÓN DE ENFERMEDAD	3	8	1	-87,50%
DISCRIMINACIÓN POR RAZÓN DE SEXO/GÉNERO	17	17	19	11,76%
IDEOLOGÍA	78	76	34	-55,26%
ORIENTACIÓN SEXUAL E IDENTIDAD DE GÉNERO	32	60	43	-28,33%
RACISMO/XENOFOBIA	37	43	51	18,60%
TOTAL DELITOS E INCIDENTES DE ODIO	**189**	**232**	**169**	**-27,16%**

---

ments/assets/pdf/combating-hate/ADL-Responding-to-Cyberhate-Toolkit.pdf; visitado por última vez el 25 de enero de 2024]). Por su parte, el Observatorio Proxi, a través del Proyecto Online contra la Xenofobia y la Intolerancia, analizó casi 5.000 comentarios en tres grandes períodos digitales y concluyó que más de la mitad de los comentarios que aparecían asociados a las noticias en dichos diarios digitales eran de carácter intolerante (cit. en CABO y otros: *Informe del Observatorio PROXI*, vol. I, Observatorio PROXI 2015 [consultar en línea: https://www.observatorioproxi.org/images/pdfs/INFORME-proxi-2015.pdf; visitado por última vez el 25 de enero de 2024]). Sobre el odio en redes sociales, véanse, CABO, A., y JUANATEY, A.: *El discurso de odio en las redes sociales: un estudio de la cuestión*, Ayuntamiento de Barcelona 2016 (consultar en línea: http://ajuntament.barcelona.cat/bcnvsodi/wp-content/uploads/2017/02/Informe_Discurso-del-Odio_resumen-ejecutivo_ES2.pdf; visitado por última vez el 25 de enero de 2024; DE HARO, J.: "Redes sociales en Educación", consultar en línea: http://eduredes.antoniogarrido.es/uploads/6/3/1/1/6311693/redes_sociales_educacion.pdf; visitado por última vez el 23 de enero de 2024; MORENO LÓPEZ, R., y ARROYO LÓPEZ, C.: "Redes, equipos de monitoreo y aplicaciones móvil para combatir los discursos y delitos de odio en Europa", en *Revista Latina de Comunicación Social*, núm. 80 (2022), pp. 347-363 (consultar en línea: https://www.doi.org/10.4185/RLCS-2022-1750; visitado por última vez el 25 de enero de 2024).

Figura 25.

>> Distribución porcentual de los medios empleados para cometer delitos e incidentes de odio

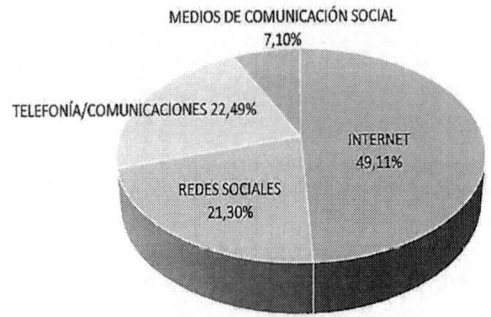

Desde mayo de 2020, el Observatorio Español del Racismo y la Xenofobia (OBERAXE) monitoriza diariamente el discurso de odio en España en las rede sociales, comunicando a las empresas prestadoras de servicios que gestionan las redes sociales aquellos contenidos considerados "de odio" o que pueden ser constitutivos de infracción[741]. Los datos de los informes resultan bastante preocupantes, pues -por ejemplo entre el 1 de mayo y el 30 de junio de 2021, OBERAXE realizó un total de 557 comunicaciones de discurso de odio a las plataformas, lo que supone un incremento del 18,3% con respecto a los mese de marzo y abril y del 44,6% desde enero y febrero. Del total de comunicaciones, 301 contenidos fueron eliminados por las plataformas, un 54%[742].

---

[741]   Consultar en línea: https://www.inclusion.gob.es/oberaxe/en/ejes/discursoodio/index.htm.

[742]   En el Informe también se señala que "en consonancia con los datos recopilados en el boletín anterior, la mayoría de las ofensas apuntan hacia los magrebíes (36,9%) y a inmigrantes en general (27,8%). En este periodo, se ha detectado un incremento considerable de contenido discriminatorio dirigido hacia menores extranjeros no acompañados (menas) (15,5%)" (consultar en línea: https://www.

Debemos, no obstante, poner de manifiesto "lo genérico" de los campos utilizados en general, y en materia religiosa en particular, ya que los mismos se reducen sólo a dos: antisemitismo y creencias o prácticas religiosas. Se utiliza -por ejemplo- por el Oberaxe la catedoría de "xenofobia a magrebíes" cuando lo que está detrás son supuestos de "islamofobia". Convendría, por tanto, introducir nuevos ámbitos como pueden ser los relacionados con la islamofobia y la cristianofobia. Más aún si se tiene en cuenta el origen de las víctimas de dichas agresiones o incidentes, y que -como pone de manifiesto el propio Informe dentro del conjunto de las víctimas, la mayoría son de nacionalidad española (60,88%), mientras que entre las de nacionalidad extranjera las víctimas que contabilizan valores más elevados son las procedentes de Marruecos (9,85%). Incidentes que en su mayoría se han encuadrado dentro del apartado de xenofobia y racismo, el cual representa el mayor número de delitos registrados en el año 2022 con 755, lo que supone un incremento del 43,50% respecto de 2021 (639 casos) (figuras 26 y 27)[743].

---

inclusion.gob.es/oberaxe/ficheros/ejes/discursoodio/Boletin_II_Monitorizacion_discurso_odio.pdf; visitado por última vez el 25 de enero de 2024).

[743] Perfil del agresor: de los detenidos o investigados por delitos de odio, la mayoría eran varones (79%) y encuadrados en el rango de edad de los 26 a 40 años (27,57%) y de nacionalidad española (76,97%). Entre los de nacionalidad extranjera (23,03%), los que registran mayor número son los procedentes de Marruecos (8,23%), Rumanía (1.91%) y Argelia (1,79%) (figura 23). Se les acusa más frecuentemente de haber proferido amenazas, causado lesiones o haber incitado públicamente al odio. Las Fuerzas de Seguridad consiguieron esclarecer el 62,87% de los casos denunciados. A este respecto también entendemos de interés hacer referencia a la nacionalidad de los autores y que se acoge en la figura siguiente:

Figura 26.

>> Nacionalidad de las víctimas de delitos e incidentes de odio

NACIONALIDAD	Víctimas	%
1.- ESPAÑOLES	1242	60,88%
2.- EXTRANJEROS	798	39,12%
2.1 ÁFRICA	350	17,16%
MARRUECOS	201	9,85%
SENEGAL	44	2,16%
RESTO	105	5,15%
2.2 AMÉRICA	268	13,14%
COLOMBIA	68	3,33%
VENEZUELA	34	1,67%
RESTO	166	8,14%
2.3 UNIÓN EUROPEA	62	3,04%
RUMANÍA	33	1,62%
ITALIA	8	0,39%
PORTUGAL	6	0,29%
RESTO	15	0,74%
2.4 ASIA	33	1,62%
CHINA POPULAR	17	0,83%
PAQUISTÁN	8	0,39%
RESTO	8	0,39%
2.5 RESTO PAÍSES	85	4,17%
Total nacionalidad	2040	100%

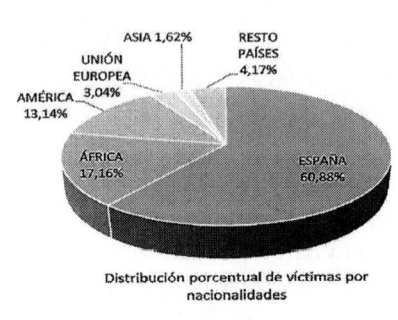

Distribución porcentual de víctimas por nacionalidades

Figura 27.

>> Nacionalidad de las detenciones / investigados

NACIONALIDAD	Investigados	%
ESPAÑA	645	76,97%
EXTRANJEROS	193	23,03%
2.1 ÁFRICA	93	11,10%
MARRUECOS	69	8,23%
ARGELIA	15	1,79%
RESTO	9	1,07%
2.2 AMÉRICA	42	5,01%
COLOMBIA	13	1,55%
DOMINICANA	5	0,60%
RESTO	24	2,86%
2.3 UNIÓN EUROPEA	37	4,42%
RUMANÍA	16	1,91%
PORTUGAL	6	0,72%
RESTO	15	1,79%
2.4 ASIA	7	0,84%
MONGOLIA	2	0,24%
SIRIA	2	0,24%
RESTO	3	0,36%
2.5 RESTO PAÍSES	14	1,67%
TOTAL	838	100%

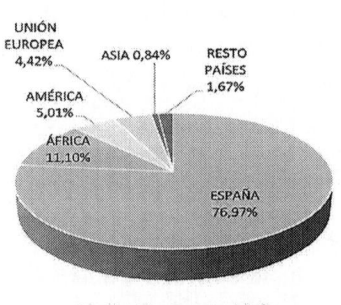

Distribución porcentual de las detenciones/investigados por nacionalidades

Un dato que nos parece de gran interés es el relacionado con los lugares específicos donde se han producido con mayor frecuencia la comisión de las conductas calificadas como delitos e incidentes de odio, y éstos son principalmente -entre otros- la vía pública urbana y otras vías de comunicación, que en términos cuantitativos han sido 732 casos. En esta clasificación le siguen los ocurridos en viviendas (373), establecimientos de hostelería y ocio (252), instalaciones deportivas (79), espacios abiertos (63) y centros religiosos (30) (figura 28)[744].

Figura 28.

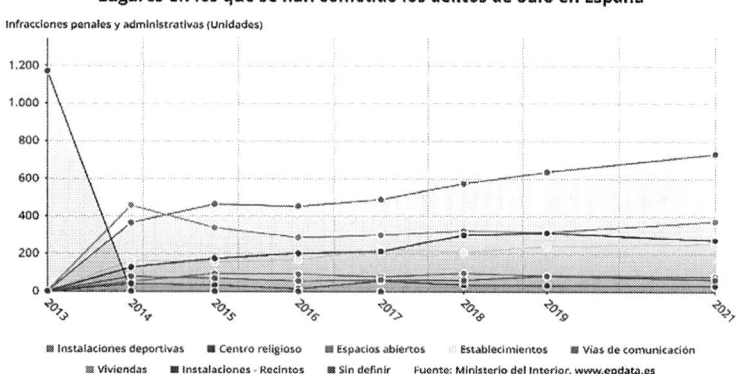

Lugares en los que se han cometido los delitos de odio en España

Infracciones penales y administrativas (Unidades)

■ Instalaciones deportivas ■ Centro religioso ■ Espacios abiertos ■ Establecimientos ■ Vías de comunicación
■ Viviendas ■ Instalaciones - Recintos ■ Sin definir   Fuente: Ministerio del Interior, www.epdata.es

Después de estos datos y la información proporcionada, el Informe señala un conjunto de conclusiones que resultan de gran interés. En primer lugar, se llama la atención sobre el ámbito que mayor número de delitos registra, en el año 2022, es el de "racismo/xenofobia" con 755 hechos conocidos constitutivos de delitos de odio, habiendo ascendido con respecto al año 2021 un 18,15%, seguido de los ámbitos de "orientación sexual e identidad de género" con 459 hechos conocidos que repre-

---

[744]   Con independencia de que –a nuestro juicio no existe una amenaza a la libertad religiosa en España, la realidad es que los ataques y la violencia contra los lugares de culto se han incrementado en España. Ello hace que la protección y la salvaguarda de las personas que acuden a su interior deban ser tuteladas y garantizadas de forma real y efectiva por parte de los poderes públicos. Para ello, y junto a las medidas de seguridad, deben adoptarse asimismo medidas conducentes a la lucha contra la violencia, el odio, la hostilidad, los estereotipos, los prejuicios y la intolerancia o discriminación hacia sectores de la población potencialmente vulnerables.

senta un descenso de 1,5% con respecto a las cifras del año 2021 e "ideología" con 245 hechos conocidos de delitos de odio durante el año 2022, suponiendo una disminución del 24,85% con respecto al año 2021 siguiendo la tendencia bajista.

Paralelamente, se señala que los ámbitos en los que los delitos de odio han registrado un mayor aumento han sido "discriminación por razón de sexo género" suponiendo un 76,64% con 82 hechos conocidos más que en el año 2021 y con respecto al año anterior un aumento de 90 hechos conocidos, incrementándose en un 90,91% y "aporofobia" con una variación del 70% que representan 7 hechos conocidos más en comparación con los datos presentados de 2021; aunque también se llama la atención sobre las cifras de los ámbitos de "discriminación generacional", "discriminación por razón de enfermedad", "creencias o prácticas religiosas", "ideología", "delitos de odio contra las personas con discapacidad" y "orientación sexual e identidad de género", las cuales han descendido con respecto al año 2021.

De los hechos registrados se puede extraer que los lugares específicos donde se han producido con mayor frecuencia la comisión de las conductas calificadas como delitos e incidentes de odio son las vías de comunicación, siendo de 668 en términos cuantitativos. En esta clasificación le siguen los ocurridos en instalaciones, viviendas y anexos, establecimientos, espacios abiertos, medios de transporte y recintos; al tiempo que la mayor victimización se produce en personas de sexo masculino (59,46%), y el grupo de edad más victimizado se ha dado en el grupo de edades comprendidas entre los 26 y 40 años (31,37%). Los menores de edad constituyen el 12,16%, una cifra ligeramente más elevada que en el año 2021 (11,31%). Destaca la subida en el grupo de edad entre 18 y 25 años que pasa del 17,34% al 22,11%, reflejando que aumenta el número de víctimas jóvenes de delitos de odio.

Del análisis realizado sobre la distribución global de los delitos e incidentes de odio conocidos por ámbito y sexo, las víctimas de ambos sexos presentan el porcentaje más alto en "racismo/xenofobia". La distribución de las víctimas según su nacionalidad refleja que en primer lugar se encuentran las de nacionalidad española con el 60,88% del total, siendo la cifra de extranjeras de un 39,12%, ligeramente mayor al año anterior con un 34,47%. Dentro del conjunto de las víctimas de nacionalidad extranjera, las que contabilizan valores más elevados son las procedentes de Marruecos (9,85%). Mientras que el perfil del responsable detenido/investigado por "delitos de odio", indica que es principalmente de sexo masculino (79%). El rango de edad con mayor número de autores de estos hechos es el de "26 a 40 años", en concreto, el 27,57%. La mayoría de las detenciones/ investigados por delitos de odio son de nacionalidad española (76,97%). Sin embargo, entre los de nacionalidad extranjera (23,03%), son los procedentes de Marruecos y Rumanía, los que registran un mayor volumen de casos.

Los datos recogidos en el Sistema Estadístico de Criminalidad (SEC) muestran que las lesiones, amenazas, y la promoción/incitación pública al odio, y las coacciones, por este orden, determinan las principales causas de las detenciones e investigados entre los hombres autores. En el caso de las mujeres, las amenazas, lesiones y agresiones sexuales son las principales tipologías delictivas asociadas a su investigación y detención. Y, por último, entre los hechos conocidos por las Fuerzas y Cuerpos de Seguridad relativos a los "delitos de discurso de odio" que se hayan podido cometer a través de Internet, redes sociales y medios de comunicación, los ámbitos de "racismo/xenofobia", "orientación sexual e identidad de género" e "ideología" son los que muestran mayor incidencia en 2022, a pesar de que han descendido estos dos últimos un 28,33% y 55,26% respectivamente. Las amenazas, injurias, promoción/ incitación pública al odio y trato degradante, se computan como los hechos delictivos que más se repiten, siendo Internet (49,11%), telefonía/comunicaciones (22,49%) y las redes sociales (21,30%) los medios más empleados para la comisión de estos hechos.

6. Una última temática relativa a España tiene que ver con la actitud de los españoles ante los discursos de odio. Para ello se va a tener como directriz el trabajo realizado por CÁCERES-ZAPATERO, M.D.; BRÄNDLE, G.; PAZ-REBOLLO, M.A. en 2023[745], ya que es uno de los pocos estudios donde se aborda la presente cuestión de una manera generalizada y no de manera sectorial[746]. En el presente trabajo se muestra la existencia de una clara conciencia en que el discurso de odio es un problema social creciente[747], en el que lejos de ver la normaliza-

[745] CÁCERES-ZAPATERO, M.D.; BRÄNDLE, G.; PAZ-REBOLLO, M.A.: "Stances on hate speech: Population oponions and attitudes", en *Profesional de la información*, vol. 32, núm. 4 (2023) (consultar en línea: https://doi.org/10.3145/epi.2023.jul.10; visitado por última vez el 24 de enero de 2024).

[746] Por ejemplo, con jóvenes o sólo con determinados tópicos. Véanse en este sentido, KANSOK-DUSCHE y otros: "A systematic review on hate speech among children and adolescents: definitions, prevalence and overlap with related phenomena", en *Trauma, violence & abuse*, 2022 (consulta ren línea: https://doi.org/10.1177/15248380221108070; visitado por última vez el 24 de enero de 2024); MATAMOROS-FERNÁNDEZ, A., y FARKAS, J.: "Racism, hate speech and social media: a systematic review and critique", en *Television & new media*, vol. 22, núm. 2 (2021), pp. 205-224 (consultar en línea: https://doi.org/10.1177/1527476420982230; visitado por última vez el 24 de enero de 2024).

[747] En contra, véase SORAL W.; BILEWICZ, M.; WINIEWSKI, M.: "Exposure to hate speech increases prejudice through desensitization", en *Aggressive behavior*, vol. 44, núm. 2 (2018), pp. 136-146 (consulta ren línea: https://www.doi.org/10.1002/ab.21737; visitado por última vez el 24 de enero de 2024).

ción en los prejuicios se comprueba la necesidad en el reforzamiento de las normas igualitarias[748]. En éste se comprueba que los mensajes racistas y sexistas se indentican como muy graves. No obstante, no se reconoce en la misma medida las expresiones contra las personas sin hogar y el colectivo okupa[749].

En el trabajo también se destaca como, respecto del discurso de odio en las redes sociales e internet, son las mujeres, los más jóvenes y los que ideológicamente se sitúan en la izquierda política los que se condideran más aludidos por estos mensajes[750]. Ahora bien, sentirse aulido puede hacer que estas personas sean más proactivas denunciando los hechos al gestor de la red o medio; sin embargo, es frecuente que opten por quedarse al margen de esas situaciones para rehuir los conflictos por los costes sociales que puede implicar el enfrentamiento.

Aunque los resultados no son definitivos ni extrapolables a toda la población española, si aporta elementos de interés so-

---

[748] En esta línea, ver HOPKINS, D.J., y WASHINGTON, S.: "The rise of Trump, the fallo f prejudice? Tracking white Americans' racial attitudes via a panel survey, 2008-2018", en *Public opinion quarterly*, vol. 84, núm. 1 (2020), pp. 119-140 (consulta ren línea: https://doi.org/10.1093/poq/tich_2021.pdf; visitado por última vez el 24 de enero de 2024).

[749] En esta misma línea, ver BURCH, L.: "'You are a parasite on the productive clesses': online disablist hate speech in austere time", en *Disability & society*, vol. 33, núm. 3 (2018), pp. 392-415 (consulta ren línea: https://doi.org/10.1080/09687599.2017.1411250; visitado por última vez el 24 de enero de 2024).

[750] En otras encuestas son los hombres y los adultos los que se sienten más atacados: PACHECO, E., y MELHUISH, N.: "Online hate speech: a survey on personal experiences and exposure among adult New Zealanders", 2018, consultar en línea: https://doi.org/10.2139/ssrn.3272148; visitado por última vez el 24 de enero de 2024).

bre los cuales debe seguir explorándose, como puede ser el de las características del discurso de odio, y de un modo concreto sobre el odio que se manifiesta en las redes sociales, así como los perfiles de usuarios, a fin de determinar variables que puedan contribuir a normalizar/reproducir los discursos de odio (edad, orientación ideológica, colectivo de pertenencia, etc.).

5. VALORACIÓN DE LOS DATOS

Todos estos informes y estudios ponen de relieve una serie de esferas en las que sería útil reunir y analizar datos sobre las minorías en general, y las religiosas en particular, en tanto que víctimas de delitos, especialmente delitos de "motivación de odio", así como una serie de conclusiones y recomendaciones al respecto. En este sentido, los resultados de las encuestas EU-MIDIS sobre victimización criminal y, en particular, sobre victimización "racial" deberían ser tenidos en cuenta por los Estados miembros de la UE donde las encuestas sobre delincuencia no incluyen una muestra específica de minorías étnicas y religiosas, o que deberían desarrollar sus prácticas en este ámbito. Estos resultados revelan, igualmente, en qué medida los grupos protegidos por la legislación estatal se ven afectados por los tipos de delitos cubiertos por la Decisión marco y si los denuncian a la policía.

A este respecto sería útil, tanto para la hoja de ruta de la Comisión Europea sobre las víctimas como para el nuevo proyecto de una Directiva sobre las víctimas, comparar la información de las encuestas sobre victimización criminal con los datos penales oficiales. Las investigaciones de delitos pueden recopilar datos más allá de los delitos actualmente cubiertos por la legislación de la Unión Europea y de los Estados miembros. Por lo tanto, pueden revelar en qué medida las minorías en general, y las religiosas en particular, se ven afectadas por formas de delitos motivados por el odio que pueden o no estar cubiertas por la Decisión marco y por la legislación nacional. Como tales, proporcionan información valiosa sobre la victimización cubierta por la legislación actual, al tiempo que destacan las lagunas legales. Los datos sobre los tipos de delitos motivados por el odio que actualmente no están cubiertos pueden servir de base para la modificación o redacción de la legislación.

Los datos de los distintos MIDIS de la Unión Europea sobre las percepciones de los encuestados sobre los delitos «étnico/religiosos» relativos al odio pueden utilizarse como punto de partida para estimar el alcance potencial de la delincuencia «racista» contra los diferentes grupos encuestados. Si se recopila periódicamente a nivel de los Estados miembros, esta información podría ayudar a sacar a la luz el «black chiff ree» de los actos delictivos no denunciados en los ámbitos cubiertos por la legislación europea y nacional. Asimismo, los datos sobre los motivos de las víctimas para no denunciar deben ir acompañados de información sobre las circunstancias y los ámbitos en los que la no denuncia es más frecuente. Dichos datos podrían mostrar a los responsables de la toma de decisiones las áreas específicas en las que deben actuar, sabiendo que son responsables de proteger a las minorías vulnerables, lo que significa alentarlas a denunciar los crímenes de odio, que constituyen una violación de los derechos fundamentales.

Como se ha puesto de manifiesto, en muchos Estados miembros, algunos grupos minoritarios, como los musulmanes o los judíos, a menudo son retratados como delincuentes. Sin embargo, las encuestas EU-MIDIS revelan lo contrario y destaca sus experiencias como víctimas de delitos y, por lo tanto, como personas que necesitan ayuda, protección y apoyo del Estado. Debe examinarse más a fondo en qué medida los Estados miembros de la Unión Europea pueden desempeñar esta función, abordando eficazmente las necesidades de las minorías como víctimas de delitos y víctimas de delitos de odio.

La elevada tasa de victimización delictiva entre algunos grupos minoritarios, y en particular la elevada tasa de lo que los encuestados perciben como delitos de motivación de odio, a menudo van de la mano de una elevada prevalencia de trato discriminatorio contra estos mismos grupos. Por lo tanto, los resultados sobre el trato discriminatorio y la victimización criminal deben examinarse en paralelo con vistas a identificar su papel en la marginación social y el aumento de la vulnerabilidad de los grupos minoritarios.

Un dato que debemos resaltar, igualmente, es la necesidad de referencias cruzadas a fin de obtener resultados más veraces, así como el uso de otras técnicas sobre todo respecto de los casos de no denuncia de posibles delitos motivados por el odio[751]. A

---

[751] A este respecto, la FRA ha señalado que nueve de cada diez delitos de este tipo quedan sin denunciar ante ningún tipo de autoridad u organización. En su estudio: *Encouraging Hate Crime Reporting. The role of law enforcement and other authorities*, 2021 (consulta ren línea: https://fra.europa.eu/sites/default/files/fra_uploads/fra-2021-hate-crime-reporting_en.pdf), la FRA desgrana las causas estructurales para este escaso porcentaje de denuncias. Entre los motivos más reseñables que llevan a no denunciar están el miedo a represalias, las situaciones de vulnerabilidad de las víctimas y el desconocimiento de la ley. Amén de que muchas de las víctimas son extranjeras y que no conocen la lengua, la cultura y mucho menos nuestro sistema legal, circunstancias que dificultan poderosamente la presentación de denuncias. En definitiva, se enfrentan a la vergüenza, la negación por traumas sufridos, el miedo y la discriminación como vivencia cotidiana interiorizada. También se ha generalizado la creencia de que no pasará nada, ya que muchas personas carecen de confianza en que las fuerzas de seguridad o los funcionarios de justicia emprenderán las investigaciones o las acciones legales para responder a sus denuncias. Véase a este respecto, CÁCERES-ZAPATERO, M.D.; BRÄNDLE, G.; PAZ-REBOLLO, M.A.: "Stances on hate speech: Population oponions and attitudes", en *Profesional de la información*, vol. 32, núm. 4 (2023); ACOGE-Andalucia: *Una aproximación a la situación de los delitos y discursos de odio en España*, Fundación Acoge-

este respecto, se debe mencionar, igualmente, el valor que tiene la participación de la sociedad civil a fin de responder con eficacia a este tipo de delitos[752]. La información de las organizaciones y grupos de la sociedad civil (en adelante, OSC) sobre incidentes motivados por el odio proporciona un contexto de vital importancia para las comunicaciones oficiales de los Estados participantes, y pone de relieve el impacto perjudicial que los delitos motivados por el odio tienen en las comunidades afectadas. Ahora bien, las cifras oficiales y las de las OSC pueden y de hecho son distintas, lo que no quita valor ni a unas ni a otras. Existen muchas otras razones que explican porque las cifras oficiales y las de las OSC son distintas. Por ejemplo, algunos incidentes se denuncian solamente a las OSC y no a las autoridades, o es posible que el seguimiento sea distinto.

Los delitos motivados por el odio pueden incluir amenazas, daños a la propiedad, agresiones, asesinato u otros delitos. No sólo afectan a personas pertenecientes a grupos específicos. Las personas o bienes asociados a un grupo que comparte una característica protegida, como defensores de derechos humanos, centros comunitarios o lugares de culto también pueden ser blancos de delitos motivados por el odio[753]. Y ello con in-

---

Andalucia, 2021 (consultar en línea: https://acrobat.adobe.com/id:urn:aaid:sc:EU:46be70b1-747b-43bc-ad7d-30ba69f86eff; visitado por última vez el 25 de enero de 2024).

[752] Ver, OSCE Ministerial Council: *Decision No. 9/09, "Combating Hate Crime"*, Athens, 1-2 December 2009 (consulta ren línea: http://www.osce.org/cio/40695).

[753] En este sentido, Resulta igualmente relevante a efectos de determinar si un incidente fue motivado por prejuicios, traer a colación los indicadores de prejuicio indicados por la ODHID y que son los siguientes: Momento, lugar y ubicación del lugar donde se cometió el delito:
¿El incidente tuvo lugar durante o en las proximidades de un acto importante, como un festival religioso, una conmemoración o una

marcha del orgullo gay? ¿Se encontraba la víctima en o cerca de un
área o lugar comúnmente asociado con un grupo en particular (por
ejemplo, un centro comunitario, una mezquita, iglesia u otro lugar
de culto)? Impresiones de la víctima o de los testigos: ¿Las víctimas
o testigos tienen la impresión de que el incidente fue motivado por
prejuicios? Comentarios, declaraciones por escrito, gestos, y pintadas: ¿Hizo el sospechoso comentarios, declaraciones por escrito
o gestos acerca del origen o situación de la víctima? ¿Se dejaron
dibujos, marcas, símbolos o pintadas en el lugar de los hechos? Si el
blanco de las agresiones fue un bien inmueble, ¿tenía un interés religioso o cultural, por ejemplo, se trataba de un monumento histórico o de un cementerio? Diferencias culturales, raciales, étnicas, y
de género: ¿Hay diferencias entre el o los sospechosos y la víctima o
víctimas con respecto a su origen étnico, nacional, religioso, racial u
orientación sexual? ¿Hay antecedentes de animosidad entre el grupo de la víctima y el grupo del sospechoso? ¿Es la víctima miembro
de un grupo que está en inferioridad numérica abrumadora con
respecto a miembros de otro grupo en el área donde ocurrió el incidente? ¿Estaba la víctima involucrada en actividades de promoción
de su grupo en el momento del incidente?

Grupos organizados motivados por el odio: Fueron objetos o artículos dejados en el lugar de los hechos que sugieren el delito fue
obra de organizaciones paramilitares o de tendencia nacionalista
radical? ¿Hay pruebas de actividad por parte de tales grupos en el
barrio (por ejemplo, carteles, pintadas o folletos)? Es importante
subrayar que, en muchos casos, los delitos motivados por el odio
son cometidos por personas que no están conectadas a ningún grupo organizado o que no tienen antecedentes de conducta delictiva.
Existencia previa de delitos o incidentes motivados por el prejuicio:
¿Ha habido incidentes anteriores similares en la misma zona? ¿Quiénes eran las víctimas?

¿Ha recibido la víctima correo electrónico o llamadas telefónicas de
acoso, o ha sido víctima de abuso verbal por su afiliación o pertenencia a un grupo afectado?

En casos de ataques contra la propiedad, la importancia que una
estructura o lugar determinado tengan para las comunidades que
se enfrentan a discriminación puede ser un indicador. La propiedad
afectada puede tener importancia religiosa o simbólica para una co-

dependencia de que puedan concurrir otros móviles, delitos o actuaciones. En muchos casos, a las personas que han sido blancos de agresiones motivadas por prejuicios también se les ha robado artículos de valor, como dinero o teléfonos móviles, en el transcurso de las agresiones. En caso de que concurran indicadores de prejuicio, estos incidentes también pueden considerarse como incidentes de odio y presentados a la ODIRH (OSCE).

En los informes y estudios reseñados se pone de manifiesto que estamos ante una realidad, la de la islamofobia, que con mayor o menor precisión conceptual, no puede ser obviada, precisando de una categoria independiente dentro de los informes oficiales[754]. En este sentido, hay que señalar que el concepto o sesgo (OSCE) "islamofobia" no aparece como tal, aunque si aparece la categoria de "antisemitismo". Esta realidad profundiza, sin lugar a duda, en el carácter y sentimiento discriminatorio de este colectivo, que ve y observa como es ninguneado por parte de las autoridades españolas[755]. Resultaría adecuado y necesario a este respecto no solo su incorporación dentro del catálogo de categorías o sesgos que sufren discriminacion o intolerancia, así como también destinataria de delitos

---

munidad determinada -iglesia, mezquita, sinagoga, salón del reino, etc. o sepultura o ser un centro de vida social -como una escuela, club social o tienda para un determinado grupo.

[754] Consultar en linea: http://politica.elpais.com/politica/2015/09 /06/actualidad/1441569646_31_615.html (visitado por ultima vez el 21 de diciembre de 2023). No obstante, en el año 2016, segun el Ministerio de Interior, los incidentes relacionados con las "creencias o practicas religiosas", a diferencia del año 2015, han sufrido un descenso del 32,9%.

[755] A este respecto, llama la atencion que dentro de las categorias utilizadas por el Ministerio de Interior respecto de los delitos de odio no aparezca la islamofobia u otra similar relacionada con los musulmanes. Vease a este respecto, *supra,* la lista contenida en la figura 18.

de odio, sino tambien una mayor y mejor precisión conceptual. A este respecto, entendemos que una posible solución sería la incorporación, en el ámbito español, de la categoria utilizada en el marco de la OSCE con relacion al presente colectivo, así como respecto de los cristianos[756].

---

[756]   Véase a este respecto, *supra*, figuras 8 y 9.

Capítulo VII.

Aproximación conceptual: discursos vs. delito de odio e incitación a la discriminación o/y a la violencia

1. CONSIDERACIONES GENERALES

Los discursos del odio se han convertido en los últimos tiempos en un fenómeno presente en muchas de nuestras sociedades que ponen en peligro no solo la cohesión interna de estas mismas sociedades, sino también la paz y la seguridad de la comunidad internacional en su conjunto. Aunque no se trata de un fenómeno nuevo, sí que los Estados han ido tomando conciencia de esta realidad sobre todo después de la Segunda Guerra Mundial; y de una manera u otra han ido regulando sobre el mismo. Así, cabe señalar que se repiten patrones normativos sobre la incorporación de la prohibición de la incitación al odio nacional, racial o religioso. En un estudio reciente sobre los países americanos[757], se ha precisado que estos patrones normativos pueden ser agrupados bajo dos tendencias o modelos más generales:

---

[757] BERTONI, Eduardo: "Estudio sobre la prohibición de la incitación al odio en las Américas", consultar en línea: file:///C:/Users/PC/Downloads/SantiagoStudy_sp.pdf (visitado por última vez el 24 de enero de 2024).

A) El Modelo sancionatorio[758] presenta tres patrones normativos: a) Estados que cuentan en sus códigos penales con cláusulas que prohíben la incitación al odio. Bajo este patrón se incluyeron tres subpatrones: no sólo se tomaron en cuenta los códigos penales que prohíben directamente la incitación al odio (PIO), sino también aquéllos que prohíben la incitación al genocidio (PIG) y a la discriminación (PID)[759]. Es importante señalar que

---

[758] En este mismo estudio, se señala que *"por lo menos once de los 29 países estudiados en las Américas han incorporado de manera directa (PIO) o indirecta (PIG y/o PID) la prohibición de los discursos de odio en su codificación penal. Son los casos de: Argentina, Bolivia, Canadá, Costa Rica, El Salvador, Ecuador, Guatemala, Nicaragua, Perú, Santa Lucía y Uruguay"* (*ibid.* p. 7). De los países reseñados sólo los códigos penales de Bolivia, Canadá, Ecuador, Santa Lucía y Uruguay (por ejemplo, el artículo 281 quater del Código Penal boliviano ["Difusión e incitación al racismo o la discriminación], la subsección 319 del Criminal Code canadiense ["Incitement to hatred"], el Código Penal ecuatoriano en un artículo todavía sin numeración, el artículo 359 del Criminal Code de Santa Lucía ["Public incitement of hatred"], así como el artículo 149 bis del Código Penal uruguayo ["Incitación al odio, desprecio o violencia hacia determinadas personas"]) la prohibición de la incitación al odio en términos explícitos se ha incorporado de forma directa, mientras que en los demás casos dicha prohibición de ha incorporado de manera indirecta (PIG y/o PID) como la "incitación al genocidio" o la "prohibición de la discriminación", normalmente como factor agravante (por ejemplo, en Argentina la prohibición se enmarca en el capítulo que trata el delito de "terrorismo"; en Costa Rica y Ecuador, el marco penal coloca la prohibición en el tipo penal de "discriminación racial"; en El Salvador, Guatemala y Nicaragua los tipos penales utilizados son los de "discriminación" y/o "genocidio"; en Perú, el tipo penal utilizado es el genérico "discriminación", semejante al modelo nicaragüense. La variable religiosa se encuentra presente, pero de manera bastante aislada (ver los casos de Argentina, Nicaragua y Perú).

[759] En este sentido, también en esta trabajo se señala que *"las expresiones de odio sancionadas en los códigos penales suelen tener como objetivo degra-*

el mismo Estado puede presentar, en un mismo código penal, con más de un subpatrón prohibitivo[760]. b) Estados que cuentan en su legislación penal accesoria (fuera de sus códigos penales) con cláusulas que prohíben la incitación al odio, al genocidio o a la discriminación[761]. Y c) Estados que cuentan en su legislación administrativa sobre medios de comunicación con cláusulas que prohíben la incitación al odio[762].

---

dar, intimidar, promover prejuicios o incitar a la violencia contra individuos o grupos por motivo de su pertenencia por raza, género, edad, colectivo étnico, nacionalidad, religión, orientación sexual, identidad de género, discapacidad, lengua, opiniones políticas, estatus socioeconómico, ocupación o apariencia, capacidad mental y cualquier otra elemento de consideración, sea cual sea el medio por el que esa expresión es exteriorizada" (*ibidem*).

[760] En este mismo estudio se señala además que *"las legislaciones de las Américas definen los discursos de odio tanto por su intención como por su objetivo. Con respecto a la intención, el discurso de odio es aquel diseñado para intimidar, oprimir o incitar al odio o la violencia. Este discurso también debe ser dirigido directamente contra una persona o un grupo y estar basado en características como la raza, la religión, la nacionalidad, el género, la orientación sexual, una discapacidad u otra característica grupal"* (*Ibidem*).

[761] Una vez más en el presente trabajo se señala que *"al menos once de los 29 países estudiados en las Américas han optado por incluir tipos penales sobre discursos de odio en normas penales accesorias. Son los casos, por ejemplo, de: Antigua y Barbuda, Argentina, Barbados, Brasil, Chile, Estados Unidos, Guyana, Jamaica, México, Trinidad y Tobago, y Uruguay"*. Y más delante de dice: *"La prohibición del discurso de odio en normas penales especiales suele estar incluida en la legislación que regula la lucha contra la discriminación racial y religiosa (ver los casos de: Argentina, Brasil, Guyana y México) y la prohibición del genocidio (ver los casos de: Antigua y Barbuda, Estados Unidos, Jamaica y Uruguay). Sin embargo, también se pueden observar que la prohibición está incluida en normas que responden a una tipología variada (ver los casos de: Antigua y Barbuda, Barbados, Chile, Estados Unidos, y Trinidad y Tobago)"* (*ibid.*, p. 8).

[762] Respecto a los supuestos en los que la incitación al odio nacional, racial o religioso ha encontrado un reflejo en las normas administrativas que regulan los medios de comunicación, una vez más en el

B) El Modelo no sancionatorio cuenta con dos patrones normativos: a) Estados que prohíben la discriminación en sus textos constitucionales. En estos casos se proscribe explícita o implícitamente la discriminación por motivos de nacionalidad, raza o religión[763]; y b) Estados con otro tipo de legislación y de mecanismos que prohíben la incitación al odio[764].

Ello contribuye, no obstante, a una mayor dificultad a la hora de la determinación de un concepto unívoco sobre el delito de odio. Además, se une la indeterminación de la expresión a utilizar respecto de este tipo penal, ya que, junto al término de delito de odio, se usan igualmente expresiones como "discurso del odio" o "incitación al odio". Ello ha llevado a que, por ejemplo, en Estados Unidos se distinga entre "delito de odio", "discurso del odio" y "delito del discurso del odio". El primero se trataría de un delito tipificado que el autor comete movido por un odio hacia una persona con una característica

---

citado trabajo se señalar que *"existen por lo menos nueve países con un modelo sancionatorio que prohíbe los discursos de odio en el ámbito administrativo. Son los casos de: Argentina, Bahamas, Bolivia, Canadá, Ecuador, Guatemala, Jamaica, México y Venezuela"* (*ibid.*, p. 9). En algunos de los casos estudiados, las normas establecen además sanciones administrativas específicas por la comisión de estas infracciones, las que importan la revocatoria de las concesiones y licencias de los medios de comunicación cuestionados (ver los casos de Bolivia y Venezuela).

[763]   *"De los 29 Estados de los Américas en los cuales se encontró información, al menos 26 cuentan con normas constitucionales en dicho sentido. Son los casos de: Antigua y Barbuda, Bahamas, Barbados, Belice, Granada, Guyana, Jamaica, San Kitts y Nevis, Santa Lucía, San Vicente y las Granadinas, Bolivia, Brasil, Canadá, Chile, Costa Rica, Ecuador, El Salvador, Guatemala, Honduras, México, Nicaragua, Panamá, Perú, Trinidad y Tobago, Uruguay y Venezuela, presentan normas en dicho sentido"* (*ibid.*, p. 10).

[764]   *"Encontramos este fenómeno al menos en las legislaciones de nueve países: Argentina, Bolivia, Brasil, Guatemala, México, Panamá, Perú, Uruguay [y] Trinidad y Tobago"* (*ibidem*).

particular; el segundo solo es manifestar el odio de una persona a través de una expresión, y el tercero se daría cuando ese discurso tiene un tipo de sanción penal que lo convierte a su vez en un delito de odio[765].

Partiendo de estas consideraciones, vamos a distinguir entre figuras próximas o afines, al que dedicaremos el apartado 2, y dentro del cual se hará referencia a expresiones tales como "genocidio", discriminaciones" o "intolerancia", "difamaciones religiosas" y, por último, "discurso de odio"; para posteriormente entrar en el análisis del propio concepto de delito de odio, al que estará referido el apartado 3 del presente Capítulo.

2. CONCEPTOS RELACIONADOS O AFINES

El llamado *"hate speech"* o discurso del odio es una de las figuras más controvertidas en las legislaciones y en la jurisprudencia de los altos tribunales de justicia occidentales[766]. No obstante, la tendencia que se va imponiendo responde a una opinión que se encuentra profundamente arraigada en la conciencia social general: resulta obligatorio, sea como sea, luchar contra

---

[765] Ver, por todos, el Art. 510 CP.

[766] El modelo europeo que, por motivos históricos vinculados principalmente al horror del Holocausto, y por los rasgos definitorios de su concepción de la democracia, entendida como una democracia militante, tiende a ser mucho menos tolerante con los discursos intolerantes. En el modelo diseñado por el Consejo de Europa, a través del CEDH (1950), late una cierta desconfianza hacia la idea de que la democracia pueda llegar a resistir el envite de determinados discursos frontalmente opuestos a la idea dignidad y de igualdad en derechos de todos los seres humanos, de tal modo que, en su marco jurídico, la libertad de expresión no ampara determinadas formas de propaganda.

las manifestaciones de rechazo al "diferente"[767] que amenazan nuestras democracias. Precisamente a este respecto, JACOBS y POTTER[768] explican que la lucha contemporánea contra este tipo de delitos no ha nacido de un crecimiento desmesurado de los mismos en los últimos años, sino que esta encuentra su origen en una cada vez mayor sensibilización social ante la intolerancia y ante el éxito de las conocidas como "políticas de identidad"[769]. En línea con esta idea, se entiende que toda persona que apoye o que, de algún modo, favorezca la intolerancia debe ser castigada, y que, si es necesario, se deben incluir en los Ordenamientos democráticos un número mayor de los denominados "delitos de odio"[770].

En cuanto al origen de la presente expresión[771], cabe señalar que ésta fue acuñada por primera vez por el Tribunal

---

[767] Este término nace de la óptica subjetiva de un determinado sujeto que le atribuye a otro una serie de características; por tanto, no tiene que entenderse como correcto desde un punto de vista objetivo.

[768] JACOBS, J. B., y POTTER, K.: *Hate Crimes: Criminal Law & Identity Politics*, Oxford University Press, Nueva York 1998, pp. 3 y ss.

[769] Siguiendo las explicaciones de JACOBS y POTTER, en las políticas identitarias o políticas de identidad los individuos se relacionan entre sí como miembros de grupos rivales basados en características como la raza, el género, la religión y la orientación sexual. Según esta lógica, resulta estratégicamente ventajoso ser reconocido como desfavorecido y como víctima; ya que, cuanto mayor es el grado de victimización de un grupo, más fuerte es su reclamo moral sobre la sociedad en general (vid. *Ibídem*, p. 5).

[770] De esta manera, GALÁN MUÑOZ, A.: "Delitos de odio, Discurso del odio y Derecho penal: ¿hacia la construcción de injustos penales por peligrosidad estructural?", en *Revista Penal*. Núm. 46 (2020), p. 42.

[771] Los "delitos de odio" encuentran sus raíces en los movimientos sociales que marcaron la década de los 60 en EE. UU., en el seno de la lucha por alcanzar la igualdad de derechos civiles y terminar con la discriminación racial que ha marcado tradicionalmente la historia

Supremo norteamericano[772] para hacer referencia a aquellas expresiones, en cualquier formato, dirigidas contra grupos humanos que han sido históricamente discriminados por motivos de género, orientación sexual, etnia, religión o cualquier otra circunstancia personal o social, y que, además, constituyen minorías tradicionalmente excluidas socialmente[773].

Ahora bien, como se ha puesto de manifiesto a lo largo de los Capítulos anteriores, en la actualidad existe una preocupación creciente por cierto tipo de expresiones públicas, que además

---

del continente norteamericano. Esta realidad, aupada por el éxito de las ya mencionadas políticas de identidad, llevó a la sociedad estadounidense de la época –y, en particular, a sus líderes políticos– a rechazar con cada vez mayor contundencia los comportamientos motivados por prejuicios, lo que condujo al nacimiento del término "*hate crime*" a mediados de los años 80.

[772] La primera referencia expresa a los "delitos de odio" se debe concretamente a tres diputados norteamericanos –John Conyers, Barbara Kennelly y Mario Biaggi–, que en 1985 presentaron un proyecto de ley denominado "*Hate Crime Statistics Act*" con el objetivo de exigir al Departamento de Justicia de EE. UU. la recogida y publicación de datos sobre la naturaleza y el número de delitos que se encontrasen motivados por prejuicios raciales, étnicos y religiosos.

[773] El modelo estadounidense podría definirse, en palabras de Rawls, a través de la siguiente frase: «[…] *suprimir la libertad de expresión, incluida la expresión subversiva, implica siempre una supresión parcial de la democracia*» (Rawls, 1996: 103). Anclado en la tradición política, cultural y económica del liberalismo, el sistema jurídico norteamericano opta por el laissez faire y la estricta abstención y neutralidad del Estado frente a los discursos presentes en la sociedad, siendo el debate público de las ideas y opiniones más extremistas y odiosas una garantía de la buena salud democrática. En palabras del Tribunal Supremo estadounidense: «[…] *si hay un principio fundamental que subyace en la Primera Enmienda, es que el Gobierno no puede prohibir la expresión de una idea simplemente porque la sociedad considera que la idea en sí misma es ofensiva o desagradable*» (*Virginia vs. Black*, 538 U.S. 343 (2003)).

de resultar ofensivas o perturbadoras, tienen un efecto nocivo para la convivencia democrática. Estas manifestaciones, a las que se suele denominar genéricamente «discursos de odio», contribuyen a estigmatizar o incitan a la violencia contra determinados grupos sociales. Ahora bien, este tipo de expresiones se presentan en el discurso público con distintos matices que van desde el discurso hostigador, al discurso discriminatorio y al discurso de odio[774]. No obstante, como igualmente se ha señalado, dentro del Derecho internacional, existe un consenso en que no todas estas manifestaciones deben ser prohibidas y que la prohibición de estos discursos debe ser antes la excepción que la norma. Hasta aquí llegan los consensos, que son mínimos. Pero incluso al interior de estos consensos existe un amplio abanico de opciones e interpretaciones a la hora de regular, restringir o prohibir su circulación, en función de criterios que están en tensión.

Antes de entrar en el análisis del concepto de delito de odio, vamos a hacer referencia a algunos conceptos próximos, pero no equivalentes ni asimilados, como son, entre otros, los términos de "genocidio", "intolerancia", "discriminación" o "discurso de odio".

---

[774] Partiendo de la propuesta de TORRES y TARRICO, cabe mencionar la expresión «discursos de odio» en plural para hacer referencia al discurso genérico, compuesto por otros discursos específicos que pueden clasificarse en función del daño que generan. Dentro de este discurso genérico, encontramos el «discurso hostigador», que se refiere a las prácticas discursivas sistemáticas realizadas con la intención de impedir o limitar el uso de la palabra en el espacio público; los «discursos discriminatorios», que pretenden que una persona o grupo sean excluidas, segregadas o imposibilitadas de ejercer sus derechos y el «discurso del odio» en singular, que refiere a las prácticas enunciativas que incitan a la comisión de actos violentos, que atentan contra la vida y la seguridad de una persona o grupo de personas (2019, p. 7).

2.1. Genocidio

El delito internacional de genocidio es incluido en ocasiones dentro de los debates de las leyes de delitos de odio. A este respecto, adquiere gran importancia la *Convención sobre la Prevención y la Sanción del Delito de Genocidio*, adoptada por la Asamblea General de las Naciones Unidas el 9 de diciembre de 1948[775]; en especial sus artículos I, II y III[776]. Con relación a esta cuestión (relativa a la incitación o instigación al genocidio), y como hemos tenido ocasión de analizar con mayor detenimiento *supra*[777], baste con señalar en este momento que los supuestos de incitación, entre ellos el del genocidio, debe distinguirse de los términos de discurso de odio, que es de uso generalizado, pero para el cual no existe una definición única aceptada por el consenso internacional. Ahora bien, los discursos o actos de incitación a la intolerancia, la discriminación, la hostilidad y la violencia (dentro de la cual se podría incluir teóricamente la incitación al genocidio) si suponen actos de delito de odio que deben ser penados. En este sentido se ha pronunciado el TPIR, quien, respecto al delito de incitación pública y directa al genocidio, sostuvo -en el caso *Fiscalía c. Akayesu* (nº ICTR-96-4-T)- que "*la incitación directa y pública debe definirse (…) como la provocación directa, sea a través de discursos, gritos o amenazas proferidas en lugares o reuniones públicos, o a través de la*

---

[775]   De conformidad con el Art. XIII, entró en vigor el 12 de enero de 1951, y para España el 13 de diciembre de 1968 (*BOE* núm. 34, de 8 de febrero de 1969) (consultar en línea: https://www.boe.es/buscar/doc.php?id=BOE-A-1969-170; visitado por última vez el 28 de diciembre de 2023).

[776]   Preceptos prácticamente igualmente se contienen -como ya se ha puesto de manifiesto en los respectivos Estatutos del TPIY (Art. 4.3.c), del TPIR (Art. 2.3.c) y de la CPI (Art. 25.3.c).

[777]   Desde la primera condena por ese delito en 1998, se ha convertido en el centro de un nuevo cuerpo sustancial de jurisprudencia. Ver *supra*, Capítulos I y IV.

venta, distribución, oferta o exhibición de material escrito o impreso en lugares o reuniones públicos o a través de la exhibición pública de carteles, o a través de cualquier otro medio de comunicación audiovisual" (parág. 559)[778].

Sin embargo, debemos precisar que, aunque las normas internacionales o/y las leyes nacionales pueden prohibir el genocidio y otros delitos relacionados, así como los crímenes contra la humanidad, no son, en este contexto, descritos como leyes de delitos de odio. El Genocidio requiere de la intención de destruir –en todo o en parte– un grupo nacional, étnico, racial o religioso[779]. Este concepto resulta, pues, cualitativa y cuanti-

---

[778] A este respecto, resulta también de interés trascribir otros de los considerandos del citado Tribunal: *"557. La característica de "directo" del delito de incitación implica que esta asume una forma directa y que provoca a otro específicamente a involucrarse en la comisión de un delito y que se requiere más que meras sugerencias vagas o indirectas para que exista incitación directa. En los sistemas de derecho civil, la "provocación", que es el equivalente de la incitación, se considera directa cuando su propósito es ocasionar que se cometa un delito en particular. La acusación debe probar causalidad definitiva entre el acto clasificado como incitación, o provocación, y un delito en particular. Sin embargo, la Sala es de la opinión de que el requisito de que la incitación sea "directa" debe analizarse a la luz de su contenido cultural y lingüístico. De hecho, un determinado discurso puede ser percibido como "directo" en un país, pero no en otro, dependiendo de la audiencia. A mayor abundamiento, la Sala recuerda que la incitación puede ser directa y, aun así, implícita. Así, durante la redacción de la Convención sobre el Genocidio, el delgado de Polonia apuntó que bastaba con manipular hábilmente la psicología de las masas levantando sospechas sobre ciertos grupos, insinuando que son responsables de determinadas dificultades económicas o de otro tipo, para crear una atmósfera favorable a la comisión del delito".*

[779] En su sentencia de fecha 2 de septiembre de 1998, en el caso *Fiscalía c. Akayesu* (no. ICTR-96-4 T), la Sala I de Enjuiciamiento del Tribunal Internacional para el enjuiciamiento de presuntos responsables de genocidio y otras violaciones graves del derecho internacional humanitaria cometidas en el territorio de Ruanda y de ciudadanos de Ruanda responsables de genocidio y otras violaciones de esa na-

tativamente diferente de los delitos de odio, puesto que, como todos los delitos recogidos en el derecho internacional, requieren actos de violencia extendidos y sistemáticos. Los aspectos legislativos, de investigación y acusatorios que se derivan de estos derechos internacionales son muy diferentes de los que se derivan de los delitos de odio propiamente dichos, teniendo únicamente uno de los supuestos recogidos en el mencionado artículo 3, en su punto c), esto es, "la instigación directa y pública a cometer genocidio".

En consecuencia, se puede afirmar que, aunque el desvalor del odio está presente en la comisión y motivación de ambos delitos, y dicho desvalor sirve de identificador y de factor común, en el genocidio se debe dar, además, un elemento cualificador o especial como es la intención de destruir, exterminar o eliminar, total o parcialmente, a un grupo étnico, religioso o nacional. La presencia, por tanto, de ese ánimus specialis es condición imprescindible para que se produzca el delito de genocidio, y el que dota de especificidad al presente tipo delictivo.

2.2. Intolerancia y leyes antidiscriminatorias

Las leyes antidiscriminatorias resultan propiamente leyes de delitos de odio. El concepto de discriminación se refiere a un trato menos favorable a una persona sobre la base de al-

---

turaleza cometidas en el territorio de Estados vecinos entre el 1 de enero y el 31 de diciembre de 1994, resaltó la característica definitoria del delito de genocidio: "*498. El genocidio se distingue de otros delitos en tanto que materializa una intención especial o dolus specialis. La intención especial de un delito es la intención específica, necesaria como elemento constitutivo del delito, que requiere que el perpetrador claramente busque realizar el acto del que se le acusa. Así, la intención especial del delito de genocidio reside en "la intención de destruir, total o parcialmente, un grupo nacional, étnico, racial o religioso como tal"*".

guna consideración prohibida, como el origen racial o étnico, el sexo o la religión. En este sentido, el Comité de Derechos Económicos, Sociales y Culturales, en su Observación General núm. 20 (Doc. E/C.12/GC/20), ha precisado que «*hay discriminación cuando un individuo recibe un trato menos favorable que otro en situación similar por alguna causa relacionada con uno de los motivos prohibidos de discriminación, por ejemplo, cuando la contratación para puestos en instituciones educativas o culturales se basa en las opiniones políticas de los solicitantes de empleo o los empleados. También constituyen discriminación aquellos actos u omisiones que causen perjuicio y se basen en alguno de los motivos prohibidos de discriminación cuando no exista una situación similar comparable*».

Existirá igualmente discriminación -según el citado Comité- en aquellos supuestos en que «*las leyes, las políticas o las prácticas en apariencia neutras, (…) influyan de manera desproporcionada en los derechos del Pacto afectados por los motivos prohibidos de discriminación. Por ejemplo, exigir una partida de nacimiento para poder matricularse en una escuela puede ser una forma de discriminar a las minorías étnicas o a los no nacionales que no posean, o a quienes se hayan denegado, esas partidas*» (Observación General núm. 20).

En la mayoría de las jurisdicciones, la discriminación es materia de la legislación civil, pero sólo en algunas legislaciones acarrea infracciones penales. De cualquier forma, las leyes de delitos de odio no se incluyen en las leyes que castigan la discriminación, porque no hay una infracción penal base, por lo que el primer elemento esencial del delito de odio propiamente dicho no existe. No obstante, cabe señalar que la discriminación y/o la intolerancia está en el origen de algunas de las aptitudes que dan lugar a un delito de odio, como es el desprecio, la desconsideración o el odio al otro, así como la incitación por dicha causa frente al otro.

En esta materia adquiere una especial relevancia las políticas y la normativa adoptadas en seno de la Unión Europea, y a las que vamos a hacer referencia brevemente. La temática de la igualdad y no discriminación tiene su origen, en el marco de la Unión Europea, en la llamada "política de igualdad de género" o "igualdad entre hombres y mujeres", bebiendo la igualdad por motivos religiosos o de convicción de las prácticas de protección seguidas en relación con la primera[780]. En este sentido, cabe señalar que después de la aprobación del Tratado de Ámsterdam de 1997, la igualdad pasó a configurarse como un principio informador básico del sistema comunitario (Art. 13 TCE; actual Art. 19 TFUE), al tiempo que adoptó carta de naturaleza como derecho con la Carta de Derechos Fundamentales de la Unión Europea[781]. Esta última es importante por lo que aquí interesa, al predominar en su texto una concepción amplía de la igualdad, mucho más general y universal, que la que hasta el momento se había reconocido. De esta forma y bajo la rúbrica «igualdad» del capítulo III, se proclama la igualdad de todas las personas ante la ley (Art. 20)[782], así como la prohibición de toda discriminación, incorporando nuevos motivos concretos de discriminación prohibidos como

---

[780]   En relación con esta materia, véase Directivas 75/117/CEE, de 10 de febrero de 1975, relativa a la aproximación de las legislaciones de los Estado miembros que se refieren a la aplicación del principio de igualdad de retribución entre los trabajadores masculinos y femeninos (*DOUE* L 45, 1975) y 76/207/CEE, de 9 febrero de 1976, relativa a la aplicación del principio de igualdad de trato entre hombres y mujeres en lo que se refiere al acceso al empleo, a la formación y a la promoción profesionales, y a las condiciones de trabajo (*DOUE* L 39, 1976), así como la sentencia del TJUE, de 8 de abril de 1976, C-43/75, *Defrenne/Sabena* (EU:C:1976:56).

[781]   Sobre el valor jurídico de la presente Carta en el Derecho de la Unión, véase MANGAS MARTÍN, A.: «Comentario al Art. 51 de la Carta», en *Carta de los Derechos Fundamentales de la Unión Europea. Comentario Art. por Art.*, Fundación BBVA, Madrid 2008, pp. 810-825.

[782]   Vid. MANGAS MARTÍN, A.: «Comentario al Art. 20 de la Carta», en *Carta de los Derechos Fundamentales de la Unión Europea. Comentario Art. por Art.*, op. cit., pp. 390-395.

el origen social, las características genéticas, la lengua, la religión o las convicciones, las opiniones políticas o de cualquier otro tipo, la pertenencia a una minoría nacional, el patrimonio y el nacimiento (Art. 21)[783].

Es un enfoque que encuentra su engarce en la búsqueda de la igualdad, favoreciendo a colectivos que se consideran más desprotegidos o vulnerables. De la misma manera, y con fundamento asimismo en la igualdad, se proclama el respeto por la diversidad cultural, religiosa y lingüística (Art. 22)[784], cuestiones hasta entonces no tratadas en el ordenamiento comunitario. Por último, en 2009, el Tratado de Lisboa introdujo una cláusula horizontal encaminada a integrar la lucha contra las discriminaciones en el conjunto de las políticas y acciones de la Unión (Art. 10 del TFUE)[785].

En desarrollo del citado artículo 13 del Tratado se han promulgado dos directivas que afectan al ámbito laboral: la *Directiva 2000/43/CE, de 29 de junio, relativa a la aplicación del principio de igualdad de trato de las personas independientemente de su origen racial o étnico*[786], y la *Directiva 2000/78/CE, de 27 de noviembre, so-*

---

[783]   Véase MANGAS MARTÍN, A.: «Comentario al Art. 21 de la Carta», en *Carta de los Derechos Fundamentales de la Unión Europea. Comentario Art. por Art.*, op. cit., pp. 397-408.

[784]   Ver MANGAS MARTÍN, A.: «Comentario al Art. 22 de la Carta», en *Carta de los Derechos Fundamentales de la Unión Europea. Comentario Art. por Art.*, Fundación BBVA, op. cit., pp. 410-413.

[785]   Respecto de esta materia se prevé en el artículo 19 TFUE la existencia de un procedimiento legislativo especial dedicado a la lucha contra las discriminaciones, a saber: el Consejo debe actuar por unanimidad y previa aprobación del Parlamento Europeo. Véase, a este respecto, UGARTEMENDIA ECEIZABARRENA, J.I.: «La iniciativa normativa en el procedimiento legislativo europeo a la luz del Tratado de Lisboa», en *Revista para el Análisis del Derecho*, núm. 3 (2010), p. 27.

[786]   *DOUE* L 180/22, de 19 de julio de 2000.

bre establecimiento de un marco general en el empleo y la ocupación[787]. La primera de las Directivas tiene por objeto la protección de la igualdad de trato con independencia del origen racial o étnico, para lo cual prohíbe toda discriminación, tanto directa como indirecta, así como el acoso por motivos de raza u origen étnico (Art. 2[788]) en los ámbitos esencialmente de las relaciones de trabajo, de las políticas sociales y de la educación, tanto respecto del sector público como del privado, incluidos los organismos públicos (Art. 3), pero no así las acciones positivas adoptadas con el objetivo de garantizar la igualdad de forma plena y real (Art. 5).

---

[787] *DOUE* L 303, de 2 de diciembre de 2000.

[788] Art 2: "*Concepto de discriminación:*

1. A efectos de la presente Directiva, se entenderá por "principio de igualdad de trato" la ausencia de toda discriminación, tanto directa como indirecta, basada en el origen racial o étnico.

2. A efectos del apartado 1:

a) existirá discriminación directa cuando, por motivos de origen racial o étnico, una persona sea tratada de manera menos favorable de lo que sea, haya sido o vaya a ser tratada otra en sentido comparable;

b) existirá discriminación indirecta cuando una disposición, criterio o práctica aparentemente neutros sitúe a personas de un origen racial o étnico concreto en desventaja particular con respecto a otras personas, salvo que dicha disposición, criterio o práctica pueda justificarse objetivamente con una finalidad legítima y salvo que los medios para la consecución de esta finalidad sean adecuados y necesarios.

3. El acoso constituirá discriminación a efectos de lo dispuesto en el apartado 1 cuando se produzca un comportamiento no deseado relacionado con el origen racial o étnico que tenga como objetivo o consecuencia atentar contra la dignidad de la persona y crear un entorno intimidatorio, hostil, degradante, humillante u ofensivo. A este respecto, podrá definirse el concepto acoso de conformidad con las normativas y prácticas nacionales de cada Estado miembro.

4. Toda orden de discriminar a personas por motivos de su origen racial o étnico se considerará discriminación con arreglo a lo dispuesto en el apartado 1".

Mientras que el objeto de la segunda Directiva no es otro que la tutela del derecho a la igualdad de trato a través de la ausencia de cualquier tipo de discriminación (Art. 1[789]), ya sea directa o indirecta (Art. 2[790]), en el ámbito exclusivo de las relaciones de trabajo (Art. 3), entendiendo por tal el trato desfa-

---

[789] Art. 1: *"La presente Directiva tiene por objeto establecer un marco general para luchar contra la discriminación por motivos de religión o convicciones, de discapacidad, de edad o de orientación sexual en el ámbito del empleo y la ocupación, con el fin de que en los Estados miembros se aplique el principio de igualdad de trato"*.

[790] Art. 2: *"Concepto de discriminación.*

1. A efectos de la presente Directiva, se entenderá por principio de igualdad de trato la ausencia de toda discriminación directa o indirecta basada en cualquiera de los motivos mencionados en el artículo 1.

2. A efectos de lo dispuesto en el apartado 1:

a) existirá discriminación directa cuando una persona sea, haya sido o pudiera ser tratada de manera menos favorable que otra en situación análoga por alguno de los motivos mencionados en el artículo 1;

b) existirá discriminación indirecta cuando una disposición, criterio o práctica aparentemente neutros pueda ocasionar una desventaja particular a personas con una religión o convicción, con una discapacidad, de una edad, o con una orientación sexual determinadas, respecto de otras personas, salvo que:

i) dicha disposición, criterio o práctica pueda justificarse objetivamente con una finalidad legítima y salvo que los medios para la consecución de esta finalidad sean adecuados y necesarios; o que

ii) respecto de las personas con una discapacidad determinada, el empresario o cualquier persona u organización a la que se aplique lo dispuesto en la presente Directiva, esté obligado, en virtud de la legislación nacional, a adoptar medidas adecuadas de conformidad con los principios contemplados en el artículo 5 para eliminar las desventajas que supone esa disposición, ese criterio o esa práctica.

3. El acoso constituirá discriminación a efectos de lo dispuesto en el apartado 1 cuando se produzca un comportamiento no deseado relacionado con alguno de los motivos indicados en el artículo 1 que tenga como objetivo o consecuencia atentar contra la dignidad de la persona o crear un entorno intimidatorio, hostil, degradante, humillante u ofensivo. A este respecto, podrá definirse el concepto de acoso de conformidad con las normativas y prácticas nacionales de cada Estado miembro.

vorable de una persona frente a otra, salvo los actos o medidas que *«los Estados miembros* [puedan mantener o adoptar] *destinadas a prevenir o compensar las desventajas ocasionales»* padecidas por las personas por motivos, entre otros, religiosos o de sus convicciones (Art. 7.1), o bien las disposiciones más favorables que *«los Estados miembros* [puedan] *adoptar o mantener para la protección del principio de igualdad de trato que las previstas en la presente Directiva»* (Art. 8.1).

Se pretende de este modo garantizar la igualdad de trato, entre otros, por motivos religiosos o ideológicos en el acceso al empleo o la ocupación (Art. 1), por cuenta ajena o propia, incluidas la promoción y formación profesionales, las condiciones de trabajo y la pertenencia a determinadas organizaciones profesionales (Art. 3), con dos únicas excepciones: cuando, debido a la naturaleza de las actividades profesionales concretas de que se trate o al contexto en que se lleve a cabo, la religión o las convicciones constituyan una exigencia profesional genuina (Art. 4.1), la primera, y cuando se trate de actividades profesionales que tengan una relación directa y esencial con el objeto de las llamadas empresas de tendencia (Art. 4.2[791]), la segunda.

---

4. Toda orden de discriminar a personas por alguno de los motivos indicados en el artículo 1 se considerará discriminación con arreglo a lo dispuesto en el apartado 1.

5. La presente Directiva se entenderá sin perjuicio de las medidas establecidas en la legislación nacional que, en una sociedad democrática, son necesarias para la seguridad pública, la defensa del orden y la prevención de infracciones penales, la protección de la salud y la protección de los derechos y libertades de los ciudadanos".

[791] Art. 4. *"Requisitos profesionales.*

1. No obstante lo dispuesto en los apartados 1 y 2 del artículo 2, los Estados miembros podrán disponer que una diferencia de trato basada en una característica relacionada con cualquiera de los motivos mencionados en el artículo 1 no tendrá carácter discriminatorio cuando, debido a la naturaleza de la actividad profesional concreta de que se trate o al contexto en que se lleve a

La aprobación de las presentes Directivas supone, sin lugar
a duda, el desarrollo derivado de carácter normativo más importante y trascendente en la materia objeto de análisis, más
aún si se tiene en cuenta que su alcance no se circunscrito al
ámbito laboral y de la formación profesional, sino que trascien-
de a ámbitos tan importantes como la educación, los servicios
públicos, la administración de justicia, etc. Ello permite señalar que no habrá discriminación cuando de los aspectos favorables del trato específico ningún otro sujeto activo del derecho
fundamental de libertad religiosa es excluido por principio o
condición básica, aunque *de facto* algunos o muchos no lo disfruten o ejerzan[792]. La discriminación por motivos religiosos

---

*cabo, dicha característica constituya un requisito profesional esencial y deter-
minante, siempre y cuando el objetivo sea legítimo y el requisito proporcionado.
2. Los Estados miembros podrán mantener en su legislación nacional vigente
el día de adopción de la presente Directiva, o establecer en una legislación
futura que incorpore prácticas nacionales existentes el día de adopción de
la presente Directiva, disposiciones en virtud de las cuales en el caso de las
actividades profesionales de iglesias y de otras organizaciones públicas o privadas cuya ética se base en la religión o las convicciones de una persona,
por lo que respecta a las actividades profesionales de estas organizaciones,
no constituya discriminación una diferencia de trato basada en la religión o
las convicciones de una persona cuando, por la naturaleza de estas actividades o el contexto en el que se desarrollen, dicha característica constituya un
requisito profesional esencial, legítimo y justificado respecto de la ética de la
organización. Esta diferencia de trato se ejercerá respetando las disposiciones
y principios constitucionales de los Estados miembros, así como los principios
generales del Derecho Comunitario, y no podrá justificar una discriminación
basada en otro motivo. Siempre y cuando sus disposiciones sean respetadas,
las disposiciones de la presente Directiva se entenderán sin perjuicio del derecho de las iglesias y de las demás organizaciones públicas o privadas cuya
ética se base en la religión o las convicciones, actuando de conformidad con
las disposiciones constitucionales y legislativas nacionales, podrán exigir en
consecuencia a las personas que trabajen para ellas una actitud de buena fe
y de lealtad hacia la ética de la organización".*

[792]   Véanse, SSTC 8/1981; 22/1981, FJ 3; 23/1981, FJ 7; 34/1981, FJ 3;
24/1982, FJ 1; 49/1982, FFJJ 2 y3; 8/1983, FJ 3; 103/1983, FJ 5; y

o de creencias exige, por tanto, que un titular de dicho derecho no posea en su patrimonio jurídico, como igual sujeto, ni
siquiera la posibilidad de alcanzar la paridad con el régimen
específico de titularidad básica[793]. Si esa imposibilidad deriva
de una distinta categoría en la titularidad del derecho fundamental existirá discriminación; si ésta, por el contrario, deriva
de un diverso ejercicio actual de la misma capacidad o de circunstancias *de facto,* no podrá entenderse que se produce tal
discriminación[794].

Por consiguiente, la igualdad ante la ley es configurada en
el marco de la Unión Europea como "*un principio general del Derecho de la Unión que rige todas las políticas comunitarias y vincula en
su actuación a todas las instituciones y a los Estados miembros. Se fundamenta en los principios democráticos que rigen a los Estados de derecho*[795], *en especial en la libertad y la dignidad humana, de donde se
desprende que la igualdad no opera sólo como parámetro de control y de
actuación de las políticas sociales, sino que tiene también una dimensión humana*"[796]. La igualdad en el contenido de la ley supone

---

46/2001.

[793] LLAMAZARES, D.: *Derecho de la libertad de conciencia. I. Libertad de
conciencia y laicidad,* Ed. Cívitas, Madrid 2002, p. 246.

[794] SUAREZ PERTIERRA, G.: "Artículo 14", en ALZAGA, O. (Dir.): *Comentarios a las leyes políticas. Constitución española de 1978,* tomo II,
Edersa, Madrid 1984, p. 286.

[795] En España, la igualdad se regula desde diferentes perspectivas, a
saber: como valor superior del ordenamiento jurídico (Art. 1.1),
como objetivo a perseguir por los poderes públicos (Art. 9.2) y
como derecho fundamental (Art. 14). El último precepto consagra
la igualdad ante la ley, que presenta la doble dimensión de "igualdad en la aplicación de la ley" e "igualdad en el contenido de la ley".

[796] NAVARRETTA, E.: «Principio de igualdad, principio de no discriminación y contrato», en *Revista de Derecho Privado. Universidad Exter-
nado* (consultar en línea: http:// revistas.uexternado.edu.co/index.
php/derpri/article/view/3887/4330; visitado por última vez el 20
de diciembre de 2023).

la superación de la concepción tradicional liberal, que entendía la igualdad únicamente como igualdad en la aplicación de esta, focalizada en su eficacia normativa y no en su contenido.

Partiendo de lo anterior, cabe definir la discriminación directa por motivos religiosos como «*aquella situación en la que una persona es tratada de manera menos favorable en relación con otra persona en situación análoga por alguno de los motivos mencionados en el Art. 1 de la misma Directiva, entre los que se incluye la religión*»[797].

Tras lo señalado, cabe precisar que -una vez más- el desvalor del odio está presente en ambas figuras jurídicas, pero la discriminación por si sóla puede suponer una agravante (Art. 22.4 CP), pero no da lugar al delito de odio. Para que esto último suceda es necesario que, además, se produzca el desvalor adicional de su conducta, esto es, la intención o motivación por parte de autor de vejar o discrimiar, la cual tiene que ir dirigida a aquellos colectivos caracterizados como «vulnerables».

2.3. Difamación de las religiones

Por difamación cabe entender -según la RAE dos acepciones, a saber:

"*Desacreditar a alguien, de palabra o por escrito, publicando algo contra su buena opinión o fama, la primera*", y/o

"*Poner algo en bajo concepto y estima*"[798].

Junto a ello, se ha señalado igualmente que "*la difamación es el acto de comunicar una acusación hacia otra persona que puede cau-*

---

[797] Cfr STJUE *Achbita/G4S*, apdo. 24.

[798] Consultar en línea: https://dle.rae.es/difamar (visitado por última vez el 30 de noviembre de 2023).

sar un daño en el honor, dignidad o reputación de quien se acusa; siempre que no esté fundamentada en pruebas fehacientes"[799]. Los orígenes del término en el Derecho anglosajón están en los agravios (declaración dañosa en una forma transitoria, sobre todo de forma hablada) y libelos (declaración dañosa en un medio fijo, sobre todo escrito pero también un cuadro, signo, o emisión electrónica), cada uno de los cuales da un derecho de acción.

La diferencia fundamental entre libelo y difamación está únicamente en la "forma" en la cual la materia difamatoria es publicada. Si el material ofensivo es publicado en alguna forma efímera, como en forma hablada o sonidos, dactilología, gestos y otros por el estilo, entonces esto es difamación. Si es publicado en una forma más duradera, por ejemplo, en documentos, películas, discos compactos y otros por el estilo, entonces es considerado un libelo. En la actualidad, la difamación es un tipo penal independiente recogido en el Códigos Penales, normalmente entre los delitos contra el honor o la dignidad de las personas. En este sentido, se puede definir como "*el acto de dañar la dignidad, el honor o la reputación de otra persona física o moral difundiendo informaciones que no son verídicas*". Cuando la intención de la acusación es exponer a la persona al odio o al desprecio público, se está incurriendo en el delito de difamación. En el Derecho español, el Código penal distingue entre la injuria[800] y la calumnia[801].

---

[799]   La negrita es del autor.

[800]   La injuria es la publicación de un juicio de falso valor que atenta contra la reputación de otra persona. El objetivo principal aquí es ofender a la persona a la que se acusa. Por ejemplo, cuando Marcos le dice a un amigo que Sofía es prostituta, sin tener pruebas de si es cierto o no.

[801]   La calumnia es la imputación falsa de una persona inocente ante las autoridades con el objetivo principal de causar una pena legal a la

En el ámbito de "lo religioso" destaca la actividad llevada a cabo por los países miembros de la Organización de la Conferencia Islámica (en adelante, OCI), a través de la correspondiente denuncia en el crecimiento de la intolerancia y la estigmatización en contra de quienes profesan el islam. Ante esta "islamofobia" la OCI, y en especial Pakistán, han adoptado un papel cada vez más activo en los foros y mecanismos de derechos humanos internacionales para promover la "lucha en contra de la difamación de las religiones". Dicha actividad se ha trasladado de un modo significativo al ámbito de las Naciones Unidas, con la pretensión de alcanzar la celebración de un tratado internacional sobre la difamación de las religiones[802]. Hasta el momento uno de sus logros ha sido la incorporación de este concepto en declaraciones e informes que no son jurídicamente vinculantes, es decir, que no generan obligaciones a los Estados miembros de esos foros.

Sin embargo, el hecho de que el concepto sea utilizado en este tipo de documentos facilita su promoción y abre la posibilidad de que sea utilizado para justificar y legitimar la existencia de leyes de blasfemia en las legislaciones nacionales. Así, desde 1999 la Asamblea General -y el Consejo de Derechos

---

persona a la que se acusa. Por ejemplo, una mujer acusa falsamente a su pareja ante la policía de haber sido maltratada.

[802] Sobre esta temática, véanse COMBALIA, Zoila: "Libertad de expresión y difamación de las religiones: el debate en Naciones Unidas a propósito del conflicto de las caricaturas de Mahoma", en *La libertad religiosa y su regulación legal: la Ley Orgánica de la Libertad Religiosa*, Ed. Iustel. Madrid 2009, pp. 435-466; RODRÍGUEZ BLANCO, Miguel: "La prohibición de la difamación de las religiones en el derecho internacional ¿una noción inoperante?", en *Derecho y religión*, núm. 12 (2017), pp. 11-26; SCHWAB, Aurore: "Entre la libertad de religión y la libertad de expresión: la aparición del concepto de «difamación de las religiones» de la ONU", en *Revue du MAUSS*, vol. 49, núm. 1 (2017), pp. 134-147.

Humanos- aprueba todos los años una resolución en este sentido, que lleva por título: "la lucha contra la difamación de las religiones"[803].

En estas resoluciones, dichos órganos llaman la atención sobre el hecho de la creación de estereotipos negativos de todas las religiones y por las manifestaciones de intolerancia y de discriminación en cuestiones de religión y de creencias; y manifiestan su preocupación por los intentos de identificar al islam con el terrorismo, la violencia y las violaciones de los derechos humanos y subraya que todos, en todos los niveles, deben rechazar y combatir la equiparación entre cualquier religión y el terrorismo.

En marzo de 2009, durante el X período de sesiones del Consejo de Derechos Humanos se aprobó una resolución que incluía dicho concepto[804]. El documento se basó en el informe presentado por la Relatoría de Naciones Unidas para el

---

[803] Véanse, entre otras, Resoluciones de la Comisión de Derechos Humanos 1999/82, de 30 de abril; 2000/84, de 26 de abril; 2001/4, de 18 de abril; 2002/9, de 15 de abril; 2003/4, de 14 de abril; 2004/6, de 13 de abril, 2005/3, de 12 de abril; del Consejo de Derecho Humanos 7/19, de 27 de marzo de 2008 (A/HRC/7/19) (consultar en línea: https://ap.ohchr.org/documents/S/HRC/resolutions/A_HRC_RES_7_19.pdf; visitado por última vez el 24 de noviembre de 2023); 10/22, de 26 de marzo de 2009 (consultar en línea: https://ap.ohchr.org/documents/S/HRC/resolutions/A_HRC_RES_10_22.pdf; visitado por última vez el 24 de noviembre de 2023); 13/16, 25 de marzo de 2010 (A/HRC/RES/13/16) (consultar en línea: https://documents-dds-ny.un.org/doc/UNDOC/GEN/G10/129/24/PDF/G1012924.pdf?OpenElement; visitado por última vez 30 de noviembre de 2023).

[804] Resolución 10/22. La lucha contra la difamación de las religiones (Doc. A/HRC/RES_10_22) (consultar en línea: chrome-extension://efaidnbmnnnibpcajpcglclefindmkaj/https://ap.ohchr.org/documents/S/HRC/resolutions/A_HRC_RES_10_22.pdf; visitado por última vez el 22 de abril de 2024).

seguimiento de la Conferencia de Durban sobre Racismo, Xenofobia y Formas Conexas de Intolerancia. En el documento el entonces relator, el senegalés Doudou Diène, señaló que: "*La lucha contra la discriminación religiosa requiere un enfoque categórico centrado en la prevención de la difamación de las religiones*".

No obstante, no se trata de una cuestión pacífica en el seno de la presente Organización[805], toda vez que algunos Estados ven en ello una forma "solapada" de no condena del terrorismo o bien de "contraposición" al respecto de la libertad de conciencia y religiosa[806], toda vez que en dichas resoluciones se hace una especial mención al islam y a los musulmanes como objetivos y destinatarios de dichos estereotipos y difamaciones[807]. Amén de que supone convertir a una idea (aquí, la re-

---

[805] Baste en este sentido con poner de manifiestos los Estados miembros del Consejo de Derechos Humanos que votan a favor o en contra de este tipo de resoluciones:

Votos a favor: Arabia Saudita, Azerbaiyán, Bangladesh, Camerún, China, Cuba, Djibouti, Egipto, Federación de Rusia, Filipinas, Indonesia, Jordania, Malasia, Malí, Nicaragua, Nigeria, Pakistán, Qatar, Senegal, Sri Lanka y Sudáfrica; y

Votos en contra: Alemania, Canadá, Eslovenia, Francia, Italia, Países Bajos, Reino Unido de Gran Bretaña e Irlanda del Norte, Rumania, Suiza y Ucrania.

Resulta igualmente significativo el grupo de países que normalmente se abstiene, a saber: Bolivia, Brasil, Gabón, Ghana, Guatemala, India, Japón, Madagascar, Mauricio, México, Perú, República de Corea, Uruguay, Zambia

[806] A este respecto, en 2010, Alemania, en nombre de la Unión Europea, ha rechazado este concepto de "difamación de la religión", pues los derechos del hombre pertenecen a los individuos, no a las instituciones o a las religiones.

[807] En este sentido, ver PUPPINCK, Grégor: *Lucha contra la difamación de religiones*. Informe en respuesta a la consulta de la Oficina del Alto Comisionado para los Derechos Humanos de las Naciones Unidas sobre el seguimiento de Francia en la Resolución 7/19 del Consejo de Derechos Humanos, del 27 de marzo de 2008, sobre "la lucha

ligión), en lugar de una persona, como sujeto "difamada", lo que no encaja dentro de la comprensión de la mayoría de los sistemas legales occidentales sobre la difamación[808].

Después de una década de enfocar las resoluciones en la protección del "prestigio" de las instituciones religiosas, en 2010 la propuesta de resolución presentada por Pakistán ante el Consejo de Derechos Humanos por primera vez no utilizó el término de "difamación de las religiones"[809]. En esta ocasión la delegación pakistaní enfocó el proyecto de resolución en el combate a los "*actos de discriminación motivados por las creencias religiosas de las personas*"; así como en la llamada a los Estados a construir un "ambiente de tolerancia a las religiones" en general. Y otro elemento importante de dicho procedimiento es que el Consejo de Derechos Humanos aprobó de manera complementaria una resolución de carácter técnico (sin votación) expresando la "necesidad imperante" de contar con estándares complementarios a la *Convención Internacional para la Eliminación de Todas las Formas de Discriminación*.

Es importante que las preocupaciones sobre el incremento de la "intolerancia" en varios países sean atendidas de manera puntual y diligente por la comunidad internacional. La censura de ciertos discursos chocantes u ofensivos no es una opción viable, pero tampoco lo es la simple promoción de un debate más amplio e incluyente sobre el tema como algunos especialistas han

---

contra la difamación de religiones". Informe presentado en junio de 2008 y actualizado en junio de 2010. Centro Europeo para la Ley y la Justicia, 2010 (consultar en línea: https://7676076fde29cb34e26d-759f611b127203e9f2a0021aa1b7da05.ssl.cf2.rackcdn.com/eclj/ECLJ-Memo-Lucha-contra-la-difamaci%C3%B3n-de-religiones-Puppinck.pdf; visitado por última vez el 30 de noviembre de 2023).

[808] Véase en este mismo sentido, STC 214/1991.

[809] Ver Resolución 13/16 del Consejo de Derechos Humanos, de 25 de marzo de 2010.

recomendado. Para atender y combatir la estigmatización, persecución y discriminación de personas basada en sus creencias religiosas es necesario instrumentar políticas integrales a nivel nacional que atiendan la raíz del problema. Respecto a los actos que puedan ser considerados blasfemos y a favor del respeto de los derechos humanos, en particular de la libertad de expresión, las instituciones y líderes religiosos tienen que entender que no pueden abstraerse del debate y la crítica pública. Sólo aquellos discursos o actos que trasciendan la libertad de expresión para convertirse en delitos de odio deben tener trascendencia penal (cfr. Doc. A/HRC/13/57[810]), pero no así los de carácter puramente blasfemo[811]. A este respecto, SINGER afirma que "*si los intentos de sembrar el odio contra los adeptos de una religión o de incitar a la violencia contra ellos deben ser legítimamente suprimidos, la crítica de la religión en cuanto tal debe ser respetada*", pues pertenece al ámbito de la libertad de expresión[812].

3. DISCURSO VS. DELITO DE ODIO. DELIMITACIÓN CONCEPTUAL

3.1. Discurso de odio

1.   Una primera dificultad que nos encontramos a la hora de definir el discurso y delito de odio -en inglés "*hate*

---

[810]   Consultar en línea: https://documents-dds-ny.un.org/doc/UN-DOC/GEN/G10/102/26/PDF/G1010226.pdf?OpenElement (visitado por última vez el 30 de noviembre de 2023).

[811]   En este sentido, traemos a colación las palabras manifestadas por la actriz y cantante Marilyn Monroe al referirse a los intentos de censura de su show por parte de grupos religiosos en Estados Unidos: "*Si mi espectáculo amenaza su fe es porque sus creencias son débiles*".

[812]   Consultar en línea: www.project-syndicate.org (visitado por última vez el 30 de noviembre de 2023).

speech" y *"hate crime"*-, es que en el Derecho internacional no existe una definición universalmente aceptada. Se evocan varias cuestiones legales, como la libertad de opinión y de expresión, la discriminación y la promoción de la discriminación o la incitación a ella, la intolerancia, el menosprecio, la vulnerabilidad, la humillación, la hostilidad, la incitación y/o la violencia. A este respecto, Susan BENESCH[813] sugiere que existen dos dificultades principales con el término «discurso de odio»: *"En primer lugar, «odio» es un término impreciso que puede presentar distintos niveles de intensidad y acarrear distintas consecuencias: el término «odio» de la expresión «discurso de odio» ¿significa que el hablante odia, que quiere persuadir a otros para que odien o que quiere que las personas se sientan odiadas?*[814]. *Y, en segundo lugar, la expresión «discurso de odio» en esencia significa que se ataca a una persona o a un grupo a causa de su identidad o de su pertenencia a un grupo. Por ello, es necesario que la ley o la definición pertinentes especifiquen si se engloba a todas las identidades y grupos y, en caso de no ser así, a qué grupos incluiría"*[815].

---

[813] *The Dangerous Speech Project.* 2021, consultar en línea: https://dangerousspeech.org/ (visitado por última vez el 24 de noviembre de 2023).

[814] BENESCH, S.: *Dangerous Speech: A Practical Guide.* The Dangerous Speech Project, 2021, p. 7 (en línea: https://dangerousspeech.org/; consulta: 24/6/2023).

[815] En el proyecto «The Dangerous Speech» argumenta que las leyes demasiado generales pueden provocar un uso indebido contra grupos vulnerables o de la oposición cívica o política, lo cual puede perjudicar a esos mismos grupos que las leyes pretenden proteger. Sin embargo, también se puede argumentar que una definición que se centre casi exclusivamente en grupos e identidades específicos puede conducir a la exclusión legal o a la falta de herramientas jurídicas para abordar el problema.

Desde una perspectiva amplia, pueden considerarse como discurso de odio "*todas las formas de expresión que diseminen, inciten, promuevan o justifiquen el odio racial, la xenofobia, el antisemitismo u otras formas de odio basadas en la intolerancia, incluyendo la intolerancia expresada por el nacionalismo agresivo y el etnocentrismo, la discriminación y hostilidad hacia las minorías, migrantes y las personas de origen inmigrante*" (Comité de Ministros Consejo de Europa: *Recomendación R(97) 20* [CMCE], 1997)[816].

Por su parte, en un Informe de la UNESCO relativo al discurso de odio en las redes sociales, se analizan distintas definiciones de discurso de odio en el derecho internacional, ofreciendo una definición más acotada que circunscribe el concepto "*a expresiones a favor de la incitación a hacer daño (particularmente a la discriminación, hostilidad o violencia) con base en la identificación de la víctima como perteneciente a determinado grupo social o demográfico. Puede incluir, entre otros, discursos que incitan, amenazan o motivan a cometer actos de violencia. No obstante, para algunos el concepto se extiende también a las expresiones que alimentan un ambiente de prejuicio e intolerancia en el entendido de que tal ambiente puede incentivar la discriminación, hostilidad y ataques violentos dirigidos a ciertas personas*"[817].

En esta misma línea, y partiendo del artículo 20 del PIDCP, cabe señalar que en éste se ordena a los Estados Partes que prohíban tres actos o formas distintas de incitación, a saber: la incitación a la discriminación, la incitación a la hostilidad

---

[816] COE: *Recommendation R (97) 20*, consultar en línea: https://rm.coe. int/CoERMPublicCommonSearchServices/DisplayDCTMContent ?documentId=0900001680505d5b (visitado por última vez el 6 de noviembre de 2023).

[817] UNESCO: *Hacer frente al discurso de odio en las redes sociales: desafíos contemporáneos*, 2015, p. 10-1 (en línea: https://unesdoc.unesco. org/ark:/48223/pf0000379177_spa; visitado por última vez el 24 de noviembre de 2023).

y la incitación a la violencia. Junto a ello, la *Convención para la Prevención y la Sanción del Delito del Genocidio* (Art. 3.c[818]) (y los Estatutos de los tribunales penales internacionales especiales [arts. 4.3.c) ETPIY y 2.3.c) ETPIR] y de la Corte Penal Internacional [Art. 25.3.e) ECPI]) establece jurisdicción para el enjuiciamiento penal de una cuarta forma de incitación: la ya mencionada "incitación al genocidio"[819], aunque ello no convierte a este tipo de actos en parte del contenido del delito de odio, sino que sigue formando parte del crimen internacional de genocidio como han ido poniendo de manifiesto -y se ha señalado *supra*[820]- los Tribunales penales internacionales.

Sin embargo, con el concepto de "discurso de odio" hay una clara problemática y es que no todo lo que se pueda llegar a decir de manera verbal o escrita y resulte ofensivo o dañino es

---

[818]   Art. 3.c) CDG: "*Serán castigados los actos siguientes:*
     a*) El genocidio;*
     b*) La asociación para cometer genocidio;*
     c*) La instigación directa y pública a cometer genocidio;*
     d*) La tentativa de genocidio;*
     e*) La complicidad en el genocidio*".
     El subrayado es del autor.

[819]   A este respecto, se podría asimismo hacer referencia a una quinta forma de incitación como es la del terrorismo. Respecto de esta forma de incitación, ver Resolución 1624 (2005) del Consejo de Seguridad de las Naciones Unidas, de 14 de septiembre de 2005, que insta a los Estados a "prohibir por ley la incitación a cometer un acto o actos terroristas" y "a prevenir esa conducta" (párr. dispositivo 1, apartados a) y b)) (consultar en línea: https://documents-dds-ny.un.org/doc/UNDOC/GEN/N05/510/55/PDF/N0551055.pdf?OpenElement; consulta: 3/4/2023). Este crimen de discurso también necesita más comentarios y aclaraciones, sobre todo debido a "*la ausencia de una definición acordada de 'terrorismo' en el derecho internacional*", lo que deja un amplio margen de poder discrecional a los Estados.

[820]   Ver Capítulo I, apartado 6.

o deber ser considerado discurso del odio y, sobre todo, delito de odio. Por ello, se debe estar normalmente al caso concreto ante el que el correspondiente juzgado o tribunal se encuentre. Es más, hay leyes que penalizan el discurso del odio por el contenido particular de este discurso. El contenido prohibido difiere ampliamente: en algunas jurisdicciones el discurso que incita al odio o es injurioso contra ciertos grupos se penaliza. Otras prohibiciones comunes son las del discurso que denigra el "honor" o la "dignidad" de una persona, un colectivo o una nación. También pueden existir restricciones sobre sujetos históricos específicos, y los más notables son las leyes que prohíben la negación o glorificación de la ideología nazi. Esta categoría de regulación del discurso es descrita como "discurso de odio".

Pero en todos estos casos, el discurso por sí mismo no constituye un delito, si no incluye un contenido prohibido específicamente. Por lo tanto, el discurso del odio carece del primer elemento esencial de los delitos de odio. Si la motivación prejuiciosa o el contenido fuera distinto no sería una infracción penal. Por ejemplo, un concierto de rock en el que se toquen canciones que glorifiquen la violencia fascista o el Holocausto podría ser discurso de odio, y en algunos Estados sería un delito, pero no es un delito de odio porque no existe una infracción penal base. Falta el primer requisito de un delito de odio.

Con respecto a este tema sobre los límites en la definición para saber qué se puede interpretar como discurso de odio y qué como delito de odio, nos encontramos con la Comisión Europea Contra el Racismo (ECRI) del Consejo de Europa, que adoptaba, el 8 de diciembre de 2015, su *Recomendación general n° 15 relativa a la lucha contra el discurso del odio y memorándum explicativo*[821]. En sus considerandos establece una serie de

---

[821]   ECRI: *Recomendación general n° 15 relativa a la lucha contra el discurso del odio y memorándum explicativo*, de 8 de diciembre de 2015 (con-

definiciones que el Consejo de Europa engloba en el discurso del odio, así como en el Memorándum -en su punto 9- establece una definición relativa a qué se entiende a efectos de dicha Recomendación como discurso del odio:

> *"aquella expresión o varias expresiones que busquen el fomento, promoción o instigación, en cualquiera de sus formas, del odio, la humillación o el menosprecio a una persona o grupo de personas, así como el acoso, descrédito, difusión de estereotipos negativos, estigmatización o amenaza con respecto a dicha persona o grupos de personas, y la justificación de esas manifestaciones por razones de raza, color, ascendencia, origen nacional o étnico, edad, discapacidad, lengua, religión o creencias, sexo, género, identidad de género, orientación sexual y otras características o condición personales"*.

Añade, además, que el discurso de odio puede adoptar la forma de negación, trivialización, justificación o condonación públicas de los delitos de genocidio, los delitos de lesa humanidad o delitos en caso de conflicto armado cuya comisión haya sido comprobada tras recaer sentencia en los tribunales o el enaltecimiento de las personas condenadas por haberlos cometido. Y ello tanto si se produce en el ámbito público, como en el privado (punto 20). No obstante, la presente Comisión deja –en su punto 13- fuera del concepto *"toda expresión que se hiciese de manera satírica, así como informes, análisis o estudios objetivos, cuyo efecto puede producir a lo mejor una ofensa o molestia, pero que quedan dentro de los límites de la libertad de expresión"*[822].

---

sultar en línea: https://rm.coe.int/ecri-general-policy-recommendation-n-15-oncombating-hate-speech-adopt/16808b7904; visitado por última vez el 30 de septiembre de 2022).

[822] En esta misma línea, véanse *SSTEDH de 22 de febrero de 1985, asunto Barfod c. Dinamarca, § 29; de 13 de julio de 1995, asunto Tolstoy Milovslasky c. Reino Unido, §§ 52 a 55 (TOL306.081); de 25 de noviembre de 1999, asunto Nilsen y Johnsen c. Noruega, § 53 (TOL306.080), y de 29 de febrero de 2000, asunto Fuentes Bobo c. España, §§ 49 y 50 (TOL223.847)*; y SSTC 110/2000, de 5 de mayo (TOL24.660); 299/2006, de

A este respecto, también resulta interesante la aproximación a la definición del discurso de odio que se adopta en la *Recomendación 1805 (2007) de la Asamblea Parñamentaria del Consejo de Europa sobre blasfemia, insultos religiosos y discursos de odio contra personas por causas de su religión,* que considera discurso de odio *"las manifestaciones en las que se pide que una persona o grupo de personas sean objeto de odio, discriminación o violencia por motivo de su religión o por cualquier otro motivo".* En este marco, se puede concluir, por tanto, que el discurso de odio no hace referencia a una actitud interna, sino a determinadas formas de expresión que propagan, inciten, promuevan o justifiquen el odio basado en la intolerancia[823], y con ello menoscaban la igualdad y la dignidad que corresponde a todas las personas en una sociedad democrática[824]. Ahora bien, para la OSCE la incitación directa e inmediata a la comisión de actos delictivos está universalmente prohibida, de tal manera que si esta incitación está motivada por el prejuicio debería categorizarse como delito de odio porque hay una infracción penal base. En este sentido, el discurso racista o prejuicioso antes, durante o después de un delito, puede constituir una prueba de la motivación y debería formar parte de cualquier investigación penal. De manera similar, si el infractor posee materiales, como libros, música o carteles que sugieran animadversión o prejuicio, estos podrían constituir parte de la prueba de la motivación.

---

23 de octubre (TOL1.003.682); 235/2007, de 7 de noviembre (TOL1.173.808); 108/2008, de 22 de septiembre (TOL1.372.372); 29/2009, de 26 de enero (TOL1.445.207); y 112/2016, de 20 de junio (TOL5.860.450).

[823] Véase a este respecto, TC: sentencias 177/2015, de 22 de junio (TOL5.392.680), y 112/2016, de 20 de junio (TOL5.860.450).

[824] Cfr. VILLEGAS GARCÍA, Mª Ángeles: "El discurso del odio", consultar en línea: https://www.era-comm.eu/oldoku/Adiskri/16_Hate_Speech/121DV93_Villegas_Garcia_ES.pdf (visitado por última vez el 15 de octubre de 2023).

Ahora bien, debe señalarse que una crítica común de las leyes de delitos de odio es que infringen la libertad de expresión o que penalizan opiniones o actitudes más que acciones. Sin embargo, las motivaciones sesgadas pueden definirse ampliamente como opiniones negativas preconcebidas, suposiciones estereotipadas, intolerancia u odio dirigidos a un grupo en particular que comparte una característica común, como raza, etnia, idioma, religión, nacionalidad, orientación sexual, género o cualquier otra característica fundamental[825].

Una cuestión por abordar es la relacionada con el ámbito subjetivo o, lo que es lo mismo, el alcance personal de dicho discurso. Las dos definiciones de partida, esto es, la del Consejo de Europa y la de la UNESCO difieren en el destinatario del discurso de odio. Mientras que la definición de la UNESCO se refiere a «un determinado grupo social o demográfico», la postura mantenida por el Tribunal Europeo de Derechos Humanos (TEDH), y -por ende- del Consejo de Europa, supone que la agresión debe ir dirigida específicamente a una minoría, y con ello a un grupo tradicionalmente vulnerable[826]. La opción

---

[825]   En EE.UU. cabe la distinción entre "delito de odio", "discurso del odio" y "delito del discurso del odio". El primero se trataría de un delito tipificado que el autor comete movido por un odio hacia una persona con una característica particular; el segundo solo es manifestar el odio de una persona a través de una expresión, y el tercero se daría cuando ese discurso tiene un tipo de sanción penal que lo convierte a su vez en un delito de odio.

[826]   Al limitar los discursos de odio a un grupo subalterno, la segunda definición cierra la puerta a un uso, en principio, equivocado, que pueden hacer algunos funcionarios públicos del marco legal sobre discurso de odio para censurar voces críticas o para evitar polémicas. Este sería, por ejemplo, el caso del exAlcalde Giuliani en Nueva York, que defendía poder definir como discursos de odio los comentarios negativos hacia la policía.
Cfr. KAUFMAN, J.C. (2015): "Creativity Is Life: A Commentary on the Special Issue", en *The Journal of Creative Behaviour*, núm. 49(3),

por uno u otro concepto supone una ampliación o disminución del ámbito subjetivo del discurso de odio, y sobre todo en lo que al delito de odio se refiere. A este respecto sería conveniente que las organizaciones internacionales caminaran hacia un proceso de armonización y acercamiento a fin de conseguir una mayor precisión conceptual, y una mejora en la búsqueda de un concepto unívoco del delito de odio.

3.2. Negacionismo, delito de odio y libertad de expresión

En este proceso evolutivo de la expresión "discurso del odio" debe mencionarse la vinculación de ésta con el "negacionismo", dado que ambos términos son utilizados para promover la discriminación y la violencia contra grupos de personas basados en su identidad[827]. Según la UNESCO, el "negacionismo" busca borrar la memoria de las atrocidades cometidas, lo que puede fomentar la repetición de tales crímenes en el futuro[828]. Desde el negacionismo se utilizan diversas estrategias para dis-

---

pp. 233–237; VARELA GONZÁLEZ, José Antonio: "La actuación de las fuerzas y cuerpos de seguridad ante los delitos de odio: especial consideración de estas como sujeto pasivo de los mismos", en SÁNCHEZ GÓMEZ, Raúl, y CONTRERAS MAZARÍO, José Mª: *El tratamiento normativo del discurso de odio*, Aranzadi, Pamplona 2021, pp. 167-182.

[827] Véanse, ONU: *Raport of the Special Rapporter on the Promotion and Protection of the Freedom of Opinion and Expression*, consultar en línea: https://www.ohchr.org/EN/HRBodies/HRC/RegularSessions/Session29/Docuements/A.HRC.20.32_AEV.pdf (visitado por última vez el 29 de enero de 2024); ECRI: *Guía para la aplicación del artículo 17 de la Convención sobre la Eliminación de todas las formas de Discriminación Racial*, Consejo de Europa, 2016.

[828] UNESCO: *Holocaust education and Remembrance: Global Survey*, consulta ren línea: https://unesdoc.unesco.org/ark:/48223/pf0000375999.locale=en (visitado por última vez el 29 de enero de 2024).

torsionar la historia y presentar una versión manipulada y falsa de los hechos. Algunas de las estrategias más comunes son[829]: i) negar la existencia de las pruebas: a menudo se afirma que no existen pruebas suficientes para demostrar la realidad de un hecho hsitórico determinado (por ejemplo, algunos negacionistas del Holocausto argumentan que no hay suficiente documental o física para probar que ocurrieron los asesinatos masivos de judíos y otros grupos); ii) cuestionar la veracidad de las pruebas: puede argumentar que las pruebas existentes son falsas o que han sido manipuladas para respaldar una determinada narrativa histórica (por ejemplo; iii) desacreditar a los expertos: pueden cuestionar la credibilidad de los expertos en un determinado campo, argumentado que tienen un sesgo idológico o que están motivados por intereses personales; y iv) apelar a teorías de conspiración: a menudo afirman que los hechos históricos están siendo manipulados por grupos poderosos con una agenda oculta[830]. Así, pues, el negacionismo se refiere a la negación o minimización de eventos históricos como el holocausto, el genocidio armenio o el genocidio de Ruanda.

No obstante, ello no debe ser confudido con el revisionismo histórico, el cual es una actividad legítima que busca reinterpretar y cuestionar eventos históricos a partir de nuevas evidencias o perspectivas[831]. Sin embargo, en ocasiones el revisio-

---

[829] VER MARK HOOFNAGLE: «Climate change deniers: failsafe tips on how to spot them», en *The Guardian*, de 11 de marzo de 2009.

[830] De acuerdo con el autor Paul O'SHEA, el negacionismo *"es el rechazo a aceptar una realidad empíricamente verificable. Es en esencia un acto irracional que retiene la validación de una experiencia o evidencia histórica"* (cit. en "A Cross Too Heavy: Eugenio Pacelli", en *Politics and the Jews of Europe 1917-1943*, Rosenberg Publishing, 2008, p. 20).

[831] El antropólogo Didier FASSIN distingue entre negación, definida como *"la observación empírica de que la realidad y la verdad son negados"*, y negacionismo, que el define como *"una posición ideológica a través de la cual el sujeto reacciona sistemáticamente contra la realidad y la ver-*

nismo histórico puede cruzar la línea hacia el negacionismo, y esto se produce cuando se niega o minimiza eventos históricos bien documentados y aceptados por la comunidad académica. Un ejemplo de esto es el negacionismo del Holocausto, que se basa en afirmaciones falsas y distorsionadas sobre el genocidio de seis millones de judíos por parte de la Alemania Nazi durante la segunda Guerra Mundial[832].

En concreto, según la Unión Europea, el "negacionismo" del Holocausto es una forma particularmente virulenta de discurso de odio que busca revisar la historia para justificar la discriminación y la violencia hacia los judíos y otros grupos minoritarios. Los que niegan el Holocausto afirman, por ejemplo, que "*la «solución final» de la Alemania nazi tenía como único objetivo deportar judíos del Tercer Reich, pero que no incluía el exterminio de judíos*"; que "*las autoridades nazis no usaron campos de exterminio y cámaras de gas para asesinar a judíos en masa*"; o que "*el número real de judíos asesinados fue significativamente menor que la cifra históricamente aceptada de 5 a 6 millones, por lo general alrededor de una décima parte de esa cifra*"[833]. Por consiguiente, de una forma u otra los negacionistas comparten el mismo método de tra-

---

dad" (FASSIN, Didier: *When bodies remember: experiences and politics of AIDS in South Africa*, University of California Press, 2007, p. 115).

[832] Véanse, «Holocaust Denial and Distortion», consultar en línea: *www. ushmm.org* (visitado por última vez el 29 de enero de 2024) y «Cronología de la negación del Holocausto», consultar en línea: *www. ushmm.org* (visitado por última vez el 29 de enero de 2024).

[833] LIPSTADT, Deborah E.: *Denying the Holocaust: the Growing Assault on Truth and Memory*, Simon and Schuster, 1992; «The Holocaust Yad Vashem», consultar en línea: *www.yadvashem.org* (visitado por última vez el 29 de enero de 2024); «Holocaust Denial Conspiracy Theories in American History», consultar en línea: *phdn.org* (visitado por última vez el 28 de enero de 2024); «BBC History World Wars: Denying the Holocaust» (visitado por última vez el 28 de enero de 2024); «The nature of Holocaust denial: What is Holocaust denial». 18 de julio de 2011 (visitado por última vez el 28 de nero de 2024).

bajo: se trata de negar la veracidad de las muchas pruebas que existen sobre el genocidio nazi (desde las propias cámaras de gas[834] hasta el diario de Anna Franz) para sustituirlas por una serie de falacias lógicas que no se contrastan con la realidad.

Ahora bien, se debe hacer compatible dichas posiciones, y sobre todo aquellas que lo criminalizan con la libertad de expresión[835]. A este respecto, llama la atención que ninguno de los dos grandes textos de la ONU sobre genocidio tipifican expresamente el negacionismo: no está ni en la *Convención para la Prevención y la Sanción del delito de Genocidio*, de 1948[836], ni en el *Convenio internacional sobre Eliminación de Todas las Formas de Discriminación Racial*, de 1965[837]. Siendo el *Protocolo adicional al Convenio sobre la ciberdelincuencia relativo a la penalización de actos de índole racista y xenófoba cometidos por medio de sistemas informáticos*, firmado en Estrasburgo el 28 de enero de 2003[838], donde aparece por primera vez recogido expresamente dicho término

En 2001, la Comisión Europea presentó una propuesta de Decisión-Marco que tardó nada menos que siete años en transformarse en un texto jurídico. Y ese lapso de tiempo tan am-

---

[834] LEUTCHER, Frederick: "Informe Leuchter", consulta ren línea: https://www.auschwitz.org/en/history/holocaust-denial/leuchter-report/ (visitado por última vez el 29 de enero de 2024).

[835] Véase por todos, TERUEL LOZANO, Germán M.: *La lucha del Derecho contra el negacionismo: una peligrosa frontera*, CEPC, Madrid 2015.

[836] *BOE* núm. 34, de 8 de febrero de 1964 (consultar en línea: https://www.boe.es/buscar/doc.php?id=BOE-A-1969-170; visitado por última vez el 28 de enero de 2024).

[837] *BOE* núm. 118, de 17 de mayo de1969 (consultar en línea: https://www.boe.es/buscar/doc.php?id=BOE-A-1969-597; visitado por última vez el 28 de enero de 2024).

[838] *BOE* núm. 26, de 30 de enero de 2015 (consultar en línea: https://www.boe.es/buscar/doc.php?id=BOE-A-2015-793; visitado por última vez el 28 de enero de 2024).

plio se debió a una muy laboriosa negociación que desembocó en un texto abierto: la *Decisión-Marco 2008/913/JAI, de 28 de noviembre, relativa a la lucha contra determinadas formas y manifestaciones de racismo y xenofobia mediante el derecho penal*[839], una norma cuyas raíces se remontan nada menos que a 1977 cuando se aprobó una Declaración conjunta del Parlamento, del Consejo y de la Comisión en la que se mostraba la preocupación por las diferentes formas de racismo y se pedía a los Estados que penalizaran el negacionismo.

A este respecto, resulta igualmente relevante traer a colación la jurisprudencia del TEDH en la materia, la cual -como se ha puesto de manifiesto *supra*[840]- resulta vacilante, lo que hace muy difícil extraer unos estándares claros, lo que provoca cierta inseguridad jurídica. Debido a esas dudas del TEDH, es posible encontrar sentencias suyas en las que, solo tras un detallado análisis de los hechos, llega a la conclusión de que se trata de declaraciones protegidas (o no) por la libertad de expresión garantizada por el artículo 10 del CEDH a través del denominado *test de Estraburgo* (cfr. asunto *Lingens c. Austria*, de 8 de julio de 1986; asunto *Jersild c. Dinamarca*, de 23 de septiembre de 1994; asunto *Lehideux e Isorni c. Francia*, de 23 de septiembre de 1998; y asunto *Bruno Gollnisch c. Francia*, de 7 de junio de 2011), mientras que en otras falta ese análisis y se basa en la prohibición general de abuso de derecho del artículo 17 del CEDH para negar el amparo a los recurrentes (cfr. asunto Otto E.F.A. Remer c. Aemania, de 6de septiembre de 1995; asunto Marais c. Francia, de 24 de junio de 1996; asunto Garaudy c. Francia, de 24 de junio de 2003, y asunto Perinçek c. Suiza, de 17 de diciembre de 2013 y de la Gran Sala de 15

---

[839]   *DOUE* núm. 328, de 6 de diciembre de 2008 (consultar en línea: https://www.boe.es/buscar/doc.php?id=DOUE-L-2008-82444; visitado por última vez el 28 de enero de 2024).

[840]   Vid. Capítulo IV, apartado 3.

de octubre de 2015). En especial, se aprecia lo que podríamos llamar "un absoluto respaldo para las sanciones a los acusados de negar el Holocausto", que el TEDH siempre considera un hecho histórico indubitado (véanse, TEDH: sentencia de 23 de septiembre de 1998, asunto *Lehideux c. Francia*, y decisión de inadmisibilidad de 24 de junio de 2003, asunto *Garaudy c. Francia*), mientras que no actúa de la misma forma cuando los recurrentes lo son por haber sido condenados por negar o minimizar otros crímenes masivos, como el genocidio armenio, sobre los cuales el TEDH sí admite el debate histórico (cfr. asunto *Aksu c. Turquía*, de 15 de marzo de 2012).

En 1995 -como se verá *infra*[841]- se incorporó, por vez primera en España, el delito de negacionismo, dando lugar a una compleja sentencia del TC en la que se declaraba parcialmente inconstitucional el artículo 607.2 del CP y obligaba a una interpretación conforme del resto (STC 235/2007). El TC español ha considerado, prima facie, que el discurso racista está protegido por la libertad de expresión, si bien puede entrar en colisión con otros bienes, muy especialmente con el honor en relación con la dignidad humana, lo que lleva a considerar que el «lenguaje del odio» está proscrito constitucionalmente (cfr. STC 214/1991). Y respecto a la reforma realizada por la LO 1/2015 y su balance es -según TERUEL- desazonador: "*el legislador ni ha salvado los defectos de la legislación de 1995, ni ha tipificado suficientemente el negacionismo abriendo «las puertas a la arbitrariedad judicial y a la inseguridad en la aplicación*"[842].

---

[841]   Ver *infra*, Capítulo VIII.

[842]   TERUEL LOZANO, Germán M.: *La lucha del Derecho contra el negacionismo: una peligrosa frontera*, CEPC, Madrid 2015, p. 425. A su juicio, no se puede equipar automáticamente el discurso negacionista con el discurso del odio, de tal forma que, si no hay una incitación al odio el negacionismo, no debe penalizarse y sí incluirse bajo el manto protector de la libertad de expresión. Más todavía, TERUEL considera que esa incitación al odio no puede ser genérica e inde-

No obstante, debemos afirmar que el negacionismo de los genocidios, sobre todo cuando se produce una banalización o trivialización de los crímenes cometidos y éstos han sido juzgados por tribunales (internacionales o nacionales), es y debe ser considerado como un delito por parte tanto de las organizaciones internacionales, como por un buen número de legislaciones nacionales, ya que con este "acto" se prescinde de cualquier regla historiográfica ya establecida. Según FRONZA, la tipificación de este delito también puede ser una forma de proteger y conservar la memoria sobre hechos criminales y de todas las violaciones graves de los derechos humanos[843]; y por tanto, este derecho a la memoria estaría relacionado igualmente con un reconocimiento de la dignidad y la propia personalidad[844].

Ahora bien, es importante resaltar la diferencia entre el delito de negacionismo, que se centra en que es necesario recor-

---

terminada, sino que «*debe crear una peligrosidad real e inminente para dar lugar a la comisión del delito o del hecho ilícito que se pretende evitar*». Partiendo de esta base tan estricta, TERUEL considera que "*tanto la DM como las regulaciones penales europeas tienen un «déficit de taxatividad» que debería de superarse con la inclusión de diferentes cláusulas que limiten el ámbito punitivo y solo incluyan lo que se podría llamar "expresiones extremas" del negacionismo, especialmente cualificadas por atacar el honor y la dignidad humana —que serían el bien jurídico protegido— y siempre que se hagan con publicidad*".

[843]   FRONZA, Emanuela: "¿El delito de nagacionismo? El instrumento penal como guardián de la memoria", en *Revista de Derecho Penal y Criminología*, nº 5 (2011), pp. 100 y 134; GAMBERINI, Alesandro: "Protección de la memoria y derecho penal: una reflexión sistemática y comparativa del delito de negacionismo", en *Revista de Derecho Penal y Criminología*, nº 11 (2014), p. 530.

[844]   THUS, Valeria: "Daño negacionista y Derecho penal: resignificando la lesividad en el siglo de los genocidios", en *Revista Jurídica de la Universidad de Palermo*, núm. 2 (2020), p. 47.

dar de una forma determinada, de las leyes de memoria que están centrads en que es necesario recordar.

3.3. Concepto de delito de odio

1. Después de esta breve descripción del discurso de odio y su conexión directa o indirecta con la libertad de expresión y opinión, vamos a entrar en el análisis del concepto de delito de odio, un estudio que se va a limitar al ámbito espacial del presente trabajo que no es otro que esencialmente el de las organizaciones internacionales. En este sentido, debemos señalar que la tensión que recorre la relación entre libertad de expresión y el discurso de odio ha sido objeto de numerosos debates, tanto en el ámbito académico como el jurídico. Podríamos agrupar buena parte de estos debates en dos grandes grupos. El primero tiene que ver con qué tipo de discursos son los que pueden ser considerados discurso de odio, y por ende dar lugar a un delito. Y el segundo se relaciona al modo en que debe regularse la circulación de estos discursos. A este respecto, cabe señalar que el odio como delito o tipo delictivo se incorpora al ámbito del Derecho internacional mediante las actividades desarrolladas en su seno en tanto que manifestaciones que ponen en peligro la paz y la seguridad internacionales.

Por nuestra parte, dicho análisis lo hemos centrado principalmente en especial atención en este sentido la actividad desarrollada por cuatro organizaciones internacionales: la ONU, la OSCE, el Consejo de Europa y la Unión Europea, y es a estas cuatro organizaciones sobre las que se va a centrar de manera más pormenorizada en este apartado nuestro estudio.

2. No obstante, antes de entrar en el análisis del concepto de delito de odio en cada una de las Organizaciones internacionales reseñadas, debemos señalar que la posición en relación de los Estados con relación a la penalización del discurso de odio varia, yendo desde las legis-

laciones estatales que dan la mayor de las extensiones posibles a la libertad de expresión a los que entienden que cualquier actos de discriminación o intolerancia, así como la incitación a la discriminación, a la hostilidad o a la violencia dan lugar a este tipo delictivo[845]. La definición más estrecha de discurso de odio como aquel que incita a hacer daño se corresponde, en buena medida, con el modelo de regulación de los Estados Unidos. Este modelo se caracteriza por una protección amplia del derecho a la libre expresión. Su principio medular, que en términos legales descansa sobre la Primera Enmienda[846], es que el Estado no puede restringir una idea en función de su contenido, incluso cuando éste resulte ofensivo o erróneo, y que las únicas expresiones que pueden ser limitadas son aquellas que puedan producir un daño a otros[847]. La postura estadounidense quedó plasmada durante la primera mitad del siglo XX en fallos de la Suprema Corte de los Estados Unidos

---

[845]   Un marco global sobre las leyes de incitación al odio en todo el mundo, ver *The Global Handbook on Hate Speech Laws*, consultar en línea: https://futurefreespeech.com/global-handbook-on-hate-speech-laws/ (visitado por última vez el 1 de febrero de 2024).

[846]   Primera Enmienda CEEUU (1791): "*El Congreso no hará ley alguna por la que adopte una religión como oficial del Estado o se prohíba practicarla libremente, o que coarte la libertad de palabra o de imprenta, o el derecho del pueblo para reunirse pacíficamente y para pedir al gobierno la reparación de agravios*".

[847]   Cfr. ALCÁCER GUIRAO, R.: "Víctimas y disidentes. El «discurso del odio» en EE. UU. y Europa", en *Revista Española de Derecho Constitucional*, núm. 103 (2015), pp. 45-86; MASSARO, T.: "Equality and freedom of expression. The Hate Speech Dilemma", en *William and Mary Law Review*, núm. 32 (1991), pp. 211-265 (consultar en línea: https://scholarship.law.wm.edu/wmlr/vol32/iss2/3; visitado el 24 de junio de 2023); SUNSTEIN, Cass R.: *Democracy and the problem of free speech*, The Free Press, Nueva York 1993, pp. 163-186.

como el caso *Chaplinsky v. New Hampshire*, de 1942, sobre unos Testigos de Jehová que habían insultado a unos oficiales públicos y en el que se establecía que se podían determinar restricciones a la expresión era cuando ésta generaba un «peligro claro y presente». No obstante, la presente vigencia argumentativa terminó de facto -como señala RODRÍGUEZ ZEPEDA- en 1969, cuando se estableció, en el marco del caso *Brandenburg v. Ohio*, que la expresión sólo se puede limitar cuando produzca «acción ilegal inminente»[848].

Por el contrario, para la segunda de las posiciones normativas, este tipo de discursos o expresiones denigran a determinados grupos minoritarios y, por tanto, afecta a un bien público que merece ser protegido: la inclusión básica de todos los miembros de la sociedad. Según sus defensores, estos discursos denigran y estigmatizan a grupos minoritarios, afectando su dignidad y enviando dos tipos de mensajes implícitos. El primero, se dirige a la comunidad denigrada y tiene la función de denigrarlos y hacerles saber que pueden esperar enfrentarse a la humillación y la discriminación al salir de su casa. El segundo mensaje se dirige a quienes sostienen puntos de vista similares, para hacerles saber que no están solos[849].

---

[848]   RODRÍGUEZ ZEPEDA, J.: "El peso de las palabras: libre expresión, no discriminación y discursos de odio", en RODRÍGUEZ ZEPEDA, J., y GONZÁLEZ LUNA, T. (dirs.): *El prejuicio y la palabra: los derechos a la libre expresión y a la no discriminación en contraste*, Consejo Nacional para Prevenir la Discriminación, México 2018, p. 39.

[849]   Ver FISS, O.: *The Irony of Free Speech*, Harvard University Press, Cambridge 1996; MACKINNON, C.: *Feminism Unmodified: Discourses on Life and Law*, Harvard University Press, Cambridge 1987; MACKINNON, C.: *Only words*, Cambridge University Press, Cambridge 1993; MATSUDA, M. y otros: *Words That Wound: Critical Race Theory, Assaultive Speech, and the First Amendment*, Westview Press, Boulder 1993;

Los principios que acabamos de enunciar se acercan más
al modelo de regulación del discurso del odio que predomi-
na en buena parte de los convenios internacionales sobre
derechos humanos y en la mayor parte de Europa[850]. Es por
ello, que gran parte de la literatura se refiere a este modelo
como el «modelo europeo»[851], porque fue en buena medida

WALDRON, J.: *The Harm in Hate Speech*, Harvard University Press,
Cambridge 2012, pp. 57-58.

[850] Un supuesto paradigmático es el caso de Alemania, donde su Carta
Magna establece la inviolabilidad de la dignidad humana como su
valor supremo, y expresamente limita la libertad de expresión a la
medida necesaria para proteger a los jóvenes y el derecho al honor
personal. Otro marco jurídico que limita la circulación y penaliza el
discurso de odio es el de Canadá. En el fallo de un sonado caso de
antisemitismo (sentencia de la Corte Suprema de Canadá, caso *Regi-
na v. Keegstra*, de 13 de diciembre de 19904), la Suprema Corte puso
énfasis en «el compromiso de la Constitución canadiense con la diversidad multicultural, la identidad de grupo, la dignidad humana y
la igualdad». Con base en estos valores, el Máximo Tribunal adoptó
un enfoque matizado concebido para armonizar estos valores con
aquellos arraigados en la libertad de expresión, concluyendo que
la propaganda del odio como la promovida por Keegstra no justificaba ser protegida, ya que su principal efecto era socavar el respeto
mutuo entre los diversos grupos raciales, religiosos y culturales en
Canadá más que promover necesidades o valores genuinos de expresión (Rosenfeld, 2005, p. 173).

[851] Véanse, entre otro, ALCÁCER GUIRAO, R.: "Víctimas y disidentes. El «discurso del odio» en EE. UU. y Europa", en *Revista Española de Derecho Constitucional*, núm. 103 (2015), pp. 45-86; COLLÍ
EK, V.: "¿Libertad de expresión o responsabilidad? ¿Cuándo, en
el caso de portales sobre noticias, de acuerdo con la Corte Europea de Derechos Humanos?", en *Revista Cuestiones Constitucionales*,
núm. 33 (2015), pp. 195-210; COLLÍ EK, V. (2015): "La libertad
de expresión de portales web de noticias y la protección del anonimato online. Análisis de la reciente doctrina de la Gran Cámara de la Corte Europea de Derechos Humanos en el caso *Delfi AS
contra Estonia*", en *Revista In Jure Anáhuac Mayab*, Año 4, Núm. 7,

la experiencia histórica europea y «*la experiencia constitucional y legal europea de la segunda mitad del siglo XX la que ha forjado los pilares axiológicos y exegéticos de este modelo*»[852]. Los orígenes históricos de este modelo se suelen asociar a la experiencia del nazismo y a la noción de «democracia militante» propuesta por LOEWENSTEIN, que supone que las democracias tienen derecho a combatir activamente –incluso mediante la restric-

---

pp. 28-39; ROSALES, R. (2018): "Liberalismo igualitario, discurso de odio y grupos discriminados: una teoría contra el discurso de odio para la región", consultar en línea: https://www.academia. edu/40114792/_Liberalismo_igualitario_discurso_de_odio_y_grupos_discriminados_una_teor%C3%ADa_contra_el_discurso_de_odio_para_la_región_?auto=download (visitado por última vez el 24 de enero de 2024); RODRÍGUEZ ZEPEDA, J.: "El peso de las palabras: libre expresión, no discriminación y discursos de odio", en RODRÍGUEZ ZEPEDA, J., y GONZÁLEZ LUNA, T. (dirs.): *El prejuicio y la palabra: los derechos a la libre expresión y a la no discriminación en contraste*, Consejo Nacional para Prevenir la Discriminación, México 2018, pp. 27-73; VALERO HEREDIA, A.: "Los discursos del odio. Un estudio jurisprudencial", en *Revista Española de Derecho Constitucional*, núm. 110 (2017), pp. 305-333. No obstante, hay autores, como BUSTOS GISBERT (2015) o TERUEL LOZANO (2018), que observan que esta descripción sólo se aplica para algunos Estados del continente: BUSTOS GISBERT, R.: "Libertad de expresión y discurso negacionista", en REVENGA SÁNCHEZ, M. (dir.): *Libertad de expresión y discursos del odio*, Universidad de Alcalá, Madrid 2015, pp. 126-133; y TERUEL LOZANO, G.: "Cuando las palabras generan odio: límites a la libertad de expresión en el ordenamiento constitucional español", en *Revista Española de Derecho Constitucional*, núm. 114 (2018), pp. 13-45. Con relación a esta clasificación, ver asimismo REVENGA SÁNCHEZ, M. (dir.): *Libertad de expresión y discursos del odio*, Universidad de Alcalá, Madrid 2015.

[852] RODRÍGUEZ ZEPEDA, J.: "El peso de las palabras: libre expresión, no discriminación y discursos de odio", en RODRÍGUEZ ZEPEDA, J., y GONZÁLEZ LUNA, T. (dirs.): *El prejuicio y la palabra: los derechos a la libre expresión y a la no discriminación en contraste*, Consejo Nacional para Prevenir la Discriminación, México 2018, p. 43.

ción de derechos fundamentales– los movimientos orientados a subvertirla[853].

Partiendo de los argumentos de RODRÍGUEZ ZEPEDA, se puede sostener que el modelo europeo parte, al menos, de dos supuestos básicos. El primero es que existe un *continuum* entre la emisión del discurso y las conductas y «pasos al acto» en materia de daño a derechos. Por esta razón, la limitación al discurso significa, de manera directa, una forma de protección de esos derechos fundamentales[854]. El segundo supuesto es que la libertad de expresión debe protegerse conforme a un equilibrio ponderado con otros derechos fundamentales y con otros valores públicos[855]. Para lograr este equilibrio, este modelo contempla posibles restricciones a la circulación y sanciones de distinto orden para los discursos que se consideran dañinos tanto para la integridad de ciertos grupos sociales como para ciertos valores sociales primarios como la paz o la convivencia

---

[853]   A este respecto, ver ALCÁCER GUIRAO, R.: "Víctimas y disidentes. El «discurso del odio» en EE. UU. y Europa", en *Revista Española de Derecho Constitucional*, núm. 103 (2015), pp. 45-86; ESQUIVEL ALONSO, Y.: "El discurso del odio en la jurisprudencia del Tribunal Europeo de Derechos Humanos", en *Cuestiones Constitucionales*, núm. 35 (2016), pp. 3-44.

[854]   RODRÍGUEZ ZEPEDA, J.: "El peso de las palabras: libre expresión, no discriminación y discursos de odio", en RODRÍGUEZ ZEPEDA, J., y GONZÁLEZ LUNA, T. (dirs.): *El prejuicio y la palabra: los derechos a la libre expresión y a la no discriminación en contraste*, Consejo Nacional para Prevenir la Discriminación, México 2018, pp. 46-47.

[855]   Véanse COLLÍ EK, V.: "Discursos de odio y su defensa en la doctrina constitucional mexicana", en *Anuario de Derecho Constitucional Latinoamericano*, Año XX (2014), pp. 79-103; RODRÍGUEZ ZEPEDA, J.: "El peso de las palabras: libre expresión, no discriminación y discursos de odio", en RODRÍGUEZ ZEPEDA, J., y GONZÁLEZ LUNA, T. (dirs.): *El prejuicio y la palabra: los derechos a la libre expresión y a la no discriminación en contraste*, Consejo Nacional para Prevenir la Discriminación, México 2018, p. 46.

social[856]. Así, pues, frente a la lógica abstencionista predominante en los Estados Unidos, centrada en el concepto de «libre mercado de ideas», en el contexto europeo se espera una adhesión de los ciudadanos al ordenamiento jurídico y a sus valores y un rol activo del Estado para promover la igualdad sustantiva y la dignidad de todas las personas[857].

3. Volviendo a las cuatro Organizaciones internacionales mencionadas, cabe señalar que la expresión "delito de odio" aparece conectada principalmente con la realización de actividades o acciones de hostilidad o violencia, así como las actividades orientadas o dirigidas a la comisión de ese tipo de actos. Aunque también en algunos supuestos aparece conexa con la discriminación y la intolerancia, lo que ha hecho que ambas expresiones aparezcan inexorablemente unidas, confundiéndose en ocasiones ambos términos: odio e intolerancia.

3.1. Un primer ámbito de aproximación lo encontramos en la actividad desarrollada por la Organización de las Naciones Unidas, una actividad ya

---

[856] RODRÍGUEZ ZEPEDA, J.: "El peso de las palabras: libre expresión, no discriminación y discursos de odio", en RODRÍGUEZ ZEPEDA, J., y GONZÁLEZ LUNA, T. (dirs.): *El prejuicio y la palabra: los derechos a la libre expresión y a la no discriminación en contraste*, Consejo Nacional para Prevenir la Discriminación, México 2018, p. 37.

[857] Véanse en este sentido, ESQUIVEL ALONSO, Y.: "El discurso del odio en la jurisprudencia del Tribunal Europeo de Derechos Humanos", en *Cuestiones Constitucionales*, núm. 35 (2016), pp. 3-44; ROSALES, R.: Liberalismo igualitario, discurso de odio y grupos discriminados: una teoría contra el discurso de odio para la región", 2018, en línea: https://www.academia.edu/40114792/_Liberalismo_igualitario_discurso_de_odio_y_grupos_discriminados_una_teor%C3%ADa_contra_el_discurso_de_odio_para_la_región_?auto=download [consulta: 24/6/2023].

puesta de manifiesto anteriormente[858], por lo que en este momento sólo vamos a hacer referencia a la aproximación conceptual que se puede deducir de toda esa actividad. En este sentido, cabe señalar que un primer concepto lo encontramos en la *Estrategia y Plan de acción sobre el discurso de odio*[859], en la que se precisa que

> El "*discurso de odio es cualquier forma de comunicación de palabra, por escrito o a través del comportamiento, que sea un ataque o utilice lenguaje peyorativo o discriminatorio en relación con una persona o un grupo sobre la base de quiénes son o, en otras palabras, en razón de su religión, origen étnico, nacionalidad, raza, color, ascendencia, género u otro factor de identidad*".

Una vez más estamos en presencia de un concepto que aborda, más que el delito de odio, el discurso de odio que debe ser condenable, o lo que es lo mismo, lo que en Estado Unidos se denomina delito del discurso de odio; y, como consecuencia de ello, cabe señalar que el Derecho internacional en este plano prohíbe la incitación a la discriminación, la hostilidad o la violencia[860]. Por tanto, el Derecho internacional -por presión del derecho a la libertad de expresión y opinión- no exige que

---

[858]   Ver *supra*, Capítulo I.

[859]   ONU: *La Estrategia y Plan de acción de las Naciones Unidas para la lucha contra el discurso de odio*, Nueva York, 2019 (en línea: https://www.un.org/en/genocideprevention/documents/Action_plan_on_hate_speech_ES.pdf; consulta: 15/5/2023).

[860]   La incitación -como se ha visto supra (apartado 2) supone una forma de expresión muy peligrosa, ya que tiene por objeto explícito y deliberado dar lugar a discriminación, hostilidad y violencia, que también podrían provocar o incluir actos de terrorismo o crímenes atroces.

los Estados prohíban el discurso de odio que no alcanza el umbral de la citada incitación[861].

A nivel universal, en lugar de prohibir el discurso de odio *per se*, el Derecho internacional penaliza la incitación a la discriminación, la hostilidad y la violencia. Ello se pone de manifiesto en el ámbito del derecho positivo-internacional en el apartado 2, del artículo 20, del PIDCP, donde se dispone de manera vinculante que *"toda apología del odio nacional, racial o religioso que constituya incitación a la discriminación, la hostilidad o la violencia estará prohibida por la ley"*. Con relación al presente precepto conectado con el artículo 19 del PIDCP, el Comité de Derechos Humanos ha establecido de manera categórica, en sus apartados 50 a 52 de las *Observaciones Generales* núms. 11 y 34[862], que las prohibiciones del artículo 20 comprenden actos extremos que caen dentro de las restricciones del artículo 19 y, por tanto, deben cumplir las limitaciones establecidas en el párrafo tercero de este último (a saber: legitimidad, necesidad y proporcionalidad)[863].

En concreto, el CCPR manifiesta que *"50. Los artículos 19 y 20 son compatibles entre sí y se complementan. Los actos a que se refiere el artículo 20 son de naturaleza tan extrema que quedarían todos sujetos a restricción con arreglo al párrafo 3 del artículo 19. Así pues,*

---

[861]   Este es el contenido del tipo penal referido en el Art. 510 antes de la reforma de 2015.

[862]   Comité de Derechos Humanos (CCPR): Observaciones general nº 11 (CCPR/C/GC/11), en línea: https://tbinternet.ohchr.org/_layouts/15/TreatyBodyExternal/TBSearch.aspx?Lang=sp&Treaty ID=8&DocTypeID=11 [consulta: 14/4/2023], y n°. 34 (CCPR/C/GC/34), en línea: file:///C:/Users/PC/Downloads/G1145334.pdf [consulta: 14/4/2023].

[863]   Sobre la práctica de este Comité, ver ROLLNERT LIERN, G.: "El discurso del odio: una lectura crítica de la regulación internacional", en *Revista española de derecho constitucional*, núm. 115 (2019), pp. 81-109, en especial pp. 84 y ss.

las limitaciones que se justifiquen por el artículo 20 tendrían también que cumplir el párrafo 3 del artículo 19[864]. Al tiempo que precisa que "*51. El elemento que distingue los actos a que se refiere el artículo 20 de otros que también podrían ser objeto de restricción con arreglo al párrafo 3 del artículo 19 es que respecto de los primeros el Pacto indica la medida concreta que debe tomar el Estado, o sea, prohibirlos por ley. Solo en esta medida puede el artículo 20 ser considerado lex specialis con respecto al artículo 19*". Ello le lleva a concretar que "*52. Los Estados partes solo están obligados a promulgar prohibiciones legales con respecto a las formas concretas de expresión que indica el artículo 20. En todos los casos en que el Estado restringe la libertad de expresión, es necesario justificar las prohibiciones y poner sus disposiciones en estricta conformidad con el artículo 19*".

Por su parte, el CEDR, al abordar el discurso de odio, además de tratar todas las formas específicas de discurso a que se hace referencia en el artículo 4, dirigidas contra los grupos reconocidos por el artículo 1 de la CIEDR —que prohíbe la discriminación por motivos de raza, color, linaje u origen nacional o étnico—, y a la luz del principio de interseccionalidad, también ha prestado atención al discurso de odio dirigido contra las personas pertenecientes a determinados grupos étnicos que profesan o practican una religión distinta de la mayoría, por ejemplo las expresiones de islamofobia, antisemitismo y otras manifestaciones de odio similares contra grupos etnorreligiosos, así como las manifestaciones extremas de odio tales como la incitación al genocidio y al terrorismo, aunque siempre bajo el prisma de que "*las críticas contra dirigentes religiosos o los comentarios sobre la doctrina religiosa o el dogma*" no deben prohibirse ni castigarse[865] y tampoco deberá castigarse "la ex-

---

[864] Véase la Comunicación Nº 736/1997, *Ross c. el Canadá*, dictamen aprobado el 18 de octubre de 2000.

[865] Ver igualmente la Observación general Nº 34 (2011) del Comité de Derechos Humanos, sobre la libertad de opinión y la libertad de ex-

presión de opiniones sobre hechos históricos"[866], así como las *"protesta(s) contra la injusticia, ni las de descontento social o de oposición"* (párr. 20)[867].

El CEDR recomienda que los Estados partes declaren y castiguen efectivamente como delitos punibles conforme a la ley los siguientes actos: i) toda difusión de ideas basadas en la superioridad o en el odio racial o étnico, por cualquier medio; ii) la incitación al odio, el desprecio o la discriminación contra los miembros de un grupo por motivos de su raza, color, linaje, u origen nacional o étnico; iii) las amenazas o la incitación a la violencia contra personas o grupos por los motivos señalados en el apartado b) anterior; iv) la expresión de insultos, burlas o calumnias a personas o grupos, o la justificación del odio, el desprecio o la discriminación por los motivos señalados en el apartado b) anterior, cuando constituyan claramente incitación al odio o a la discriminación; y v) la participación en organizaciones y actividades que promuevan e inciten a la discriminación racial (párr. 13).

Mientras que, con respecto a la temática de la incitación, la jurisprudencia analizada ha supuesto un gran avance en la materia, aunque aún quedan cuestiones por resolver como pueden ser las relativas a la distinción entre unas incitaciones y otras, así como la determinación de los elementos que dan lugar a que las mismas se conviertan en factores integrante del delito de odio.

---

presión (Documentos Oficiales de la Asamblea General, sexagésimo sexto período de sesiones, Suplemento N° 40, vol. I (A/66/40 (Vol. I)), anexo V), parr. 48.

[866] *Ibid.*, párr. 49.

[867] En este sentido, el Comité ha considerado que *"la expresión de ideas y opiniones en el contexto de los debates académicos, el compromiso político y otras actividades similares, sin incitación al odio, el desprecio, la violencia o la discriminación, deben considerarse como un ejercicio legítimo del derecho a la libertad de expresión, incluso cuando esas ideas sean controvertidas"* (CERD/C/GC/35, párr. 25).

A este respecto, en el ya mencionado *Plan de Rabat* se recomienda una prueba de umbral que consta de seis parámetros, que tienen en cuenta: (1) el **contexto** social y político, (2) la categoría del **hablante**, (3) la **intención** de incitar a la audiencia contra un grupo determinado, (4) el **contenido** y la forma del discurso, (5) la **extensión** de su difusión, y (6) la **probabilidad** de causar daño, incluso de manera inminente[868].

3.2. Para la OSCE, por su parte, los delitos de odio son manifestaciones violentas de intolerancia y tienen un profundo impacto no sólo sobre la víctima inmediata, sino también sobre el grupo con el que la víctima se identifica. Afectan a la cohesión de la comunidad y a la estabilidad social. Por lo tanto, una respuesta vigorosa es importante tanto para la seguridad individual como la colectiva. En el ámbito legislativo, la OSCE plantea dar respuesta a preguntas claves como las siguientes:

- ¿quiénes son las víctimas más habituales?;

- ¿qué barreras tienen que superar las víctimas para obtener justicia?; y

- ¿cuál es la naturaleza de los delitos que se están cometiendo?

Partiendo de estas consideraciones, la OSCE ofrece un concepto general sobre los delitos de odio, a saber:

"Los delitos de odio son infracciones penales cometidas con una motivación prejuiciosa"[869].

---

[868] Consultar en línea: https://www.ohchr.org/sites/default/files/Rabat_threshold_test_Spanish.pdf (visitado por última vez el 25 de enero de 2024).

[869] Esta es la línea mantenida en el Derecho americano, donde se emplea el término *"Bias"*, y ha sido definido por el FBI que brinda una definición de *Hate crimes* donde viene el término "bias" o prejuicio:

En concreto, en la *Decisión 4/2003, del Consejo Ministerial de la OSCE*, de diciembre de 2003, se contiene la siguiente definición: (a) toda infracción penal, incluidas las infracciones contra las personas y la propiedad, cuando la víctima, el lugar o el objeto de la infracción son seleccionados intencionadamente a causa de su conexión, relación, afiliación, apoyo o pertenencia real o supuesta a un grupo tal y como se define en la parte b. (b) Un grupo que puede estar vasado en la raza, origen nacional o étnico, el idioma, el color, la religión la edad, la minusvalía física o mental, la orientación sexual u otro factor similar, ya sean reales o supuestos.

Con dicha decisión, por tanto, la OSCE describe más un concepto, que una definición legal. Tomadas literalmente, los términos "delitos de odio" o "motivos de odio" pueden inducir a error. Muchos delitos son motivados por el odio y no se categorizan como delitos de odio. Los asesinatos, por ejemplo, frecuentemente son motivados por el odio, pero no son "delitos de odio" a menos que la víctima fuera elegida por una característica protegida. En cambio, un delito donde el perpetrador no sienta "odio" hacia la víctima concreta todavía podría considerarse delito de odio. El odio es un estado emocional muy específico e intenso, con el que no podríamos describir apropiadamente muchos de los delitos de odio.

Los delitos de odio pueden cometerse por una serie de razones diferentes, a saber: i) el perpetrador puede actuar por razones como el resentimiento, los celos o un deseo de

---

"*Una infracción penal cometida contra una persona o propiedad que está motivada, total o parcialmente, por el prejuicio (bias) del autor contra una raza, religión, discapacidad, orientación sexual, u origen étnico/nacional; también conocidos como Crímenes de Odio (Hate crimes)*" (cit. "Criminal offense against a person or property motivated in whole or in part by an offender's bias against a race, religion, disability, sexual orientation, ethnicity, gender, or gender identity" [28/11]).

aprobación por sus iguales; ii) el perpetrador puede no tener sentimientos sobre el objetivo individual del delito, pero tiene pensamientos o sentimientos hostiles sobre el grupo al que el objetivo pertenece; iii) el perpetrador puede sentir hostilidad hacia todas las personas que están fuera del grupo con el que el perpetrador se identifica; o iv) incluso, a un nivel más abstracto, el objetivo puede simplemente representar una idea, como la inmigración, a la que el perpetrador es hostil.

Partiendo de estas precisiones, cabe señalar que los delitos de odio siempre comprenden dos elementos: (i) una *infracción penal* o, lo que es lo mismo, son actos delictivos en virtud del código penal, el primero, y (ii) cometida con una *motivación prejuiciosa*, esto es, durante la comisión de este, el autor del delito actúa motivado por subjetividad de opinión o prejuicios, el segundo[870]. En definitiva, la OSCE se refiere a los delitos de odio como «*los delitos cometidos con prejuicios hacia un determinado grupo de la sociedad*»[871].

Los dos elementos mencionados se concretan en las siguientes precisiones: (i) el primer elemento de un delito de odio es

---

[870] Podrá obtener información más detallada sobre la naturaleza de los delitos de odio en: *Preventing and responding to hate crimes* [«Prevenir y responder a los delitos de odio»], (Varsovia: OIDDH, 2009), pp. 15-26.

[871] Esta es la definición operativa utilizada por la OSCE en sus informes sobre los delitos de odio motivados por el racismo y la xenofobia (2021), los delitos de odio por motivos de género (2021), los delitos de odio por motivos de antisemitismo (2019) y los delitos de odio por motivos de islamofobia (2018), basados en la Decisión n.º 9/09 del Consejo Ministerial de la OSCE, de 2 de diciembre de 2009, sobre la lucha contra los delitos de odio, acordada por consenso por todos los Estados de la OSCE, incluidos todos los Estados miembros de la UE. El concepto que subyace a esta definición y sus implicaciones prácticas se explican con más detalle en el documento de la OIDDH de la OSCE: «*Hate Crime Laws A Practical Guide*», 2009, p. 16.

que el acto que se cometa constituya una infracción bajo la ley penal ordinaria o, lo que es lo mismo, siempre requieren de la existencia de una infracción base. Si no hay infracción base, no hay delito de odio. y (ii) el segundo de los elementos es que el acto criminal se cometa por un motivo particular o "prejuicio"[872]. Es este elemento, el de la motivación prejuiciosa, el que diferencia los delitos de odio de los delitos ordinarios. Para la OSCE, los perjuicios (*bias*) en los crímenes de odio (*Hate crimes*) pueden ser definidos del siguiente modo:

> *"Motivación prejuiciosa significa que el perpetrador elige un objetivo de delito basado en características protegidas: el objetivo puede ser una persona, grupo de personas o propiedad asociada a un grupo que comparte una característica protegida; en una característica protegida es fundamental un núcleo característico compartido por un grupo, como la raza, religión, etnia, lengua u orientación sexual"*[873].

Esto significa que el perpetrador elige intencionalmente el *objetivo* del delito por alguna característica protegida del mismo. En concreto: el *objetivo* puede ser una o más personas, o puede ser una propiedad asociada a un grupo que comparte

---

[872]   Cfr. DÍAZ LÓPEZ: *Informe de Delimitación conceptual de los delitos de odio*, 2018, p. 19

[873]   *"Bias motivation" means that the perpetrator chose the target of the crime based on protected characteristics: the target may be a person, people or property associated with a group that shares a protected characteristic.; a protected characteristic is a fundamental or core characteristic shared by a group, such as "race", religion, ethnicity, language, or sexual orientation"* (OSCE, Understanding Hate Crimes, 2010, p. 7. [28/11]). Una segunda definición que ofrece la OSCE a este respecto es la siguiente: *"Bias motivations can be broadly defined as preconceived negative opinions, stereotypical assumptions, intolerance, or hatred directed to a particular group that shares a common characteristic, such as race, ethnicity, language, religion, nationality, sexual orientation, gender or any other fundamental characteristic. People with disabilities may also be victims of hate crimes"* (consultar en línea: http://hatecrime.osce.org/what-hatecrime [29/11]).

una característica determinada; y una *característica protegida* es una característica compartida por un grupo, como una "raza", lenguaje, religión, etnia, nacionalidad o cualquier otro factor común similar. No obstante, este es uno de los factores políticos más relevantes que tienen que adoptar los legisladores.

Junto a ello, es necesario que el odio o el prejuicio de la persona se materialicen, y que éstos sean visibles para el resto de las personas, convirtiéndose entonces en un delito de odio o *hate crime*. Si no, no sabremos si el ataque a un determinado colectivo está o no llevado por un prejuicio u odio. A este respecto, la propia OSCE señala que:

> *"Los delitos de odio pueden incluir amenazas, daños en la propiedad, asalto, asesinato, o cualquier acto delictivo con una motivación prejuiciosa. Delitos de odio no solo afecta a personas individuales de un grupo concreto. Las personas o la propiedad simplemente asociadas con –o incluso percibidas como miembros de– un grupo que comparte unas características protegidas, como los defensores de los derechos humanos, centros comunitarios o lugares del culto, puede ser también objetivo de delitos de odio"*[874].

Los delitos de odio difieren de los delitos ordinarios no sólo en la motivación del infractor, sino también en el impacto sobre la víctima. Las víctimas del odio se seleccionan sobre la base de lo que ellas representan más que sobre lo que ellas son. El mensaje que se transmite no sólo alcanza a la víctima inmediata, sino también a la comunidad de la que la víctima es miembro. De este modo, este tipo de delitos, en algunas ocasiones, son descritos como "delitos simbólicos". Los delitos de odio están pensados para intimidar a la víctima y a la comunidad de la víctima sobre la base de sus características personales. Pero no se puede obviar que este tipo de delitos van mucho

---

[874] Consultar en línea: http://hatecrime.osce.org/what-hate-crime [29/11] (visitado por última vez el 16 de enero de 2024).

más allá, toda vez que con los mismos se daña a la construcción social y se fragmenta a la sociedad en general, al violar el ideal de igualdad entre sus miembros. La norma de la igualdad es un valor fundamental que busca alcanzar la completa dignidad humana y da a todas las personas la oportunidad de desarrollar todo su potencial.

Aunque los delitos de odio se cometen con más frecuencia contra miembros de las comunidades minoritarias, también pueden producirse contra las comunidades mayoritarias: a) los perpetradores pueden venir de un grupo minoritario; b) el objetivo puede ser seleccionado por su pertenencia a un grupo mayoritario; y c) tanto el perpetrador como el objetivo pueden ser miembros de diferentes grupos minoritarios.

> 3.3. Un tercer ámbito donde se ha abordado de manera detallada el delito de odio ha sido el del Consejo de Europa. En su Recomendación de 1997[875], el Consejo de Europa consideró el discurso de odio como una incitación al odio dirigida a individuos o grupos definidos por determinadas características protegidas[876], dando un paso definitivo, en 2015, con la *Recomendación de la Comisión Europea contra el*

---

[875] *Recomendación n.º R (97) 20 del Comité de Ministros del Consejo de Europa a los Estados miembros sobre «el discurso de odio»,* de 30 de octubre de 1997.

[876] La presente Recomendación establece, en su ámbito de aplicación, que debe entenderse que la expresión discurso de odio *«comprende todas las formas de expresión que propaguen, inciten, promuevan o justifiquen el odio racial, la xenofobia, el antisemitismo u otras formas de odio basadas en la intolerancia, incluida la intolerancia que se expresa en forma de nacionalismo agresivo y etnocentrismo, discriminación y hostilidad contra las minorías, los inmigrantes y las personas descendientes de la inmigración».*

Racismo y la Intolerancia (ECRI)[877], donde definió el discurso de odio como: «*fomento, promoción o instigación, en cualquiera de sus formas, del odio, la humillación o el menosprecio de una persona o grupo de personas, así como el acoso, descrédito, difusión de estereotipos negativos, estigmatización o amenaza con respecto a dicha persona o grupo de personas y la justificación de esas manifestaciones por razones de raza, color, ascendencia, origen nacional o étnico, edad, discapacidad, lengua, religión o creencias, sexo, género, identidad de género, orientación sexual y otras características o condición personales*».

En la misma línea, pero más precisa resulta la definición ofrecida por la ECRI en su *Recomendación general n.º 15 relativa a la lucha contra el discurso de odio y memorándum explicativo, adoptada el 8 de diciembre de 2015*[878]. En ésta se comienza por declarar "*que de la historia europea nace la obligación de recordar, vigilar y combatir el aumento del racismo, la discriminación racial, la discriminación basada en el género, el sexismo, la homofobia, la transfobia, la xenofobia, el antisemitismo, la islamofobia, la discriminación contra los gitanos y la intolerancia, así como los delitos de genocido, los delitos de lesa humanidad o los delitos en caso de conflicto armado y la negación, trivialización, justificación o condonación en público de tales actos delictivos*". Y añade que esta obligación de recuerdo, vigilancia y represión "*forma parte de la protección y promoción de los derechos humanos, universales e indivisibles, en defensa de los derechos de todas las personas*". Tras todo lo cual, ofrece la siguiente definición del discurso de odio:

---

[877] *Recomendación de la Comisión Europea contra el Racismo y la Intolerancia,* de 2015.

[878] ECRI: *Recomendación general n.º 15 relativa a la lucha contra el discurso de odio,* adoptada el 8 de diciembre de 2015, Madrid 2017, pág. 3 (consultar en línea: https://inclusion.seg-social.es/oberaxe/ficheros/documentos/2016_12_21-Recomendacion_ECRI_NO_15_Discurso_odio-ES.pdf; visitado por última vez el 24 de enero de 2024).

> *"El discurso de odio (…) debe entenderse como el uso de una o más formas de expresión específicas -por ejemplo, la defensa, promoción o instigación al odio, la humillación o el menosprecio de una persona o grupo de personas, así como el acoso, descrédito, difusión de estereotipos negativos o estigmatización o amenaza con respecto a dicha persona o grupo de personas y la justificación de esas manifestaciones basada en una lista no exhaustiva de características personales o estados que incluyen la raza, color, idioma, religión o creencias, nacionalidad u origen nacional o étnico al igual que la ascendencia, edad, discapacidad, sexo, género, identidad de género y orientación sexual"* (párr. 9).

En esta Recomendación, igualmente, se hace referencia a los instrumentos para la lucha contra el discurso de odio, destacando los siguientes aspectos: 1) no se debe recurrir a las sanciones penales si no se puede tratar eficazmente el uso del discurso del odio con medidas menos restrictivas; 2) las sanciones penales han de ser proporcionadas, efectivas y disuasorias; 3) la responsabilidad penal debe derivarse de los comportamientos más graves, es decir, cuando tengan la finalidad (o quepa suponer razonablemente que van a tener dicho efecto) de incitar a la comisión de actos de violencia, intimidación, hostilidad o discriminación y cuando el uso de expresiones de este tipo tiene lugar en público; 4) los tipos penales pueden ser más generales o tratar de forma específica el uso del discurso de odio; y 5) la redacción de las disposiciones penales ha de ser clara y precisa.

Un rasgo característico del uso del discurso de odio es que se pueda tener la intención de incitar a otros a cometer actos de violencia, intimidación, hostilidad o discriminación contra aquellas personas a quienes va dirigido, o cabe razonablemente esperar que tenga tal efecto. En este sentido, la ECRI ha señalado -en la presente *Recomendación general*- que el elemento de incitación significa que *"o bien existe una intención clara de cometer actos de violencia, intimidación, hostilidad o discriminación, o bien existe un riesgo inminente de que tales hechos ocurran como con-*

secuencia de haber utilizado el discurso de odio" (párr. 14). A la hora de la evaluación sobre la existencia o no del riesgo de que se produzcan estos actos hay que tener en cuenta las circunstancias específicas en las que se utiliza el discurso de odio.

Concretamente, hay que tener en cuenta los siguientes factores: a) el contexto en el que se utiliza el discurso de odio en cuestión (especialmente si ya existen tensiones graves relacionadas con este discurso en la sociedad); b) la capacidad que tiene la persona que emplea el discurso de odio para ejercer influencia sobre los demás (con motivo de ser por ejemplo un líder político, religioso o de una comunidad); c) la naturaleza y contundencia del lenguaje empleado (si es provocativo y directo, si utiliza información engañosa, difusión de estereotipos negativos y estigmatización, o si es capaz por otros medios de incitar a la comisión de actos de violencia, intimidación, hostilidad o discriminación); d) el contexto de los comentarios específicos (si son un hecho aislado o reiterado, o si se puede considerar que se equilibra con otras expresiones pronunciadas por la misma persona o por otras, especialmente durante el debate); e) el medio utilizado (si puede o no provocar una respuesta inmediata de la audiencia como en un acto público en directo); y f) la naturaleza de la audiencia (si tiene o no los medios para o si es propensa o susceptible de mezclarse en actos de violencia, intimidación, hostilidad o discriminación).

En una línea similar se ha manifestado el TEDH en esta materia, toda vez que se parte del respeto al derecho fundamental de libertad de expresión (Art. 20 CEDH), incluso respecto de aquellas expresiones incómodas, agrias, sarcásticas e incluso de mal gusto en un debate público. Ahora bien, para este Tribunal, los ataques contra las personas cometidos al abusar, ridiculizar o difamar a determinados sectores de la población y grupos específicos de la misma o que inciten a la discriminación son suficientes para que las autoridades favorezcan la lucha contra el discurso racista frente a una libertad de expresión irrespondable, que atente contra la dignidad e incluso la seguridad de estas partes o grupos de la población.

En este marco, la jurisprudencia del TEDH permite deducir caso a caso una serie de situaciones que si pueden entenderse como limitativas del reseñado derecho. Así, por ejemplo, el discurso racista es incompatible con la gran mayoría de las democracias. La carga peyorativa que encierran las expresiones ofensivas hacia el color de piel de una persona o en contra de su comunidad o etnia son manifestaciones que afectan la dignidad de las personas que han sido vilipendiadas[879], al tiempo que representan un peligro para la paz social y la estabilidad política en los Estados democráticos[880].

Mientras que, sobre el discurso del odio por motivos religiosos, resulta complicado separar la ofensa emitida en contra de las creencias de una persona, de los sesgos de discriminación y exclusión que pueden alojarse en un debate intolerante hacia cierto tipo de religiones. En algunos países europeos, la "islamofobia" es sólo una fachada para rechazar a los inmigrantes. Llegando incluso al extremo de atribuir a ciertas religiones el carácter de permanente amenaza para la seguridad, el orden público y la paz social[881]. Para el propio TEDH, el discurso de odio hace referencia a «*todas las formas de expresión que propaguen, inciten, promuevan o justifiquen el odio basado en la intolerancia*». TERUEL LOZANO destaca los siguientes elementos que integran esta definición: a) un discurso en clave

---

[879] Ver TEDH: sentencias *Kühnen c. Alemania,* de 12 de mayo de 1988 (TOL145.287); y *Féret c. Bélgica,* de 16 de julio de 2009 (TOL9.072.546).

[880] Véase TEDH: sentencia (Sección 2°) de 16 de julio de 2009, asunto *Féret c. Bégica* (TOL9.072.546).

[881] Ver TEDH: sentencias *Partido de la Prosperidad (Refah Partisi) c. Turquía,* de 31 de julio de 2001, y *Norwood c. Reino Unido,* de 16 de noviembre de 2004 (TOL9.086.472).

excluyente contra un grupo discriminado; b) presencia de un elemento ofensivo mediante expresiones insultantes, vejatorias, humillantes, amenazantes, provocadoras de la comisión de hostilidad, violencia o discriminación contra un grupo o sus miembros; y c) existencia de una intención directa en ofender (humillar, insultar, entre otros verbos rectores) y una motivación concreta al actuar por razón de esa intolerancia[882].

3.4. La cuarta y última de las organizaciones de referencia es la Unión Europea, donde lo que se ha pretendido, desde un primer momento, ha sido la inclusión del "odio" como delito, esto es, un "odio" dirigido a las minorías con intención discriminatoria que supone, además, un elemento violento que las instituciones deben perseguir. No se puede obviar que el odio es complejo de definir por su proximidad con el derecho a la libertad de expresión, pero en este caso no se persigue al ciudadano que odia, sino el discurso que puede conllevar un elemento violento y peligroso para la convivencia. Es por ello por lo que la Unión europea, respetando el principio de la libertad de expresión, ha tipificado las conductas que superan estos límites y resultan peligrosas para la sociedad. Además, esto supone un acercamiento de las políticas europeas, que en numerosas ocasiones estaban enfocadas a la economía al ciudadano, de modo que contribuye a que la sociedad pueda sentir el proyecto como suyo propio y se vea beneficiado más directamente.

Las distintas instituciones de la Unión Europea han trabajado de manera complementaria para configurar una normativa que ayude a la lucha contra la discriminación, todo ello bajo el amparo del derecho comunitario, un elemento vertebrador

---

[882] TERUEL LOZANO, G. (2018): "Cuando las palabras generan odio: límites a la libertad de expresión en el ordenamiento constitucional español", en *Revista Española de Derecho Constitucional*, núm. 114, p. 21.

para la consecución de determinadas medidas. Esta necesidad de legislar sobre los delitos de odio se debe a una razón y persigue dos objetivos. La razón principal es que el odio no tiene cabida en un Estado de derecho como el que promulga la Unión Europea, por lo que habrá que utilizar todos los medios legislativos a disposición para poder combatir este fenómeno, siendo uno de ellos el derecho penal. En este punto se ha de destacar que el derecho penal debe ser utilizado para los ataques más graves a los bienes jurídicos protegidos, respetando el principio de ultima ratio que configura la construcción del derecho penal, por lo que si hay otros medios menos lesivos para poder regular este fenómeno deben utilizarse estos[883].

La propia Comisión Europea presentaría una comunicación referida a llevar a cabo una política de derecho penal en la UE con el objetivo de garantizar la aplicación efectiva de sus políticas[884]. En dicho documento trataría como necesario que la Unión Europea legisle a partir del respeto del principio de subsidiariedad, con lo que se acerca a la petición de una política efectiva en esta materia. La Unión Europea se vería legitimada de esta forma para proteger los derechos fundamentales a través del derecho penal con la *Decisión Marco de 2008/913/JAI del Consejo, de 28 de noviembre de 2008, relativa a la lucha contra determinadas formas y manifestaciones de racismo y xenofobia mediante el*

---

[883]   Cfr. LEON ALAPONT, J.: «La descontrolada expansión de los delitos de odio: acerca de la propuesta de incriminar el odio hacia las víctimas de la Guerra Civil española y del franquismo», en *El odio como motivación criminal*, Wolters Kluwer, Madrid 2022, p. 212.

[884]   Comunicación de la Comisión al Parlamento Europeo al Consejo, al Comité Económico y Social europeo y al Comité de las Regiones. Hacia una política de Derecho penal de la UE: garantizar la aplicación efectiva de las políticas de la UE mediante el Derecho penal /COM/2011/0573 final COM(2011) 573 final Bruselas, 20 de noviembre de 2011.

derecho penal[885]. Esta Decisión-marco vino a ocupar un vacío en relación con la persecución del odio por parte de la Unión Europea, estableciendo un marco común para todos los Estados.

Según esta norma, el racismo y la xenofobia constituyen una amenaza contra los grupos de personas que son objeto de dicho comportamiento y es necesario definir un enfoque penal para estos fenómenos que sea común a la Unión Europea con el fin de que el mismo comportamiento constituye un delito en todos los Estados miembros y se establezcan sanciones efectivas, proporcionadas y disuasorias como las personas físicas y jurídicas que cometan tales delitos o que sean responsables de los mismo.

En esta Decisión-marco también aparecen descritas las conductas punibles en su artículo primero, en el que se señalan los delitos de carácter racista y xenófobo que incitan al odio, como la propia incitación pública o violenta contra un grupo definido por la raza, el color, la religión, o la difusión de escritos que puedan provocar un clima de violencia contra estas minorías. Además de tipificar la apología de los crímenes de guerra, los genocidios y, en especial, el Holocausto. Cabe destacar, además, que la pena impuesta debe establecerse entre un año como mínimo y tres como máximo las personas físicas, pero también las personas jurídicas tienen responsabilidad penal por su posición de falta de control o vigilancia respecto a posibles acciones que inciten al odio por parte de uno de sus empleados o de la propia empresa[886], imponiendo penas de

---

[885] *Decisión Marco de 2008/913/JAI del Consejo, de 28 de noviembre de 2008, relativa a la lucha contra determinadas formas y manifestaciones de racismo y xenofobia mediante el derecho penal* (*DOUE* núm. 328, de 6 de diciembre de 2008) (consultar en línea: https://www.boe.es/buscar/doc.php?id=DOUE-L-2008-82444; visitado por última vez el 24 de enero de 2024).

[886] En este sentido, debemos destacar que las penas impuestas a empresas tienen su fundamento en el control de determinadas conductas

multa, exclusión de ayudas públicas, prohibición temporal o total de realizar actividades comerciales y vigilancia judicial.

Estos comportamientos penalmente relevantes serán las formas más graves del discurso de odio, esto es: 1) constituyan apología pública, negación o trivalización flagrante de los crímenes de genocidio, crímenes contra la humanidad y crímenes de guerra, comprendidos en los artículos 6, 7 y 8 del Estatuto de la Corte Penal Internacional o en el artículo 6 del Estatuto del Tribunal Militar Internacional adjunto al Acuerdo de Londres, de 8 de agosto de 1945, cuando se cometan contra un grupo de personas o un miembro de tal grupo definido en relación con la raza, el color, la religión, la ascendencia o el origen nacional o étnico cuando las conductas puedan incitar a la violencia o al odio contra tal grupo o un miembro del mismo; y 2) impliquen una incitación pública a la violencia o al odio dirigidos contra un grupo de personas o un miembro de tal grupo, definido en relación con la raza, el color, la religión, la ascendencia o el origen nacional o étnico.

---

en internet; visto que es una de las herramientas principales para propagar el odio, se deben utilizar todas las herramientas disponibles para poder luchar contra este fenómeno global, involucrando a las empresas que controlan las redes sociales en frenar este tipo de discursos. Esto se pone de manifiesto en el Código de Conducta de la Unión Europea para la Lucha contra la Incitación Ilegal al Odio en Internet, que fue firmado por la Comisión Europea con Google, Facebook, Twitter, Microsoft e Instagram, y en el que se implementan una serie de reglas y estándares a los usuarios de estas redes sociales para prohibir mensajes de odio. Una de las medidas más eficaces es la revisión de los contenidos en 24 horas posteriores a su publicación. A este respecto, ver FERNÁNDEZ FERNÁNDEZ, R.: «Políticas comunitarias de protección social y minorías étnicas: una materia necesitada de un impulso renovado», en *Trabajo y derecho: nueva revista de actualidad y relaciones laborales*, núm. 39 (2018), pp. 29-41.

Cabe destacar, además, otros dos elementos esenciales en este tipo de infracciones penales: 1) su alcance y 2) la motivación. En cuanto al primero de los elementos, se señala que el alcance del delito no se limita a la propia víctima, sino que afecta a todo el grupo con el que esta se identifique y puede provocar una división social entre este grupo y el resto de la sociedad. Mientras que, con respecto a la motivación, se señala que ha de concurrir una especial motivación[887].

Dentro de este proceso legislativo cabe destacar, por último, cómo en la *Directiva 2012/29/UE, por la que se establecen normas mínimas sobre los derechos, el apoyo y la protección de las víctimas de delitos*[888], que menciona específicamente a las víctimas de delitos de odio, se aplican medidas de especial protección para estas víctimas en función de sus características personales, la naturaleza y las circunstancias del delito. Esta herramienta es eficaz para apoyar a las víctimas que son atacadas en las redes sociales, y se pueden aplicar medidas eficaces que puedan superar el ámbito nacional, como, por ejemplo, el bloqueo de su dirección IP para mandar mensajes por redes sociales a la víctima, sin importar el país de la UE en el que se encuentre.

---

[887] En esta línea, el TC, en su sentencia 112/2016, de 20 de junio (TOL5.860.450), considera -con respecto a un delito de enaltecimiento del terrorismo lo siguiente: "*en esta clase de delitos es importante no sólo el tenor literal de las palabras pronunciadas, sino también el sentido o la intención con los que han sido utilizados, pues es evidente que el lenguaje admite ordinariamente interpretaciones diversas y, a los efectos de establecer la responsabilidad por un delito de enaltecimiento del terrorismo es preciso determinar con claridad en cuál de los posibles significados ha sido utilizado en cada ocasión concreta*".

[888] *Directiva 2012/29/UE, por la que se establecen normas mínimas sobre los derechos, el apoyo y la protección de las víctimas de delitos* (*DOUE* L 315/57, de 14 de noviembre de 2012) (consultar en línea: https://www.boe.es/doue/2012/315/L00057-00073.pdf; visitado por última vez el 28 de enero de 2024).

Finalmente, se han de destacar los nuevos retos a los que se enfrenta el legislador europeo por los discursos de odio que se difunden a través de las redes sociales y de páginas web, pues, en muchas ocasiones, estos mensajes escapan del ámbito territorial de la propia Unión europea, por lo que uno de los retos es involucrar a las empresas tecnológicas en la erradicación de este tipo conductas en internet, ya que en este momento son los actores principales para restringir actitudes relacionadas con el racismo, la xenofobia y la intolerancia[889]. La implantación, pues, de medidas de carácter legislativo relacionadas con la ampliación de los delitos referidos al odio, es una de las propuestas -como se ha puesto de manifiesto anteriormente[890]- que realizó la presidenta de la Comisión, Ursula von der Leyen, en su discurso sobre el Estado de la Unión de 2020, en el que expuso que la incitación al odio y las acciones relacionadas con la discriminación habían aumentado de manera exponencial, y era necesaria una respuesta conjunta de todos los países de la Unión, así como solicitar una revisión de la Decisión Marco de 2008 para ampliar y armonizar las infracciones y sanciones penales: «*Solo la ampliación de la lista de delitos de la UE a la incitación al odio y a los delitos motivados por el odio puede permitir un tratamiento penal eficaz y exhaustivo de estos fenómenos a escala de la UE, junto con una protección coherente de las víctimas de tales actos*». Para conseguir tales objetivos, la Comisión presentaría una Comunicación en diciembre de 2021[891] para ampliar el listado de

---

[889]   Un ejemplo de la preocupación que existe lo encontramos en el *Eurobarómetro de 2016*, en el que el 50 % de los entrevistados dudan de participar en debates en redes sociales por el odio y las amenazas que se pueden recibir.

[890]   Ver *supra*, Capítulo V.

[891]   A este respecto, ver *Comunicación de la Comisión al Parlamento Europeo y al Consejo. Una Europa más inclusiva y protectora: ampliación de la lista de delitos de la UE a la incitación al odio y a los delitos de odio*. Bruselas, 9 de diciembre de 2021 COM (2021) 777 final.

delitos relacionados con el odio. Este documento se basaría en el discurso que hemos mencionado de la presidenta Von der Leyen y quedaría bajo el amparo de los Tratados y de la Carta de Derechos Fundamentales.

Capítulo VIII.
Discursos (delito) de odio e intolerancia religiosa en España

1. CONSIDERACIONES GENERALES

España no es ajena a toda esta realidad y también aquí el discurso del odio está presente y -como se ha puesto de manifiesto *supra-* se ha incrementado en las últimas décadas. Y al igual que ha sucedido en las organizaciones internacionales, en España el conflicto se ha planteado dentro de los límites del derecho a la libertad de expresión garantizado en el artículo 20 de la CE, a tenor del cual:

> *"1. Se reconocen y protegen los derechos: (…)*
>
> *A expresar y difundir libremente los pensamientos, ideas y opiniones mediante la palabra, el escrito o cualquier otro medio de reproducción.*
>
> *(…)*
>
> *2. Estas libertades tienen su límite en el respeto a los derechos reconocidos en este Título, en los preceptos de las leyes que lo desarrollen y, especialmente, en el derecho al honor, a la intimidad, a la propia imagen y a la protección de la juventud y de la infancia".*

Esta realidad ha tenido su reflejo en el ordenamiento jurídico español en general, y en el Código Penal en particular. En nuestro país, dichas situaciones han dado lugar a dos figuras básicas: por un lado, los denominados "delitos de odio" (Art. 510 CP), y, por otro, los "delitos de expresión", entre los cuales

figuran los llamados "delitos del discurso de odio", y son numerosas las figuras delictivas de nuestro Ordenamiento vigente
que pueden incluirse bajo esta rúbrica, siempre en virtud de la
amplitud que se le otorgue a su concepto[892]. Así, por ejemplo,
dentro de la categoría de "delitos de odio" pueden incluirse las
amenazas dirigidas a determinados colectivos sociales del artículo 170.1.b) del CP; las torturas recogidas en el artículo 174.1,
inciso segundo, del CP; la discriminación laboral del artículo
314 del CP; la denegación de prestaciones públicas o privadas
de los artículos 511 y 512 del CP; así como todo comportamiento delictivo en el que concurra la circunstancia agravante
genérica de discriminación del artículo 22.4 del CP[893].

---

[892] LANDA GOROSTIZA explica que, de optarse por un entendimiento extensivo de los delitos de odio, estos vendrían conformados,
como mínimo, por la parte del llamado "discurso de odio" que se
encuentra hoy prohibido por nuestro CP y, asimismo, por el resto
de comportamientos que se consideran "de odio" –esto es, aquellos en los que el mensaje de desprecio se manifiesta a través de la
gravedad de los hechos, como ocurre con la agravante genérica del
Art. 22.4 CP–; aunque también entiende que podrían entenderse
incluidos en la clasificación determinadas conductas discriminatorias como pueden ser los delitos de denegación de prestación o laboral de los arts. 511, 512 y 314 CP. Ahora bien, si por el contrario
se observan desde una óptica restringida, los delitos de odio com-
prenderían todo tipo de agravación de la pena de un determinado
tipo delictivo por el hecho de que este se dirija contra un grupo
cuyos miembros comparten una serie de características concretas.
LANDA GOROSTIZA, J. M.: *Los delitos de odio*. Valencia: Tirant Lo
Blanch, 2018, p. 25.

[893] De esta forma, GALÁN MUÑOZ, A.: "Delitos de odio, Discurso del
odio...", op. cit., p. 43.

2. LIBERTAD DE CONCIENCIA, DISCRIMINACIÓN RELIGOSA Y DE CREENCIAS, DELITOS DE ODIO Y DERECHO PENAL

En el Código Penal español desde 1822 han estado presentes delitos relacionados con el hecho religioso[894], bien como religión oficial del Estado cuyo ataque suponía un delito (Art. 234 CP) [895], bien como un derecho fundamental, cuyo ataque también da lugar a un delito (Art. 525 CP), produciéndose a lo largo de este tiempo un proceso no pacífico de secularización

---

[894] La blasfemia en España fue considerada un delito público contra Dios castigado desde la Edad Media hasta finales del siglo XX con diversas penas, y del que se ocupaban tanto los tribunales seculares como la Inquisición —hasta su abolición en 1820—.

[895] El Código penal aprobado en 1822, durante el Trienio Liberal, estableció en el artículo 234 una pena de 15 días a tres meses de prisión a los que blasfemaran públicamente y de 8 a 40 días si la habían proferido privadamente. Si el blasfemo era clérigo o funcionario las penas se doblaban. En los artículos 235 y 236 se castigaba la blasfemia de hecho —el desprecio, ultraje o escarnio de objetos sagrados— con penas de 15 días a cuatro meses de prisión, y el doble si se trataba de eclesiásticos o de funcionarios públicos. El Código penal reformado de 1850, aprobado durante la década moderada, consideró la blasfemia, tanto verbal como de hecho, como una falta, no como un delito, por lo que las penas se redujeron considerablemente. El Art. 481 establecía que *"Serán castigados con las penas de uno a diez días, multa de tres a cinco duros, y represión: 1º. El que blasfemase públicamente de Dios, de la Virgen, de los santos o de las cosas sagradas. 2º. El que en la misma forma con dichos, con hechos, o por medio de estampas, dibujos o figuras, cometiere irreverencia contra las cosas sagradas, o contra los dogmas de la religión, sin llegar al escarnio de que habla el artículo 133. Los que en menor escala que la determinada en dicho artículo cometieren simple irreverencia en los templos, o a las puertas de ellos, y los que en las mismas inquieten, denuesten, o zahieran a los fieles que concurren a los actos religiosos..."*.

del derecho penal[896]. La incorporación en nuestro sistema
constitucional del principio de igualdad y no discriminación
(Art. 14 CE) ha dado lugar a que las actitudes discriminatorias
sean consideradas una agravante (Art. 22.4 CP). Pero no se
agotan aquí las consecuencias de la discriminación y la intolerancia, ya que en su expresión más extrema ha dado lugar a
los llamados delitos de odio (Art. 510 CP). En todos los casos
se puede afirmar que se produce un ilícito penal por una posible colisión entre la libertad de expresión y el derecho de
libertad religiosa en sus distintas manifestaciones: bien como

---

[896] En esta línea de pensamiento existen desacuerdos sobre la noción
y alcance de la secularización del Derecho penal. De hecho, existen
diversas concepciones de secularización. Algunos identifican la religión con la moral, por lo que consideran intolerable que ciertos
principios morales de la religión ejerzan algún tipo de influencia
en el Derecho en general y en el penal en particular. Según esta
postura, el estándar mínimo de secularización del Derecho penal
sería muy alto. Así, por ejemplo, algunos autores mantienen que
el Derecho penal norteamericano no fue secularizado hasta el año
2003, año en el que el Tribunal Supremo anuló la ley que castigaba
la sodomía en Texas y, por extensión, declaró nulas todas las leyes
que criminalizaban las conductas sodomíticas en otros trece Estados
de Estados Unidos, legalizando por tanto las relaciones sexuales entre personas del mismo sexo en todos los Estados y territorios norteamericanos (*Lawrence v. Texas*, 539 U.S. 558). El segundo ejemplo
se refiere a España. Según algunos penalistas, la despenalización
del aborto constituye un requisito para la secularización del Derecho penal (cfr. GIMBERNAT, E.: "La secularización del Derecho y
el aborto", en *El Mundo*, de 6 de octubre de 2008). Dicho en otras
palabras, el Derecho penal español no se secularizó de un modo
completo hasta el 2010, año en el que una reforma del Código penal despenalizó la práctica del aborto inducido durante las primeras
catorce semanas del embarazo (ver Ley Orgánica 2/2010 de salud
sexual y reproductiva y de la interrupción voluntaria del embarazo).
Esta postura me parece un tanto simplista (cfr. MASFERRER, A.: "La
deshumanización del Derecho y el aborto", en *ABC*, de 26 de julio
de 2011).

contrarios a los sentimientos religiosos, bien por tratarse de expresiones de intolerancia y rechazo por el mero hecho de que la víctima es diferente: entre ellas están, por ejemplo, el racismo, la xenofobia, el antigitanismo, la homofobia o transfobia, la aporofobia (odio a los pobres), la intolerancia religiosa en cualquiera de sus manifestaciones (islamofobia, antisemitismo o cristianofobia), la misoginia y el machismo, el desprecio a personas discapacitadas y otras formas abominables de odio dirigidas contra las personas y basadas únicamente en el desprecio a su diferencia.

En consecuencia, podemos afirmar que este tipo de delitos se convierten en el recurso de los que anhelan destruir la pluralidad y la diversidad, y convertir la libertad en miedo, y la cohesión y la convivencia, en fractura y conflicto. Este tipo de hechos constituye un ataque directo a los principios de libertad, respeto a la dignidad de las personas y a los derechos que les son inherentes y, en definitiva, a los valores superiores que constituyen el fundamento del Estado social y democrático de derecho[897].

2.1. La discriminación religiosa como agravante

Con relación a la discriminación, una primera expresión en el ámbito penal la encontramos en su configuración como agravante. El artículo 22 del CP prevé una cuarta circunstancia agravante para todo tipo de delitos, si es que éstos se cometen "por motivos discriminatorios" hacia las características perso-

---

[897] VV.AA.: *Manual práctico para la investigación y enjuiciamiento de delitos de odio y discriminación*, Generalitat de Catalunya, Barcelona 2015, p. 15 (consultar en línea: http://justicia.gencat.cat/web/.content/home/ambits/formacio__recerca_i_docum/biblioteca_i_publicacions/publicacions/manual_investigacion_delitos_odio.pdf; visitado por última vez el 20 de enero de 2024).

nales (etnia, religión, orientación sexual, sexo, etc.) por ella enumeradas[898]. Nos encontramos, por tanto, ante una circunstancia modificativa (en este caso en grado de agravante) del tipo, y no ante un tipo delictivo propiamente dicho. Con ella, lo que se pretende es que la desigualdad y la discriminación de producirse en la comisión de un tipo penal supongan un agravamiento de la pena y, por tanto, ésta afecte a la categoría de culpabilidad[899]. Sin olvidar, sin embargo, que la protección va dirigida a la protección del principio de igualdad garantizado en el artículo 14 de la CE.

Así las cosas, la agravante se articularía de la siguiente manera: a la sanción correspondiente por el delito cometido, se le añade una sanción adicional al haberlo cometido por motivos discriminatorios. Es decir, que, al reproche correspondiente al delito en cuestión, se añade, de aplicarse a ese delito la circunstancia agravante, un reproche adicional por la "abyección" de la motivación, que en este caso es la intolerancia en general, y hacia la religión o las creencias en particular. Ahora bien, en este caso, cuando el legislador emplea la noción de "motivos discriminatorios", con esta expresión se está haciendo referencia a situaciones fácticas subyacentes en las que la carga ofensiva humillante para la víctima concreta, que ha sido víctima de un delito debido a su pertenencia a determinado colectivo vulnerable, viene caracterizado en el caso concreto objeto de estudio por su religión o convicción religiosa o filosófica; así como a las situaciones en las que se produce un efecto comunicativo intimidante para el colectivo vulnerable al que pertenece la

---

[898]   Art. 22.4 CP: "Son circunstancias agravantes:
4.ª *Cometer el delito por motivos racistas, antisemitas u otra clase de discriminación referente a la ideología, religión o creencias de la víctima, la etnia, raza o nación a la que pertenezca, su sexo, orientación o identidad sexual, razones de género, la enfermedad que padezca o su discapacidad*".

[899]   Por todas, ver STS 1145/2006, de 23 de noviembre.

víctima: las comunidades religiosas o filosóficas. En cualquier caso, estas posturas parten de que la mayor sanción se explica por el daño adicional que caracteriza a esas situaciones, y que, por lo tanto, el artículo 22.4 CP sanciona un plus de injusto objetivo[900].

Junto a ello, y dado que el presente precepto tiene su fundamento en el principio de igualdad (Art. 14 CE), lo que hay que probar para su aplicación es si el autor actuó guiado por su prejuicio y su odio hacia un estereotipo caracterizado por una de las condiciones personales de la víctima que enumera el precepto, en este caso por su prejuicio u odio hacia las creencias o las convicciones religiosas o filosóficas. Por ello, estamos de acuerdo con DIAZ LÓPEZ cuando señala que "*1. El artículo 22.4ª CP determina la pena a imponer dentro del marco punitivo ya previsto por el delito: al ser una circunstancia agravante genérica, los motivos discriminatorios no fundamentan en sí mismos pena alguna. No se sancionan las motivaciones en sí mismas consideradas, lo que se sanciona es el hecho típico, cuya pena viene delimitada por el marco punitivo del delito que se trate. 2. A pesar de que no se están sancionando en sí mismos, se toman en consideración los motivos discriminatorios proyectados en el hecho, como explicación para su comisión (como posibles excusas o como posibles justificaciones de la conducta del autor). Los motivos se tienen en cuenta proyectados en el hecho. Y 3. Para la aplicación de la agravante, son irrelevantes los efectos de la conducta del autor: sólo hay que atender a sus motivos, que es lo que menciona el precepto. No se trata de obviar los "motivos", desterrándolos de nuestra teoría del delito como si no existieran, cuando además el Legislador ha optado por mencionarlos expresamente y en la práctica acabarán*

---

[900] DÍEZ LÓPEZ, J.: *El odio discriminatorio como agravante penal*, Ed. Civitas, Madrid 2013, 496 pp.

tomándose en consideración de las más variopintas maneras, explícitas o implícitas, si no se articula debidamente su papel"[901].

Por último, se debe señalar que esta agravante no es aplicable a los supuestos en los que concurra otro tipo de discriminación, ya que con ello se vulnerarían los principios de seguridad jurídico y de *non bis in ídem*, toda vez que significaría un doble agravamiento, al agravar una conducta ya de por sí agravada[902].

2.2. Delitos contra la libertad religiosa y las creencias

El legislador penal ha adoptado una serie de medidas -y más concretamente, un conjunto de tipos penales- en las que la libertad de conciencia y religiosa actúa, directa o indirectamente, como límite a la libertad de expresión. Estos tipos penales son los siguientes: i) el delito de escarnio; ii) los delitos contra el honor; y iii) los delitos de odio.

---

[901]   DIAZ LOPEZ, J.: "La reforma de la agravante genérica de discriminación", consultar en línea: http://litigacionpenal.com/reforma-agravante-generica-discriminacion/ (visitado por última vez el 15 de enero de 2024].

[902]   Estos son, entre otros, los supuestos de los siguientes delitos: amenazas para atemorizar a un grupo étnico del artículo 170 del CP; Discriminación en el empleo del artículo 314 del CP; Provocación a la discriminación contra grupos o asociaciones del artículo 510 del CP; Denegación de prestaciones de los artículos 511 y 512 del CP; Asociaciones ilícitas que promuevan la discriminación del artículo 515.5 del CP; Delitos de genocidio del artículo 607 del CP. Y tampoco se aplicaría en los delitos de violencia doméstica de los artículos 148.4, 153, 171.4 y 173.2 del CP, ya que la discriminación por razón del sexo forma parte de la descripción típica.

2.2.1. El delito de escarnio público

1. El primero de los supuestos a analizar es el conocido delito contra los sentimientos religiosos, el cual tiene su plasmación concreta en la tipificación del delito de escarnio público de los dogmas, creencias, ritos o ceremonias de las confesiones religiosas o de aquellos que no profesen religión alguna (Art. 525 CP[903])[904]. Para que se dé este delito es necesario que concurran en el mismo tanto el tipo objetivo como el tipo subjetivo. En cuanto al tipo objetivo es necesario que concurra una acción típica doble, esto es, que -por un lado- hacer escarnio de los dogma, creencias, ritos o ceremonias de

---

[903] Art. 525 CP: "*1. Incurrirán en la pena de multa de ocho a doce meses los que, para ofender los sentimientos de los miembros de una confesión religiosa, hagan públicamente, de palabra, por escrito o mediante cualquier tipo de documento, escarnio de sus dogmas, creencias, ritos o ceremonias, o vejen, también públicamente, a quienes los profesan o practican.*
2. En las mismas penas incurrirán los que hagan públicamente escarnio, de palabra o por escrito, de quienes no profesan religión o creencia alguna".

[904] Vid. BERNAL DEL CASTILLO, J.: "Protección penal de los sentimientos religiosos y delito de escarnio", en *Revista General de Derecho Canónico y Derecho Eclesiástico del Estado*, núm. 55 (2021), pp. 1-22; CÁMARA ARROYO, S.: "Consideraciones críticas sobre la tutela penal de la libertad religiosa y los delitos contra la libertad de conciencia, los sentimientos religiosos y el respeto a los difuntos", en *ADCP*, vol. LXIX (2016), pp. 123-210; CAMARERO SUÁREZ, M. (1985): "La protección de los intereses religiosos en España", en *Anuario de Derecho eclesiástico del Estado*, vol. 1 (1985), pp. 369-378; CUTIÑO RAVA, Salvador: "Ofensas a la religión y sistema penal: la descripción de los conflictos en la jurisprudencia penal", consultar en línea: https://www.upo.es/investiga/cipec/wp-content/uploads/10. CutinoRaya_Ofensas-a-la-religion-y-sistema-penal.pdf (visitado por última vez el 9 de noviembre de 2023); MARTÍN RETORTILLO, L.: *La afirmación de la libertad religiosa en Europa: de guerras de religión a meras cuestiones administrativas*, Thomson Civitas, Madrid 2007, pp. 125-127.

una confesión religiosa, tanto de palabra como por escrito o mediante cualquier otro tipo de documento; y -por otro- vejar a quienes practican o profesen dichas confesiones religiosas. En ambos supuestos es imprescindible que los actos típicos de escarnio o vejación se hagan públicamente (cfr. Auto del Juzgado de Instrucción de Pamplona 429/2016, de 10 de noviembre[905], y Auto del Juzgado de Instrucción de Pozuelo de Alarcón 413/2017, de 30 de octubre[906]).

Por su parte, el elemento subjetivo del tipo se centra en el hecho de que el autor debe tener intención de ofender los sentimientos de una confesión religiosa[907], aunque no parece necesario para la consumación del delito que se hayan lesionado efectivamente los sentimientos religiosos de un tercero[908]. Puede realizarse

---

[905] Auto del Juzgado de Instrucción de Pamplona núm. 429/2016, de 10 de noviembre (TOL5.909.893; consulta: 6/11/2023).

[906] Auto del Juzgado de Instrucción de Pozuelo de Alarcón núm. 413/2017, de 30 de octubre.

[907] En cuanto al concepto, cabe entender los "sentimientos religiosos" como aquellos "*estados emocionales subjetivos, construidos a partir de la identificación personal del creyente con determinados referentes culturales, que constituyen el objeto inmediato del escarnio*" (ALCÁCER GUIRAO, R.: "Símbolos y ofensas: Crítica a la protección penal de los sentimientos religiosos", en *RECPC*, núms. 21-15 (2019), p. 10 [consultar en línea: https://dialnet.unirioja.es/servlet/articulo?codigo=7042337; visitado por última vez el 11 de enero de 2024]).

[908] El escarnio debe recaer sobre los "*dogmas, creencias, ritos o ceremonias de una confesión religiosa, por lo que la burla o mofa de sus jerarquías o ministros de culto en abstracto (…) no serán subsumibles en la figura penal*" (MAGALDI PATERNOSTRO, Mª J.: "Comentario al Art. 525 CP", en CORDOBA RODA, J. y GARCÍA ARÁN, M. (dirs.): *Comentarios al Código Penal. Parte Especial*, tomo II, Marcial Pons, Madrid 2004, p. 2470). Un estudio, previo a la reforma del Código Penal de 2015, sobre el delito de escarnio y los parámetros para su análisis basán-

tanto de palabra, por escrito o mediante cualquier tipo de documento y se refiere a los dogmas, creencias, ritos o ceremonias de una confesión religiosa[909].

Lo que se castiga, por tanto, con el presente delito son las palabras que literalmente supongan escarnio de dogmas o creencias, y no la intención con las que algunos oyentes crean que han sido dichas o la ofensa que las mismas les causen (cfr. Auto del Juzgado de Instrucción de Pamplona 429/2016, de 10 de noviembre [TOL5909893], y Auto de la Audiencia Provincial de Barcelona 865/2017, de 6 de noviembre[910]).

2. En nuestro derecho puede hacerse referencia a un conjunto de casos en los que la libertad de expresión y los sentimientos religiosos aparecen interrelacionados. Las soluciones adoptadas por nuestros tribunales han resultado diversas, ya que van desde la condena a la inadmisión de la querella, pasando por el sobreseimiento y archivo de la causa hasta las sentencias absolutorias.

2.1. Por lo que respecta a las sentencias de carácter condenatorio, y aunque éstas resultan las menos, ello no quiere decir que no existan; convirtiéndose -no obstante- en la actualidad en una excepción. A este respecto, el primer caso en el tiempo es el llama-

---

dose en el enfoque proporcionalista y el enfoque especificacionista de la ponderación, así como el examen de diversos casos judiciales españoles sobre el delito de escarnio, puede encontrarse en PÉREZ DE LA FUENTE, O.: "Libertad de expresión y escarnio de los sentimientos religiosos. enfoques sobre la ponderación en algunos casos judiciales españoles", en *Revista Telemática de Filosofía del Derecho*, nº 18 (2015), pp. 131-158.

[909] PALOMINO LOZANO, R.: "Libertad religiosa y libertad de expresión", en *Ius Canonicum*, vol. XLIX, nº. 98 (2009), pp. 509-548.

[910] Auto de la AP de Barcelona núm. 865/2017, de 6 de noviembre (TOL6.508.264; consulta: 6/11/2023).

do asunto *Comic Sor Angustias de la Crú*, y que dio lugar a la STS de 8 de abril de 1981[911], por el cual el Tribunal condenó a sus autores sobre la base de considerar que las burlas que se producen en el citado comic *"no suponen un agravio o ultraje a una persona determinada, sino a los sentimientos religiosos de la comunidad en razón a que el hecho religioso es un valor comunitario, colectivo o social de primera magnitud"* (considerando segundo).

El segundo de los casos a reseñar tiene que ver con la publicación de un poema irreverente en la revista *Interviu*. Dicho poema, que había sido considerado blasfemo por un tribunal inglés, hace referencia a una relación entre un centurión y Jesucristo. El Tribunal Supremo, a petición de la Fiscalía, casó la sentencia de la Audiencia Provincial de Barcelona, por la que se absolvía a los acusados, y -en la sentencia de 14 de febrero de 1984[912]- los condenaba por considerar que el poema contiene palabras y frases que *"implican burla y mofa sobre la esencia de la pureza que contiene la religión católica, desprendiéndose de la narración no sólo el carácter poético del escrito, sino el predominio sobre el mismo del ánimo de menoscabar, ridiculizar e injuriar a la religión católica"* (considerando único).

El tercero de los asuntos versó sobre una obra de teatro (*"Te Deum"*) publicada como tal y ofrecida al público en un recinto teatral, donde se hace una parodia de determinados ritos de la religión católica. El TS, en su sentencia de 26 de noviembre de 1990[913], anula el auto de sobreseimiento de la Audiencia Provincial de Valencia, y condena a los acusados (Els Juglars), al entender que con dicha actuación teatral se ha producido

---

[911] STS de 8 de abril de 1981 (TOL2.308.411; consulta: 26/6/2023).

[912] STS de 14 de febrero de 1984 (TOL2.313.123; consulta: 27/6/2023).

[913] STS de 26 de noviembre de 1990 (TOL2.391.197; consulta: 25/9/2023).

una befa generalizada de los ritos de la liturgia cristiana, y de la católica en particular.

Sobre la base del artículo 523 del CP, el Tribunal Supremo ha tenido ocasión de pronunciarse respecto a la relación entre libertad de expresión y libertad religiosa, por actos de interrupción de la misa en iglesias mediante gritos y pasquines en el altar a favor del aborto libre y gratuito, y en contra de la postura de la Iglesia Católica frente a la reforma de la ley de aborto que se estaba tramitando. y en dos ocasiones[914] ha confirmado las condenas por una infracción contra los sentimientos religiosos.

Las referidas sentencias aprecian la comisión de delito, rechazando el ánimo de protesta que alegaban los recurrentes, argumentando que *"para hacer efectivo el derecho a la libertad de expresión y de manifestación, extrapolable ahora también al de reunión, "… no siempre es imprescindible impedir a los demás el ejercicio de su derecho, también fundamental, a la libertad de culto como manifestación del derecho a la libertad religiosa. Si ambos derechos pueden ejercitarse de forma libre y suficiente, no es lícito pretender que uno de ellos suprima la posibilidad de ejercicio del otro." Y continuaba explicando esta sentencia que, si al acusado le asistía el derecho de expresar libremente su opinión, y de manifestarse para ello, dentro de los límites legales, "ello no le autorizaba a hacerlo de forma que, actuando en el interior del lugar destinado al culto, suprimiera un derecho fundamental de los demás, en el caso, el de libertad de culto, cuando el ejercicio de ambos era compatible, sin que, por ello, fuera preciso sacrificar uno de ellos para la subsistencia del otro. No era preciso resolver la colisión mediante el establecimiento de una relación de supremacía. La ley penal solamente castiga los actos descritos en el artículo 523 cuando se cometan en relación con los actos, funciones, ceremonias o manifesta-*

---

[914] SSTS núm. 835/2017, de 19 de diciembre y núm. 620/2018, de 4 de diciembre (TOL6.462.019 y TOL6.955.626, respectivamente; consulta: 6/11/2023).

ciones de las confesiones religiosas, pero no, como es lógico, cuando se limiten a expresar opiniones o posiciones políticas, religiosas o de otro tipo, contrarias a las que se desprenden de la práctica de aquellas actividades religiosas" (FJ 3).

En este mismo sentido y temática, cabe hacer referencia a la sentencia de la Audiencia Provincial de Madrid (Sección 30) núm. 102/2019, de 21 de febrero[915], en la que las acusadas se subieron a la peana de la Cruz de la Catedral de La Almudena (Madrid), y se encadenaron a la celosía, con el torso desnudo, gritando las expresiones que llevaban escritas a favor del aborto (HP único). El Tribunal estimó el recurso de apelación interpuesto contra la sentencia del Juzgado de lo Penal núm. 23 de Madrid núm. 147/2017, de 26 de noviembre de 2018, y condenó por delito de ofensa a los sentimientos religiosos, a la pena de doce meses de multa.

Dicha condena se fundamenta sobre la base de considerar que existe una falta de respeto por parte de las acusadas con un claro contenido vejatorio para los sentimientos de los católicos, así como por la realización de actos físicos gravemente ofensivos y vejatorios para los sentimientos de los católicos, asegurando que tendrían repercusión pública, al ir acompañadas de periodistas que grabaron su actuación (FJ 1)[916]. Al

---

[915]   SAP de Madrid (Sección 30) núm. 102/2019, de 21 de febrero (TOL7.181.863; consulta: 12/11/2023).

[916]   El Tribunal considera, igualmente, la producción del delito de profanación, al considerar que *"sí se observa la existencia de un acto de profanación, en tanto en los hechos probados se declara que las acusadas "se dirigieron a la citada Cruz, se desvistieron de cintura para arriba dejando su torso completamente desnudo, se subieron a la peana de la Cruz citada y se encadenaron a la celosía enrejada* antes descrita, con la *intención de que sólo pudieran ser desalojadas con la rotura de las cadenas, lo que impediría que el mismo pudiera efectuarse de forma inmediata. En su torso llevaban escritas las expresiones "Altar para abortar", "Gallardón inquisidor", "aborto ilegal" o "tomemos el altar". Además, verbalmente, durante unos cinco*

tiempo que considera que dichas actuaciones no pueden entenderse amparadas en el derecho a la libertad de expresión, manifestando que "*no puede considerarse amparada en la libertad de expresión la conducta de las acusadas, aun cuando así lo aleguen en sus escritos impugnatorios, pues resulta de los hechos probados que eligieron un templo católico simbólico en Madrid, como es La Almudena, la Catedral de Madrid, para realizar los actos físicos gravemente ofensivos y vejatorios para los sentimientos de los católicos, asegurándose además que tendrían la máxima repercusión pública posible, al ir acompañadas de periodistas que grabaron su actuación y fue divulgada con posterioridad a través de múltiples medios de comunicación, con lo que dicha acción tenía por destinatarios a todos los católicos, ofender los sentimientos de los católicos mediante actos ofensivos al símbolo más importante de la Religión Católica como es la Cruz, que no se justifican por su desacuerdo con las ideas de la iglesia Católica acerca de la reforma de la ley del aborto, y que pudieron expresar libremente en otro lugar diferente*" (FJ 2).

El último de los supuestos tiene su razón de ser en el asunto conocido como el "*chumino rebelde*" desarrollado en Málaga con ocasión de las actividades llevadas a cabo, el 8 de marzo de 2013, durante una manifestación por el Día de la Mujer. Las partici-

---

minutos del tiempo total que estuvieron encadenadas, gritaron expresiones del tipo Altar para abortar", "aborto ilegal", "tomemos el altar", "aborto es sagrado" y "libertad para abortar", haciendo Sandra varias veces el gesto de santiguarse". La descripción de hechos probados recoge actos físicos directos sobre el elemento representativo de la religión católica como es la Cruz, como fueron subirse a la peana de la Cruz y encadenarse a la celosía enrejada que la rodea, que unido a la actuación de encontrarse con el torso desnudo, gritando las expresiones que también llevaban escritas en aquél, como "altar para abortar" o "tomemos el altar", mientras una de ellas se santiguaba, que suponen una evidente falta de respeto y con un claro contenido vejatorio para los sentimientos de los católicos. ^P*or tanto, no nos encontramos aquí ante una mera profanación virtual o gestual, que no traspasaría el límite de la ofensa verbal, sino ante un acto de profanación encajable en el tipo penal del Art. 524 CP*" (FJ 2.3 in fine).

pantes en dicha manifestación portaban peinetas, velas grandes, túnicas y mantillas, a imitación de un paso de Semana Santa, cuya imagen era una vagina de grandes dimensiones ataviada con un pañuelo grande o manto y con flores en la base. El paso desfiló por algunas de las calles más céntricas de la capital malagueña y se exhibió ante infinidad de personas, llegando incluso a detenerse ante la Catedral y el Palacio Episcopal.

El juez, en sentencia de 10 de noviembre de 2020[917], entendió que por lo que respecta al elemento subjetivo del tipo, el dolo, "*consiste en la intención de herir, humillar, ofender o burlarse de los sentimientos religiosos*" (FJ 1). Además, se dicha sentencia de señala que "*los textos que la acusada lee en voz alta contienen expresiones altamente ofensivas para la fe católica*" y su contenido "*es una burla constante a la oración original, asimilando a la Virgen María con una vigina, utilizando el término "santo" en numerosas ocasiones con carácter jocoso*" (FJ 2). Por todo ello, el fallo del juez conluye que dichos hechos probados "*no pueden considerarse amparados en la libertad de expresión la conducta de la acusada, pues resulta probado que llevó a cabo actos gravemente ofensivos y vejatorios prara los sentimientos de los católicos, con publicidad y que no se justifican por su desacuerdo con las ideas de la Iglesia Católica acerca de la reforma de la Ley del aborto, hecho en el que la acusada se ampara*" (FJ 3, in fine).

> 2.2. Dentro de las sentencias absolutorias, cabe mencionar -en primer término- el asunto referido a un video titulado: "La edad de Oro", en el que aparece una figura humana crucificada con cabeza de animal. En este caso, el TS, en su sentencia de 25 de marzo de 1993[918], y en aplicación del anterior CP y con relación a una figura afín (Art. 208 del CP1973, antecesor del Art. 524 CP), absorbió a la presentado-

---

[917]   Sent. del Juzgado de lo Penal núm. 10 de Málaga, de 10 de noviembre de 2020 (TOL8.202.494; consulta: 8/11/2023).

[918]   STS de 25 de marzo de 1993 (TOL402.263; consulta: 25/9/2023).

ra del programa en el que se emitió el citado video, por considerar -entre otros motivos- que cualquier cruz no es un crucifijo y, por lo tanto, no siéndolo no puede haber acto de profanación respecto de ella, al tiempo que faltaba en su conducta la intención de ofender (FJ 5), y ello con independencia de que concurra una intención burlesca en el sujeto actuante.

En concreto, el TS manifestó que "*el elemento intencional de la procesada no fue el antijurídico exigido en el precepto penal que se cita como infringido, cual es el ánimo de ofender los sentimientos religiosos de los cristianos, por lo que aun cuando hipotéticamente se admite la concurrencia del elemento objetivo o el soporte material de la ofensa, al no poder deducirse de los hechos que ha concurrido el elemento psicológico o la intención de ofender, al menos por parte de la procesada, en cuanto que la proyección del vídeo se hallaba enmarcada en la actuación de un grupo musical que intervenía en un programa realizado con la finalidad que se dice en la sentencia recurrida como era la de dar a conocer las tendencias musicales de vanguardia, ha de concluirse en el sentido de que los hechos narrados como probados en la sentencia dictada por el Tribunal a quo no pueden estimarse constitutivos de delito por el que la procesada fue acusada como se entendió, acertadamente, por el Tribunal de instancia, por lo que no procede la solicitud de casación de la misma y sí, en cambio, la desestimación del motivo*" (FJ 3)

Un segundo asunto se encuentra en la sentencia de la AP de Sevilla (Sección 4) núm. 353/2004, de 7 de junio[919], por la que se absolvió al acusado, el cual exhibía una imagen de la Virgen María junto a los genitales de un varón. Aunque el

---

[919]   SAP de Sevilla (Sección 4) n° 353/2004, de 7 de junio (TOL7.749.151; consulta: 25/7/2023).

Tribunal entendió que efectivamente se hizo escarnio de la Virgen, concluyó que faltaba en el acusado la específica intención de ofender. Para el citado Tribunal, *"el proceder utilizado para realizar esa crítica nos parece tan burdo como simplista y carente de cualquier virtud intelectual apreciable, pero ni la fotografía ni el texto cuestiona directa o indirectamente ningún dogma, creencia, rito o ceremonia de la religión católica, sólo utiliza una conocida imagen para escandalizar y provocar una polémica que difícilmente conseguiría con el uso de una imagen no religiosa o, incluso, con poca devoción en la ciudad, cuestión que, al parecer, es lo que pretende resaltar el autor sin darse cuenta que las numerosas faltas de ortografía que contiene el texto bastaría para escandalizar a cualquier lector sin necesidad de ningún añadido más"* (FJ 2).

La tercera causa tiene que ver con un individuo que padece trastornos de personalidad y que caminaba por la calle con una pancarta en la que aparecía una imagen de la Virgen María y de Jesucristo, a cuyo pie se podía leer la leyenda: "adúltera con bastardo". Pues bien, la Audiencia Provincial de Valladolid, en su sentencia 367/2005, de 21 de octubre[920], pone de manifiesto cómo, a pesar de darse los requisitos del tipo, no se da el elemento subjetivo del injusto, toda vez que *"el acusado, que al parecer ha fundado una ONG denominada: "Movimiento Social Ciudadano sin fronteras", de la cual él es el único integrante, y que según el Informe forense padece un trastorno paranoide de la personalidad con repercusiones conductuales que le lleva a sentirse perseguido por opinar de manera distinta al resto de las personas debido precisamente a la concepción equivocada que tiene de la realidad, fue el primero en demandar lo que él consideraba que había sido un "acoso fanático integrista religioso" por el hecho de que no se le permitiera manifestar sus opiniones, y ha explicado reiteradamente que su intención mostrando esas pancartas no fue la de despreciar o insultar a aquellos*

---

[920] SAP de Valladolid 367/2005, de 21 de octubre (TOL775.646; consulta: 28/7/2023).

que profesan la religión católica, sino que lo pretendido por él ha sido sólo hacer uso de lo que considera es su libertad de expresión, y mostrar públicamente su opinión contraria al dogma relativo a la virginidad de María" (FJ 2).

El cuarto de los casos tiene su origen en la edición de un video publicitario dirigido a fomentar el uso del preservativo como método preventivo con ocasión del Día Mundial del Sida. En el cartel publicitario que acompaña al video se ve el rostro de un hombre sosteniendo en sus manos un preservativo a modo de hostia consagrada y con el título: "Bendito condón que quitas el sida del mundo", rotulando debajo "úsalo". En el video, por su parte, se hace referencia a datos estadísticos del sida en el mundo y se recogen afirmaciones del Papa Benedicto XVI junto con leyendas como "¿Y estos de verdad os quieren?", "que no te engañen" o "que no te den la ostia".

Por su parte, en la sentencia, del Juzgado de lo Penal de Sevilla 346/2013, de 3 de septiembre[921], que es de carácter absolutorio, el juzgador considera *"la campaña, realizada el mismo Día Mundial de la Lucha contra el Sida, carece del dolo necesario de atentar a los sentimientos religiosos"* y manifiesta asimismo que *"la oposicion de ideas es consustancial a un Estado de Derecho y al normal ejercicio de la libertad de expresión"*. En concreto, la juez no considera probado que el acusado hubiera intervenido en la elaboración de la campaña y concluye que *"no pretendía, con la difusión de ese cartel y las expresiones utilizadas referidas, hacer daño a los sentimientos de la fe católica ni hacer burla al acto de la sagrada consagración, sino concienciar lo que su colectivo cree era la única forma de evitar el sida, cual es usar el condón, descartando otras posibilidades a sus juventudes sobre la forma de evitar"* su contagio. Por todo ello, la juez considera que, como mucho, se puede calificar de campaña "muy poco afortunada, irrespetuosa y de una escasa sensibilidad a los

---

[921] Sent. del Juzgado de lo Penal de Sevilla núm. 346/2013, de 3 de septiembre.

sentimientos de los católicos"[922]. Pese a ello, no ve probado que con ella pretendiera ofender los sentimientos religiosos de los católicos y cree que está amparada por la libertad de expresión: "*Las discrepancias del acusado sobre el condón como prevención del sida frente a otras posiciones religiosas se deben incluir dentro de la libertad de expresión, sin carecer de mayor valor otras ideas discrepantes frente al derecho a discrepar de ellas*".

En el mismo sentido, cabe hacer referencia a dos nuevos casos producidos en Ciudad Real y Bilbao, y en los que los respectivos Juzgados de lo Penal de estas ciudades decretaron la absolución al entender que los respectivos acusados carecían de la intención de menoscabar, humillar o herir los sentimientos religiosos de terceros y, por el contario, podía atribuírsele una intención de burla o de sátíra[923]. El primero versa sobre el uso de una fotografía de Cristo en la que el autor usa para la realización de "memes" en los cuales se podían leer frase como "la cara que te queda cuando a las 20.00 horas te dicen que mañana trabajas" o "cuando te la chupan". Dichas imágenes fueron publicadas en Instagram, cuya cuenta contaba con 600 seguidores, estando cerrada al resto de usuarios de la red social.

Mientras que, en el segundo de los casos, los hechos que dan lugar al mismo es la colocación en una caseta de la feria de Bilbao de una imagen de un Cristo crucificado representado como un despiece de carne con alusiones a las correlaciones de las

---

[922] "*Lo que sí sería delictivo*" *es* -*según la juez que el acusado* "*hubiera difundido*" *esa campaña* "*sabiendo que ofendía los sentimientos religiosos*", *que recuerda que, en su declaración, el imputado* "*siempre nos dice que fue guiado por la intención de difundir el uso del condón entre sus jóvenes militantes como único medio de prevenir el sida, y que nunca apreció que hiciera daño a los sentimientos religiosos de los católicos*".

[923] Sent. del Juzgado de lo Penal de Ciudad Real núm. 211/2018, de 3 de septiembre y sent del Juzgado de lo Penal de Bilbao núm. 365/2018, de 19 de diciembre.

diferentes partes del cuerpo y sus denominaciones equivalentes en la alimentación cánica como "Tomad y comed que éste es mi cuerpo", así como un rótulo que razaba "Carnicerias vaticanas".

Otro de los supuestos tiene su origen en una manifestación en Sevilla llevada a cabo bajo el slogan de "el coño insumiso", y aunque se aproxima al asunto visto anteriormente dentro del apartado de las sentencias condenatorias[924], en esta ocasión el Tribunal, en sentencia de 9 de octubre de 2019[925], absolvió a las presuntas infractoras. Los hechos que dan lugar a la causa se concretan en una manifestación feminista de protesta contra la reforma de la Ley del aborto con el lema: "Procesión del coño insumiso", en la que -imitando a las procesiones de Semana Santa- se llevaba lo que simulaba ser un palio con una vulva de cartón piedra de gran tamaño con mantilla o manto y corona y al que acompañaban un grupo de mujeres que se cubrían el rostro con capuchones de colores y otro grupo de mujeres vestidas de negro y con mantilla. Durante el desarrollo de la "procesión" lanzarón gritos como "la Virgen María también abortaría" y usaron oraciones como el Credo y el Ave María (ver HP único).

Respecto a este delito, se precisa que éste exige la concurrencia de los siguientes elementos: "*la acción típica la realizaría quienes públicamente (de palabra, por escrito o por cualquier tipo de documento) hiciesen escarnio de los dogmas, creencias, ritos o ceremonias de la confesión religiosa o vegen a quienes los profesen o practiquen, y además se exige un elemento subjetivo del injusto: la acción se realiza para ofender los sentimientos de los miembros de una confesión religiosa*" (FJ 2). Sin embargo, a juicio del juzgador los hechos reseñados son considerados como una actividad de protesta social contra los planes de reforma de la regulación del aborto,

---

[924] Ver nota 879.

[925] Sent. Juzgado de lo Penal n° 10 de Sevilla núm. 448/2019, de 9 de octubre (TOL7.671.777; consulta: 6/11/2023).

por lo que la finalidad no era ofender los sentimientos religiosos, y por tanto carecería del elemento subjetivo, a pesar de emplear elementos que objetivamente pueden servir para ello (cfr. FJ 2).

Un último caso lo encontramos en las manifestaciones de palabra realizadas por el actor Willy Toledo colgó en su muro de Facebook, y en la que mostraba su opinión a la fiesta nacional y al procesamiento contra las manifestantes del "coño insumiso". Respecto de la primera, el actor hacía manifestaciones del siguiente tenor: *"me cago en la fiesta nacional… Me cago en la monarquía y en sus monarcas… Me cago en la Virgen María del Pilar y me cago en todo lo que se menea"*; mientras que con relación a la segunda hace manifestaciones del tipo siguiente: *"tres compañeras serán juzgadas por (presuntamente) organizar la procesión del coño insumiso de Sevilla. Según la energúmena de la jueza dicha procesión "constituye un escarnio al dogma de la santidad y virginidad de la Virgen María…" "Yo me cago en Dios y me sobra mierda para cagarme en el dogma de la santidad y viginidad de la Virgen María"*.

El juez, en sentencia de 21 de febrero de 2020[926], absolvió al acusado por entender que ni en sus declaraciones críticas contra la fiesta nacional, ni en las de apoyo a sus compañeras juzgadas, existe ofensas a los sentimientos religiosos sino manifestaciones de su libertad de expresión. En concreto, el juez considera que *"se ha de tener en cuenta que las dos publicaciones se realizan por el acusado en su perfil social de Facebook, por lo que se entiende que iban dirigidas a sus seguidores, y personas que compartan las ideas del acusado y el gusto por su especial estilo literario. Del tenor literal de las publicaciones y su contexto se evidencia la falta de educación, el mal gusto y el lenguaje soez utilizado por el acusado, y que caracteriza sus publicaciones, pero no acreditan por si solos la comisión*

---

[926]　Sent. del Juzgado de lo Penal de Madrid núm. 20/2020, de 21 de febrero (TOL7.905.680; consulta: 6/11/2023).

por parte del mismo de un delito de escarnio contra los sentimientos religiosos por el que ha sido acusado" (FJ 4).

2.3. Dentro de los supuestos que han dado lugar al sobreseimiento y archivo de la causa, cabe mencionar un conjunto de resoluciones todas ellas relacionadas con las ofensas contras los sentimientos religiosos católicos. Los dos primeros casos versan sobre sendas representaciones teatrales, cuya escenificación podía ofender los sentimientos religiosos, toda vez que se realizan consideraciones de tipo anticlerical y se critican ritos y tradiciones católicas. Sin embargo, los tribunales consideran que dichos actos no dan lugar al tipo penal[927], al carecer de un dolo de escarnio, y se desestima la querella por endender que *"la representación constituye un espectáculo de humor, revestido de ánimo iocandi, y realizado para gente adulta en el entorno universitario"*, y no ser más que una crítica hacia la religión católica, en uso de la libertad ideológica y de expresión.

En esta misma línea de sobreseimiento, cabe señalar, en tercer lugar, el caso del cortometraje titulado *"Cómo cocinar un crucifijo"*, emitido el 15 de diciembre de 2004 por el programa *Lo +plus* de Canal Plus, en el que se iba explicando la receta mientras se hacía referencia a diferentes dogmas de la religión católica. El centro jurídico Tomás Moro presentó una querella por escarnio contra los autores del cortometraje y la directora del programa, que fueron imputados por un delito contra los sentimientos religiosos según lo establecido en el artículo 525.1 del Código Penal. El Juzgado de lo Penal n° 8 de Madrid,

---

[927] Autos de la Audiencia Provincial de Madrid 112/2005, de 1 de marzo (TOL8.145.432; consulta: 15/9/2023), y de la Audiencia Provincial de Valladolid núm. 251/2011, de 9 de junio (TOL3.569.236; consulta: 28/7/2023).

en sentencia de 8 de junio de 2012[928], entendió que no concurrían los elementos del tipo del delito, puesto que, aunque el crucifijo puede considerarse como un símbolo de una creencia, la elaboración y emisión del video no pretendía hacer escarnio del cristianismo, aunque fuera evidente el sentido satírico, provocador y crítico de este (FJ 2.4). Además, no se apreció el ánimo de ofender, puesto que, en el ánimo de los acusados no existía intención de herir los sentimientos religiosos (FJ 3). Por ello, la conducta es concebida como un legítimo ejercicio y difusión de una expresión artística que realiza una crítica del fenómeno religioso.

Aunque contra esta resolución fue interpuesto recurso ante la Audiencia Provincial de Madrid, se confirmó la absolución[929]. La Audiencia Provincial de Madrid plantea que "*las imágenes emitidas y las manifestaciones que las acompañan tienen un indudable sentido satírico, crítico y provocador*". Ahora bien, el Tribunal añade que "*ello no es suficiente para dotarlas de relevancia criminal, pese a su contenido burlesco, pues el tipo penal requiere que se haga escarnio público de dogmas, creencias, rito o ceremonias con la finalidad de ofender los sentimientos de los miembros de una confesión religiosa*". La sentencia también resalta que "*se protege, pues, la libertad de conciencia en su manifestación de libertad religiosa, pero*

---

[928] Juzgado de lo Penal n° 8 de Madrid, sentencia de 8 de junio de 2012 (TOL2.554.050; consulta: 28/7/2023).

[929] SAP Madrid (Sección 16ª) núm. 224/2013, de 2 de abril (TOL3.747.394; consulta: 16/10/2023). Vid. PALOMINO LOZANO, R.: "Libertad religiosa y libertad de expresión", en *Ius Canonicum*, vol. XLIX, núm 98 (2009), pp. 509-548; PÉREZ DE LA FUENTE, O.: "Libertad de expresión y escarnio de los sentimientos religiosos. enfoques sobre la ponderación en algunos casos judiciales españoles", en *Revista Telemática de Filosofía del Derecho*, n° 18 (2015), pp. 131-158.

no que se haga crítica y sátira de determinadas creencias y sentimientos religiosos dentro de un contexto de libertad de expresión y artística"[930].

Un cuarto supuesto trata sobre una exposición fotográfica en la que el artista representa la palabra "pederastía" con obleas simiares a las usadas en la eucaristía católica. Dicho artista fue denunciado por una asociación católica y por el Arzobispado de Pamplona, pero el juez de Instrucción, tras las correspondientes diligencias previas y la declaración del investigado, ordena el archivo de la causa[931], y la justifica sobre la base de considerar que "*respecto del delito previsto en el artículo 524, no concurren los elementos típicos de dicha infracción penal que castiga al que, en templo, lugar destinado al culto o en ceremonias religiosas, ejecutare actos de profanación en ofensa de los sentimientos religiosos legalmente tutelados. No concurre, en la conducta del querellado, los elementos de este delito desde el momento en que, cuando obtuvo las formas consagradas acudiendo y comulgando en diferentes misas, el querellado no realizó actos de profanación de las formas consagradas y ello porque, definiéndose la palabra "profanación" por el diccionario de la Real Academia Española como "acción y efecto de profanar" definiéndose en dicho diccionario el verbo "profanar" como "tratar algo sagrado sin el debido respeto, o aplicarlo a usos profanos", no puede afirmarse que la conducta del querellado, cuando se apoderó de las formas consagradas que luego utilizó para realizar su obra, implicara tratar algo sagrado (las formas consagradas lo son, sin duda, para los católicos) sin el debido respeto, puesto que no cabe confundir faltar al respeto con no realizar lo que la religión católica exige a sus fieles que hagan con las formas consagradas en el acto de la comunión*" (FJ 2).

---

[930]   En este mismo sentido, véanse AAP Madrid (Secc. 17") n° 809/2011, de 29 de julio; y AAP Castellón (Secc. 7a) n° 485/2007, de 29 de octubre.

[931]   Auto del Juzgado de Instrucción de Pamplona núm. 429/2016, de 10 de noviembre (TOL5.9.9.893; consulta: 30/10/2023).

Mientras que respecto del artículo 525 del CP, el juez manifesta que "*la obra expuesta en el Monumento a los Caídos de Pamplona no constituye un escarnio de los dogmas, creencias, ritos o ceremonias de la Iglesia Católica ni tampoco una vejación de quienes profesan o practican dichas creencias. En efecto, escarnio es una "burla tenaz que se hace con el propósito de afrentar", según el diccionario de la Real Academia, quien también define la palabra "burla" como "acción, ademán o palabras con que se procura poner enridículo a alguien o a algo". Escarnecer, en definitiva, supone ridiculizar, burlarse, parodiar, caricaturizar, satirizar, en definitiva, reírse o mofarse de los dogmas, creencias, ritos o ceremonias de una confesión religiosa y es claro que la obra realizada por el querellado, ni en su estado original ni en la forma resumida y fotográfica que se exhibió en el Monumento a los Caídos, constituye nada de lo ya dicho respecto de los dogmas, creencias, ritos o ceremonias de la Iglesia Católica. Tampoco cabe considerar que la acción ejecutada por el querellado constituya una vejación para los que profesan o practican la religión católica. El tipo que ahora estudiamos castiga al que veje, es decir, al que moleste, ofenda, humille o ultraje, también públicamente, no los dogmas, creencias, ritos o ceremonias de una confesión religiosa sino a las personas, en particular o en general, que profesan o practican dicha religión. Pero dicha vejación tiene que ser directa, no indirecta*" (FJ 3).

El presente Auto fue recurrido tanto por los querellantes, como por el Ministerio fiscal, pero la Audiencia Provincial de Navarra (sección 1ª) confirmó el archivo, en auto de 4 de mayo de 2017[932], considerando que "*la exposición no pretendía ofender los sentimientos religiosos, sino realizar una crítica pública y provocativa contra la pederastia en la Iglesia*".

Los dos casos siguientes versan sobre el uso de símbolos e imágenes religiosas para la difusión bien de un carnaval, bien de un cartel reinvindicaativo por el día del Orgullo LGTBI. En

---

[932]   Auto de la Audiencia Provincial de Navarra (Sección 1ª) de 4 de mayo de 2017.

el asunto del carnaval, la concejalía de cultura de A Coruña se sirvió de una serie de ilustraciones para promocionar el carnaval de la ciudad de 2017, entre las que aparecía una imagen de una persona disfrazada de Papa con nariz roja y una copa en la mano. Mientras que en el cartel por el Día del Orgullo se representaba a la Virgen de Monserrat y a la Virgen de los Desamparados dándose un beso en la boca, bajo el lema: "Contra las normas sagradas, ama como quieras". En ambos casos, los jueces de Instrucción acordaron el sobreseimiento y archivo de las respectivas causas: Autos del Juzgado de Instrucción de A Coruña de 22 de mayo de 2017[933] y del Juzgado de Instrucción n° 18 de Valencia de 30 de junio de 2016[934], al considerar que se trataba de una sátira, crítica y con sentido provocador, que no ofende a los sentimientos religiosos. El auto del Juzgado de Instrucción de Valencia fue recurrido ante la Audiencia Provincial, la cual -tras tomar declaración a los invetsigados- acordó el archivo, señalando que no existía intención de ofender los sentimientos religiosos.

El siguiente asunto tiene que ver con una gala de Drag Queen en Gran Canaria, donde por parte del querellado se usa simbología y oraciones católicas, disfrazándose primero como virgen coronada y, después, como Jesucristo en la cruz. El auto del Juzgado de Instrucción de Las Palmas de Gran Canaria, de 11 de diciembre de 2017[935], acordó el sobreseimiento provisional y el archivo. Sin embargo, el auto es recurrido ante la Audiencia Provincial de Las Palmas de Gran Canaria, quien

---

[933] Auto del Juzgado de Instrucción de A Coruña de 22 de mayo de 2017.

[934] Auto del Juzgado de Instrucción n° 18 de Valencia de 30 de junio de 2016.

[935] Auto del Juzgado de Instrucción n° 8 de Las Palmas de Gran Canarias de 11 de diciembre de 2017.

-en auto de 30 de julio de 2018[936]- confirma el archivo, al considerar que no existe una ofensa a los sentimientos religiosos, sino una representación transgresora, exagerada y atrevida. En concreto, el Tribunal considera que *"no se debe perder de vista que, durante el Carnaval, fiesta pagana muy asentada en países de tradición católica, se combinan diferentes y característicos ingredientes tales como disfraces, murgas, cabalgatas, bailes y fiestas en la calle; siendo especialmente relevante en esta ciudad las galas de elección de las reinas del carnaval y la gala Drag Queen".*

Ahora bien, en este contexto, la Audiencia considera que *"no cabe buscar afrentas ni conductas ofensivas, sino más bien conductas arriesgadas y osadas y, en cierto modo, agitadoras, como así fue la que escenificó el denunciado en su papel de Drag Sethlas, quien apoyó su interpretación en la simbología y oraciones católicas. Utilizó a su manera, en sus llamativos y peculiares disfraces, la figura de Jesucristo crucificado y la de la Virgen María en un paso procesional con personas vestidas de nazarenos".* En definitiva, a juicio de la Audiencia, lo que hizo Sethlas fue *"tomar como referencia imágenes, ceremonias y concretos actos conectados con la religión católica, mezclado todo ello con baile y música y con el sentido provocador y transgresor que caracteriza a esa gala"* y *"en modo alguno cabe de su conjunto deducir que el actor haya cuestionado los dogmas y ritos de esa concreta confesión, ni que haya ofendido los sentimientos religiosos".*

El último de los casos al que se va a hacer mención tiene que ver con la revista "Mongolia" y su portada de diciembre de 2022. El juez de Instrucción nº 13 de Barcelona, en su Auto nº 5/2024, de 17 de enero, ha acordado el sobreseimiento de la denuncia interpuesta por Manos Limpias contra los editores de la mencionada revista por ofensas a los sentimientos religiosos a raíz de una publicación satírica sobre el portal de belén. El juez ha sostenido que *"la publicación está amparada por el de-*

---

[936]   Auto de la AP de Las Palmas de Gran Canaria núm 547/2018, de 30 de julio.

recho a la libertad de expresión, por ser una crítica a una festividad de gran relevancia social. En concreto, el juez considera que "*el carácter chabacano, burdo e insulso de la ilustración de Mongolia que sustituía al niño Jesús por el "emoticono" de una "caca" no se hace con el propósito de ofender los sentimientos religiosos, sino para criticar la irracionalidad que son los dogmas de la fe*". Por tanto, para el juez no concurren los elementos típicos del delito (…), considerando que, "*en primer lugar, y con independencia de los sentimientos de los denunciantes, (…) su publicación está amparada por el derecho a la libertad de expresión (…). Y sobre todo, no concurre el necesario elemento subjetivo del injusto, esto es, la intención de los denunciantes de ofender mediante el escarnio (burla tenaz que se hace con el propósito de afrentar los sentimientos de los miembros de la confesión religiosa cristiana, pudiendo sostenerse que su intención era criticar, negar, o resaltar la irracionalidad intrínseca a lo que son los dogmas de fe, con mayor o menor acierto y acerbos términos, pero obrando amparados por dicha libertad de expresión*" (FJ 2).

2.4. Por último, y dentro del ámbito de la inadmisión de la querella, cabe hacer referencia a tres casos. El primero de ellos tuvo lugar con motivo de la campaña mediática llevada a cabo por la CNT contra la Jornada Mundial de la Juventud en 2011, y más concretamente contra la visita del Papa a nuestro país, denominada: "Peligro que viene el Papa". En ella se convocó un concurso de carteles "para escarnio de las instituciones religiosas y de Dios", entre los que se encontraban imágenes como un dibujo con un obispo ahorcado, una iglesia ardiendo con el slogan: "la única iglesia que ilumina es la iglesia que arde" o un montaje fotográfico en el que se ve la silueta del Papa dentro de una mira telescópica y con la frase: "totus muertos". No obstante, la Audiencia Provincial de Madrid, en auto núm.

73/2013, de 24 de enero[937], inadmitió la querella al entender que las expresiones realizadas no son escarnios de creencias, dognas o ritos religiosos, sino meras descalificaciones que deber ser atípicas.

En concreto, el Tribunal considera que "*determinados carteles ofensivos para los obispos, en general y sin particularizar en nadie, o que oponen razón y fe, reservando la inteligencia solo a la primera tampoco suponen un escarnio de dogma, creencia o rito alguno. Al igual que las censurables expresiones sobre las iglesias que arden, la omnipresencia divina que supone su presencia bajo una defecación, la tacha de gran inquisidor al Papa, no son escarnio de creencias, ritos o dogmas, sino descalificaciones de las mismas, donde lo que se pretende es tachar de inutilidad a los templos, o pretendidamente ingeniosas reducciones al absurdo o inadecuado recordatorio de la trayectoria como Cardenal Prefecto de la Congregación de la doctrina de la fe del actual Papa, más o menos mezclada con su obligada contribución adolescente como soldado a la Alemania nacional Socialista (...) Como tampoco Dios puede ser objeto de protección del Código Penal que se está refiriendo a los sentimientos religiosos de los seres humanos*" (FJ único).

En la misma línea se pronunció el Juzgado de Instrucción de Pozuelo de Alarcón, en su auto núm. 413/2017, de 30 de octubre[938], con relación a un presentador de un programa de televisión, quien afirmó que "el Valle de los caídos alberga la cruz cristiana más grande del mundo (...) Y eso es porque Franco quería que esa cruz se viera de lejos, normal porque quien va

---

[937] Auto de la Audiencia Provincial de Madrid núm. 73/2013, de 24 de enero (TOL5.360.932; consulta: 29/10/2023).

[938] Auto del Juzgado de Instrucción de Pozuelo de Alarcón núm. 413/2017, de 30 de octubre.

a querer ver esa mierda de cerca". El juez, en su resolución, señala que *"las palabras enjuiciadas constituían una sátira que no puede estar prohibida"*.

Y la misma solución (de inadmisión) es la adoptada, por último, por la Audiencia Provincial de Barcelona respecto del espectáculo desarrollado en el interior de la discoteca, en el cual se representaba a la figura de Jesucristo portando una cruz y bailando al ritmo de la música, rodeado de figurantes que representaban algunas de las figuras de la religión católica. La Audiencia Provincial de Barcelona -en auto núm. 865/2017, de 6 de noviembre[939]- inadmitió la querella, al considerar que *"objetivamente, no se aprecia escarnio y, subjetivamente, se entiende que el actor pretendía provocar y escandalizar, pero no ofender sentimientos religiosos"*.

Más concretamente, el Tribunal manifiesta que *"partiendo como premisa de un absoluto y máximo respeto a todas las confesiones religiosas, sus dogmas, ritos y creencias y sin cuestionar que la actuación denunciada hubiere podido ofender los sentimientos religiosos de la querellante, visionado el material aportado junto con el escrito de querella, especialmente los minutos de la grabación (3 archivos), adjunta como documento nº 5, la actuación cuestionada no reúne, a Juicio de la Sala, características o rasgos que permitirían su consideración de escarnio, en este caso, del dogma de la Pasión; la vinculación de la figura de Jesucristo con el ocio, representado en el caso de autos con un baile al ritmo de la música propia del lugar (discoteca), no puede asimilarse, sin más, a un escarnio, considerado este como una "burla tenaz que se hace con el propósito de afrentar "; más allá de dicho baile, que podría considerarse inapropiado, (no desprendiéndose del contenido de la querella, ni de los diversos comentarios que, en redes públicas, efectuaron algunos particulares, que se desplegara otro tipo de actuación), no se advierte que el "actor" reprodujera conductas insultantes,*

---

[939] Auto de la Audiencia Provincial de Barcelona núm. 865/2017, de 6 de noviembre (TOL6.508.264; consulta: 29/10/2023).

denigrantes, humillantes o relacionadas con otros ámbitos tales como el sexual, tal y como refiere el Instructor, que pudieran resultar de mayor envergadura; ahora bien, sin obviar, que ni el momento temporal en el que se desarrolla la actuación, en el periodo previo a la Semana Santa, dogma de gran importancia para la religión Católica y periodo de recogimiento, ni la temática del espectáculo, que debió ser intuida por todos aquellos que, libremente, asistieron al mismo, a partir de las invitaciones y anuncios desplegados, en los que con el fondo de un lugar de culto católico, se recogían las expresiones "Escándalo", "Fridays At Heaven" y "Easter special set", pudieran resultar oportunos".

Seguidamente, el Tribunal tampoco aprecia que se de la concurrencia del elemento subjetivo del tipo en las expresiones manifestadas, y señala que *"Este elemento subjetivo del tipo ha sido definido por el Tribunal Supremo y la doctrina como el dolo específico que exige el tipo penal que nos ocupa, entendido este como ánimo deliberado de ofender los sentimientos religiosos legalmente tutelados. Es decir, es necesario que la acción ejecutada por el autor esté, específicamente, destinada a obtener o conseguir dicha finalidad, de forma que, por definición, no es posible cometer este tipo de delitos, no solo a título imprudente sino tampoco mediante otras modalidades del dolo, distintas al dolo directo, singularmente el dolo eventual, desde el momento en que dicho tipo de dolo es incompatible con la exigencia legal de que el sujeto actúe movido por una especial y concreta finalidad o intención, en el presente caso la de ofender los sentimientos religiosos de las personas"* (FJ 2).

2.2.2. Libertad de expresión y derecho al honor

Un segundo ámbito de conflicto se sitúa en la esfera del honor bien del personal religioso, bien de un grupo religioso. Por lo que respecta a la primera de las áreas reseñadas, cabe hacer referencia a la sentencia de la AP de Girona, de 27 de octubre de 2012[940]. La causa de este asunto está en la emisión, el 7 de octubre de 2010, por TeleMadrid del reportaje titulado "Los doce imanes de la yihad", donde se desvelaba el rostro de los doce imanes más peligrosos de España, que en su mayoría profesaban el salafismo, la corriente más violenta del integrismo islamista, desde sus púlpitos apoyaban a Al Qaeda y difundían un mensaje a favor del yihadismo. En este programa se atribuyó al imán de Sait (Girona) la condición de salafista radical y a otro se le vinculó con atentados terroristas. Dichos dirigentes religiosos islámicos denunciaron la existencia de una intromisión ilegítima en su honor ante el juzgado de Primera Instancia de Girona.

Tras la resolución de 7 de diciembre de 2011, los demandantes la recurrieron ante la Audiencia Provincial, la cual recordó que, al concurrir en un mismo texto elementos informativos y valorativos, es necesario separarlos, y sólo cuando sea imposible hacerlo habrá de atenderse al elemento preponderante. Puesto que en el reportaje se tildaba a los imanes de peligrosos y violentos, la Audiencia Provincial entendió que la cadena de televisión autonómica madrileña atentó contra el honor de los demandantes, ya que el contexto del documental superaba los límites del denominado reportaje neutral.

En concreto, el Tribunal considera que "*al tratarse de la colisión entre el derecho al honor y la libertad de información, es necesario que esta sea veraz, lo cual no quiere decir que sea absoluta, es decir que se demuestre plenamente la certeza de los hechos que se publican, pues como hemos visto según la jurisprudencia, por veracidad debe entenderse el resultado de una razonable diligencia por parte del informador para contrastar la noticia de acuerdo con pautas profesionales, ajustándose a las circunstancias del caso, aun cuando la información, con el transcurso del tiempo, puede más adelante ser desmentida o no*

---

[940] SAP de Girona de 27 de abril de 2012 (TOL2.574.164; consulta: 28/7/2023).

resultar confirmada. Y vista la prueba practicada, no puede considerarse que la misma sea veraz. Ya del propio reportaje se desprende que las imputaciones que se hace a los demandantes no se basaron en ninguno de los informadores que aparece en el reportaje, informadores que por cierto ni siquiera se les identifica, salvo alguna excepción. Si que durante el reportaje se cita fuentes de la Fiscalía, de la Policía, etc., pero respecto a la existencia de células yihadistas actuantes en el España, pero en ninguna de las fuentes se afirma que los demandantes pertenezcan a estas células terroristas o capten o adoctrinen a activistas terroristas, por lo que si bien, podía hacerse un reportaje sobre la situación existente en el país, ante de considerar a los demandantes como violentos y peligrosos, o que apoyan a Al Queda o difundir mensajes incendiarios a favor del yihadismo debían asegurarse mediante fuentes oficiales y fiables que los demandantes participan en ello, y lo cierto es que nada se ha demostrado. La demandada pretende acreditar ello con base a unos reportajes también periodísticos, pero ello claramente es insuficiente, pues una imputación de tal gravedad era preciso utilizar otras fuentes; en segundo lugar, en dichos reportajes no se mencionan a los demandantes estar vinculados al yihadismo o terrorismo, aunque si al salafismo como una corriente islámica más radical del islamismo, pero no con el terrorismo, y en algunos artículos no se mencionan nombre, incluso al Sr. Ignacio se le cita como pacificador o mediador en los conflictos sociales ocurridos en Salt y, en tercer lugar, resulta que respecto del reportaje del periódico "ABC", también ha sido condenado por atentado al honor, condena que también ha sido ratificada por esta Sala" (FJ 3). La sentencia de la AP de Girona fue confirmada por el TS, en la sentencia de 12 de enero de 2015[941].

---

[941] STS de 12 de enero de 2015 (TOL4.743.377; consulta: 28/7/2023). Sobre esta misma cuestión, ver SSTC 107/1988, de 8 de junio (TOL109.338; consulta: 28/7/2023); 105/1990, de 6 de junio (TOL80.394; consulta; 28/7/2023), y 172/1990, de 12 de diciembre (TOL80.406; consulta: 28/7/2023).

Mientras que, con relación al segundo de los ámbitos, la protección del honor de un grupo religioso, se debe hacer referencia a la STC 214/1991, de 11 de noviembre[942], más conocida como el caso Violenta Friedman. La Sra. Fiedman, de religión judía, fue internada durante la Segunda Guerra Mundial en un campo de concentración, junto a su familia. Esta sobrevivió al mismo, junto con su hermana, pero el resto de su familia no superó el genocidio nazi. En lo que al caso concierne, son los comentarios de un exgeneral nazi en una revista, en la que se niega el genocidio del pueblo judío, los que Violeta Friedman considera que lesionan su derecho al honor. En la sentencia, la primera cuestión que se plantea está relacionada con la legitimación activa, respecto de la cual el TC afirma que *"en nuestro ordenamiento constitucional (…) están legitimados para interponer el recurso de amparo toda persona natural o jurídica que invoque un interés legítimo".*

A diferencia, pues, de otros ordenamientos, tales como el alemán o el propio recurso individual ante la Comisión Europea de Derechos Humanos (Art. 25.1.a) CEDH), nuestra Ley fundamental no otorga la legitimación activa exclusivamente a la "víctima" o titular del derecho fundamental infringido, sino a toda persona que invoque un interés legítimo: *"(…) tratándose, en el presente caso, de un derecho personalísimo, como es el honor, dicha legitimación activa corresponderá, en principio, al titular del derecho fundamental"* (FJ 3). Ahora bien, el propio TC precisa que *"esta legitimación originaria no excluye, ni la existencia de otras legitimaciones (…), ni que haya de considerarse también como legitimación originaria la de un miembro de un grupo étnico o social determinado, cuando la ofensa se dirigiera contra todo ese colectivo, de tal suerte que, menospreciando a dicho grupo socialmente diferente, se tienda a provocar del resto de la comunidad social sentimientos hostiles*

---

[942] STC 214/1991, de 11 de noviembre (TOL81.898; consulta: 28/7/2023).

o, cuando menos, contrarios a la dignidad, estima personal o respeto al que tienen derecho todos los ciudadanos con independencia de su nacimiento, raza o circunstancia personal o social" (FJ 3)[943].

Por lo que al fondo se refiere, el TC analiza esencialmente dos cuestiones: de un lado, se había habido o no la necesaria ponderación de los derechos fundamentales en conflicto por los órganos judiciales y, por otro, en caso afirmativo, si la ponderación efectuada se acomoda o no a los criterios perfilados por la jurisprudencia constitucional. El Alto Tribunal parte de la premisa de que, si ha habido por parte de los órganos judiciales la necesaria ponderación, mientras que, respecto de la segunda de las cuestiones, afirma que *"las declaraciones efectuadas en su día por el demandado, Sr. Degrelle, han de incardinarse, antes que en la libertad de información, dentro del ejercicio de la libertad de expresión (Art. 20.1 CE), en relación con la libertad ideológica (Art. 16.1 CE), puesto que, si bien en las mismas el demandado hace referencia a hechos históricos (en concreto respecto de la actuación nazi con los judíos durante la Segunda Guerra Mundial y de los campos de concentración), se limita a expresar su opinión y dudas sobre esos concretos acontecimientos históricos"* (FJ 7).

Rechazado por inexistencia el requisito de veracidad, el análisis del TC, en orden a pronunciarse sobre la corrección o no de la ponderación judicial efectuada acerca del conflicto de derechos fundamentales, se centra en comprobar si las declaraciones del demandado resultan amparadas por el derecho a la libertad de expresión o si, por el contrario, éstas vulneran otros derechos o bienes constitucionales. Y, a este respecto, el Alto Tribunal manifiesta que *"de la conjunción de ambos valores constitucionales, dignidad e igualdad de todas las personas, se hace obligado afirmar que ni el ejercicio de la libertad ideológica ni la de expresión pueden amparar manifestaciones o expresiones destinadas a*

---

[943]　Con relación a esta temática, ver también FJ 4.

menospreciar o a generar sentimientos de hostilidad contra determinados grupos étnicos, de extranjeros o inmigrantes, religiosos o sociales, pues en un Estado como el español, social, democrático y de derecho, los integrantes de aquellas colectividades tienen derecho a convivir pacíficamente y a ser plenamente respetados por los demás miembros de la comunidad social" (FJ 8).

Todo lo anterior lleva a concluir al Tribunal que *"si bien parte de las manifestaciones en cuestión realizadas por el Sr. Degrelle estaban incluidas en el ámbito de la libertad de expresión, otra parte de ellas -las antes mencionadas no quedan justificadas por el artículo 20.1 de la CE, por lo que procede declarar la existencia, en el presente caso, de intromisión ilegítima en el honor y dignidad de la hoy recurrente, de conformidad con lo dispuesto en los artículos 1.1, 10.1 y 18.1 CE. Por tanto, y en congruencia con el petitum contenido en el suplico de la demanda, procede el otorgamiento del presente recurso de amparo, anulando las sentencias de los tribunales en cuanto no reconocieron aquel derecho fundamental"* (FJ 8).

2.2.3. Libertad de expresión y moral pública

Un tercer y último ámbito de manifestación del conflicto entre las dos libertades fundamentales se ha situado en la esfera de la moral pública. Esta cuestión fue abordada por el TC, en su sentencia 62/1982[944], por la que se resuelve un recurso de amparo por presunta vulneración, entre otros, del derecho a la libertad de expresión por la interdicción de un libro destinado a la educación sexual de los niños a través de sus padres o tutores, y en el que se condena a sus autores por delito de escándalo público. La decisión del TC resulta de interés en relación con la moral como posible límite de la libertad de expresión. Según nuestro Alto Tribunal, de acuerdo con dicho

---

[944] STC 62/1982, de 15 de octubre (TOL79.035; consulta: 28/7/2023).

precepto, "en conexión con el artículo 53.1 CE, la ley puede fijar límites siempre que su contenido respete el contenido esencial de los derechos y libertades a que se refiere el artículo 20"[945]. Partiendo de la presente consideración, el TC llega a la conclusión de que "*el principio de interpretación, de conformidad con la Declaración Universal de Derechos Humanos y con los tratados y acuerdos internacionales ratificados por España (Art. 10.2 CE), nos lleva así a concluir que el concepto de moral puede ser utilizado por el legislador como límite a las libertades y derechos reconocidos en el artículo 20 de la CE*"[946].

El problema quedaría, entonces, reducido a determinar en qué medida y con qué alcance puede ser delimitada la libertad de expresión por la idea de "moral pública". Pues bien, a este respecto el TC afirma que "*la moral pública -como elemento ético común de la vida social es susceptible de concreciones diferentes, según las distintas épocas y países, por lo que no es algo inmutable desde una perspectiva social. Lo que nos lleva a la conclusión de que la admisión de la moral pública como límite ha de rodearse de las garantías necesarias para evitar que, bajo un concepto ético, juridificado en cuanto es necesario un mínimum ético para la vida social, se produzca una limitación injustificada de derechos fundamentales y libertades públicas, que tienen un valor central en el sistema jurídico*" (FJ 5).

Partiendo de estas consideraciones, el Tribunal constitucional entiende que "*para precisar tales garantías hemos de acudir al Convenio de Roma de 1950, dado el contenido del artículo 10.2 de nuestra Constitución y a la competencia reconocida por España a la Comisión y al Tribunal Europeo de Derechos Humanos*" (*ibidem*), añadiendo seguidamente que "*las garantías a las que nos referimos se deducen de los artículos 10.2 y 18 del mencionado Convenio, el primero de los cuales se refiere específicamente a la libertad de expresión,*

---

[945]   *Ibid*, FJ 3.
[946]   *Ibidem*.

y el segundo -con carácter general a las restricciones de los derechos y libertades de que trata el propio Convenio" (ibidem).

En cuanto a los requisitos para justificar la injerencia en un derecho o libertad fundamental en general, y en la libertad de expresión en particular, éstos responden -como ha quedado puesto de manifiesto a tres elementos: que esté establecido por la ley, que tenga un fin legítimo y que la medida resulte proporcional. Pues bien, por lo que se refiere al establecimiento en la ley, la medida ahora analizada encuentra su razón de ser en la protección a la infancia y la juventud, aparadas en el propio artículo 20 de la CE. Mientras que con respecto a que la finalidad sea legítima, el TC entiende que *"las resoluciones judiciales impugnadas, fundamentadas en la protección de la moral, con especial referencia a la protección de la juventud y de la infancia, han observado la garantía exigida por el artículo 18 del Convenio de Roma de que la aplicación de la medida sancionadora lo ha sido con la finalidad para la cual ha sido prevista"* (FJ 6).

Y, por su parte, respecto a la proporcionalidad de la medida adoptada, el Tribunal considera que *"partiendo del artículo 20.4 de la Constitución…, la pornografía no constituye para el ordenamiento jurídico vigente, siempre y en todos los casos, un ataque contra la moral pública en cuanto mínimum ético acogido por el derecho, sino que la vulneración de ese mínimum exige valorar las circunstancias concurrentes y entre ellas, muy especialmente tratándose de publicaciones. La forma de la publicidad y de la distribución, los destinatarios -menores y mayores-, e incluso si las fotografías calificadas contrarias a la moral son o no de menores, pues no cabe duda de que cuando los destinatarios son menores -aunque no lo sean exclusivamente y cuando éstos son sujeto pasivo y objeto de las fotografías y texto, el ataque a la moral pública y, por supuesto, a la debida protección a la juventud y a la infancia, cobra una intensidad superior"* (ibidem).

A partir de estas consideraciones, el Tribunal manifiesta que *"para valorar si la pena impuesta ha sido o no desproporcionada desde la perspectiva constitucional, hemos de partir de que el libro cues-*

*tionado (...) fue distribuido a las librerías para su venta al público y
expuesto en la Feria del Libro de Madrid de 1979, sección de Literatura
infantil, siendo sus destinatarios los niños y los padres, y siendo también
los niños el objeto de algunas fotografías y partes del texto consideradas contrarias a la moral pública (...), (y) también contrarias a
la protección de la juventud y de la infancia del Art. 20.4 de la CE"*
(ibidem). Todo ello lleva al TC a concluir que *"las observaciones
anteriores dan lugar a que no estimemos que la calificación como delito sea desproporcionada, si se tiene en cuenta que tal calificación es
necesaria en el derecho español para poder acordar el comiso (...), [y
tampoco] en cuanto se observa fácilmente que la consecución del fin
comprende el comiso como medio útil entre las penas previstas en el
Código Penal"* (ibidem).

2.3. El delito de odio en el Código Penal

2.3.1. Tipificación

1. En cuanto a los tipos penales relacionados con la intolerancia y la discriminación, éstos dan lugar -como ya se ha puesto de manifiesto- a los llamados "delitos de odio", los cuales hacen referencia a todas aquellas conductas típicas motivadas por intolerancia, es decir, por prejuicios o animadversión en atención a la pertenencia de la víctima a grupos, colectivos o asociaciones considerados como diferentes por sus creencias religiosas o filosóficas. Ello debe entenderse en el contexto de los compromisos adquiridos por España en materia de derechos humanos, y en concreto en los mencionados artículos 22 del PIDCP y 4 de la CIEDR[947].

---

[947] Ello, como ha puesto de manifiesto el Comité para la Eliminación de la Discriminación Racial en su Recomendación general nº XV, no resulta incompatible con el derecho de libertad de expresión, ya que en su opinión *"la prohibición de la difusión de todas las ideas*

2. La actual modificación del CP tiene su origen en la citada Decisión Marco 2008/913/JAI DEL CONSEJO, de 28 de noviembre de 2008, relativa a la lucha contra determinadas formas y manifestaciones de racismo y xenofobia mediante el Derecho penal[948]. Al tiempo que en la propia Decisión Marco se precisa que *"el concepto de «religión» se refiere en términos generales a las creencias o convicciones religiosas por las que se define a las personas"*, por lo que la islamofobia debe entenderse como una violación directa de los principios de libertad, democracia, respeto de los derechos humanos y de las libertades fundamentales, así como del Estado de Derecho; principios todos ellos en los que se fundamenta nuestro sistema democrático. Amén de constituir una amenaza contra los grupos de personas y las personas mismas que son objeto de dicho comportamiento.

El Código Penal vigente[949] da una nueva definición al delito de fomento o incitación al odio y a la violencia, estableciendo

---

basadas en la superioridad o el odio racial es compatible con el derecho a la libertad de opinión y de expresión. Este derecho está reconocido en el artículo 19 de la Declaración Universal de Derechos Humanos y aparece evocado en el inciso viii) del apartado d) del artículo 5 de la Convención Internacional para la Eliminación de todas las Formas de Discriminación Racial. En el propio artículo se hace observar su pertinencia respecto del artículo 4. El ejercicio por los ciudadanos de este derecho lleva consigo especiales deberes y responsabilidades, especificados en el párrafo 2 del artículo 29 de la Declaración Universal, entre los que reviste especial importancia la obligación de no difundir ideas racistas. El Comité desea, además, señalar a la atención de los Estados Partes el artículo 20 del Pacto Internacional de Derechos Civiles y Políticos, según el cual estará prohibida por la ley toda apología del odio nacional, racial o religioso que constituya incitación a la discriminación, la hostilidad o la violencia".

[948]   *DOUE* L/328/55, de 6 de diciembre de 2008.

[949]   LO 1/2015, de 30 de marzo, por la que se modifica la Ley Orgánica 10/1995, de 23 de noviembre, del Código Penal (*BOE* núm. 77,

penas de hasta 4 años de prisión para quienes *"fomenten, promuevan o inciten directa o indirectamente al odio, hostilidad, discriminación o violencia contra un grupo, una parte del mismo o contra una persona determinada por razón de su pertenencia a aquél, por motivos (...) (de) religión o creencias"* (Art. 510.1.a) [950]. Y la misma pena se establece para aquellos que *"distribuyan, difundan o vendan escritos o cualquier otra clase de material o soportes que por su contenido sean idóneos para fomentar, promover, o incitar directa o indirectamente al odio, hostilidad, discriminación o violencia"* (Art. 510.1.b). Y se castiga también a quienes *"públicamente nieguen, trivialicen gravemente o enaltezcan los delitos de genocidio, de lesa humanidad o contra las personas y bienes protegidos en caso de conflicto armado, o enaltezcan a sus autores, cuando se hubieran cometido contra un grupo o una parte del mismo, o contra una persona determinada por razón de su pertenencia al mismo, por motivos (...) (de) religión o creencias (...), cuando de este modo se promueva o favorezca un clima de violencia, hostilidad, odio o discriminación contra los mismos"* (Art. 510.1.c) [951].

A este respecto, la reconocida jurisprudencia de nuestro TC advierte que «*el odio y el desprecio a todo un pueblo o a una etnia son incompatibles con el respeto a la dignidad humana*» [952]. Y ello sucede *"cuando la justificación de tan abominable delito suponga un modo de incitación indirecta a su perpetración"*, así como *"cuando con la conducta consistente en presentar como justo el delito de genocidio se busque alguna suerte de provocación al odio hacia determinados grupos definidos mediante la referencia a su color, raza, religión u origen*

---

de 31 de marzo de 2015) (consultar en línea: https://www.boe.es/diario_boe/txt.php?id=BOE-A-2015-3439; visitado por última vez el 8 de enero de 2024).

[950] El subrayado es del autor.

[951] El subrayado es del autor.

[952] SSTC 214/1992, de 11 de noviembre (TOL81898); 176/1995, de 11 de diciembre (TOL82.914), y 235/2007, de 7 de noviembre (TOL1.173.808; consulta: 16/10/2023).

nacional o étnico, de tal manera que represente un peligro cierto de generar un clima de violencia y hostilidad que puede concretarse en actos específicos de discriminación" (STC 235/2007, FJ 9)[953].

La modificación producida en 2015 supuso, respecto del presente delito, cambios importantes, entre los que cabe destacar que la nueva redacción del artículo 510 no menciona ya el término "los que provocaren", sino "a los que promuevan, inciten directa o indirectamente al odio". Se ha de aplaudir esta modificación a fin de dar por finalizado el debate que dividió a la doctrina y a la jurisprudencia durante años respecto al alcance del término "provocar", es decir, sobre si era o no equiparable a los actos preparatorios de provocación definidos en el artículo 18.1 CP exigiendo la prueba de que se ha incitado a la realización de algún acto discriminatorio constitutivo de delito. Con la reforma legislativa, el artículo 510.1.a) del CP queda desvinculado del artículo 18.1 del CP y se clarifica que, tanto las conductas "directas" como las "indirectas", se integran en el tipo penal. De igual modo se amplía el catálogo de conductas y junto al "odio", "discriminación" o "violencia" se introduce la "hostilidad" en la línea de la citada Recomendación núm. R(97) 20 del Comité de Ministros del Consejo Europeo, de 30 de octubre (Art. 510.1.a) del CP).

Asimismo, cabe señalar que con la nueva redacción se explicita el requisito de que la conducta típica ha de ser llevada de

---

[953] En el mismo sentido se ha pronunciado el Tribunal Supremo en diferentes sentencias, véanse, entre otras, SSTS 224/2010, de 3 de marzo (FJ 3º) (TOL1.817.023); 3866/2011, de 25 de abril (FJ 11º) (TOL2.139.870); 812/2011, de 21 de julio (FJ 1º y 2º), sobre enaltecimiento del terrorismo (TOL2.201.254), y STS 259/2011, de 12 de abril (FJ 1º) sobre ideas genocidas (TOL2.138.812; consulta: 16/10/2023). Vid. BILBAO UBILLOS, J. M. "La negación de un genocidio no es una conducta punible (comentario de la STC 235/2007), en *Revista Española de Derecho Constitucional*, CEPS, Madrid, 2009, nº 85, pp. 299-352.

forma "pública", al carecer de sentido perseguir estas conductas en el ámbito privado dada la naturaleza de estos delitos (Art. 510.1.a) del CP). Al tiempo que en el apartado segundo (Art. 510.1.b) del CP) se introduce como novedad en la conducta típica: "la posesión o creación de materiales idóneos para materializar las conductas reseñadas, con intención de distribuirlos", no exigiéndose que se haya consumado la distribución.

Por su parte, en el tercer apartado, del artículo 510.1.c), del CP se incluyen las conductas del antiguo artículo 607.2 del CP (que queda derogado) relativas a los actos de negación o enaltecimiento de los delitos de genocidio, lesa humanidad o contra las personas o bienes protegidos en caso de conflictos armados que hubieran sido cometidos contra esos grupos, cuando ello promueva o favorezca un clima de violencia, hostilidad u odio contra los mismos. Al tiempo que en el punto 2 del citado precepto se introducen dos tipos atenuados a fin de respetar el principio de proporcionalidad en la aplicación de las penas; y en su apartado tercero se regulan dos tipos agravados de forma que la pena debe imponerse en su mitad superior (Art. 510.3 del CP) para los supuestos de comisión de estos delitos, a través de internet u otros medios de comunicación social, o incluso en la superior en grado (Art. 510.4 del CP) para los supuestos en los que se trate de conductas que, por sus circunstancias o por el contexto en el que se produzcan, resulten idóneos para alterar la paz pública o menoscabar gravemente el sentimiento de seguridad de los integrados de los grupos afectados.

También como novedad se prevé que en todas las conductas anteriores se imponga una pena accesoria de "inhabilitación especial para profesión u oficio educativos en el ámbito docente y deportivo y de tiempo libre", en protección a menores y jóvenes a fin que no sean ideologizados a partir de idearios racistas y discriminatorios (Art. 510.5 del CP); al tiempo que se incluyen de forma imperativa medidas para la destrucción de los documentos, archivos o materiales por medio de los cuales se hubiera cometido el delito, o para impedir el acceso a los mismos bloqueando el acceso a las páginas web (Art. 510.6 del CP).

Por último, se prevé la agravación de las penas en el caso de existencia de organizaciones delictivas, y se incluye la regulación de la responsabilidad penal de las personas jurídicas (Art. 510 bis del CP)[954].

Todo ello permite diferenciar tres supuestos de hechos. El primero es el fomento, la promoción o la incitación al odio y a la hostilidad contra personas o grupos por su pertenencia a una determinada religión o creencia. Todas estas conductas pueden ser directas o indirectas y deben realizarse, en todo caso, «públicamente». Con la reforma queda del todo claro que el delito es autónomo de la provocación al delito como acto preparatorio punible, prevista en el artículo 18 del CP. A diferencia de lo que sucedía antes de la reforma, la conducta puede recaer no solo sobre un colectivo, sino también sobre alguno de sus concretos integrantes. Por lo tanto, no resulta ya necesaria que cualquiera de las conductas enunciadas tenga que estar dirigida a una comunidad religiosa en concreto, sino que también se producirá cuando las mismas se dirijan a un creyente o ateo por su condición de creyente o de ateo. En definitiva, con el presente precepto se protege la dignidad humana de las personas, mediante el castigo a quienes la lesionen a través de acciones que entrañen humillación, menosprecio o descrédito de alguno de los grupos a que se refiere el presente precepto, o de una parte de éstos, o de cualquier persona de-

---

[954] COMAS D'ARGEMIR CENDRA, M.: "Regulación del discurso de odio en el ordenamiento jurídico español. Modificación del artículo 510 del Código Penal ante la libertad de expresión ", 2016, pp. 18-19 (consultar en línea: https://cejfe.gencat.cat/web/.content/home/formacio/jornades/jpiu/2016/ixjorn_just_penal_intern_20160524_regulacio_comas.pdf; visitado por última vez el 18 de enero de 2024).

terminada por razón de su pertenencia a ellos por motivos de religión o creencias.

La producción, elaboración y/o difusión o venta de material que fomente o promueva dicho odio o violencia o resulten idóneos para lesionar la dignidad de las personas por representar una grave humillación, menosprecio o descrédito de alguno de los grupos mencionados, de una parte, de ellos, o de cualquier persona determinada por razón de su pertenencia a los mismos, es el segundo de los supuestos. En el nuevo apartado tendrán un más cómodo encaje, por ejemplo, supuestos como los de las librerías Europa y Kalki, que antes de la reforma solo podían subsumirse (aunque forzadamente) en los artículos 510.1 (antecedente del actual apartado Art. 510.1.a) del CP) y 607.2 del CP (antecedente del actual apartado Art. 510.1.c) del CP).

La negación pública, trivialización grave o el enaltecimiento de los delitos de genocidio, lesa humanidad o contra personas y grupos o bienes en caso de conflicto armado constituye el tercer supuesto. La negación por sí misma no está prohibida por entenderla contraria a la libertad de expresión, por lo que en el presente precepto el negacionismo se conecta con el hecho de que con él «*se promueva o favorezca un clima de violencia, hostilidad, odio o discriminación contra los mismos*»; adecuándose, en esencia, a lo exigido por la STC 235/2007 y a la Decisión Marco, de 28 de noviembre de 2008, relativa a la lucha contra determinadas formas y manifestaciones de racismo y xenofobia mediante el derecho penal. La trivialización consiste en cualquier conducta por la que se minimice o reste importancia a hechos tan graves como el genocidio, los delitos de lesa humanidad o los crímenes de guerra. La trivialización ha de ser «grave». Por último, la conducta de enaltecimiento implica la realización de loanza o encumbramiento de actos de genocidio, lesa humanidad o de guerra.

Asimismo, también se castigan las conductas atentatorias contra la dignidad humana, como son todas aquellas relacionadas con la "*humillación, menosprecio o descrédito*" de dichas personas o grupos de personas, con penas de prisión de hasta 2 años (Art. 510.2.a) del CP[955]). Ahora bien, por lo que se refiere a los insultos, expresiones injuriosas y vejaciones injustas de carácter leve con un contenido discriminatorio, es necesario diferenciar si son aislados, puntuales o fruto de una situación incontrolada y momentánea, dado que éstos se encuentran actualmente despenalizados, excepto en el ámbito doméstico (cfr. SAP Barcelona nº 641/2022, de 2 noviembre[956]). En caso contrario, si las expresiones injuriosas y degradantes son reiteradas, continuadas o públicas, y se detecta una conducta meditada, consciente y deliberada de animadversión por motivos discriminatorios, se tendrá que perseguir como un delito de odio previsto en el artículo 510.2.a) del CP, o como un delito contra la integridad moral del artículo 173.1 del CP, según el

---

[955] Art. 510.2 CP: "*Serán castigados con la pena de prisión de seis meses a dos años y multa de seis a doce meses:*
a) Quienes lesionen la dignidad de las personas mediante acciones que entrañen humillación, menosprecio o descrédito de alguno de los grupos a que se refiere el apartado anterior, o de una parte de los mismos, o de cualquier persona determinada por razón de su pertenencia a ellos por motivos racistas, antisemitas u otros referentes a la ideología, religión o creencias, situación familiar, la pertenencia de sus miembros a una etnia, raza o nación, su origen nacional, su sexo, orientación o identidad sexual, por razones de género, enfermedad o discapacidad, o produzcan, elaboren, posean con la finalidad de distribuir, faciliten a terceras personas el acceso, distribuyan, difundan o vendan escritos o cualquier otra clase de material o soportes que por su contenido sean idóneos para lesionar la dignidad de las personas por representar una grave humillación, menosprecio o descrédito de alguno de los grupos mencionados, de una parte de ellos, o de cualquier persona determinada por razón de su pertenencia a los mismos".
[956] SAP Barcelona nº 641/2022, de 2 noviembre (TOL9.359.876; consulta; 11/10/2023).

principio de especialidad (cfr. SAP Madrid nº 535/2022, de 11 octubre[957]).

En la práctica, se han incluido dentro de dicho concepto un conjunto de delitos, en el entendimiento de que las conductas que en ellos se sancionan atentan contra el principio de igualdad[958], como son los siguientes: a) delitos de amenazas a grupos determinados de personas, previstos y penados en el artículo 170 del CP[959]; b) delitos de ataque a la dignidad humana por la acción de infligir a otra persona un trato degradante, menoscabando gravemente su integridad moral (Art. 173.1 del CP[960]); c) delitos de tortura por razones basadas en alguna forma de discriminación, previstos y penados en el artículo 174.1,

---

[957]   SAP Madrid nº 535/2022, de 11 octubre (TOL9.305.617; consulta: 14/10/2023).

[958]   Además de los tipos específicos antes mencionados, los comportamientos que inciden en el principio de igualdad pueden integrar otros ilícitos, tales como delitos contra la vida, la integridad física, la libertad, el patrimonio, u otros bienes jurídicos de personas concretas y determinadas, siempre que el ataque a dichos bienes jurídicos se lleve a efecto por motivos racistas, antisemitas, o por otra clase de discriminación derivada de la ideología, religión o creencias de la víctima, o bien en atención a la etnia, raza o nación a la que pertenezca o por su sexo, orientación sexual, enfermedad o discapacidad.

[959]   Art. 170 CP: "*1. Si las amenazas de un mal que constituyere delito fuesen dirigidas a atemorizar a los habitantes de una población, grupo étnico, cultural o religioso, o colectivo social o profesional, o a cualquier otro grupo de personas, y tuvieran la gravedad necesaria para conseguirlo, se impondrán respectivamente las penas superiores en grado a las previstas en el artículo anterior.*
2. Serán castigados con la pena de prisión de seis meses a dos años, los que, con la misma finalidad y gravedad, reclamen públicamente la comisión de acciones violentas por parte de organizaciones o grupos terroristas".

[960]   Art. 173.1 CP: "*1. El que infligiera a otra persona un trato degradante, menoscabando gravemente su integridad moral, será castigado con la pena de prisión de seis meses a dos años.*

inciso segundo, del CP[961]; d) delitos de discriminación en el empleo público o privado, previstos y penados en el artículo 314 del CP[962]; e) delitos de provocación al odio, a la violencia o a la discriminación, previstos y penados en el artículo 510.1.a) del CP; f) delitos de difusión de informaciones injuriosas, previstos y penados en el artículo 510.1.b) del CP; g) delitos de difusión de ideas o doctrinas que justifiquen el genocidio, previstos y penados en el artículo 510.1.c) del CP; h) delitos de de-

---

Con la misma pena serán castigados los que, en el ámbito de cualquier relación laboral o funcionarial y prevaliéndose de su relación de superioridad, realicen contra otro de forma reiterada actos hostiles o humillantes que, sin llegar a constituir trato degradante, supongan grave acoso contra la víctima. Se impondrá también la misma pena al que de forma reiterada lleve a cabo actos hostiles o humillantes que, sin llegar a constituir trato degradante, tengan por objeto impedir el legítimo disfrute de la vivienda".

[961] Art. 174.1 CP: "*1. Comete tortura la autoridad o funcionario público que, abusando de su cargo, y con el fin de obtener una confesión o información de cualquier persona o de castigarla por cualquier hecho que haya cometido o se sospeche que ha cometido, o por cualquier razón basada en algún tipo de discriminación, la sometiere a condiciones o procedimientos que por su naturaleza, duración u otras circunstancias, le supongan sufrimientos físicos o mentales, la supresión o disminución de sus facultades de conocimiento, discernimiento o decisión o que, de cualquier otro modo, atenten contra su integridad moral. El culpable de tortura será castigado con la pena de prisión de dos a seis años si el atentado fuera grave, y de prisión de uno a tres años si no lo es. Además de las penas señaladas se impondrá, en todo caso, la pena de inhabilitación absoluta de ocho a 12 años".*

[962] Art. 314 CP: "*Los que produzcan una grave discriminación en el empleo, público o privado, contra alguna persona por razón de su ideología, religión o creencias, su pertenencia a una etnia, raza o nación, su sexo, orientación sexual, situación familiar, enfermedad o minusvalía, por ostentar la representación legal o sindical de los trabajadores, por el parentesco con otros trabajadores de la empresa o por el uso de alguna de las lenguas oficiales dentro del Estado español, y no restablezcan la situación de igualdad ante la ley tras requerimiento o sanción administrativa, reparando los daños económicos que se hayan derivado, serán castigados con la pena de prisión de seis meses a dos años o multa de 12 a 24 meses".*

negación de prestaciones públicas y privadas, previstos y penados en los artículos 511 y 512 del CP[963]; i) delitos de asociación ilícita para promover la discriminación, el odio o la violencia, previstos y penados en el artículo 515.5 del CP[964], y j) delitos contra la libertad de conciencia, los sentimientos religiosos y el

---

[963] Arts. 511 CP: «*1. Incurrirá en la pena de prisión de seis meses a dos años y multa de doce a veinticuatro meses e inhabilitación especial para empleo o cargo público por tiempo de uno a tres años el particular encargado de un servicio público que deniegue a una persona una prestación a la que tenga derecho por razón de su ideología, religión o creencias, su pertenencia a una etnia o raza, su origen nacional, su sexo, orientación sexual, situación familiar, por razones de género, enfermedad o discapacidad.*

2. Las mismas penas serán aplicables cuando los hechos se cometan contra una asociación, fundación, sociedad o corporación o contra sus miembros por razón de su ideología, religión o creencias, la pertenencia de sus miembros o de alguno de ellos a una etnia o raza, su origen nacional, su sexo, orientación sexual, situación familiar, por razones de género, enfermedad o discapacidad.

3. Los funcionarios públicos que cometan alguno de los hechos previstos en este artículo, incurrirán en las mismas penas en su mitad superior y en la de inhabilitación especial para empleo o cargo público por tiempo de dos a cuatro años.

4. En todos los casos se impondrá además la pena de inhabilitación especial para profesión u oficio educativos, en el ámbito docente, deportivo y de tiempo libre, por un tiempo superior entre uno y tres años al de la duración de la pena de privación de libertad impuesta en su caso en la sentencia, atendiendo proporcionalmente a la gravedad del delito y a las circunstancias que concurran en el delincuente».

Y Art. 512 CP: «*Los que en el ejercicio de sus actividades profesionales o empresariales denegaren a una persona una prestación a la que tenga derecho por razón de su ideología, religión o creencias, su pertenencia a una etnia, raza o nación, su sexo, orientación sexual, situación familiar, por razones de género, enfermedad o discapacidad, incurrirán en la pena de inhabilitación especial para el ejercicio de profesión, oficio, industria o comercio e inhabilitación especial para profesión u oficio educativos, en el ámbito docente, deportivo y de tiempo libre por un periodo de uno a cuatro años*».

[964] Art. 515.5 CP: «*Son punibles las asociaciones ilícitas, teniendo tal consideración:*

respeto a los difuntos, previstos y penados en los artículos 522 a 526 del CP.

3. Por último, los elencos de reformas legislativas operadas en nuestro país no se agotan con la del Código Penal. En efecto, otra de las importantes reformas ha sido la promulgación de la Ley 4/2015, del Estatuto de la Víctima del Delito mediante la que se transpone la Directiva 2012/29/UE del Parlamento Europeo y del Consejo de 25 de octubre de 2012, por la que se establecen normas mínimas sobre los derechos, el apoyo y la protección de las víctimas de delitos; y el Real Decreto 1109/2015, de 11 de diciembre, por el que se desarrolla la Ley 4/2015, de 27 de abril, del Estatuto de la víctima del delito, y se regulan las Oficinas de Asistencia a las Víctimas del Delito[965].

1.° Las que tengan por objeto cometer algún delito o, después de constituidas, promuevan su comisión.

2.° Las que, aun teniendo por objeto un fin lícito, empleen medios violentos o de alteración o control de la personalidad para su consecución.

3.° Las organizaciones de carácter paramilitar.

4.° Las que fomenten, promuevan o inciten directa o indirectamente al odio, hostilidad, discriminación o violencia contra personas, grupos o asociaciones por razón de su ideología, religión o creencias, la pertenencia de sus miembros o de alguno de ellos a una etnia, raza o nación, su sexo, orientación sexual, situación familiar, enfermedad o discapacidad».

[965] En esta misma línea, también se han aprobado el pasado año, la Ley Orgánica 13/2015, de modificación de la Ley de Enjuiciamiento Criminal para el fortalecimiento de las garantías procesales y la regulación de las medidas de investigación tecnológica; y la Ley 41/2015, de modificación de la Ley de Enjuiciamiento Criminal para la agilización de la justicia penal y el fortalecimiento de las garantías procesales. Además, la Ley Orgánica 8/2015, y la Ley 26/2015 de modificación del sistema de protección de la infancia y adolescencia ha venido a contemplar, en relación a las víctimas menores de edad, la necesidad de garantizar su igualdad y no discriminación por su especial vulnerabilidad, ya sea por la carencia de

A ello, además, se debe añadir la Circular 7/2019, de 14 de mayo, de la Fiscalía General del Estado[966], la cual introdujo pautas para interpretar los delitos de odio tipificados en el artículo 510 del CP, haciendo referencia a los denominados indicadores de odio o de "polarización radical", que son parámetros que hacen referencia tanto a la víctima como al autor y al contexto para determinar si existe una concurrencia del móvil de odio (STS nº 437/2022, de 4 de mayo[967]). Los casos de aporofobia son paradigmáticos en este sentido, porque no suele estar presente un discurso o un mensaje concreto y específico de odio, supuesto en el que será de aplicación el delito troncal contra la integridad moral del artículo 173.1 del CP, que recoge un estandar mínimo de protección contra los ataques discriminatorios.

Junto ello, debe igualmente hacerse referencia a los avances que en esta materia han supuesto, entre otros, la creación de Fiscalías para delitos de odio y discriminación o la puesta en marcha del Registro de delitos de odio en el Ministerio del Interior y de un protocolo de intervención para las Fuerzas y Cuerpos de Seguridad del Estado. No obstante, nos mostramos favorables, a efectos de seguir profundizando y avanzando en esa dirección e incorporar al ordenamiento jurídico espa-

---

entorno familiar, sufrir maltrato, su discapacidad, su orientación e identidad sexual, su condición de refugiado, solicitante de asilo o protección subsidiaria, su pertenencia a una minoría étnica, o cualquier otra característica o circunstancia relevante.

[966] Circular 7/2019, de 14 de mayo, de la Fiscalía General del Estado, sobre pautas para interpretar los delitos de odio tipificados en el artículo 510 del Código Penal (*BOE* núm. 124, de 24 de mayo de 2019) (consultar en línea: https://www.boe.es/diario_boe/txt.php?id=BOE-A-2019-7771; visitado por última vez el 13 de enero de 2024).

[967] STS nº 437/2022, de 4 de mayo (TOL8.927.731; consulta: 15/10/2023).

ñol los conceptos establecidos por los organismos internacionales sobre esta materia, tales como "delito de odio" y "discurso de odio", con la elaboración y, en su caso, aprobación de una Ley integral contra los crímenes de odio. El objeto central de esta Ley consistiría en intervenir de forma integral contra los delitos de odio y discriminación, combatir sus raíces de intolerancia y contribuir a construir una sociedad, desde su base ciudadana a sus instituciones, donde todos los seres humanos, libres e iguales en dignidad y derechos, se comporten fraternalmente los unos con los otros.

2.3.2. Los delitos de odio en la jurisprudencia

1. En nuestro Derecho existen múltiples ejemplos, pero nosotros vamos a traer a colación un conjunto de sentencias que dan buena cuenta de hasta qué punto la diversidad y la intolerancia están en el origen de los hechos que dan lugar a las mismas. Un primer asunto sería el caso ya reseñado relativo a la emisión en una televisión pública del reportaje titulado "Los doce imanes de la yihad", y donde el conflicto se plantea entre el derecho a la libertad de expresión (e información) y el derecho al honor, por lo que nos remitimos a lo expresado anteriormente.

2. Un segundo contenido a este respecto versaría sobre ejemplos, con o sin sanción, que tienen su origen en conflictos provocados por discursos de inspiración religiosa de diversa índole, por ejemplo, contra las mujeres y los homosexuales, por representantes islámicos y de la Iglesia Católica, respectivamente. El primero de los casos tiene su origen en la sentencia de 12 de enero de 2004[968],

---

[968] Sentencia del Juzgado de lo Penal de Barcelona de 12 de enero de 2004 (TOL338.141; consulta: 30/6/2023).

en la que el Juzgado de lo Penal de Barcelona condenó al imán de una mezquita de Fuengirola a quince meses de prisión por un delito de provocación a la violencia por razón de sexo como consecuencia de sus explicaciones en el libro: "La mujer en el islam" que, en aplicación del artículo 510.1 del Código penal, fueron consideradas vulneradoras del derecho a la integridad física y moral de la mujer. En la sentencia se señala -y ello resulta significativo- que, en un Estado aconfesional, aunque exista un respeto a la ortodoxia doctrinal no se puede justificar la violencia contra la mujer por razón de su sexo, promoviendo conductas que vulneran el derecho fundamental a la integridad física y moral atentado contra la dignidad de aquéllas. En concreto, el Tribunal considera que *"en un Estado aconfesional, artículo 16.3 de la Constitución, integrado en la Unión Europea que promueve abiertamente la laicidad de la sociedad, ni la posibilidad de ser tratado por los correligionarios como un hereje o ser expulsado ni el respeto a la ortodoxia doctrinal pueden servir de fundamento a la publicación de opiniones provocadoras de la violencia física contra las mujeres por la única razón de su sexo, promoviendo conductas que trasgreden el derecho fundamental a la integridad física y moral, gravemente atentatorias contra la dignidad de aquéllas y constitutivas de infracción penal grave tras una reciente reforma legal que refleja el hastío de la sociedad hacia cualquier forma de maltrato a las mujeres"* (FJ 3, in fine).

En cambio, el Juzgado de Alcalá de Henares, en Auto de 10 de julio de 2012[969], sobreseyó la querella interpuesta por asociaciones del colectivo LGTB contra el obispo de la diócesis de Alcalá de Henares por entender que el contenido de la homilía en la misa del viernes santo tenía un carácter homófobo.

---

[969] Juzgado de Alcalá de Henares, en Auto de 10 de julio de 2012 (TOL2.608.284; consulta: 29/6/2023).

En la resolución se entendió que las palabras del obispo no permitían concluir de forma razonable que se estuviera provocando la discriminación, el odio o la violencia contra los homosexuales de tal forma que no procedía la aplicación del artículo 510.1 del CP. Para el Tribunal se trata de la manifestación de una opinión crítica contra la homosexualidad, que puede ser mantenida al amparo de la libertad religiosa por parte del obispo[970]. Más concretamente, el Tribunal manifiesta que "*si bien de las palabras del Obispo se desprende una posición crítica hacia la homosexualidad (se alude a las ideologías que no orientan bien la sexualidad humana), las mismas, rectamente entendidas, no contienen una injuria a los homosexuales en general ni tampoco una llamada a su discriminación por razón de su orientación sexual; como tampoco podría llegarse a esa conclusión respecto del resto de los grupos relacionados con los diversos ejemplos mencionados por el obispo*" (FJ 2).

3. Un tercer ámbito que se puede integrar en esta materia es el relacionado con el negacionismo, tal como lo ha hecho el TEDH. La presente temática fue abordada por nuestro TC, en la sentencia ya mencionada 235/2007, de 7 de noviembre[971], llegando a la conclusión de que la mera negación neutral del holocausto o de un genocidio forma parte del derecho a la libertad de expresión (FJ 4) y, por tanto, su penalización resulta contraria a la Constitución[972]. En concreto, el TC considera que "*la libertad de configuración del legislador penal encuentra su límite*

---

[970] Un análisis de esta resolución y la anterior, en contraste con supuestos semejantes en la experiencia comparada, puede encontrarse en CAÑAMARES ARRIBAS, S.: "La conciliación entre libertad de expresión y libertad religiosa, un <work in progress>", en MARTÍNEZ-TORRÓN, J. y CAÑAMARES ARRIBAS, S.: *Tensiones entre libertad de expresión y libertad religiosa*, Tirant lo Blanch, Valencia 2014, pp. 21-25.

[971] STC 235/2007, de 7 de noviembre (TOL1.173.808; consulta: 18/6/2023).

[972] *Ibid*, FJ 5.

en el contenido esencial del derecho a la libertad de expresión, de tal modo que, por lo que ahora interesa, nuestro ordenamiento constitucional no permite la tipificación como delito de la mera transmisión de ideas, ni siquiera en los casos en que se trate de ideas execrables por resultar contrarias a la dignidad humana que constituye el fundamento de todos los derechos que recoge la Constitución y, por ende, de nuestro sistema político"[973]. En apoyo a sus argumentos, el TC alude, entre otras razones, a la falta de referencia explícita en el presente delito al elemento intencional[974].

Amén de no aceptar la presunta función preventiva que éste pueda suponer, teniendo en cuenta que dichas actitudes podrían contribuir a la creación de un clima de intolerancia que perturbara la pacífica convivencia democrática. A este respecto, el TC argumenta que *"una finalidad meramente preventiva o de aseguramiento no puede justificar constitucionalmente una restricción tan radical de estas libertades, la constitucionalidad, a priori, del precepto se estaría sustentando en la exigencia de otro elemento adicional no expreso del delito del artículo 607.2 CP, a saber, que la conducta sancionada consistente en difundir opiniones que nieguen el genocidio fuese en verdad idónea para crear una actitud de hostilidad hacia el colectivo afectado"*[975].

En consecuencia, para nuestro Alto Tribunal la cuestión del negacionismo del holocausto debe ponerse en conexión no sólo con los llamados "discursos de odio" (y, por tanto, de incitación al odio o a la hostilidad), sino también con la incitación a la comisión de ciertos delitos[976], y no tanto con la apología o el delito de genocidio, lo que ha tenido su reflejo en la última reforma del CP (LO 1/2015), toda vez que dicha temática ha

---

[973] *Ibid*, FJ 7.
[974] *Ibid*, FJ 6.
[975] *Ibid*, FJ 8.
[976] A este respecto, véanse también FFJJ 6 y 9.

sido introducida -como se ha puesto de manifiesto- en el nuevo artículo 510.1.c). El TC sitúa, así, la frontera en la tipificación penal, de tal modo que la negación del genocidio debe suponer una incitación directa a la violencia contra ciertos grupos o al menosprecio hacia las víctimas del genocidio, y en que no se trata sólo de una mera adhesión ideológica a postulados políticos; supuesto que sí estaría cubierto por el artículo 16 de la CE en conexión con el artículo 20 de la misma[977].

4. Conectado con la presente temática cabe mencionar la sentencia 273/2016 del Juzgado de lo Penal nº 1 de Pamplona, de 11 de octubre de 2016, en la que se condena por un delito de odio, del artículo 510 CP, por la publicación en Facebook de un vídeo de contenido antisemita, simulando un asesinato con un muñeco vestido de judío ortodoxo, y fotografías sangrientas de cadáveres de víctimas reales asesinadas por su condición de judíos.

---

[977] En este sentido, el TC condiciona la constitucionalidad a que *"(…) constituya una incitación indirecta a la comisión del genocidio", o bien "(…) cuando con la conducta consistente en presentar como justo el delito de genocidio se busque alguna suerte de provocación al odio hacia determinados (en) grupos definidos mediante la referencia a su color, raza, religión u origen nacional o étnico, de tal manera que represente un peligro cierto de generar un clima de violencia y hostilidad que puede concretarse en actos específicos de discriminación"* (FJ 9). Ver sobre esta sentencia, BILBAO UBILLOS, Juan Mª: "La negación de un genocidio no es una conducta punible (Comentario de la STC 235/2007)", en *Revista Española de Derecho Constitucional*, núm. 85 (2009), pp. 299-352 (consultar en línea: https://www.cepc.gob.es/sites/default/files/2021-12/27382juanmariabilbaoubillosredc85.pdf; visitado por última el 30 de enero de 2024); SUÁREZ ESPINO, Mª Lidia: "Comentario a la STC 235/2007, de 7 de noviembre, por la que se declara la inconstitucionalidad del delito de negación de genocidio", en *InDret. Revista para el análisis del Derecho*, núm. 2 (2008) (consultar en línea: https://indret.com/wp-content/themes/indret/pdf/524_es.pdf; visitado por última vez el 30 de enero de 2024).

En este caso, el juez considera que *"el vídeo es una incitación directa a la violencia contra los judíos, exclusivamente por serlo, y que la conducta no queda amparada ni por la libertad ideológica ni por la libertad de expresión, en tanto que tales libertades no pueden dar cobertura al menosprecio y el insulto contra personas o grupos, o la generación de sentimientos de hostilidad contra ellos"*.

5. Un cuarto y último ámbito está relacionado en esta ocasión cuando el destinatario del discurso resulta ser, directa o indirectamente, un grupo vulnerable (en estas ocasiones, de género u orientación sexual). A este respecto, cabe mencionar el Auto 562/2017, de 14 de julio, de la Audiencia Provincial de Madrid (sección 2)[978], relativa a la toma de medidas cautelares respecto del autobús utilizado por la asociación "Hazte Oír", en cuyo exterior aparecían los siguientes mensajes: "Los niños tienen pene. Las niñas tienen vulva. Que no te engañen", "Si naces hombre eres hombre. Si naces mujer, seguirás siéndolo" y "No permitas que manipulen a tus hijos". Con antelación, el Juzgado de Instrucción nº 42 de Madrid, en Auto de 1 de marzo de 2017[979], había fallado a favor de la adopción de la medida cautelar de "prohibición de la circulación, con su consiguiente inmovilización, del autobús". Y lo hace al considerar que

---

[978]   Auto de la AP de Madrid (Sección 2ª) 562/2017, de 14 de julio (consultar en línea: https://alonsocuevillas.files.wordpress. com/2017/07/aap-2_m_2017_07_14_hazte-oir_levantamiento-de-inmobilizacic3b3n-autobc3bas_conducta-amparada-prima-facie-por-la-libertad-de-expresic3b3n_no-parece-delito-de-odcio-ni-perjuicio-infancia.pdf; visitado por última vez el 18 de enero de 2024).

[979]   Juzgado de Instrucción nº 42 de Madrid, en Auto de 1 de marzo de 2017 (consultar en línea: https://laicismo.org/wp-content/uploads/2017/03/Auto-Instruccion-42_2017-medidas-cautelares-autobus-Hazte-Oir.pdf (visitado por última vez el 28 de enero de 2024).

"si cabe (…) racionalmente apreciar que supone un menosprecio a dichas personas, al no reconocerles su orientación sexual, (…) siendo por tanto subsumible en el (…) apartado 2.a) del artículo 510 del Código Penal" (FJ 2).

Una posición contraria fue la mantenida por la Audiencia Provincial de Madrid en el auto ya mencionado. El Tribunal analiza de manera detallada el artículo 510 del CP y manifiesta, respecto de este, que *"el tipo penal en cuestión, según la doctrina, constituye una injuria o atentado a la integridad moral agravada por la finalidad de discriminar a personas o colectivos concretos, por el hecho de su pertenencia a un grupo determinado, diferenciado por alguna de las notas o características que en el mismo se indican"* (FJ 6). Así, pues, para la Audiencia Provincial, *"la conducta delictiva implica lesionar la dignidad ajena, mediante actos idóneos para ello que supongan "una grave humillación, menosprecio o descrédito" de alguno de los referidos grupos"* (ibid). La Audiencia, tras hacer referencia a un elenco de casos similares, llegó a la conclusión de que los reseñados *"mensajes del autobús…, por desagradables y agresivos que puedan considerarse, son dudosamente delictivos"*[980].

Una sentencia, en esta ocasión del Tribunal Supremo (STS 259/2011, de 12 abril[981]), puede servir para delimitar la aplicación del artículo 510.1 del CP en su conexión para la protección de la libertad religiosa y la de expresión. En este caso se enjuició a cuatro personas por los delitos de difusión de ideas genocidas y de asociación ilícita. La Audiencia Provincial de Barcelona encontró a los acusados, salvo a uno, culpables de todos los cargos[982]. El TS, por su parte, distingue dos ámbitos

---

[980] *Ibid*, FJ 8. En los mismos términos se pronunció el Juzgado de Instrucción nº 3 de Madrid, en su Auto de septiembre de 2017, para sobreseer el procedimiento.

[981] STS 259/2011, de 12 abril (TOL2.138.812; consulta: 18/6/2023).

[982] Sentencia de la AP de Barcelona, Sección 10ª, de 28 de septiembre de 2009 (Rec. 112/2007).

conectados: por un lado, la organización de un ente asociativo de ideas nacionalsocialistas, según la propia definición de sus estatutos[983], y, por otra, la redacción, edición y distribución de varios textos que atacan a discapacitados, extranjeros, negros y magrebíes, así como a judíos y homosexuales.

En consecuencia, los encausados resultaron inicialmente condenados entre otros por el delito del artículo 510.1 del CP. Sin embargo, el TS casó totalmente la sentencia[984]. Y, en lo que al objeto del trabajo se refiere, conviene destacar que el TS mantiene que el artículo 510.1 del CP puede colisionar con otros derechos constitucionalmente reconocidos, como son los de libertad ideológica y libertad de expresión de tal forma que su restricción sólo estará justificada cuando aquéllos colisionen con otros bienes jurídicos acreedores de una mayor protección, realizada la oportuna ponderación correspondiente, y que serían el derecho a la dignidad de la persona que consagra el artículo 10.1 de la CE, sus derechos a la igualdad según el artículo 14 CE y a su honor a tenor del artículo 18.1 de la CE[985]. Para el Tribunal, la superación de los límites de los ámbitos protegidos por las libertades ideológica y de expresión, no implica directamente la tipicidad de las conductas, tan sólo no se da este caso cuando la difusión, atendiendo a la forma y el ámbito en que se lleva a cabo y a lo que se difunde, implique un peligro cierto de generar un clima de hostilidad que pueda concretarse en actos específicos de violencia, odio o discriminación contra aquellos grupos o sus integrantes como tales[986].

---

[983] *Ibid*, FJ 2.2.
[984] Vid. CUEVA FERNÁNDEZ, R.: "A propósito de la Sentencia del Tribunal Supremo 259/2011: discurso del odio, incitación y derecho al honor colectivo. ¿Una nueva vuelta de tuerca contra la prohibición del hate speech?", en *Eunomía*, nº 2 (2012), pp. 99-108.
[985] *Ibid*, FJ 1.5º y 6º.
[986] *Ibid*, FJ 1.7º.

Para que el bien jurídico protegido se vea afectado como consecuencia de la difusión de esta clase de ideas o doctrinas, es preciso que el autor acudiera a medios que no solo facilitaran la publicidad y el acceso de terceros, que pudieran alcanzar a un mayor número de personas, o que lo hicieran más intensamente, sino que, además, pudieran, por las características de la difusión o del contenido del mensaje, mover sus sentimientos primero y su conducta después en una dirección peligrosa para aquellos bienes[987]. Todo ello lleva al Tribunal Supremo a concluir que en el presente asunto no se ha producido dicho ilícito por parte de los inculpados. Debe señalarse, no obstante, que el artículo 510 del CP ha sufrido una importante modificación con la aprobación de la última reforma del CP de 2015, de tal manera que, en la actualidad, ya no resulta necesaria la unión entre provocación y acción violenta[988], bastando con la mera incitación a la discriminación.

La última sentencia que vamos a mencionar también es del TS, aunque en esta ocasión relacionada con cuestiones de género, y teniendo como resultado la condena de los acusados. Se trata de la STS 72/2018, de 9 de febrero[989], que trae causa de la sentencia de la Audiencia Nacional 2/2017, de 26 de enero[990]. Los hechos que están en el origen no son otros que la emisión de unos Tweets que el acusado realizó entre diciembre de 2015 y enero de 2016, a través de dos cuentas diferentes en la red social Twitter, de carácter injurioso contra las mujeres: *"53 asesinadas por violencia de género machista en lo que va de año, pocas me parecen con la de putas que hay sueltas"*; *"Y 2015 finalizará con 56 asesinadas,*

---

[987] *Ibid*, FJ 1.8°.

[988] A este respecto, ver STEDH de 16 de julio de 2009, asunto *Féret c. Bélgica* (TOL9.072.546; consulta: 16/10/2023).

[989] STS 72/2018, de 9 de febrero (TOL6.511.003; consulta: 30/6/2023).

[990] Sentencia Audiencia Nacional 2/2017, de 26 de enero (TOL5.950.309; consulta: 30/6/2023).

no es una buena marca pero se hizo lo que se pudo, a ver si en 2016 do-
blamos esa cifra, gracias"; "Marta del Castillo era feminista y se tiró al
río porque las mujeres se mojan por la igualdad"; "A mí me gusta follar
contra la encimera y los fogones, porque pongo a la mujer en su sitio por
parte doble"; y, en último lugar, comparte la imagen de una mujer
(no consta si fue víctima de maltrato o violencia de genero), con
el lema: *"Ya la he maltratado, tú eres la siguiente"*. La defensa del
autor de los tweets y condenado por la Audiencia Nacional denuncia ante el Supremo la indebida aplicación de los artículos
510 y 578 del CP por inexistencia de dolo típico, refiriéndose a
que la simple realización de tales manifestaciones no determina
necesariamente la existencia de este.

El Tribunal Supremo condenó al autor de los *tweets* misógi-
nos por el delito de incitación pública grave (Art. 510.1.a) del
CP) con aplicación del subtipo agravado del artículo 510.3 del
CP por su gran difusión en Internet. Aunque, no obstante, le
absuelve, en cambio, del delito de enaltecimiento del terrorismo (Art. 578 del CP), ya que -según el Alto Tribunal- representa una especie del genérico artículo 510 del CP. Respecto del
delito de odio, el TS apunta al contenido de los tweets como
criterio rector para la activación de la conducta: *"El tipo penal*
requiere para su aplicación la constatación de la realización de unas
ofensas incluidas en el discurso del odio, pues esa inclusión ya supone
la realización de una conducta que provoca, directa o indirectamente,
sentimientos de odio, violencia, o de discriminación. De alguna ma-
nera son expresiones que, por su gravedad, por herir los sentimientos
comunes a la ciudadanía, se integran en la tipicidad" (FJ Único).

6. En consecuencia, cabe señalar que del estudio jurispru-
    dencial se deduce como en la práctica, todos los supues-
    tos de agresiones y ataques de odio y discriminación se
    califican sobre la base del delito contra la integridad
    moral del artículo 173.1° (delito de trato degradante
    contra las personas), y a partir de este delito troncal y
    genérico, con base en el principio de especialidad se
    aplicaría la ramificación resultante, que según el con-

curso de normas (Art. 8.1° y 77 del CP) puede dar lugar a un delito de odio previsto en el artículo 510.2.a) del CP (cfr. STSJ Cataluña n° 161/2022, de 3 mayo[991]).

A este respecto, cabe traer a colación por su importancia lo manifestado por el Tribunal Supremo, en su sentencia 646/2018, de 14 de diciembre[992], para quien *"los delitos de odio, genérico y específico, precisan de los necesarios límites para no llevar a la tipicidad a meras transgresiones a la libertad de expresión"*. Y seguidamente considera que *"la necesaria ponderación de los valores en juego, libertad de expresión y agresión a través de expresiones generadoras de un odio, ha de realizarse a partir de la constatación de los siguientes elementos: a) en primer lugar, el autor debe seleccionar a sus víctimas por motivos de intolerancia, y dentro de los colectivos vulnerables a los que alude la norma, exigencia que también juega respecto de las víctimas de delitos terroristas; b) en segundo lugar, la conducta no sólo atemoriza a la persona destinataria del mensaje, sino a todo el colectivo al cual pertenece, creando sentimientos de lesión de la dignidad, de inseguridad y de amenaza; c) las expresiones realizadas deben agredir, también, a las normas básicas de convivencia basadas en el respeto y la tolerancia, de manera que toda la sociedad se vea concernida por la expresión de las ideas que contrarían abietamente los mensajes de tolerancia que el ordenamiento jurídico, como instrumento de control social, expone a la ciudadanía que los hace propios, lo que permitiría excluir de la consideración aquellas opiniones sobre personas de notoriedad pública por su actuación y sometidas a cuestionamiento ciudadano; d) además, debe tratarse de mensajes que merezcan una calificación de graves y serios para la incitación a la comisión de actos terroristas (Art. 579 CP), o la generación del sentimiento de odio, aptitud y seriedad para conformar un sentimiento lesivo a la dignidad; y e) el ánimo que persigue el autor es el de agredir, lo que permitiría excluir*

---

[991] STSJ Cataluña n° 161/2022, de 3 mayo (TOL9.048.650; consulta: 14/10/2023).

[992] STS 646/2018, de 14 de diciembre (TOL6.957.658).

las manifestaciones pretendidamente hilarantes y las que se efectúan desde la venganza puntual, desprovistas de la necesaria mesura".

En todos casos mencionados, tanto si se opta por la aplicación del delito de trato degradante (Art. 173.1 del CP) como si se opta por la aplicación específica del delito de odio (Art. 510.2.a) del CP), la condena vendrá acompañada también por el delito contra la integridad física correspondiente en régimen de concurso ideal, con las particularidades previstas en el artículo 177 del CP, castigándose separadamente los delitos resultantes, de manera que todo el injusto y el desvalor del resultado quede reflejado correctamente en la condena. Así, actualmente, se encuentran sentencias que recogen el concurso de delitos contra la integridad moral con el delito de amenazas (SAP Madrid nº 23/2023, de 23 enero[993]), y en supuestos todavía más graves de agresiones físicas, que pueden alcanzar al homicidio, o incluso en el delito de asesinato (SAP Barcelona nº 36/2023, de 30 junio[994]).

3. DISCURSOS DE ODIO Y NO DISCRIMMINACIÓN RELIGIOSA: ACTIVIDADES DE GESTIÓN Y PLANES DE ACCIÓN

Para finalizar, y desde el plano de la prevención y de las políticas de gestión llevadas a cabo en España, deben destacarse la puesta en marcha de un conjunto de planes de acción relacionados con los derechos humanos en general, o/y con

---

[993]   SAP Madrid nº 23/2023, de 23 enero (TOL9.411.626; consulta: 14/10/2023).

[994]   SAP Barcelona nº 36/2023, de 30 junio (TOL9.665.811; consulta: 14/10/2023).

los discursos (delitos) de odio en particular[995], pasando previamente con aquellos planes relacionados asimismo con motivos de discriminación.

1. Por lo que se refiere a los derechos humanos en general, debemos hacer mención del *I Plan Nacional de Derechos Humanos*[996], aprobado en 2008 (España, 2008), el cual contó con un total de 172 medidas repartidas en 10 apartados, cuyo fin esencial era marcadamente educativo. El Plan se vertebró en torno a dos ejes: la igualdad, no discriminación e integración de las personas, el primero, y las garantías que protegen los derechos humanos, el segundo.

Por su parte, el II Plan Nacional (2023-2027), que ha sido aprobado en 2023[997] (España, 2023d), tiene como objetivo

---

[995]   En este ámbito también cabe mencionar otros planes de acción llevados a cabo en otros países o instituciones, a saber: *Dangerous Speech: A practical guide,* consultar en línea: https://dangerousspeech.org/guide/ (visitado por última vez el 30 de enero de 2024); *Ethical Journalism Network (sf). Infografía. Test de 5 pasos para el discurso de odio,* consulta ren línea: https://ethicaljournalismnetwork.org/5-point-test-for-hate-speech-spanish (visitado por última vez el 31 de enero de 2024); Comisión Europea (2019): *Lucha contra la incitación ilegal al odio en línea: el Código de conducta de la UE garantiza una rápida respuesta,* consultar en línea: https://ec.europa.eu/commission/presscorner/detail/es/IP_19_805 (visitado por última vez el 30 de enero de 2024); FRA (2021): *Encouraging Hate Crime Reporting. The Role of Law Enforcement and Other Authorities,* consulta ren línea: https://fra.europa.eu/sites/default/files/fra_uploads/fra-2021-hate-crimereporting_en.pdf (visitado por última vez el 31 de enero de 2024).

[996]   Consultar en línea: PLAN DE DERECHOS HUMANOS (ohchr.org); visitado por última vez el 22 de diciembre de 2022).

[997]   Consultar en línea: https://drive.google.com/file/d/1W6UYiYXP1jy9hW2d2h7vkn5rxL7g4DwG/view?pli=1 (visitado por última vez el 15 de julio de 2023).

actuar para remover esos obstáculos que impiden el disfrute real y efectivo de los derechos humanos, dirigiéndose a la población en general mediante el fortalecimiento del Estado social, pero también a aquellos grupos de población a quienes la discriminación impide el ejercicio de éstos en condiciones de igualdad. Por ello, en el presente Plan se señala que "*adquiere especial relevancia la protección a personas y colectivos que sufren discriminación y se encuentran en situación de especial vulnerabilidad, y que son objeto de atención prioritaria por parte de los organismos de Naciones Unidas: la infancia, las personas con discapacidad, las personas mayores, las personas pertenecientes a grupos poblacionales o étnicos que sufren con más asiduidad la discriminación racial o las personas refugiadas y migrantes*"[998].

Este II Plan se articula sobre los siguientes cuatro ejes de actuación: 1) obligaciones internacionales y cooperación; 2) garantía de los derechos humanos; 3) igualdad de mujeres y hombres como garantía de los derechos humanos; y 4) igualdad de trato y protección de grupos específicos como garantía de derechos[999].

La temática de la libertad de conciencia y religiosa aparece recogida dentro del segundo de los ejes reseñados, adoptándose las siguientes cuatro medidas:

- Medida 146: Impulsar la adecuación el marco normativo del derecho de libertad religiosa a los cambios producidos en la sociedad española, que ha experimentado, en los últimos años, un crecimiento notable en diver-

---

[998] Llama la atención la ausencia de referencia a las personas pertenecientes d minorías religiosas, grupo integrado tanto en la Declaración de la ONU de 1992 como en el Convenio-marco del consejo de Europa de 1995.

[999] Una vez más llama la atención que, dentro de este 4 eje, no se haga referencia a las minorías religiosas como grupo específico objeto de discriminación.

sidad y pluralidad. Una actualización normativa que, además de profundizar en las garantías ya existentes para su ejercicio individual y colectivo, incorpore las necesidades derivadas de la organización territorial y competencial del Estado. Todo ellos en el marco de los principios constitucionales de libertad, igualdad, laicidad y cooperación y de la interpretación que de ellos ha hecho la jurisprudencia constitucional e internacional sobre derechos humanos en estos años.

- Medida 147: ampliación del programa "Municipios por la tolerancia", ayudando a los gobiernos locales a gestionar la diversidad religiosa de una manera democrática, inclusiva y plural.

- Medida 148: Desarrollo de acciones relacionadas con el derecho a recibir una sepultura digna sin discriminación por motivos religiosos, incluyendo este tema en la gestión de cementerios y crematorios. Y

- Medida 149: Elaboración de un barómetro sobre creencias, que permita tener datos que sirvan de referencia (evolución de creencias, incidentes de discriminación y odio, etc.) teniendo en cuenta el respeto a la intimidad de las personas.

También debemos mencionar, por su relación con el objeto del presente informe, las medidas del Plan de acción contenidas dentro del eje 4, con el título: Igualdad de trato y protección de grupos específicos como garantía de derechos. Estas medidas son las siguientes:

- Medida 318: Aprobación de Protocolos específicos para la atención a las víctimas de incidentes de odio, discriminación y actos de intolerancia, para su utilización por los profesionales que intervengan.

- Medida 320: Impulsar al avance en los trabajos para la aprobación del Proyecto de Ley Orgánica contra el racismo, la discriminación racial y las formas conexas de intolerancia que integre la perspectiva interseccional.

- Medida 322: Poner en marcha un Plan contra el racismo, la discriminación racial y las formas conexas de intolerancia, a fin de promover y proteger a las personas que lo sufren, garantizando plenamente sus derechos con políticas suficientes y adecuadas.

- Medida 326: Elaboración de un estudio-diagnóstico que aborde la discriminación interseccional que sufren las mujeres y niñas africanas, migrantes y no migrantes, afrodescendientes, del pueblo gitano, árabes y asiáticas, personas americanas originarias, musulmanas, judías, personas de ascendencia diversa y de otros grupos poblacionales, religiosos y étnicos, que sufren con más asiduidad el racismo, la discriminación racial y las formas conexas de intolerancia, en ámbitos como el empleo, la educación, la vivienda y la salud.

- Medida 327: Realización de campañas de sensibilización y educación en derechos humanos, prevención y lucha contra la xenofobia, el racismo y otras formas de intolerancia, así como sobre la realidad en la que viven los grupos poblacionales y étnicos que sufren con mayor asiduidad estas conductas discriminatorias, prestando especial atención a la población migrantes, solicitante de asilo y refugiada.

- Medida 328: Formación, con perspectiva intercultural e interseccional, contra la discriminación, el racismo y la xenofobia dirigida a:

  - Operadores jurídicos.

  - Personal de las Administraciones Públicas, en especial de las FCSE, la educación, la sanidad, el empleo y la vivienda.

- Profesionales del ámbito de la asistencia y el apoyo a las víctimas.

- Personal de la Inspección de Trabajo y Seguridad Social

- Medida 375: Monitorización y análisis de la evolución del discurso de odio en redes sociales, prestando especial atención a la población migrante

- Medida 376: Aplicación y seguimiento del Código de conducta de la UE para la Lucha contra la Incitación Ilegal al Odio en Internet, que implica el compromiso de examinar la mayoría de las notificaciones válidas para la retirada de las manifestaciones de incitación ilegal al odio en un plazo de menos de 24 horas, así como retirar tales contenidos o deshabilitar el acceso a los mismos.

- Medida 380: Análisis de los perfiles de las víctimas y los perpetradores de discurso de odio y realización de guías para la elaboración de contranarrativas.

- Medida 382: Perfeccionamiento de la recogida de datos estadísticos referentes al ámbito de los delitos e incidentes de odio, para encontrar posibles tendencias y/o asociaciones, al objeto de conocer mejor la realidad del fenómeno.

- Medida 383: Realización de campañas de concienciación, sensibilización y de apoyo a las víctimas de delitos de odio.

- Medida 399: Impulso a la implantación del *Plan Director para la Convivencia y Mejora de la Seguridad de los Centros Educativos y sus Entornos* (España, 2006), con la actualización de contenidos relacionados con delitos sexuales y explotación sexual de los menores, así como de toda forma de discriminación.

- Medida 418: Financiación y apoyo técnico a proyectos de interés general para favorecer la convivencia y la cohesión social, y prevenir la xenofobia, el racismo y otras formas de intolerancia.

- Medida 421: Promoción y apoyo a las entidades locales en la elaboración de planes y estrategias de inclusión de la inmigración y prevención de la xenofobia, el racismo y los discursos de odio en el ámbito local y/o autonómico, en el *Marco Estratégico de Ciudadanía e Inclusión, contra la xenofobia y el racismo* (España, 2021d), del Ministerio de Inclusión, Seguridad Social y Migraciones.

2. Con relación a los planes de acción relacionados con la no discriminación y la intolerancia, cabe mencionar dos relacionados con el racismo y la xenofobia y el antisemitismo, respectivamente.

2.1. En primer término, mencionar el denominado *"Marco Estratégico de ciudadanía e inclusión, contra la xenofobia y el racismo, 2021-2027"*[1000], el cual ofrece un escenario integral de actuación único que coloca a las potenciales víctimas de la discriminación en el centro de la agenda de la justicia social y la igualdad, incluye una perspectiva de género, presta atención a la interseccionalidad y ofrece coherencia en diferentes áreas prioritarias de actuación. En el presente *Marco Estratégico* se tienen en cuenta dos aspectos fundamentales: por un lado, la revisión

---

[1000] Consultar en línea: https://mail.google.com/mail/u/0?ui=2&ik=2 bd8e595ef&attid=0.3&permmsgid=msg-f:1771213554545644221&t h=18949d57f40cd2bd&view=att&disp=inline (visitado por última vez el 15 de enero de 2024). Ver también la página web: https://prointerweb.seg-social.gob.es/participacion/downloadFile?blob=marco_estrategico_resumen.pdf&norma=2022010 (visitado por última vez el 11 de enero de 2024).

del contexto y el diagnóstico de situación desde los anteriores *Planes Estratégicos de Ciudadanía e Integración* (en adelante, PECI)[1001] y la *Estrategia Integral contra el racismo, la discriminación racial, la xenofobia y otras formas conexas de intolerancia*, de 2011[1002]; y, por otro, se ha tenido en consideración las recomendaciones realizadas a España por los organismos internacionales y europeos, en relación con el racismo, la discriminación racial, la xenofobia y otras formas conexas de intolerancia[1003]. Por tanto, este *Marco Estratégico* parte del reconocimiento de que las actitudes y manifestaciones discriminatorias e intolerantes siguen presentes en la sociedad española y su persistencia constituye un riesgo para la convivencia, la prosperidad, la cohesión y la paz social.

El Marco Estratégico consta de los seis bloques de políticas siguientes: 1) marco jurídico-administrativo; 2) políticas de atención humanitaria y políticas de acogida, de protección internacional, apatridia y protección temporal; 3) políticas de inclusión activa; 4) políticas de participación y convivencia; 5) políticas de prevención, sensibilización e intervención contra

---

[1001] *Plan Estratégico de Ciudadanía e Integración* (PECI 2007-2010) (consultar en línea: PECI (jzb.com.es); visitado por última vez el 23 de febrero de 2023); y *Plan Estratégico de Ciudadanía e Integración* (PECI 2011-2014) (consultar en línea: http://www.integralocal.es/upload/File/2011/PECI2011-2014.pdf; visitado por última vez el 22 de diciembre de 2023).

[1002] Consultar en línea: https://www.inclusion.gob.es/oberaxe/ficheros/documentos/EstrategiaIntegralContraRacismo.pdf (visitado por última vez el 11 de enero de 2024).

[1003] Cfr. Unión Europea: *Plan de Acción de la Unión Europea contra el racismo (2020-2025); Nueva política de cohesión de la UE 2021-2027; Plan de Acción en materia de Integración e Inclusión para 2021-2027; Pacto de Migración y Asilo (septiembre 2020)* y *Pacto Mundial de Migraciones (2018)*.

la xenofobia, el racismo y la intolerancia, y 6) políticas de reparación y atención de víctimas de la xenofobia, el racismo y la intolerancia asociada y a las víctimas de agresión sexual.

Entre las medidas a desarrollar por la Administración central, dentro de las políticas de participación y convivencia, aparecen reseñadas la realización, por parte del Ministerio de la Presidencia, Relaciones con las Cortes y Memoria Histórica, de las siguientes actividades:

- Estudio sobre la Protección de los Lugares de Culto

- Estudio Conviv@ula: ¿preparados para lo diverso? Escuela, factor religioso y gestión de la diversidad

- Manual para gestión policial de la diversidad religiosa a nivel local

- Estudio "Ciudadanía, juventud e islam. El asociacionismo de los jóvenes musulmanes en España"

- "Municipios por la Tolerancia: Hacia una mejor gestión de la diversidad religiosa"

- La gestión de la diversidad religiosa en clave municipal. Acción formativa de la FEMP (21, 22, 24, 25, 28 y 29 de noviembre y 1 de diciembre de 2022)

- Subvenciones de la Fundación Pluralismo y Convivencia destinadas a la realización de actividades dirigidas a promover el conocimiento y el acomodo de la diversidad religiosa en un marco de diálogo, fomento de la convivencia y lucha contra la intolerancia.

Al tiempo que, dentro del apartado relativo a la Prevención, sensibilización e intervención contra el racismo, la xenofobia y la intolerancia, también se hace mención a una última medida:

- Estudio-encuesta sobre la percepción de discriminación por motivos religiosos en el ámbito laboral.

2.2. Dentro de este marco también entendemos de interés traer a colación un segundo plan de acción como es el denominado: Plan Nacional para la implementación de la Estrategia Europea de Lucha contra el Antisemitismo (2023-2030). El 5 de octubre de 2021, la Unión Europea aprobaba su *"Strategy on combating antisemitism and fostering Jewish life (2021-2030)"*[1004], la cual parte de una idea fundamental: una Unión Europea sin antisemitismo. España, que comparte los objetivos de la Estrategia de la Unión Europea, ha aprobado, en 2023, su *Plan de Lucha contra el Antisemitismo 2023-2030*[1005]. El documento en el que se contiene el presente Plan de acción se estructura en cuatro partes: i) la primera se corresponde con una breve introducción a la Estrategia europea y a su proceso de implementación en España; ii) la segunda se dedica a exponer el contexto español que se articula sobre tres aspectos: a) el marco normativo que le sirve de cobertura y en el que se relacionan las principales normas de nuestro ordenamiento aplicables en la materia; b) el marco social, referido tanto a la presencia de los judíos en España, en su historia y en el presente, como a la percepción del antisemitismo en España; y c) el marco institucional que recoge las principales instituciones con competencias o funciones relacionadas con la lucha contra

---

[1004] Consultar en línea: The EU Strategy on combating antisemitism and fostering Jewish life (2021-2030) Publications Office of the EU (europa.eu) (visitado por última vez el 10 de enero de 202$).

[1005] España (2023b): Plan Nacional para la implementación de la Estrategia Europea de Lucha contra el Antisemitismo 2023-2030, consultar en línea: https://www.lamoncloa.gob.es/consejodeministros/resumenes/Documents/2023/310123-PlanNacionalAntisemitismo.pdf (visitado por úlitma vez el 23 de enero de 2024).

el antisemitismo y el derecho de las personas y comunidades judías a vivir conforme a sus creencias y tradiciones; iii) la tercera es el contenido del Plan que se articula sobre los tres ejes que construyen la Estrategia de la UE, distinguiendo en cada uno de ellos, las acciones que ya se han puesto en marcha en España, por un lado, y las medidas que el Plan pretende implementar, por otro: a) prevención y lucha contra toda forma de antisemitismo; b) la tutela del derecho de las personas y las comunidades judías a vivir de acuerdo con sus creencias y tradiciones; y c) pedagogía, investigación y memoria; y iv) la cuarta y última se refiere a la gobernanza del Plan.

Dentro del presente *Plan de acción* se prevén una serie de medidas que pueden tener una relación directa o indirecta con el objeto del presente trabajo, a saber:

- Elaborar y publicar una Guía de buenas prácticas para la gestión de la diversidad religiosa en el entorno laboral. Existe ya publicado el "Estudio sobre la percepción de discriminación por motivos religiosos en el ámbito laboral" a partir del cual se elaborará la Guía de buenas prácticas sobre la gestión de la diversidad de creencias y lucha contra la discriminación en el entorno laboral.

  - Institución responsable: Fundación Pluralismo y Convivencia, incluido en su Plan de Actuación para 2023.

- Ofrecer formación y recursos a los cuerpos de policía local en la lucha contra los delitos discriminatorios que mejore la identificación del delito y la protección de las víctimas.

  - Institución responsable: Fundación Pluralismo y Convivencia. Incluido en su Plan de Actuación para 2023.

- Desarrollar una guía de protocolos para orientar la actuación de los servicios de policía local y la promoción para la creación de Unidades de Diversidad en las policías locales. Para ello se partirá de la experiencia de la elaboración del "*Manual para la gestión policial de la diversidad religiosa*" de la Policía Municipal de Madrid que ya está funcionando con la participación de los grupos religiosos, entre ellos, las comunidades judías.

  - Institución responsable: Fundación Pluralismo y Convivencia. Incluido en su Plan de Actuación para 2023.

- La elaboración de un plan de trabajo a nivel nacional en el marco del Plan de Acción adoptado en el 2019 en el seno de las Naciones Unidas para la protección de los sitios religiosos. El objetivo es prevenir y salvaguardar de los ataques de odio e intolerancia, tanto a los lugares de culto y reunión, como a las personas que a ellos acuden, contando con la participación de todos los posibles actores que, de manera directa o indirecta, pueden verse implicados (poderes públicos, entidades religiosas, comunidades educativas, medios de comunicación, TIC's).

  - Institución responsable: Fundación Pluralismo y Convivencia.

- Difundir del documento "CONVIV@ula: ¿preparados para lo diverso? Escuela, factor religioso y gestión de la diversidad", respecto de las recomendaciones que contiene dirigidas a la comunidad educativa para una gestión inclusiva de la diversidad de creencias en los centros educativos fomentando el uso de herramientas pedagógicas que inciden en el entendimiento mutuo, el respeto a la diversidad y la no discriminación. En el marco de este documento se incluirá específicamente los contenidos relativos a la discriminación antisemita en la sociedad en general y en el ámbito escolar, en particular, con el fin de su incidir en su prevención.

- Institución responsable: Fundación Pluralismo y Convivencia y FCJE.

3. Por último, y en relación con los planes de acción sobre el discurso (delitos) de odio, se pueden destacar tres planes de acción.

3.1. Por un lado, mencionar el II Plan de acción de Lucha contra los Delitos de Odio, que da continuidad al Primero de los Planes, adoptado en enero de 2019[1006], como instrumento estratégico para articular los mecanismos necesarios para construir un marco único de buenas prácticas policiales que satisfaga de manera multi e interdisciplinar las acciones preventivas, investigativas y de asistencia policial a las víctimas, evitando la doble victimización y acercando la figura policial a los grupos o colectivos más proclives a sufrir delitos de odio o discriminación, incrementando, al mismo tiempo, la sensibilización de los distintos sectores de la sociedad civil y fomentando la colaboración activa de todos los Ministerios involucrados, apostando por un reforzamiento de la colaboración mutua y por la difusión de acciones educativas como forma de conocer y prevenir estos delitos.

Dentro de las medidas adoptadas en ese primer Plan, y por su relación con el tema objeto del presente trabajo, cabe hacer referencia de dos medidas, a saber: 1) Colaboración en el desarrollo del "Protocolo para combatir el Discurso de Odio Ilegal en Línea" realizado en el grupo de trabajo de 'Discurso

---

[1006] *Plan de Acción contra los Delitos de Odio,* consultar en línea: Proyecto (interior.gob.es) (visitado por última vez el 14 de enero de 2024).

de Odio' dentro del "Acuerdo para cooperar institucionalmente en la lucha contra el racismo, la xenofobia, la LGBIfobia y otras formas de intolerancia"; y 2) Participación en el proyecto europeo AL-RE-CO sobre el "discurso de odio, racismo y xenofobia: mecanismos de alerta y respuesta coordinada", que ha tenido como objetivo mejorar las capacidades de las autoridades del Estado para identificar, analizar, monitorizar y evaluar el discurso de odio en línea, así como el de diseñar estrategias compartidas frente al discurso motivado por racismo, xenofobia, islamofobia, antisemitismo y antigitanismo.

Tres años después (2022), y a la luz de las experiencias acumuladas, se ha aprobado el *II Plan de Acción de la Lucha contra los Delitos de Odio (2022-2024)*[1007]. Este Plan ha sido elaborado de la misma forma que se realizó el primero, esto es, con la participación y aportaciones tanto de los cuerpos policiales, estatales y autonómicos, como de la Fiscalía especializada y el tercer sector, al objeto de poder desarrollar aquellas medidas acordes con la realidad social. El presente Plan de acción se articula en ocho líneas de acción; quince objetivos a alcanzar; ochenta y seis medidas propuestas, y supone, entre otras, la realización de la edición semestral de un Boletín de información sobre esta problemática, al objeto de refundir diferentes noticias, novedades o jurisprudencia referente a los delitos de odio que sea de interés para los interlocutores sociales.

Las líneas de acción son las siguientes: línea de Acción 1: Asistencia y apoyo a las víctimas de los delitos de odio; línea de Acción 2: Mejora de los mecanismos de coordinación de las Fuerzas y Cuerpos de Seguridad, así como con otras Instituciones públicas y privadas; línea de Acción 3: Prevenir la comisión

---

[1007] Consultar en línea: https://www.interior.gob.es/opencms/pdf/servicios-al-ciudadano/Delitos-de-odio/descargas/II-PLAN-DE-ACCION-DE-LUCHA-CONTRA-LOS-DELITOS-DE-ODIO.pdf (visitado por última vez el 23 de enero de 2024).

de cualquier ilícito penal relacionado con los delitos de odio mediante el desarrollo de herramientas que coadyuven a la mejora de la efectividad de las investigaciones, en línea con los planes en vigor de la Secretaría de Estado de Seguridad (por ejemplo, el Plan de Actuación y coordinación policial contra grupos organizados y violentos de carácter juvenil; y el Plan Director para la convivencia y mejora de la seguridad en los centros educativos y sus entornos; etcétera); línea de Acción 4: Creación de Grupos de lucha contra los delitos de odio dentro de la Comisaría General de Información y Brigadas Provinciales de Información de la Policía Nacional, así como en la Jefatura de Información de la Guardia Civil y sus Unidades Periféricas; línea de Acción 5: Impulso de la formación, sensibilización y concienciación de los miembros de las Fuerzas y Cuerpos de Seguridad en la lucha contra los delitos de odio; línea de Acción 6: Incentivar la participación, la colaboración y las actividades con las organizaciones del tercer sector encaminadas hacia la mejora constante en la lucha contra los delitos de odio; línea de Acción 7: Incremento de los conocimientos, herramientas e instrumentos con que cuentan las Fuerzas y Cuerpos de Seguridad en la lucha contra los delitos de odio; y línea de Acción 8: Ampliación de los recursos personales de la Oficina Nacional de Lucha Contra los Delitos de Odio.

De las 86 medidas adoptadas en el presente Plan de acción, destacamos las siguientes por su relación con el objeto del trabajo, así como con la discriminación religiosa o de creencias:

1.1. Desarrollo de una herramienta de "indicadores de riesgo (IR) de delitos de odio graves o violentos", para ponerla al servicio de las Fuerzas y Cuerpos de Seguridad, con la que, al recoger la denuncia, al funcionario policial le aparezca una alerta indicando la posible concurrencia de los hechos como un delito de odio o discriminación. Implementación: Segundo semestre de 2024.

4.3. Establecimiento de contactos entre los interlocutores sociales y los CPL de las respectivas demarca-
ciones que trabajen en este ámbito para favorecer
sinergias, al objeto de que exista una colaboración
fluida, especialmente en el área correspondiente
a los contactos y relaciones con organizaciones y
asociaciones del tercer sector. Implementación: Segundo semestre 2023.

5.3. Establecer mecanismos de coordinación entre la
ONDOD y la IPSS para identificar posibles conductas por parte de los miembros de las Fuerzas y Cuerpos de Seguridad del Estado que puedan suponer
delitos de odio, promoviendo, en su caso, la plena
y eficaz investigación. Implementación: Primer semestre de 2022.

6.4. Elaboración bianual de una guía de actuación con
personas de determinados colectivos en el ámbito
de los delitos de odio, en coordinación con las instituciones implicadas y organizaciones del tercer sector representativas de los mismos. Implementación:
Segundo semestre de 2023.

6.6. Incrementar las "comunicaciones" que se desarrollen en el ámbito de los delitos de odio dentro del
*"Plan Director para la Convivencia y la Mejora de la Se-
guridad en los Centros Educativos y sus entornos"*[1008], al

[1008] Instrucción nº 7/2013 de la Secretaría de Estado de Seguridad, sobre el "Plan director para la Convivencia y Mejora de
la Seguridad en los Centros educativos y sus entornos" (consultar en línea: https://www.interior.gob.es/opencms/pdf/
servicios-al-ciudadano/Plan-Director-para-la-Convivencia-y-Me-
jora-de-la-Seguridad-en-los-Centros-Educativos-y-sus-Entornos/
Instruccion-72013-de-la-Secretaria-de-Estado-de-Seguridad-sobre-el-
Plan-Director-para-la-Convivencia-y-Mejora-de-la-Seguridad-en-los-

objeto que los niños y jóvenes tengan una mayor formación y educación en respeto, convivencia y valores. Dicho incremento será comunicado semestralmente a la Oficina Nacional de Lucha Contra los Delitos de Odio. Implementación: Primer semestre de 2023.

11.7. Favorecer la colaboración y participación de las organizaciones civiles para la formación y sensibilización policial, dentro de las jornadas formativas que se pudieran desarrollar en el ámbito central o periférico. Implantación: Primer semestre 2023.

En esta materia es necesario también tener muy presente el «*Protocolo de actuación de las Fuerzas y Cuerpos Seguridad para los delitos de odio y conductas que vulneran las normas legales sobre discriminación*»[1009], en cuanto compendio de reglas o pautas unificadas y homogéneas dirigidas a los agentes de los cuerpos policiales para la identificación, correcta recogida y codificación de incidentes y delitos racistas, xenófobos o conductas discriminatorias, y determinación de los elementos específicos a tener en cuenta en las actuaciones policiales.

3.2. El segundo tiene su origen en el "*Código de Conducta para la Lucha contra la Incitación Ilegal al Odio en Internet*" (Unión Europea, 2016b) adoptado en el

---

Centros-Educativos-y-sus-Entornos.pdf; visitado por última vez el 11 de enero de 2024).

[1009] *Protocolo de actuación de las Fuerzas y Cuerpos Seguridad para los delitos de odio y conductas que vulneran las normas legales sobre discriminación*, Madrid (consultar en línea: https://www.interior.gob.es/opencms/pdf/servicios-al-ciudadano/Delitos-de-odio/descargas/PROTOCOLO-DE-ACTUACION-DE-LAS-FUERZAS-Y-CUERPOS-DE-SEGURIDAD-PARA-LOS-DELITOS-DE-ODIO-Y-CONDUCTAS-QUE-VULNERAN-LAS-NORMAS-LEGALES-SOBRE-DISCRIMINACION.pdf; visitado por última vez el 15 de enero de 2024).

seno de la Comisión Europea. A partir del mismo, el Observatorio Español de Racismo y Xenofobia del Ministerio de Inclusión, Seguridad Social y Migraciones (OBERAXE), coordinó la elaboración de un Protocolo para combatir el discurso de odio ilegal en línea[1010], que tiene por objeto garantizar la cooperación de las principales plataformas de internet a la hora de evitar la exhibición o la venta de tales discursos. El Protocolo supone el primer gran acuerdo consensuado entre la Administración pública, organizaciones de la sociedad civil y empresas prestadoras de servicios de alojamiento de datos. Dicho Protocolo nace con el objetivo de reforzar la colaboración y cooperación en la lucha para la erradicación del discurso de odio en internet en nuestro país[1011]. El documento acuerda combatir los delitos de discurso de odio en internet, establecer un punto focal nacional como interlocutor de la administración pública con las empresas de internet –la Unidad de Criminalidad Informática de la Fiscalía General del Estado–, y acreditar y formar a *trusted flaggers* (o usuarios de confianza), cuyas comunicaciones serán tratadas de manera preferente. Se refiere, además, al estableci-

---

[1010] *Protocolo para combatir el discurso de odio en línea*, OBERAXE, Madrid (consultar en línea: PROTOCOLO_DISCURSO_ODIO.pdf (inclusion.gob.es); visitado por última vez el 23 de enero de 2024).

[1011] Sus bases son –los ya mencionados *supra*– el *Código de Conducta para la lucha contra la incitación ilegal al odio en Internet*, la *Recomendación de la UE 2018/334 de la Comisión Europea, de 1 de marzo de 2018, sobre medidas para combatir eficazmente los contenidos ilícitos en línea* ((*DOUE* núm. 63, de 6 de marzo de 2018) (consultar en línea: https://www.boe.es/buscar/doc.php?id=DOUE-L-2018-80435; visitado por última ma vez el 27 de enero de 2024), y la legislación estatal española en la materia.

miento de circuitos de notificación homogéneos del discurso de odio[1012].

[1012] Los contenidos del Protocolo se distribuyen en los siguientes 6 apartados:

• Apartado I: Se definen los delitos de discurso de odio a efectos de este, según la legislación estatal española. Además, se relacionan las principales normas europeas e internacionales para valorar la noción de delitos de discurso de odio. Se describen los procedimientos de notificación, comunicación, retirada o bloqueo de contenidos ilegales en línea; así como las salvaguardas existentes en la legislación española para los prestadores de servicios de alojamiento de datos cuando, por propia iniciativa, hayan emprendido acciones para identificar, retirar, bloquear o restringir el acceso a contenidos ilícitos o que violan sus propios estándares o términos del servicio. Se describe también cuándo y cómo deben ser informados los proveedores de contenidos que envían contenidos que pueden ser ilegales, a una plataforma de alojamiento de datos.

• Apartado II: Se propone la elaboración de un listado de autoridades competentes, que serán las que notifiquen contenidos ilegales de discurso de odio. Siguiendo las recomendaciones de la Comisión Europea, se propone un Punto de Contacto de las autoridades competentes para la comunicación con los prestadores de servicios de alojamiento de datos a través de Internet, que será la Unidad de criminalidad informática de la Fiscalía General del Estado. El Punto de Contacto facilitará la notificación de contenidos ilegales, mediante un procedimiento ágil y con garantías, para el bloqueo, la retirada o restricción de acceso a los mismos, contribuyendo a que la legislación española pueda ser aplicada eficazmente. Se describe cómo el Punto de Contacto podrá requerir al prestador de servicios de alojamiento de datos que no informe al proveedor de datos de la retirada o bloqueo de un contenido, cuando constituya un delito grave. También se propone la elaboración de un formulario para las notificaciones que realicen las autoridades competentes y su contenido.

• Apartado III: Se propone la tramitación preferente, por parte de los prestadores de servicios de alojamiento de datos, de las comunicaciones provenientes de los comunicantes fiables debidamente acreditados. También se propone la elaboración de un formulario para la realización de esas comunicaciones y su contenido.

No obstante, por nuestra parte echamos en falta la presencia de la Fundación pública Pluralismo y Convivencia, ya que la misma podría contribuir no sólo desde el plano de la precisión terminológica relacionada con las discriminaciones e intolerancias por motivos religiosos o de convicción, sino también desde el plano de apoyo a los criterios a utilizar para los delitos de odio por motivos religiosos. Su participación en este sentido entendemos que puede resultar no sólo beneficiosa para los objetivos del presente Protocolo, sino también para su interrelación con otros criterios (xenofobia, racismo, etc.).

    3.3. El último de los documentos ha sido elaborado en el seno del INJUVE y se trata de una Guía dirigida a los jóvenes en el ámbito educativo, con el título: *Orientaciones para Combatir el Discurso de Odio en In-*

• Apartado IV: Trata de la acreditación y la formación de los comunicantes fiables. Se establece la creación de una Comisión de Acreditación de Comunicantes Fiables, y su composición, para la selección de los comunicantes fiables. Se propone la formación de los comunicantes fiables por parte de la Administración y las empresas proveedoras de servicios de alojamiento de datos, tanto para el conocimiento de las normas de uso de las plataformas de alojamiento de datos en Internet, como de la legislación española relativa al discurso de odio ilegal.

• Apartado V: Trata de la acomodación de mecanismos restaurativos, que también se incluye en la Recomendación UE 2018/334. Se trata de ofrecer a los ciudadanos información sobre mecanismos alternativos para la resolución de conflictos relacionados con los discursos de odio, sin necesidad de llegar a acudir al ámbito de protección penal y aplicando la legislación española vigente.

• Apartado VI: Trata de la implementación del Protocolo y su seguimiento, que se vinculan a la Comisión de Seguimiento del Acuerdo Interinstitucional. Esta creará un mecanismo de colaboración que incluya a los actores firmantes del Protocolo para la implementación de este. Además, se elaborarán informes de actividad que serán remitidos a la Comisión de Seguimiento del Acuerdo Interinstitucional

ternet a través de la Educación en Derechos Humanos[1013] (en adelante, Orientaciones). La presente Guía contiene actividades, concebidas desde la educación no formal, para que los jóvenes aprendan y se sensibilicen participando activamente, para que aporten y se conviertan, a su vez, en ciudadanos formados, informados y concienciados con la defensa de los derechos y las libertades y contra el discurso del odio en internet. Esta iniciativa no es más que la concreción de una más amplia llevada a cabo por el Consejo de Europa, bajo el mismo nombre, aunque en este segundo caso se trata de la elaboración de un *Manual*[1014].

Orientaciones se publicó para apoyar la campana juvenil del Movimiento *No Hate Speech* del Consejo de Europa, por los derechos humanos en internet. El Manual está diseñado para trabajar con alumnos de 13 a 18 años, pero las actividades se pueden adaptar a otros rangos de edad[1015]. Es una herramienta útil para los educadores que desean abordar el discurso de

---

[1013] *Guía sobre Orientaciones para combatir el discurso de odio en internet a través de la educación en derechos humanos*, INJUVE, Madrid 2019 (consultar en línea: http://www.injuve.es/sites/default/files/adjuntos/2019/10/orientacionesnohate-folleto-junio2019artefinal1.pdf; visitado por última vez el 22 de enero de 2024).

[1014] Consejo de Europa: *Manual Orientaciones. Manual para combatir el discurso de odio en internet a través de la educación en derechos humano*, versión en español, Ed. INJUVE, Madrid 2019 (consultar en línea: http://www.injuve.es/sites/default/files/2019/07/publicaciones/orientaciones.pdf; visitado por última vez el 22 de diciembre de 2023).

[1015] Con relación a la temática de internet (redes sociales) y la infancia, véase UNICEF: *Niños en un mundo digital*, Nueva York 2017 (consultar en línea: www.unicef.org/SOWC2017; visitado por última vez el 23 de abril de 2024).

odio online desde una perspectiva de derechos humanos, tanto dentro como fuera del sistema educativo formal[1016].

4. VALORACIÓN DEL SISTEMA

De todo lo expuesto, podemos realizar un conjunto de consideraciones finales que afectan a nuestro ordenamiento jurídico no sólo en relación con el delito de odio, sino también al derecho de libertad de expresión en su relación con el derecho a la libertad de conciencia y religiosa. A este respecto, cabe precisar, en primer término, que las libertades de expresión e información se configuran en nuestro Derecho no sólo como derechos fundamentales, sino también como garantías institucionales absolutamente imprescindibles para garantizar la participación, la representación y el propio sistema democrático (ver, por todas, SSTC 6/1981[1017], FJ 3; 12/1982[1018], FJ 3; 20/1990[1019]; 336/1993[1020]; 101/2003[1021]; 174/2006[1022];

[1016]   En esta misma línea, véanse las siguientes iniciativas: Unión Europea: *Manual de herramientas prácticas para trabajadoras y trabajadores en el ámbito de la juventud*; UNESCO: "*Mil Clicks*", de 2011 (consultar en línea: https://www.unesco.org/es/media-information-literacy/mil-clicks; visitado por última vez el 11 de enero de 2024), y Consejo de Europa con el proyecto piloto llamado "*Media Literacy for all*", consultar en línea: https://rm.coe.int/cyprus-2020-media-literacy-for-all/1680988374 (visitado por última vez el 12 de enero de 2024).

[1017]   STC 6/1981, de 16 de marzo (TOL109.401; consulta: 16/10/2023).

[1018]   STC 12/1982, de 31 de marzo (TOL78,988; consulta; 16/10/2023).

[1019]   STC 20/1990, de 15 de febrero (TOL80.313; consulta: 16/10/2023).

[1020]   STC 336/1993, de 15 de noviembre (TOL82.357; consulta: 16/10/2023).

[1021]   STC 101/2003, de 2 de junio (TOL273.390; consulta: 16/10/2023).

[1022]   STC 174/2006, de 5 de junio (TOL956.789; consulta: 16/10/20023).

9/2007[1023]; 177/2015[1024], FJ 2, y 35/2020[1025], FJ 4. Y ver también SSTEDH de 7 de diciembre de 1976, asunto *Handyside c. Reino Unido*[1026]; de 23 de abril de 1992, asunto *Castells c. España*[1027], y de 29 de febrero de 2000, asunto *Fuentes Bobo c. España*[1028]).

Desde esta perspectiva, cabe señalar que el derecho a la libertad de expresión ampara las manifestaciones de tipo burlesco, parodias, satíricas o mordaces de todo tipo, incluidas las de carácter religioso (STC 235/2007, FJ 4[1029]). En este sentido, cabe traer a colación la sentencia del TEDH de 25 de enero de 2007, asunto *Vereinigung Bildender Künstler c. Austria*[1030], en la que se afirma que "*la sátira es una forma de expresión artística y de comentario social y, por su componente inherente de exageración y distorsión de la realidad, naturalmente pretende provocar y agitar. En consecuencia, cualquier interferencia con el derecho del artista a esa forma de expresión debe ser examinada con sumo cuidado*" (ver también, SSTEDH de

---

[1023] STC 9/2007, de 15 de enero (TOL1.032.871; consulta: 16/10/2023).

[1024] STC 177/2015, de 22 de julio (TOL5.392.680; consulta: 16/10/2023).

[1025] STC 35/2020, de 25 de febrero (TOL7.808.042; consulta: 16/10/2023).

[1026] STEDH de 7 de diciembre de 1976, asunto *Handyside c. Reino Unido* (TOL573.546; consulta: 16/10/2023).

[1027] STEDH de 23 de abril de 1992, asunto *Castells c. España* (TOL120.069; consulta: 16/10/2023).

[1028] STEDH de 29 de febrero de 2000, asunto *Fuentes Bobo c. España* (TOL223.847; consulta: 16/10/2023).

[1029] STC 235/2007 TOL1.173.808), FJ 4: «*Consecuencia directa del contenido institucional de la libre difusión de ideas y opiniones es que, según hemos reiterado, la libertad de expresión comprende la libertad de crítica, "aun cuando la misma sea desabrida y pueda molestar, inquietar o disgustar a quien se dirige, pues así lo requieren el pluralismo, la tolerancia y el espíritu de apertura, sin los cuales no existe 'sociedad democrática'*».

[1030] STEDH de 25 de enero de 2007, asunto *Vereinigung Bildender Künstler c. Austria* (TOL9.080.437; consulta: 16/10/2023).

24 de febrero de 1997, asunto *De Haes y Gijsels c. Bélgica*[1031]; de 29 de junio de 2004, asunto *Chauvy y otros c. Francia*[1032], párr. 69; y de 21 de septiembre de 2006, asunto *Monnat c. Suiza*[1033]). Y en la misma línea, pero yendo aún más allá, el TC ha enfatizado -en la sentencia 235/2007[1034]- que "*al resguardo de la libertad de opinión cabe cualquiera, por equivocada o peligrosa que pueda parecer al lector, incluso las que ataquen al propio sistema democrático*" (FJ 4. Ver también las SSTC 214/1991, FJ 8; 176/1995, FJ 5; 204/1997, de 25 de noviembre[1035]; 11/2000, de 17 de enero[1036], FJ 7; 13/2001, de 29 de enero[1037], FJ 7; 49/2001, de 26 de febrero[1038], FJ 5; y 160/2003, de 15 de septiembre[1039], FJ 4).

Ahora bien, los mencionados derechos fundamentales no pueden ser considerados -y es la segunda consideración- como derechos absolutos, sino que en sus manifestaciones están limitados tanto por los demás derechos fundamentales, como por el honor, la moral y el orden públicos (Art. 20.4 CE). Los límites a los que está sometido el derecho a la libertad de expresión deben ser siempre ponderados con exquisito rigor, ha-

---

[1031] STEDH de 24 de febrero de 1997, asunto *De Haes y Gijsels c. Bélgica* (TOL304.494; consulta: 15/10/2023).

[1032] STEDH de 29 de junio de 2004, asunto *Chauvy y otros c. Francia* (TOL9.087.238; consulta: 15/10/2023).

[1033] STEDH de 21 de septiembre de 2006, asunto *Monnat c. Suiza* (TOL9.081.545; consulta: 16/10/2023).

[1034] STC 235/2007, de 7 de noviembre (TOL1.173.808; consulta: 16/10/2023).

[1035] STC 204/1997, de 25 de noviembre (TOL80.827; consulta: 15/10/2023).

[1036] STC 11/2000, de 17 de enero (TOL100.403; consulta: 15/11/2023).

[1037] STC 13/2001, de 29 de enero (TOL104.634; consulta: 16/11/2023).

[1038] STC 49/2001, de 26 de febrero (TOL104.642; consulta: 15/11/2023).

[1039] STC 160/2003, de 15 de septiembre (TOL313.348; consulta: 15/7/2023).

bida cuenta de la posición preferente que ocupa, cuando esta libertad entra en conflicto con otros derechos fundamentales o intereses de significada importancia social y política respaldados por la legislación penal. A este respecto, se ha incidido, además, en que esas limitaciones siempre han de ser interpretadas de tal modo que el derecho fundamental a la libertad de expresión no resulte desnaturalizado, lo que obliga al juez penal a tener siempre presente su contenido constitucional para no correr el riesgo de hacer del Derecho penal un factor de disuasión del ejercicio de la libertad de expresión, lo que, sin duda, resulta indeseable en el Estado democrático.

En este sentido, el TC, en su sentencia 112/2016[1040], perfiló los límites de esa colisión. Así, y tras destacar el carácter fundamental y preeminente que tiene la libertad de expresión, señala el carácter limitable del derecho a la libertad de expresión, singularmente por las manifestaciones que alienten la violencia, afirmando que *"puede considerarse necesario en las sociedades democráticas sancionar e incluso prevenir formas de expresión que propaguen, promuevan, o justifiquen el odio basado en la intolerancia"* (FJ 3). La función jurisdiccional consiste, en estos casos, en valorar, atendiendo a las circunstancias concurrentes, la expresión de las ideas vertidas y las circunstancias concurrentes, esto es, si la conducta que se enjuicia constituye el ejercicio legítimo y lícito del derecho fundamental a la libertad de expresión y, en consecuencia, se justifica por el valor predominante de la libertad o, por el contrario, la expresión es atentatoria a los derechos y a la dignidad de las personas a que se refiere, situación que habrá de examinarse en cada caso concreto (ver también STC

[1040] STC 112/2016, de 20 de junio (TOL5.860.450; consulta: 30/6/2023).

177/2015[1041] y SSTS 72/2018, de 9 de febrero[1042]; y 646/2018, de 14 de diciembre[1043]).

Cuando esa colisión se produzca entre los derechos fundamentales de la libertad de expresión y los del espíritu -y esta será la tercera de las consideraciones, no se puede establecer apriorísticamente los límites o las fronteras entre uno y otro derecho, por lo que dicha limitación habrá de realizarse caso por caso (cfr. STC 20/1990, de 15 de febrero[1044], FJ 3), tras la necesaria y previa ponderación, así como que las características de la colisión sean tales que justifiquen la intervención penal (cfr. SSTS 259/2011, de 12 de abril[1045], y 646/2018, de 14 de diciembre[1046], FJ único). Amén de que en relación con la prohibición de exceso y el *chilling effect* o efecto disuasor, el TC -en su sentencia 110/2000, de 5 de mayo[1047]- ha subrayado, que tanto el legislador como el juez, deben ser especialmente restrictivos en la definición y aplicación de las normas penales (FJ 5).

No obstante -y es la cuarta consideración-, las agresiones y ataques discriminatorios, conductas de odio propiamente dichas, tienen en el Código Penal español una regulación ambivalente y disfuncional, dado que el legislador utiliza modelos diferenciados de protección para tipificar conductas similares. Por un lado, el modelo basado en la intencionalidad del agresor ("animus model") previsto en el artículo 22.4º CP que regula el agravante por discriminación (racismo, xenofobia, antise-

---

[1041] STC 177/2015, de 22 de julio (TOL5.392.680).
[1042] *STS 72/2018, de 9 de febrero* (TOL6.511.003; consulta: 30/6/2023).
[1043] STS *646/2018, de 14 de diciembre* (TOL6.957.658; consulta: 30/6/2023).
[1044] STC 20/1990, de 15 de febrero (TOL80.313; consulta: 7/7/2023).
[1045] *STS 259/2011, de 12 de abril* (TOL2.138.812; consulta: 30/6/2023).
[1046] STS *646/2018, de 14 de diciembre (TOL6.957.658; consulta: 16/10/2023).*
[1047] STC 110/2000, de 5 de mayo (TOL24.660; consulta: 30/6/2023].

mitismo, etc). Y, por otro lado, el modelo basado en los efectos individuales y colectivos del delito ("modelo de selección discriminatoria") que tiene su reflejo en el artículo 510 CP que habla de *"fomentar, promover o incitar directa o indirectamente al odio, hostilidad, discriminación o violencia contra un grupo, una parte del mismo, o contra una persona determinada por razón de su pertenencia en aquel"*. En este sentido, cabe señalar que la jurisprudencia más reciente suele calificar las agresiones y ataques de odio del artículo 510.2.a), que implican expresiones y mensajes con un contenido propio del "discurso del odio", como un delito cometido con ocasión de los derechos fundamentales y libertades públicas garantizados por la Constitución, en su modalidad de lesión de la dignidad de la persona por razón de discriminación (cfr. SAP Madrid nº 14/2023, de 16 enero[1048]; STSJ Madrid nº 456/2022, de 14 diciembre[1049]; y SAP Barcelona nº 303/2019[1050]). Mientras que, por el contrario, cuando se habla de delito de trato degradante, se está haciendo referencia al delito contra la integridad moral previsto en el artículo 173.1º CP (cfr. SAP Madrid nº 23/2023, de 23 enero TOL9.411.626).

Por tanto, en los supuestos de presuntos delitos de odio -y constituiría la quinta de las consideraciones-, el juez deberá realizar un examen previo respecto del derecho a la libertad de expresión, ya que de no producirse podrá ser causa suficiente para entender que se ha producido una vulneración de los derechos fundamentales (cfr. SSTC 299/2006[1051],

---

[1048] SAP Madrid nº 14/2023, de 16 enero (TOL9.408.867; consulta: 15/10/2023).

[1049] STSJ Madrid nº 456/2022, de 14 diciembre (TOL9.357.175; consulta: 15/10/2023).

[1050] SAP Barcelona nº 303/2019, de 24 de abril (TOL7.314.288; consulta: 15/20/2023).

[1051] STC 299/2006, de 23 de octubre (TOL1.003.682; consulta: 16/10/2023).

FJ 3; 108/2008[1052], FJ 3; 29/2009[1053], FJ 3; 89/2010[1054], FJ 3; 177/2015[1055], FJ 2; y 112/2016[1056], FJ 2), sin olvidar que el juez deberá tener igualmente presente los principios de proporcionalidad (cfr. STC 85/1992, de 8 de junio[1057], FJ 4), legalidad, fin lícito y necesidad en una sociedad democrática. En este sentido, baste con recordar que el TEDH -como se ha puesto de manifiesto *supra*[1058]- ha señalado que la libertad de expresión encuentra límites en el dominado discurso ofensivo del odio, siendo preciso indagar elementos de interpretación de la norma que no lleven a una desmesura en su aplicación, tales como elementos de contextualización, el contenido del mensaje, su expresión oral o escrita, la intención, el impacto del texto y la proporcionalidad de la sanción (cfr. SSTEDH de 22 de febrero de 1989, asunto *Barfod c. Dinamarca*[1059], § 29; de 13 de julio de 1995, asunto *Tolstoy Milovslasky c. Reino Unido*[1060], §§ 52 a 55; de 25 de noviembre de 1999, asunto *Nilsen y Johnsen c. Noruega*[1061], § 53, y de 29 de febrero de 2000, asunto *Fuentes*

[1052] STC 108/2008, de 22 de septiembre (TOL1.372.372; consulta: 16/10/2023).

[1053] STC 29/2009, de 26 de enero (TOL1.445.207; consulta: 16/10/2023).

[1054] STC 89/2010, de 15 de noviembre (TOL1.995.083; consulta: 16/10/2023).

[1055] STC 177/2015, de 22 de julio (TOL5.392.680; consulta: 16/10/2023).

[1056] STC 112/2016, de 20 de junio (TOL5.860.450; consulta: 16/10/2023).

[1057] *STC 85/1992, de 8 de junio (TOL80.697; consulta: 16/10/2023).*

[1058] Ver *supra*, Capítulo IV, apartado 3.

[1059] *STEDH de 22 de febrero de 1989, asunto Barfod c. Dinamarca* (TOL228.805; consulta: 16/10/2023).

[1060] STEDH *de 13 de julio de 1995, asunto Tolstoy Milovslasky c. Reino Unido (TOL306.081; consulta: 16/10/2023).*

[1061] STEDH *de 25 de noviembre de 1999, asunto Nilsen y Johnsen c. Noruega (TOL306.080; consulta: 16/10/2023).*

Bobo c. España[1062], §§ 49 y 50). En todo caso, no ha de olvidarse tampoco que se trata de delitos circunstanciales y que han de ser interpretados de acuerdo con la realidad social del tiempo en que se aplica la norma (STC 110/2000, de 5 de mayo[1063], FJ 5).

En cuanto al ámbito subjetivo -que conforma la sexta consideración-, hay que recordar que, en el caso que nos ocupa, son las personas pertenecientes a grupos de carácter religioso o conviccional y, por ende, los colectivos a los que afecta serían esencialmente, por un lado, las confesiones o entidades religiosas, en tanto que éstas son los sujetos activos de la libertad religiosa y, por tanto, también de la discriminación por motivos religiosos; y, por el otro, los grupos conviccionales o filosóficos, toda que los presentes grupos también son titulares del derecho a la libertad de conciencia. Ello resulta especialmente relevante en el caso del artículo 510 del CP, ya que las conductas típicas mantienen un criterio de constricción innegociable: la conducta debe dirigirse contra colectivos especialmente vulnerables. Esto es, el artículo 510.1.a) y b) cubre un elenco cerrado de categorías que enlazan con colectivos o grupos vulnerables (ej.: negros, homosexuales, confesiones religiosas, grupos filosóficos etc.) sobre los que tiene que dirigirse la conducta típica (véanse SSTS 646/2018, de 14 de diciembre[1064], FJ Único; 47/2019, de 4 de febrero[1065], FJ 2, y 458/2019, de 9 de octubre[1066], FJ 5).

[1062] STEDH *de 29 de febrero de 2000, asunto Fuentes Bobo c. España (TOL223.847; consulta: 16/10/2023)*

[1063] STC 110/2000, de 5 de mayo (TOL24.660; consulta: 16/10/2023).

[1064] STS 646/2018, de 14 de diciembre (TOL6.957.658; consulta: 16/10/2023).

[1065] STS 47/2019, de 4 de febrero (TOL7.059.518; consultar: 16/10/2023).

[1066] STS 458/2019, de 9 de octubre (TOL7.531.451; consulta: 16/10/2023).

Capítulo IX.
Consideraciones finales

De todo lo expuesto, cabe establecer un conjunto de consideraciones finales referidas éstas principalmente a la actividad desarrollada por las distintas organizaciones internacionales, desde las Naciones Unidas a la Unión Europea, pasando por la Organización de Estados Americanos, la OSCE y el Consejo de Europa, a las que se ha ido haciendo referencia a lo largo del presente trabajo.

1. Por lo que al ámbito de las Naciones Unidas se refiere, y después de un estudio pormenorizados de sus actividades, dos son las consideraciones esenciales que deben realizarse, a saber:

En primer lugar, que existe a nivel universal una fuerte interrelación entre discriminación e intolerancia y discursos de odio. A este respecto, cabe señalar que la discriminación y la intolerancia pueden estar en el origen de las motivaciones que llevan al odio, pero no estamos ante figuras jurídicas asimilables y muchos menos equiparables. Esta asimilación puede dar lugar a confusión, tanto a la hora de la recopilación de datos -y así lo ha puesto de manifiesto la ODIHR en su informe de 2019- como en la propia definición del delito de odio. La intolerancia y la discriminación pueden ser los bienes jurídicos que están en la razón de ser del delito de odio, pero "delito de odio" no es sólo toda acción que suponga discriminación.

En segundo lugar, cabe señalar que a nivel universal en lugar de prohibir el discurso de odio *per se*, el derecho internacional penaliza la incitación a la discriminación, la hostilidad y la violencia. Ello se pone de manifiesto en el ámbito del derecho positivo-internacional en el apartado 2, del artículo 20, del PIDCP, donde se dispone de manera vinculante que:

"Toda apología del odio nacional, racial o religioso que consti-
tuya incitación a la discriminación, la hostilidad o la violencia
estará prohibida por la ley".

Respecto a la temática de la incitación, la jurisprudencia analizada ha supuesto un gran avance en la materia, aunque aún quedan cuestiones por resolver como pueden ser las relativas a la distinción entre unas incitaciones y otras realidades, así como la determinación de los elementos que dan lugar a que las mismas se conviertan en factores integrantes del delito de odio. En este sentido, cabe destacar la actividad desarrollada por el CEDR[1067], así como la llamada "prueba de umbral" expresada en el Plan de Rabat[1068], y que consta de los siguientes elementos: que se tenga en cuenta (1) el contexto social y político, (2) la categoría del hablante, (3) la intención de incitar a la audiencia contra un grupo determinado, (4) el contenido y la forma del discurso, (5) la extensión de su difusión, y (6) la probabilidad de causar daño, incluso de manera inminente.

2. Por su parte, el sistema de la CADH puede ser calificado de poco interesado en esta materia lo que encuentra su correlato en las normativas penales estatales. Asimismo, las pocas decisiones encontradas en el ámbito judicial parecen responder a una aplicación de un modelo que no exige la presencia del nexo causal entre la idea que "incita" y el acto violento que posteriormente se pueda producir. De esta forma, y salvo alguna excepción, los jueces de las Américas han preferido una interpretación mucho más cercana al arquetipo propuesto por el PIDCP. Se sanciona así la "idoneidad" del discurso para

---

[1067] Véase, a este respecto, *Observación general N° 35 del CEDR*, párr. 15.
[1068] Consultar en línea: https://www.ohchr.org/sites/default/files/Rabat_threshold_test_Spanish.pdf (visitado por última vez el 22 de diciembre de 2023).

producir el acto discriminador o violento, al margen de su inminencia o real producción.

Por otro lado, desde la década de los años noventa, en el sistema de la OEA se viene apreciando una notable apuesta por los mecanismos no sancionatorios, en especial por la generación de políticas públicas y la creación de comisiones o comités en el ámbito gubernamental para su seguimiento. Un detalle importante que resaltar es que la mayor parte de estos organismos han sido creados en el ámbito de la variable racial de la discriminación. Es decir, los otros dos factores: la nacionalidad y la religión, no se presentan como un problema -al menos en la superficie- al que los Estados de las Américas le presten mayor atención. Esta apuesta por lo extrapenal parece tener origen en el caso brasilero, que progresivamente se ha ido alejando de un modelo sancionatorio hacia mecanismos extrapenales que procuran sensibilizar y capacitar antes que imponer penas de cárcel.

3. Una actividad más productiva se ha producido en el seno de la OSCE, donde se ha realizado sobre todo un esfuerzo relevante por lo que respecta a la conceptualización del presente fenómeno. Así, la OSCE ha establecido una definición simple orientada a la aplicación práctica del término, según la cual un delito de odio consta de dos elementos: 1) es un acto penalmente tipificado como delito en la legislación nacional y 2) ha sido cometido con motivación prejuiciosa, es decir, la víctima ha sido escogida por su pertenencia, real o percibida, a un grupo que el autor desprecia, rechaza u odia (OSCE, 2014). Además, se debe añadir un matiz adicional: muchos ilícitos pueden estar motivados por prejuicios del perpetrador, pero el término "delito de odio" suele estar reservado para aquellos que atacan bienes jurídicos eminentemente personales: con el presente delito no sólo se ataca el principio de igualdad (delito

de discriminación), sino que, por su naturaleza, los *hate crimes* también atacan la dignidad de la persona.

En definitiva, cabe afirmar que, desde el plano de la OSCE, existen dos conceptos sobre el delito de odio en función del modelo legislativo que se quiera adherir al tipo penal. Nos encontramos, primero, con el modelo de animosidad, según el cual delito de odio es aquel causado por una persona movida por el prejuicio hacia un estereotipo que representa una condición personal de la víctima sea cual sea dicha condición (punto de vista de un móvil prejuicioso discriminatorio); y, en segundo lugar, con el modelo de discriminación selectiva, según el cual para que haya un delito de odio no es tan importante que el autor se haya movido por un prejuicio o intolerancia, basta con que haya una carga ofensiva hacia un colectivo tradicionalmente minoritario por una concreta condición personal del sujeto pasivo. Se produce de este modo una vinculación directa con el modo legislativo, el cual queda en manos de los Estados miembros, ya que ambas definiciones de delitos de odio tienden a proteger una cosa distinta: en la primera definición podemos ver que se relaciona con una acción donde ha habido un prejuicio; y en el segundo simplemente se relaciona con la defensa de un colectivo concreto que ha sido discriminado históricamente.

Sin olvidar tampoco que en los delitos de odio hay un elemento social, toda vez que además de la víctima, se produce asimismo un ataque contra la comunidad. Cuando un delito de odio sucede, el perpetrador envía a los miembros de un determinado grupo el mensaje de que no son bienvenidos, amenazando a todo el colectivo y generando sentimientos de inseguridad, rechazo e, incluso, baja autoestima. Esto puede tener implicaciones negativas para la cohesión social y la integración de las minorías, y servir para mantener la hegemonía y jerarquía de poder de la mayoría sobre las minorías.

4. Por lo que respecta al sistema del CdE, se pueden deducir, con relación al discurso de odio, las siguientes consideraciones:

En primer lugar, que la libertad de expresión comprende la posibilidad de criticar, incluyendo el uso de expresiones que *"puedan molestar, inquietar o disgustar a quienes se dirige, pues así lo requieren el pluralismo, la tolerancia y el espíritu de apertura, sin los cuales no existe sociedad democrática"*[1069]. Ahora bien, dicha protección no incluye los abusos cometidos en el ejercicio del derecho de expresión, en el que se emitan mensajes ofensivos, ultrajantes o que denoten un desprecio por una etnia, grupo o sector poblacional determinado.

A este respecto -y esta sería la segunda de las consideraciones-, el origen legal del concepto de discurso de odio se sitúa en la Recomendación (97) 20 del Consejo de Europa (1997), que *«insta a los Estados a actuar contra todas formas de expresión que propaguen, inciten o promuevan el odio racial, la xenofobia, el antisemitismo u otras formas de odio basadas en la intolerancia que se manifiesta a través del nacionalismo agresivo, el etnocentrismo, la discriminación y la hostilidad contra las medidas y los inmigrantes o personas de origen inmigrante».*

La presente definición se ha actualizado por el memorándum explicativo de la Recomendación de Política General núm. 15 relativa a la lucha contra el discurso del odio de la Comisión Europea contra el Racismo y la Intolerancia (ECRI),

---

[1069] A este respecto, véanse SSTEDH de 23 de septiembre de 1998, asunto *Lehideux c. Francia* (Decisión nº 55/1997/839/1045) (TOL313.937; consulta: 16/10/2023); de 8 de julio de 1999, asunto *Baskaya y Okcuoglu c. Turquía* (Decisión nº 23536/94 y 24408/94) (TOL6.594.886; consulta: 16/10/2023); de 8 de julio de 1999, asunto *Sürek c. Turquía* (TOL9.164.296; consulta: 16/10/2023) y de 21 de febrero de 1984, asunto *Oztürk c. Alemania* (Decisión nº 8544/79) (TOL123.778 [francés] y 123.779 [inglés]; consulta: 16/10/2023).

adoptada el 8 de diciembre de 2015, según el cual *"el discurso de odio (…) debe entenderse como el uso de una o más formas de expresión específicas -por ejemplo, la defensa, promoción o instigación al odio, la humillación o el menosprecio de una persona o grupo de personas, así como el acoso, descrédito, difusión de estereotipos negativos o estigmatización o amenaza con respecto a dicha persona o grupo de personas y la justificación de esas manifestaciones- basada en una lista no exhaustiva de características personales o estados que incluyen la raza, color, idioma, religión o creencias, nacionalidad u origen nacional o étnico al igual que la ascendencia, edad, discapacidad, sexo, género, identidad de género y orientación sexual"* (párr. 9).

En tercer lugar, se puede afirmar que para el TEDH tanto la salvaguarda de la dignidad humana, por un lado, como el peligro que puede correr o que corre la democracia con este tipo de discursos, por el otro, demarcan o delimitan el espacio del legítimo ejercicio de la libertad de expresión. Por tanto, merecerán el amparo todas aquellas ideas respetuosas con los derechos humanos, que asuman valores como la tolerancia o el pluralismo sin los cuales no hay democracia. Cumplido este mínimo ético, todas las ideas son respetables. Por debajo de dicho mínimo, para el TEDH las ideas no merecen ser amparadas.

En definitiva, la libertad de expresión encontraría -y esta es la cuarta consideración- dos vías de limitación: por un lado, el artículo 17 del CEDH o, lo que lo mismo, mediante la doctrina del abuso de derecho[1070]; y, por otro, el propio artículo 10 del

---

[1070] Ver, por todas, STEDH (Gran Sala) de 15 de octubre de 2015, asunto *Perinçek c. Suiza* (TOL6.403.944; consulta: 16/10/2023).
Cfr. CANNIE, H., y VOORHOOF, D.: «The abuse clause and freedom of expression in the European Human Rights Convention: an added value for democracy and human rights protection», en *Netherlands Quarterly of Human Rights*, vol. 29/1 (2011), pp. 54-83; CARUSO, C.: «Ai confini dell'abuso del diritto: l'hate speech nella giurisprudenza della Corte Europea dei Diritto dell'Uomo», en MEZZETTI, L., y MORRONE, A.: *Lo strumento costituzionale dell'ordine*

mismo, a través del denominado *test de Estrasburgo*, en virtud del cual el Tribunal Europeo considera, a la luz del caso en concreto, tres elementos: a) previsión legal de la injerencia; b) fin legítimo; y c) necesidad en una sociedad democrática. En relación con este último, el TEDH estudia si la injerencia es proporcional al fin legítimo perseguido y si las razones invocadas por las autoridades nacionales para justificarla son pertinentes y suficientes. No obstante, los Estados gozan de un cierto margen de apreciación –poder que lógicamente no es ilimitado y que se somete a un control último por el Tribunal–, cuya amplitud varía según los casos y, en particular, dependiendo de si existe o no un consenso europeo sobre la cuestión[1071].

A este respecto -y sería la quinta de nuestras conclusiones-, el Tribunal europeo distingue entre mensaje explícitos, respecto de los cuales la libertad de expresión no puede ofrecer garantías para los mismos, de modo que *"expresiones concretas que constituyan un discurso de odio (…) no se benefician de la protección del artículo 10 del Convenio"*. Y expresiones que implican provocación a la violencia o consideradas como discurso del odio. Respecto de este segundo supuesto, y como expone la Jueza emérita F. TULKENS[1072], los dos principales elementos tenido

---

pubblico europeo, G. Giappichelli, Turín 2011, pp. 339-352; DROOG-HENBROECK, S. Van: «L'article 17 de la Convention européenne des droits de l'homme: incertain et inutile?», en DUMONT, H., et. al. (eds.): *Pas de liberté pour les ennemis de la liberté?*, Groupements liberticides et droits, Bruylant, Bruselas 2000, pp. 141 y sigs.

[1071] Véase a este respecto, SSTEDH (Gran Sala) de 7 de diciembre de 1976, asunto *Handyside c. Reino Unido* (TOL573.845; consulta: 16/10/2023), y de 26 de abril de 1979, asunto *Sunday Times c. Reino Unido* (TOL148.640; consulta: 16/10/2023).

[1072] TULKENS, F.: «When to say is to do. Freedom of expression and hate speech in the case-law of the European Court of Human Rights», en *European Court of Human Rights-European Judicial Training Network*, de 8 de julio de 2014.

en cuenta han sido el contexto y la intencionalidad, aunque
también se han tenido en cuenta otros como el estatus del emisor o el impacto del discurso.

El Tribunal Europeo ha recordado a este respecto que, en
el caso de expresiones que implican provocación a la violencia
o consideradas como discurso del odio, habrá que valorarse -y
ésta constituye la sexta de las conclusiones- el caso en concreto
teniendo en cuenta los siguientes factores: i) la capacidad que
tiene la persona que emplea el discurso de odio para ejercer
influencia sobre los demás (con motivo de ser, por ejemplo,
un líder político, religioso o de una comunidad)[1073]; ii) la naturaleza y contundencia del lenguaje empleado (si es provocativo y directo, si utiliza información engañosa, difusión de
estereotipos negativos y estigmatización, o si es capaz por otros
medios de incitar a la comisión de actos de violencia, intimidación, hostilidad o discriminación); iii) el contexto de los comentarios específicos (si son un hecho aislado o reiterado, o
si se puede considerar que se equilibra con otras expresiones
pronunciadas por la misma persona o por otras, especialmente
durante el debate)[1074]; y iv) la naturaleza de la audiencia (si tiene o no los medios para discernir o si es propensa o susceptible
de mezclase en actos de violencia, intimidación, hostilidad o
discriminación)[1075].

[1073] A este respecto, el Tribunal europeo realiza un llamamiento, en
la sentencia *Féret c. Bélgica* (TOL9.072.546) recordando que es del
todo crucial que los políticos, en sus discursos públicos, eviten difundir declaraciones que tiendan a alimentar la intolerancia en la
presente ocasión en contra de los inmigrantes y de los musulmanes.

[1074] Ver STEDH (Gran Sala) de 15 de octubre de 2015, asunto *Perinçek c.
Suiza* (TOL6.403.944), apartados 204-207.

[1075] Véanse a este respecto, SSTEDH de 4 de diciembre de 2003, asunto
Müslüm Günduz c. Turquía (Decisión nº 35071/97) (TOL9.088.423;
consulta: 16/10/2023); de 4 de noviembre de 2008, asunto *Balsytè-
Lideikienè c. Lituania* (Decisión nº 72596/01) (TOL9.074.886; con-

Y lo mismo cabe señalar, en séptimo y último lugar, respecto de las distintas expresiones artísticas, las cuales pueden ser o no constitutivas de discurso de odio dependiendo de los objetivos que posean las mismas[1076]. Y, por tanto, el formato artístico o cultural puede tener u adoptar una simple apariencia trasvertida de una innegable conducta injuriosa marcada por una finalidad negacionista y antisemita que superaba los límites de la libertad de expresión y, por ende, se considerada como una actuación o expresión contraria a los valores del Convenio Europeo de Derechos Humanos[1077].

5. En el seno de la Unión Europea, la cuestión del discurso de odio ha sido abordada desde los planos conversos de la discriminación y la intolerancia, por un lado, y de la protección de los derechos fundamentales, por otro. A este respecto, la actividad coordinada de los distintos órganos y organismos de la Unión Europea ha resultado esencial en la lucha contra los discursos de odio. Por lo que respecta al ámbito de la discriminación resulta relevante la actividad normativa llevada a cabo en el seno del Consejo, y principalmente la mención de la Directiva 2000/78/CE en la que se sientan las bases de una lucha eficaz contra la discriminación por motivos racistas. No obstante, debemos llamar la atención sobre el hecho de que, hasta el momento, no se haya podido sacar adelante la Directiva horizontal sobre no discriminación.

---

sulta: 16/10/2023), y de 16 de julio de 2009, asunto *Féret c. Bélgica* (Decisión n° 15615/07) (TOL9.072.546).

[1076] Véanse, por todas, TEDH: sentencias de 24 de junio de 1996, asunto *Marais c. Francia*; y de 16 de noviembre de 2006, asunto *Norwood c. Reino Unido*.

[1077] Véase, por todas, STEDH de 20 de octubre de 2015, asunto *M'Bala c. Francia*.

Por su parte, la inclusión de la respuesta jurídico-penal debe partir de lo permitido en los Tratados en una acción de política criminal europea, debido al aumento de los incidentes racistas, antisemitas y de odio en los Estados de la Unión, lo que ha provocado que el propio legislador aprovechase la importancia de la Carta de Derechos Fundamentales para elevarla a tratado a partir del Tratado de Lisboa, lo que a su vez se convierte en una acción fundamental para que, a través del espacio de libertad, seguridad y justicia, se hayan podido coordinar acciones en materia penal entre los Estados miembros.

La Decisión Marco 2008/913/JHA resulta la norma fundamental al respecto, desde el momento en que en la misma la Unión Europea hace referencia a la necesidad de castigar "*la incitación pública a la violencia o al odio dirigidos contra un grupo de personas o un miembro de tal grupo, definido en relación con la raza, el color, la religión, la ascendencia o el origen nacional o étnico*". Los delitos de odio en el sentido de la Decisión marco[1078] se consideran delitos[1079] (delitos de base), distintos de la incitación al odio, cometidos con una motivación racista o xenófoba (motivación sesgada). En ella, además, se define la incitación al odio como aquella incitación pública a la violencia o al odio dirigidos contra un grupo o un miembro de tal grupo que comparta una característica protegida. En la Decisión-marco aparecen descritas las conductas punibles en su artículo 1º, en el que se señalan los delitos de carácter racista y xenófobo que incitan al odio, como "la propia incitación pública o violenta contra un grupo definido por la raza, el color, la religión", o "la difusión

---

[1078] Ver artículo 4 Decisión-marco: «*En los casos de delitos distintos de los contemplados en los artículos 1 y 2, los Estados miembros adoptarán las medidas necesarias para garantizar que la motivación racista y xenófoba se considere como una circunstancia agravante, o bien que los tribunales tengan en cuenta dicha motivación a la hora de determinar las sanciones*».

[1079] Como los delitos contra la vida, la integridad física o la propiedad de una persona.

de escritos que puedan provocar un clima de violencia contra estas minorías". Además de tipificar, por primera vez, la apología de los crímenes de guerra, los genocidios y, en especial, el Holocausto.

En este sentido, un ámbito que ha adquirido especial relevancia en los últimos tiempos es el de las redes sociales e internet, donde la Unión Europea también ha actuado no sólo desde el plano normativo, sino a través del fomento del autocontrol por parte de las propias compañías o servidores, lo que ha tenido su reflejo en el llamado "Código de Cónducta" donde además de la Comisión, cinco empresas del sector han elaborado y firmado dicho código. Un código que -con todos sus defectos- parece va dando buenos resultados o, al menos, resultados esperanzadores. A este respecto, en junio de 2020, la Comisión Europea publicaba la quinta evaluación sobre la implementación del Código de Conducta[1080], que se calificaba de positiva. El 90% de las notificaciones se revisaban en un plazo de 24 horas y un 71 % del contenido al que éstas se referían era retirado.

El porcentaje de retirada dependía de la gravedad del contenido en cuestión. De media, este porcentaje llegaba al 83,5% cuando se trataba de discursos que incitaban al asesinato o la violencia contra grupos determinados, mientras que descendía hasta el 57,8% en los casos de contenidos que utilizaran palabras o imágenes simplemente difamatorias. Los porcentajes también variaban en función de la compañía. Así Facebook había eliminado el 87.6% del contenido cuestionado; YouTube, el 79.7%; Twitter, el 35.9%, e Instagram, el 42%. La evaluación también ponía de manifiesto que la orientación sexual era el motivo más frecuente bajo el que se amparaban estos discursos

---

[1080] Consultar en línea: https://ec.europa.eu/info/sites/info/files/co-deofconduct_2020_factsheet_12.pdf (visitado por última vez el 22 de diciembre de 2023).

de incitación al odio (un 33%)[1081], seguidos de la xenofobia -incluyendo el odio al inmigrante, un 15% y las declaraciones contra los gitanos (un 9,9%). Si las dificultades de frenar el discurso del odio *offline* son enormes, la de tratar de hacerlo *online* resultan, en ocasiones, casi titánicas.

También el TJUE ha tenido ocasión de pronunciarse con relación a las empresas de redes sociales y la difusión de discursos de odio por internet, y la protección de los derechos fundamentales en el ámbito online. A este respecto, el Tribunal de Justicia, en sus diferentes pronunciamientos, ha llegado a las conclusiones siguientes: i) mostrar los resultados del motor de búsqueda constituye un tratamiento de datos personales; y ii) el gestor de un motor de búsqueda tiene la responsabilidad de suprimir los enlaces a la información personal de los resultados de búsqueda en circunstancias específicas, introduciendo de manera efectiva el derecho al olvido.

6. Desde el plano conceptual -y esta constituye la primera consideración del presente punto-, cabe señalar que el término "discurso del odio" tiene su origen en la jurisprudencia del TEDH que, a su vez lo tomó de las resoluciones del Consejo de Europa. Los Estados han configurado tipos penales expresivos del discurso del odio. En realidad, no hay una figura típica del discurso del odio, sino que se trata de diversos tipos penales que recogen figuras de agresión a sujetos individuales o colectivos, especialmente vulnerables, a través de distintos vehícu-

---

[1081] Véase, la *Resolución del Parlamento Europeo, de 18 de diciembre de 2019, sobre la discriminación pública y el discurso de odio contra las personas LGBTI*, incluido el concepto de «zonas sin LGBTI», que alerta sobre la intensificación de la discriminación pública y el discurso de odio contra las personas LGBTI en toda la Unión Europea, y destaca que los delitos de odio motivados por la fobia contra las personas LGBTI están aumentando en la Unión.

los de comunicación. El origen legal se encuentra en la Recomendación (97) 20 del Comité de ministros del Consejo de Europa, de octubre de 1997, que «*insta a los Estados a actuar contra todas formas de expresión que propaguen, inciten o promuevan el odio racial, la xenofobia, el antisemitismo u otras formas de odio basadas en la intolerancia que se manifiesta a través del nacionalismo agresivo, el etnocentrismo, la discriminación y la hostilidad contra las medidas y los inmigrantes o personas de origen inmigrante*».

En segundo lugar, cabe señalar que dicha realidad permite, a su vez, distinguir dos posiciones genéricas, dentro de las cuales, a su vez, cabría incluir subposiciones. La primera de ellas mantiene un concepto amplio del discurso del odio tanto desde el plano subjetivo como desde el ámbito material, mientras que la segunda mantendría una posición más estricta y limitada por lo que respecta a los planos referidos. Estas dos definiciones contrastan, por lo menos, en dos puntos cruciales. El primero tiene que ver con el destinatario del discurso de odio. Mientras que la definición de la ONU/UNESCO refiere a «un determinado grupo social o demográfico», la postura retomada por el TEDH supone que la agresión debe ir dirigida específicamente a una minoría. Al limitar los discursos de odio a un grupo subalterno, la segunda definición cierra la puerta al mal uso que pueden hacer funcionarios públicos del marco legal sobre discurso de odio (KAUFMAN, 2015, p. 17).

La segunda diferencia entre ambas posiciones conceptuales se refiere al tipo de acciones contempladas en la definición de discurso de odio. Mientras que la postura citada por el TEDH refiere a «todas las formas de expresión que diseminen, inciten, promuevan o justifiquen» el odio, la definición de la UNESCO limita el discurso de odio a la «incitación a hacer daño», aun cuando aclara que en definiciones más amplias refiere a «expresiones que alimentan un ambiente de prejuicio e intolerancia». Contrastando ambas definiciones, podemos observar que existe una concepción amplia del discurso de odio, en el que se incluyen todas las «expresiones que alimentan un ambiente de prejuicio e intolerancia» y una concepción más estrecha de quienes lo limitan a la incitación a hacer daño. Cada una de estas definiciones, se corresponde, a su vez, a un modelo diferente de regulación del discurso de odio.

Una cuestión igualmente relevante tiene que ver con los umbrales de relevancia de la incitación, y a este respecto -que constituye la tercera de las consideraciones- debemos destacar dos ámbitos: Naciones Unidas y Consejo de Europa. En el ámbito de la ONU, se debe mencionar el test de Rabat, en el que se establecen una serie de criterios a fin de determinar cuándo el discurso, concebido en términos amplios, puede ser relevante por convertirse en «discurso peligroso» en sentido penal, a saber: a) un orador poderoso con un grado alto de influencia sobre el auditorio; b) un auditorio influenciable y vulnerable, con sentimientos de agravio y miedo que el orador pueda explotar; c) un acto de habla que se interpreta con claridad como una llamada a la violencia; d) un contexto social o histórico propicio a la violencia; y e) Un medio de difusión influyente en sí.

Mientras que, desde el ámbito del Consejo de Europa, la Recomendación de Política General núm. 15 hace referencia a los siguientes indicadores: *"(a)* el contexto *en el que se utiliza el discurso de odio en cuestión (especialmente si ya existen tensiones graves relacionadas con este discurso en la sociedad): (b)* la capacidad que tiene la persona *que emplea el discurso de odio* para ejercer influencia sobre los demás *(con motivo de ser por ejemplo un líder político, religioso o de una comunidad); (c) la* naturaleza y contundencia del lenguaje *empleado (si es provocativo y directo, si utiliza información engañosa, difusión de estereotipos negativos y estigmatización, o si es capaz por otros medios de incitar a la comisión de actos de violencia, intimidación, hostilidad o discriminación); (d) el* contexto de los comentarios específicos *(si son un hecho aislado o reiterado, o si se puede considerar que se equilibra con otras expresiones pronunciadas por la misma persona o por otras, especialmente durante el debate); (e) el* medio utilizado *(si puede o no provocar una respuesta inmediata de la audiencia como en un acto público en directo); y (f) la* naturaleza de la audiencia *(si tiene o no los medios para o si es propensa o susceptible de mezclarse en actos de violencia, intimidación, hostilidad o discriminación)"* (párr. 16)[1082].

Una última cuestión tiene que ver con los textos que dan cobertura a la presente temática y que se concretan en los artículos 20 del PIDCP, 13 de la CADH y 10 del CEDH. Una comparativa de los tres instrumentos internacionales permite señalar que, mientras que el artículo 13, apartado 5, de la CADH examina las expresiones de odio que constituyen "incitación a la violencia o a cualquier otra infracción ilegal similar" y, por tanto, sugiere que la violencia es un requisito para cualquier restricción, el PIDCP y el CEDH no contienen un requisito tan delimitado. El PIDCP proscribe las expresiones que incitan a la "discriminación, hostilidad o violencia", con lo que abarca una gama de expresiones que no quedan sólo en la violencia. Y el CEDH admite condiciones y restricciones que sean "necesarias en una sociedad democrática" y enumera varios fines que pueden justificar estas restricciones, incluida la seguridad nacional, la integridad territorial y la seguridad pública.

En este marco, cabe hacer referencia a una última cuestión que se ha planteado en el seno de algunos Estados con motivo de la quema de libros sagrados. A este respecto, el primer Estado que ha reaccionado ha sido Dinamarca, quien está radactando un proyecto de ley en el que parece se va a proponer hasta dos años de prisión por "tratamientos inadecuados" de objetos que tengan un importante significado religioso para una comunidad religiosa (donde se incluyen a los textos religiosos de gran importancia). Y ello se justifica, según el Mi-

---

[1082] Ver a este respecto, la STEDH de 28 de agosto de 2018, asunto *Savva Terentyev c. Rusia* (Demanda n° 10692/09), párrs. 80 a 82 (TOL6.735.996; consulta: 1/7/2023).

nistro de Justicia danés -Peter Hummelgaard- por tratarse de "acciones sin sentido. Cuyo único objetivo es crear discordia y odio". De aprobarse este proyecto de ley, podría entenderse como una restricción ilegítima de la libertad de expresión, más aún cuando se adopta por miedo a las repercusiones (ataques terroristas) que dichos actos tienen.

A nuestro juicio, si dichos actos se pretenden incluir dentro del delito de odio deberá poder aplicarse respecto a dichas acciones el manifestado anteriormente test de Rabat y, en caso contrario, deberá prevalecer la garantía del derecho a la libertad de expresión. También es verdad, que la quema de libros, en este caso, sagrados, no tiene justificación, y puede entenderse como un "ataque" contra las creencias religiosas, normalmente minoritarias, así como un precursor de posteriores actos de disturbios y/o de violencia.

7. En España, al igual que en el caso de las OOII, la temática del discurso (delitos) de odio aparece conexa con el derecho fundamental a la libertad de expresión (Art. 20 CE), entendido este no como un derecho absoluto, sino que puede ser limitado. Ahora bien, debe precisarse -y esta sería la primera de las consideraciones- que el presente derecho se ha configurado en nuestro ordenamiento jurídico, además de como un derecho fundamental, como una garantía institucional absolutamente imprescindible para garantizar la participación, la representación y el propio sistema democrático (cfr. por todas, STC 6/1981[1083], FJ 3).

Ello no impide su limitación, sobre todo en dos supuestos: la colisión con otros derechos y libertades fundamentales, el primero, y los llamados discursos de odio, el segundo. En ambos casos, y esta sería la segunda de las consideraciones, no se pue-

---

[1083]   STC 6/1981, de 16 de marzo (TOL109.4001).

den establecer de un modo apriorístico las fronteras entre unos y otros, por lo que dicha delimitación deberá realizarse caso a caso (cfr. STC 20/1990[1084], FJ 3). En consecuencia, se puede afirmar que los órganos judiciales deberán valorar, como cuestión previa a la aplicación del tipo penal y atendiendo siempre a las circunstancias concurrentes en el caso, si la conducta que enjuician constituye un juicio lícito del derecho fundamental a la libertad de expresión y, por consiguiente, se justifica por el valor predominante de la misma (cfr. SSTC 137/1997[1085], FJ 2; 127/2004[1086]; y 89/2010[1087], FJ 3). Por tanto, puede afirmarse que la ausencia del presente juicio deberá entenderse como inadmisible, al tiempo que constituye una vulneración de los derechos garantizados en el artículo 20 de la CE (cfr. SSTC 108/2008[1088], FJ 3; 29/2009[1089], FJ 3; y 177/2015[1090], FJ 2).

En cuanto al ámbito subjetivo -que conformaría nuestra tercera consideración-, cabe precisar que de conformidad con el artículo 510 del CP este queda circunscrito a un elenco cerrado de categorías (p.ej. raza, orientación sexual, religión o convicción, etc.) que enlazan con colectivos o grupos vulnerables (ej.: negros, homosexuales, entidades religiosas, etc.) sobre los que tiene que dirigirse la conducta típica, y entre las que se encuentra la discriminación por motivos religiosos o de creencias (ver SSTS 646/2018, de 14 de diciembre, FJ Único TOL6957658; 47/2019, de 4 de febrero, FJ 2 TOL7059518; 185/2019, de 2 de abril, FJ 3, y 458/2019, de 9 de octubre, FJ 5 TOL7531451. Ver

---

[1084] STC 20/1990, de 15 de febrero (TOL80.313).
[1085] STC 137/1997, de 21 de julio (TOL252.313; consulta: 16/10/2023)).
[1086] STC 127/2004, de 19 de julio (TOL480.489; consulta: 16/10/2023).
[1087] STC 89/2010, de 15 de noviembre (TOL1.995.083).
[1088] STC 108/2008, de 22 de septiembre (TOL1.372.372).
[1089] STC 29/2009, de 26 de enero (TOL1.445.207).
[1090] STC 177/2015, de 22 de julio (TOL5.392.680).

también Auto TSJ de Cataluña 72/2018, de 28 de junio[1091], FJ
5; y Autos de la AP de Barcelona 669/2018, de 25 de septiembre[1092], FJ 3; 787/2018, de 12 de diciembre[1093]; 844/2019, de 9
de mayo[1094], FJ 2, y 419/2019, de 28 de mayo[1095], FJ 2).

Sin embargo, su delimitación no resulta ni tan clara ni tan
precisa desde el punto de vista de la casuística. Así, para el TC
el negacionismo por sí sólo -y esta constituye la cuarta de las
consideraciones- no entra dentro del fenómeno del discurso
de odio y no puede limitar, por ende, el derecho a la libertad
de expresión (STC 235/2007, de 7 de noviembre, FJ 8). Para
que esto último tenga lugar es preciso que éste vaya acompañado bien de un intento de banalización o menosprecio de un
grupo étnico o religioso (cfr. STC 235/2007[1096], FJ 9), bien se
produzcan juicios ofensivos o expresiones vejatorias u oprobio-
sas (cfr. SSTC 214/1991, de 11 de noviembre, FJ 8; 110/2000,
de 5 de mayo, FJ 8; 13/2001, de 29 de enero, FJ 7; 204/2001, de
15 de octubre, FJ 4, y 174/2006, de 5 de junio, FJ 4), así como
comportamientos despectivos o degradantes hacia un grupo
vulnerable tradicionalmente (STC 235/2007, FJ 9) o de humillación hacia las víctimas (STC 176/1995, de 11 de diciembre,
FJ 5).

Una posición similar a la del TC han mantenido nuestros
tribunales -y conformaría la quinta consideración- en esta ocasión con relación al delito de escarnio y la protección de los
sentimientos religiosos, ya que en ambos supuestos el carácter

---

[1091] Auto TSJ de Cataluña 72/2018, de 28 de junio (TOL6.832.857).
[1092] Auto de la AP de Barcelona 669/2018, de 25 de septiembre
       (TOL7.004.424).
[1093] Auto de la AP de Barcelona 787/2018, de 12 de diciembre
       (TOL7.122.327).
[1094] Auto de la AP de Barcelona 844/2019, de 9 de mayo (TOL7.499.947).
[1095] Auto de la AP de Barcelona 419/2019, de 28 de mayo (TOL7.367.008).
[1096] STC 235/2007, de 7 de noviembre (TOL1.173.808).

preponderante de la libertad de expresión ha supuesto la no consideración de la comisión de un delito (cfr. SSTS de 8 de abril de 1981, de 14 de febrero de 1984, de 26 de noviembre de 1990 y 25 de enero de 1993). A este respecto, entendemos que en la mayoría de las ocasiones nos encontramos ante situaciones de mala educación o de mal gusto, pero no de delitos propiamente dichos.

Baste con señalar a este respecto que la tendencia actual en Europa es a descriminalizar este tipo de supuestos, pero manteniendo como delito las expresiones de odio por motivos religiosos o de creencias. Así, en el Informe aprobado por la Comisión de Venecia del Consejo de Europa, el 18 de octubre de 2008, titulado: Sobre la relación entre la libertad de expresión y libertad religiosa: la cuestión de la regulación y persecución de la blasfemia, el insulto religioso y la incitación al odio religioso[1097], señala que "*la Comisión no considera necesario ni deseable crear un delito autónomo de insultos a la religión (es decir, el insulto a la sentimientos religiosos), sin incorporar el elemento de la incitación al odio como componente esencial (…) Si la expresión o la obra de arte no puede calificarse como incitación al odio, no debería ser objeto de sanciones penales*" (párrs. 64 y 89).

Aunque el respeto a las ideas, creencias o convicciones religiosas o filosóficas de los demás es una de las bases de la convivencia democrática, estamos con DACEY cuando afirma que "el espacio para la blasfemia ética en la cultura está mejor protegido eliminando el delito de la blasfemia personal del derecho"[1098]. Y en este mismo sentido se ha pronunciado el TEDH, en su sentencia de 17 de julio de 2018, asunto *Mariya*

[1097] Consultar en línea: https://www.venice.coe.int/webforms/documents/?pdf=CDL-AD(2008)026-e (visitado por última vez el 1 de octubre de 2023).

[1098] DACEY, A.: *The future of Blasphemy, Speaking of the Sacred in an Aged of Human Raghts*, Continuum, Londres 2012, p. 15.

Alekhina y otras c. Rusia[1099], el cual -tras apoyarse en el Comentario General n° 34 del Comité de Derechos Humanos relativo al artículo 19 del PIDCP[1100]- considera que "*de acuerdo con las normas internacionales de protección de la libertad de expresión, las limitaciones a dicha libertad en forma de sanciones penales sólo pueden aceptarse en casos de incitación al odio*" (párr. 221)[1101].

Por lo que respecta al delito de odio, cabe precisar -y constituiría la sexta consideración- que las conductas de "fomentar, promover o incitar, o producir" contienen un elemento tendencial de incitación (cfr. Autos AP de Barcelona 892/2016, de 29 de noviembre; de Murcia 736/2017, de 8 de septiembre, FJ 3; y de Barcelona 787/2018, de 12 de diciembre, FJ 3), lo que supone que deba acreditarse su idoneidad para repercutir sobre terceros. De este modo, a falta de dicha idoneidad, el Tribunal Constitucional es claro: "*este Tribunal no puede sino compartir (…) que no todo ejercicio extralimitado del derecho a la libertad*

[1099] STEDH de 17 de julio de 2018, asunto *Mariya Alekhina y otras c. Rusia* (Decisión n° 38004/12) (TOL6.666.203).

[1100] Comité de Derechos Humanos: Comentario general n° 34.

[1101] De modo semejante, el *Plan de acción de Rabat* sobre la prohibición de la apología del odio nacional, racial o religioso que constituye incitación a la discriminación, la hostilidad o la violencia, elaborado por un taller de expertos a instancia de la Oficina del Alto Comisionado para los Derechos Humanos de la ONU (Doc. A/HRC/22/17/add.4, de 11 de enero de 2013 [consultar en línea: https://www.ohchr.org/Docuemnts/HRBodies/HRCouncil/RegularSession/Session22/A-HRC-22-17-Add4_sp.pdf; visitado por última vez el 6 de noviembre de 2023), señala que "las leyes que castigan la blasfemia son contraproducentes, ya que pueden dar lugar a una censura de facto de los diálogos, debates y críticas interreligiosas e intrarreligiosas, la mayoría de los cuales podrían ser constructivos, saludables y necesarios" y que "el derecho a la libertad de religión o de creencias, tal como está consagrado en las normas legales internacionales pertinentes, no incluyen el derecho a tener una religión o una creencia que esté libre de críticas y burlas" (párr. 19).

de expresión ni la existencia de un sentimiento de odio convierten sin más la conducta enjuiciada en un ilícito penal" (STC 35/2020, de 25 de febrero, FJ 5).

Por otro lado, conceptos como el odio, la hostilidad, la discriminación o la violencia contra determinados colectivos vulnerables constituyen -y es la séptima consideración- los sujetos destinatarios de referencia de la actividad incitadora. La conducta ha de ser idónea o apta para generar una situación de peligro seria, un riesgo real y efectivo de producción de conductas ajenas de discriminación, odio, violencia u hostilidad, aunque no se precisa que la incitación se refiera directa o indirectamente a hechos delictivos (ver STS 646/2018, de 14 de diciembre, FJ único, y Auto AP de Barcelona 892/2016, de 29 de noviembre). Sin olvidar , finalmente, que dicha incitación debe ser publica (ver Sentencia AP de Barcelona 259/2010, de 26 de abril, FJ 8).

Referencias

Naciones Unidas (ONU)

Naciones Unidas (1948): Declaración Universal de Derechos Humanos, de 10 de diciembre de 1948 (en línea: spn.pdf (ohchr.org)).

Naciones Unidas (1948): Convención para la Prevención y la Sanción del Delito de Genocidio, de 9 de diciembre de 1948. Adoptada y abierta a la firma y ratificación, o adhesión, por la Asamblea General en su Resolución 260 A (III), de 9 de diciembre de 1948. Entrada en vigor de conformidad con el Art. XIII el 12 de enero de 1951; y para España entró en vigor el 13 de diciembre de 1968 (en línea: https://www.ohchr.org/es/instruments-mechanisms/instruments/convention-prevention-and-punishment-crime-genocide).

Naciones Unidas (1963): Declaración de la ONU sobre la Eliminación de Todas las Formas de Discriminación Racial, Aprobada por la Asamblea General de la ONU mediante Resolución 1904 (XVIII), de 20 de noviembre de 1963 (en línea: https://www.oas.org/dil/esp/1963_Declaracion%20de_las_Naciones_Unidas_resolucion_1904-XVIII.pdf).

Naciones Unidas (1965): Convención Internacional sobre la Eliminación de Todas las Formas de Discriminación Racial, adoptada y abierta a la firma y ratificación por la Asamblea General en su resolución 2106 A(XX), de 21 de diciembre de 1965. Entrada en vigor de forma general y para España, de conformidad con el artículo 19, el 4 de enero de 1969 (*BOE* núm. 118, de 17 de mayo de 1969) (en línea: https://www.boe.es/buscar/doc.php?id=BOE-A-1969-597).

Naciones Unidas (1966a): Pacto Internacional de Derecho Económicos, Sociales y Culturales, de 16 de diciembre de 1966 (en línea: https://www.boe.es/buscar/act.php?id=BOE-A-1977-10734).

Naciones Unidas (1966b): Pacto Internacional de Derechos Civiles y Políticos, de 16 de diciembre de 1966 (en línea: https://www.boe.es/buscar/doc.php?id=BOE-A-1985-5259).

Naciones Unidas (1981): Declaración sobre la eliminación de todas las formas de intolerancia y discriminación fundadas en la religión o las convicciones, de 25 de noviembre de 1981 (en línea: https://www.

mpr.gob.es/mpr/subse/libertad-religiosa/Documents/Normativa_Internacional/Declaracion25_1981_Universal.pdf).

Naciones Unidas (1994): Resoluciones de 25 de febrero de 1994 (E/CN.4/RES/1994/18)

Naciones Unidas (1995): Resolución 24 de febrero de 1995 (E/CN.4/RES/1995/23)

Naciones Unidas (1996): Resolución 19 de abril de 1996 (E/CN.4/RES/1996/23)

Naciones Unidas (1997): Resolución 11 de abril de 1997 (E/CN.4/RES/1997/18)

Estatuto de la Corte Penal Internacional, de 17 de julio de 1998, enmendado por los procès-verbaux de 10 de noviembre de 1998, 12 de julio de 1999, 30 de noviembre de 1999, 8 de mayo de 2000, 17 de enero de 2001 y 16 de enero de 2002. El Estatuto entró en vigor el 1 de julio de 2002 (en línea: https://www.un.org/spanish/law/icc/statute/spanish/rome_statute(s).pdf).

Naciones Unidas (1998a): Resolución A/RES/52/111 del 18 de febrero de 1998: "Tercer Decenio de la Lucha contra el Racismo y la Discriminación Racial y convocación de una conferencia mundial contra el racismo, la discriminación racial, la xenofobia y las formas conexas de intolerancia".

Naciones Unidas (1998b): Resolución 9 de abril de 1998 (E/CN.4/RES/1998/18)

Naciones Unidas (1998c): Resolución E/CN.4/RES/1998/26 (en línea: https://ap.ohchr.org/documents/alldocs.aspx?doc_id=4546).

Naciones Unidas (1999a): Resolución E/CN.4/RES/1999/82 (en línea: https://ap.ohchr.org/documents/alldocs.aspx?doc_id=4690).

Naciones Unidas (1999b): Resolución 26 de abril de 1999 (E/CN.4/RES/1999/39)

Naciones Unidas (2000a): Resolución 20 de abril de 2000 (E/CN.4/RES/2000/33)

Naciones Unidas (2000b): Resolución de 20 de abril de 2000 (E/CN.4/RES/2000/84)

Naciones Unidas (2001): Resolución 23 de abril de 2001 (E/CN.4/RES/2001/42)

Naciones Unidas (2004): Resolución de 19 de abril de 2004, E/CN.4/RES/2004/36 (en línea: https://ap.ohchr.org/documents/alldocs.aspx?doc_id=9840).

Naciones Unidas (2005): Resolución de 20 de abril de 2005, E/CN.4/RES/2005/40 (en línea: https://ap.ohchr.org/documents/S/CHR/resolutions/E-CN_4-RES-2005-40.doc).

Naciones Unidas (2006): Estrategia Global de Lucha contra el Terrorismo de las Naciones Unidas, adoptada por la Asamblea General el 8 de septiembre de 2006 (Doc. A/RES/60/288) (en línea: https://documents-dds-ny.un.org/doc/UNDOC/GEN/N05/504/91/PDF/N0550491.pdf?OpenElement; visitado por última vez el 10 de diciembre de 2022).

Naciones Unidas (2011a): Rapporteur's Digest on Freedom of Religion or Belief Excerpts of the Reports from 1986 to 2011 by the Special Rapporteur on Freedom of Religion or Belief Arranged by Topics of the Framework for Communications, Ginebra 2011 (en línea: https://www.ohchr.org/Documents/Issues/Religion/RapporteursDigestFreedomReligionBelief.pdf).

Naciones Unidas (2011b): Doc. A/HRC/RES/16/18 (en línea: https://documents-dds-ny.un.org/doc/RESOLUTION/GEN/G11/127/30/PDF/G1112730.pdf?OpenElement).

Naciones Unidas (2012): Proceso de Estambul (en línea: https://www.universal-rights.org/lac/programas/mas-alla-del-consejo/proceso-de-estambul/).

Naciones Unidas (2013): Plan de Acción de Rabat, Doc. A/HRC/22/17/Add.4, apéndice (consultar en inglés o en francés, respectivamente, en línea: https://www.ohchr.org/Documents/Issues/Opinion/SeminarRabat/Rabat_draft_outcome.pdf, y https://www.ohchr.org/Documents/Issues/Opinion/SeminarRabat/Rabat_draft_outcome_FR.pdf).

Naciones Unidas (2014a): "Un mundo contra la violencia y el extremismo violento", Doc. A/RES/68/127 (en línea: https://undocs.org/es/A/RES/68/127).

Naciones Unidas (2014b): Marco de análisis de los crímenes atroces, Oficina de las Naciones Unidas para la Prevención del Genocidio y la Responsabilidad de Proteger, Nueva York (en línea: Genocide_Framework of Analysis-English.pdf (un.org)).

Naciones Unidas (2015): Plan de Acción para Prevenir el Extremismo Violento (Doc. A/707674), presentado por el Secretario General el 24 de diciembre de 2015 (en línea: https://undocs.org/en/A/70/674).

Naciones Unidas (2017a): Plan de acción para Líderes y Actores Religiosos para la Prevención de la Incitación a la Violencia que Podría Dar Lugar a Crímenes Atroces, Nueva York (en línea: https://www.un.org/en/genocideprevention/documents/publications-and-resources/UN%20Plan%20of%20Action_ES.pdf).

Naciones Unidas/UNESCO (2017b): Estrategia de la UNESCO para reforzar su labor en materia de protección de la cultura y promoción del pluralismo cultural en caso de conflicto armado. La Conferencia General de la UNESCO, en su 38ª reunión, aprobó la Resolución 38C/48, relativa a una Estrategia para reforzar la labor de la UNESCO en materia de protección de la cultura y promoción del pluralismo cultural en caso de conflicto armado (en adelante, la Estrategia) (en línea: https://unesdoc.unesco.org/ark:/48223/pf0000259805_spa?posInSet=1&queryId=1c07781c-0c6c-4dea-9842-8b6edd97c967).

Naciones Unidas (2018a): The protection of critical infrastructure against terrorist attacks: Compendium of good practices, Nueva York (en línea: https://www.un.org/sc/ctc/wp-content/uploads/2018/06/Compendium-CIP-final-version-120618_new_fonts_18_june_2018_optimized.pdf).

Naciones Unidas (2018b): Pacto Mundial de Coordinación de la Lucha Antiterrorista de las Naciones Unidas (en línea: https://www.bing.com/ck/a?!&&p=becce33e80933b18JmltdHM9MTY3NjUwNTYwMCZpZ3VpZD0zZGIzMWM0Yy1lNDM0LTYxMjAtMzUwMC0wZTJmZTUxZjYwNmUmaW5zaWQ9NTE3NQ&ptn=3&hsh=3&fclid=3db31c4c-e434-6120-3500-0e2fe51f606e&psq=Pacto+Mundial+de+Coordinaci%c3%b3n+de+la+Lucha+Antiterrorista+de+las+Naciones+Unidas+&u=a1aHR0cHM6Ly93d3cudW4ub3JnL2NvdW50ZXJ0ZXJyb3Jpc20vXXMvZXMvYmFsWN0LWNvbXBhY3Q&ntb=1).

Naciones Unidas (2019a): Plan de acción de salvaguarda de los Lugares Religiosos: en unión y solidaridad por un culto seguro y pacífico, Nueva York (en línea: https://www.un.org/sg/sites/www.un.org.sg/files/atoms/files/12-09-2019-UNAOC-PoA-Religious-Sites.pdf).

Naciones Unidas (2019b): Estrategia y plan de acción para la lucha contra el discurso de odio, Nueva York (en línea: https://www.un.org/en/genocideprevention/documents/advising-and-mobilizing/Action_plan_on_hate_speech_ES.pdf).

Naciones Unidas (2021): "Fe religiosa para los derechos humanos" (en línea: https://www.ohchr.org/sites/default/files/18Commitmentso nFaithforRights.pdf).

Naciones Unidas (2022a): Protecting religious sites from terrorist attacks. Good practices guide. Specialized module, Nueva York (en línea: https://www.un.org/counterterrorism/sites/www.un.org.counterterrorism/files/2118451e-vt-mod4-religious_sites_final-web.pdf).

Naciones Unidas (2022b): Programa mundial de Protección de objetivos vulnerables (consultar en línea: Programa Mundial de Protección de Objetivos Vulnerables | Oficina de Lucha contra el Terrorismo).

Naciones Unidas (2022c): Combating Holocaust and Genocide Denial Protecting Survivors, Preserving Memory, and Promoting Prevention. Policy Paper, Nueva York (en línea: 22-00041_OSAPG_CombatingDenial_PolicyPaper.pdf (un.org)).

Comité Contra La Discriminación Racial (Cedr)

Recomendaciones generales:

N° 1. *relativa a las obligaciones de los Estados Partes (artículo 4 de la Convención)* (en línea: https://conf-dts1.unog.ch/1%20 SPA/Tradutek/Derechos_hum_Base/CERD/00_3_obs_grales_CERD.html#GEN1).

N° 2. *relativa a las obligaciones de los Estados Partes* (en línea: https:// conf-dts1.unog.ch/1%20SPA/Tradutek/Derechos_hum_Base/CERD/00_3_obs_grales_CERD.html#GEN2).

N° 3. *relativa a la presentación de informes por los Estados Partes* (en línea: https://conf-dts1.unog.ch/1%20SPA/Tradutek/Derechos_hum_Base/CERD/00_3_obs_grales_CERD.html#GEN3).

N° 4. *relativa a la presentación de informes por los Estados Partes (artículo 1 de la Convención)* (en línea: https://conf-dts1.unog.ch/1%20SPA/Tradutek/Derechos_hum_Base/CERD/00_3_obs_grales_CERD.html#GEN4).

Nº 5.
relativa a la presentación de informes por los Estados Partes (artículo 7 de la Convención) (en línea: https://conf-dts1.
unog.ch/1%20SPA/Tradutek/Derechos_hum_Base/
CERD/00_3_obs_grales_CERD.html#GEN5).

Nº 6.
relativa a los informes atrasados (en línea: https://conf-dts1.
unog.ch/1%20SPA/Tradutek/Derechos_hum_Base/
CERD/00_3_obs_grales_CERD.html#GEN6).

Nº 7.
relativa a la aplicación del artículo 4 de la Convención (en línea: https://conf-dts1.unog.ch/1%20SPA/Tradutek/
Derechos_hum_Base/CERD/00_3_obs_grales_CERD.
html#GEN7).

Nº 8.
relativa a la interpretación y la aplicación de los párrafos 1 y 4 del artículo 1 de la Convención (en línea: https://conf-dts1.
unog.ch/1%20SPA/Tradutek/Derechos_hum_Base/
CERD/00_3_obs_grales_CERD.html#GEN8).

Nº 9.
relativa a la aplicación del párrafo 1 del artículo 8 de la Convención (en línea: https://conf-dts1.unog.ch/1%20SPA/
Tradutek/Derechos_hum_Base/CERD/00_3_obs_grales_CERD.html#GEN9).

Nº 10.
relativa a la asistencia técnica (en línea: https://conf-dts1.
unog.ch/1%20SPA/Tradutek/Derechos_hum_Base/
CERD/00_3_obs_grales_CERD.html#GEN10).

Nº 11.
relativa a los no ciudadanos (en línea: https://conf-dts1.
unog.ch/1%20SPA/Tradutek/Derechos_hum_Base/
CERD/00_3_obs_grales_CERD.html#GEN11).

Nº 12.
relativa a los Estados sucesores (en línea: https://conf-dts1.
unog.ch/1%20SPA/Tradutek/Derechos_hum_Base/
CERD/00_3_obs_grales_CERD.html#GEN12).

Nº 13.
relativa a la formación de los funcionarios encargados de la aplicación de la ley en cuanto a la protección de los derechos humanos (en línea: https://conf-dts1.unog.ch/1%20SPA/
Tradutek/Derechos_hum_Base/CERD/00_3_obs_grales_CERD.html#GEN13).

Nº 14. *relativa al párrafo 1 del artículo 1 de la Convención* (en línea: https://conf-dts1.unog.ch/1%20SPA/Tradutek/ Derechos_hum_Base/CERD/00_3_obs_grales_CERD. html#GEN14).

Nº 15. *relativa al artículo 4 de la Convención* (en línea: https://conf-dts1.unog.ch/1%20SPA/Tradutek/Derechos_hum_ Base/CERD/00_3_obs_grales_CERD.html#GEN15).

Nº 16. *relativa a la aplicación del artículo 9 de la Convención* (en línea: https://conf-dts1.unog.ch/1%20SPA/Tradutek/ Derechos_hum_Base/CERD/00_3_obs_grales_CERD. html#GEN16).

Nº 17. *relativa al establecimiento de instituciones nacionales para facilitar la aplicación de la Convención* (en línea: https://conf-dts1. unog.ch/1%20SPA/Tradutek/Derechos_hum_Base/ CERD/00_3_obs_grales_CERD.html#GEN17).

Nº 18. *relativa al establecimiento de un tribunal internacional para el enjuiciamiento de los crímenes contra la humanidad* (en línea: https://conf-dts1.unog.ch/1%20SPA/Tradutek/ Derechos_hum_Base/CERD/00_3_obs_grales_CERD. html#GEN18).

Nº 19. *relativa al artículo 3 de la Convención* (en línea: https://conf-dts1.unog.ch/1%20SPA/Tradutek/Derechos_hum_ Base/CERD/00_3_obs_grales_CERD.html#GEN19).

Nº 20. *relativa al artículo 5 de la Convención* (en línea: https://conf-dts1.unog.ch/1%20SPA/Tradutek/Derechos_hum_ Base/CERD/00_3_obs_grales_CERD.html#GEN20).

Nº 21. *relativa al derecho a la libre determinación* (en línea: https:// conf-dts1.unog.ch/1%20SPA/Tradutek/Derechos_hum_ Base/CERD/00_3_obs_grales_CERD.html#GEN21).

Nº 22. *relativa al artículo 5 de la Convención y a los refugiados y las personas desplazadas* (en línea: https://conf-dts1. unog.ch/1%20SPA/Tradutek/Derechos_hum_Base/ CERD/00_3_obs_grales_CERD.html#GEN22).

N° 23.   *relativa a los derechos de los pueblos indígenas* (en línea: https:// conf-dts1.unog.ch/1%20SPA/Tradutek/Derechos_hum_ Base/CERD/00_3_obs_grales_CERD.html#GEN23).

N° 24.   *relativa al artículo 1 de la Convención* (en línea: https://conf-dts1.unog.ch/1%20SPA/Tradutek/Derechos_hum_ Base/CERD/00_3_obs_grales_CERD.html#GEN24).

N° 25.   *relativa a las dimensiones de la discriminación racial relacionadas con el género* (en línea: https://conf-dts1.unog.ch/1%20 SPA/Tradutek/Derechos_hum_Base/CERD/00_3_obs_ grales_CERD.html#GEN25).

N° 26.   *relativa al artículo 6 de la Convención* (en línea: https://conf-dts1.unog.ch/1%20SPA/Tradutek/Derechos_hum_ Base/CERD/00_3_obs_grales_CERD.html#GEN26).

N° 27.   *relativa a la discriminación de los romaníes* (en línea: https:// conf-dts1.unog.ch/1%20SPA/Tradutek/Derechos_hum_ Base/CERD/00_3_obs_grales_CERD.html#GEN27).

N° 28.   *relativa al seguimiento de la Conferencia Mundial contra el Racismo, la Discriminación Racial, la Xenofobia y las Formas Conexas de Intolerancia* (en línea: https://conf-dts1. unog.ch/1%20SPA/Tradutek/Derechos_hum_Base/ CERD/00_3_obs_grales_CERD.html#GEN28).

N° 29.   *relativa a la discriminación basada en la ascendencia* (en línea: https://conf-dts1.unog.ch/1%20SPA/Tradutek/ Derechos_hum_Base/CERD/00_3_obs_grales_CERD. html#GEN29).

N° 30.   *sobre la discriminación contra los no ciudadanos* (en línea: https://conf-dts1.unog.ch/1%20SPA/Tradutek/De-rechos_hum_Base/CERD/00_3_obs_grales_CERD. html#GEN30).

N° 31.   *sobre la prevención de la discriminación racial en la administración y el funcionamiento de la justicia penal* (en línea: https:// conf-dts1.unog.ch/1%20SPA/Tradutek/Derechos_hum_ Base/CERD/00_3_obs_grales_CERD.html#GEN31).

Nº 32. | *significado y alcance de las medidas especiales en la Convención Internacional sobre la Eliminación de todas las Formas de Discriminación Racial* (en línea: https://conf-dts1.unog.ch/1%20SPA/Tradutek/Derechos_hum_Base/CERD/00_3_obs_grales_CERD.html#GEN32).

Nº 33. | *seguimiento de la Conferencia de Examen de Durban* (en línea: https://conf-dts1.unog.ch/1%20SPA/Tradutek/Derechos_hum_Base/CERD/00_3_obs_grales_CERD.html#GEN33).

Nº 34. | *discriminación racial contra afrodescendientes* (en línea: https://conf-dts1.unog.ch/1%20SPA/Tradutek/Derechos_hum_Base/CERD/00_3_obs_grales_CERD.html#GEN34).

Nº 35. | *la lucha contra el discurso de odio racista* (en línea: https://conf-dts1.unog.ch/1%20SPA/Tradutek/Derechos_hum_Base/CERD/00_3_obs_grales_CERD.html#GEN35).

Comunicaciones:

Comunicación Nº 26/2002, Hagan c. Australia, adoptada por el CERD el 20 de marzo de 2003 (en línea: https://docstore.ohchr.org/SelfServices/FilesHandler.ashx?enc=6QkG1d%2FPPRiCAqhKb7yhspqM7cAoWBySteFOuKcRpLwN48omZ2TcD3GGkGRh5ozlEOX1PVv9nNURAlhC7reOzx41bcpt8IIszxt6QA%2BNDH2GvKb%2FxHRjQivJppaJxOv%2F%2B2OoUvTz7OKGjgOE7A83tw%3D%3D).

Comunicación Nº 34/2004, Gelle c. Dinamarca, adoptada por el CERD el 6 de marzo de 2006 (en línea: https://docstore.ohchr.org/SelfServices/FilesHandler.ashx?enc=6QkG1d%2FPPRiCAqhKb7yhshdLsKFaouJfHOHP6Cm6a1l1fXzxAy1UaRjSWkKPcDt7887j2VJTUM55Quffe2Mzh2DnUfgxN1fpaEEeO2MhaecBgMQT%2FX05APsNHFkgsr3MYnli2nmdCnLuPtUMR6mUfx2dIpMnSqD88H5qXjbCV1M%3D).

Comunicación Nº 36/2006, P.S.N. c. Dinamarca, adoptada por el CEDR el 8 de agosto de 2007 (en línea: https://www.ohchr.org/sites/default/files/Documents/Publications/CERDSelectedDecisionsVolume1_sp.pdf).

Comunicación Nº 43/2008, Adan c. Dinamarca, adoptada por el Comité para la Eliminación de la Discriminación Racial el 13 de agosto

de 2010 (en línea: https://documents-dds-ny.un.org/doc/UNDOC/
DER/G10/452/59/PDF/G1045259.pdf?OpenElement).
Comunicación Nº 62/2018, Jallow c. Dinamarca, dictada por el Comité
para la Eliminación de la Discriminación Racial el 1 de diciembre de
2022 (en línea:
https://docstore.ohchr.org/SelfServices/FilesHandler.ashx?enc=6QkG-
1d%2FPPRiCAqhKb7yhsk1o%2Fr406%2F%2BoXC1TjkRWZNHp4R
H4qxYbtfzWOASwr3j%2FVc%2FpKMd7MbmF5mAQ8Yb7zFcOMrYr
0J6vmR6S2o2YxJomxQwbY7diIYd4bEOcA%2FbfwJGhN5oDSQ2q92
njjJii0w%3D%3D).

COMITÉ DE DERECHOS HUMANOS (CCPR)

Observaciones generales:

Observación General Nº 37 sobre el Artículo 21 (Derecho de reunión
pacífica) CCPR/C/GC/37 23 de julio de 2020 (en línea: https://
tbinternet.ohchr.org/_layouts/15/treatybodyexternal/Download.as
px?symbolno=CCPR%2FC%2FGC%2F37&Lang=en).

Observación general Nº 36 Artículo 6 (derecho a la vida) CCPR/C/
GC/36 2 de noviembre de 2018 (en línea: https://tbinternet.ohchr.
org/_layouts/15/treatybodyexternal/Download.aspx?symbolno=CC
PR%2FC%2FGC%2F36&Lang=en).

Observación general Nº 35 Artículo 9 (Libertad y seguridad de la persona) CCPR/C/GC/35 23 de octubre de 2014 (en línea: https://
tbinternet.ohchr.org/_layouts/15/treatybodyexternal/Download.as
px?symbolno=CCPR%2FC%2FGC%2F35&Lang=en).

Observación general Nº 34 Artículo 19: Libertades de opinión y expresión CCPR/C/GC/34 (en línea: https://tbinternet.ohchr.org/_la-
youts/15/treatybodyexternal/Download.aspx?symbolno=CCPR%2F
C%2FGC%2F34&Lang=en).

Observación general Nº 33 Obligaciones de los Estados Partes en virtud
del Protocolo Facultativo del Pacto Internacional de Derechos Civiles y Políticos CCPR/C/GC/33 (en línea: https://tbinternet.ohchr.
org/_layouts/15/treatybodyexternal/Download.aspx?symbolno=CC
PR%2FC%2FGC%2F33&Lang=en).

Observación General Nº 32 Artículo 14: Derecho a la Igualdad ante los
Juzgados y Tribunales y a las Garantías Judiciales CCPR/C/GC/32
(en línea: https://tbinternet.ohchr.org/_layouts/15/treatybodyex-

ternal/Download.aspx?symbolno=CCPR%2FC%2FGC%2F32&Lang =en).

Observación General Nº 31 [80] Naturaleza de la Obligación Jurídica General Impuesta a los Estados Partes del Pacto CCPR/C/21/Rev.1/Add.13 26 de mayo de 2004 (en línea: https://tbinternet.ohchr.org/_layouts/15/treatybodyexternal/Download.aspx?symbolno=CCPR%2FC%2F21%2FRev.1%2FAdd.13&Lang=en).

Observación general Nº 30 Obligaciones de presentación de informes de los Estados partes en virtud del artículo 40 del Pacto CCPR/C/21/Rev.2/Add.12 18 de septiembre de 2002 (en línea: https://tbinternet.ohchr.org/_layouts/15/treatybodyexternal/Download.aspx?symbolno=CCPR%2FC%2F21%2FRev.2%2FAdd.12&Lang=en).

Observación General Nº 29 Estados de Emergencia (artículo 4) CCPR/C/21/Rev.1/Add.11 31 de agosto de 2001 (en línea: https://tbinternet.ohchr.org/_layouts/15/treatybodyexternal/Download.aspx?symbolno=CCPR%2FC%2F21%2FRev.1%2FAdd.11&Lang=en).

Observación General Nº 28 Artículo 3 (La igualdad de derechos entre hombres y mujeres) (Sustituye a la Observación General No. 4) CCPR/C/21/Rev.1/Add.10 (en línea: https://tbinternet.ohchr.org/_layouts/15/treatybodyexternal/Download.aspx?symbolno=CCPR%2FC%2F21%2FRev.1%2FAdd.10&Lang=en).

Observación General Nº 27 Libertad de movimiento (Art.12) CCPR/C/21/Rev.1/Add.9 02 de noviembre de 1999 (en línea: https://tbinternet.ohchr.org/_layouts/15/treatybodyexternal/Download.aspx?symbolno=CCPR%2FC%2F21%2FRev.1%2FAdd.9&Lang=en).

Observación General Nº 26 Continuidad de las obligaciones CCPR/C/21/Rev.1/Add.8/Rev.1 8 de diciembre de 1997 (en línea: https://tbinternet.ohchr.org/_layouts/15/treatybodyexternal/Download.aspx?symbolno=CCPR%2FC%2F21%2FRev.1%2FAdd.8%2FRev.1&Lang=en).

Observación General Nº 25 El derecho a participar en los asuntos públicos, el derecho al voto y el derecho a la igualdad de acceso a los servicios públicos (Art. 25) CCPR/C/21/Rev.1/Add.7 12 de julio de 1996 (en línea: https://tbinternet.ohchr.org/_layouts/15/treatybodyexternal/Download.aspx?symbolno=CCPR%2FC%2F21%2FRev.1%2FAdd.7&Lang=en).

Observación General No. 24 Cuestiones relativas a las reservas formuladas en el momento de la ratificación o adhesión al Pacto o a sus

Protocolos Facultativos, o en relación con las declaraciones en virtud del artículo 41 del Pacto CCPR/C/21/Rev.1/Add.6 4 de noviembre de 1994 (en línea: https://tbinternet.ohchr.org/_layouts/15/treatybodyexternal/Download.aspx?symbolno=CCPR%2FC%2F21%2FRev.1%2FAdd.6&Lang=en).

Observación General Nº 23 Los derechos de las minorías (Art. 27) CCPR/C/21/Rev.1/Add.5 8 de abril de 1994 (en línea: https://tbinternet.ohchr.org/_layouts/15/treatybodyexternal/Download.aspx?symbolno=CCPR%2FC%2F21%2FRev.1%2FAdd.5&Lang=en).

Observación General Nº 22 El derecho a la libertad de pensamiento, conciencia y religión (Art. 18) CCPR/C/21/Rev.1/Add.4-30 de julio de 1993 (en línea: https://tbinternet.ohchr.org/_layouts/15/treatybodyexternal/Download.aspx?symbolno=CCPR%2FC%2F21%2FRev.1%2FAdd.4&Lang=en).

Observación General Nº 21 Trato humano a las personas privadas de libertad (Artículo 10) Reemplaza a la Observación General No. 9 (Anexo VI, B) (en línea: https://tbinternet.ohchr.org/_layouts/15/treatybodyexternal/Download.aspx?symbolno=INT%2FCCPR%2FGEC%2F4731&Lang=en).

Observación General Nº 20 Prohibición de la tortura u otros tratos o penas crueles, inhumanos o degradantes, Artículo 7 (Reemplaza a la Observación General No. 7) (en línea: https://tbinternet.ohchr.org/_layouts/15/treatybodyexternal/Download.aspx?symbolno=INT%2FCCPR%2FGEC%2F6621&Lang=en).

Observación General Nº 19 Protección de la Familia, Derecho al Matrimonio e Igualdad de los Cónyuges (Artículo 23) (en línea: https://tbinternet.ohchr.org/_layouts/15/treatybodyexternal/Download.aspx?symbolno=INT%2FCCPR%2FGEC%2F6620&Lang=en).

Observación General Nº 18 No discriminación (Trigésimo séptimo período de sesiones, 1989) (en línea: https://tbinternet.ohchr.org/_layouts/15/treatybodyexternal/Download.aspx?symbolno=INT%2FCPR%2FGEC%2F6622&Lang=en).

Observación General Nº 17 Derechos del niño (Artículo 24) (en línea: https://tbinternet.ohchr.org/_layouts/15/treatybodyexternal/Download.aspx?symbolno=INT%2FCCPR%2FGEC%2F6623&Lang=en).

Observación General Nº 16 Artículo 17 (Derecho al respeto a la intimidad, la familia, el domicilio y la correspondencia, y protección del honor y la reputación) (en línea: https://tbinternet.ohchr.org/_la-

youts/15/treatybodyexternal/Download.aspx?symbolno=INT%2FC
CPR%2FGEC%2F6624&Lang=en).

Observación General N° 15 La situación de los extranjeros bajo el Pacto
(en línea: https://tbinternet.ohchr.org/_layouts/15/treatybodyexternal/Download.aspx?symbolno=INT%2FCCPR%2FGEC%2F6625
&Lang=en).

Observación General N° 14 El derecho a la vida (Art. 6) (en línea:
https://tbinternet.ohchr.org/_layouts/15/treatybodyexternal/
Download.aspx?symbolno=INT%2FCCPR%2FGEC%2F4723&Lang=
en).

Observación General N° 13 Administración de justicia (Artículo 14) (en
línea: https://tbinternet.ohchr.org/_layouts/15/treatybodyexternal/Download.aspx?symbolno=INT%2FCCPR%2FGEC%2F4721&L
ang=en).

Observación General N° 12 Artículo 1 (El derecho a la libre determinación de los pueblos) (en línea: https://tbinternet.ohchr.org/_layouts/15/treatybodyexternal/Download.aspx?symbolno=INT%2FC
CPR%2FGEC%2F6626&Lang=en).

Observación General N° 11 Prohibición de propaganda de guerra e incitación al odio nacional, racial o religioso (Art. 20) (en línea: https://
tbinternet.ohchr.org/_layouts/15/treatybodyexternal/Download.as
px?symbolno=INT%2FCCPR%2FGEC%2F4720&Lang=en).

Observación General N° 10 Artículo 19 (Libertad de opinión y expresión) (en línea: https://tbinternet.ohchr.org/_layouts/15/treatybodyexternal/Download.aspx?symbolno=INT%2FCCPR%2FGEC%2F6
627&Lang=en).

Observación General N° 9 Trato humano a las personas privadas de libertad (Art. 10) (en línea: https://tbinternet.ohchr.org/_layouts/15/
treatybodyexternal/Download.aspx?symbolno=INT%2FCCPR%2FG
EC%2F4719&Lang=en).

Observación General N° 8 Artículo 9 (Derecho a la libertad y seguridad
de las personas) 30 de junio de 1982 (en línea: https://tbinternet.
ohchr.org/_layouts/15/treatybodyexternal/Download.aspx?symbol
no=INT%2FCCPR%2FGEC%2F6628&Lang=en).

Observación General N° 7 Artículo 7 (Tortura o tratos o penas crueles,
inhumanos o degradantes) [La Observación General No. 7 ha sido
reemplazada por la Observación General No. 20] 30 de mayo de
1982 (en línea: https://tbinternet.ohchr.org/_layouts/15/treatybo

dyexternal/Download.aspx?symbolno=INT%2FCCPR%2FGEC%2F6
629&Lang=en).

Observación General Nº 6 Artículo 6 (El derecho a la vida) 30 de abril
de 1982 (en línea: https://tbinternet.ohchr.org/_layouts/15/treaty-
bodyexternal/Download.aspx?symbolno=INT%2FCCPR%2FGEC%2
F6630&Lang=en).

Observación General Nº 5 Derogaciones (Art. 4) (en línea: https://tbin-
ternet.ohchr.org/_layouts/15/treatybodyexternal/Download.aspx?s
ymbolno=INT%2FCCPR%2FGEC%2F4717&Lang=en).

Observación General Nº 4 Artículo 3 (Igual derecho de hombres y mujeres al disfrute de todos los derechos civiles y políticos) [La Observación General No. 4 ha sido reemplazada por la Observación General No. 28] 30 de julio de 1981 (en línea: https://tbinternet.ohchr.
org/_layouts/15/treatybodyexternal/Download.aspx?symbolno=IN
T%2FCCPR%2FGEC%2F6631&Lang=en).

Comentario General Nº 3 Artículo 2 (Implementación a nivel nacional)
[El Comentario General No. 3 ha sido reemplazado por el Comentario General No. 31] 29 de julio de 1981 (en línea: https://tbinternet.
ohchr.org/_layouts/15/treatybodyexternal/Download.aspx?symbol
no=INT%2FCCPR%2FGEC%2F6632&Lang=en).

Observación general Nº 2 Directrices para la presentación de informes
[Ha sido reemplazada por CCPR/C/66/GUI, Directrices consolida-
das para los informes de los Estados en virtud del Pacto Internacional
de Derechos Civiles y Políticos, de fecha 29 de septiembre de 1999]
28 de julio de 1981 (en línea: https://tbinternet.ohchr.org/_la-
youts/15/treatybodyexternal/Download.aspx?symbolno=INT%2FC
CPR%2FGEC%2F6633&Lang=en).

Comentario General Nº 1 Obligación de Reportar [El Comentario General No. 1 ha sido reemplazado por el Comentario General No.
30] 27 de julio de 1981 (en línea: https://tbinternet.ohchr.org/_la-
youts/15/treatybodyexternal/Download.aspx?symbolno=INT%2FC
CPR%2FGEC%2F6634&Lang=en).

Comunicaciones:

Comunicación Nº 104/1981, J.R.T. y el Partido W.G. c. Canadá, dictamen
aprobado el 6 de abril de 1983 (en línea: http://hrlibrary.umn.edu/
undocs/html/104-1981.htm).

Comunicación N° 550/1993, Faurisson c. Francia, dictamen aprobado el 8 de noviembre de 1996 (en línea: http://hrlibrary.umn.edu/hrcommittee/spanish/550-1993.html).

Comunicación N° 736/1997, Ross c. Canadá, dictamen aprobado el 18 de octubre de 2000 (CCPR/C/70/D/736/1997(2000)) (en línea: http://hrlibrary.umn.edu/hrcommittee/spanish/736-1997.html).

Comunicación N° 1868/2009, *Anderssen c. Dinamarca*, adoptada por el CCPR el 26 de julio de 2010 (en línea: file:///C:/Users/PC/Downloads/G1044966.pdf).

CORTE INTERNACIONAL DE JUSTICIA (CIJ)

SCIJ de 26 de febrero de 2007 Aplicación de la Convención sobre la Prevención y Sanción del Delito de Genocidio (Bosnia y Herzegovina c. Serbia y Montenegro), Sentencia, Reportes de la I.C.J. 2007 (en línea: https://www.icj-cij.org/public/files/annual-reports/2006-2007-es.pdf).

SCIJ de 3 de febrero de 2015 Aplicación de la Convención para Prevenir y Sancionar el Delito de Genocidio (Croacia c. Serbia) (en línea: http://icjcij.org/docket/files/118/18422.pdf).

Orden provisional de 7 de diciembre de 2021, asunto Armenia c. Azerbaiyán (ONU: *Informe de la Corte Internacional de Justicia*, Nueva York 2022 (A/77/4), pp. 40-42 (en línea: https://adobeacrobat.app.link/o0SiKn1MPxb).

TRIBUNALES PENALES INTERNACIONALES:

Tribunal Militar Internacional (TMI)

Asunto *Streicher*

Asunto *Fritzsche*

Tribunal Penal Internacional para la Antigua Yugoslavia (TPIY)

Sentencia de 26 de febrero de 2001, asunto Kordic & Cérbez

Sentencia de 27 de febrero de 2003, asunto Plavsic

Sentencia de 29 de julio de 2004, asunto Blaski

Sentencia de 31 de enero de 2005, asunto Pavle Strugar, Miodrag Jokic y Vladimir Kovacevic (en línea: http://www.un.org/icty/glance-f/strugar.htm).

Sentencia de 12 de junio de 2007, asunto Milan Martic (en línea: http://www.icty.org/case/martic/4).

Sentencia de 31 de marzo de 2016, asunto Fiscal c. Seselj, causa Nª ICTY IT-03-67 (en línea: chrome-extension://efaidnbmnnnibpcajpcglclefindmkaj/https://www.icty.org/x/cases/seselj/tjug/fr/160331.pdf).

Tribunal Penal Internacional para Ruanda (TPIR)

Sentencia de la Sala de Primera Instancia de 2 de septiembre de 1998, caso Fiscalía c. Jean-Paul Akayesu *(ICTR-96-4-T)*.

Sentencia de la Sala de Primera Instancia de 4 de septiembre de 1998, caso Fiscalía c. Jean Kambanda *(ICTR-97-23-S)*

Sentencia de la Sala de Primera Instancia de 1 de junio de 2000, caso Fiscalía c. Georges Ruggiu *(ICTR-97-32-I)*.

Sentencia de la Sala de Primera Instancia de 3 de diciembre de 2002, caso Fiscalía c. Ferdinand Nahimana, Jean-Bosco Barayagwiza y Hassan Ngeze (ICTR-99-52-T).

Sentencia de la Sala de Apelaciones de 28 de noviembre de 2007, caso Fiscalia c. Ferdinand Nahimana, Jean-Bosco Barayagwiza y Hassan Ngeze (ICTR-99-52-A).

Corte Penal Internacional (CPI)

Sentencia de 29 de septiembre d 2016, asunto Mahdi (en línea: https://www.icc-cpi.int/CourtRecords/CR2016_07244.PDF).

ORGANIZACIÓN DE ESTADOS AMERICANOS (OEA)

OEA: Convención Americana de Derechos Humanos, Pacto de San José, de 22 de noviembre de 1969 (entrada en vigor: 18 de julio de 1978) (en línea: https://www.corteidh.or.cr/tablas/17229a.pdf).

OEA: Convención Interamericana contra el Racismo, la Discriminación Racial y Formas conexas de Intolerancia, de 5 de junio de 2013, La Antigua (en línea: https://www.oas.org/es/sla/ddi/docs/tratados_multilaterales_interamericanos_A-68_racismo.pdf).

OEA: Convención Interamericana contra toda Forma de Discriminación e Intolerancia, de 5 de junio de 2013, La Antigua (en línea: http://www.oas.org/es/sla/ddi/docs/tratados_multilaterales_interamericanos_A-69_discriminacion_intolerancia.pdf).

RELE *(Relatoría Especial para la Libertad de Expresión)*

OEA-RELE (2004): Las expresiones de odio y la Convención Americana sobre Derechos Humanos, San José (en línea: http://www.oas.org/ es/cidh/expresion/docs/informes/odio/Expreisones%20de%20 odio%20Informe%20Anual%202004-2.pdf) (también en: https:// www.google.com/url?sa=t&rct=j&q=&esrc=s&source=web&cd=1&ve d=2ahUKEwj64MfbsqfoAhVGQq0KHanrBR4QFjAAegQIBRAB&url= http%3A%2F%2Fwww.oas.org%2Fes%2Fcidh%2Fexpresion%2Fsho warticle.asp%3FartID%3D443%26lID%3D2&usg=AOvVaw1hEdkEd x5hxntqo8mgpkKL).

OEA-RELE (2009): Marco jurídico interamericano sobre el derecho a la libertad de expresión, San José (en línea: http://www.oas.org/es/ cidh/expresion/docs/cd/sistema_interamericano_de_derechos_ humanos/index_MJIAS.html).

OEA-RELE (2012): Informe Anual 2012, San José (en línea: https:// www.palermo.edu/cele/pdf/SRs-Informe-Espa.pdf).

OEA-RELE (2015a): Informe anual 2015, San José (en línea: http:// www.oas.org/es/cidh/expresion/docs/informes/anuales/Infor- meAnual2015RELE.pdf

OEA-RELE (2015b): Violencia contra personas LGBTI, San José (en lí- nea: https://www.oas.org/es/cidh/informes/pdfs/ViolenciaPerso- nasLGBTI.pdf).

CORTE INTERAMERICANA DE DERECHOS HUMANOS *(CIADH)*

CIADH: Opinión Consultiva 5/85, de 13 de noviembre de 1985. La co- legiación obligatoria de periodistas (Arts. 13 y 29 de la Convención Americana de Derechos Humanos) (en línea: https://www.corteidh. or.cr/docs/opiniones/seriea_05_esp.pdf).

CIADH: sentencia de 5 de febrero de 2001 Caso *Olmedo Bustos y otros v. Chile* («La última tentación de Cristo») (en línea: https://www.cortei- dh.or.cr/docs/casos/articulos/seriec_73_esp.pdf).

CIADH: sentencia de 6 de febrero de 2001, caso *Ivcher Bronstein c. Perú.*

CIADH: sentencia de 29 de mayo de 2004, caso *Norín Catriman y otros [dirigentes miembros y autoridades del pueblo indígena Mapuche] c. Chile.*

CIADH: sentencia de 2 de julio de 2004, caso *Herrera Ulloa c. Costa Rica.*

CIADH: sentencia de 31 de agosto de 2004, caso *Ricardo Canese c. Paraguay.*

CIADH: sentencia de 22 de noviembre de 2005, caso *Palamara Iribarne c. Chile.*

CIADH: sentencia de 19 de septiembre de 2006, caso *Claude Reyes y otros c. Chile.*

CIADH: sentencia de 2 de mayo de 2008, caso *Kimel c. Argentina.*

CIADH: sentencia de 24 de julio de 2008, caso *Vélez Restrepo y Familiares c. Colombia.*

CIADH: sentencia de 27 de enero de 2009, caso *Tristán Donoso c. Panamá.*

CIADH: sentencia de 28 de enero de 2009, caso *Perozo y otros c. Venezuela.*

CIADH: sentencia de 20 de noviembre de 2009, caso *Usón Ramírez c. Venezuela.*

CIADH: sentencia de 26 de mayo de 2010, caso *Manuel Cepeda Vargas c. Colombia.*

CIADH: sentencia de 24 de noviembre de 2010, caso *Gómez Lund y otros c. Brasil.*

CIADH: sentencia de 29 de noviembre de 2011, caso *Fontevecchia D´Amico c. Argentina.*

CIADH: sentencia de 3 de septiembre de 2012, caso *Úzcátegui y otros c. Venezuela.*

CIADH: sentencia de 5 de octubre de 2015, caso *López Lone y otros c. Honduras.*

CIADH: sentencia de 13 de marzo de 2018, caso *Carvajal y otros c. Colombia*, de 13 de marzo de 2018.

ORGANIZACIÓN PARA LA SEGURIDAD Y LA COOPERACIÓN EN EUROPA (OSCE)

OSCE (2006): Preparación de los días de Recordación del Holocausto: Sugerencias para educadores (en línea: https://www.osce.org/files/f/documents/4/c/17837.pdf).

OSCE (2007): El tratamiento del antisemitismo en la enseñanza: ¿Por qué y cómo? Guía para educadores (en línea: https://www.osce.org/files/f/documents/3/6/29893.pdf).

OSCE (2009a): Leyes sobre delitos de odio: una guía práctica, Varsovia 2009 (en línea: https://www.osce.org/odihr/36426).

OSCE (2009b): Decisión nº 9/09 de su Consejo Ministerial relativa a la "lucha contra los delitos de odio". Atenas, 1-2 de diciembre de 2009 (en línea: https://www.osce.org/files/f/documents/d/9/40695.pdf).

OSCE (2011): Directrices para educadores sobre la manera de combatir la intolerancia y la discriminación contra los musulmanes: Afrontar la islamofobia mediante la educación, Varsovia (en línea: https://www.osce.org/files/f/documents/a/2/91301.pdf).

OSCE (2015): Acta Final de Helsinki (en línea: https://www.oscepa.org/en/documents/annual-sessions/2015-helsinki/declaration-3/3065-2015-helsinki-declaration-spa/file).

OSCE (2017): Desarrollar una comprensión de los delitos de odio de naturaleza antisemita y abordar las necesidades de seguridad de las comunidades judías: Guía práctica, Varsovia 2017 (en línea: https://www.osce.org/files/f/documents/6/d/423680.pdf).

OSCE (2018a): Delitos de odio contra los Musulmanes, Varsovia 2018 (en línea: https://www.osce.org/files/f/documents/6/7/414479.pdf).

OSCE (2018b): Formación de coaliciones para la tolerancia y la no discriminación una guía práctica, Varsovia 2018 (en línea: https://www.osce.org/files/f/documents/3/d/417290.pdf).

OSCE (2019a): Prevención del antisemitismo mediante la educación: Directrices para los responsables de la formulación de políticas (en línea: https://www.osce.org/files/f/documents/8/4/444640.pdf).

OSCE (2019b): Desarrollar una comprensión de los delitos de odio de naturaleza antisemita y abordar las necesidades de seguridad de las comunidades judías: Guía práctica (en línea: https://www.osce.org/files/f/documents/6/d/423680.pdf).

OSCE (2020a): Informe sobre la libertad de religión o de creencias y seguridad. Manual de orientaciones, OSCE-ODIHR, Varsovia (en internet: https://www.osce.org/files/f/documents/7/f/471369.pdf).

OSCE (2020b): Addressing Intolerance, Discrimination and Hate Crime: Responses of Civil Society and Christian and Other Religious Communities, Varsovia (en línea: https://www.osce.org/files/f/documents/b/8/450598.pdf).

OSCE (2020c): Informe sobre crímenes de odio de 2019, Varsovia (en línea: https://hatecrime.osce.org/hate-crime-data?year=2019).

OSCE (2020d): Prevención del antisemitismo mediante la educación: Directrices para los responsables de la formulación de políticas, Varsovia (en línea: https://www.osce.org/files/f/documents/8/4/444640.pdf).

OSCE (2021): Los delitos de odio motivados por el racismo y la xenofobia, Varsovia (en línea: https://www.osce.org/files/f/documents/6/b/502275.pdf).

CONSEJO DE EUROPA (CdE)

Consejo de Europa (1950): Convenio europeo para la protección de los derechos humanos y de las libertades fundamentales, de 4 de noviembre de 1950 (en línea: https://www.boe.es/buscar/doc.php?id=BOE-A-1979-24010).

Consejo de Europa (1954): Convenio Cultural Europeo (en línea: 1954 Convenio Cultural Europeo | PDF | Comisión Europea | Viajes por Europa (scribd.com)).

Consejo de Europa (1985): Convenio para la Salvaguarda del Patrimonio Arquitectónico de Europa, de 3 de octubre de 1985 (en línea: https://www.boe.es/diario_boe/txt.php?id=BOE-A-1989-15166).

Consejo de Europa (1992): Convenio Europeo para la Protección del Patrimonio Arqueológico, de 16 de enero de 1992 (en línea: https://www.boe.es/buscar/doc.php?id=BOE-A-2011-12501).

Consejo de Europa (1993): Declaración de Viena, de 9 de octubre de 1993 (en línea: https://www.educatolerancia.com/wp-content/uploads/2017/06/material-didactico12.-Discurso-de-Odio.pdf).

Consejo de Europa (2001): Convención sobre la Ciberdelincuencia, de 23 de noviembre de 2001 (en línea: https://www.oas.org/juridico/english/cyb_pry_convenio.pdf).

Consejo de Europa (2003): Protocolo adicional al Convenio de Ciberdelincuencia relativo a la penalización de actos de índole racista y xenófoba cometidos por medios informáticos, de 28 de enero de 2003 (en línea: https://rm.coe.int/1680a7bbf3).

Consejo de Europa (2005): Convenio-Marco sobre el Valor del Patrimonio Cultural para la Sociedad, de 25 de octubre de 2005 (en línea: https://boe.es/diario_boe/txt.php?id=BOE-A-2022-10041).

Consejo de Europa (2016): Manual Orientaciones. Manual para combatir el discurso de odio en internet a través de la educación en derechos humano, versión en español, Ed. INJUVE, Madrid (en línea: http://www.injuve.es/sites/default/files/2019/07/publicaciones/orientaciones.pdf).

Consejo de Europa (2017a): Convención del Consejo de Europa sobre los Delitos relacionados con Bienes Culturales, de 19 de mayo de 2017 (en línea: https://cja.sre.gob.mx/tratadosmexico/ver/archivo/eyJpdiI6InBzM2M3WW10MytnMnpxazc4czUzXC9nPT0iLCJ2YWx1ZSI6IklyUVY4K2JKZFhTWU02OUJYSm05Nnc9PSIsIm1hYyI6ImRlNTQzM2JlNDk3MmU1OTTZhMGJhNjllODZmOTRmZTU1ZjJlM2YyNWMyZDI1YzA5ZDM1Yzc1NWQ4YTTIwMmNNiNWEifQ==).

Consejo de Europa (1997): Recomendación n. 97 (20) del Comité de Ministros del Consejo de Europa sobre el discurso del odio. Adoptada por el Comité de Ministros el 30 de octubre de 1997, en la 607ª sesión de los Diputados de los Ministros (en línea: https://www.educatolerancia.com/wp-content/uploads/2017/06/material-didactico12.-Discurso-de-Odio.pdf).

Consejo de Europa (2006): Resolución 1510 (2006), de 28 de junio de 2006, sobre la libertad de expresión y el respeto de las creencias religiosas. Texto aprobado por la Asamblea el 28 de junio de 2006 (19a Sesión) (en línea: https://www.educatolerancia.com/wp-content/uploads/2022/03/MD-12_2022_MINISTERIO_INCLUSION.pdf).

Consejo de Europa (2007a): Recomendación 1805 (2007) de la Asamblea Parlamentaria del Consejo de Europa, sobre Blasfemia, insultos religiosos y discursos de odio contra personas por causa de su religión (en línea: http://assembly.coe.int/main.asp?Link=/documents/adoptedtext/ta07/erec1805.htm).

Consejo de Europa (2007b): Recomendación CM/Rec(2007)16 sobre medidas para promover el valor de servicio público de Internet, adoptada por el Comité de Ministros el 21 de noviembre de 2007 (en línea: https://www.inmujeres.gob.es/publicacioneselectronicas/documentacion/Documentos/DE0019.pdf).

Consejo de Europa (2010): Recomendación CM/Rec(2010)13 sobre la protección de las personas físicas en lo que respecta al tratamiento automatizado de datos personales en el contexto de la elaboración de perfiles, adoptada por el Comité de Ministros el 23 de noviembre de 2010 (en línea: https://search.coe.int/cm/Pages/result_details.aspx?ObjectId=09000016805cdd2a).

Consejo de Europa (2011): Recomendación CM/Rec(2011)7 sobre un nuevo concepto de medios de comunicación, adoptada por el Comité de Ministros el 21 de septiembre de 2011 (en línea: https://edoc. coe.int/en/media/8019-recommendation-cmrec20117-on-a-new-notion-of-media.html#).

Consejo de Europa (2012a): Recomendación CM/Rec(2012)3 sobre la protección de los derechos humanos en lo que respecta a los motores de búsqueda, adoptada por el Comité de Ministros el 4 de abril de 2012 (en línea: https://search.coe.int/cm/Pages/result_details.aspx ?ObjectID=09000016805caa87).

Consejo de Europa (2012b): Recomendación CM/Rec(2012)4 sobre la protección de los derechos humanos en lo que respecta a los servicios de redes sociales, adoptada por el Comité de Ministros el 4 de abril de 2012 (en línea: https://search.coe.int/cm/Pages/result_details.aspx ?ObjectID=09000016805caa9b).

Consejo de Europa (2013): Recomendación CM/Rec(2013)1 sobre igualdad de género y medios de comunicación, adoptada por el Comité de Ministros el 10 de julio de 2013 (en línea: https://rm.coe. int/168059039c).

Consejo de Europa (2014): Recomendación CM/Rec(2014)6 sobre una Guía de los derechos humanos para los usuarios de internet, adoptada por el Comité de Ministros el 16 de abril de 2014 (en línea: https://rm.coe.int/CoERMPublicCommonSearchServices/DisplayD CTMContent?documentId=09000016804c177e).

Consejo de Europa (2015): Recomendación CM/Rec(2015)6 sobre el flujo libre y transfronterizo de información en Internet, adoptada por el Comité de Ministros el 1 de abril de 2015 (en línea: https:// search.coe.int/cm/Pages/result_details.aspx?ObjectId=0900001680 5cdd2a).

Consejo de Europa (2016a): Rec. CM/Rec(2016)1 sobre la protección y promoción del derecho a la libertad de expresión y el derecho a la vida privada en lo que respecta a la neutralidad de la red, adoptada por el Comité de Ministros el 13 de enero de 2016 (en línea: https:// search.coe.int/cm/Pages/result_details.aspx?ObjectID=0900001680 5c1e59).

Consejo de Europa (2016b): Recomendación CM/Rec(2016)3 del Comité de Ministros a los Estados miembros sobre derechos humanos y empresas, adoptada por el Comité de Ministros el 2 de marzo de 2016 (en linea: https://search.coe.int/cm/Pages/result_details.aspx?Obj ectID=09000016805c1ad4).

Consejo de Europa (2016c): Recomendación CM/Rec(2016)5 del Comité de Ministros sobre la libertad en Internet. adoptada por el Comité de Ministros el 13 de abril de 2016 (en línea: https://search.coe.int/cm/Pages/result_details.aspx?ObjectId=09000016806415fa).

Consejo de Europa (2017b): Resolución nº 2144 titulada: "Ending cyberdiscrimination and online hate" (en línea: http://www.assembly.coe.int/nw/xml/XRef/Xref-XML2HTML-en.asp?fileid=23456&lang=en).

Consejo de Europa (2018): Recomendación CM/Rec(2018)2, del Comité de Ministros a los Estados miembros, sobre las funciones y responsabilidades de los intermediarios de Internet, aprobado por el Comité de Ministros el 7 de marzo de 2018 (en línea: https://search.coe.int/cm/Pages/result_details.aspx?ObjectID=0900001680790e14).

Consejo de Europa (2021a): Recommendation CM/Rec(2021)1 of the Committee of Ministers to member States on the development and strengthening of effective, pluralist and independent national human rights institutions, adoptada por el Comité de Ministros el 31 de marzo de 2021 (en línea: https://search.coe.int/cm/pages/result_details.aspx?ObjectId=0900001680a1f4da).

Consejo de Europa (2021b): Recommendation CM/Rec(2021)4 of the Committee of Ministers to member States on the publication and dissemination of the European Convention on Human Rights, the case-law of the European Court of Human Rights and other relevant texts, adoptada por el Comité de Ministros el 22 de septiembre de 2021 (en línea: https://search.coe.int/cm/Pages/result_details.aspx?ObjectId=0900001680a3f00e).

Consejo de Europa (2022): Recomendación **CM/Rec(2022)16, sobre la lucha contra el discurso de odio**, *aprobado por el Comité de Ministros el 20 de mayo de 2022 (en línea:* https://search.coe.int/cm/Pages/result_details.aspx?ObjectId=0900001680a67955*)*.

ECRI (Comisión Europea contra el Racismo y la Intolerancia)

Recomendación de Política General nº 2 revisada por los Organismos de Igualdad para combatir el racismo y la intolerancia a nivel nacional, adoptada el 13 de junio de 1997 y revisada el 7 de diciembre de 2017 (en línea: https://www.coe.int/en/web/european-commission-against-racism-and-intolerance/recommendation-no.2).

Recomendación de Política General n° 6 sobre la lucha contra la difusión de material racista, xenófobo y antisemita a través de internet, adoptada el 15 de diciembre de 2000 (en línea: https://rm.coe.int/ecri-general-policy-recommendation-no-6-on-combating-the-dissemination/16808b5a8d).

Recomendación de Política General n° 7 (revisada) sobre la legislación nacional para combatir el racismo y la discriminación racial, adoptada el 13 de diciembre de 2002 y revisada el 7 de diciembre de 2017 (en línea: https://www.coe.int/en/web/european-commission-against-racism-and-intolerance/recommendation-no.7).

Recomendación de Política General n° 10 sobre la lucha contra el racismo y la discriminación racial en y a través de la educación escolar, adoptada el 15 de diciembre de 2006 (en línea: https://www.coe.int/en/web/european-commission-against-racism-and-intolerance/recommendation-no.10).

Recomendación de Política General n° 13 sobre la lucha contra el antigitanismo y la discriminación contra los romaníes, adoptada el 24 de junio de 2011 y modificada el 1 de diciembre de 2020 (en línea: https://www.coe.int/en/web/european-commission-against-racism-and-intolerance/recommendation-no.13).

Recomendación de Política General n° 14 de la ECRI sobre la lucha contra el racismo y la discriminación racial en el empleo, adoptada el 22 de junio de 2012 (en línea: https://www.coe.int/en/web/european-commission-against-racism-and-intolerance/recommendation-no.14).

Recomendación de Política General n° 15 sobre la lucha contra el discurso de odio, adoptada el 8 de diciembre de 2015 (en línea: https://www.coe.int/en/web/european-commission-against-racism-and-intolerance/recommendation-no.15).

ComEDH (Comisión Europea para los Derechos Humanos):

Decisión de 21 de mayo de 1976, sobre la admisibilidad del asunto X c. Italia (Decisión n° 6323/73) (en línea: https://hudoc.echr.coe.int/app/conversion/pdf/?library=ECHR&id=001-73821&filename=X.%20v.%20ITALY.pdf).

Decisión de 11 de octubre de 1979, sobre la admisibilidad del asunto Glimmerveen y Hagenbeek c. Países Bajos (Decisiones núms. 8348/78 y 8406/78) (en línea: https://hudoc.echr.coe.int/app/conversion/

pdf/?library=ECHR&id=001-74187&filename=GLIMMERVEEN%20 and%20HAGENBEEK%20v.%20the%20NETHERLANDS.pdf).

Sentencia de 16 de julio de 1982, sobre la admisibilidad del asunto X c. República Federal de Alemania.

Sentencia de 14 de julio de 1983, sobre la admisibilidad del asunto T. c. Bélgica.

Sentencia de 12 de octubre de 1989, sobre la admisibilidad del asunto B.H., M. W., H.P. y G. K. c. Austria.

Sentencia de 2 de septiembre de 1994, sobre la admisibilidad del asunto Walter Ochensberger c. Austria.

Sentencia de 6 de septiembre de 1995, sobre la admisibilidad del asunto Otto E.F.A. Remer c. Alemania (Decisión n° 25096/94) (en línea: https://hudoc.echr.coe.int/spa#{%22fulltext%22:[%22Otto%20 E.F.A.%20Remer%22],%22itemid%22:[%22001-2294%22]}).

Sentencia de 18 de octubre de 1995, sobre la admisibilidad del asunto Gerd Honsik c. Austria.

Sentencia de 29 de noviembre de 1995, sobre la admisibilidad del asunto Nationaldemokratische Partei, Bezirksverband München-Oberbayern c. Alemania.

Sentencia de 24 de junio de 1996, sobre la admisibilidad del asunto Marais c. Francia (Decisión n° 31159/96) (en línea: https://hudoc.echr.coe.int/spa#{%22fulltext%22:[%22Marais%22],%22item id%22:[%22001-28086%22]}).

Sentencia de 29 de junio de 1996, sobre la admisibilidad del asunto Irving c. Alemania (Decisión n° 31159/96).

Sentencia de 9 de septiembre de 1998, sobre la admisibilidad del asunto Heerwig Nachtmann c. Austria.

Sentencia (Sección 4ª) de 20 de abril de 1999, sobre la admisibilidad del asunto Hans-Jürgen Witzsch c. Alemania.

TRIBUNAL EUROPEO DE DERECHOS HUMANOS (TEDH)

Sentencia de 23 de julio de 1968, asunto relativo a ciertos aspectos del Régimen Lingüístico en Bélgica (Sentencia n° 1471/62) (TOL148.179).

Sentencia (Gran Sala) de 7 de diciembre de 1976, asunto *Handyside c. Reino Unido* (Decisión n° 5493/72) (TOL573.845).

Sentencia de 7 de diciembre de 1976, asunto *Kelsen, Malson y Pedersen c Dinamarca* (TOL145.287).

Sentencia de 26 de abril de 1979, asunto *Sunday Times c. Reino Unido* (Decisión n° 6538/74) (TOL148.640).

Sentencia de 11 de octubre de 1979, asunto *Glimmerveen y Hagenbeek c. Países Bajos.*

Sentencia de 23 de octubre de 1984, asunto *Öztürk c. Alemania* (Decisión n° 8544/79) (en línea: https://hudoc.echr.coe.int/spa#{%22fulltext%2 2:[%22Ozt%C3%BCrk%22],%22itemid%22:[%22001-57552%22]}).

Sentencia de 8 de julio de 1986, asunto Lingens c. Austria (Decisión n° 9815/82) (TOL216.239).

Sentencia de 12 de mayo de 1988, asunto *Kühnen c. Alemania* (Decisión n° 12194/86) (en línea: https://hudoc.echr.coe.int/spa#{%22fulltext%22:[%22Michael%20K%C3%BChnen%22],%22it emid%22:[%22001-230%22]}).

Sentencia de 24 de mayo de 1988, asunto *Müller y otros c. Suiza* (Decisión n° 10737/94) (en línea: MÜLLER AND OTHERS v. SWITZERLAND (coe.int)).

Sentencia de 22 de febrero de 1989, asunto *Barfod c. Dinamarca* (Decisión n° 11508/85) (TOL228.8005).

Sentencia de 2 de abril de 1992, asunto *Castell c. España* (TOL120.069).

Sentencia de 25 de mayo de 1993, asunto *Kokkinakis c. Grecia* (Decisión n° 14307/88) (TOL145.170).

Sentencia (Gran Sala) de 20 de septiembre de 1994, asunto *Otto-Preminger-Institut c. Austria* (Decisión n° 13470/87) (TOL227.970).

Sentencia (Gran Sala) de 23 de septiembre de 1994, asunto *Jersild c. Dinamarca* (Decisión n° 15890/89) (TOL224.114).

Sentencia de 11 de enero de 1995, *asunto Walendy c. Alemania* (Decisión n° 21128/93) (en línea: https://hudoc.echr.coe.int/app/conversion/pdf/?library=ECHR&id=001-86587&filename=WALENDY%20 v.%20GERMANY.pdf).

Sentencia de 13 de julio de 1995, asunto *Tolstoy Milouslasky c. Reino Unido* (Decisión 18139/91) (TOL306.081).

Sentencia de 6 de septiembre de 1995, asunto *Otto EFA Rener c. Alemania.*

Sentencia de 18 de octubre de 1995, asunto *Honsik c. Austria* (Decisión n° 25062/94) (en línea: https://hudoc.echr.coe.int/eng#{%22fulltext%22:[%22Honsik%22],%22itemid%22:[%22001-2362%22]}).

Sentencia de 24 de junio de 1996, asunto *Marais c. Francia*.

Sentecia de 25 de noviembre de 1996, asunto *Wingrove c. Reino Unido* (Decisión nº 17419/90) (TOL227.970).

Sentencia de 24 de febrero de 1997, asunto *De Haes y Gijsels c. Bélgica* (TOL304.494).

Sentencia de 25 de noviembre de 1997, asunto *Grigoriales c. Grecia* (TOL6.919.872).

Sentencia (Gran Sala) de 25 de noviembre de 1997, asunto *Zana c. Turquía* (Decisión nº 18954/91) (TOL6.918.876).

Sentencia (Gran Sala) de 26 de noviembre de 1997, asunto *Sakik y otros c. Turquía* (Decisión nº 23878/94) (en línea: SAKIK AND OTHERS v. TURKEY [Spanish Translation] summary by the Spanish Cortes Generales (coe.int)).

Sentencia de 30 de enero de 1998, asunto *Partido Comunista Unificado de Turquía c. Turquía* (Decisión nº 13392/92) (TOL220.353).

Sentencia de 24 de febrero de 1998, asunto *Larissis, Mandalaries y Sarandis c. Grecia* (Decisión nº 23372/94) (en línea: https://hudoc. echr.coe.int/app/conversion/docx/pdf?library=ECHR&id=001-163770&filename=CASE%20OF%20LARISSIS%20AND%20 OTHERS%20v.%20GREECE%20-%20%5BSpanish%20 Translation%5D%20summary%20by%20the%20Spanish%20Cortes%20Generales.pdf&logEvent=False).

Sentencia de 25 de mayo de 1998, asunto *Partido Socialista y otros c. Turquía* (Decisión nº 21237/92) (TOL217.854).

Sentencia (Gran Sala) de 9 de junio de 1998, asunto *Incal c Turquía* (Decisión nº 22678/93) (en línea: file:///C:/Users/jmcon/Downloads/ CASE%20OF%20INCAL%20v.%20TURKEY%20-%20[Spanish%20 Translation]%20summary%20by%20the%20Spanish%20Cortes%20 Generales.pdf).

Sentencia (Gran Sala) de 23 de septiembre de 1998, asunto *Lehideux e Isorni c. Francia* (Decisiones nº 55/1997/839/1045) (TOL313.937).

Sentencias de 8 de julio de 1999, asunto *Arslan c. Turquía* (Decisión nº 23462/94) (en línea: https://hudoc.echr.coe.int/spa#{%22 fulltext%22:[%22Arslan%22],%22documentcollectionid2%22 :[%22GRANDCHAMBER%22,%22CHAMBER%22],%22item id%22:[%22001-58271%22]}).

Sentencia de 8 de julio de 1999, asunto *Baskaya y Okcuoglu c. Turquía* (Decisiones nº 23536/94 y 24408/94) (TOL6.594.886).

Sentencia (Gran Sala) de 8 de julio de 1999, asunto *Gerger c. Turquía* (Decisión n° 24919/94) (en línea: https://hudoc.echr.coe.int/en g#{%22fulltext%22:[%22Gerger%22],%22documentcollectionid2 %22:[%22GRANDCHAMBER%22,%22CHAMBER%22],%22item id%22:[%22001-58272%22]}).

Sentencia (Gran Sala) de 8 de julio de 1999, asunto *Karatas c. Turquía* (Decisión n° 23168/94) (en linea: https://hudoc.echr.coe.int/en g#{%22fulltext%22:[%22Karatas%22],%22documentcollectionid2 %22:[%22GRANDCHAMBER%22,%22CHAMBER%22],%22item id%22:[%22001-58274%22]}).

Sentencia (Gran Sala) de 8 de julio de 1999, asunto *Okçuo⊠lu c. Turquía* (Decisión n° 24246/94) (en línea: https://hudoc.echr.coe.int/eng# {%22fulltext%22:[%22Ok%C3%A7uo%C4%9Flu%22],%22docume ntcollectionid2%22:[%22GRANDCHAMBER%22,%22CHAMBER% 22],%22itemid%22:[%22001-58277%22]}).

Sentencia (Gran Sala) de 8 de julio de 1999, asunto *Polat c. Turquía* (Decisión n° 23500/94) (en línea: https://hudoc.echr.coe.int/en g#{%22fulltext%22:[%22Polat%22],%22documentcollectionid2 %22:[%22GRANDCHAMBER%22,%22CHAMBER%22],%22item id%22:[%22001-62825%22]}).

Sentencia de 8 de julio de 1999, asunto *Sürek y Özdemir c. Turquía* (Decisiones n° 23927/94 y 24277/94) (en línea: https://hudoc.echr.coe. int/eng#{%22itemid%22:[%22001-58278%22]}).

Sentencia de 8 de julio de 1999, asunto *Sürek & Ödemir c. Turquía* (n° 1) (Decisión n° 26682/95) (en línea: https://hudoc.echr.coe. int/spa#{%22fulltext%22:[%22S%C3%BCrek%22],%22item id%22:[%22001-58279%22]}).

Sentencia de 8 de julio de 1999, asunto *Sürek c. Turquía* (n° 2) (Decisón n° 24122/94) (en línea: https://hudoc.echr.coe.int/spa#{%22fulltext% 22:[%22S%C3%BCrek%22],%22itemid%22:[%22001-58280%22]}).

Sentencia de 8 de julio de 1999, asunto *Sürek c. Turquía* (n° 3) (Decisión n° 24735/94) (en línea: https://hudoc.echr.coe.int/spa#{%22fulltext% 22:[%22S%C3%BCrek%22],%22itemid%22:[%22001-58281%22]}).

Sentencia de 8 de julio de 1999, asunto *Sürek c. Turquía* (n° 4) (Decisión n° 24762/94) (en línea: https://hudoc.echr.coe.int/spa#{%22fulltext% 22:[%22S%C3%BCrek%22],%22itemid%22:[%22001-58298%22]}).

Sentencia de 28 de septiembre de 1999, asunto *Oztürk c. Turquía* (Decisión n° 22479/93) (TOL123.778).

Sentencia de 25 de noviembre de 1999, asunto *Nilson y Johsen c. Noruega* (TOL306.080).

Sentencia de 29 de febrero de 2000, asunto Fuentes Bobo c. España (TOL223.847).

Sentencia de 16 de marzo de 2000, asunto *Özgür Gündem c. Turquía* (Decisión n° 23144/93) (en línea: https://hudoc.echr.coe.int/spa#{%22fulltext%22:[%22%C3%96zg%C3%BCr%20G%C3%BCndem%22],%22documentcollectionid2%22:[%22GRANDCHAMBER%22,%22CHAMBER%22],%22itemid%22:[%22001-162575%22]}).

Sentencia de 15 de junio de 2000, asunto *Erdogdu & Ince c. Turquía* (Decisión n° 25723/94) (en línea: https://hudoc.echr.coe.int/spa#{%22fulltext%22:[%22Erdogdu%22],%22itemid%22:[%22001-162562%22]}).

Sentencia de 10 de octubre de 2000, asunto *İbrahim Aksoy c. Turquía* (Decisión n° 28635/95) (en línea: https://hudoc.echr.coe.int/eng#{%22fulltext%22:[%22%C4%B0brahim%20Aksoy%22],%22documentcollectionid2%22:[%22GRANDCHAMBER%22,%22CHAMBER%22],%22itemid%22:[%22001-162598%22]}).

Sentencia (Sección 3ª) de 10 de mayo de 2001, sobre la admisibilidad del asunto *Le Pen c. Francia* (Decisión n° 55173/00) (en línea: https://hudoc.echr.coe.int/spa#{%22fulltext%22:[%22Le%20Pen%22],%22itemid%22:[%22001-32412%22]}).

Sentencia (Gran Sala) de 17 de julio de 2001, asunto *Sadak y otros c. Turquía* (n. 1) (Decisiones núms. 29900/96, 29901/96, 29902/96 y 29903/96) (en línea: https://hudoc.echr.coe.int/eng#{%22fulltext%22:[%22Sadak%22],%22documentcollectionid2%22:[%22GRANDCHAMBER%22,%22CHAMBER%22],%22itemid%22:[%22001-59594%22]}).

Sentencia (1ª Sección) de 17 de julio de 2001, asunto *Association EKIN c. Francia* (Decisiónn° 39288/98) (TOL296.346).

Sentencia (1ª Sección) de 31 de julio de 2001, asunto *Partido de la Prosperidad* (Refah Partisi) y otros c. Turquía (Decisión núms. 41340/98, 41342/98, 41343/98 y 41344/98) (en línea: https://hudoc.echr.coe.int/eng#{%22fulltext%22:[%22Refah%20Partisi%22],%22documentcollectionid2%22:[%22GRANDCHAMBER%22,%22CHAMBER%22],%22itemid%22:[%22001-59617%22]}).

Sentencia (2ª Sección) de 15 de octubre de 2002, asunto *Ayşe Öztürk c. Turquía* (Decisión n° 24914/94) (TOL9.090.849).

Sentencia de 13 de junio de 2002, asunto A*nguelova c. Bulgaria* (Decisión n° 38361/97) (TOL9.091.416).

Sentencia de 2 de julio de 2002, asunto *Gerger c. Turquía* (TOL9.091.445).

Sentencia (2ª Sección) de 4 de junio de 2002, asunto *Yağmurdereli c. Turquía* (Decisión nº 29590/96) (TOL9.091.514).

Sentencia (Gran Sala) de 11 de junio de 2002, asunto S*adak y otros c. Turquía* (n. 2) (Decisiones núms. 25144/94, 26149/95 a 26154/95, 27100/95 y 27101/95) (TOL9.091.420).

Sentencia (Sección 4ª) de 15 de octubre de 2002, asunto K*arakoç y otros c. Turquía* (Decisiones núms 27692/95, 28138/95 y 28498/95) (TOL9.090.848).

Sentencia (Sección 3ª) de 5 de diciembre de 2002, asunto *Yalçin Küçük c. Turquía* (Decisión nº 28493/95) (TOL9.090.453).

Sentencia de 5 de diciembre de 2002, asunto *Zarakolu c. Turquía* (TOL9.090.585).

Sentencia (Gran Sala) de 13 de febrero de 2003, asunto *Refah Partisi c. Turquía* (Decisiones núms. 41340/98, 41342/98, 41343/98 y 41344/98) (TOL9.089.882).

Sentencia de 7 de octubre de 2003, asunto *Gerger c. Turquía* (TOL9.089.035).

Sentencia (Sección 4ª) de 24 de junio de 2003, sobre la admisibilidad del asunto *Roger Garaudy c. Francia* (Decisión nº 65831/01) (TOL9.089.496).

Sentencia (Sección 1ª) de 9 de octubre de 2003, asunto *Freiheitliche Partei Österreichs, Landesgruppe Niederösterreich c. Austria* (Decisión nº 65924/01) (TOL9.089.007).

Sentencia (Sección 1ª) de 2 de enero de 2004, asunto K*izilyaprak c. Turquía* (Decisión nº 27528/95) (en línea: https://hudoc.echr.coe.int/eng#{%22fulltext%22:[%22Kizilyaprak%22],%22documentcollectio nid2%22:[%22GRANDCHAMBER%22,%22CHAMBER%22],%22it emid%22:[%22001-65887%22]}).

Sentencia de 9 de marzo de 2004, asunto *Gerger c. Turquía* (nº 2)

Sentencia (Sección 2ª) de 6 de abril de 2004, asunto *Mehdi Zana c. Turquía* (n. 2) (Decisión nº 26982/95) (TOL9.087.850).

Sentencia (Sección 3ª) de 27 de mayo de 2004, asunto *Yurttas c. Turquía* (Decisiones nos. 25143/94 y 27098/95) (TOL9.087.438).

Sentencia (Sección 1ª) de 16 de junio de 2004, asunto *Müslüm Gündüz c. Turquía* (Decisión nº 35071/97) (TOL9.084.423).

Sentencia (Sección 2ª) de 29 de junio de 2004, asunto *Chauvy y otros c. Francia* (Decisión nº 64915/01) (TOL9.087.238).

Sentencia de 29 de junio de 2004, asunto *Zeynep Tekin c. Turquía* (TOL9.087.251).

Sentencia de 29 de junio de 2004, asunto *Leyla Sahin c. Turquía* (TOL9.087.249).

Sentencia de 2 de septiembre de 2004, asunto W.P. y otros c. Polonia (Decisión nº 42264/98) (TOL9.087.057).

Sentencia (Sección 3ª) de 23 de septiembre de 2004, asunto *Feridun Yazar y otros c. Turquía* (Decisión nº 42713/98) (TOL9.086.802).

Sentencia (Sección 2ª) de 19 de octubre de 2004, asunto *Varli y otros c. Turquía* (Decisión nº 38586/97) (TOL9.086.585).

Sentencia (Sección 3ª) de 10 de noviembre de 2004, asunto *Kalin c. Turquía* (Decisión nº 31236/96) (TOL9.086.435).

Sentencia (Sección 2ª) de 16 de noviembre de 2004, sobre la admisibilidad del asunto *M. A. Norwood c. Reino Unido* (Decisión nº 23131/03) (TOL9.086.585).

Sentencia (Sección 3ª) de 9 de diciembre de 2004, asunto Elden c. Turquía (Decisión nº 40985/98) (TOL9.086.260).

Sentencia (Sección 2ª) de 29 de marzo de 2005, asunto Alinak c. Turquía (Decisión nº 40287/98) (TOL9.085.683).

Sentencia de 5 de julio de 2005, asunto *Moldovan y otros c. Rumania* (nº 1) (Decisiones núms. 41138/98 y 64320/01) (TOL9.085.027).

Sentencia de 6 de julio de 2005, asunto *Nachova y otros c. Bulgaria* (Decisión nº 43577/98) (TOL9.084.917).

Sentencia de 12 de julio de 2005, asunto *Müslüm Günduz c. Turquía* (nº 2) (Decisión nº 59997/00) (TOL9.085.023).

Sentencia (Sección 2ª) de 13 de septiembre de 2005, asunto *Í.A. c. Turquía* (Decisión nº 42571/98) (TOL9.084.706).

Sentencia de 20 de septiembre de 2005, asunto *Guzel c. Turquía* (TOL9.080.779).

Sentencia (Sección 2ª) de 30 de noviembre de 2005, asunto M*oldovan y otros c. Rumania* (nº 2) (Decisiones núms. 41138/98 y 64320/01) (en línea: https://hudoc.echr.coe.int/spa#{%22fulltext%22:[%22Moldovan%22],%22itemid%22:[%22001-69670%22]}).

Sentencia (Gran Sala) de 7 de febrero de 2006, asunto *DH y otros c. República Checa* (Decisión nº 57325/00) (TOL9.083.322).

Sentencia (Sección 2ª) de 31 de abril de 2006, asunto *Giniewski c. Francia* (Decisión nº 64016/00) (TOL9.083.342).

Sentencia de 2 de mayo de 2006, asunto *Aydin Tatlar c. Turquía* (TOL9.082.597).

Sentencia (Sección 2ª) de 7 de mayo de 2006, asunto *Halis Do⊠an c. Turquía* (Decisión nº 75946/01) (TOL9.083.340).

Sentencia (sección 1ª) de 6 de julio de 2006, asunto *Erbakan c. Turquía* (Decisión nº 59405/00) (TOL965.152).

Sentencia (Sección 2ª) de 25 de octubre de 2006, asunto *Halis Do⊠an c. Turquía* (no. 2) (Decisión nº 71984/01) (TOL9.081.878).

Sentencia de 14 de noviembre de 2006, asunto *Medva FM Reha Radyo ve Iletisim Hizmetleri A. S. c. Turquía* (Decisión nº 32842/02) (en línea: MEDYA FM REHA RADYO VE İLETİŞİM HİZMETLERİ A.Ş. c. TURQUIE (coe.int)).

STEDH de 16 de noviembre de 2006, asunto *Norwood c. Reino Unido* (Decisión nº 23131/03) (TOL9.086.472).

Sentencia (Sección 3ª) de 21 de diciembre de 2006, asunto *Monnat c. Suiza* (Decisión nº 73604/01) (TOL9.081.545).

Sentencia de 25 de enero de 2007, asunto *Vereinigund Bildender-Künstler c. Austria* (TOL9.080.437).

Sentencia 25 de enero de 2007, asunto *Arbeite c. Austria* (TOL1.145.033).

Sentencia (Sección 1ª) de 8 de febrero de 2007, asunto *P. Ivanov c. Rusia* (Decisión nº 3436/05) (TOL9.080.359).

Sentencia (Sección 3ª) de 14 de junio de 2007, asunto *Hünkar Demirel c. Turquía* (Decisión nº 10365/03) (TOL9.079.464).

Sentencia (Gran Sala) de 8 de enero de 2008, asunto *Sadak y otros c. Turquía* (Decisión nº 74318/01) (TOL9.077.650).

Sentencia (Sección 3ª) de 8 de abril de 2008, asunto *Yilmaz & Seçme c. Turquía* (Decisiones núms 72649/01 y 72652/01) (TOL9.076.827).

Sentencia (2ª Sección) de 4 de junio de 2008, asunto *Kizilyaprak c. Turquía* (n. 2) (Decisión nº 27528/95) (en línea: https://hudoc.echr. coe.int/eng#{%22fulltext%22:[%22Kizilyaprak%22],%22document collectionid2%22:[%22GRANDCHAMBER%22,%22CHAMBER%22],%22itemid%22:[%22001-85318%22]}).

Sentencia (Sección 2ª) de 8 de octubre de 2008, asunto *Vajnai c. Hungría* (Decisión nº 33629/06) (TOL9.075.950).

Sentencia (Sección 3ª) de 4 de febrero de 2009, asunto *Balsytè-Lideikienè c. Lituania* (Decisión nº 72596/01)· (TOL9.074.886).

Sentencia (Sección 5ª) de 6 de abril de 2009, asunto *Leroy c. Francia* (Decisión nº 36109/03) (TOL9.075.209).

Sentencia de 30 de junio de 2009, asunto *Bagrak c. Francia* (TOL9.072.747).

Sentencia de 30 de junio de 2009, asunto *Ghazal c. Francia* (TOL9.072.749).

Sentencia (Seccion2ª) de 16 de julio de 2009, asunto *Féret c. Bélgica* (Decisión nº 15615/07) (TOL9.072.256).

Sentencia (Sección 5ª) de 20 de abril de 2010, sobre la admisibilidad del asunto *Le Pen c. Francia* (Decisión nº 18788/09) (TOL9.070.303).

Sentencia (Sección 2ª) de 20 de octubre de 2010, asunto *Hünkar Demirel c. Turquía* (n. 2) (Decisión nº 12166/03) (TOL9.071.860).

Sentencia (Seccon 2ª) de 20 de octubre de 2010, asunto *Alves da Silva c. Portugal* (Decisión nº 41665/07) (TOL9.071.832).

Sentencia de 1 de febrero de 2011, asunto *Faruk Temel c. Turquía (Decisión nº 16856/05) (TOL9.067.731).*

Sentencia (Sección 2ª) de 15 de febrero de 2011, *asunto Çamyar y Berkta⊠ c. Turquía* (Decisión nº 41959/02) (TOL9.067.549).

Sentencia (Sección 5ª) de 7 de junio de 2011, sobre la admisibilidad del asunto *Bruno Gollnisch c. Francia* (Decisión nº 48135/08) (TOL9.066.841).

Sentencia (Sección 1ª) de 9 de febrero de 2012, asunto V*ejdeland y otros c. Suecia* (Decisión nº 1813/07) (TOL9.064.736).

Sentencia de 15 de marzo de 2012, asunto *Aksu c. Turquía* (Decisiones núms. 4149/04 y 41029/04) (TOL9.064.329).

Sentencia (Sección 2ª) de 24 de julio de 2012, asunto *Fáber c. Hungría* (Decisión nº 40721/08) (TOL9.063.435).

Sentencia (Sección 4ª) de 27 de mayo de 2013, asunto *Eweida y otros c. Reino Unido* (Decisiones núms. 48420/10, 59842/10, 51671/10 y 36516/10) (TOL9.062.083).

Sentencia (Gran Sala) de 10 de octubre de 2010, asunto *Delfi c. Estonia* (Decisión nº 64569/09) (TOL9.060.164).

Sentencia de 22 de octubre de 2013, asunto *Bülent Kaya c. Turquía* (TOL9.060.098).

Setencia Sala de 17 de diciembre de 2013, asunto *Perinçek c. Suiza* (Decisión nº 27510/08) (TOL6.403.944).

Sentencia (Gran Sala) de 1 de julio de 2014, asunto *S.A.S. c. Francia* (Decisión n° 43835/11) (TOL9.055.339).

Sentencia (Sección 4ª) de 7 de octubre de 2014, sobre la admisibilidad del asunto *Hösl Daum y otros c. Polonia* (Decisión n° 10613/07) (TOL9.054.046).

Sentencia (Gran Sala) de 16 de junio de 2015, asunto *Delfi c. Estonia* (Decisión n° 64569/09) (TOL6.405.080).

Sentencia de 6 de octubre de 2015, asunto *Müdür Duman c. Turquía* (TOL6.404.075).

Sentencia (Gran Sala) de 15 de octubre de 2015, asunto *Perinçek c. Suiza* (Decisión n° 27510/08) (TOL6.403.944).

Sentencia de 20 de octubre de 2015, asunto *M'Bala c. Francia* (Decisión n° 25239/13) (TOL6.403.877).

Sentencia de 20 de octubre de 2015, asunto *Balázs c. Hungría* (TOL6.403.869).

Sentencia de 30 de enero de 2018, asunto *Sakmadienis Ltd. c. Lituania* (TOL6.487.845).

Sentencia de 17 de julio de 2018, asunto *Mariga Alekhina c. Rusia* (Decisión n° 38004/12) (TOL6.666.203).

Sentencia de 28 de agosto de 2018, asunto *Sevva Terentyer c. Rusia* (TOL6.735.996).

Sentencia de 28 de agosto de 2018, asunto *Ibrahim Ibragimov y otros c. Rusia* (TOL6.735.994).

Sentencia de 25 de octubre de 2018, asunto *ES c. Austria* (TOL6.852.548).

Sentencia de 10 de septiembre de 2019, asunto Pryanishnikiv c. Rusia (TOL7.469.310).

Sentencia de 5 de diciembre de 2019, asunto *Tagigev y Huseynov c. Azerbayán* (TOL7.604.722).

Sentencia (Sección 2ª) de 14 de enero de 2020, asunto *Beizaras y Levickas c. Lituania* (Demanda n° 41288/15) (TOL7.668.776).

Sentencia (Sección 3°) de 11 de febrero de 2020, asunto *Atamanchuk c. Rusia* (TOL7.735.786).

Sentencia de 20 de febrero de 2020, asunto *Religious Community of Jehovah's witnesses c. Azerbayán* (TOL7.753.534).

Sentencia de 22 de julio de 2021, asunto *Gachechiladze c. Georgia* (TOL8.514.428).

Sentencia de 22 de junio de 2021, asunto *Erkizia Almandoz c. España* (TOL8.489.355).

Sentencia de 2 de septiembre de 2021, asunto *Z.B. c. Francia* (TOL8.569.303).

Sentencia de 15 de septiembre de 2022, asunto *Rabczewska c. Polonia* (TOL9.210.243).

Sentencia de 13 de octubre de 2022, asunto *Bouton c. Francia* (TOL9.248.537).

Sentencia de 23 de junio de 2023, asunto *Rouillan c. Francia* (TOL9.012.897).

UNIÓN EUROPEA (UE)

Unión Europea (2010): Carta de Derechos Fundamentales de la Unión Europea, (2010/C 83/02) (*DOUE* C83/389, de 30 de marzo de 2010) (en línea: https://www.boe.es/doue/2010/083/Z00389-00403.pdf).

Unión Europea (1995): Directiva 95/46/CE del Parlamento Europeo y del Consejo, de 24 de octubre de 1995, relativa a la protección de las personas físicas en lo que respecta al tratamiento de datos personales y a la libre circulación de estos datos (*DOUE* L 281 de 23.11.1995) (en línea: https://eur-lex.europa.eu/legal-content/ES/TXT/PDF/?uri=CELEX:31995L0046).

Unión Europea (2000a): Directiva 2000/31/CE del Parlamento Europeo y del Consejo, de 8 de junio de 2000, relativa a determinados aspectos jurídicos de los servicios de la sociedad de la información, en particular el comercio electrónico en el mercado interior «Directiva sobre el comercio electrónico» (*DOUE* L 178, de 17 de julio de 2000).

Unión Europea (2000b): Directiva 2000/43/CE del Consejo, de 29 de junio de 2000, relativa a la igualdad de trato de las personas independientemente de su origen racial o étnico (*DOUE* núm. 180, de 19 de julio de 2000) (en línea: https://www.boe.es/buscar/doc.php?id=DOUE-L-2000-81307).

Unión Europea (2000c): Directiva 2000/78/CE del Consejo, de 27 de noviembre de 2000, relativa a la igualdad de trato en el empleo y la ocupación (*DOUE* núm. 303, de 2 de diciembre de 2000) (en línea: https://www.boe.es/buscar/doc.php?id=DOUE-L-2000-82357).

Unión Europea (2008): Decisión marco 2008/913/JAI del Consejo, de 28 de noviembre de 2008, relativa a la lucha contra determinadas formas y manifestaciones de racismo y xenofobia mediante el Derecho penal (*DOUE* núm. 328, de 6 de diciembre de 2008) (en línea: https://www.boe.es/buscar/doc.php?id=DOUE-L-2008-82444).

Unión Europea (2012): Directiva 2012/29/UE del Parlamento Europea y del Consejo, de 25 de octubre de 2012, por la que se establecen normas mínimas sobre los derechos, el apoyo y la protección de las víctimas de delitos, y por la que se sustituye la Decisión marco 2001/220/JAI del Consejo (*DOUE* L315/57, de 14 de noviembre de 2012) (en línea: https://eur-lex.europa.eu/legal-content/ES/TXT/PDF/?uri=CELEX:32012L0029&from=es).

Unión Europea (2016): Reglamento (UE) 2016/679 del Parlamento Europeo y del Consejo, de 27 de abril de 2016, relativo a la protección de las personas físicas en lo que respecta al tratamiento de datos personales y a la libre circulación de estos datos y por el que se deroga la Directiva 95/46/CE (Reglamento general de protección de datos) (*DOUE* L 119, de 4 de mayo de 2016) (en línea: https://eur-lex.europa.eu/legal-content/ES/TXT/PDF/?uri=CELEX:32016R0679).

Unión Europea (2018): Recomendación de la UE 2018/334 de la Comisión Europea, de 1 de marzo de 2018, sobre medidas para combatir eficazmente los contenidos ilícitos en línea (*DOUE* núm. 63, de 6 de marzo de 2018) (en línea: https://www.boe.es/buscar/doc.php?id=DOUE-L-2018-80435).

Unión Europea (2015): Informe sobre la prevención de la radicalización y el reclutamiento de ciudadanos europeos por organizaciones terroristas, Comisión de Libertades Civiles, Justicia e Interior, de 4 de noviembre de 2015 (en línea: https://www.europarl.europa.eu/doceo/document/A-8-2015-0316_ES.pdf).

Unión Europea (2016): Código de Conducta para la Lucha contra la Incitación Ilegal al Odio en Internet, firmado en 2016 por YouTube, Twitter, Facebook y Microsoft con la Comisión Europea, y al que se han adherido otras plataformas como Instagram y TikTok (en línea: https://ec.europa.eu/newsroom/document.cfm?doc_id=42985).

Unión Europea (2020): Una Unión de la igualdad: Plan de Acción de la UE Antirracismo para 2020-2025, COM(2020)565 final (en línea: https://eur-lex.europa.eu/legal-content/ES/TXT/PDF/?uri=CELEX:52020DC0152).

Unión Europea (2021): Strategy on combating antisemitism and fostering Jewish life (2021-2030) (en línea: The EU Strategy on combating antisemitism and fostering Jewish life (2021-2030) Publications Office of the EU (europa.eu)).

Resolución del Parlamento Europeo, de 27 de enero de 2005, «sobre holocausto, antisemitismo y racismo» (en línea: https://www.europarl.europa.eu/doceo/document/TA-6-2005-0018_ES.html?redirect).

Resolución del Parlamento Europeo, de 16 de diciembre de 2010, «Sobre los derechos humanos en el mundo y la política de la Unión Europea al respecto» (en línea: https://www.europarl.europa.eu/doceo/document/TA-7-2010-0489_ES.html).

Resolución del Parlamento Europeo, de 20 de enero de 2011, sobre la situación de los cristianos en relación con la libertad de religión (*DOUE* C 136E, de 11 demayo de 2012).

Resolución del Parlamento Europeo, de 17 de abril de 2014, sobre la política exterior de la UE en un mundo de diferencias religiosas y culturales (en línea: https://www.europarl.europa.eu/doceo/document/TA-7-2014-0456_ES.html?redirect).

Resolución del Parlamento Europeo, de 25 de noviembre de 2015, sobre la prevención de la radicalización y el reclutamiento de ciudadanos europeos por organizaciones terroristas (en línea: https://www.europarl.europa.eu/doceo/document/TA-8-2015-0410_ES.html).

Resolución del Parlamento Europeo, de 4 de febrero de 2016, sobre la masacre sistemática de minorías religiosas por el denominado «EIIL/Dáesh» (*TDO* C 35, de 31 de enero de 2018).

Resolución del Parlamento Europeo, de 14 de diciembre de 2017, sobre la situación de los rohinyás (en línea: https://www.europarl.europa.eu/doceo/document/TA-8-2017-0500_ES.html).

Resolución del Parlamento Europeo, de 15 de enero de 2019, sobre las Directrices de la UE y el mandato del enviado especial de la Unión para la promoción de la libertad de religión o creencias fuera de la Unión (*DOUE* C 411, de 27 denoviembre de 2020) (en línea: https://www.europarl.europa.eu/doceo/document/TA-8-2019-0013_ES.html).

Resolución del Parlamento Europeo, de 3 de mayo de 2022, sobre la persecución de las minorías por motivos de creencias o de religión (2021/2055(INI)) (en línea: https://www.europarl.europa.eu/doceo/document/TA-9-2022-0137_ES.pdf).

Resolución del Parlamento Europeo, de 18 de enero de 2023, sobre los derechos humanos y la democracia en el mundo y la política de la Unión Europea al respecto – Informe anual 2022 (2022/2049(INI)) (en línea: https://www.europarl.europa.eu/doceo/document/TA-9-2023-0011_ES.pdf).

Comunicación de la Comisión al Parlamento Europeo y al Consejo, de 21 de septiembre de 2005, sobre la captación de terroristas: afrontar los factores que contribuyen a la radicalización violenta (en línea: https://eur-lex.europa.eu/legal-content/ES/TXT/HTML/?uri=CE LEX:52005DC0313&from=EN).

Comunicación de la Comisión, de 22 de noviembre de 2010, titulada «La Estrategia de Seguridad Interior de la UE en acción: cinco medidas para una Europa más segura» (en línea: https://eur-lex.europa. eu/legal-content/ES/TXT/PDF/?uri=CELEX:52010DC0673&from =ES).

Comunicación de la Comisión, de 15 de enero de 2014, titulada «Prevenir la radicalización hacia el terrorismo y el extremismo violento: una respuesta más firme de la UE» (en línea: https://eur-lex.europa. eu/legal-content/ES/TXT/PDF/?uri=CELEX:52013DC0941&from =ES).

FRA (2009a): EU-MIDIS, Introducción a la Encuesta de la Unión Europea sobre las minorías y la discriminación, Luxemburgo (en línea: https://fra.europa.eu/sites/default/files/fra_uploads/414-EU-MI-DIS_GLANCE_ES.pdf).

FRA (2009b): EU-MIDIS Datos in Focus – 1er informe: la población romaní, Luxemburgo (en línea: https://fra.europa.eu/sites/default/ files/fra_uploads/413-EU-MIDIS_ROMA_ES.pdf).

FRA (2009c): EU-MIDIS Datos in Focus – 2º informe: los musulmanes, Luxemburgo (en línea: https://fra.europa.eu/sites/default/files/ fra_uploads/448-EU-MIDIS_MUSLIMS_ES.pdf).

FRA (2010a): EU-MIDIS – European Union minorities and discrimination survey: Main results report (Segunda Encuesta sobre Minorías y Discriminación en la Unión Europea. Principales resultados), Luxemburgo Publications Office (en línea: http://fra.europa.eu/sites/ default/files/fra_uploads/fra-2017-eu-midis-ii-main-results_en.pdf).

FRA (2010b): EU-MIDIS Datos in Focus – 3er informe: Organismos de Sensibilización e Igualdad de Derechos, Luxemburgo (en línea: https://fra.europa.eu/sites/default/files/fra_uploads/854-EU-MI-DIS_RIGHTS_AWARENESS_EN.PDF).

FRA (2010c): EU-MIDIS Data in Focus report 4: Police stops and minorities (*EU-MIDIS Data in Focus: detenciones policiales y minorías*), Luxembourg, Publications Office (en línea: https://fra.europa.eu/sites/default/files/fra_uploads/1132-EU-MIDIS-police_ES.pdf).

FRA (2011a): EU-MIDIS Data in Focus – 5º informe: Discriminación múltiple, Luxemburgo (en línea: https://fra.europa.eu/sites/default/files/fra_uploads/1454-EU_MIDIS_DiF5-multiple-discrimination_EN.pdf).

FRA (2011b): Homophobia, transphobia and discrimination on grounds of sexual orientation and gender identity in the EU Member States (*Homofobia, transfobia y discriminación por orientación sexual e identidad de género*), Luxembourg, Publications Office (en línea: https://fra.europa.eu/sites/default/files/fra_uploads/1759-FRA-2011-Homophobia-Update-Report_EN.pdf).

FRA (2012a): Fundamental rights: challenges and achievements in 2011 (*Derechos fundamentales: desafíos y logros en 2011*), Luxemburgo, Publications Office (en línea: https://fra.europa.eu/sites/default/files/fra_uploads/2211-FRA-2012_Annual-Report-2011_EN.pdf).

FRA (2012b): Making hate crime visible in the Eueopean Unión: acknowlwdging victims' rights (*Hacer visibles los delitos de odio en la Unión Europea: reconocer los derechos de las víctimas*), Luxemburgo (en línea: https://fra.europa.eu/sites/default/files/fra-2012_hate-crime.pdf).

FRA (2012c): EU-MIDIS Data in focues 6: Minorities as victims of crime (*Las minorías como víctimas de delitos*), Luxemburgo (en línea: https://fra.europa.eu/sites/default/files/fra-2012-eu-midis-dif6_0.pdf).

FRA (2012d): Antisemitism. Summary overview of the situation in the European Union 2001–2011, Working Paper, Luxerburgo (en línea: https://fra.europa.eu/sites/default/files/fra_uploads/2215-FRA-2012-Antisemitism-update-2011_EN.pdf).

FRA (2017): Minorities and Discrimination Survey (EU-MIDIS II): Muslims-Selected findings, Luxemburgo: Publications Office of the European Union (en línea: https://fra.europa.eu/sites/default/files/fra_uploads/fra-2017-eu-minorities-survey-muslims-selected-findings_en.pdf).

FRA (2018): *Sesgo en algoritmos–Inteligencia artificial y discriminación*, Luxemburgo (en línea: #BigData: Discrimination in data-supported decision making (europa.eu)).

FRA (2020): Getting the Future Right Artificial Intelligence and Fundamental Rights Report, Luxemburgo (en línea: Getting the future right – Artificial intelligence and fundamental rights (europa.eu)).

EUMC (2006): «Los musulmanes en la Unión Europea: Discriminación e islamofobia» (en línea: https://www.ararteko.eus/RecursosWeb/DOCUMENTOS/1/0_814_1.pdf).

TJUE:

Sentencia de 13 de mayo de 2014, caso *Google Spain, S.L., Google Inc. c Agencia Española de Protección de Datos (AEPD) y Mario Costeja González* (asunto C-131/12) (en línea: https://eur-lex.europa.eu/legal-content/ES/TXT/PDF/?uri=CELEX:62012CJ0131).

Sentencia de 24 de septiembre de 2019, caso *Google LLC c. Commission Nationale de l'Informatique et des Libertés (CNIL)* (asunto C-507/17) (en línea: https://eur-lex.europa.eu/legal-content/ES/TXT/PDF/?uri=CELEX:62017CJ0507).

Sentencia de 3 de octubre de 2019, caso *Eva Glawischnig-Piesczek c. Facebook Ireland Limited* (asunto C-18/18) (en línea: https://curia.europa.eu/juris/document/document.jsf?text=&docid=218621&pageIndex=0&doclang=ES&mode=lst&dir=&occ=first&part=1&cid=592759).

Sentencia de 8 de diciembre de 2022, caso *TU y RE c. Google LLC* (asunto C-460/20) (*DOUE* C35/4, de 30 de enero de 2023) (en línea: https://eur-lex.europa.eu/legal-content/ES/TXT/PDF/?uri=CELEX:62020CA0460).

ESPAÑA:

España (1980): Ley Orgánica 7/1980, de 5 de julio, de Libertad Religiosa (*BOE* núm. 177, de 24 de julio de 1980) (en línea: BOE-A-1980-15955 Ley Orgánica 7/1980, de 5 de julio, de Libertad Religiosa.).

España (2015): Ley Orgánica 1/2015, de 30 de marzo, por la que se modifica la Ley Orgánica 10/1995, de 23 de noviembre, del Código Penal (*BOE* núm. 77, de 31 de marzo de 2015) (en línea: https://www.boe.es/diario_boe/txt.php?id=BOE-A-2015-3439).

España (2006b): Plan Director para la Convivencia y Mejora de la Seguridad de los Centros Educativos y sus Entornos (en línea: https://www.interior.gob.es/opencms/pdf/servicios-al-ciudadano/Plan-Director-para-la-Convivencia-y-Mejora-de-la-Seguridad-en-los-Centros-Educativos-y-sus-Entornos/Acuerdo-Marco-de-Colaboracion-en-Educacion-para-la-Mejora-de-la-Seguridad.pdf).

España (2007): Plan Estratégico de Ciudadanía e Integración (PECI 2007-2010) (en línea: PECI (jzb.com.es)).

España (2008): Plan Nacional de Derechos Humanos (en línea: PLAN DE DERECHOS HUMANOS (ohchr.org)).

España (2010): II Plan Estratégico de Ciudadanía e Integración (PECI 2011-2014) (en línea: http://www.integralocal.es/upload/File/2011/PECI2011-2014.pdf).

España (2011a): Plan Estratégico de Ciudadanía e Integración (PECI 2011-2014) (en línea: http://www.integralocal.es/upload/File/2011/PECI2011-2014.pdf).

España (2011b): Estrategia Integral contra el racismo, la discriminación racial, la xenofobia y otras formas conexas de intolerancia, Madrid (en línea: https://www.inclusion.gob.es/oberaxe/ficheros/documentos/EstrategiaIntegralContraRacismo.pdf).

España (2013): Instrucción nº 7/2013 de la Secretaría de Estado de Seguridad, sobre el "Plan director para la Convivencia y Mejora de la Seguridad en los Centros educativos y sus entornos" (en línea: https://www.interior.gob.es/opencms/pdf/servicios-al-ciudadano/Plan-Director-para-la-Convivencia-y-Mejora-de-la-Seguridad-en-los-Centros-Educativos-y-sus-Entornos/Instruccion-72013-de-la-Secretaria-de-Estado-de-Seguridad-sobre-el-Plan-Director-para-la-Convivencia-y-Mejora-de-la-Seguridad-en-los-Centros-Educativos-y-sus-Entornos.pdf).

España (2015): Plan Estratégico Nacional de Prevención y Lucha contra la Radicalización Violenta *(PEN-LCRV)* (en línea: https://www.interior.gob.es/opencms/pdf/servicios-al-ciudadano/plan-estrategico-nacional-de-lucha-contra-la-radicalizacion-violenta/documentacion-del-plan/estrategia-interior/PLAN-ESTRATEGICO-NACIONAL.pdf).

España (2018): Informe anual sobre la evolución de los Delitos de Odio en España (en línea: https://www.interior.gob.es/opencms/pdf/archivos-y-documentacion/documentacion-y-publicaciones/publicaciones-descargables/publicaciones-periodicas/informe-sobre-la-violencia-contra-la-mujer/Informe_sobre_la_evolucion_de_los_delitos_odio_126190168.pdf).

España (2019a): Informe anual sobre la evolución de los Delitos de Odio en España (en línea: https://www.interior.gob.es/opencms/pdf/archivos-y-documentacion/documentacion-y-publicaciones/publicaciones-descargables/publicaciones-periodicas/informe-sobre-la-violencia-contra-la-mujer/Informe_evolucion_delitos_de_odio_en-Espana_2019_126200207.pdf).

España (2019b): I Plan de acción de Lucha contra los Delitos de Odio, aprobado por Instrucción 1/2019 de la Secretaria de Estado de Seguridad, el 15 de enero de 2019 (en línea: https://www.policia.es/miscelanea/participacion_ciudadana/normativa/Plan_de_accion_lucha_contra_los_delitosdeodio.pdf).

España (2019c): Guía sobre Orientaciones para combatir el discurso de odio en internet a través de la educación en derechos humanos, IN-JUVE, Madrid (en línea: http://www.injuve.es/sites/default/files/adjuntos/2019/10/orientacionesnohate-folleto-junio2019artefinal1.pdf).

España (2020a): Informe anual sobre la evolución de los Delitos de Odio en España (en línea: http://www.interior.gob.es/documents/642012/13622471/Informe+sobre+la+evoluci%C3%B3n+de+delitos+de+odio+en+Espa%C3%B1a+a%C3%B1o+2020.pdf/bc4738d2-ebe6-434f-9516-5d511a894cb9).

España (2020b): Protocolo de actuación de las Fuerzas y Cuerpos Seguridad para los delitos de odio y conductas que vulneran las normas legales sobre discriminación, Madrid (en línea: https://www.interior.gob.es/opencms/pdf/servicios-al-ciudadano/Delitos-de-odio/descargas/PROTOCOLO-DE-ACTUACION-DE-LAS-FUERZAS-Y-CUERPOS-DE-SEGURIDAD-PARA-LOS-DELITOS-DE-ODIO-Y-CONDUCTAS-QUE-VULNERAN-LAS-NORMAS-LEGALES-SOBRE-DISCRIMINACION.pdf).

España (2021a): Informe anual sobre la evolución de los Delitos de Odio en España (en línea: https://www.interior.gob.es/opencms/export/sites/default/.galleries/galeria-de-prensa/documentos-y-multimedia/balances-e-informes/2021/INFORME-EVOLUCION-DELITOS-DE-ODIO-VDEF.pdf).

España (2021b): Protocolo para combatir el discurso de odio en línea, OBERAXE, Madrid (en línea: PROTOCOLO_DISCURSO_ODIO.pdf (inclusion.gob.es); visitado por última vez el 23 de febrero de 2023).

España (2021c): Marco Estratégico de ciudadanía e inclusión, contra la xenofobia y el racismo, 2021-2027 (en línea: https://prointerweb.seg-social.gob.es/participacion/downloadFile?blob=marco_estrategico_resumen.pdf&norma=2022010).

España (2022a): Informe sobre evolución de los delitos de odio en España, 2021, Ministerio del Interior, Madrid (en línea: https://www.interior.gob.es/opencms/pdf/servicios-al-ciudadano/delitos-de-odio/estadisticas/INFORME-EVOLUCION-DELITOS-DE-ODIO-VDEF.pdf).

España (2022b): II Plan de Acción de Lucha contra los Delitos de Odio (2022-2024) (en línea: https://www.interior.gob.es/opencms/pdf/servicios-al-ciudadano/Delitos-de-odio/descargas/II-PLAN-DE-ACCION-DE-LUCHA-CONTRA-LOS-DELITOS-DE-ODIO.pdf).

España (2023a): II Plan Nacional de Derechos Humanos (en línea: https://www.mpr.gob.es/mpr/secrc/ii-plan-nacional-de-derechos-humanos/Paginas/index.aspx).

España (2023b): Plan Nacional para la implementación de la Estrategia Europea de Lucha contra el Antisemitismo 2023-2030 (en línea: https://www.lamoncloa.gob.es/consejodeministros/resumenes/Documents/2023/310123-PlanNacionalAntisemitismo.pdf).

TRIBUNAL CONSTITUCIONAL (TC)

Sentencia 6/1981, de 16 de marzo (TOL109.401).

Sentencia 12/1982, de 31 de marzo (TOL78.908).

Sentencia 32/1982, de 7 de junio (TOL79.005).

Sentencia 62/1982, de 15 de octubre (TOL79.035).

Sentencia 123/1984, de 18 de diciembre (TOL79.411).

Sentencia 19/1985, de 13 de febrero (TOL79.434).

Sentencia 53/1985, de 11 de abril (TOL79.468).

Sentencia 107/1988, de 8 de julio (TOL109.338).

Sentencia 20/1990, de 15 de febrero (TOL80.313).

Sentencia 105/1990, de 6 de junio (TOL80.394).

Sentencia 120/1990, de 27 de junio (TOL119.205).

Sentencia 172/1990, de 12 de diciembre (TOL80.406).

Sentencia 214/1991, de 11 de noviembre (TOL81.898).

Sentencia 85/1992, de 8 de junio (TOL80.697).

Sentencia 336/1993, de 15 de noviembre (TOL82.357).

Sentencia 63/1994, de 28 de febrero (TOL82.471).

Sentencia 176/1995, de 11 de diciembre (TOL82.914).

Sentencia 177/1996, de 11 de noviembre (TOL83.106).

Sentencia 137/1997, de 21 de julio (TOL252.313)

Sentencia 204/1997, de 25 de noviembre (TOL80.827).

Sentencia 136/1999, de 20 de julio (TOL81.189).

Sentencia 110/2000, de 5 de mayo (TOL24.660).

Sentencia 11/2000, de 17 de enero (TOL100.403).

Sentencia 13/2001, de 29 de enero (TOL104.634).

Sentencia 46/2001, de 15 de febrero (TOL104.639).

Sentencia 49/2001, de 26 de febrero (TOL104.641).

Sentencia 167/2002, de 18 de septiembre (TOL205.001).

Sentencia 101/2003, de 2 de junio (TOL273.390).

Sentencia 160/2003, de 15 de septiembre (TOL313.348).

Sentencia 127/2004, de 19 de julio (TOL480.489).

Sentencia 174/2006, de 5 de junio (TOL956.789).

Sentencia 299/2006, de 23 de octubre (TOL1.003.682).

Sentencia 9/2007, de 15 de enero (TOL1.032.871).

Sentencia 235/2007, de 7 de noviembre (TOL1.173.808).

Sentencia 108/2008, de 22 de septiembre (TOL1.372.372).

Sentencia 29/2009, de 26 de enero (TOL1.445.207).

Sentencia 89/2010, de 15 de noviembre (TOL1.995.083).

Sentencia 177/2015, de 22 de julio (TOL5.392.680).

Sentencia 112/2016, de 20 de junio (TOL5.860.450).

Sentencia 1/2020, de 14 de enero (TOL7.709.426).

Sentencia 35/2020, de 25 de febrero (TOL7.868.042).

TRIBUNAL SUPREMO

Sentencia de 8 de abril de 1981 (TOL2.308.411).

Sentencia de 14 de febrero de 1984 (ECLI:ES:TS:1984:1637) (TOL2.313.123).

Sentencia de 26 de noviembre de 1990 (TOL402.263).

Sentencia 1145/2006, de 23 de noviembre (ECLI:ES:TS:2006:1145) (TOL1.022.898).

Sentencia 1418/2010, de 3 de marzo (TOL817.023)

Sentencia 259/2011, de 12 abril (TOL2.138.812).

Sentencia 281/2011, de 25 de abril (TOL2.132.734)

Sentencia 299/2011, 25 de abril (TOL2.139.870).

Sentencia 3866/2011, de 25 de abril (TOL2.139.870).

Sentencia 812/2011, 21 de julio (TOL2.201.254).

Sentencia de 12 de enero de 2015 (TOL4.743.377).

Sentencia 623/2016, 13 de julio (TOL5.773.688).

Sentencia 31/2017, de 18 de enero (ECRI:ES:TS:2017:31) (TOL5.934.046).

Sentencia 835/2017, de 19 de diciembre (TOL6.462.019).

Sentencia 72/2018, de 9 de febrero (TOL6.511.003).

Sentencia 620/2018, de 4 de diciembre (TOL6.955.626)

Sentencia 646/2018, de 14 de diciembre (TOL6.957.658).

Sentencia 707/2018, de 15 de enero de 2019 (ECLI:ES:TS:2019:67) (TOL6.999.042).

Sentencia 47/2019, de 4 de febrero (TOL7.059.518).

Sentencia 99/2019, de 26 de febrero (TOL7.088.043).

Sentencia 185/2019, de 2 de abril (TOL7.167.472).

Sentencia 351/2019, de 9 de julio (ECRI:ES:TS:2019:2466) (TOL7.416.067).

Sentencia 452/2019, de 8 de octubre (TOL7.523.625).

Sentencia 458/2019, de 9 de octubre (TOL7.531.451).

Sentencia 437/2022, de 4 de mayo (TOL8.927.731).

OTRAS SENTENCIAS DE INTERÉS:

Sent. de la AP de Barcelona 36/2023, de 30 de junio (TOL9.665.811).

Sent. de la AP de Madrid 23/2023, de 23 de enero (TOL9.411.626).

Sent. de la AP de Madrid 14/2023, de 16 de enero (TOL9.408.867).

Sent. del TSJ de Madrid 456/2022, de 14 de diciembre (TOL9.357.175).

Sent. de la AP de Barcelona 641/2022, de 2 de noviembre (TOL9.359.876).

Sent. de la AP de Madrid 535/2022, de 11 de octubre (TOL9.305.617).

Sent. del TSJ de Cataluña 161/2022, de 3 de mayo (TOL9.048.650).

Sent. del Juzgado de lo Penal de Málaga de 10 de noviembre de 2020 (TOL8.202.494).

Sent. del Juzgado de lo Penal de Madrid 20/2020, de 21 de febrero (TOL7.905.680).

Sent. del Juzgado de lo Penal de Sevilla 448/2019, de 9 de octubre (TOL7.671.777).

Auto de la AP de Barcelona 419/2019, de 28 de mayo (TOL7.367.008).

Auto de la AP de Barcelona 844/2019, de 9 de mayo (TOL7.499.947).

Sent. de la AP de Barcelona 303/2019, de 24 de abril (TOL7.314.288).

Sent. de la AP de Madrid 102/2019, de 21 de febrero (TOL7.181.863).

Ato de la AP de Barcelona 787/2018, de 12 de diciembre (TOL7.122.327).

Auto de la AP de Barcelona 669/2018, de 25 de septiembre (TOL7.004.424).

Sent. del TSJ de Cataluña 72/2018, de 28 de junio (TOL6.832.857).

Auto de la AP de Barcelona 865/2017, de 6 de noviembre (TOL6.508.264).

Auto de la AP de Madrid 562/2017, de 14 de junio (TOL6.340.103)

Sent. de la AN 2/2017, de 26 de enero (TOL5.950.309).

Auto de la AP de Madrid 73/2017, de 24 de enero (TOL5.360.932).

Auto de la AP de Madrid (Sección 2ª) 562/2017, de 14 de julio (en línea: https://alonsocuevillas.files.wordpress.com/2017/07/aap-2_m_2017_07_14_hazte-oir_levantamiento-de-inmobilizacic3b3n-autobc3bas_conducta-amparada-prima-facie-por-la-libertad-de-expresic3b3n_no-parece-delito-de-odcio-ni-perjuicio-infancia.pdf).

Sent. de la AN de 26 de enero de 2017 (TOL5.950.309).

Sent. Juzgado de Instrucción de Pamplona 429/2016, de 10 de noviembre (TOL5.909.893)

Sent. de la AP de Madrid de 2 de abril de 2013 (TOL3.747.394).

Auto del Juzgado de Alcalá de Henares de 10 de julio de 2012 (TOL2.608.284).

Sent. del Juzgado de lo Penal de Madrid de 8 de junio de 2012 (TOL2.554.050).

Sent. de la AP de Girona 185/2012. de 27 de abril (TOL2.574.164).

SAP de Valladolid 251/2011, de 9 de junio (TOL3.569.236).

Sent. de la AP de Valladolid 367/2005, de 21 de octubre (TOL775.646).

Auto de la AP de Madrid 112/2005, de 1 de marzo (TOL8.145.432).

Sent. de la AP de Sevilla 353/2004, de 7 de junio (TOL7.749.151).

Sent. del Juzgado de lo Penal de Barcelona de 12 de enero de 2004 (TOL338.141).

Bibliografía

ABA CATOIRA, A. (2015): "Protección de las libertades de expresión y sanción del discurso del odio en las democracias occidentales", en *Anuario da Facultade de Dereito da Universidade da Coruña*, núm. 19, pp. 199-221.

ABEL SOUTO, Miguel (2010): "Política criminal de la diversidad cultural: la agravante de obrar por motivos discriminatorios", en *Revista Penal*, nº 25, pp. 3-11.

AGUILAR GARCÍA, Miguel Ángel (2012): "Delitos de odio", en GARCÍA GARCÍA, Ricardo, y DOCAL GIL, David. (Dir.): *Grupos de odio y violencia social*, Madrid: Ediciones Rasche, pp. 271-289.

AGUILAR GARCÍA, Miguel Ángel (2011a): "La reforma del Art. 510 del Código Penal" en *La Ley Penal: Revista de Derecho Penal, Procesal y Penitenciario*, nº 86, pp. 5–13.

AGUILAR GARCÍA, Miguel Ángel (2011b): "Necesaria reforma del artículo 510 del Código Penal. Análisis de los problemas que plantea la redacción actual del Art. 510 del Código Penal a la vista de las interpretaciones realizadas por nuestros tribunales. Necesidad de reforma legislativa urgente", en Informe *Raxen Especial: Acción Jurídica Contra El Racismo y Los Crímenes de Odio*, Madrid: Movimiento Contra La Intolerancia, pp. 11–18.

AGUILAR GARCÍA, Miguel Ángel (2011c): "Principales problemas detectados en el ámbito de los delitos de odio y discriminación: necesidad de respuesta especializada en el ámbito de la Fiscalía", en *Estudios jurídicos*, Ministerio de Justicia: Centro de Estudios Jurídicos.

ALASTUEY DOBÓN, Carmen (2016): "Discurso del odio y negacionismo en la reforma del Código penal de 2015", en *Revista electrónica de Ciencia Penal y Criminología*, 18, pp. 1-30.

ALASTUEY DOBÓN, Carmen (2014): "La reforma de los delitos de provocación al odio y justificación del genocidio en el Proyecto de Ley 2013: consideraciones críticas" en *Diario La Ley*, nº 8245, pp. 1-25.

ALCÁCER GUIRAO, Rafael (2021): "Discurso de odio, derecho penal y libertad de expresión", en *Cuestiones de Pluralismo, vol. 1, nº 2* (en línea: https://www.observatorioreligion.es/revista/articulo/discurso_de_odio__derecho_penal_y_libertad_de_expresion/index.html).

ALCÁCER GUIRAO, Rafael (2015): "Víctimas y disidentes. El «discurso del odio» en EE. UU. y Europa", en *Revista Española de Derecho Constitucional*, núm. 103, pp. 45-86.

ALCÁCER GUIRAO, Rafael (2013): "Libertad de expresión, negación del holocausto y defensa de la democracia. Incongruencias valorativas en la jurisprudencia del TEDH", en *Revista Española de Derecho Constitucional*, núm. 97, pp. 309-341.

ALCÁCER GUIRAO, Rafael (2012): "Discurso del odio y discurso político: en defensa de la libertad de los intolerantes", en *Revista Electrónica de Ciencia Penal y Criminología*, núm. 14/2, pp. 1-32.

ALONSO, L. y VÁZQUEZ, V. (dirs.) (2017): *Sobre la libertad de expresión y el discurso del odio*. Textos críticos, Sevilla: Athenaica.

ÁLVAREZ RIGAUDIA, Cecilia (2014): "Sentencia Google Spain y derecho al olvido", en *Actualidad Jurídica Uría Menéndez*, pp. 110-118 (en línea: https://www.uria.com/documentos/publicaciones/4370/documento/fe04.pdf?id=5584).

ALZINA LOZANO, Álvaro (2023): «El derecho penal auspiciado por la Unión Europea para frenar los discursos de odio y la discriminación», en *Hate speech, discrimination and online media». IDP. Revista de Internet, Derecho y Política*, núm. 37 (en línea: https://raco.cat/index.php/IDP/article/view/n37-alzina/503701).

ANGENOT, Marc (2012): *El discurso social: los límites históricos de lo pensable y lo decible*, Buenos Aires: Siglo XXI.

ARENDT, Hannah (1998): *Los orígenes el totalitarismo. 1. Antisemistismo*, Madrid: Alianza editorial.

ARMSTRONG, Karen (2002): *Una historia de Dios. 4000 años de búsqueda en el judaísmo, el cristianismo y el islam*, Barcelona: Ed. Paidós.

ATIENZA, M. (2007): "Las caricaturas de Mahoma y la libertad de expresión", en *Revista Internacional de Filosofía Política*, pp. 65-72.

BAKALIS (2015): *Ciberodio: un tema de preocupación constante para la Comisión contra el Racismo del Consejo de Europa*, Consejo de Europa.

BARBERINI, G. (1998): *Sicurezza e cooperazione da Vancouver a Vladivostok. Introduzione allo studio dell'organizzazione per la sicurezza e la cooperazione in Europa (Osce)*, Turín: Ed. G. Giappichelli Editore.

BARRERA, Guadalupe (2012): *El Pacto Internacional de Derechos Civiles y Políticos*, México: Comisión Nacional de Derechos Humanos (en línea: https://www.corteidh.or.cr/tablas/r29904.pdf).

BAZÁN, Juan Luís (2015): "Discurso del odio corrección política y libertad de expresión", en *Nueva Revista,* núm. 152, pp. 162 176.

BENESCH, Susan (2020): *Dangerous Speech Project. Dangerous Speech: A Practical Guide,* 2020 (en línea: http://www.dangerousspeech.org).

BENESCH, S. (2013): *Dangerous Speech Project. Dangerous Speech: A Proposal to Prevent Group Violence,* 2013, pp. 1-6 (en su versión actualizada al 4 de enero de 2018) (en línea: http://www.dangerousspeech.org).

BERNAL DEL CASTILLO, J. (2021): "Protección penal de los sentimientos religiosos y delito de escarnio", en *Revista General de Derecho Canónico y Derecho Eclesiástico del Estado,* núm. 55, pp. 1-22.

BERTONI, E. (2010): *Estudio sobre la prohibición de la incitación al odio en las Américas. Informe preparado para los talleres organizados por el Alto Comisionado en Derechos Humanos de Naciones Unidas* (en línea: https://www.ohchr.org/sites/default/files/Documents/Issues/Expression/ICCPR/Santiago/SantiagoStudy_sp.pdf).

BILBAO UBILLOS, J.M. (2009): "La negación de un genocidio no es una conducta punible (comentario de la STC 235/2007), en *Revista Española de Derecho Constitucional,* núm. 85, pp. 299-352.

BILBAO UBILLOS, J.M. (2008): "La negación del Holocausto en la jurisprudencia del Tribunal Europeo de Derechos Humanos: la endeble justificación de tipos penales contrarios a la libertad de expresión", en *Revista de Derecho Político,* núms. 71-72, pp. 19-56 (en línea: https://doi.org/10.5944/rdp.71-72.2008.9038).

BLEICH, Erik (2014): "Freedom of Expression versus Racist Hate Speech: Explaining Differences Between High Court Regulations in the USA and Europe", en *Journal of Ethnic and Migration Studies,* vol. 40, n° 2 (en línea: http://dx.doi.org/10.1080/1369183X.2013.851476).

BLOED, A. (1993): *The conference on Security and Co-operation in Europe Analysis and Basic Documents, 1972-1993,* La Haya: Ed. Martinus Nijhoff Publishers.

BLOED, A. (1990): *From Helsinki to Vienna: Basic Documents of the Helsinki Process,* Dordrecht Boston London: Martinus Nijhoff Publishers.

BOLLINGER, L. (1986): *The Tolerant Society: Freedom of Speech and Extremist Speech in America,* New York.

BOYLE, K. (1992): "Overview of a dilemma: Censorship versus racismo", en COLLIBER, S. (Ed.): *Striking a balance: Hate speech, freedom of expression and nondiscrimination,* Londres, Reino Unido: Article 19, International Centre Against Censorship, Human Rights Centre, University of Essex, pp. 1-8.

BRAVO LÓPEZ, Fernando (2021): "Antisemitismo e islamofobia: la cuestión de las definiciones", en SÁNCHEZ GÓMEZ, Raul G., y CONTRERAS MAZARÍO, José Mª: *El tratamiento normativo del discurso de odio*, Aranzadi, Pamplona, pp. 67-98.

BRIONES MARTÍNEZ, I.M. (2013): "Dignidad humana y libertad de expresión en una sociedad plural", en *Revista General de Derecho canónico y Derecho eclesiástico del Estado*, núm. 32.

BROWNLIE, Ian (2019): *Principles of Public International Law*, 9ª ed., Oxford: Oxford University Press.

BUSTOS GISBERT, R. (2015): "Libertad de expresión y discurso negacionista", en REVENGA SÁNCHEZ, M. (dir.): *Libertad de expresión y discursos del odio*, Madrid, España: Universidad de Alcalá de Henares, pp. 126-133.

BUSTOS, L. y otras (2019): "Discursos de odio: una epidemia que se propaga en la red. Estado de la cuestión sobre el racismo y la xenofobia en las redes sociales", consultar en línea: https://revistas.ucm.es/index.php/MESO/article/view/64527.

CÁMARA ARROYO, S. (2018): "Delitos de odio: concepto y crítica: ¿límite legítimo a la libertad de expresión?", en *LLP*, nº 130, pp. 3 y ss.

CALVO BAEZAS, Tomás, y CALVO BAEZAS, José Luis (2012): "Odios racistas y xenófobos: ¿un cáncer de la convivencia social?", en GARCÍA GARCÍA, Ricardo, y DOCAL GIL, David (Dir): *Grupos de odio y violencia social*, Madrid: Ediciones Rasche, pp. 39-61.

CÁMARA ARROYO, S. (2016): "Consideraciones críticas sobre la tutela penal de la libertad religiosa y los delitos contra la libertad de conciencia, los sentimientos religiosos y el respeto a los difuntos", en *ADCP*, vol. LXIX, pp. 123-210.

CAMARERO SUÁREZ, M. (1985): "La protección de los intereses religiosos en España", en *Anuario de Derecho eclesiástico del Estado*, vol. 1, pp. 369-378.

CAMPOS ZAMORA, F. J. (2018): "¿Existe un derecho a blasfemar? Sobre libertad de expresión y discurso del odio", en *Cuadernos de Filosofía del Derecho*, vol. 41, pp. 281-295.

CANNIE, H., y VOORHOOF, D. (2011): «The abuse clause and freedom of expression in the European Human Rights Convention: an added value for democracy and human rights protection», en *Netherlands Quarterly of Human Rights*, vol. 29/1, pp. 54-83.

CANO PAÑOS, Miguel Ángel (2016): "Odio e incitación a la violencia en el contexto del terrorismo islamista. Internet como elemento ambiental", en *InDret. Revista para el Análisis del Derecho*, nº 4, pp. 1-37 (en línea: https://raco.cat/index.php/InDret/article/view/314499/404652).

CAÑAMARES ARRIBAS, Santiago (2014): "La conciliación entre libertad de expresión y libertad religiosa. Un word in progress", en MARTÍNEZ-TORRÓN, Javier: *Tensiones entre libertad de expresión y libertad religiosa*, Tirant lo Blanch, Valencia.

CARBONELL, J.C. (1994-1995): "Las libertades de información y expresión como objeto de tutela y como límites a la actuación del Derecho penal", en *Revista de Estudios penales y criminológicos*, núm. 18, pp. 7-44.

CARRILLO DONAIRE, Juan Antonio (2015): "Libertad de expresión y "discurso de odio" religioso: la construcción de la tolerancia en la era postsecular", en *Revista de Fomento social*, núm. 70, pp. 205-243 (en línea: https://revistadefomentosocial.es/rfs/article/view/1579/203).

CARUSO, C.: «Ai confini dell'abuso del diritto: l'hate speech nella giurisprudenza della Corte Europea dei Diritto dell'Uomo», en MEZZETTI, L., y MORRONE, A.: *Lo strumento costituzionale dell'ordine pubblico europeo*, G. Giappichelli, Turín 2011, pp. 339-352.

CASSESE, Antonio (1986): *International Law in a Divided World*, Clarendon Press.

CATALÁ I BAS, Alexander (2001): "¿Tolerancia frente a la intolerancia? El respeto a los valores y principios democráticos como límite a la libertad de expresión", en *Cuadernos de Derecho Político*, núm. 14, pp. 132-161 (en línea: https://revistasonline.inap.es/index.php/CDP/article/download/630/685).

CELADOR ANGÓN, Oscar (2003): "Notas para una interpretación sistemática del artículo 6 del tratado de la Unión Europea en materia de libertad de conciencia", en *Derechos y libertades: Revista de Filosofía del Derecho y derechos humanos*, núm. 12, pp. 141-178.

CERONE, J. (2008): "Inappropriate renderings: the danger of reductionist resolutions", en *Brooklyn Journal of International Law*, vol. 33, pp. 357 y ss.

CHOCLÁN MONTALVO, J.A. (1998): «Hacia la unificación del Derecho Penal Comunitario: El Corpus Iuris europeo», en *La Ley: Revista jurídica española de doctrina, jurisprudencia y bibliografía*, núm. 1, pp. 1916-1927.

COLLÍ EK, V. (2015a): "¿Libertad de expresión o responsabilidad? ¿Cuándo, en el caso de portales sobre noticias, de acuerdo con la Corte Europea de Derechos Humanos?", en *Revista Cuestiones Constitucionales*, núm. 33, pp. 195-210.

COLLÍ EK, V. (2015b): "La libertad de expresión de portales web de noticias y la protección del anonimato online. Análisis de la reciente doctrina de la Gran Cámara de la Corte Europea de Derechos Humanos en el caso Delfi AS contra Estonia", en *Revista In Jure Anáhuac Mayab*, Año 4, Núm. 7, pp. 28-39.

COLLÍ EK, V. (2014): "Discursos de odio y su defensa en la doctrina constitucional mexicana", en *Anuario de Derecho Constitucional Latinoamericano*, Año XX, pp. 79 103.

COLOMER BEA, D. (2019): "El Dret penal i la indentitat religiosa", en *InDret. Revista para el Análisis del Derecho*, núm. 3, pp. 1-36.

COMAS D'ARGEMIR CENDRA, M. (2016): "Regulación del discurso de odio en el ordenamiento jurídico español. Modificación del artículo 510 del Código Penal ante la libertad de expresión", pp. 18-19 (en línea: https://cejfe.gencat.cat/web/.content/home/formacio/jornades/jpiu/2016/ixjorn_just_penal_intern_20160524_regulacio_comas.pdf).

COMBALÍA SOLÍS, Zoila (2015): "Conflictos entre la libertad de expresión y religión: tratamiento jurídico del discurso del odio", en *Anuario de Derecho Eclesiástico del Estado*, vol. XXXI, pp. 355-379.

COMBALÍA SOLÍS, Zoila (2009): "Libertad de expresión y difamación de las religiones: el debate de Naciones Unidas a propósito del conflicto de las caricaturas de Mahoma", en *RGDCDEE*, nº 19, pp. 1-39.

CONTREAS MAZARIO, J.M. (2022): *Libertad religiosa e intolerancia. Los ataques a los lugares de culto*, Madrid: Ministerio de la Presidencia.

CONTRERAS MAZARÍO, José Mª (2021): "Discursos (delitos) de odio en la OSCE", en SÁNCHEZ GÓMEZ, Raul G. y CONTRERAS MAZARÍO, José Mª: *El tratamiento normativo del discurso de odio*, Aranzadi, Pamplona, pp. 15-40.

CONTRERAS MAZARÍO, José Mª (2018): "Libertad de expresión, libertad de conciencia y medios de comunicación: análisis jurisprudencial", en SÁNCHEZ GÓMEZ, R.G. y BALLESTEROS SASTRE, B.

(dirs.): *Proceso penal, presunción de inocencia y medios de comunicación,* Aranzadi, Pamplona, pp. 17-74.

CONTRERAS MAZARÍO, José Mª (2017a): "El TJUE no prohíbe el uso del velo islámico. Comentario a las sentencias del TJUE de 14 de marzo de 2017, asuntos C-157/15 y C-188/15", en *Revista de Derecho comunitario,* núm. 57, pp. 577-613 (en línea: https://dialnet.unirioja.es/descarga/articulo/6119560.pdf).

CONTRERAS MAZARÍO, José Mª (2017b): "Símbolos religiosos y principio de no discriminación en las relaciones laborales: el caso del velo islámico (comentario a las "Conclusiones" emitidas por las Abogadas Generales en dos cuestiones prejudiciales presentadas ante el TJUE)", en *Revista de Derecho social,* núm. 77 (2017), pp. 125-150.

CONTRERAS MAZARÍO, José Mª (2017c): "Libertad religiosa vs. Libertad de expresión: análisis jurisprudencial", en *Laicidad y libertades: escritos jurídicos,* núm. 17, pp. 85-142.

CONTRERAS MAZARÍO, José Mª (2004): *Las Naciones Unidas y la protección de las minorías religiosas. De la tolerancia a la interculturalidad,* Valencia: Ed. Tirant lo Blanch.

CONTRERAS MAZARÍO, José Mª (2003): "El estatuto jurídico-internacional de las minorías religiosas: un recorrido desde la Sociedad de las Naciones a la Organización de las Naciones Unidas", en AMERIGO CUERVO-ARANGO, Fernando: *Religión, religiones, identidad, identidades, minorías. Actas del V Simposio de la Sociedad Española de Ciencias de las Religiones, Valencia, 1-3 de febrero de 2002,* Madrid, pp. 105-136.

CONTRERAS MAZARÍO, José Mª (1999): "La protección internacional de las minorías religiosas: algunas consideraciones en torno a la declaración de los derechos de las personas pertenecientes a minorías y al Convenio-Marco sobre la protección de las minorías", en *Anuario español de derecho internacional,* núm. 15, pp. 159-204.

CONTRERAS MAZARÍO, José Mª (1989): "La libertad religiosa y la no discriminación por motivos religiosos en la Comisión de Derechos Humanos de las Naciones Unidas", en *Anuario de derecho eclesiástico del Estado,* vol. 5, pp. 19-32.

COSTA, J.P. (2001): "La libertad de expresión según la jurisprudencia del Tribunal Europeo de Derechos Humanos de Estrasburgo", en *Persona y derecho: Revista de fundamentación de las Instituciones Jurídicas y de Derechos Humanos,* núm. 44, pp. 243-250.

CUTIÑO RAYA, Salvador: "Ofensas a la religión y sistema penal: La descripción de los conflictos en la jurisprudencia penal", en Entre la libertad de expresión y el delito, pp. 319-373 (en línea: https://www.upo.es/investiga/cipec/wp-content/uploads/10.CutinoRaya_Ofensas-a-la-religion-y-sistema-penal.pdf).

CREMADES, J. (1995): *Los límites de la libertad de expresión en el ordenamiento jurídico español*, Madrid.

CUEVA FERNÁNDEZ, R. (2012): "A propósito de la Sentencia del Tribunal Supremo 259/2011: discurso del odio, incitación y derecho al honor colectivo. ¿Una nueva vuelta de tuerca contra la prohibición del hate speech?", en *Eunomía*, nº 2, pp. 99-108.

DACEY, A. (2012): *The future of Blasphemy, Speaking of the Sacred in an Aged of Human Raghts*, Londres: Continuum.

DAVIES, Thomas E. (2009): "How the Rome Statute Weakens the International Prohibition on Incitement to Genocide", en *Harvard Human Rights Journal*, vol. 22, pp. 245-252.

DE DOMINGO PÉREZ, T. (2017): "La lucha contra el «discurso del odio» desde el respeto a los derechos fundamentales", en MIRÓ LLINARES, F. (Dir.): *Cometer delitos en 140 caracteres. El Derecho penal ante el odio y la radicalización*, Madrid: Marcial Pons, pp. 275-296.

DELLA MORTE, Gabrielle (2005): "Desmediatizando el caso de los medios de comunicación. Elements of a Critical Approach", en *Journal of Int'l Crim. Justice*, nº 3, pp. 1019 y ss.

DÍAZ LÓPEZ, Juan Alberto (2020): *Informe de Delimitación conceptual de los delitos de odio*, Madrid: Ministerio de Inclusión, Seguridad Social y Migraciones (en línea: https://inclusion.seg-social.es/oberaxe/ficheros/documentos/Informe_Delitos_Odio_Final.pdf).

DÍEZ LÓPEZ, Juan Alberto (2013): *El odio discriminatorio como agravante penal*, Madrid: Ed. Civitas, 496 pp.

DIAZ LOPEZ, Juan Alberto: "La reforma de la agravante genérica de discriminación", en línea: https://litigacionpenal.com/reforma-agravante-generica-discriminacion/.

DÍAZ LÓPEZ, Juan Alberto (2012): *El odio discriminatorio como circunstancia agravante de la responsabilidad penal*, Tesis Doctoral. Universidad Autónoma de Madrid, Facultad de Derecho, pp. 1-518.

DÍAZ SOTO, José Manuel (2015): "Una aproximación al concepto de discurso del odio", en *Revista Derecho del Estado*, núm. 34, pp. 77 y ss.

DOLZ LAGO, Manuel Jesús (2016): "Los delitos de odio en el Código penal tras la modificación operada por Ley Orgánica 1/2015. Breve referencia a su relación con el delito del Art. 173 CP". Ponencia, pp. 1-58.

DOMÍNGUEZ ROCHA, David (2021): "El discurso de odio penal desde la teoría del bien jurídico. Sociedad del desprecio, violencia estructural y crisis social", en SÁNCHEZ GÓMEZ, Raul G., y CONTRERAS MAZARÍO, José Mª: *El tratamiento normativo del discurso de odio*, Aranzadi, Pamplona, pp. 115-124.

DONNELLY, J. (2019): "Libertad de conciencia/religión y libertad de expresión: discurso ofensivo hacia la religión y el Derecho Internacional de los Derechos Humanos", en *Iuris Dictio*, núm. 23, pp. 85-92.

DOPICO GÓMEZ-ALLER, Jacobo (2005): "Delitos por motivos de discriminación: una aproximación desde los criterios de la legitimación de la pena", en *Revista general Derecho Penal*, núm. 4, pp.143-160.

DROOGHENBROECK, S. Van (2000): «L'article 17 de la Convention européenne des droits de l'homme: incertain et inutile?», en DUMONT, H., et. al. (eds.): *Pas de liberté pour les ennemis de la liberté?*, Bruselas: Groupements liberticides et droits, Bruylant, pp. 141 y ss.

DWORKIN, R. (1996): *Freedom's Law. The Moral Reading of the American Constitution*. Cambridge, Estados Unidos: Harvard University Press.

ELOSEGUÍ ITXASO, M. (2017a): "Las recomendaciones de la ECRI sobre discurso de odio y la adecuación del ordenamiento jurídico español a las mismas", en *Revista General de Derecho canónico y Derecho eclesiástico del Estado*, núm. 44.

ELÓSEGUI ITXASO, M. (2017b): «La negación o justificación del genocidio como delito en el Derecho europeo. Una propuesta a la luz de la recomendación n. 15 de la ECRI», en *Revista de Derecho Político*, núm. 98, pp. 306-316.

ESCUDERO RODRÍGUEZ, A. (2018): "Legislación internacional: la ONU y la incitación al odio basado en la religión", en MARTÍ SÁNCHEZ, J.; MORENO MOZOS, M.; CATALÁ RUBIO, S.: *Derecho de difusión de mensajes y libertad religiosa*, Madrid: Dykinson, pp. 51-86.

ESQUIVEL ALONSO, Y. (2016): "El discurso del odio en la jurisprudencia del Tribunal Europeo de Derechos Humanos", en *Cuestiones Constitucionales*, núm. 35, pp. 3-44 (en línea: DOI: http://dx.doi.org/10.22201/iij.24484881e.2016.35.10491).

FAÚNDEZ, H. (2004): *Los límites a la libertad de expresión*. Ciudad de México, México: Universidad Autónoma de México.

FERNÁNDEZ-CORONADO, A. (1998): "El contenido de la libertad de conciencia en el Código Penal de 1995", en *Revista del Poder Judicial*, núm. 52, vol. IV, pp.135-176.

FERNÁNDEZ-CORONADO, Ana (1987): "La tutela penal de la libertad religiosa", en *Anuario de Derecho Eclesiástico del Estado*, vol. II, pp. 17-55.

FERNÁNDEZ FERNÁNDEZ, R. (2018): «Políticas comunitarias de protección social y minorías étnicas: una materia necesitada de un impulso renovado», en *Trabajo y derecho: nueva revista de actualidad y relaciones laborales*, núm. 39, pp. 29-41.

FERREIRO GALGUERA, J. (2014): "Libertad de Expresión y sensibilidad religiosa: estudio legislativo y jurisprudencial", en *Revista General de Derecho Canónico y Derecho eclesiástico del Estado*, núm. 35, pp. 1-55.

FERREIRO GALGUERA, J. (2006): "Las caricaturas de Mahoma y la jurisprudencia del Tribunal Europeo de los Derechos Humanos", en *Revista Electrónica de Estudios Internacionales*, núm. 12, pp. 1-40.

FERREIRO GALGUERA, J. (2002): "Libertad religiosa e ideológica: garantías procesales y tutela penal", en *Anuario da Facultade de Dereito da Universidade da Coruña*, núm. 6, pp. 373-396.

FERREIRO GALGUERA, J. (1999): "Supuestos de colisión entre las libertades de expresión y otros derechos fundamentales. La creación artística y el respeto a los sentimientos religiosos", en *Anuario da Facultade de Dereito da Universidade da Coruña*, núm. 3, pp. 199-220.

FERREIRO GALGUERA, J. (1996): *Los límites de la libertad de expresión. La cuestión de los sentimientos religiosos*, Madrid.

FISS, O. (1997): *Libertad de Expresión y estructura social*. Ciudad de México, México: Fontamara.

FISS, O. (1996a): *The Irony of Free Speech*. Cambridge, Estados Unidos: Harvard University Press.

FISS, O. (1996b): *La ironía de la libertad de expresión*, Barcelona, Gedisa.

FUENTES OSORIO, J.L. (2017a): "Concepto de "odio" y sus consecuencias penales", en MIRÓ LLINARES, F. (Dir.): *Cometer delitos en 140 caracteres. El derecho penal ante el odio y la radicalización en Internet*, Madrid: Marcial Pons, pp. 131-154.

FUENTES OSORIO, J.L. (2017b): "El odio como delito", en *Revista electrónica de Ciencia Penal y Criminología*, núm. 19, pp. 1-52.

FUKUYAMA, Francis (2015): ¿El fin de la Historia? y otros ensayos, Madrid: Alianza Editorial.

FUKUYAMA, Francis (1992): *El fin de la historia y el último hombre*, Barcelona: Ed. Planeta.

GALÁN MUÑOZ, Alfonso (2020): "Delitos de odio, Discurso del odio y Derecho penal: ¿hacia la construcción de injustos penales por peligrosidad estructural?", en *Revista Penal*, núm. 46, pp. 10-45.

GALÁN MUÑOZ, Alfonso (2019): "El delito de enaltecimiento terrorista. ¿Instrumento de lucha contra el peligroso discurso del odio terrorista o mecanismo represor de repudiables mensajes de raperos, twitteros titiriteros?", en GALÁN MUÑOZ, A. y MENDOZA CALDERÓN, Silvia (dirs.): *Globalización y lucha contra las nuevas formas de criminalidad transnacional*, Valencia: Tirant lo Blanch, págs. 173-217.

GALÁN MUÑOZ, Alfonso (2010): *Libertad de expresión y responsabilidad penal por contenidos ajenos en Internetun estudio sobre la incidencia penal de la Ley 34/2002 de servicios de la sociedad de la información y el comercio electrónico*, Valencia: Tirant lo Blanch.

GARAY, A. (1994): «Liberté religieuse et prosélytisme: l'expérience européenne», en *Revue Trimestrielle des droits de l'homme*, nº 5, pp. 7-29.

GARCÍA DOMÍNGUEZ, I. (2020). «El tratamiento penal de los delitos de odio en España con la adopción de una perspectiva comparada», en *Anuario Iberoamericano de Derecho Internacional Penal*, núm. 8, pp. 1-30 (DOI: https://doi.org/10.12804/revistas.urosario.edu.co/anidip/a.9899).

GARCÍA GARCÍA, R. (2018): "La libertad de expresión en colisión con la libertad religiosa: propuestas de consenso", en Anuario de Derecho Canónico, núm. 6 Supl., pp. 269-295.

GARCÍA-PARDO, D. (2018): "La protección de los sentimientos religiosos en la jurisprudencia española postconstitucional", en MARTÍ SÁNCHEZ, J. M.; MORENO MOZOS, M.; CATALÁ RUBIO, S.: *Derecho de difusión de mensajes y libertad religiosa*, Madrid: Dykinson, pp. 159-179.

GARCÍA ROCA, J. (2009): "Abuso de los derechos fundamentales y defensa de la democracia (Art. 17, CEDH)", en GARCÍA ROCA, J., y SANTOLAYA, P. (coords.): *La Europa de los derechos: el Convenio Europeo de los Derechos Humanos*, Madrid: Centro de Estudios Políticos y Constitucionales.

GARCÍA ROCA, J. (2007): "La muy discrecional doctrina del margen de apreciación nacional según el Tribunal Europeo de Derechos Humanos: soberanía e integración", en *Teoría y Realidad Constitucional*, núm. 20, pp. 117-143.

GARCÍA ROCA, J. (2002): "La problemática disolución del Partido de la Prosperidad ante el Tribunal Europeo de Derechos Humanos: Estado constitucional y control de las actuaciones de partidos fundamentalistas", en *Revista Española de Derecho Constitucional*, núm. 65, pp. 295-334.

GARCÍA SANTOS, M. (2017): "El límite entre la libertad de expresión y la incitación al odio: análisis de las sentencias del Tribunal Europeo de Derechos Humanos", en *Comillas Journal of International Relations*, núm. 10, pp. 27-46.

GARGARELLA, R. (2009): "Constitucionalismo y libertad de expresión", en GARGARELLA, R. (ed.): *Teoría y Crítica del Derecho Constitucional* (Tomo II, Cap. XXVIII). Buenos Aires, Argentina: Abeledo Perrot.

GARRIGA DOMÍNGUEZ, A. (2014): "El conflicto entre la libertad de expresión y los sentimientos religiosos en las sociedades multiculturales", en *Anuario de Filosofía del Derecho*, núm. 30, pp. 97-115.

GASCÓN CUENCA, Andrés (2018): "La negación de los delitos de genocidio en la jurisprudencia del Tribunal de Europeo de Derechos Humanos a partir de la sentencia Perinçek contra Suiza", en *AFD*, vol. XXXIV, pp. 177-198 (en línea: https://www.boe.es/biblioteca_juridica/anuarios_derecho/abrir_pdf.php?id=ANU-F-2018-10017700197).

GASCÓN CUENCA, A. (2016): *El discurso del odio en el ordenamiento jurídico español*. Cizur Menor (Navarra): Aranzadi.

GASCÓN CUENCA, Andrés (2015): "La nueva regulación del discurso del odio en el ordenamiento jurídico español: la modificación del artículo 510 CP", en *Cuadernos Electrónicos de Filosofía del Derecho*, núm. 32, pp. 72-92.

GASCÓN CUENCA, A. (2013): "La Primera Enmienda de la Constitución de los Estados Unidos de América y la protección del discurso racista", en *Anales de la Cátedra francisco Suárez*, núm. 47, pp. 163-182.

GASCÓN CUENCA, A. (2012): "Evolución jurisprudencial de la protección ante el discurso del odio en España en la última década", en *Cuadernos Electrónicos de Filosofía del Derecho*, núm. 26, pp. 310 y ss.

GILAS, K. (2016): *Libertad de expresión en el ámbito electoral en México (a la luz de los estándares internacionales)*. Ciudad de México, México: Tirant Lo Blanch.

GLUCKSMANN, Alfred (2005): *Occidente contra Occidente: El discurso del odio*, Madrid: (Traducción de Rubio, M) Edit. Taurus.

GÓMEZ MARTÍN, Victor (2012): "Discurso de odio y principio de hecho", en MIR PUIG, S. y CORCOY BIDASOLO, M. (dirs.): *Protección penal de la libertad de expresión e información*, Tirant lo Blanch, Valencia.

GÓMEZ MARTÍN, Víctor (2011): *Los delitos de odio y discriminación tras la LO 5/2010: ¿una nueva oportunidad perdida?*, Madrid: Centro de Estudios Jurídicos de la Administración de Justicia.

GONZÁLEZ SAN JUAN, José Luis (2019): "El derecho al olvido en España y en la UE", en *Ibersid*, núm 13/2, pp. 57-63 (en línea: https://edpb.europa.eu/sites/default/files/files/file1/edpb_guidelines_201905_rtbfsearchengines_afterpublicconsultation_es.pdf).

GÖRAN ROLLNERT, L. (2019): «El discurso del odio: una lectura crítica de la regulación internacional», en Revista Española de Derecho Constitucional, núm. 115, pp. 81-109 (DOI: https://doi.org/10.18042/cepc/redc.115.03).

GRINBERG, M. (2006): "Defamation of Religions v Freedom of Expression: Finding the Balance in a Democratic Society", en *Sri Lanka Journal of International Law*, vol. 18, pp. 197 y ss.

GÜERRI, FERRÁNDEZ, Cristina (2015): "La especialización de la fiscalía en materia de delitos de odio y discriminación: aportaciones a la lucha contra los delitos de odio y el discurso de odio en España", en *InDret revista para el análisis del derecho*, pp.1-33.

GUICHOT, E. (2019): "El reconocimiento y desarrollo del derecho al olvido en el derecho europeo y español", en *Revista de Administración Pública*, núm. 209 (2019), pp. 45-92 (doi: https://doi.org/10.18042/cepc/rap.209.02).

GUTIÉRREZ CASTILLO, V.L. (2020): «El control europeo del ciberespacio ante el discurso de odio: análisis de las medidas de lucha y prevención», en Araucaria. Revista Iberoamericana de Filosofía, Política, Humanidades y Relaciones Internacionales, año 22, núm. 45, p. 306 (en línea: https://dx.doi.org/10.12795/araucaria.2020.i45.12).

HANNIKAINEN, Lauri: "Peremptory Norms (Ius Cogens)", in *International Law. Historical Development*, Criteria, Present Status, pp. 467-481.

HARE, Ivan, y WEINSTEIN, James (eds.) (2011): *Extreme Speech and Democracy*, Oxford: Oxford University Press.

HERNÁNDEZ, Gretta N. (2016): "Corte Internacional de Justicia: caso relativo a la aplicación de la convención para la prevención y la sanción del delito de genocidio (Croacia contra Serbia) Decisión de fondo 3 de febrero de 2015", en *ANIDIP*, vol. 4, pp. 129-136 (en línea: https://dialnet.unirioja.es/servlet/articulo?codigo=5393334).

HERZ, Michael, y MOLNAR, Peter (eds.) (2012): *The Content and Context of Hate Speech: Rethinking Regulation and Responses*, Cambridge, Cambridge University Press.

HIRSCH, M. (1998): «The Freedom of Proselytism under the Fundamental Agreement and International Law», en *Catholic Univesity Law Review*, n° 47, pp. 407-425.

HUMTINGTOM, Samuel (2017): *El choque de civilizaciones y la reconfiguración del orden mundial*, Barcelona: Ed. Paidós.

IBARRA, Esteban (2014): *El avance del odio en la Europa siniestra*, Madrid: Ed. La catarata.

IBARRA, Esteba/STOHAL (2005): *La lucha contra los delitos de odio en la Región OSCE*.

IZQUIERDO, A., y AGUADO, M.T. (2020): "Discursos de odio: una investigación para hablar de ello en los centros educativos", en *Profesorado: Revista de curriculum y formación del profesorado*, vol. 24, n° 3, pp. 175-195 (consultar en línea: https://revistaseug.ugr.es/index.php/profesorado/article/view/15385).

JACOBY, Ana Ximena (2020): "Más que palabras: libertad de expresión y discurso de odio en el Sistema Interamericano de Derechos Humanos", en *Eunomía. Revista en Cultura de la Legalidad*, n° 18, pp. 148-163 (en línea: https://doi.org/10.20318/eunomia.2020.5268)

JACOBS, J. B., y POTTER, K. (1998): *Hate Crimes: Criminal Law & Identity Politics*. Nueva York: Oxford University Press, pp. 3 y ss.

JERICÓ OJER, L. (2018): "Derecho penal y fenómeno religioso: cuestiones relativas a su legitimación (Art. 525)", en DÍAZ, M.; GARCÍA CONLLEDO, M.; LUZÓN PEÑA, D.: *Un puente de unión de la ciencia penal alemana e hispana: Liber amicorum en homenaje al profesor doctor Jürgen Wolter por su 75.° aniversario*, Barcelona: Reus, pp. 537-572.

KAUFMAN, J.C. (2015): "Creativity Is Life: A Commentary on the Special Issue", en *The Journal of Creative Behaviour*, núm. 49(3), pp. 233–237.

KAUFMAN, Gustavo (2015): *Odium dicta. Libertad de expresión y protección de grupos discriminados en internet*, México D.F., Consejo Nacional para Prevenir la Discriminación (consultar en línea: https://bit.ly/3t6ziJj).

KREMNITZER, Mordejai, y GHANAYIM, Khaled (eds.) (2000): "Incitación, no sedición", en KRETZMER, David, y KERSHMAN HAZAN, Francine: *Libertad de expresión e Incitación contra la democracia*.

LANDA GOROSTIZA, Jon Mirena (2020). «Delitos de odio y estándares internacionales: una visión crítica a contracorriente», en Revista Electrónica de Ciencia Penal y Criminología, núm. 22-19, pp. 1-34 (en línea: http://criminet.ugr.es/recpc/22/recpc22-19.pdf).

LANDA GOROSTIZA, Jon Mirena (2012): "Incitación al odio: evolución jurisprudencial (1995-2011) del Art. 510 CP y propuesta "lege lata", en *Revista de Derecho Penal y Criminología*, núm. 7, pp. 297-346

LANDA GOROSTIZA, Jon Mirena (2000): *La intervención penal frente a la xenofobia. Problemática general con especial referencia al «delito de provocación» del artículo 510 del Código penal*, Bilbao: Universidad del País Vasco/Euskal Herriko Unibertsitatea, pp. 81 y ss.

LANDA GOROSTIZA, Jon Mirena (1996): "La regulación penal alemana sobre la discriminación racial y la xenofobia tras la nueva «Ley de lucha contra la criminalidad», del 28 de octubre de 1994", en *Anuario de Derecho Penal y Ciencias Penales*, vol. XLIX-2, pp. 529-589.

LAURENZO COPELLO, P. (2018): "Sentimientos religiosos y delitos de odio: un nuevo escenario para unos delitos olvidados", en VV.AA.: *Estudios jurídicos en Homenaje al Prof. dr. h.c. Juan M.ª Terradillos Basoco*, Valencia: Tirant Lo Blanch, pp. 1287-1304.

LENER. N. (1998): "Proselytism, Change of Religion and International Human Rights", en *Emory International Law Review*, nº 12, pp. 447-561.

LIÑÁN GARCÍA, Ángeles (2017): *Delitos de odio: un obstáculo a la cohesión social y la convivencia*, Madrid: Editorial Pluralismo y Convivencia (en línea: https://adobeacrobat.app.link/o0SiKn1MPxb).

LEON ALAPONT, J. (2022): «La descontrolada expansión de los delitos de odio: acerca de la propuesta de incriminar el odio hacia las víctimas de la Guerra Civil española y del franquismo», en *El odio como motivación criminal*, Madrid: Wolters Kluwer.

LOCKE, J. (1994): *Carta sobre la Tolerancia*, Madrid: Tecnos.

LÓPEZ GUERRA, Luis (2013): "Libertad de expresión y libertad de religión a la luz de la jurisprudencia del Tribunal Europeo de Derechos Humanos: blasfemia e insulto a la religión", en *Revista española de Derecho europeo*, núm. 46.

LÓPEZ KRAMSKY, C. R. (2015): "La Última Tentación de Cristo. ¿Un caso de "colisión" de derechos humanos?", en línea: https://clopezkramskyblog.wordpress.com/2015/11/23/la-ultima-tentacion-de-cristo-un-caso-decolision-de-derechos-humanos/.

LÓPEZ ORTEGA, Anna (2017): "Análisis y evolución de los delitos de odio en España (2011-2015)", en *Revista Extremeña de Ciencias Sociales "ALMENARA"*, nº 9, pp. 1-18.

LÓPEZ-SIDRO LÓPEZ, A. (2016): "La libertad de expresión de la jerarquía eclesiástica y el discurso de odio", en *Revista General de Derecho canónico y Derecho eclesiástico del Estado*, núm. 42.

LÓPEZ-SIDRO LÓPEZ, Ángel, (2013): "Negacionista y discurso del odio en España", en PÉREZ-MADRID, Francisca, y GAS AIXENDRI, Monserrat (Dir.): *La gobernanza de la diversidad religiosa. Personalidad y territorialidad en las sociedades multiculturales*, Pamplona: Aranzadi, pp. 96-99.

LORETTI, D. (2012): "Tensiones entre la libertad de expresión y la protección contra la discriminación: La incidencia de las regulaciones sobre censura previa y el debate sobre el rol del Estado", en *Democracia y Derechos*, Año 1, núm. 1, pp. 15-34.

LUZÓN PEÑA, D.M. (2012): *Lecciones de Derecho Penal*, 2ª ed., Valencia: Tirant lo Blanch.

MACKINNON, C. (1993): *Only words*. Cambridge, Reino Unido: Cambridge University Press.

MACKINNON, C. (1987): *Feminism Unmodified Discourses on Life and Law*. Cambridge, Estados Unidos: Harvard University Press.

MALANCZUK, Peter, y AKEHURST, Michael Barton (2018): *Akehurst's Modern Introduction to International Law*, Routledge.

MANGAS MARTÍN, Araceli (2008a): «Comentario al Art. 51 de la Carta», en *Carta de los Derechos Fundamentales de la Unión Europea. Comentario Art. por Art.*, Madrid: Fundación BBVA, pp. 810-825.

MANGAS MARTÍN, Aranceli (2008b): «Comentario al Art. 20 de la Carta», en *Carta de los Derechos Fundamentales de la Unión Europea. Comentario Art. por Art.*, op. cit., pp. 390-395.

MANGAS MARTÍN, Araceli (2008c): «Comentario al Art. 21 de la Carta», en *Carta de los Derechos Fundamentales de la Unión Europea. Comentario Art. por Art.*, op. cit., pp. 397-408.

MANGAS MARTÍN, Araceli (2008d): «Comentario al Art. 22 de la Carta», en *Carta de los Derechos Fundamentales de la Unión Europea. Comentario Art. por Art.*, Fundación BBVA, op. cit., pp. 410-413.

MAREE TORRENS, Shannon: "Enjuiciando el discurso de odio en la Corte Penal Internacional", en línea: http://leypenalinternacional.blogspot.com/2020/02/enjuiciando-el-discurso-de-odio-

en-la.html?utm_source=feedburner&utm_medium=feed&utm_
campaign=Feed:+blogspot/WqkURz+(Derecho+Penal+Internaciona
l)&m=1.

MARGIOTTA BROGLIO, F. (1995): "Un scontro tra libertà: la sentenza Otto Premiger Institut della Corte Europea", en *Revista di Diritto internazionale*, núm. 2, pp. 368-378.

MARIÑO MENENDEZ, Fernando: "Seguridad y cooperación en Europa: el acta final de Helsinki", en línea: https://www.cepc.gob.es/sites/default/files/2021-12/27980rie002003007.pdf.

MARQUÉS RUEDA, Efrén G. (2008): "Caso Bosnia–Herzegovina *vs.* Serbia. Comentarios al fallo pronunciado por la Corte Internacional de Justicia el 14 de febrero de 2007 con relación al caso sobre la Aplicación de la Convención para la Prevención y Sanción del Delito de Genocidio en el asunto Bosnia–Herzegovina C. Serbia", en *Anuario Mexicano de Derecho Internacional*, vol. 8 (en línea: https://www.scielo.org.mx/scielo.php?script=sci_arttext&pid=S1870-46542008000100036).

MARTÍ SÁNCHEZ, J.; MORENO MOZOS, M.; CATALÁ RUBIO, S. (2018): *Derecho de difusión de mensajes y libertad religiosa*, Madrid: Dykinson.

MARTÍN CASADO, Javier (2020): *El discurso del odio como límite constitucional a la libertad de expresión: análisis de la jurisprudencia española y europea*, Madrid (en línea: https://repositorio.comillas.edu/xmlui/bitstream/handle/11531/38541/TFG%20-%20Martin%20Casado%2C%20Javier-1.pdf?sequence=1&isAllowed=y).

MARTÍN HERRERA, D. (2014): "Libertad de expresión. ¿Derecho ilimitado según el TEDH? Del discurso de odio al crimen de odio", en *Estudios de Deusto*, vol. 62, núm. 2, pp. 15-40.

MARTÍN RETORTILLO, L. (2007): *La afirmación de la libertad religiosa en Europa: de guerras de religión a meras cuestiones administrativas*, Madrid: Thomson Civitas.

MARTÍN-RETORTILLO, L. (1970): *Libertad religiosa y orden público*, Madrid.

MARTÍN SÁNCHEZ, Isidoro (2012): "El discurso del odio en el ámbito del Consejo de Europa", en *RGDCDEE*, núm. 28, pp. 1-33.

MARTÍNEZ-TORRÓN, Javier (2015): "La tragedia de Charlie Hebdo: algunas claves para un análisis jurídico", en *El Cronista del Estado Social y Democrático de Derecho*, núm. 50, pp. 22-31.

MARTÍNEZ-TORRÓN, Javier (2014): "¿Libertad de expresión amordaada? Libertad de expresión y libertad de religión en la jurisprudencia de Estrasburgo", en MARTÍNEZ-TORRÓN, J., y CAÑAMARES ARRIBAS, S. (dirs.): *Tensiones entre libertad de expresión y libertad religiosa*, Valencia: Tirant lo Blanch.

MARTÍNEZ-TORRÓN, Javier (2006): "Libertad de expresión y libertad de religión. Comentarios en torno a algunas recientes sentencias del Tribunal Europeo de Derechos Humanos", en *Revista General de Derecho canónico y Derecho eclesiástico del Estado*, núm. 11, pp. 5 y ss.

MARTÍNEZ-TORRÓN, J. (1994): "La libertad de proselitismo en Europa", en *Quaderni di Diritto e Politica Ecclesiastica*, nº 10, pp. 59-71.

MASSARO, T. (1991): "Equality and freedom of expression. The Hate Speech Dilemma", en *William and Mary Law Review*, núm. 32, págs. 211-265 (en línea: https://scholarship.law.wm.edu/wmlr/vol32/iss2/3).

MATSUDA, M. y otros (1993): *Words That Wound: Critical Race Theory, Assaultive Speech, and the First Amendment*. Boulder, Estados Unidos: Westview Press.

McGONAGLE, T. (2017): "General Recommendation 35 on combating racist hate speech", en KEANE, D., y WAUGHRAY, A. (Eds.): *Fifty years of the International Convention on the Elimination of all Forms of racial Discrimination. A living Instrument*, Manchester: Manchester University Press, pp. 246-268.

MILANI, Daniela (2021): "Libertad de religión y seguridad sostenible en las estrategias de lucha contra el terrorismo de inspiración religiosa en Italia", en *Cuestiones de Pluralismo*, vol. 1, núm. 2 (en línea: https://www.observatorioreligion.es/revista/articulo/libertad_de_religion_y_seguridad_sostenible_en_las_estrategias_de_lucha_contra_el_terrorismo_de_inspiracion_religiosa_en_italia/index.html).

MINTEGUÍA ARREGUI, Igor (2006): *Sentimientos religiosos, moral pública y libertad artística en la Constitución española de 1978*, Madrid: Dykinson.

MINTEGUIA ARREGI, Igor (1998): "Libertad de expresión artística y sentimientos religiosos (Comentario de la sentencia de la Sala de lo Penal del Tribunal Supremo de 25 de marzo de 1993)", en *Anuario de Derecho Eclesiástico del Estado*, vol. XIV, pp. 569-586.

MIRA BENAVENT, J. (1995): *Los límites penales a la libertad de expresión en los comienzos del régimen constitucional español*, Valencia: Tirant lo Blanch.

MOLINA FERNÁNDEZ, F. (1998) "Delitos contra el honor", en VV.AA.: *Compendio de Derecho penal (Parte especial)*, vol. II, Madrid: Editorial centro de estudios Ramón Areces, pp. 255-303.

MORENO ANTÓN, E.G. (2015): *Libertad de expresión y discurso de odio desde la perspectiva internacional de los derechos humanos*, Trabajo Fin de Grado, Curso académico 2014-2015, Sevicio de publicaciones de la Universidad de La Rioja, 29 pp.

MORENO MOZOS, M. D. (2018): "Delitos contra los sentimientos religiosos: un difícil equilibrio entre derechos fundamentales. Especial referencia a la legislación española", en J. MARTÍ SÁNCHEZ, M. MORENO MOZOS, y S. CATALÁ RUBIO: *Derecho de difusión de mensajes y libertad religiosa*, Madrid: Dykinson, pp. 137-158.

MORETÓN TOQUERO, María Aranzazu (2012): "El "ciberOdio", la nueva cara del mensaje de odio: entre la cibercriminalidad y la libertad de expresión", en *Revista Jurídica de Castilla y León*, n° 27(3), pp. 1-18.

MORRIS, V., y SCHARF, M.P. (1998): *The International Criminal Tribunal for Rwanda*, Irvington-on Hudson, NY, Transnational Publishers.

MOTILLA, A. (2001): "Proselitismo y libertad religiosa en el derecho español", en *Anuario de Derecho Eclesiástico del Estado*, vol. XVII, pp. 179-192.

MUÑOZ MARTÍN, Á. (2018): "Entrada en iglesia durante una misa como delito contra la libertad religiosa. Comentario a la STS de 19 de diciembre de 2017", en *Revista CEFLEGAL*, núm. 210, pp. 155-158.

NIETO NAVIA, Rafael: "Responsabilidad internacional por genocidio. La sentencia de la Corte Internacional de Justicia en el caso Srebrenica", en línea: https://www.corteidh.or.cr/tablas/25368.pdf.

ODIO BENITO, E. (1996): "El Tribunal Penal Internacional para la ex-Yugoslavia -justicia para la paz", en *Revista IIDH*, vol. 24, pp. 133-155 (en línea: https://www.corteidh.or.cr/tablas/R06843-4.pdf).

ORENTLICHER, Diane F.: "Criminalización del discurso de odio en el crisol del juicio: Fiscal v. Nahimana", en *New Eng. J. Int'l. y Comp. L.*, vol. 12, pp. 17 y ss.

ORZA LINARES, R. (2013): «El derecho al olvido en Internet: algunos intentos para su regulación legal», en L. CORREDOIRA y Alfonso y L. COTINO HUESO (dirs.): *Libertad de expresión e información en Internet: amenazas y protección de los derechos personales*, Madrid Centro de Estudios Políticos y Constitucionales, pp. 475-500.

OTADUY, Jorge (1994): "La tutela penal del derecho de libertad religiosa", en VV.AA.: *Tratado de Derecho Eclesiástico*, Pamplona: Eunsa, pp.511-539.

PALOMINO, Rafael (2016): "Igualdad y no discriminación religiosa en el Derecho de la Unión Europea. A propósito de las conclusiones en los casos Achbita y Bougnaoui", en *Revista Latinoamericana de Derecho y Religión*, vol. 2, núm. 2, pp. 1-34 (en línea: https://eprints.ucm.es/id/eprint/39452/1/Palomino_igualdad.pdf).

PALOMINO, Rafael (2012): "Libertad de expresión y libertad religiosa: elementos para el análisis de un conflicto", en *RGDCDEE*, núm. 29.

PALOMINO LOZANO, R. (2009): "Libertad religiosa y libertad de expresión", en *Ius Canonicum*, vol. XLIX, núm. 98, pp. 509-548.

PAREJO GUZMÁN, Mª José (2020): *Género y diversidad religiosa. Discurso de odio y tolerancia*, Tirant lo Blanch, Valencia.

PAREKH, B. (2006): "Hate speech. Is there a case for banning?", en *Public Policy Research*, vol. 12, pp. 213 y ss.

PAUL DÍAZ, Álvaro (2011): "La penalización de la incitación al odio a la luz de la jurisprudencia comparada", en *Revista Chilena de Derecho*, vol. 38, nº 3, pp. 573-609.

PAUNER CHULVI, C. (2011): "La defensa de los valores democráticos como límite a la libertad de expresión. Un análisis comparado de la jurisprudencia del TEDH y del TC", en *Revista de Estudios Europeos*, núm. 58, pp. 113-132.

PELLET, Alain (1994): "Le Tribunal Criminel International pour l'ex-Yougoslavie", en *Revue de Droit International Public*, núm. 1.

PÉREZ DE LA FUENTE, O. (2015): "Libertad de expresión y escarnio de los sentimientos religiosos. enfoques sobre la ponderación en algunos casos judiciales españoles", en *Revista Telemática de Filosofía del Derecho*, núm. 18, pp. 131-158.

PÉREZ DOMÍNGUEZ, Fátima (2016): "Hecho religioso y límites a la libertad de expresión", en *Anuario de Derecho Eclesiástico del Estado*, nº 32, pp. 205-268.

PÉREZ MADRID, Francisca (2009): "Incitación al odio o Hate Speech y libertad de expresión", en *Revista General de Derecho canónico y Derecho eclesiástico del Estado*, núm. 19, pp. 1-28.

PÉREZ MADRID, F. (1996): *La tutela penal del factor religioso en el Derecho español*, Pamplona: Ed. Eunsa.

POPPER, Karl (2006): *La sociedad abierta y sus enemigos*, Barcelona: Paidós.

POPPER, Karl (1994): *En busca de un mundo mejor*, Barcelona: Ed. Paidós.

PORTILLA CONTRERAS, Guillermo (2015) "La represión penal del discurso del odio" en QUINTERO OLIVARES, Gonzalo: *Comentario a la reforma penal de 2015*, pp. 717-753.

QUESADA ALCALÁ, Carmen (2021): "Los mecanismos del Consejo de Europa ante el discurso de odio: ¿coherencia o dispersión?", en SÁNCHEZ GÓMEZ, Raul G., y CONTRERAS MAZARÍO, José Mª: *El tratamiento normativo del discurso de odio*, Aranzadi, Pamplona, pp. 41-66.

QUESADA ALCALÁ, C. (2015a): «La labor de la Unión Europea, el Consejo de Europa y la OSCE en materia de crímenes de odio: sus repercusiones en España», en *Revista General de Derecho Europeo*, núm. 36, pp. 5-20.

QUESADA ALCALÁ, Carmen (2015b): "La labor del Tribunal Europeo de Derechos Humanos en torno al discurso de odio en los partidos políticos: coincidencias y contradicciones con la jurisprudencia española", en *Revista electrónica de Estudios Internacionales*, núm. 30 (en línea: https://dialnet.unirioja.es/descarga/articulo/5335857.pdf).

RAMÍREZ NAVALÓN, R. M. (1997): "La protección penal del derecho de libertad religiosa: Valoración crítica de su regulación en el vigente Código Penal de 1995", en *Estudios jurídicos en memoria del profesor Dr. D. José Ramón Casabó Ruiz*, Valencia: Ed. Universidad de Valencia, vol. 2, pp. 658-659.

RAMOS VÁZQUEZ, J. A. (2019): "Muerte y resurección del delito de escarnio en la jurisprudencia española", en *Revista Electrónica de Ciencia Penal y Criminología*, vol. 21, núm. 17, pp. 1-49.

REBOLLO VARGAS, R. (2006): "Los delitos de discriminación cometidos con ocasión del ejercicio de los derechos fundamentales y de las libertades públicas", en *Revista de Derecho de la Pontificia Universidad Católica de Valparaiso*, vol. XXVII, pp. 223-242.

REVENGA SÁNCHEZ, M. (2015a): "Los discursos del odio y la democracia adjetivada: tolerante, intransigente, ¿militante?", en REVENGA, M. (dir.): *Libertad de expresión y discursos del odio*, Alcalá de Henares: Universidad de Alcalá, pp. 15-32.

REVENGA SÁNCHEZ, M. (2015b): "Discurso del odio y modelos de democracia", en *El Cronista del Estado Social y Democrático de Derecho*, núm. 50, pp. 32-35.

REVENGA SÁNCHEZ, Miguel (2008a): *La Europa de los derechos entre la intolerancia e intransigencia*, Madrid: Difusión jurídica.

REVENGA SÁNCHEZ, Miguel (2008b): "Algunos apuntes sobre la doctrina del Tribunal Europeo de Derechos Humanos en materia de libertad de expresión", en REVENGA SÁNCHEZ, Miguel, y VIANA GARCÉS, André (eds.): *Tendencias jurisprudenciales de la Corte Interamericana y el Tribunal Europeo de Derechos Humanos*, Valencia, Tirant lo Blanch, 2008.

REY MARTÍNEZ, F. (2019): *Derecho antidiscriminatorio*, Pamplona: Aranzadi.

REY MARTÍNEZ, F. (2017): "Igualdad y prohibición de discriminación: de 1978 a 2018", en *Revista de Derecho Político*, nº 100, págs. 128-146.

REY MARTÍNEZ, F. (2015): "Discurso del odio y racismo líquido", en REVENGA SÁNCHEZ, M.: *Libertad de expresión y discursos del odio*, Alcalá de Henares: Universidad de Alcalá de Henares, pp. 51-88.

REYES MIL, Michelle (2013): "Mandatarios al banquillo: los legados de la jurisprudencia de los Tribunales *ad hoc* y desafíos actuales para la Corte Penal Internacional en el juzgamiento de los jefes de Estado en funciones", en *Themis* núm. 62, pp. 275-290 (en línea: https://dialnet.unirioja.es/descarga/articulo/5110721.pdf).

RHENÁN-SEGURA, Jorge (1996): "El Tribunal Internacional para la ex-Yugoslavia", en *Rev. Derecho Penal*, núm. 12.

RIVERA H., J. (2019): "Libertad de expresión y lesión a los sentimientos religiosos en una sociedad secular", en ALEGRE, M.; CHORNY ELIZALDE, V.; MAISLEY M. N; CAPDEVIELLE, P.: *Libres e iguales. Estudios sobre autonomía, género y religión*, México: Universidad Nacional Autónoma de México, pp. 349-371.

RIVERO ORTÍZ, Rafael (2015): "Libertad de expresión, libertad religiosa y Código penal: ¿todos somos Charlie?, en *Diario La Ley*, núm. 8487.

ROCA, A., y FULLANA, G. (2017): "¿Cómo combatir el discurso del odio en internet?", consultar en línea: https://www.uoc.edu/portal/es/news/actualitat/2017/152-personas-refugiadas.html.

ROCA, Mª José (2020): "Límites a la libertad de expresión de los políticos y abuso de derecho. Los casos *Féret c. Bélgica* y *Perinçek c. Suiza*", en *Revista de Derecho Político*, núm. 109, pp. 345-370 (en línea: https://eprints.ucm.es/id/eprint/71368/1/29064-Texto%20del%20art%C3%ADculo-68267-1-10-20201208%20(2).pdf).

ROCA DE AGAPITO, Luis (2017): "El delito de escarnio de los sentimientos religiosos", en *Anuario de Derecho Eclesiástico del Estado*, vol. XXXIII, pp. 557-597.

RODRÍGUEZ IZQUIERDO-SERRANO, Miryam (2015): "El discurso del odio a través de internet", en REVENGA SÁNCHEZ, Miguel: *Libertad de expresión y discurso del odio*. Alcalá de Henares: Ed. Servicios publicaciones Universidad Alcalá, pp. 149-183.

RODRÍGUEZ MONTAÑÉS, T. (2012): *Libertad de expresión, discurso extremo y delito: una aproximación desde la constitución a las fronteras del derecho penal*, Valencia: Tirant lo Blanch.

RODRÍGUEZ RAMOS, Marta (2021): "España y Europa frente al discurso de odio: una aproximación comparativa a los límites a la libertad de expresión en la jurisprudencia española y en la del Tribunal Europeo de Derechos Humanos", en SÁNCHEZ GÓMEZ, Raúl G., y CONTRERAS MAZARÍO, José Mª: *El tratamiento normativo del discurso de odio*, Aranzadi, Pamplona, pp. 126-134.

RODRIGUEZ-VILLASANTE Y PRIETO, José Luis (2017): "Actos de terror y Derecho internacional humanitario", en RODRÍGUEZ-VILLASANTE Y PRIETO, José Luis, y LÓPEZ SÁNCHES, Joaquín: *Derecho internacional humanitario*, 3 ed., Valencia: Tirant lo Blanch, pp. 243-267.

RODRÍGUEZ ZEPEDA, J. (2018): "El peso de las palabras: libre expresión, no discriminación y discursos de odio", en RODRÍGUEZ ZEPEDA, J. y GONZÁLEZ LUNA, T. (Dirs.): *El prejuicio y la palabra: los derechos a la libre expresión y a la no discriminación en contraste*, Ciudad de México, México: Consejo Nacional para Prevenir la Discriminación, pp. 27-73.

ROIG TORRES, Margarita (2015): "Los delitos de racismo y discriminación (arts. 510, 510 bis, 511 y 512), 51 en GONZÁLEZ CUSSAC, José Luís (Dir.): *Comentarios a la reforma del Código Penal de 2015*. Valencia: Editorial Tirant lo Blanch, 2ª edición, pp. 1258-1279.

ROLLNERT LIERN, G. (2019): "El discurso del odio: una lectura crítica de la regulación internacional", en *Revista española de derecho constitucional*, núm. 115, pp. 81-109.

ROSALES, R. (2018): *Liberalismo igualitario, discurso de odio y grupos discriminados: una teoría contra el discurso de odio para la región* (en línea: https://www.academia.edu/40114792/_Liberalismo_igualitario_discurso_de_odio_y_grupos_discriminados_una_teor%C3%ADa_contra_el_discurso_de_odio_para_la_región_?auto=download).

ROSENFELD, M. (2005): "El discurso del odio en la jurisprudencia constitucional: análisis comparativo", en *Pensamiento Constitucional*, núm. 11, pp. 153-158.

RUBIO FERNÁNDEZ, E. M. (2006): "Expresión frente a religión: Un binomio necesitado de nuevas vías de entendimiento y de superación de sus interferencias", en *Anales de Derecho*, vol. 24, pp. 201-231.

SALAZAR, P. y GUTIÉRREZ, R. (2008): *El derecho a la libertad de expresión frente al derecho a la no discriminación*, Instituto de Investigaciones Jurídicas de la Universidad Nacional Autónoma de México Consejo Nacional para Prevenir la Discriminación, México.

SALINAS DE FRÍAS, Ana Mª (2016): "El valor absoluto de la libertad de expresión: la sentencia del TEDH en el asunto Perínçek v. Suiza, de 15 de octubre de 2015", en *DiariolaLey*, núm. 8816 (en línea: https://diariolaley.laleynext.es/Content/DocumentoRelacionado.aspx?para ms=H4sIAAAAAAAEAMtMSbF1CTEAAiNjM2MzI7Wy1KLizPw827D M9NS8klQA9T6hwCAAAAA=WKE).

SALINERO ECHEVARRÍA, Sebastián (2013): "La nueva agravante penal de discriminación. Los delitos de odio", en *Revista de Derecho de la Universidad Católica de Valparaíso*, nº 51, pp. 263-308.

SÁNCHEZ GÓMEZ, Raúl G. (2021): "La valoración jurisprudencial de los resultados de la investigación preliminar multinivel ante los delitos de odio cometidos contra personas pertenecientes a minorías religiosas", en SÁNCHEZ GÓMEZ, Raúl G., y CONTRERAS MAZARÍO, José Mª: *El tratamiento normativo del discurso de odio*, Aranzadi, Pamplona, pp. 135-158.

SANTAMARIA DEL RIO, Luis (2021): "Ciberespacio, sectas y discurso del odio", en SÁNCHEZ GÓMEZ, Raul G., y CONTRERAS MAZARÍO, José Mª: *El tratamiento normativo del discurso de odio*, Aranzadi, Pamplona, pp. 99-111.

SANTAMARÍA LAMBÁS, F. (1999): *El proceso de secularización en la protección penal de la libertad de conciencia*, Tesis doctoral, Valladolid, 573 pp. (en línea: https://www.cervantesvirtual.com/descargaPdf/el-proceso-de-secularizacion-en-la-proteccion-penal-de-la-libertad-de-conciencia–0/).

SARTORI, Giovanni (2003): *La sociedad multiétnica*, Madrid: Ed. Taurus.

SARTORI, Giovanni (2001): *La sociedad multiétnica. Pluralismo, multiculturalismo y extranjeros*, Madrid: Ed. Taurus.

SCHABAS, William A. (2000-2001): "Hate Speech in Rwanda: The Road to Genocide", en *McGill L.J.*, vol. 46, pp. 141-144.

SCHABAS, William A. (1999): "International Decision: Mugesera v. Ministro de Ciudadanía e Inmigración", en *AJIL*, vol. 93, pp. 529 y ss.

SCHAUER, F. (2005): "The exceptional First Amendment", en *American Excepcionalism and Human Rights*, Princeton, pp. 29 y ss.

SERVANDO DE LA TORRE, F. (2006): *La organización de seguridad y cooperación en Europa*, Madrid: Ed. Dykinson.

SIDLAUSKIENE and JURKEVICIUS (2015): "Webside Operator's Liability for offensive comments: a comparative análisis of Delfi as vs. Estonia and Mte & index vs. Hungary", en *Baltic Journal od Law & Politics*, vol. 10, nº 2, pp. 46-75.

SIMÓN CASTELLANO, P. (2012): *El Régimen Constitucional del Derecho al Olvido Digital*, Valencia: Tirant lo Blanch.

SOTELO, Ignacio (2000): "El racismo, el mayor peligro del siglo XXI", en *El País*, de 12 de noviembre de 2000.

SOUTO GALVÁN, B. (2017): "La protección penal contra ofensas a los sentimientos religiosos: ¿Discurso de odio o salvaguardia de la supremacía confesional?", en *Laicidad y libertades: escritos jurídicos*, núm. 17, pp. 267-294.

SOUTO GALVÁN, B. (2015): "Discurso de odio: género y libertad religiosa", en *Revista General de Derecho Penal*, núm. 23, pp. 1-41.

STAHNKE, T. (1999): "Proselytism and the Freedom to Change Religion in International Human Rights Law", en *Bringham Toung University Law Review*, pp. 251-350.

SUÁREZ ESPINO, Mª Lidia (2008): "Comentario a la STC 235/2007, de 7 de noviembre, por la que se declara la inconstitucionalidad del delito de negación de genocidio", en *InDret. Revista para el análisis del Derecho*, núm. 2 (en línea: https://indret.com/wp-content/themes/indret/pdf/524_es.pdf).

SUNSTEIN, Cass R. (1993): *Democracy and the problem of free speech*. Nueva York, Estados Unidos: The Free Press.

TAJADURA TEJADA, Javier (2008): "Libertad de expresión y negación del genocidio: comentario crítico a la STC de 7 de noviembre de 2007", en *Revista Vasca de Administración Pública*, nº 80, pp. 233–255.

TAMARIT SUMALLA, J. Mª (1996a): "Art.20.4º", en VV.AA.: *Comentarios al Nuevo Código Penal*, Pamplona Aranzadi editorial, pp. 156-162.

TAMARIT SUMALLA, J. Mª (1996b): "De los delitos cometidos con ocasión del ejercicio de los derechos fundamentales y de las libertades públicas garantizados por la Constitución", en VV.AA.: *Comentarios al Nuevo Código Penal*, Pamplona, Aranzadi, pp. 2075-2100.

TAMARIT SUMALLA, J. Mª (1996c): "De los delitos contra la libertad de conciencia, los sentimientos religiosos y el respeto a los difuntos", en VV.AA.: *Comentarios al Nuevo Código Penal*, Pamplona: Aranzadi editorial, pp. 2100-2113.

TAMARIT SUMALLA, J. Mª (1989): *La libertad ideológica en el Derecho penal*, Barcelona: PPU.

TEMPERMAN, J. (2008): "Blasphemy, Defamation of Religions and Human Rights Law", en *Netherlands Quarterly of Human Rights*, vol. 26, pp. 517 y ss.

TERUEL LOZANO, G. M. (2018): "Cuando las palabras generan odio: límites a la libertad de expresión en el ordenamiento constitucional español", en *Revista Española de Derecho Constitucional*, núm. 114, pp. 13-45.

TERUEL LOZANO, G. M. (2017): "El discurso del odio como límite a la libertad de expresión en el marco del convenio europeo", en *Revista de Derecho Constitucional Europeo*, núm. 27 (en línea: https://www.ugr. es/~redce/REDCE27/articulos/03_TERUEL.htm).

TERUEL LOZANO, G. M. (2015): *La lucha del derecho contra el negacionismo: una peligrosa frontera. Estudio constitucional de los límites penales a la libertad de expresión en un ordenamiento abierto y personalista*, Madrid: Centro de Estudios Políticos y Constitucionales.

TIMMERMANN, Wibke Kristin (2005): "La relación entre la propaganda de odio y la incitación al genocidio, ¿una nueva tendencia en el derecho internacional hacia la criminalización de la propaganda de odio?", en *Leiden J. Int'l. L.*, nº 18, pp. 257 y ss.

TORRES, N. y TARICCO, V. (2019): *Los discursos de odio como amenaza a los derechos humanos*. Palermo: Centro de Estudios para la Libertad de Expresión y acceso a la información (en línea: https://acrobat. adobe.com/link/review?uri=urn%3Aaaid%3Ascds%3AUS%3A0c27 463d-4752-3ef6-a32a-ea94bba85980).

TRONCOSO REIGADA, A. (2012): «El derecho al olvido en Internet a la luz de la propuesta de Reglamento General de Protección de Datos Personales», en *datospersonales.org*, núm. 59.

TROPER, Michel (2011): "Derecho y negacionismo: La Ley Gayssot y la Constitución", en *Anuario de Derechos Humanos*, nº 2, pp. 970-981.

UBILLOS BILBAO, Juan María (2009): "La negación de un genocidio no es una conducta punible (comentario de la STC 235/2007), en *Revista Española de Derecho Constitucional*, núm. 85, pp. 299 y ss.

UBILLOS BILBAO, Juan María (2008): "La negación del Holocausto en la jurisprudencia del Tribunal Europeo de Derechos Humanos: la endeble justificación de tipos penales contrarios a la libertad de expresión", en *Revista de Derecho Político*, núm. 71, pp. 17 y ss.

UGARTEMENDIA ECEIZABARRENA, J.I. (2010): «La iniciativa normativa en el procedimiento legislativo europeo a la luz del Tratado de Lisboa», en *Revista para el Análisis del Derecho*, núm. 3, pp. 5-30.

UNESCO (2015): *Combatiendo el Discurso de Odio en Línea* [Countering Online Hate Speech].

URÍAS, J. (2017): "La libertad de odiar (delimitando la libertad de expresión)", en L. ALONSO y V. VÁZQUEZ (dirs.): *Sobre la libertad de expresión y el discurso del odio*, Sevilla: Athenaica, pp. 35-63.

VALERO HEREDIA, A. (2017): "Los discursos del odio. Un estudio jurisprudencial", en *Revista Española de Derecho Constitucional*, núm. 110, pp. 305-333 (consultar en línea: DOI: https://doi.org/10.18042/cepc/redc.110.11).

VALIENTE, F. (2019): "Análisis de la evolución de la jurisprudencia del Tribunal Europeo de Derechos Humanos sobre el discurso del odio", en *RAEIC, Revista de la Asociación Española de Investigación de la Comunicación*, vol. 6, núm. 12, pp. 230-249.

VALMAÑA OCHAÍTA, S. (2008): "Los delitos contra la libertad de conciencia y los sentimientos religiosos", en *Estudios penales en homenaje a Enrique Gimbernat*, Madrid: Ed. Edisofer, pp. 2290 y ss.

VARELA GONZÁLEZ, José Antonio (2021): "La actuación de las fuerzas y cuerpos de seguridad ante los delitos de odio: especial consideración de éstas como sujeto pasivo de los mismos", en SÁNCHEZ GÓMEZ, Raúl G., y CONTRERAS MAZARÍO, José Mª: *El tratamiento normativo del discurso de odio*, Aranzadi, Pamplona, pp. 167-182.

VELASCO, V., y RODRÍGUEZ ALARCÓN, L. (2019): "Nuevas narrativas migratorias para reemplazar los discursos del odio", en *PorCausa. Investigación, periodismo y migraciones* (consultar en línea: https://bit.ly/38z7TGp).

VILLEGAS GARCÍA, Mª Ángeles: "El discurso del odio", consultar en línea: https://www.era-comm.eu/oldoku/Adiskri/16_Hate_Speech/121DV93_Villegas_Garcia_ES.pdf .

VOLTAIRE (2013): *Tratado de la Tolerancia*, Barcelona: Espasa-Calpe.

VV.AA. (2015): *Manual práctico para la investigación y enjuiciamiento de delitos de odio y discriminación*, Barcelona: Generalitat de Catalunya (en línea: http://justicia.gencat.cat/web/.content/home/ambits/for-macio__recerca_i_docum/biblioteca_i_publicacions/publicacions/manual_investigacion_delitos_odio.pdf).

WACHSMANN, P. (2000): "Un certaine marge d'appréciation. Considé-ration sur les variations du contrôle européen en matière de liberté d'expression", en AA.VV.: *Les droits de l'hpmme au seuil du troisième millé-naire. Mélanges en hommage a Pierre Lambert*, Bruselas: Bruylant.

WACHSMANN, P. (1994): "La religión contre la libertè d'expression: sur un ârret regrettable de la Corte européenne des droits humme. L'arret Otto Premiger Institut du 20 septembre 1994", en *Revue uni-versalle de Droits del'homme*, núm. 12, pp. 441 y ss.

WALDRON, J. (2015): *Dignity, Rank and Rights*. Oxford, Reino Unido: Oxford University Press.

WALDRON, J. (2012): *The Harm in Hate Speech*. Cambridge, Estados Uni-dos: Harvard University Press.

WALKER, Samuel (1994): *Hate speech. The history of an American controver-sy*. Lincoln, Estados Unidos: University of Nebraska Press.

WORKIN, R. (2000): "¿Entran en conflicto la libertad y la igualdad?", en BARKER, P. (comp.): *Vivir como iguales. Apología de la Justicia Social*. Buenos Aires, Argentina: Paidós, pp. 57-80.

YOUROW, H.Ch. (1996): *The margin of appreciation doctrine in the dynamic of European Human Rights jurisprudence*, La Haya/Londres/Boston: Kluwer Law International.

ZAHAR, Alexander (2005): "The ICTR's "Media" Judgment and the Re-invention of Direct and Public Incitement to Genocide", en *Foro de Derecho Penal*.